赛事：

城市动态传播之灵魂

TOURNAMENT:

The Soul of City Dynamic Communication

阮伟 著

社会科学文献出版社
SOCIAL SCIENCES ACADEMIC PRESS (CHINA)

序　一

工业化和城市化是人类实现现代化的主要途径。随着城市化程度在全球范围内越来越高，体育竞赛已经成为现代城市市民文化生活的重要内容之一，是现代人们生活方式的重要组成部分。特别是职业体育和现代奥林匹克运动的迅猛发展，体育赛事的观赏性和娱乐价值与市场经济相互作用，已经成为城市经济、城市建设和发展以及体育赛事本身发展的重要推动力。这一点，已经成为越来越多有识之士的共识。

体育竞赛不能无条件而单独发展，特别是成为人们的有效消费产品更需要一定条件的支撑。首先，它需要具备一定的城市条件，这里包括城市硬件环境、人文环境等；其次，它需要成熟现代传媒体系的支撑，特别是现在全球科技已经进入了数字时代，互联网、计算机、移动终端以及社会化媒体等多元的传播体系为当今体育竞赛产业的发展奠定了坚实的传播基础。强大的传媒影响力，势必对企业品牌传播产生巨大的诱惑，使体育竞赛获取更多赞助企业的青睐；最后，市场也会由此催生更多的体育赛事组织管理企业、体育广告企业、体育经纪人公司、体育推广公司等围绕体育产业的企业集群。正是这些因素在当代社会中不断发育和成熟，才催生了体育赛事产业在全球蓬勃兴起。要促进体育赛事在当今人类社会中更加健康的发展，就需要我们多视角、多层次的研究和探索，不断把握体育赛事的发展和运作规律。

应该讲本书是国内第一本综合研究分析体育赛事发展的论著，详实阐释了体育赛事与城市、传媒、市场、企业集群等方面的相互关系，让赛事产业的经营者、管理者系统地了解和掌握赛事产业在城市中的发展模式，以及赛事与城市、传媒之间的相互作用和经营管理模式。作者不仅勾画了赛事产业发展的宏观路径，而且，通过赛事、传媒、城市、市场四个维度将赛事生产、经营、管理的企业集群与城市战略、城市经济、城市品牌、城市产业结构以及传媒产业进行了综合的剖析和专业的阐释。

作者拥有在中央电视台二十多年的从业经历，在体育传媒、赛事经营和管理方面积累了丰富的经验，从理论到实践，综合地提出了体育赛事产业在城市产业中的经济运作模式。这一模式为未来赛事产业发展、城市品牌传播、城市产业结构转型以及体育传媒与赛事产业之间的相互依存，进行了一定的研究和探索，为进一步研究体育赛事产业发展与城市的关系提供了参考。

本书作为一部将体育赛事生产和运营体系、体育传媒产业体系、城市的社会生态和人文环境进行综合梳理的论著，对体育赛事产业发展具有一定的指导意义；同时对体育赛事产业研究、城市居民的体育文化生活方式和城市动态传播模式进行了尝试性的研究，具有较强的现实意义。作者在实践经验的基础上以独特的研究视角，对赛事版权的现状和存在的诟病进行了分析，对传统媒体和互联网媒体也做了尝试性的解读，具有一定的参考作用，为体育产业的市场化运作、城市政府发展体育产业提供了一定的研究基础，也为我国体育院系的学生提供了一本有益的参考书籍。

鉴于此，我将它推荐给热爱、从事、关注体育赛事产业、城市管理、媒体传播、市场运营的朋友们共同分享。

肖　天
国家体育总局副局长
2014 年 10 月 23 日

序　二

阮伟写了一本书，让我给写个序，我无法推辞，原因有三：

第一，他是我在 1989 年时招进来的，是中央电视台体育部的第一个硕士毕业生，在那个时候，电视台的高学历人员不多。

第二，我安排他做的《早安中国》栏目的制片人，这曾经是体育频道最早的常态性直播栏目。清晨六点钟播出的节目收视率是不会高的，不容易的是他带领着一帮姑娘小伙每天四点到岗，坚持了好几年。

第三，是我把他推到中视体育推广有限公司总经理的位置上，因为他懂得如何管理手下。开始时他是不愿意的，因为在 2004 年的时候，电视台的公司是养老的地方，哪里有制片人来的风光？尽管他的工作方式有些非议，但是从公司管理的角度上是成功的，因为八年中他把公司的业绩提高了几十倍。有人说，这是因为央视体育频道的平台效应，不错，但是央视那么多公司也有着相应的平台支撑，为什么没有做出来呢？人的能力还是很重要的。

他的这本书很重，也很杂，看得出来阮伟在和体育有关的几乎所有方面都有涉猎，都有着自己的见解，说明他的用心，而做电视是需要有心人的。

我相信，体育在未来的中国会越来越重要，因为这是检验国家从“管理型”执政到“服务型”执政的一个重要标准。阮伟的这本内容丰富的体育著作也会发挥出它的作用。

马国力

盈方中国董事会主席

2014 年 9 月 18 日

序　三

阮伟之所以成为我校的研究生导师，正是由于他个人的发展历程难得实现了理论与实践的完美结合。从体育理论专业的研究生到中央电视台的体育记者，从中央电视台体育电视的制作人到体育传媒、体育赛事的经营管理者，二十多年的体育传媒职业生涯再加上孜孜以求的学术精神，造就了阮伟在体育产业及体育传媒产业的优秀素质。

阮伟也是我校体育人文社会学的博士生。在校期间，我们就曾多次探讨赛事与城市之间的相互关系，他的博士论文以及承接的国家体育总局研究课题都是与赛事和城市相关。时隔五年，这本三十多万字的《赛事：城市动态传播之灵魂》一书出版在即。这本厚厚的论著凝结了阮伟二十余个春秋奋斗在体育传播、体育经营管理领域的经验。阮伟在二十多年的从业经历中，深入地观察到赛事产业与城市管理、体育传媒、市场发展之间的密切关系。为了对我国体育赛事经营管理领域尽一点微薄之力，他用了五年多的时间进行资料的收集与整理，以期借助这项研究对我国赛事产业的发展以及城市管理者如何充分地驾驭好这一城市文化产品，推进城市经济、人文、品牌多方面的有效发展做一次有益的尝试。

此书最大的亮点在于开创性地将“城市”、“赛事”、“传媒”和“市场”四大因素融为一体予以探索，阐释了体育竞赛不是单一的生存产物，它是现代城市、现代社会人们生活方式的综合体现。首先，现代城市的出现与城市人口的聚集为赛事的诞生与发展提供了天然的物质、人文基础，体育赛事在城市中诞生、发展，同时也从经济水平、人文环境、发展战略、城市影响等多个维度深切影响着城市。其次，体育与传媒堪称天作之合。传媒对于推动、塑造体育赛事产业发挥了至关重要的作用。再次，赛事作为一个文化产品，其产业属性必须要与成熟的市场环境相匹配才能充分发挥经济价值与社会价值。基于对四大因素的准确把握与深度思考，作者在此书中详细阐释了赛事与城市、传媒、市场的关系，对体育赛事经营、城市转型发展、城市品牌塑造等提出了自己的见解，同时也根据丰富的体育传媒从业经验，对未来体育传媒的发展趋势进行预测。

作为多年的体育教育工作者，我将此书推荐给正在从事或学习体育赛事、体育经济、体育新闻、体育管理等领域的同学们、朋友们共同分享。愿这本兼具思考性、实践性、可读性的书给你带来新的冲击与思考。

池　建

北京体育大学副校长

2014 年 10 月 9 日

目　录

导　言

当城镇化的发展抓住“以人为本”这一核心要素，城市便又向适宜人类文明推进了一步。城市容器，是人类现代文明的产物，这也就是为什么有人把当今城镇化的发展称为“第三次社会变革”。

2013 年 7 月 30 日，习近平总书记明确提出，城镇化的设计要重在“提高中小城市对人口的吸引能力”。这轮新型城镇化的核心定位是“以人为本”，首先需要解决好城市公共服务均等化问题，这里包括农民工市民化，子女享受同等的教育、同等的医疗等。

城镇化发展至今，暴露出诸多深层次问题，结构性问题之一就是缺乏适宜人居的城市建设理念。

底特律这个拥有世界汽车工业之都称号的城市，拥有福特、通用、克莱斯勒和阿美利加等四家美国最大的汽车制造公司的总部及其所属企业，从 1950 年人口峰值达到 180 万，到 2010 年降至 71 万，60% 的市民迁徙到别的城市，致使建筑物大量废弃、失业率升高、税收下降、收不抵支，形成了恶性循环，最终导致发生美国历史上最大的城市破产案。对于这一事件，号称“中国底特律”的一些城市，如长春、武汉汉阳、十堰、柳州等城市的管理者是不是应该认真反思城市到底是什么？一个城市究竟只是为了发展一个行业，还是应该为了能够为这个城市的居民提供优越的生活环境而努力建设？2012 年，长春市 GDP 总量达到 4456.6 亿元，同比增长 12%。其中，汽车制造业完成增加值 1104.7 亿元，同比增长 11.3%，汽车制造业增加值占长春工业的比重为 60.6%。如果以 2006 年的数据为例，汽车产业在底特律的产业份额中占 70% 左右，与长春惊人的相似。那么，是否会产生惊人相似的结果？这值得我们去反思（虽然户籍制度在某种意义上保护了一个城市人口的相对稳定，并且在一段时间还会有所增长，但是一旦户籍制度取消，结果又会如何?)。

在我国，拥有单一产业结构的城市还有很多，如大庆、克拉玛依、玉门、临汾、鄂尔多斯、榆林和平顶山等，这些由石油和煤炭支撑着的城市是否也应该尽快完成城市产业结构的转型？我们在调查过程中发现，上述城市在文化产业特别是竞赛产业方面的发展相对落后，甚至排在比其 GDP 低的城市之后。所以，一个城市只有本着“以人为本”的城市建造理念，打造适宜人居的城市，才会在未来避免城市大量人口向外迁徙的问题。我们看到，2000 ~ 2010 年，北京、上海、天津、广州这些超大城市，常住人口分别增加了 45%、37%、29%、27%，人口迁徙力度在加大，而且向大城市聚焦的趋势很明显。原因很简单，这些城市有着优越的医疗、教育环境，丰富的文化生活，发展较快的现代服务业，相对完善的多元支撑产业体系，而这正是人们向往的生活环境。其实，类似底特律城市的破产现象在我国悄然发生，例如，鄂尔多斯被人们称为“鬼城”，仅仅是没有宣布破产而已。每一个城市的市长都需要为向他们的下一代提供最好的居住环境而思考与努力，这不是一个简单的 GDP 就可以衡量的。我们必须牢记：城市是世界各国创造文明、传递文明的重要场所，也是集聚和分享财富的主要区域，更重要的是“人们到城市来是为了生活得更好”。

赛事在历史长河中一直以游戏的形式伴随着人类早期的发展。英国工业革命后，城市化进程不断加快，游戏又以赛事形式完成了城市赛事文化的积淀。随着工业社会促使商业社会的形成，赛事完成了城市文化产业的布局。再随着电子采集技术的发展，赛事与传媒共同奠定了城市文化产业动态传播的灵魂。

我在中央电视台体育频道参与报道与经营管理工作历时二十多年，也与国家体育总局各个中心打了二十多年的交道，其中不乏社会各类中介公司、企业、高校等。长久以来，我目睹并参与了各类体育赛事的报道、组织、谈判、运营与管理，了解了各类赛事管理公司、传媒机构、赞助企业、广告公司及各级城市管理者对主办、承办、协办赛事的目的和意图。既纵观一项赛事多年的发展历程，也关注着一个城市举办赛事的前因后果。

目前共有两种社会认知，决定着政府管理者对赛事的做法。一种是把赛事作为一种单一的社会活动、娱乐或者比赛。这种观点决定着政府管理者的着眼点——只见赛事不见产业，轰轰烈烈是最终目的，至于明年如何，则不在考虑范围，这也就是大家经常看到的“很多城市声势浩大，今年办个篮球国际大赛，建个最大的篮球馆，明年办个足球赛事，建个足球场，后年办个游泳赛，再建个游泳馆却忘了建跳水馆。结果，第一年为举办篮球赛所建的篮球馆赛后几年没动静，废墟一个……”这些现象层出不穷的根源所在。例如，北京朝阳公园为北京奥运会所建的沙排馆便成了一个废墟，每年办一次沙排赛成了该场地唯一的“祭祀”活动，而在 2013 年，这个唯一的祭祀活动也没有了。除此之外，还有某个城市，GDP 在全国城市排名中很靠前，但是举办赛事的数量要差很多。这几年，该城市投资建设了一个很大的场馆群，我去参观的时候，询问该市体育局的负责同志“这么多漂亮的场馆准备办什么比赛”，没有得到满意的回答。投资巨大的场馆在这个城市一放就是几年，成了不是废墟的废墟，难免令人唏嘘。不知道这样的城市管理者是否仅仅为了获得一种满足感，即“我们也有，我们也做过”“别的城市做了，咱也要搞，而且要搞得比别人大”，结果就只剩下一片城市的豪华“废墟”。

另一种认知则是把赛事作为一个产业、企业集群、系列产品来看待，城市管理者在项目引进或设计之初，就将其纳入城市商业环境、人文环境、建筑环境以及城市品牌缔造的整体规划中，把赛事、培训、娱乐、展会、大型活动、群众健身、商业集聚融为一体，既确保所引进的赛事项目具有一定的持续性，又和整个城市的发展战略配套，实现多赢。这也是本书真正所希望达到的目的。无论您是城市管理者，还是赛事的组织运营和管理者、传播者，只有把赛事作为一个产业或者一个产品系列来思考，这个赛事才有可能创收，其生命力才有可能长久（这就是国际单项赛事的生命力如此强大、利润如此丰厚的原因），城市才有可能产生价值，传媒的关注才有动力。

根据中国目前现行的政府、事业、企业三点一线的社会体制，在城市政府主导的赛事举办机制下，本书对体育赛事这一文化产物在城市化进程中与城市的关系、城市文化产业与体育竞赛产业的关系进行了梳理，对赛事与城市发展战略、竞争力、经济、人文、品牌等诸多方面的关系进行了解剖，把赛事作为一个产业、一个企业集群、一个产品系列放在社会、城市、环境、居民生活方式中进行探讨，从中发掘一个赛事的管理者与城市管理者、体育媒介管理者所应该具备的基本认知范围。

城市以文为名。体育赛事既是城市文化又是城市文化产业的“重工业”，了解城市、城市化、城市群以及城市文化与体育赛事文化及产业的关系，是在城市中举办赛事和产生价值的第一要素。基于这一点，赛事的组织者、管理者、经营者就需要去了解城市，了解城市的生活环境，把赛事置于整个城市的现在和未来去设计。只有如此，赛事对于落后的城市才会有价值。

体育赛事产业作为城市文化产业的“重工业”，必然要与城市的发展战略相一致，包括城市的建筑环境、商业环境、人文环境等多种发展规划。比如，北京奥运会从申办成功到举办期间，几乎影响了整个城市的建筑环境、商业环境和人文环境，和城市的十年规划紧密相连。

赛事既然要作为一个产业、一个企业集群、一个系列产品放在城市中去看待，那么就要考虑“城市既是一个景观、一片经济空间、一种人口密度，也是一个生活中心和劳动中心，更具体一点说，可能是一种氛围、一个特征和一个灵魂”。因此，自然需要探究一个赛事与城市战略、经济、人文、品牌的相互关系，我们也会从中发现赛事不仅与城市的 GDP 有关，也与这个城市的文化积淀、人文环境、品牌内涵以及城市战略直接相关。当然，我国城市管理者的理念也会直接影响这个城市的文化内涵。

在我国各个城市举办赛事的所有组织机构，恐怕无一能够避免与中央电视台体育频道（以下简称“CCTV－5”）打交道，否则造成的结果就是经济与品牌传播价值的损失，例如，中超前期的艰难跋涉、2013 年上海 F1 默默落幕和英超的错误决策等。当然，CCTV－5 自有节目编排的合理性，然而，垄断的结果虽然压制了国外版权价格的竞争，但是也同样遏制并摧毁了中国版权市场。无论结果如何，作为赛事产业的从业人员，如果不能够把体育媒体放进自己的怀中，赛事的运营恐怕不会理想，包括现在北京市做得很好的中网，如果 CCTV－5 不进行报道，虽不会马上毙命，至少半条命没了。这就是为什么我们在研究赛事与城市关系的时候，一定要把体育传媒放在同一个层面去探究。所以，研究赛事与城市，实际上应该是赛事、传媒与城市，这样才有可能建立产业，否则只是局部地区的娱乐或游戏。当然，只有你有足够的资金培育项目或者项目足够强大，你才有可能与央视“平起平坐”地谈条件。

无论我们把赛事与体育传媒看成“伙伴关系”，还是认为“两者是一个硬币的两面”，都有一个前提，那就是具有成为伙伴的条件和都是硬币的组成部分。体育电视传媒企业视频产品的生产与营销无一不是来源于其生产资料——优质的赛事产品。体育电视产品主要包括赛事的电视直播、录播、专题、新闻以及围绕与赛事相关内容进行的设计。在把握国内体育电视传媒的生产、运营与管理模式的同时，我们还需要充分了解国际体育传媒机构的运营管理模式以及版权的销售模式，这对城市未来组织、承办国际大赛是不可或缺的。所以，体育电视传媒的每一个环节都与赛事产品的价值相关联，包括赛事是否能获得观众的认可、明星的影响力、企业的关注度等。虽然媒体的关注度与城市关注度在很多方面非常一致，但是城市管理者还要考虑举办城市的人文环境是否能够接受这个项目，城市的硬件条件、品牌需求以及举办此类赛事可持续的软硬件条件是否具备等多方面因素。任何一家传媒机构都是根据市场需求决定自己产品的走向，因此，从赛事的组织者、运营者和城市的管理者在决定将赛事落户城市开始，就必须考虑城市与传媒双方的利益，需要把城市、赛事、传媒及市场作为一个系统去思考。如果没有相关产业的配套，打造一个提升城市影响力的专业赛事也就无从谈起。

我们在研究赛事、传媒与城市之间的关系时，不能不考虑这几年快速发展的新媒体。根据中国互联网信息中心 CNNIC 于 2013 年 7 月 17 日发布的第 32 次调查报告，截至 2013 年 6 月底，我国网民规模达到 5.91 亿，较 2012 年底增加 2656 万人，互联网普及率为 44.1%，较 2012 年底提升了 2.0 个百分点。其中值得关注的是，在 2013 年上半年的新增网民中，70% 使用手机上网，手机已经成为新增网民第一来源。而乐视超级电视的热销也说明了互联网电视的大势所趋。乐视网继 2013 年 7 月 3 日成功在 49 分钟内卖出一万台 X60 超级电视后，又在 7 月 17 日卖出 X40 电视一万台。7 月 17 日，乐视网的市值已高达 255 亿元，远远超越优酷网、土豆网。“平台 + 内容 + 终端 + 应用”开始打造的生态系统已经发威。乐视超级电视是全方位体现互联网开放、平等精神的产品，人人都可以参与其中，成为超级电视的产品经理。乐视超级电视形成了“硬件收入 + 付费内容收入 + 广告收入 + 应用分成”四重盈利模式，以“两倍性能，一半价格”的口号发起了向传统电视客厅文化的挑战。传统视频渠道在与互联网视频全面 PK

的过程中，也悄然影响着赛事传统的传播规律，城市品牌传播、企业的品牌传播渠道也开始发生改变。视频产业格局的变化，必然促使城市、赛事、传播、市场四者之间的关系发生变化，这自然也是本书所关注的焦点之一。

创意无限，经典永恒。一个赛事落户一个城市，蕴含着更多待开发的衍生资源。例如，我们专门为伦敦奥运会设计的“伦敦行动”，也是源于市场对伦敦奥运会企业品牌潜在的推广需求和会议、接待方面的商业价值；围绕 NBA 与青岛啤酒的联姻设计的“NBA 青岛啤酒啦啦队选拔赛”已经举办了三年，不仅推动了青岛啤酒的市场营销，还提升了其品牌价值；而361°和中央电视体育频道的整体包装设计也同样经历了一个从无到有的发展过程。文化产业是一个“无中生有”的产业。中国改革开放三十多年来，我们借鉴欧美联赛的发展模式，建立了中国特色项目的职业联赛——中国武术职业联赛，虽然因为某些人为因素，该项联赛仅仅持续了三年，但是这一经营模式依然是可行的。同时，我们还和国际台球协会一起设计了“世界斯诺克国际锦标赛”，并落户成都，该项赛事也是“无中生有”，但是，这个产品无论是从球员还是从运营体系而言都完全符合市场需求，项目整体可谓价值无限。

我们研究赛事产品与传媒的特点，设计各类广告植入形态，从赛场到屏幕、从内容到品牌、从线下到线上、从单一传播到系统传播，每一个文案都是一个点，每一个创意都是一个点带动一个面。本书在第十二章呈现了一些文案供读者磋商，供同行参考，但愿在这个点上能启动您的梦想。一套职业联赛的方案和一套国际锦标赛的方案也一并放入本书，完成之后，一切都是如此简单，但其实这仅仅是一个开始。仅供各位行家借鉴。

城市在发展过程中不断地创造文明、传递文明，同时也在改造着城市居民。现代赛事作为城市文化动态传播的媒介之媒介，已经成为现代城市动态传播的灵魂。在现代庞大传播体系的作用下，赛事在传播自身的同时也打造着城市的品牌；在改变城市建筑环境、商业环境与人文环境的同时，逐渐形成城市动态传播的灵魂。

第一章　城市文化产业与体育竞赛产业

中国城市的发展历史以及城市的文化发展历史，似乎很难让人们把一个城市与体育竞赛的文化与产业联系到一起。改革开放之前，中国城市居民恐怕很少有人知道文化还是一个产业，竞赛作为产业就更难想象。新中国成立以来，人们对体育的认知也仅仅局限在“发展体育运动，增强人民体质”“友谊第一、比赛第二”这类口号之中。体育比赛在中国改革开放之前的历史中，只不过是大家口头上常说的一种“雕虫小技”，不足挂齿。

很多年来，人们对体育的理解还仅仅局限在工会组织的业余活动、日常生活的肢体游戏，甚至茶余饭后的散步遛弯，学生时代的体育课是学校教育中必须设置的“小三门”中的一科等。对大多数人来讲，体育，充其量定位于“吃饱了撑的”游戏而已，从事竞赛职业的运动员被视为“四肢发达、头脑简单”，自然是登不上大雅之堂，当然，体育竞赛文化无法划入城市核心文化范畴。而对于一个赛事能够让一个城市的居民乃至一个国家的球迷达到狂热地步的说法，恐怕也是闻所未闻或者是认为“老外闲得没事干呗”，因为有这样的观点，自然也就更谈不上对赛事产业的认知了。

所以，多年来，国人不可能理解一个赛事对一个城市居民的生活所产生的作用。但当一个城市的管理者或者城市居民对竞赛产业处于一种无知的状态时，这个城市又如何能谈及体育竞赛产业？

2008 年北京奥运会被称为百年的期待，那也不过是一些精英人士希冀能够通过中国人举办奥运会达到促进国民强身健体、强我中华的愿望，而大部分老百姓真正明白过来，恐怕要从第一次北京申办奥运会媒体大肆传播，进行体育竞技普及算起。

改革开放之前，中国城市居民还根本无法认知西方的竞技文化与城市文化之间的关系，也没有竞赛产业这一行业，原因是当时我国第一与第二产业的发展状况还不足以推动第三产业的发展，而社会主义计划体制与市场经济的基本体制在某些方面的差异性，造成人们在文化产业认识上的无知，对竞赛产业的知晓度就更不用说了。即使在当今时代，体育竞赛产业领域依然是理论与实践存在着相当大的偏差，这一点我们从当今高校体育教育与竞赛产业市场所需人才在培养和需求方面的巨大差距中可见一斑。现实状况，造成了我国体育教育体系所“制造”出来的“人才”与市场欢迎的“人才”在衔接上的脱节，造成了众多应届毕业生学无所用的困惑，而这也是城市竞赛文化产业人才匮乏和产业政策缺失与空洞的主要原因。

中国城市原本所具有的传统文化积淀，自新中国成立以来受到了两次冲击之后，似乎也变得朦胧起来。一次被称为“文化大革命”，另一次就是改革开放后西方经济技术的进入所带来的文化冲击。

改革开放后，国际各类竞技文化也顺势涌入，再加上电视平台的传播和各类主流媒体的大肆推介，抑或是经济强势之诱惑，欧美体育赛事就像其他豪车、名表等奢侈品一样，迅速侵袭着城市居民，西方竞技文化也就不断地融入城市的人文环境之中。原有的城市文人墨客的文化潜能也借助西方文化的飓风开始乘风破浪，结果是评论员、解说员、赛事的组织者和管理者成为热门职业，各种体育传媒公司、各类广告公司、体育经纪公司等迅速崛起，市场的力量让竞赛产业各个工种开始集聚，市场经济又推动了竞赛文化的传播业的发展，竞赛文化的传播业也创造了可观的市场价值。

城市居民是城市文化产业消费的主力军。民众对国际各类赛事产品从了解到喜欢，从喜欢到引进，从引进到模仿，最后直至创造，恐怕首先要归功于城市的管理者、体育电视传媒的经营者、市场的推广者和巨大的消费群体所形成的消费市场，其中关键因素还是市场所具有的强大的利益诱惑。中国足球的竞技水平怎么样不重要，重要的是中国足球让一部分人先富起来却是不争的事实，由此我们能够看出，我们的竞赛产品的消费市场是存在的，而且潜力巨大。

体育电视是体育竞赛产业的传播者。在过去几十年的发展历史中，体育电视对体育竞赛产业的发展起到了举足轻重的作用，具有不可替代性。20 世纪 80 年代之后，如果不是现代传播技术和电子采集技术在中国城市的快速应用和电视机的普及，我国城市居民是无法想象曼彻斯特城市与曼联球队之间怎么会产生那种几代人对一支球队的狂热情感。真正让人们了解和对体育竞赛产生情节的恐怕首先要归功于央视体育节目对观众的扫盲与竞赛知识的娱乐普及，归功于国门打开之后，国际间的赛事交流、女排的五连冠以及男足 1:5 败给泰国队的耻辱。从事业发展到市场诱惑，加之媒体的推波助澜和 2008 年中国人实现了主办奥运会的梦想等，金牌与金钱双管齐下，竞赛产业便呼之欲出，可以说已经成为这些年城市文化产业中最为活跃的因素之一。

城市体育竞赛文化产业的发展是与传媒渠道特别是视频渠道的快速发展以及互联网的日行千里、城市化速度加快、城市制造业加快、城市人群的集聚、市场的高速繁荣、农村人口的大量涌入、城市人群收入不断增加、国际竞赛项目的不断交流、北京奥运会的举办等相关联的，而这一切又促使了城市管理者、竞赛的组织管理者、体育传媒的经营管理者、体育教育的从业人员开始关注竞赛产业对一个城市文化产业以及城市人文环境、城市经济等方面产生的影响。

“现代竞赛产业及其文化内涵”均源自西方，在经济与政治驱动力的作用下，逐渐被引入中国的各个城市，这些竞赛文化在中国早期形成的城市文化中一直处于边缘化状态，这主要是由于中国早期形成的城市已经有着非常浓厚的儒家文化内涵，儒家文化内涵与西方竞技文化有一定的冲突，所以现代竞技文化很难进入城市文化的核心阶层。改革开放后，随着经济全球化的发展，我国城市文化也开始全面受到西方文化的冲击和影响并逐渐形成相互接纳的趋势，西方的竞赛文化也是在这个阶段逐渐融入我国一些经济状况发展比较好的城市文化之中，比如上海市花巨资建造的 F1 赛车场，北京的奥体中心、鸟巢等庞大的建筑群等都是城市为竞赛产业所奠定的基础。同时在全球城市经济激烈角逐的时期，竞赛文化产业对城市环境以及城市建筑环境产生了重要的影响。现代强势的体育电视媒体与竞赛产品的生产关系，也反过来推动了城市竞赛产业的发展。没有竞赛就没有体育传媒，两者之间的关系是密不可分的，所以很多著作都认为这种专业性媒体应该是隶属于体育竞赛业的一部分，与公共性社会传媒体系有一定区别。按照产业链的生产逻辑体系划分或者按内容生产划分，体育传媒产业归属于竞赛产业的下游，并不断地反哺竞赛产业，所以两者的关系应该归属于一个体系不能说没有道理。的确，如果没有体育竞赛的出现，体育传媒业也就不复存在。

李克强曾在2013年3月表示："我们强调的新型城镇化，是以人为核心的城镇化。"由此可见，城市化的关键是人的城市化。

竞赛产业是一个城市文化产业的重要组成部分，竞赛产业的发展对城市而言有几个方面的好处。首先，能够帮助城市形成强大的影响力。城市化的过程中，竞赛产业是一个渴望具有竞争力的新型城市需要的无形资产，能够产生巨大的眼球效应，而这种影响力恰恰是人与文化所产生的作用——城市品牌的内涵建立在人的意识形态之中，是人赋予其中的。其次，能够有效改善城市的人文环境。人的基本素质包括心理与生理的健康、意志品质。一方面体育竞赛产业可以营造城市强身健体的良好氛围，另一方面，各类媒体对文明观赛行为的广泛传播，也会在潜移默化中规范民众的日常社会行为，最终将形成城市居民对城市的凝聚力和忠诚度以及城市居民的生活方式。再次，对城市第三产业的发展起到积极有效的推动作用。体育竞赛能够提升城市文化产业的参与度与观赏度，而竞技文化最大的特点则是树立城市居民的竞争意识以及城市人群的情感度。最后，提升城市国际化程度。各项体育赛事的举办无疑是积极推动城市旅游、吸引国际游客的最佳手段之一，而旅游产业的发展对城市化过程中商业集聚区的形成和发展都可以产生直接或间接的价值。

面对已经建成的庞大体育场馆群，现代城市管理者也会渴望运用体育竞赛这一杠杆或者希望利用竞赛产业推动城市商业集聚区的建设以及人文环境的改善。但是在某些城市，现代城市场馆建设成了城市的负担，使城市管理者对竞赛产业的发展产生"投鼠忌器"之感。与此同时，城市中偌大的体育场馆群与马路边、大桥下这种在污染环境下健身的人群形成了鲜明的对比。这都充分反映了某些城市管理者在城市理念方面的认识错位，体现了城市管理者在投入巨大纳税人的钱财之后，却无视城市居民生活需要的官本位思想。

我国城市体育竞赛场馆的建设基本上是以群而建，虽然形成了一个城市的地标性建筑群，有些时候的确也能为综合性比赛的组织工作提供便利条件，但是，投入巨大资金所建设的体育场馆群却在无形中与城市居民的健身生活隔离开来，造成居民使用不便、交通拥堵、维护费用居高不下、计划不到位、市场不认可等现实情况。庞大的场馆建筑群既无法实现自身的造血功能，又无法满足城市居民的基本需要。这是我国城市场馆建设的通病——大而空，有场馆没内容。场馆建设和使用问题只是竞赛产业中的“有形产业”体现的比较明显的问题，而对竞赛这一无形产业中所涉及的理念误区、认知差距等方面的问题则是所有问题的关键。

对一个城市管理者而言，城市是什么，管理者做什么是最应该思考的问题。以往体育搭台、经济唱戏的错误认识，造成了体育竞赛无法创造经济价值的误区。目前城市竞赛产业的市场依然是一半是海水一半是火焰，事业与企业并举，市场与计划并举，人文环境与竞赛产业形成碰撞，管理者理念与城市文化形成断层——这些都是由城市化的速度远远高于城市文化形成的速度所造成的。一夜之间可以形成一个城市，但是我们却无法一夜之间形成城市文化，这样的城市居民也不可能形成具有现代城市意识的居民文化体系，即使是城市管理者绞尽脑汁妄图创造现代城市文化，有时候甚至是饮鸩止渴，忙着今天轰轰烈烈搞一个全运会，明天又轰轰烈烈地办一个锦标赛，后天又组织一个庞大的博览会，无一持续，结果无一内容可以帮助城市形成自己独特的文化体系，造成一个城市品牌内涵杂乱无章，最终还是有城市、没文化。

所以，如何在城市化进程中形成自己独有的风格，如何充分借助竞赛产业成就新型城市特有的文化内涵是需要我们共同商榷的话题。竞赛文化属于城市文化，所以，我们需要对城市、城市化、城市群、城市文化与竞赛等几个方面的关联做一个较为系统的梳理，以实现城市竞赛产业在城市、城市化进程以及城市群中所产生的作用，并推动竞赛产业在城市中的发展。

第一节　城市、城市化、城市群

城市是世界各国创造文明、传递文明的重要场所，也是聚集和分享财富的主要区域，可以说城市是人类文明的集合，也是人类社会的根基。一个城市的发展首先取决于这个城市的位置、城市的自然环境、城市的建筑、城市的产业布局、城市的人文环境等，而最终影响这个城市文明的是人。人是决定一个城市文化体系的主体，而城市的功能又是承载人的器皿，营造的必须是以服务人为主体的环境。赛事作为一个城市动态的文化体系，动态地传播灵魂，在驱动城市发展、缔造人文环境过程中具有积极而无法替代的功能。城市文化产业中的竞赛产业发展，首先应着眼于服务城市，本质是服务城市居民。为此，我们首先明确何谓城市、何谓城市化以及当代城市群的形成与问题。

一　城市

“城市是最不平凡的、历史最为悠久的人类创造物和人类机构之一”。美国建筑史学家斯皮罗·科斯托夫（Spiro Kostof）如此诠释了人类对城市的深厚情感。

著名的城市规划学家刘易斯·芒福德（Lewis Mumford）在其代表作《历史中的城市》（The City in History）中写道：“城市早已成为一个充满惊喜的场所，那里就是一个剧院，人们既可以在舞台上展现自己，也能被别人所欣赏。”他曾这样描述城市的功能：“城市的主要功能是化力为形，化权能为文化，化朽物为活灵灵的艺术形象，化生物繁衍为社会创新。”美国文化人类学者罗伯特也曾提出：“城市的作用在于改造人。”

关于城市生活，芒福德说：“对话是城市生活的最高表现形式。”因为“属于一个人的城市不能算作城市”（古希腊的三大悲剧作家之一素福克勒斯），而城市能够给予人们的正如亚里士多德所说，“人们之所以留居在城市里，是因为城市中可以生活得更好”。

法国地理学家潘什梅尔认为，“城市既是一个景观，一片经济空间，一种人口密度，也是一个生活中心和劳动中心，更具体一点说，可能是一种氛围，一种特征和一个灵魂”。

对于城市的描述，人类从来没有吝惜过自己的语言，即便是上述的那些大师也只能高度概括出一些关于城市的表述。正如芒福德在其编撰的《国际社会科学百科全书》中所说，“人类用了五千多年的时间，才对城市的本质和演变过程获得了一个局部的认识，还有那些尚未被认识的潜在特性”。

正是因为城市的功能十分广泛，城市的内涵丰富且时刻变化，所以难以给它下一个统一完整的定义，只是根据不同的侧重点形成了不同的城市定义。

首先，从字源学的角度出发，城——“廓也，都邑之地，筑此以资保障也”。市——“日中为市，致天下之民，聚天下之货，交易而退，各得其所”。不难看出，在中国汉语中，“城”和“市”的功能是有差别的，“城”最早是一种大规模永久性的防御设施，主要功能是防御野兽，后来进一步演化为防御敌方的重要场所。“市”则是商品交易的场所。

拉丁文中的“城市”一词，采用的是“citivas”，这个词即英文中“文明”（civilization）一词的词源。可见，城市自诞生之初便与以精英文化为代表的人类文明紧密相连。古埃及、古巴比伦等国的历经千年的古老文明，都是因为昌盛一时的城邦才得以存在并流传。

其次，有观点认为，城市是一种区别于农业的生产或生活方式。例如由中国城市规划学会和全国市长培训中心所编著的《城市规划读本》中指出，“城市是一定数量的非农业人口和非农产业的聚集地，是一种有别于乡村的居住和社会组织形式”。马克思和恩格斯在《德意志意识形态》中指出：“城市本身表明了人口、生产、工具、资本、享乐和需求的集中，而在乡村里所见到的却是完全相反的情况：孤立和分散。”

对于城市的定义，学界也尚未达成统一。既然如此，我们也不必强求一个所谓客观全面的结果，与城市本身所涵盖范围和其给人们所带来的或欢愉或沉痛，或机会众多或“亚历山大”等种种不同的感觉相比，语言总是显得微不足道。但我们可以站在时代的立场上，根据领域的需要，寻求或者认同一个有利于研究且顺应社会发展的维度看待城市，试图从我们所擅长的角度理解城市，探讨城市及其相关体系的发展规律。

站在当下的商品社会立场上来看，城市是经济、社会、文化意义上的集合体，也是各类产品的集合体，为各类产品的交换提供场所，表现为社会属性存在的有机体。它集聚了大量社会财富——除了经济和社会意义的财富以外，还表现为文化意义的财富，不同文化也会最终创造出城市的差异性特色。特别是工业革命之后，城市的物质财富和精神财富极大丰富，这一时期城市产业结构发生了重大转变，以制造业为主转为以服务业为主，生产性服务快速发展，城市的规模急剧膨胀，城市的功能呈现多元化的态势，空间结构也发生了巨大的变化，并相应出现了工业区、商业区和居住区。信息瞬间变得唾手可得，人们的视野得到全方位提升。这一时期城市人口集聚，交通和通信技术不断改进，使那些原先在分散情况下不可能快速、充分、有效发展的领域——科学、教育等，获得了发展的可能性，其中也包括体育。具体来说，城市的以下特点决定了体育赛事必须依托于城市才能生存和发展。

1. 城市是人们积极的聚集行动发生的场所

很显然，体育赛事需要人群的聚集以及聚集的场所，城市无疑是最合适的温床。只有在城市孕育出来的体育赛事才能形成足够的规模和影响力，才能有持续发展的稳定人群和受众支持。根据巴西专业咨询公司 Pluri 最新的统计，德甲俱乐部多特蒙德上赛季联赛主场场均观战人数突破8万，在全球足球俱乐部中排在首位。8 万人聚集在同一座体育场为主队加油的场面是在乡村无法想象和实现的。同时，这也是一种文化氛围，体育赛事的本质是城市文化，人群的聚集以及共同的价值取向，造就了主场文化和心灵的共鸣。

2. 城市是具有公共资本的地方，并拥有庞大的经济体系

经济是一切社会活动开展的基础。体育赛事投入大、周期长，可以被称为文化产业中的重工业，赛事需要少则上千万元多则上千亿元的资金投入，同时还要配有大量的人力资源，这些都是体育竞赛产业必备的生产要素。城市公共资本的出现为比赛场馆和配套基础设施的建设以及体育竞赛产业从业人员的供养提供了可能。同时，城市拥有庞大的经济体系，各经济门类所生产的产品足以保障赛事举办所需的各项物资及后勤装备。

3. 城市具有贸易特征，是有利于获取收益的地方

赛事的投入需要依靠门票销售、转播权销售以及其他商业权益开发来获取相应的回报，而只有在城市这样高度发达的商业经济体系下，才能保证有足够多的机会产生交易，最大限度赚取商业价值。

总之，城市是文明的载体和容器，为体育赛事的发展提供物质保证和文化熏陶。随着城市的不断发展，体育赛事生存的环境更加优化，从某种意义上说，这种城市内部各系统的优化过程，便是城市化。

二 城市化

联合国人居署主席安娜·蒂贝穷卡表示："全球现在只有刚过 50% 的人生活在城市中，但是到了 2050 年，该数字将增长到 70%。到那时，富裕国家仅有 14% 的人生活在乡村，而贫穷国家也只有 33% 的农村居民。"联合国人口司发布的《世界城市化展望》也提到，自 20 世纪 50 年代以来，世界城市人口已经增加了3倍，2000年已经达到29亿。按照当前城市人口的增长速度，到2030年这个数字可能增长到49亿，届时世界人口有60%会居住在城市，而城市增长将主要发生在经济快速增长的国家。

看似简单的数字增减，却宣告了人类社会一项伟大的事业——城市化所取得的丰硕成果，这是一个漫长的阶段，是不可逆的历史潮流。而人类社会发展的过程在某种程度上也可以简单概括为城市化。

"城市化"（urbanization），又称"城镇化""都市化"，是同一英文单词的不同译法，它们并无实质区别。"化"在汉语当中强调的是事物改变性质或状态，因此城市化首先可以理解为"与城市相关的一种变化过程"。

对于城市化的科学定义，依据不同的学科划分标准，我们将得出不同的结论。例如，人口学认为城市化是农村人口转变为城市人口的过程；地理学则强调从农村地区转向城市地区的过程；社会学角度更强调一种生活方式的转变；经济学角度强调的是一种生产方式的转变。依据《辞海》（2010年）中的解释：城市化亦称"都市化"，指人口、用地和经济、文化模式由农村转向城市的过程和趋势。主要表现为城市数目的增加，城市规模的扩大和城市经济方式、生活方式的某些特征向农村扩展。城市人口数量在人口总数量中的比重，是衡量城市化程度的基本指标。社会经济的发展，特别是现代化大工业的出现引起社会结构发生急剧的转型，城市化已成为现代社会的一个普遍现象。

牛文元主编的《中国新兴城市化报告2009》中指出："城市化是一个国家或地区实现人口集聚、财富集聚、智力集聚和信息集聚的过程，同时也是一个生活方式进步、生产方式进步、组织方式转变和传统方式转变的过程。如果说城市化过程主要是一种'内向式的引力过程'，不应忘记城市化过程还必须包括诸如城市影响、城市传播和城市带动的'外向式扩散过程'。"①

综上所述，城市化是一种历史现象，是社会动态的发展阶段，主要是指农村生活方式向城市生活方式转化的过程，是一种产业结构及空间分布结构的转化，是传统劳动方式、生活方式向现代化劳动与生活方式的转化；反映在城市人口增加、城市建成区扩展、景观以及生活方式等城市化

① 牛文元：《中国新兴城市化报告2009》，科学出版社，2009，第47页。

的各个过程中。

由于近现代以来中国所经历的种种动荡，城市化进程迟缓，但随着改革开放的深入进行，30 年来，我国城市化进程及城市人口的集聚在经济发展的强劲势头下呈现快速增长的趋势。正如 2012 年两会期间，与会代表重庆市市长黄奇帆在回答《农民日报》记者关于户籍制度改革问题时说，“过去一年，重庆实现 322 万农村居民转户”，“今后是常规的、持续的、制度化的安排，估计每年有 50 万左右，到 2015 年估计还会转 200 万，‘十二五’期间能转 500 万，‘十三五’期间还会有两三百万，这样，到 2020 年，重庆的城市人口将增加到 2000 多万”。

国家统计局 2011 年发布的数据显示，2011 年末，中国总人口为 134735 万人（未包括台湾省），其中，城镇人口为 69079 万人，比上年末增加 2100 万人；乡村人口为 65656 万人，减少 1456 万人；城镇人口占总人口比重达到 51.27%，比上年末提高 1.32 个百分点，[①] 城镇人口数量首次超过农村。这意味着，城镇化比率每提高 1 个百分点就会有 1000 多万人口从农村转入城镇，能激活消费与投资需求。同时，工业发展水平的提升，将促进服务业发展，并使其自身比重不断提升，为扩大内需、增加就业提供强有力的支撑。

中国城市化进入关键发展阶段。最新发布的《2012 中国新型城市化报告》指出，中国城市化率突破 50%，必将引起深刻的社会变革，在中国发展进程中是一个重大的指标性信号。该报告还揭示出，当前中国城市化发展存在五大战略性弊端：一是在世界格局中，中国的城市化明显滞后于工业化所对应的非匹配；二是中国的城市化进程中，明显地表达出土地城市化快于人口城市化的非规整；三是中国的城市化亟须克服“城市和农村、户籍人口与常住人口”的非公平；四是中国的城市化偏重城市发展的数量和规模，忽略资源和环境的代价，呈现粗放式生产的非集约；五是中国的城市化必须解决如何进入现代管理制度、消除城市病的非成熟。[②] 其中第二和第三条是目前城市化过程中面临的最为严峻的课题，也是对社会保障体系的一次前所未有的考验。

---

① 中国国家网络电视台，http：//news.cntv.cn/china/20120118/106133.shtml。

② 《中科院报告：中国内地城市化率已突破 50%》，http：//finance.sina.com.cn/china/hgjj/20121031/125113537039.shtml。

麦肯锡全球研究院最新发布的报告显示，如果保持现在的发展速度，中国城市人口将从2005年5.7亿增长到2025年的9.25亿，到那个时候中国242个城市将贡献全球GDP增长的1/4，麦肯锡的这份报告说明城市化的进程会很快，也就意味着未来会有4亿~5亿人口进城，这个规模是相当大的变化：第一是资源配置的变化，很多的资源会集中在基建领域，这个是我们已经看到的变化；第二是消费领域的变化，从农村居民变成城市居民，基础消费会上升2.5倍，所以中国未来的消费市场仍然是一片蓝海；第三是服务市场的变化，大量人口进入城市，会使第三产业的范围越来越大。

如何最大程度地缓解城市社会矛盾，同时利用好机遇，打造一条可持续的发展道路，是每一个城市都在积极探寻的方向，而文化产业特别是其中的体育产业，势必在城市化快速发展过程中扮演十分重要的角色，无论是作为城市发展的绿色引擎还是城市产业结构转型的助推器，以体育竞赛业为核心的体育产业都将大放异彩。

三　城市群

城市总是处在某个城市系统或城市等级体系当中，正如斯皮罗·科斯托夫的观点："城市总是集群出现。"集群的形成和成熟会带来区域经济的飞速发展。

从世界范围来看，工业化不仅是城市化发展的助推器，更是促进城市区域发展的"重要动力"。世界多元化与经济一体化，让城市带着自己的文化走向世界变成了可能。原本企业之间的相互拼杀逐渐演变成城市之间对全球资源的角逐，这也促使在欧美经济发达国家以及亚洲部分发展中国家的城市化中后期，产生了一种特殊的现象——区域空间结构的演化出现了一种以大城市为中心，连同周边受其辐射的邻接地区所组成的巨型城市区域集合体（City - Regionagglo - MeRation），[①] 例如，出现了香港 - 深圳 - 广州（1.2亿人口），里约热内卢 - 圣保罗（4300万人口）等城市区域集合体。这些城市区域集合体，也就是所谓的城市群。

① 马昂主：《区域经济发展和城乡联系：亚洲发展中地区空间经济转变的新理论框架》，《经济地理》1994年第1期。

起初，某一城市是一个区域的中心，通过极化效应集中了大量的产业和人口，获得快速的发展。随着规模的扩大、实力的增强，该城市对周边区域产生辐射带动效应。伴随着城市规模的扩大和城际之间交通条件的改善，尤其是高速公路的出现，相邻城市辐射的区域不断接近并有部分重合，城市之间的经济联系越来越密切，相互影响越来越大，就可以被认为形成了城市群。①

城市群是指在特定的地域范围内，以一个或两个超大或特大城市作为区域经济社会发展的核心，以高度发达的现代化交通、通信、信息网络为媒介，城市之间通过企业集聚扩散等密切的交互作用，由产业的空间和部门演化以及基于地方政府的制度变迁所形成的具有特定规模结构、职能结构和空间结构的相对完整的城市集合体。② 发展城市群可在更大范围内实现资源的优化配置，增强辐射带动作用，同时促进城市群内部各城市自身的发展。

城市群的出现和繁荣，是工业化、城市化进程中区域空间形态的高级现象，是城市化的必然结果，能够产生巨大的集聚经济效益，是国民经济快速发展、现代化水平不断提高的标志之一。城市群表明了一种城市与城市、地区与地区间的产业分工与合作，交通与社会生活、城市规划和基础设施建设方面的联系。只是这种联系更加紧密、更加直接，且带有广泛的互动性。

目前，城市群已成为发达国家城市化的主体形态，成为创造就业和累积财富的核心地区。在世界范围内已形成著名的六大城市群：以纽约为中心的美国东北部大西洋沿岸城市群、以芝加哥为中心的北美五大湖城市群、以东京为中心的日本太平洋沿岸城市群、以伦敦为中心的英国城市群、以巴黎为中心的欧洲西北部城市群和中国的长江三角洲城市群。其中，日本的东京－大阪－名古屋集中了全国一半的人口和70%的生产力，发挥着集合体内部各个城市的功能，极大体现了产业集群的功效，从而推动了整个区域高速发展。

中国正经历着城市群崛起的过程，目前我国公认的四大城市群是：珠

① 百度百科，http：//baike. baidu. com/view/237508. htm。

② 赵勇、白永秀：《区域一体化视角的城市群内涵及其形成机理》，http：//www. chinacity. org. cn/csfz/fzzl/58446. html。

江三角洲城市群、长江三角洲城市群、辽中南城市群和京津唐城市群。

2012 年，一份《2010 中国城市群发展报告》（中国科学院地理科学与资源研究所发布）指出，目前中国正在形成 23 个城市群，其中，15 个为达标城市群：长三角、珠三角、京津冀、山东半岛、辽东半岛、海峡西岸、长株潭、武汉、成渝、环鄱阳湖、中原、哈大长、江淮、关中、天山北坡城市群。8 个为非达标城市群：南北钦防、晋中、银川平原、呼包鄂、酒嘉玉、兰白西、黔中和滇中城市群。

《报告》还给出了城市群达标的标准："城市群内都市圈或大城市数量不少于 3 个，至少有 1 个特大或超大城市为核心"、"人口规模不低于 2000 万人"、"城市化水平大于 50%，非农产业产值比率超过 70%"、"人均 GDP 超过 3000 美元，经济密度大于 500 万元/平方千米"等。①

数千年的城市发展脉络告诉我们，无论路途有多么艰辛，城市化的脚步不会停息，正如 2010 年上海世博会的口号"城市让生活更美好"，人们始终相信这一点，这既是城市发展的规律，也是城市化的真谛。新时期，如何让生活更美好，是每一个城市都在探讨并实践的历史性课题。

城市是人类美好生活集聚的容器，现代城市在继承、传承历史文化的同时，还将创造文化，让城市既厚重又动感并具有活力，而体育赛事产业作为城市文化产业的重要组成部分，必将为城市的活力创造价值。

城市赛事产业与城市文化产业特别是传媒产业之间有着密不可分的关联关系，城市文化，城市在国内、国际上的影响力也对现代化城市的形成发挥着不可替代的作用。因此，我们必须认真探讨何谓城市文化，理清城市文化与体育赛事之间的关系，唯有如此，才能充分利用赛事产业推动城市文化的提升。

体育作为城市文化，其在城市文化体系中的位置和作用将是本节所要讨论的问题。

---

① 《中国城市群发展迅速增至 23 个 功能定位日益清晰》，http：//www.chinanews.com/gn/2012/04 -04/3795134.shtml。

第二节　城市文化与体育竞赛

德国著名的历史学家斯宾格勒曾经断言：“人类所有伟大文化都是由城市所产生的，世界历史就是城市历史、市民的历史，这就是世界史的真正标准。”所以说，“文化是一个城市的灵魂”。城市的自然环境奠定了城市文化的基本氛围，城市文化以人为主体，附着在建筑、艺术、交通、服饰、饮食甚至是生活方式等各种与人相关的环境之中，城市在储存文化的过程中也在流传和创造文化，城市文化的主体自然是城市的人，早期城邦文化主要体现在人的精神世界之中，随着历史的发展、时间的推移，也就逐渐辐射在城市的物质环境之中，因此，一个城市也就是通过建筑、餐饮、器皿、服饰、教堂等各类物质形态体现这个城市特有的文化底蕴和文化差异。体育，特别是竞赛，作为城市文化的一部分，同样承载在“人”这一主体中，通过人而得以体现。正如文化史学家赫伊津哈提出的经典命题：“人类文化在游戏中发生并得以成立。”

工业区、商业区、居住区构成了一个城市的核心，人类文化是由城市所产生的，竞赛文化又是城市文化中的一部分，自然，没有体育或体育赛事，现代城市文化体系中就失去了某种动态文化特点。随着城市的发展和赛事规模的扩大，以体育赛事场馆和赛事为中心，很多地方都形成了一个城市的地标性建筑和区域性商业与居住区，在这些大型场馆中参与和观赏赛事已经成为城市居民精神生活的一部分，形成了一种生活方式。城市没有文化就如同一片没有绿洲的沙漠，而没有体育赛事也似乎失去了一个城市的灵魂，没有灵魂的城市如何让城市居民幸福呢？

但是，我国的城市化速度在加快的进程中，虽然一片片土地划归城市、一座座高楼拔地而起、一座座城市随之诞生，可是构成城市核心的工业、商业、居住等区域却是机械的，缺少一个城市应有的文化积淀，城市文化的缺失又是城市化过程中的普遍问题，所以形成很多缺乏历史积淀的城市变成机械而又死寂的，城市居民更无何幸福可言。

城市和城市文化都是以人为主体，目的就是让城市中居住的人生活更加幸福。但如今各类调查显示，城市生活中的人们“幸福指数”并不高，有的城市甚至很低。有人说是因为我们生活的区域——这座城市的城市文化编码错乱了，而我要说的是这个城市根本就没有与之相应的文化元素，城市建设未能以人为本。

“文化”一词众说纷纭，各类概念表述不一、理解也是万千复杂，莫衷一是，越是如此，我们越是需要有所了解，便于我们对城市文化有一个更加全面的把握，也有利于我们解析赛事在城市文化中的作用。

一　城市文化

城市首先是一个区域的中心，通过某种功能集聚了大量的产业和人口，获得快速发展最后形成城市。城市是经济、社会、文化的集合体，也是各类产品的集合体，是各类产品的交换场所，也是人们交流的场所，赛事作为文化产品同样也需要在城市所形成的产品集合体中予以交易。城市作为人类美好生活所集聚的容器，在继承、传承历史文化的同时，还在不断创造文化，使城市更加厚重、动感并具有活力。所以对文化的探讨实质上就是对于城市文化的探讨，更是对城市人群所参与的活动以及由此所形成的生活方式的探讨。

体育竞赛作为西方城市文化的重要组成部分，起源于宗教仪式，随着城市工业的发展、人群的集聚得以在城市中不断发展，在其发展的过程中逐渐成为城市文化产业的一部分，改变着居民的生活方式。近年来，现代电子采集技术和卫星技术的发展，也加快了赛事这一文化产品在城际间的不断传播。在我国，改革开放三十多年以来，一座座雄伟壮观却华而不实的场馆群在很多城市拔地而起，这一方面是由于传媒的推波助澜，另一方面可以说是由于城市管理者在吸收外来文化的过程中水土不服。但是，体育竞赛产业的蓬勃发展，也使得附着在城市场馆建筑群中的竞赛文化清晰可见。

何谓文化？我国学术界对文化概念的探讨兴起于 20 世纪 80 年代，比较典型的观点有几个。其中梁漱溟认为，所谓文化不过是一个民族生活的种种方面，总括起来，不外三个方面：第一，精神生活方面，如宗教、哲学、艺术等，文艺是偏重于感情的，哲学科学是偏重于理智的；第二，社会生活方面，我们对周围的人——家族、朋友、社会、国家、世界之间的生活方法，都属于社会生活方面，如社会组织、伦理习惯、政治制度及经济关系；第三，物质生活方面，如饮食起居种种享用，人类于自然界中求生存。

20 世纪初，韦伯曾经用基督教文化里的价值观来解释为什么许多基督教国家发展出资本主义的经济繁荣。以韦伯的理论为基础，哈瑞森、福山、亨廷顿、普特南、英格哈特等，研究现代化的学者都不断提出论证：文化在形塑一个社会的政治和经济行为上，是一个关键元素。假如这一点是合理的，那么一个城市的文化也就决定了这个城市的政治与经济，这一点让我想起 1995 年的往事。当时我去福建石狮——这个改革开放最为受益的南方海滨小城，一个朋友高兴之余要带我去见该市的市长，我们走进市委大院，大院门口没有武警，也没有保安，只有一个值班的老人，简单打个招呼我们就直接进入位于二层的市长办公室，办公室简单得不能再简单了，我们坐下很随意地和市长聊着天。这一场景在我二十多年的传媒生涯中难以忘怀，因为这是我在中国见到的最为亲民的市长和市政府大院了，类似这样的市委大院或市长办公室，我只有在国外见过，这就是石狮文化！这种文化决定着这个城市的政治与经济。据说现在的晋江似乎还有很多这样的文化特点。

亲身经历让我坚信，文化在形塑一个社会的政治和经济行为上，是一个关键元素。其实这种理论在国内的一些城市也有所体现。

文化的主体是社会的人，客体是整个客观世界。文化结构可以简单地分为互相有着内在联系的两个层面，即物质文化和精神文化。张岱年认为，所谓文化，包含哲学、宗教、科学、技术、文学、艺术以及社会心理和民间风俗等。在这中间，又可析为三个层次：社会心理、民间风俗属于最低层次；哲学宗教属于最高层次；科学技术、文学艺术属于中间层次。陈序经在《文化学概观》总结道：文化不外是人类为了适应自然现象或自然环境而努力于利用这些自然现象或自然环境的结果。

《辞海》1989 年版对“文化”一词注了 3 条：①广义指人类社会历史实践过程中所创造的物质财富和精神财富的总和。狭义指社会的意识形态，以及与此相适应的制度和组织机构。②泛指一切知识，包括语文知识。如“学文化”即指学习文字和求取一般知识。又如对个人而言的“文化水平”，指一个人的语文和知识程度。③中国古代封建王朝所施的文治与教化的总称。1993 年第三版的《苏联大百科全书》对“文化”给出的定义基本相同："文化，是社会和人在历史上一定的发展水平，它表现为人们进行生活和活动的种种类型和形式，以及人们所创造的物质财富和精神财富。文化这个概念用来标明一定的历史时代，社会经济形态、具体社会、氏族和民族的物质和精神的发展水平（例如，古代文化、社会主义文化、玛雅文化），亦即专门的活动或生活领域（劳动文化、艺术文化、生活文化）。'文化'这个术语从较狭义的意义来看，仅指人们的精神生活领域。"

从18世纪末开始，西方语言中的"culture"一词的词义与用法开始演化成个人的素养、整个社会的知识、思想方面的成就、艺术和学术作品的汇集，并被引申为一定时代、一定地区的全部社会生活内容。根据英国文化史学者威廉斯考证，他说："在这个时期以前，'文化'一词主要指'自然成长的倾向'以及人的培养过程。但是到了19世纪，后面这种文化作为培养某种东西的用法发生了变化，文化本身变成了某种东西。它首先用来指'心灵的某种状态或习惯'。其后又用来指'一个社会整体中知识发展的一般状态'。再后是表示'各类艺术的总体'。19世纪下半叶人类学、文化学、社会学等学科的兴起，'文化'才开始得到广泛的研究。到19世纪末，文化开始意指'一种物质上、知识上和精神上的整体生活方式'。"

20世纪20年代在英美出现了人类文化学之后，文化才成为一门学科的独立研究对象，从一些广为认可和流传的定义当中可以看出西方学者对文化的理解。被称为人类学之父的英国人类学家爱德华泰勒（Edward Burnett Tylor），是第一个在文化定义上具有重大影响的人。他在1871年出版的里程碑式的著作《原始文化》中论述了文化的定义："文化或者文明就是由作为社会成员的人所获得的，包括知识、信念、艺术、道德法则、法律、风俗以及其他能力和习惯的复杂整体。就对其可以做一般原理的研究的意义上说，在不同社会中的文化条件是一个适于对人类思想和活动法则进行研究的主题。"显然，这个定义将文化解释为社会发展过程中人类精神创造物的总称，是人类社会实践的一切精神成果。鲁思·本尼迪克特在《文化的类型》（1934年）中认为，一种文化正如一个人一样，是一种思想与行为都一致的类型或整体。美国著名人类学家克拉克洪和凯利认为："文化是一整个的丛结。这一整个的丛结包含器物、信仰、习惯以及被这些习惯所决定的人的活动的一切产品。"

英国学者雷蒙·威廉斯对文化概念的界定是当代文化研究界经常提到的一种。他认为，文化一般有三种定义："理想的"定义，文化是人类完善的一种状态或过程；"文献式"定义，文化是知性和想象作品的整体，这些作品以不同的方式详细地记录了人类思想和经验；"社会的"的定义，文化是对一种特殊生活方式的描述，这种描述不仅表现艺术和习得中的某些价值和意义，而且也表现制度和日常行为中的某些价值和意义。从这样一种定义出发，文化分析就是阐明一种特殊生活方式、一种特殊文化隐含或外显的意义和价值。所谓群体生活方式是建立在物质系统和精神系统上的。美国的社会学家福尔森认为："文化是一切人工产物的总和，包括一切由人类发明并由人类传递后代的器物的全部及生活的习惯。"

美国学者克罗伯和克拉克洪在《文化：概念和定义的批判回顾》中，对 1871 年到 1952 年 80 余年间 160 多个文化学概念进行过一次回顾和评析，并且根据一些"基本主题"对文化的定义进行归类。归类的结果便是得出了九个不同学科的基本文化概念，分别是哲学的、艺术的、教育的、心理学的、历史学的、人类学的、社会学的、生态学的、生物学的。这九种基本类型的文化定义直到今天依然具有高度的概括性。学者们用不同的方法、从不同的研究视界对文化这一综合体进行研究，出现了不同的文化学派。到目前为止，其定义已经达 360 多种，成为一个有趣的、争论不休的学术现象。

"文化"的概念确实浩如烟海，其本质属性是人类追求高度社会化的产物，文化具有群体性。

前人对文化的分类从逻辑上看都是对文化概念外延即文化所包含内容的不同划分方法：二分法把文化的外延分为物质文化与精神文化两大类；三分法把文化分为物质文化、制度文化和精神文化三大类；四分法把文化分为物质、制度、风俗习惯、思想与价值四类。其中，制度文化是由人类在社会形成与发展中建立的各种社会规范；风俗习惯体现在人的日常行为当中，极具民族和地域特色。作为文化核心部分的思想价值层次具体表现于艺术、宗教、道德等形态，决定着外围部分的产生和发展。

这些划分方法逐级性体现的都是对精神文化的细化，物质之所以能被文化涵盖是因为物质凝聚了人类的需要、目标、理想、情感等精神文化，是精神文化的可视体现，时常具有象征性和代表性。比如城市各类的建筑、教堂、商业区、居住区等，均被一个文化甚至是一个国家文化所涵盖，也凝聚了城市建筑师、设计者、管理者及城市的固有文化属性，也是城市人群的需要、目标、理想和情感等精神文化的体现。事实上，文化按照不同的标准有不同的划分方法，比如我们常说的东西方文化、饮食文化、服饰文化、建筑文化、玛雅文化等，按照地域、按照实物属性或按照历史阶段等不一而终。

人按照自身的需要和理想改变世界的同时，也按照自身的需要和理想优化和完善自身。正如美国文化人类学家、普林斯顿大学教授克利福德·格尔茨在他的著作《文化的解释》中所说，“我以为所谓文化就是这样一些由人自己编制的意义之网”。

文化是人类与一般动物、人类社会与自然界的本质区别，着眼于人类，卓立于自然的独特的生存方式。文化是由人类实践创造的，但又是实践赖以进行的必要条件。或者说，实践创造了文化，实践是文化的本质，文化则是实践的属性或特征。马克思指出：“培养社会的人的一切属性，并且把他作为具有尽可能丰富的属性和联系的人，因而具有尽可能广泛需要的人生产出来——把他作为尽可能完整的和全面的社会产品生产出来……”当前世界上兴起了文化社会学和社会文化学，使“文化是社会的，社会是文化的”观点日益为人们所接受。文化的社会性、社会的文化性逐步统一于一个完整的社会文化体系中。但是，随着城市化的进程速度加快、全球大部分人开始集聚城市生活之后，推进现代体育成为城市文化的重要组成部分。《牛津辞典》对“文化”的阐释，更加体现了现代城市人群在城市生活的一种表现形式。为此，我们提出现代体育实质上可以说是城市文化。这一点我们从德国著名历史学家斯宾格勒的断言中也可以得到佐证，斯宾格勒认为，人类所有伟大文化都是由城市所产生的，世界历史就是城市历史、市民历史，这就是世界史的真正标准。所以城市文化是指城市人群在物质与精神的总和。它包括城市建筑、制度、宗教、艺术、道德、饮食甚至是咖啡厅等各种形态的集合。

二　体育竞赛是城市文化

古希腊德尔菲神庙的入口处镌刻着一句流传千古的名言：“认识你自己”。这是古希腊人对自身的思考和关注，哲学发生的历史就是人类不断

“认识自己”的历史，人的生存困境随着工业化的进程越发突出，因此，认识自己的使命在现代社会依然没有终结，也许这是一个不会有终结的命题。苏格拉底（公元前469～前399年）认为：“人们所要做的一切，身体起着决定性的作用。然而，凡是需要运用身体的事，也只能取决于健康的体格，身体是成功的希望。”柏拉图（公元前427～前347年）在《理想国》中论述道：“体育是国民教育两大范畴之一，可使身体健康、体型完美、体力充沛，也可以培养人的意志勇敢顽强，人们从事身体锻炼，可以净化灵魂，获得道德上的提升，在本质上是接受教育，或者说，接受体育锻炼就是受教育。”在那时，古代体育还是宗教信仰的一部分，宗教信仰是城邦公民精神世界的向往，古希腊人认为所有神明都喜爱竞技，竞技能使人更为接近神明。体育被称为人类创造的锻造灵魂的方式，能塑造人的价值观，决定人类不同群体的未来发展，是人类以对自我身体和灵魂探索为目的一种方式。

在中国，近代“体育”的概念是1898年“戊戌变法”后从日本传入，完全是放入整个教育体系之中。19年后，1917年，毛泽东在《体育之研究》中写道，“体育者，人类之养其生之道，使身体平均发达而有规则次序之可言者也”“动之属于人类而有规则之可言者，曰体育”。这应该是毛泽东对西方传来的“体育”所做的理解性的描述，可以说在那个时代已经非常精辟了。而1919年，郭希汾在其所著《中国体育史》中概括了当时对体育的三种说法：其一是“举凡与身体发育有关系者”均属于体育，这是最为广义的说法；其二是指“凡所以运动其躯体者”均属于体育，这是次广义的；其三是指凡是“守一定之方法秩序”“其主体专为肉体之锻炼”的运动，均为体育，这是狭义的。

这个时期国内对于体育的理解、认识还只是建立在“一个肉体的运动形式”阶段。由于我国当时还处在一个农耕社会，对现代体育作为城市文化的社会属性、经济属性等，均没有认识到。甚至到了20世纪80年代这个现象依然存在——仅仅把体育及竞赛限定在教育的范畴。比如，胡晓风在1980年《成都体院学报》第1期发表的《关于体育科学体系的若干问题》将体育视为一种社会现象，是教育的组成部分。1982年版的《中国大百科全书·体育》对体育的定义为“体育是人们锻炼身体、增强体质、延长生命的重要方法；是与德育、智育、美育等相配合的整个教育的组成部分；它以竞技的形式，成为人们文化生活的内容和各国人民之间加强联系的纽带。”

1917～1980年，在我国“体育”概念研究领域内，体育始终作为教育的组成部分被探讨、分析与传播。欧洲早期虽然对体育的研究也与教育相关，但是把“体育”独立在教育之外，研究其对人的影响以及和教育的关系。例如，早在1771年出版的英国《大不列颠百科全书》将“体育”释义为“关于人体构造身体发展的教育。它包括人体生理功能、力学原理及运用的研究”。到了19世纪，从教育学角度对体育做了定义，即英国人体测量学鼻祖麦克拉伦在1863年出版的《体育的系统》中提到，“将身体活动与教育相联结，强调身体活动在生活教育上的价值”。由此我们不难看出，西方文化对体育更多的是从生理学、解剖学、力学等学科的角度加以阐释，实际上是对人的研究。从体育对人的教育以及与教育的关系予以释义，而不像我国从苏联引进的概念模式，把体育作为整个教育的组成部分。例如，苏联出版的《教育科学辞典》中提到的“体育是以增进人体健康和达到身体正常发育为目的的一种教育”。上述多种有关体育概念的定义，基本可以显示出东西方对体育与人这一关系的着眼点，在认识上的一些不同。

上述东西方早期对体育的研究在认识上存在某种差距，西方的“体育”逐渐走向了更为宽广的范畴，指向了休闲、消遣、娱乐、竞技等当今我们所见的这些活动形式。1962年，欧洲体育用语统一国际研究会把“Physical Culture”（体育文化）视为体育的上位概念，从社会文化意义上将“体育”界定为包括身体的休闲、消遣、娱乐、竞技等活动，以及有关身体方面人类所创造的物质财富和精神财富的总和，而不仅仅只是“身体教育”。这一观点在我国20世纪90年代的研究领域中尚未能够实现统一，甚至当今的理论与实践尚存差距。60年，西方对“体育”的界定已经包括了休闲、消遣、娱乐、竞技等，而我国到了20世纪90年代末才提出体育娱乐这一概念，显然，这一概念有明显的歧义——体育本身就包含了娱乐，但是由于文化方面的差异以及在发展过程中或者是教育界对“体育”这一术语传播中理解误差等缘由，在所有国内关于“赛事”“健身”“服装”“用品”“场馆”等一切与之相关的词语前面，都习惯加上“体育”一词，如体育赛事、体育比赛、体育健身、体育服装、体育用品、体育场馆等，所以，体育娱乐的称谓自然也就被约定俗成。体育在我国已经成为所有与运动相关的总称。而这一切称谓也源自东西方文化的差异以及西方“竞技”引入中国之后就被纳入教育这一环节之中所形成的习惯。当然，国际上对于竞技、教育、健身等在称谓上也是有所不同，在当今作为商品交易中心的城市，赛事作为商品也逐渐拥有各自的固定称谓，即自己的品牌，如美国篮球职业联赛（NBA）、国家冰上曲棍球联盟（NHL）等，也成为市场经济的产物。我国的一些竞技项目也同样开始以各自名称作为产品品牌加以推广，如中国男子篮球职业联赛（CBA）、中国女子篮球协会（WCBA）等。

1970 年，国际体育联合会在《世界体育宣言》中将英文的“Physical Education”作为“体育”的规范用词，提出“体育作为一项社会活动来说，应当是一项有特定社会任务（功能或目的）、有其完成任务的特定手段（或活动形式）、有社会资金支持、有相应的社会组织形式及相当数量的专业人员构成的社会活动，它在社会活动和组织系统中具有特殊的定位”。国际体育名词学会 1974 年出版的《体育名词术语》中认为，“体育是广义文化的组成部分，它综合各种身体活动来提高人的生物学潜力和精神潜力的范畴、规律、制度和物质条件”。而在《体育名词术语》中却单独定义“Sport”为“专门的竞赛活动，在这一活动中，个人或集体为了充分发挥形态、机能和心理能力——具体表现为本人或对手的纪录被超过——而紧张地从事各种身体活动”。1986 年，美国人杰·柯克利在其《社会体育》中称“Sport 是一种制度化的竞赛活动，这种活动需要强壮身体的努力，或者与个人运用相关联的复杂身体技术有关，个人参与是通过内在的和外在的因素所激发的动机实现的”。随之，“Sport”在社会发展的过程中，又开始逐渐融入了新的元素。比如，1991 年版的《简明大不列颠百科全书》中使用了“Sport and Games”“泛指那些需要一定体力或技巧的娱乐性或竞赛性活动”。而《韦氏词典》（Webster）将“Sport”定义为“消遣娱乐的一个源泉或是为娱乐而从事的一种身体活动”。由此可见，竞赛作为娱乐产品的研发与生产，在当今商品市场为主体的城市中，越来越明确了，并在逐渐为城市文化所接受，这是因为各个城市管理者看到了这个产品所带来的商业和舆论上的巨大价值。由于竞赛本身具有典型的娱乐特质，并被作为城市的文化产品在不断生产和销售，所以从某种意义上讲，如果按照早期的“体育”概念的界定，实际上已经超越了体育原有的意义。但是由于在我国各个城市居民的习惯称谓上却依然要把“体育”加载在“竞赛”一词之前，这才会出现“体育要娱乐化”或者“体育要去娱乐化”这种荒诞的说法。虽然这是人们对体育一词在概念上不够清晰造成的，当然也是我国在分类方面有曲解所造成的，比如工商注册，就明确把体育与娱乐分开，并赋予特定的意义，这也是造成市场混乱的原因之一。

在我国，体育一词几乎囊括了上述的所有释义，所以运用起来往往容易混淆，或者在使用过程中不够清晰。在文字表述的过程中经常会在“体育”一词的后面加一个后缀，如，体育竞赛、体育健身、体育用品，也由此来区分体育所包含的内容。当然改革开放 30 多年来，国民似乎已经习惯这样称谓了。但是有一点是可以证明的，以赛事为主体并包括其相关多个内涵的现代体育，作为城市文化的一部分已经深深扎根于城市，并在逐渐形成和改变城市居民新的生活方式。

文化作为人类创造的客观存在，决定着人类的发展。黑格尔说：“人是文化、历史的产物。”英格兰申办 2018 年和 2022 年世界杯的形象大使贝克汉姆，2009 年 12 月 3 日在接受媒体采访时说：“足球渗透在我们的文化里，存在于我们的 DNA 之中，从我们降生到这世界上，足球就和我们在一起，永远不分离。”这种解读显然是贝克汉姆作为一名足球运动员的感受，如果是乔丹，可能上述句子的主语也就换成了篮球，老虎伍兹也会换成高尔夫球等，一切依然顺理成章。正如《牛津辞典》对“文化”的解释：人类能力的高度发展，借训练与经验而促成的身心的发展、锻炼、修养；或人类社会智力发展的证据、文明，如艺术、科学等。假如我们把这个定义的基本元素移植到体育概念中，我们也会发现惊人的相似之处。

现代奥林匹克之父顾拜旦（Pierre de Coubertin，1863 ~ 1937）提出：“奥林匹克精神首先是一个文化概念。”直至进入 20 世纪 80 年代以来，世界的体育文化观才逐渐趋于一致，即将体育视为一种社会文化，综合考虑体育的社会性和文化性。放眼整个英国，不论是从英国北部的苏格兰高地到中部的传统工业城市曼彻斯特和利物浦，还是再到现代化与古老历史并存的首都伦敦，竞技文化所带来的影响随处可见，对这里的城市居民来说，是与衣食同等重要的生活必需品，绝大多数餐厅和酒吧，都会为顾客们预告近日可以观看电视直播的足球、橄榄球或其他赛事的信息，而城镇内几乎与便利店开的一样多的店面，竟是竞赛博彩的投注站。

为此，我们可以说竞赛产业是一个文化产业，竞赛产品放在市场上便是一个商品，既然是商品，就需要我们遵循市场规律予以操作，制造出符合球迷需要的产品，满足市场需要，这就是为什么中国足协“管办分离”是众望所归。竞赛是一种文化实践（culture practice），是人类在特定的环境中创造出来的一种生活方式。就像其他文化实践一样，体育竞赛是人类在生活实践中与其生活紧密联系的文明的创造。

三　体育竞赛与城市文化

文化史学家赫伊津哈（Johan Huizinga）提出了经典的理论命题：“人类文化在游戏中发生并得以成立，”他将体育（Sport）（我国称之为“竞赛现象”）置于文化的范畴展开讨论，指出“竞赛作为一种真正意义上的文化，不可或缺游戏的要素”。

西欧的体育理论权威——奥地利的格罗尔在其 1962 年出版的《现代体育的形态与概念》中指出：“最广义的体育文化的内容十分丰富，它包括能施加于个人品德和社会意识以某些影响，并给身体带来明显效果的精神成分。也就是，包括一切有意识和无意识的表现。”无论是乔克于 1964 年出版的著作《社会医学与人类竞技》所阐述的“竞技运动与文化”，还是 20 世纪 80 年代由亚当·卡瓦柯的《运动与文化》从文化人类学的观念系统论述的运动与文化的内在联系，以及斯托利亚罗夫在其《哲学问题》中指出的“体育文化在文化现象系统中享有重要地位”，都对体育竞赛在文化体系中的关系做了深入阐释。

体育竞赛作为一种文化形态，它的发展是与城市经济社会的发展相辅相成的，而且随着城市经济、城市化、城市工业、社会的进步而进步。在 2000 多年前，西方文明发源地的古希腊，在哲学、文学、神话等非常发达的时期，才会出现古希腊奥林匹克运动。现代奥林匹克运动项目绝大多数是由英国人发明的，比如乒乓球、羽毛球、篮球、排球、现代足球、赛艇、皮划艇、高尔夫等，这正是英国工业革命和城市工业文明的产物。英国是当时世界上工业最发达的国家，也是早期城市化速度最快的国家，也正是在早期城市化达到了几乎 50% 甚至更高的情况下，才会在城市中催生了这么多现代体育竞赛项目。

19 世纪末，欧洲进入工业文明时期，机器化生产一方面大幅度提高了劳动生产率，另一方面也给人们心理、生理和社会行为造成严重威胁。顾拜旦在全面考虑了当时欧洲社会的状况后，确立了教育青年和构建和谐社会的目标，并选择了竞赛作为实现这一目标的载体。同时，借助欧洲文艺复兴运动的经验，提出复兴古希腊罗马奥林匹克运动的人文价值，从而开创了现代奥林匹克运动。从教育的目的出发，把竞技运动纳入体育，把体育纳入一般的教育，进而把一般的教育纳入人类文化和生活过程之中。顾拜旦认为，运动竞赛的体验会对人们产生有益的教育效果，因为竞技运动所表现的伦理价值和教育价值正是顾拜旦所推崇的骑士气概、公平诚实和运动道德。

现代体育或者我们直接称之为竞赛，其在文化价值序列上展现的性格和特质强调围绕着人全面、自由、和谐的发展而展开。赛事实践是与人的生命活动、生命体验和生命历程最直接相关的领域之一。所以，竞赛文化历来都是满足人的身心需求、塑造完备素质、促成健康美好人生的不可或缺的精神资源和精神力量。卡希尔指出，作为整体的人类文化，可以被称作人不断解放自身的历程。文化的主体是人，它必须以人为本。体育是人的体育，是人创造的，是人类社会所特有的，竞赛是人的本质力量的自我验证，是人性的自由和解放。“人是文化、历史的产物”（黑格尔）。

现代体育严格意义上讲，基本属于西方文化范畴。而中国文化中更多的谈得是养生，这两种文化中最大的差异则是：一个讲的是“动”，一个讲的是“静”，这一“动”一“静”实质上反映两种不同的文化内涵。在资本主义城市经济的推动下，人们的生活方式发生了改变，一些原来属于民间的休闲游戏逐渐进入了上流社会的视野。松散的、易更改的游戏规则逐步被制度化的统一规范所取代。特别是英国工业革命之后，游戏被规则化、商品化、产业化、城市化，由此我们也能清晰地看到现代竞技的诞生地，也是工业革命的发源地，而工业也集聚工人，让游戏在规则的变迁中在城市形成了现代竞技。而那个时代中国还处在奴隶、封建制的体系中，还处在农耕社会，根本不可能形成当时资本主义体制下的现代竞技体育。

城市文化的本质、意义和功能就在于人的发展，在于培养具有尽可能丰富的属性和联系的全面发展的人，这是人之思考的愿景及结果。未来城市文化的发展趋势也将是不同文化元素的组合以及不同文化形态的融合。这就是我们现在所说的全球一体化，它不仅包含了经济一体化，同时还包含了政治一体化和文化一体化。比如 NBA、英格兰足球超级联赛（简称“英超”）、意大利足球甲级联赛（简称“意甲”）、街舞、啦啦队等，赛事所带来的不仅仅是一场场比赛，更是一种多元文化被另外一个城市文化所融合的体现。正是由于“人是文化、历史的产物”，而“城市是一个相对永久性的高度组合起来的人口集中的地方”。所以，《中外城市知识辞典》认为城市文化往往也被称为“都市文化”，是市民在长期生活过程中，共同创造的、具有城市特点的文化模式，是城市生活环境、生活方式和生活习俗的总和。现代竞赛体系的发展正是由于工业革命之后，大量农村人口集聚到工厂并由此推动了城市化发展而不断发展。为此，我们可以说现代竞赛与城市文化的关系是“现代竞赛是城市文化的重要组成部分，是西方城市文化与东方城市文化逐渐融合的过程”。就如同德国著名历史学家斯宾格勒曾断言，人类所有伟大文化都是由城市所产生的，世界历史就是城市历史、市民历史，这就是真正的标准。

现代竞赛基本体现了城市文化的基本属性，渗透于个人的素养、社会的知识、思想方面的成就、艺术等，也反映了城市居民在物质上、知识上和精神上的整体生活方式。竞赛作为城市文化的发展同样不是一种孤立的文化现象。在西方，竞赛是随着英国工业革命的发生，在政治、经济和社会事件经历了两百多年的历程逐渐形成的，是资本主义先进的科技、工业化、城市化以及人口快速增长的衍生产物。在任何一个时代，竞赛都能够为一个城市提供最为时尚的文化产品，也能够让整座城市居民为此产品狂热，并同时能够辐射全国乃至全世界的各个城市。就如同美国学者佐金（Sharon Zukin，2006）通过研究和观察纽约的文化设施和文化空间，提出文化不是城市的一种附属产品，而是控制城市空间的一种有力手段。这种文化产品生存的土壤是以工业和市场为基础，以城市为承载，以人为核心。英国学者汤林森（John Tomlinson）曾深刻指出：“资本主义的文化重点就是消费的行为过程与经验的商品化……资本主义文化的扩散，实质就是消费主义文化的张扬，而这样一种文化，会使所有文化体验都卷入到商品化的漩涡之中。”同样，在我国，无论是所有来自西方的竞赛项目还是我国传统中自由的竞赛项目，其生存与发展的基本土壤都是城市，城市经济是其发展的基本条件，城市文化是其发展的动力。

全球化的今天，对一个城市而言，即使其在城市内部建设中已做出了良好的安排，但是如果与全球文化相隔离而不能接轨，无法处理好与国际文化的竞合关系，这个城市也无法成为一个真正意义上的有影响力、竞争力的国际大都市，甚至只能停留在城镇的分界点上，在未来激烈的城市角逐中处于劣势、缺乏活力，最后失去一个城市应有的价值！这一切都是值得我们城市管理者认真反思的问题。

第三节　城市文化产业与体育竞赛产业

“关注文化就是仰望精神的天空，研究文化就是探索灵魂的太空”。近年来，在国际文化讲堂上流传着这样一句名言：19 世纪靠军事改变世界，20 世纪靠经济改变世界，21 世纪则要靠文化改变世界。

约瑟夫·奈提出软实力概念，他说：“硬实力和软实力同样重要，但是在信息时代，软实力正在变得比以往更加突出。”20 世纪法兰克福学派提出文化产业的概念，文化日益清晰地以产业形态呈现在世人面前。而创意则是开启大门的钥匙，在形态上它滴水穿石、润物无声，作为具有经济特征的创意文化产业，它通过受众群体实现边际效益增长，从而达到利润最大化，被认为是 21 世纪全球最具前途的产业之一。

未来，文化产业全球化发展，不断细分，城市第三产业的比例不断提高，文化创意产业在为其他产业提供服务的同时，还要满足企业、商家、城市管理者等的策划、设计、营销、广告、影视、戏剧等的需求，以及城市居民的各种物质与精神生活的需求，这也推动了文化产业自身的不断发展与完善，文化产业将随着其他产业全球化和多元化发展的同时获得自身的发展。在全球范围的城市经济、政治、文化一体化的当下，作为商品交易平台的城市也将不断为竞赛产业的生存与发展奠定基础，这也是国际赛事不断落户我国大中型城市的原委。随着竞赛产品不断被各个城市所接受，竞赛产业也就自然融入城市文化产业之中，成为城市文化产业的重要组成部分。

21 世纪，城市要靠文化来改变！城市竞赛产业的崛起，正在不断影响着城市居民的生活，提升着城市的时尚品位，改善着城市的人文环境，缔造着城市的动态景观，创造着城市的商业集聚区，以其东西方文化巧妙地融合在现代立体传媒渠道的作用下快速提升着城市在国际上的影响力与竞争力，推动城市经济的不断发展和改善城市的产业结构。

城市文化产业

美国著名体育社会学学者佐治·塞格在谈到美国的体育产业时说，它“不是一种孤立的文化现象，它是政治、经济和社会事件在过去两个多世纪的发展结果。它伴随着现代社会的发展而发展。它是先进的科技、工业化、城市化、人口快速增长和资本主义的发展的衍生物”。而这一切也正是城市文化形成的核心要素。体育产业作为文化产业的重要组成部分，我们自然要把体育产业放在文化产业的范畴来研究和探讨，所以我们需要首先了解“文化产业”。

1980 年初，欧洲议会所属的文化合作委员会首次组织专门会议，召集学者、企业家、政府官员共同探讨“文化产业”的含义、政治与经济背景及其对社会与公众的影响等问题，文化产业作为专有名词从此正式与其母体脱离，成为广泛意义上的“文化－经济类型”。

曼彻斯特大学大众文化研究所执行主任贾斯汀奥康纳认为，“文化产业是指以经营符号性商品为主的那些活动，这些商品的基本经济价值源自它们的文化价值”，“它首先包括了我们称为‘传统的’文化产业——广播、电视、出版、唱片、设计、建筑、新媒体和‘传统艺术’——视觉艺术、手工艺、剧院、音乐厅、演出、博物馆和画廊”。

英国学者大卫·赫斯蒙德哈尔什认为文化产业的本质在于创造、生产和流通文本，文化产业分为核心的文化产业和边缘的文化产业。

陈少峰教授在其所著的《文化产业商业模式》中明确提出：“文化产业介于‘文化元素’的概念和经济领域的产业大概念之间，其着眼点在‘产业’，即主要是作为一种产业门类，侧重企业的经营管理方面，而不是以文化作为优秀的考察对象”。由此我们可以比较清楚地看到文化与文化产业之间的相对比较大的差异性，也帮助我们对文化产业做进一步的理解。陈少峰教授清楚地提道，“对文化产业发展的资源基础来说，人力资源和经济发达程度才是最为重要的资源基础，历史文化不是重要的资源基础。文化产业属于现代高端服务业的范畴，依靠历史文化资源或者历史文化遗存来发展旅游，不是文化（创意）产业的组成部分，而是传统的旅游产业范畴……也仅仅是文化产业的辅助部分，不是其主体内容”。

国际社会逐渐认识到文化的产业属性并大力发展文化产业，但并未形成统一的文化产业定义和行业划分标准，各国之间对文化产业的概念内涵、行业范围、统计口径等均存在差异。

按照联合国教科文组织的定义，文化产业可以被定义为“按照工业标准生产、再生产、储存以及分配文化产品和服务的一系列活动”。这一定义强调的基本内涵是“在社会高度工业化、技术化和商品化条件下，文化领域中出现的使文化产品具有鲜明的技术性、复制性、批量性、商品性的文化产出方式”。当然也会有人误认为标准化和规模化生产可能会造成文化多样性和个性的逐渐消失，缺乏提升性的文化内涵，对精英文化带来重大的冲击。实际上，越是市场化的产品，越会追求其产品的独特性，去满足消费者多样性的需求。所以，真正能够存活于市场并生产出符合市场需要的产品的文化产业就必然具备着强大的生存能力。比如，NBA 与 CBA、英超与中超，这样的超级联赛以及他们之间的差距既存在于社会工业化程度，也存在于社会高度工业化、技术化和商品化条件下创造出不同特色的技术性、复制性、批量性、商品性的文化产出方式。

文化产业应该是一个产业集群。我们从国家统计局 2004 年《文化及相关产业分类》对文化产业的划分中可以看出，文化产业包括核心层、外围层和相关层。核心层包括：新闻、书报刊、音像制品、电子出版物、广播、电视、电影、文艺表演、文化演出场馆、文物及文化保护、博物馆、图书馆、档案馆、群众文化服务、文化研究、文化社团、其他文化等。外围层包括：互联网、旅行社服务、游览景区文化服务、室内娱乐、游乐园、休闲健身娱乐、网吧、文化中介代理、文化产品租赁和拍卖、广告、会展服务等。相关层包括：文具、照相器材、乐器、玩具、游艺器材、纸张、胶片胶卷、磁带、光盘、印刷设备、广播电视设备、电影设备、家用视听设备、工艺品的生产和销售等（如图 1－1 所示）。

2005 年，中国开始实施《文化及相关产业指标体系框架》，这是由中宣部协调，国家统计局牵头，文化部、广电总局、新闻出版总署和国家文物局各部门联合参与的“文化产业统计研究课题组”的第二阶段研究成果。此前发布的《文化及相关产业分类》是该课题组第一阶段的研究成

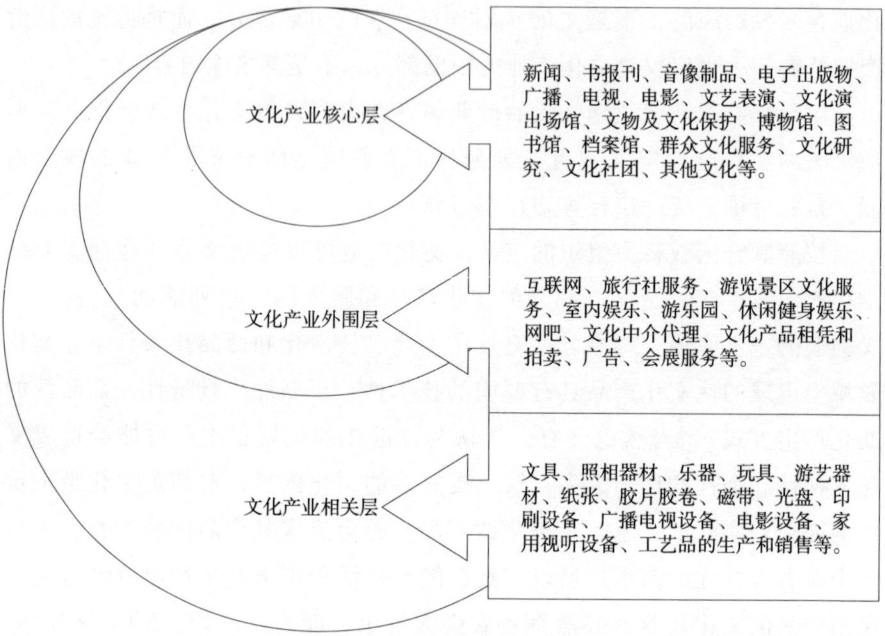

图 1－1　文化产业集群关联示意

果，即从统计学意义上对文化产业的概念和范围进行了权威界定。在《文化及相关产业分类》中，“文化产业”这一概念被界定为“为社会公众提供文化、娱乐产品和服务的活动，以及与这些活动有关联的活动的集合”。文化产业及相关产业的范围包括文化产品、文化传播服务和文化休闲娱乐活动直接关联的用品、设备的生产和销售活动以及相关文化产品的生产和销售活动，具体可划分为“核心层”、“外围层”和“相关层”。但这一定义也因为在具体的实践中遇到了一些问题而受到批评。争议最大的是其分类标准以传统的文化条块管理为参照，对文化产业的发展考虑有失偏颇。例如，这个定义与分类未区分公益性的“文化事业”和经营性的“文化产业”，把博物馆、烈士陵园、纪念馆、图书馆、档案馆、群众文化活动、群众文化馆、社会人文科学研究等，都归入最核心的第一层“文化服务”。同时，新媒体产业在分类中得不到反映，文化教育、体育等文化特色鲜明的产业部分也没有纳入。特别是面对现代竞赛产业这块巨大的市场蛋糕，则避而不谈，确实有些不可思议！

日本饭田信男在《第三产业》中对文化产业范围的界定是：与闲暇相关联的服务业，包括属于服务领域中的电影业、演出业、广播业、其他娱乐业、著述家业、艺术家业、私人演讲所、宗教，此外还包括娱乐用品的出租业、剧场及演出场、赛车赛马场、体育场、公园、集会场所。同时，他认为满足社会性、文化性欲望的服务部门，虽然所产生的社会意识形态属于上层建筑，但只要它脱离了寄生于统治阶段的状态，被纳入社会分工的一个环节，包含在经济规律当中，就应该属于经济基础。事实上，他在此明确了文化建设虽然产生于意识形态，属于上层建筑，但是当被纳入社会分工之后，便应该属于经济基础范畴，这就阐明了城市文化产业的发展基础。

美国人类学家克鲁伯和克莱德·克拉克洪，截至 1973 年，共分析了 160 多个由人类学家、社会学家、精神病学专家以及其他学者给文化所下的定义，试图花大约 30 页的篇幅给文化下一个确切的定义，但最终走向绝望，转而采用比喻的手法尝试解释文化的定义。然而到目前为止，文化定义的数量仍然在不断增加，据了解，已经超过了 360 种，目前还在继续增加。可见“文化”这一概念是一个极其复杂、确实难以定义的、莫衷一是的词汇。也正是如此，文化产业的划分自然也存在难舍难分的局面，好在本文只是借用当今国外和国内对文化产业的分类，将研究范围局限在城市文化产业中的竞赛产业，重点解读作为城市文化产业中的赛事产业发展的环境和条件，以便我们更好地理解与把握现代竞赛产业在城市文化产业中的发展态势以及与城市发展之间的关系。美国心理学家马斯洛（1908～1970 年）在 1943 年发表的《人类动机理论》中首次提出人类需求五层次理论（见图 1－2）。

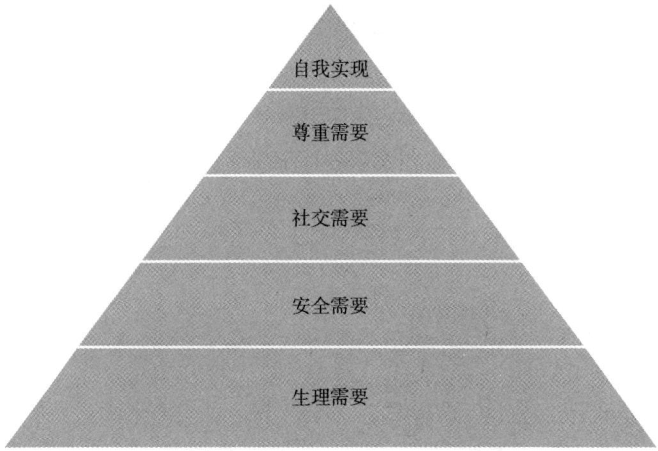

图 1－2　马斯洛的人类需求五层次理论

第一，生理需要，是个人生存的基本需要，如吃、喝、住等。

第二，安全需要，包括心理上与物质上的安全保障，如不受盗窃的威胁，预防危险事故，职业有保障，有社会保险和退休基金等。

第三，社交需要，人是社会的一员，需要友谊和群体的归宿感，人际交往需要彼此同情、互助和赞许。

第四，尊重需要，包括要求受到别人的尊重和自己具有内在的自尊心。

第五，自我实现需要，指通过自己的努力，实现自己对生活的期望，从而对生活和工作真正感到很有意义。

由此可以清楚地看到，现代体育竞赛业在城市中的诞生基本符合马斯洛所提出的人类需求五层次理论中的社交需要、尊重需要以及自我实现需要。可以说体育竞赛是当代城市文化生活中的居民的必然需求。城市文化产业的兴起也正是由于城市所积聚的群体在满足生理与安全需求之后，对社交、尊重和自我实现的需求而产生的。

同样，为了更好地把握文化产业的特点，我们可以用一个简单的文化产业结构图剖析一下（见图 1－3）。

根据图 1－3，可以看出，文化产业既然是一个产业集群，自然有上游、中游和下游，这就是我们常说的产业链。所谓上游就是我们说的文化

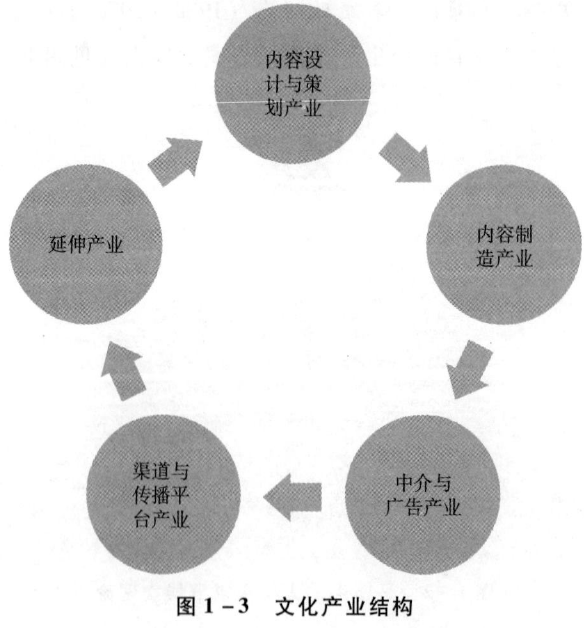

图 1－3　文化产业结构

产业的创意活动；中游就是生产加工活动；下游就是延伸和衍生产业。文化产业首先是一个以内容为主的产业，而内容的产生则是出自创意的过程，也就是以人力资源为主体的生产活动；其次，是一个注重传播平台，我们也称之为渠道传播的过程，其实还是一个创意的过程；最后，是一个再创意的过程，我们称之为衍生产业的发展过程。这三点都需要大量优秀的创意人才集聚方能完成，所以，只有城市人口的集聚，才有可能出现当代文化产业的革命。这也是我们要进一步剖析的城市文化产业。

2008 年 6 月，美国好莱坞的梦工厂电影制作公司以中国传统的武侠元素为主题创意，结合当今最先进的 3D 动漫制作技术，创造出一只“功夫熊猫”。功夫是中国武术在世界上通行的代名词，而熊猫则是中国独有的国宝动物，还有影片中出现的虎拳、鹤拳、蛇拳、螳螂拳、猴拳等，以及其中所传达出的武术内涵和精神，都是中国武术文化宣扬了千百年而且是当今的许多武术文化研究者耳熟能详的东西，就是这些完全中国化的元素却在梦工厂的创意下，以诙谐风趣、通俗易懂的卡通动漫形式展现在人们面前，赢得了世界上众多国家无数观众的喜爱，掀起一股中国功夫的热潮。在赢得广泛赞誉的同时，梦工厂在知识产权的保护和成熟的全球营销网络的配合下，借助《功夫熊猫》赚了个盆满钵满。影片上映仅一周票房就超过了 1 亿美元，截至 2009 年 1 月底，该片在全球票房达近 6 亿 3000 万美元，而这其中有 65% 的票房收益是在美国之外的海外市场获得的。随着影片的热映，其影片的 DVD 也在全球热卖，“功夫熊猫”的品牌在全球市场迅速确立并大受追捧，以功夫熊猫为主题的电子游戏、玩具、服装、食品等衍生产品即刻遍布全球市场。到目前为止，其产业链衍生产品的收益已高于影片票房本身。随着《功夫熊猫》续集的陆续上映，这种势头很可能还将延续较长的一段时间（《功夫熊猫》的小续集《功夫熊猫之盖世五侠的秘密》已经上映，受欢迎程度依然如初。据悉，梦工厂计划拍摄 5 部续集）。

《功夫熊猫》可以说是好莱坞推出的最具中国文化元素的一部电影，除了好莱坞一贯的搞笑和煽情手段之外，整个故事都很中国化。正如导演马克·奥斯本和约翰·史蒂芬森所言，他们为这部电影准备了 30 年，现在他们可以骄傲地说，这部电影是一封美国人写给中国的情书。10 年前的动漫影片《花木兰》同样取材于中国，一炮打响。10 年后的《功夫熊猫》

又绽放异彩。阿波嬉皮、笑闹的形象至今仍记忆犹新，就是这只绿眼睛、说英语、做鬼脸、性情顽皮的“中国大熊猫”，席卷了全球电影市场。好莱坞梦工厂对中国文化和中国元素的娴熟运用，与美国文化巧妙地融合在一起，给世界观众带来了欢乐和笑声，也给中国观众带来了惊奇和赞叹。好莱坞索尼电影公司的副总裁弗朗斯·塞甘蒂尼提到2007年索尼的《蜘蛛侠3》业绩时说：“该片制作成本为3.8亿，全球票房收入为8.9亿，其中美国国内市场收入（包括加拿大）只有3.36亿，其余收入来自国外的105个国家。”而且，她明确地说：“今后我们所面临的是一个国际商业市场。我们越来越意识到自己所制作的电影是面向全世界的，这样的影响可想而知，一部电影从策划开始，就要时时考虑到我们所处的这个国际市场。我们的作品应该在全球各地受到追捧，而我们致力于达到这一有效的过程，这就是我们的责任所在。”塞甘蒂尼这番话表明了当今全球城市间在文化产业的竞争更加激烈。如果《蜘蛛侠3》只依靠美国国内市场的收入，这部电影就一定是赔本的。而类似于《蜘蛛侠3》《功夫熊猫》这样的影片在全球所获取的商业价值和文化价值正是由于好莱坞的产业化才能够实现，这一点毋庸置疑！正如塞甘蒂尼所言，“这是一个产业，如果不去考虑我们所谈论的这个产业的庞大规模，我们就无法理解好莱坞”。电影－电影院－购物中心－电影产业链构成城市文化的重要组成部分，也是城市文化产业的重要组成部分。同样我们要谈的赛事－赛场与商业中心－赛事产业链也同样构成了城市文化的重要组成部分，成为城市文化产业的重要组成部分。

文化产业是一个产业集群，体育产业作为文化产业的一部分，同样也是一个产业群，是包含竞赛产业、健身休闲产业、用品产业、场馆业、体育传媒业、体育经纪业、体育教育业、体育广告业等多种产业的集合。而场馆业、体育经纪业、体育传媒业、体育广告业、体育培训以及一部分体育用品业也是竞赛产业的重要组成部分，并且形成竞赛产业的完整产业链，共同组成竞赛产业制造产品的各个环节。无论是三分法还是四分法，竞赛产业的创意属性、内容属性、版权属性、媒介属性等都充分体现了文化产业的专属特征和竞赛产业的城市“文化资源性”。而现代体育产业中的核心产业是竞赛产业，它是一个技术密集型、资本密集型、人才密集型的产业。所以这个产业的生存环境以及其投入与产出基本只能局限在城市或者城市周边的基础设施较好的地区。

芬兰学者苗佳莉娜·罗马认为，不管从何种角度来界定文化产业都要以“艺术+经济+技术”为支点，文化产业的大厦正是建立在这三者的基础上。竞赛产业作为体育产业群的核心产业，同样体现了“艺术+经济+技术”三位一体的总和。现代竞赛产业是一个以精神产品的生产、交换和消费为主要特征的产业系统。而竞赛产业的特点是内容为王，城市文化的认同决定了市场的认同感，即城市居民的接受度决定了其赛事产品对传媒产业的资源价值，赛事版权的价值又决定着该项产业所创造的产品的价值，而产品的市场价值是该产业系统发展的关键。在知识产权成为世界共识并被不断加强保护的当下，版权的经济效益日渐凸显，简而言之就是创意的销售以及创意载体的销售。创意产业的核心在于创意，也就是说创意才是产业形成的起点，如果说产业是滔滔江水，那么创意就是江水的源头。江水的源头一般只有一个，但是创意的来源却是全世界的文化元素，都可以为我所用。即一个竞赛产品中的核心价值便是明星，赛事的“技术+艺术+经济”在创意的作用下生产出产品，这便是文化体育产业生产的基本过程。而竞赛产业并不是脱离世界的新生产物，而是不同的元素和不同的方式进行碰撞、融合等产生的，前提是以城市居民的娱乐消费为核心的创意集合，这便是城市竞赛产业的价值所在。

本书所探讨的城市文化不是指城市的历史文化，而是指现代城市的时尚文化、消费文化，探讨的是形成现代城市中竞赛产业与传媒产业、城市经济、人文环境所产生的影响力和竞争力，其产品必须体现娱乐性、参与性、体验性、时尚性等方面的要素。作为当今商业产品生产与交易平台的城市，商业化是繁荣城市文化产业的核心，正是基于这一点，竞赛产业以及其制造的竞赛产品在城市文化产业中才能不断为城市居民所消费，并逐渐形成现代城市居民时尚与动感的生活方式！

小　结

本章节主要是通过对城市、城市化、城市群、城市文化及产业的解读，阐释体育竞赛及产业在城市文化产业中的地位与作用。从事赛事组织、管理及相关产业的从业人员应该从城市角度去思考和探索竞赛及竞赛产业，站在城市的角度去思考、运营、管理、建立产业结构。作为储存人的容器，城市自然要从如何能够给予人类最佳生活环境的角度进行探究，而城市文化主要是指城市的时尚、消费文化要与人类的需求相适应。在城市竞赛产业的发展过程中，必须考虑要与城市文化产业集群相配套，或者借助周边城市的配套产业强化自身的发展，从推动城市发展和符合人类居住与生活的角度去研究城市与赛事、城市文化与竞赛文化、城市文化产业与体育竞赛产业之间的相互关系。这既是本章节也是本书的整体构思，其目的就是将体育竞赛产业放在城市的大环境中去思考，探索一个城市体育竞赛产业的产业链的建立。

第二章　体育赛事与城市发展战略

第一节　城市发展战略与城市竞争力

一　城市发展战略

战略最早是军事概念。在西方，“strategy”一词最早源于希腊语“strategos”，意为军事将领、地方行政长官，后来指军事将领指挥军队作战的谋略；在中国，“战略”一词最早见于西晋史学家司马彪著的《战略》一书，本义是指战争全局的方略；在现代，“战略”一词被引申至政治和经济领域，其涵义演变为泛指统领性的、全局性的和左右胜败的谋略、方案和对策。

1958 年，美国发展经济学家艾伯特·赫希曼在《经济发展战略》中首次提出“发展战略”（Development Strategy）这一概念，并重点讨论了发展中国家如何利用自身潜力、资源与环境，谋求区域经济社会发展。自 20 世纪 60 年代开始，联合国先后制定了 60 年代、70 年代、80 年代三个 10 年的“国际发展战略”，使“发展战略”一词逐渐跃出以发展中国家为研究对象的范围，也广泛运用于其他区域。

“城市发展战略”从 20 世纪 80 年代开始在我国使用，是指在较长时间内，对城市发展的各种因素和条件进行的评估，从关系城市发展全局的角度出发，研究和制定城市发展所要达到的目标，所要解决的重大问题，所要经过的阶段以及为实现上述要求的力量部署和采取的重大政策措施。[①] 城

① 《环境科学大辞典》编辑委员会：《环境科学大辞典》，中国环境科学出版社，1991，第 49 页。

市发展战略是城市管理的主要依据，也是影响城市发展的首要因素，在世界经济一体化逐渐加剧的今天，其实质是提升城市的竞争力，以应对日益激烈的国内外竞争。

二 城市竞争力

城市竞争力的研究起源于国际竞争力的研究。1985 年，世界经济论坛（World Economic Forum，WEF）在《关于竞争力的报告》中率先提出“国际竞争力”的概念，认为企业的国际竞争力是企业以比其竞争对手更有吸引力的价格和质量来进行设计生产、销售货物以及提供服务的能力；国家竞争力是指一个国家能够达成持续经济增长的能力。1994 年，世界经济论坛在《全球竞争力报告》中又将国际竞争力定义为“一国或公司在世界市场上均衡地生产出比其竞争对手更多财富的能力”，1999 年再度将国际竞争力的定义修改为“支持经济在中长期高速增长的制度和政策安排”。2000 年该报告给出两个定义：一是增长竞争力，即较长时期获得经济高速增长的能力；另一个是企业竞争力，即获得较高劳动生产率的能力。2004～2005 年该报告认为决定竞争力的是国家生产力水平的一套制度、政策和因素。[①] WEF 关于国际竞争力的观点可以概括为两点：①竞争力的实质是保持经济的持续增长，获得较高生产力水平，提高居民收入；②一系列的制度、政策及因素是竞争力的决定因素。

瑞士洛桑国际管理发展学院（International Institute for Management & Development，IMD）认为，国家竞争力是指国家创造良好环境使企业保持强劲竞争力的能力。他们认为，财富主要由企业创造，但国家环境左右了企业竞争力的强弱。

“竞争战略之父”迈克尔·波特认为，国家的财富主要取决于本国生产率和所能利用的单位物质资源，一个国家的竞争力集中体现在其产业在国际市场中的竞争表现，而产业能否在国际竞争中取胜，主要取决于生产要素、需求状况、相关和支持产业、企业战略结构与竞争程度等四个因素，加上政府的作用和机遇，这六个要素构成了著名的“钻石模型”

① Porter，Schwab，Sala-I-Martin，Lopez-Claros，*The Global Competitiveness Report* 2004 - 2005. Ashford Colour Press Ltd，Gosport. 2004.

(Michael Porter diamond Model)。同时，波特指出竞争力同样适用于城市和区域层面的分析。

国外对城市竞争力的研究评价开始于20世纪80年代，其中，以美国巴克内尔大学的彼德·卡尔·克拉索教授、北卡罗来纳大学的丹尼斯教授、斯坦福大学的道格拉斯·韦伯斯特教授、英国学者伊恩·勃格等人的研究最具代表性和影响力。

彼德认为城市竞争力是指城市创造财富、提高收入的能力。

丹尼斯在吸收前人研究成果基础上，提出了大都市国际竞争力概念框架：C = f（U，N，T，F)，其中C代表大都市地区的国际竞争力，U代表进行国际贸易和国际投资等商业活动的当地城市环境，N是大都市地区国际竞争力的国家因素，T是指对国际贸易条约的依附程度，F是指当地企业和产业的国际竞争力。

伊恩将城市竞争力定义为“在自由和公平的市场环境下，城市产生好的产品和服务，满足国际市场，同时长期提升居民收入的能力”。[①]

道格拉斯认为，城市竞争力是指一个城市能够生产和销售比其他城市更好的产品的能力，提高城市竞争力的主要目的是提高城市居民的生活水平。

丹尼斯所提出的大都市国际竞争力概念框架中，对应赛事产业在城市战略中的作用依然是可以很好为赛事与城市发展奠定依据的。我们很容易理解其中的对应关系：C依然代表着城市的竞争力，U代表着国际赛事产品含优秀运动员及体育用品的国际贸易和对赛事产品生产的投资，这里包括体育场馆及世界优秀选手和知识产权等方面的投入的城市环境，N代表的是该城市及地区国家因素，即一个国家的政策、制度、人员工资收入、城市文化及市场环境等，T是指对文化产业在国际贸易中的条约的依附程度，F则是指该城市中的企业和产业自身的国际竞争力。

国内城市竞争力的评价研究受国外研究的影响较为深远，无论是内涵定义还是分析框架、评价指标等各方面，都是在国外竞争力研究基础上追求创新。目前国内对城市竞争力进行系统研究和评价的较有影响力的机构

---

① Robert J. Rogerson, “Quality of Life and City Competitiveness,” *Urban Studies* 36 (1999): 969 - 985.

有六家：以桂强芳博士为代表的中国城市竞争力研究会、以连玉明为代表的北京国际城市发展研究院、以倪鹏飞博士为代表的中国社会科学院、以蔡旭初为代表的上海统计局、以宁越敏为代表的华东师范大学、上海社会科学院。国内外对城市竞争力理解的角度不同，但基本内容是一致的，我们将国内外对城市竞争力的定义进行梳理，可基本概括为以下两个方面。

（1）城市竞争力提升的目的是城市的可持续发展和城市居民生活水平提高。

（2）资源的吸引、争夺、拥有、控制和转化能力，资源配置能力和占领市场的能力，以及城市集聚与扩散能力是城市竞争力最根本的因素和基础。

因此，国内外进行城市竞争力研究的初衷，都是为了清楚了解城市的现状和潜力，找到决定城市社会经济发展的主要因素，从而制定正确的发展战略，促进城市的健康快速发展。城市竞争力是城市发展战略研究的主要内容之一，它为城市发展战略的制定提供依据。

三　打造城市竞争优势的基础理论——波特钻石体系

自亚当·斯密和大卫·李嘉图提出自由主义经济理论以来，“竞争”对经济效益和生活水准的积极作用就开始得到了众多经济学家的广泛重视。1990 年，美国哈佛商学院教授迈克尔·波特出版了《国家竞争优势》，书中提出了“国家竞争优势”理论（也称“波特钻石体系”），实现了从传统比较优势理论到竞争理论的飞跃发展，同时也为提升城市竞争力的战略制定提供了重要的参考依据。

（一）“钻石体系”的结构与要素

正如波特本人所指出的，“与一般的理论和政策主要着眼于经济增长和繁荣的宏观条件所不同的是，我的分析主要立足于经济发展的微观基础。现在的大多数文献着力于政府在经济发展中的核心角色认定，而我更强调公司所起的关键作用”。[①] 波特认为只有抓住产业这个由公司组成的经济运行的主体进行分析，才能正确理解国家竞争优势的形成。因此，波特系统阐述了国家与企业的相互关系：一方面，国家竞争优势的形成，关键

① 〔美〕迈克尔·波特：《国家竞争优势》，李明轩、邱如美译，中信出版社，2007。

在于优势产业的建立，凡优势产业大多是生产效率高的产业，而产业不断提高生产率的源泉在于企业努力创新、持续全球竞争优势；另一方面，“国家是企业最基本的竞争优势，因为它能创造并保持企业的竞争条件。国家不但影响企业所做的战略，也是创造并延续生产与技术发展的核心”。[①] 据此，波特提出了决定一个国家的某种产业竞争力的四个关键因素和两个辅助要素（机会、政府），形成一个钻石形的双向强化的系统（见图 1－4）。

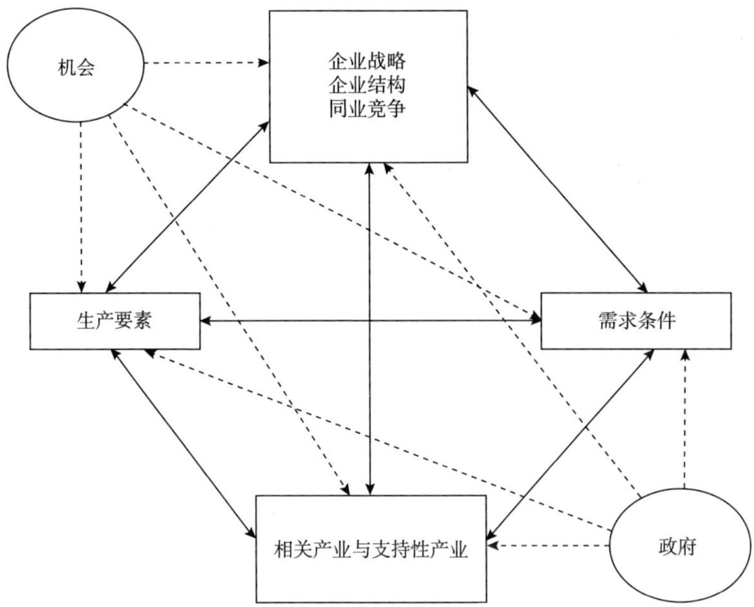

图 2－1　国家优势的关键要素

波特对这些因素做了如下阐释。

（1）生产要素：一个国家在特定产业竞争中有关生产方面的表现，包括人力资源、天然资源、知识资源、资本资源、基础设施等，它们是任何一个产业最上游的竞争条件。

（2）需求条件：本国市场对该项产业所提供产品或服务的需求如何，它会刺激企业改进和创新，其中国内市场的质量远比市场需求量更重要。

（3）相关产业及支持性产业：这些产业的相关产业和上游产业是否具

① 〔美〕迈克尔·波特：《国家竞争优势》，李明轩、邱如美译，第 63 页。

有国际竞争力。

（4）企业战略、企业结构和同业竞争：企业在一个国家的基础、组织和管理形态，以及国内市场竞争对手的表现。

（5）机会："机会"与所处国家环境无关，也并非企业内部能力，甚至不是政府所能影响的。但是，机会是一个很重要的角色，它所造成的影响也有好有坏。

（6）政府：政府在提高国家竞争优势中起一种催化和激发企业创造欲的作用，主要通过观念性的政策为企业创造一个有利于公平竞争的外部环境。

同时，波特强调"钻石体系是一个互动的体系，它内部的每个因素都会强化或改变其他因素的表现"。[①] 也就是说，钻石体系中任何一项因素的效果必然影响到另一项的状态，这是一个双向强化的系统。

（二）"钻石体系"与城市发展战略

在竞争全球化的新时代，伴随着竞争范围的国际化、竞争领域的全面化、竞争程度的激烈化和竞争方式的复杂化，竞争主体也呈现多元化的发展。国家、地区、城市、企业、组织、个体都成为竞争主体参与资源争夺。世界贸易自由化的发展进程使得国家对国内产业、区域的作用相对下降，生产、交通和通信技术变革使经济活动空间关系发生改变。正如2008年诺贝尔经济学奖获得者克鲁格曼教授所认为的，国家边界的作用或者地位正在逐步削弱，而国家的下层主体——区域或城市，尤其是城市必须在未来的战略规划、基础设施规划等的制定，对新企业形成的支撑，小企业的健康发展，促进高校、研究机构等有效技术交流联系等各个方面肩负起历史的重任。

国与国之间、企业与企业之间的竞争都取决于城市竞争力。世界多数国家政府已经把构建国际大都市和世界级城市群提到了国家战略层面，如胡锦涛同志在十七大报告中明确指出："以增强综合承载能力为重点，以特大城市为依托，形成辐射作用大的城市群，培育新的经济增长极。"波特从微观竞争主体产业和企业的地理集中性的效应角度提出，企业在全球

① 〔美〕迈克尔·波特：《国家竞争优势》，李明轩、邱如美译，第115页。

化背景下可以随时按照其发展战略的制定，变动其所在城市或区域的地理位置，因此，在研究竞争力时，国家不是最佳的划分单元。而他的钻石体系虽然“定位于国家层次，但其分析框架完全适用于对地区、州和城市等级别的分析”，并且事实上也已经“开始运用到城市和大城区”。①

城市发展战略制定和实施的目的是提升城市竞争力。因此，城市发展战略制定的前提是深入了解城市内部资源优势，实现重构城市内在资源和吸引城市外部资源，以促进城市竞争力的提升。钻石体系试图通过分析一个国家的关键资源，解释国家与产业竞争力的关系，即国家如何进行资源重构和吸引外部资源以刺激产业改善和创新。运用到本文所探讨的城市这个竞争主体中，钻石体系能够有效地解释一个城市怎样借助体育产业的竞争优势崭露头角，而城市的这些环境因素又是如何影响体育产业的竞争优势的。

因此，根据钻石体系，我们可以假设认为：一方面，体育竞赛产业的发展有利于城市竞争力的提升，一个城市体育竞赛产业的竞争表现能在一定程度上反映城市竞争力的强弱；另一方面，体育竞赛产业的发展有赖于该城市所提供的生产要素，需求条件，相关产业及支持性产业，企业战略、企业结构与同业竞争四个关键环境因素及两个辅助环境因素（机会、政府）的共同作用。

第二节　体育赛事与城市发展战略的关系

一　体育赛事与生产要素的关系

生产要素是任何一个产业最上游的竞争条件。波特把生产要素归纳为人力资源、天然资源、知识资源、资本资源、基础设施等几大类，并将其分为初级生产要素和高级生产要素两种：初级生产要素包括天然资源、气候、地理位置、非技术人工与半技术人工、融资等；高级生产要素包括现代化通信的基础设施、高等教育人力以及各大学和研究所等。两者的区别

① 〔美〕迈克尔·波特：《国家竞争优势》，李明轩、邱如美译，再版介绍。

在于，初级生产要素是被动继承的，或只需要简单的私人及社会投资就能拥有[①]。由于需求减少、供给量增加以及回收周转速度减慢，初级生产要素的重要性已经越来越低。从长远的角度来看，高级生产要素才是一个产业和城市真正的竞争优势。而高级生产要素的创造首先需要在人力和资本上大量而持续地投资。正如美国区域经济学专家马库森所认为的，作为一种场所类型，一个城市竞争力的关键是这个城市能否在保留已有的人才和投资的同时吸引更多的投资和人才移民。

（一）体育赛事与城市人力资源

1. 体育是一种贯穿城市居民一生的教育手段

体育是教育的一部分。“体育”一词，最早是从教育角度提出来的。[②]顾拜旦曾深刻地指出，古希腊人组织竞赛活动，不仅仅是为了锻炼体格和显示一种壮观场面，而且是为了教育人。体育竞赛活动能磨炼人的意志，培养人的个性，同时又能锻炼身体。我国著名哲学家张栗原在论述教育的本质时认为，“我们可以肯定地回答：它是一种促进人类与自然、社会以及劳动诸方面之关系的工具”。[③] 因此，它以人的发展为根本目的。波特将人力资源概括为“工作量和技术能力、人力成本（含管理阶层），同时也考虑标准工时和劳动伦理的表现”。[④] 人力资源通过人来承袭一切技术和知识，通过劳动实现个人和社会责任，推动城市和产业向前发展。劳动力的提高包括体力和智力两个方面，而体育对人的这两方面都发挥着重要的作用。体育也通过对人力资源的开发与运用从事物质资源的生产。

正如芒福德在《城市发展史》中谈到的，城市发展的过程中，人们的机体在城市的环境中逐渐萎缩，人们越来越需要体育。在机械化与自动化技术广泛运用的当今时代，人的肢体的天然活动机会减少，人们的机体开始退化，体育则成为形成、保持和增加人的活动能力不可缺少的手段。体育的教育功能补偿了城市化进程中的不足。体育作为一种满足社会发展和个性发展需要的多种目标综合起来的教育过程和社会现象，其在塑造性

① 〔美〕迈克尔·波特：《国家竞争优势》，李明轩、邱如美译，第70页。
② 周西宽：《体育基本理论》，人民体育出版社，2006。
③ 张栗原：《教育哲学》，福建教育出版社，2008，第145页。
④ 〔美〕迈克尔·波特：《国家竞争优势》，李明轩、邱如美译，第68页。

格、加强团结、培养情操等方面的教育价值逐步为人们所认识和利用。

首先是学校体育教育。虽然我国体育教育在过去60年有太多的失误，但是，学校体育教育还是产生了一定的效果。在当今时代，学校体育教育更应该是所有教育科目之首。因为，学校是学生健康成长、习得知识、形成规范的场所，而大学又是学生走向社会的桥梁，学生在学校接受一专多能的运动项目或者说健身手段的学习，并养成运动习惯，终身受用。学生参加学校组织的俱乐部或体育社团，在指定的时间和区域进行比赛和活动，了解社会规范。另外，大学也开始组队参加社会社团组织的一些比赛，并且还面向社会争取各种各样的赞助商，实施一定规模的商业运营，让学生在学校就能通过对体育赛事的参与和组织，了解规则、团队、责任、义务等，对学生走向社会、适应社会能起到一个非常好的教育功能。

其次，体育运动具有家庭教育的功能。集体参与比赛或观看体育赛事，能够增进家庭成员的情感交流。孩子通过对竞赛规则的理解与掌握，学会尊重社会规范、培养社会责任感、养成家庭健康生活的习惯。同时，全家共同观赏一场比赛、支持一只球队和欣赏一名优秀选手等，也能增进对一个团队、一个城市的认同感和归属感，形成一种凝聚力。在观赏比赛的同时，父母可以通过榜样的力量对孩子进行教育和世界观的塑造，特别是在这样一个高度竞争的社会，在家庭成员因为处在不同的社会群体和父母紧张的工作压力以及缺少共同话语的情况下，通过共同参与或观看比赛，产生一种归属感、自豪感以及凝聚力等，形成共同的兴趣爱好，弥补父母与孩子之间的观念差异，形成共同的价值取向，形成家庭成员之间共同的生活方式，由此来弥补日常缺少沟通的遗憾。体育教育的这种功能是任何其他方式所无法替代的。

最后，参与体育赛事活动是人的社会化的一部分，也是形成现代都市人们生活方式的一个重要组成部分。约瑟夫·马奎尔和凯文·杨在《理论诠释：体育与社会》中提道："现代体育是代理宗教和流行剧场的一种形式，人们在其中进行自我表露。"同时，他们还在书中对体育比赛冠军的意义做了细致的分析，认为冠军需要有特殊的才能和独特的魅力，并且对冠军与英雄进行了差异化比较，认为社会需要把冠军视为英雄，发挥冠军为自己、社区所在城市与国家实现体育成功的显功能。他们认为："作为理想化的产物，他们（英雄）提供灵感、动力、方向和生活的意义。这就是‘现代’体育发展的过程。”约瑟夫·马奎尔和凯文·杨还认为，“19世纪的先驱者将体育与西方强硬派基督教联系起来：无私、自治、公平、绅士风度和道德高尚”。同时，“明确这本身就补充了传统的骑士精神：荣誉、体面、勇气和忠诚”。①

由此我们可以清晰地看到，参与体育竞赛在对人的身体文化塑造的同时，也在不断地塑造着人的社会价值，这就是对社会所能提供的灵感、动力、方向和生活的意义。体育赛事也完整地显示了个人的荣誉、体面、勇气和忠诚。

社会的腐败现象同样会投影在体育赛事上，如中国足球的“假、赌、黑”等。而个人的身体文化也会在社会层面中显现，布朗内尔将“身体文化”定义为“人们用身体所做的一切事情（莫斯的身体技术）和形塑其行为的文化要素。身体文化是一个非常宽泛的概念，包括健康、卫生、竞技、美丽、服装和装饰，同时也包括手势、姿势、礼貌以及说话和饮食方式等”。② 在过去数年间，北京等一些超级城市的人口越来越多、交通拥堵、雾霾天气频频出现、各个行业的岗位竞争急剧增加，随之而来的“城市病”不仅降低了城市居民的生活质量，同时也降低了经济效益。城市赛事则起到了一个积极的补偿作用，一方面在不断地塑造一个城市居民的“身体文化”，愉悦了精神，强健了机体，锻造了城市居民心理的多种向上的品质，提升了一个城市人力资源、知识资源等生产要素，是一个城市发展战略不可缺少的手段与方法。另一方面，城市竞赛产业的发展对城市化进程中人的城镇化起着积极的推动作用。

2. 体育赛事及相关产业对城市人力资源的需求

一个城市无论是拥有一支联赛的俱乐部，还是连续承办国际大型的体育赛事，或者是拥有一个大型的体育中介公司等，其对体育经营管理人才的需求都是非常专业和庞大的，如《奥运人才行动计划》的数据显示，仅奥运会期间，北京市旅游业就需要发展大约55000名高素质的旅游专业人才队伍，每天需要约1.2万名安保人员，2万名奥运交通服务人员以及8000~10000名的专业翻译人员进行奥运会的信息传达。此外，对卫生、

① 约瑟夫·马奎尔、凯文·扬：《理论诠释：体育与社会》，重庆大学出版社，2012。

② Susan Brownell, *Training the Body for China: Sport in the Moral Order of the People's Republic* (University of Chicago Press, 1995), p. 10.

宣传、建筑、商务等各类专业人才也有很大的需求。而奥运会之后，体育竞赛、培训、健身等相关的经营管理、场馆运营以及体育传媒等，都将形成较大的对专业人才的需求市场。2005～2008 年，北京奥运会创造了将近 150 万个就业机会，也培养了一批相对专业的人才。这正是奥运会会产生如此大的经济效益和社会效应，会为一个城市带来巨大影响力的原因。正如中国社科院教授倪鹏飞所说的，“对城市竞争力的提升起决定性作用的并非产业集群，而是人才因素。人才的聚集存在‘乘数效应’和‘规模效应’，优秀人才在城市的聚集可以吸引更多的人才闻讯而来，城市最终将会拥有丰富的人力资源而产生人才集聚的规模效应，而人才的汇集与城市环境特别是创新环境和生活环境密切相关，创新环境和生活环境这两项指标对城市竞争力的贡献分别位于第二、第三位，城市产生人力资源的规模效应增强了城市企业的竞争力，最终实现城市竞争力的提升”。

2009 年，广州恒大女排俱乐部引进多年在美国执教的“铁榔头”郎平，一夜之间让恒大女排声名远扬，自此开始了他们选择体育作为品牌营销载体的道路。郎平的到来加上恒大的重金吸引，使周苏红、冯坤、杨昊等“黄金一代”球员也随之加盟，帮助恒大女排在 2009～2010 赛季以 12 战全胜的成绩从中国女排联赛 B 组成功冲入 A 组。接下来的两个赛季，恒大将引进高水平运动员的重点放在国际球星身上，2010 年引进美国球星洛根·汤姆以及塞尔维亚球员布拉科塞维奇和泰国女排国家队队长维拉万，2011 年，将女排世界杯冠军意大利队队员科斯塔格兰德招至麾下，同时引进了波兰的斯科沃隆斯卡和美国的法赛特，如此豪华的阵容最终帮助恒大在 2012 年 3 月 3 日一举获得了中国女排联赛冠军。一时间，广州和恒大俱乐部成为全国各大媒体新闻关注的热点。

恒大对于人才的重视在足球项目上表现得更为突出。2010 年恒大入主广州足球后，郜林、郑智、孙祥等一批现役国脚相继加盟，随后恒大又以 500 万元的年薪请来了韩国名帅李章洙执教，仅用一个赛季的时间就冲入中超。随后，恒大加大了引援的力度，冯潇霆、姜宁、张琳芃、杨昊、杨君五大国脚相继加盟。恒大花费了 320 万欧元引入效力欧洲贝尔格莱德游击队的当红球星克莱奥，再加上巴西豪门主力保隆、穆里奇、雷纳托以及韩国前国脚赵源熙等高水平球员的加入，恒大的实力得到了进一步提升。恒大最轰动的引援出现在联赛中段，2011 年 7 月，恒大花费创纪录的 1000

万美元签下效力巴西弗鲁米嫩塞俱乐部的巴西足球甲级联赛最佳球员孔卡，这一转会费在欧洲足坛也是个巨大数字，而恒大给孔卡开出的年薪更是高达 1040 万欧元，在当时孔卡甚至能够跻身世界足坛高薪排行榜前五，前四位分别是 C · 罗（1200 万欧元）、鲁尼（1150 万欧元）、梅西（1100 万欧元）和亚亚 · 图雷（1080 万欧元）。该赛季恒大仅在球员转会费上就花费了近 2 亿元元，如此大的投入也使恒大足球俱乐部迅速得到回报，在冲超的当年就获得中超联赛冠军，谱写了中国版的“凯泽斯劳滕神话”。在广州主场，恒大的场均上座率为 4. 8 万人。在客场，恒大的每场比赛至少都将当地球市上座率提升了三成以上。2011 ~ 2012 赛季，为备战亚冠联赛，恒大继续加大投入，引入更高水平的球员。2011 年 12 月 26 日，恒大宣布荣昊、赵旭日、李建滨、彭欣力四大国字号球员正式加盟，这也使恒大队汇聚了 15 名国脚，而有过国字号球员经历的球员更是达到了 23 人。在介入足球之后，广州恒大地产的品牌价值在半年内便有了很大的提升，2011 年中国房地产 TOP10 研究组公布的数据显示，恒大入主广州足球 8 个月时间里，品牌价值已达到 80. 16 亿元，比 2009 年增加了将近 1 倍，排名全国第一。这与恒大在整个体育行业上的巨额投资所带来的品牌回报不无关系。

恒大通过资本运用很快获得人力资源的优势，进而创造了恒大的辉煌，同时为恒大在地产界的发展带来巨大的社会与经济价值，这是人才集聚的爆发式效应。同样，中国跳水梦之队在奥运会、亚运会、世界游泳锦标赛等各大国际赛场一直创造着既辉煌又神奇的成绩，周继红这个名字是我们无法忘记的。人才需要我们去尊重和膜拜！

中视体育娱乐有限公司作为中国国际电视总公司的子公司，与未来广告公司、央视 · IMG 赛事管理公司共同经营着 CCTV - 5 的广告业务。2005 年，笔者接手的时候，整个营业额也不过 2800 万，到 2012 年的七年时间，中视体育的营业额就超过了 6 个亿，而且是在频道资源配给极其有限的情况下创造出如此辉煌的业绩。被当时总公司领导称为：非理性的发展。到 2012 年，中视体育业务范围几乎涵盖了体育竞赛产业中的各个领域，包括 CCTV - 5 的整体运营、各类大型体育节目的制作、优秀运动员的经纪、体育电视制作力量的输出，还与北京大学建立了“北大体育产业研究中心”等产学研为一体的专业中介公司。此外，中视体育在拥有 CCTV - 5 的电视传播平台资源基础上，又创建了纸媒——《第五频道》杂志、网络——官方网站等传播平台。2005～2012年七年的时间里，中视体育根据市场需求进行了一系列改革，力图构建一体化的传播服务体系，并通过电视技术手段的创新、制度创新和理念创新，为赞助企业提供经过调和、定制的全方位服务打包过程，使企业品牌传播效果更加清晰化、传播过程更加标准化。创新和合作既是对资源的占用，也是对资源的开发，而这都需要人才。在过去的七年时间里，中视体育高度重视人才的选拔，要求从业人员既要懂电视制作，又要对体育产业有相当程度的了解，还要掌握市场营销、经济管理等相关知识。有人说，中视体育即使三年不干，过去七年所奠定的基础和优质的团队，也能够顺其惯性继续前进！

体育竞赛产业化的快速发展，使其对高素质的竞赛产业的经营管理人才需求也在不断加大。这里不仅仅是体育竞赛的组织管理人才，还包括体育竞赛产品的策划、营销、推广等相关领域都能够通达的复合型人才。此外，作为管理者，除上述专业领域，还应具有决策能力、创新能力等。这些高素质的体育竞赛管理人才的得与失是决定一个企业能否健康发展的关键，文化产业是一个大写的“人”，只为谋权获利最终必将葬送一个优秀的企业。正如波特所说，“企业若要以独树一帜的产品或独特的生产技术等换得高层次的竞争优势，非得靠高级生产要素不可。高级生产要素不如初级生产要素普遍，原因是它需要先在人力和资本上大量而持续地投资。作为培养高级生产要素的研究所或教育计划，本身就需要更精致的人力资源和技术”。

NBA总裁大卫·斯特恩自1984年担任NBA总裁以来，通过有效的市场营销和“薪水封顶”等精明的财政改革，把NBA从一个濒临破产的联盟，打造成了全球知名体育品牌之一。斯特恩上任以来，连续执掌NBA运营管理20年里，NBA总资产翻了5番，球队数量从最初的22支增加到30支。2010～2011赛季NBA与篮球相关的总收入达38.17亿美元，较上一个赛季增长了4.8%，球员总报酬也从20.76亿美元增长到21.76亿美元，球员平均工资达到515万美元，位列美国四大职业体育联盟之首。NBA成功的原因，首先是斯特恩所推行的市场化战略和全球化战略；其次，NBA拥有非常专业的体育竞赛产业的经营管理团队，在球员、球队、比赛的整体商业策划、包装以及各种衍生产品的设计、生产、销售，团队都充分显示了其在市场上超强的人力资源整合能力。目前除了 NBA、WNBA、NBDL，还发展了电视台、网络、杂志等媒体，并且开展了影视、餐饮、服装等领域的业务。近些年，中国成为 NBA 全球战略的重要一环，从电视转播到引进中国球员，再到选择在中国举办季前赛，可以说 20 多年前，当 NBA 进入中国并免费将自己的产品送过来的时候，没有任何人能够想到 20 年后，NBA 中国公司一举可以圈到几十亿美元的资金，也没有几个人可以想到现在 NBA 在中国的版权费用如此飙升，这就是一个产业人力资源的价值所在。

许多发达国家的城市为留住赛事、优秀运动员以及优秀的经营管理人才，都会给予球队较多的财政、税收、用地等方面的优惠政策。他们相信只有专业人才才能使该城市有更多的机会将其置身于全球的关注之中，提升城市的竞争力。正因为如此，城市发展战略尤其要考虑体育竞赛人才的储备、培养与引进。

当发展中国家依靠其廉价劳动力获得经济增长之后，其后发优势显然是要依赖人力资源的水平，这一点我们从发达国家所走过的道路以及中国正在经历的劳动力短缺现状中已经清楚看到。人力资本已成为经济增长的重要因素。人力资本转化的基础是人力资源的积累，而人力资本积累的关键是人力资源的开发和价值实现。一个城市要发展，人力资源是不容忽视的。在我国，很多城市也将人力资源提升到了战略层面，比如，上海市将实施人才强市战略写进城市规划当中，重人才、重知识、重创新，构建人才资源开发创新体系，提高城市竞争力。

体育赛事及衍生和相关产业完善了现代城市的文化产业，也提升了城市人力资源的质量，同时也丰富了城市的知识资源。波特所指的知识资源是一个国家在科学、技术和市场知识上的发展，也会关系到产业产品和劳务的表现。知识资源存在于大学、政府研究机构、私立研究单位、政府统计部门、商业与科学期刊、市场研究报告和资料库、行业协会及其他来源。一个国家的科学与相关知识资源可以再细分为金字塔形的学科层级，例如专业音响、材料科学和土壤化学等。就体育竞赛产业方面来说，我国许多研究经济学、社会学、管理学、营销学、广告学、传播学、新闻学等各方面的专业人才也开始重视体育竞赛产业的发展，体育竞赛与越来越多的学科相互借鉴、相互融合，产生了体育社会学、体育管理学、体育经济学、体育新闻学等学科，并促进北京大学中国体育产业研究中心、体育赛事研究中心、中国体育文化研究中心等研究机构的建立，国家统计局与国家体育总局也于近年开始对体育产业进行统计，体育期刊等也在不断增多。很多城市都拥有体育学院，例如北京，拥有北京体育大学、首都体育学院、北京师范大学体育学院、清华大学体育部、北京大学体育部，以及其他院校开设的跟体育有关的院系，这些学科与机构提升了人们的知识水平，也让更多的人参与到体育当中，丰富了城市的知识资源，促进了体育的发展，提升了城市的竞争力。体育赛事及相关产业对人力资源和知识资源的开发和价值实现将对城市建立强大而持久的产业竞争优势起到重要的作用。

（二）体育赛事与城市资本资源

1. 体育赛事产品生产的资本投入

体育赛事产品的生产，其原材料的主体是优秀的运动员，而优秀运动员的培养和成本投入需要花费大量的时间与金钱。尤其在我国，竞技体育后备人才的培养主要采用以体校为基础的三级训练网，这种三级训练网是一种金字塔式的人才培养模式。据有关资料统计，我国三线队伍向二线队伍的人才输送率为6.1%，而二线向一线的输送率仅为1.96%。[①] 一个能够参加全国性比赛的运动员，其最为基本的训练周期都有（各个项目会有差异）5~8年，这里还要包括被淘汰的选手，而真正能够从国内大赛走到国际大赛的少之又少，其中能够成为国际明星的已经无法用资本来衡量了。我们简单地从我国奥运会参赛运动员的培养进行分析。图2-2是我国在第27届和第28届奥运会周期内人才培养的投入状况。从图2-2中可以看出，整个奥运周期内，对人才培养的投入连年增长。

从图2-2可知，第27届、第28届奥运会对人才培养的总投入分别达到约30.97亿元和86.77亿元，1997~2000年这个周期内平均每年的投入是7.74亿元，在2001~2004年这个周期内平均每年的投入是21.69亿元。

---

① 冯庆梅、夏思永：《我国竞技体育后备人才培养的现状分析及对策研究》，《军事体育进修学院学报》2006年第25卷第2期。

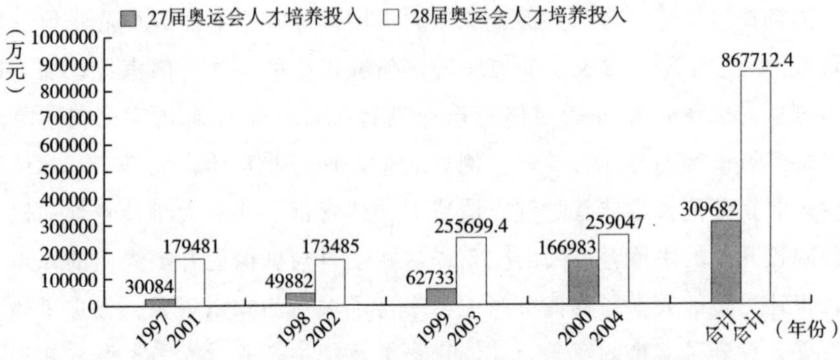

图 2－2　第 27 届和第 28 奥运周期内人才培养投入状况

资料来源：国家体育总局计划财务司（体育经济司）编《体育事业统计年鉴》，转引自周洪珍著《竞技体育人才培养投入与产出效益研究》，科学出版社，2011。

表 2－1　第 27 届和 28 届奥运周期与人均投入状况

奥运会	运动员总人数	人均投入（万元）	参加奥运会人数	人均投入（万元）
第 27 届奥运会	14959	20.7	279	1109.97
第 28 届奥运会	21897	39.6	407	2131.97

注：参加奥运会人数数据来源《中国体育年鉴》，体育年鉴出版社，1998～2005，转引自周洪珍著《竞技体育人才培养投入与产出效益研究》，科学出版社，2011。

从表 2－1 可以看出，如果以一线优秀运动员的人数为基数，2000 年和 2004 年分别是 14959 人和 21897 人，国家对每名优秀运动员的投入分别为 20.7 万元和 39.6 万元，而如果仅以参加奥运会的运动员人数为基数，2000 年和 2004 年分别为 279 人和 407 人，国家对每名参加奥运会的运动员的投入则为 1109.97 万元和 2131.97 万元。

表 2－2　第 27 届和 28 届奥运会每枚奖牌投入情况

单位：枚，万元

奥运会	金牌数	奖牌总数	每枚金牌投入	每枚奖牌投入
第 27 届奥运会	28	59	11060.1	5248.8
第 28 届奥运会	32	63	27116.0	13773.2

资料来源：参见周洪珍《竞技体育人才培养投入与产出效益研究》，科学出版社，2011。

从表 2－2 中可以看出，第 27 届奥运会平均每枚奖牌的投入是 5248.8 万元，每枚奥运会金牌的投入是 11060.1 万元。第 28 届奥运会平均每枚奖牌的投入是13773.2万元，每枚金牌的投入更是高达27116万元。

以上数据所展示的仅为一届奥运会所投入的资金，在我国的举国体制下，更大一部分资金投向了对其他运动员平时的培养，由此可以想象资本投入量的巨大。

2. **体育赛事报道权的资本投入**

赛事是体育竞赛产业的主要产品，同时也是体育电视传媒产业的核心生产资料。目前来看，在电视媒体上表现较好的赛事有美国四大职业联赛、四大满贯网球赛、英超、F1、世界杯、奥运会、亚运会等国际级赛事产品。随着体育赛事的日益商业化，越来越多的商家希望借助赞助体育赛事进行产品以及品牌的营销，再加上广大体育爱好者对观赏高水平赛事的需求，使体育赛事报道权价格逐年提高。而媒体要想获得一项赛事的电视转播权，必须要有足够的资本做支撑。

自1984年尤伯罗斯将奥运会、电视、TOP赞助商相结合以来，体育赛事尤其是全球最受人关注的奥运会的转播权费用连年上涨，电视转播权收入已经成为奥组委收入的重要来源。美国国家广播公司（NBC）已经为2006年都灵奥运会和2008年北京奥运会的转播权付出了15.08亿美元，而后NBC又以超过20亿美元的价格将2010年冬奥会（8.2亿美元）和2012年夏奥会（11.8亿美元）的美国本土转播权（包括电视广播，有线广播，视频点播和互联网）揽入怀中。① 对各国电视台和传媒集团来说，要想获得奥运会在本国的电视转播权必须有强大的资本做支撑。

随着竞技水平的进一步提高以及职业体育的全球传播，人们对职业体育的观赏需求日益高涨，因此，电视转播权费用也随着这种供求关系的变化而一再提升。英超作为全球最具商业价值的职业联赛，其电视转播权近些年一直垄断在隶属于传媒巨头默多克的新闻集团旗下的天空卫视，而天空卫视为此付出的是巨额的电视转播权费用。1992年天空卫视花费2.87亿美元获得英超五年的转播权，而到了2007年，天空为了拿到2007~2010年英超的转播权付出了13.14亿美元。

---

① 佟洎唏、王小朋：《NBC重金买入2010年和2012年奥运会电视转播权》，《体育文化导刊》2003年第9期。

表2－3、2－4、2－5、2－6是美国四大联赛在各种媒体的转播权费用，从表中我们可以看出，为了得到这些体育赛事的转播权，各媒体的花费都在数亿甚至数十亿美元，而这取得的还仅仅是某些特定场次的比赛而非整个赛季的所有比赛。以美国棒球联盟（NFL）为例，FOX花费30亿美元，得到的仅是2007～2013赛季周日下午的赛事，以及全明星赛、Alternate联赛、冠军锦标赛系列和世界全球系列等部分比赛；ESPN则花费24亿美元得到了2006～2013赛季，周一、周三晚以及周日晚间时段的比赛转播权。

表2－3　美国橄榄球联盟（NFL）

媒体渠道	转播费用和情况
电视网络	CBS平台：周日下午AFC比赛，每年6亿2250万美元，2006～2013赛季
	FOX平台：周日下午NFC比赛，每年7亿1250万美元，2006～2013赛季
	NBC平台：周日下午夜晚比赛，每年6亿5000万美元，2006～2013赛季
有线电视	ESPN平台：周一晚比赛，超级碗11亿美元，2006～2013赛季
卫星电视	DirecTV平台：非本地比赛，超级碗10亿美元，2011～2014赛季
地区广播	Westwood One（美国游戏软件公司）平台：2010～2011赛季；美国体育电台网络；Dial－Global指南针；个体球队
卫星广播	SiriusXM平台：2亿2000万美元，2004～2011赛季
电视游戏	EA平台：排他性合同，>3亿5000万美元*，2009～2012赛季
互联网	NFL. com平台（先前由ESPN执行，后是CBS，现为美国橄榄球联盟NFL）；NFLLatino与Univision一起执行

表2－4　美国棒球联盟（MLB）

媒体渠道	转播费用和情况	
电视网络	FOX平台：30亿美元（w/TBS），2007～2013赛季，周日下午赛事（具有排他性），全明星赛，alternate联赛冠军 锦标赛系列，世界全球系列	
有线电视	ESPN平台：24亿美元，2006～2013赛季，周一和周三晚，周日晚（具有排他性）	TBS平台：30亿美元（w/FOX），2007～2013赛季，决胜局赛事，赛区系列，Alt. 联赛，冠军锦标赛系列 League Championship Series
	iNDemand平台：非本地赛事和半球频道，2007～2013赛季	

续表

媒体渠道	转播费用和情况
卫星电视	DirecTV 平台：非本地赛事和棒球频道，< 7 亿美元**，2007 ~ 2013 赛季
地区广播	ESPN Radio 平台：5500 万美元，2005 ~ 2010 赛季，国家级别转播权，周日晚棒球，季后赛，全球世界系列（具有排他性）。球队也各自拥有他们的区域网络
卫星广播	SiriusXM 平台：6 亿 5000 万美元，2005 ~ 2015 赛季
电视游戏	Take - Two 平台：1 亿 5000 万美元，2006 ~ 2012 赛季***
互联网	MLB Advanced Media 平台：非本地赛事（MLBtv）

表 2 - 5　美国篮球联盟（NBA）

媒体渠道	转播费用和情况
电视网络	ABC 平台：（w/ESPN）：35 亿万美元 2008 ~ 2009 赛季至 2015 ~ 2016 赛季，15 场常规赛和 5 场季后赛、1 场总决赛
有线电视	ESPN 平台：（w/ABC）：35 亿万美元 2008 ~ 2009 赛季至 2015 ~ 2016 赛季，75 场常规赛，若干季后赛和 NBA 选秀
	TNT 平台：35 亿万美元，2008 ~ 2009 赛季至 2015 ~ 2016 赛季，52 场常规赛和若干季后赛
卫星电视	DirecTV 平台：非本地比赛（具有排他性），开始于 2009 ~ 2010 赛季
地区广播	ESPN Radio 平台：2008 ~ 2009 赛季至 2015 ~ 2016 赛季
卫星广播	Sirius XM 平台：排他性合同，24/7 NBA 广播平台
电视游戏	Electronic Arts，Take - Two，索尼计算机娱乐（美洲）
互联网	NBATV 平台：90 场常规赛和某些第一轮季后赛比赛

表 2 - 6　美国冰球联盟（NHL）

媒体渠道	转播费和情况	
电视网络	NBC 平台：2010 ~ 2011 赛季收入分享合同，5 场决赛	Canada 加拿大：CBC 平台
有线电视	Versus 平台：3 years，2009 ~ 2011 赛季，1.2 亿美元	Canada 加拿大：TSN 平台
卫星电视	DirecTV&Dish 平台：非本地赛事（不具排他性）	
地区广播	Non - exclusive 不具排他性	
卫星广播	SiriusXM 平台：不具排他性合同，收入分享合同	
电视游戏	EA，Take - Two	

注：* 无公开数据。** 本合同最初市场外转播权价值为 7 亿美元。当美国棒球联盟被迫在有线平台上提供同样节目包时，这个合同已被重新修订。*** 仅第三方权益。微软，索尼和 NINTENDO（游戏公司）可能为他们各自平台制作相应的游戏。

资料来源：Plunkett 研究公司 2010 版权所有。

（三）城市资本对体育赛事的场馆及基础设施的投入

1976 年，联合国召开了首届人居大会，提出城市应“以持续发展的方式提供住房、基础设施服务”，后于 1996 年第二次人居大会提出“城市应当是适宜居住的人类居住地”的概念，以应对城市拥挤、交通堵塞、环境污染、空间紧张、生态质量下降等问题，改善人们的生活环境、生活质量、生存状态。伴随经济增长而来的环境恶化使基础设施日益受到重视，完善的城市基础设施与服务是城市发展战略目标之一，这与“钻石体系”的基础设施建设与服务是提升城市竞争力的要素之一是相吻合的。

体育场馆及基础设施的完善不仅能够改善城市的环境、促进城市的基础设施建设，而且能够提升城市的品位和形象，吸引更多的投资，推动城市经济的发展。很多城市政府看到了大型体育赛事活动对城市更新、城市发展的影响，希望借助赛事规划建设体育公共设施，优化城市空间。而为了达到这个目标，所要付出的资本也是不可小觑的，尤其是奥运会和世界杯这样的大赛，对体育场馆、基础设施都提出了特别高的要求，城市为了能达到这些要求，必须付出大量的资本以保证赛事的顺利举行。

北京自奥运会申办成功后，希望借助举办奥运会的契机，对城市进行整体的规划，力争全力缩短与国外同等地位大城市的差距。仅在奥运场馆上，总投资就接近 130 亿元，包括 12 个新建永久性场馆、8 个新建临时场馆和 11 个改扩建场馆。其中鸟巢、水立方更是成为北京新的地标式建筑，在奥运会结束以后成为北京新的旅游景点。除特大型场馆面临运营管理方面的困惑之外，北京各个场馆的市场需求依然还是不能够满足，各类商业活动层出不穷，每年场馆预定都会在上半年结束，如果想在下半年再去租赁场馆，租到的希望会变得很渺茫。但是，除了北京，全国各个城市场馆的运营情况依然不够理想。

除了场馆，基础设施建设是另外一项需要投入巨额资金的项目。北京市对城市基础建设投入 1800 亿元，重点建设 142 个项目，其中，900 亿元打造快速交通网络，450 亿元用于环境治理，300 亿元用于信息化建设。[①]

① 李颖川：《十六份国情报告之七——中国百姓蓝皮书体育篇》，www. chinapop. gov. cn/rklt/dcyj/200403/t20040326_ 141653. html。

结合奥运会的建设，对《北京城市总体规划》进行了修订：第一，构建了由市中心区－绿化隔离带－边缘集团－卫星城－小城镇组成的城市格局，实现城市开发建设的重点逐步从市区向郊区转移，借助奥运会的举办，北京完成了200多千米的高速公路建设，轨道交通也在2008年前连接大部分边缘居住区，真正实现人口向近郊和远郊转移，加速实现了城市居住区郊区化规划。第二，按照2004年2月公布的《北京城市空间发展战略研究》，北京将形成“两轴－两带－多中心”的城市空间新格局。在位于“两轴”之一——中轴线的北端、CBD商务中心区和中关村科技园区之间形成了奥林匹克公园中心区，而在市区则形成了集体育、文化、会展、休闲于一体的奥林匹克公园产业区，高科技、电子技术集聚的中关村科技园区，商务、娱乐、文化等集聚的CBD商务中心区等三大城市产业集聚的布局结构。第三，北京城市中心从原以天安门为中心的地区北移至奥林匹克公园中心区，整个区域发展、交通、基础设施、商业环境及房地产市场都得到了改善，奥林匹克公园内修建了12条道路，再加上城市轻轨、地铁五号线、奥运支线和机场轻轨的联络，共同构成了奥运村里“棋盘状”交通网，形成高效、便捷、通畅的立体交通网络，极大地提升了亚北以及望京地区的交通状况。第四，促使一批现代化城市基础设施和设备投入运行，尤其是新增地铁八通线、地铁五号线、地铁十号线、地铁奥运支线、东直门至首都机场快速轨道交通等线路，到2008年，轨道交通运营线路长度提高到300千米左右。基础设施供应能力和运行效率的提高，使北京城市基础设施建设提前了10～20年，缓解了长期困扰首都经济发展和人民生活的基础设施短缺问题。但是，假如要把投入的成本计算在场馆的营业业绩评估中，我国目前能够盈利的场馆恐怕也就寥寥无几了！原因一：投资者在最初进行场馆设计时功能性的考虑过于单一，仅仅从举办赛事角度出发，虽然在赛事举办期间由于其很好的封闭性保障了赛事的举办，但后期场馆面对市场经营时，规划不足（例如，场馆内观众服务区缺乏）和设计方面（例如鸟巢和五棵松体育馆的包厢就是经过二次翻建才实现）的缺陷就完全暴露出来，场馆过于集中并远离社区的位置选择也无法为居民日常健身、休闲娱乐提供便利，可谓“考虑了局部，失去了全局”。原因二：中国目前缺乏专业的场馆运营者，场馆管理者“体制身份”的限制也掣肘了赛事后场馆时代的发展。原因三：因为场馆整体运营成本较高，场馆面对市场的经营功能单一，致使场馆的主要收入来源依赖于赛事，造成赛事承办方需要支付很高的场馆租赁费，也限制了赛事产品的生产，除北京、上海个别城市（赛事之外的活动较多）之外，全国大多场馆空置率较高，面临着经营困境。

而大型综合性赛事对城市的要求，远不止是比赛所需的场馆硬件设施，还包括选手、记者、游客、官员等多方人士的接待能力：这就面临着酒店、餐饮、服务的整体配套设施以及城市交通设施、运输能力的完善等。这就是为什么北京自申奥成功到奥运会举办的七年间的城市总体建设总投入达到或超过2800亿元。在体育场馆及基础设施上如此巨额的投入，保证了奥运会的顺利举办，同时也有效改善了城市的环境和空间布局，也使北京的全球竞争力排名从2005年第70位跃升到2008年第66位，[①] 提升了北京的城市形象，有利于实现北京打造“世界城市”的目标。

F1是公认的最“烧钱”的运动。上海F1赛车场2002年7月开始建设，一期工程投资达26亿元，再算上2004年后续建的大型购物中心、赛车博物馆等环境配套设施，总投资超过50亿元。而赛场所在的上海嘉定区为F1所需的城区改造、清洁等项目，需要雇用3.23万名员工，投入130亿元。为了配合F1的举办，嘉定区投资4.5亿元将原有的15家宾馆中的12家进行彻底改造和整修，并新建了一座五星级宾馆。[②] 尽管付出如此巨额的投入，但上海继2004～2007年举办七届F1中国大奖赛之后，又续签了新的七年合同，可见F1不仅使赛车运动在中国开始推广，为上海带来了各种直接或间接的利益，而且其在提升上海国际大都市影响力上的作用也不容忽视。

城市借助资本的投入有效合理地利用体育赛事改善了城市空间，改善了城市环境，也有效地缓解了日益突出的城市人口不断增长与运动场地及基础设施相对不足的矛盾，促成城市空间合理利用，进而提升了城市的综合竞争力。

以上分析了体育赛事对城市中人力资源、知识资源、资本资源、基础设施等的影响，它们不是孤立存在的，与需求、产业发展等是相互关联

---

① 倪鹏飞：《全球城市竞争力报告》，社会科学文献出版社，2009。

② http://news.sina.com.cn/c/2007-01-15/171612043715.shtml.

的。城市要制定科学的发展战略，创造更有效的高级要素。正如波特所说，“无论在任何时期，天然的生产要素都没有被创造、升级和专业化的人为产业条件那么重要。保持竞争优势仅靠初级要素难以持久，资源的匮乏有时甚至反向地抑制竞争优势”。

二　体育赛事与城市的需求条件之间的关系

需求条件在波特理论中指的是市场对该项产业所提供的产品或服务的需求如何。也就是说，有什么样的需求，就会有什么样的产品或服务。城市的竞争力体现在城市内部各类产业的竞争优势上，而产业要想发展，必须满足城市的需求。城市管理者在制定发展战略的时候要充分考虑城市内部的需求，并制定出有利于那些能够满足这种需求的产业发展的政策。不同时期的城市有不同的需求，且同一时期，根据不同的发展目标，城市会同时有若干需求。体育需求就是其中之一，且全球城市的这一需求正在呈现不断上升的趋势。

（一）体育赛事产品与城市需求条件

目前，世界很多城市都在积极举办奥运会、足球世界杯、洲际运动会、单项世界锦标赛、网球公开赛、F1 等高水平体育赛事，这既能反映全球各个城市对此类体育赛事产品的需求，也能体现该城市的产品进口与生产能力及其配套服务能力和企业的竞争能力等，同时也表明该城市居民对上述各类体育赛事产品的消费需求热情。

上述所列举的各类赛事，都是世界顶级的赛事产品。对中国来说，这些产品进入之前，已经经过欧美市场多年的培育，非常成熟，也可以说是体育消费市场中的稀缺产品，如 2008 年北京奥运会被中国媒体誉为“百年奥运”的原因，就是华夏子孙期待在中国举办奥运会已经一百年了。当然这里既有政治原因也有经济原因，世界杯也是如此。举办这样赛事的权利，显然已经不是一个具有竞争优势的城市仅仅依靠经济实力就能获得的，还需要具有多种辅助条件。类似 NBA、英超、意甲、德甲、西甲等这样的联赛也很难被引进，因为这类赛事的参赛者基本以该国国内各个城市球队为主，各个俱乐部都有自己的主场，所以我国城市想引进这样的正式比赛，也是非常困难的。这里也不仅是经济问题，参赛的各个俱乐部或球队还要满足俱乐部所在城市居民的消费需求。虽然目前中国的一些城市举办了 NBA 季前赛或者是意大利超级杯等赛事，但这些赛事产品要么被高价销售，要么仅仅是作为联赛的推广，基于联赛的全球化战略，为牢牢抓住中国这一巨大市场安排或专门设计的。当然，这些联赛选择目标城市也十分严格。

那么，中国城市有可能引进什么样的赛事产品或者需要引进什么样的赛事才会对城市最为有利呢？

目前从全球竞赛市场分析来看，可以引进的主要有以下几类：第一类是进行积分赛的分站类比赛，适合于一些经济实力相对较强、基础设施比较完善的城市，如 F1、田径钻石联赛、国际泳联跳水系列赛等；第二类是单项赛事的锦标赛等，如篮球、排球、游泳、体操等；第三类是引进一个或多个俱乐部队或国家队进行比赛，这样的比赛可以引进国际上两个队比，也可以是分别与国内某一个或某几个俱乐部比，如上文提到的 NBA 季前赛、意大利超级杯等。一般不了解体育竞赛市场的人会把第三类称为商业性比赛。其实，上述三种都是有偿性比赛，也就是诞生于市场经济体制下的，属于完全的商业行为。

当一个城市没有机会或不具备举办上述第一类顶级赛事的情况下，各级城市仍然有机会举办第二类或第三类的体育赛事。此外，还有一种可能就是建立自己的单项俱乐部，这一点我们在体育赛事与城市经济关系时已经阐述得比较细致，不再赘述。当一个城市具有较强的体育传媒优势，同时又能够举办第二类、三类或拥有参加国内联赛的俱乐部时，这个城市也同样会在细分市场需求中呈现竞争优势，强大的体育传媒市场与体育竞赛市场共同构筑起这个城市强大的需求结构，而这个需求条件又是其他城市所欠缺的，这个城市的竞争力便随之加强。城市便可以借助体育赛事这一城市文化的传播载体，在体育传媒的作用下，最终达到提升城市影响力的目的。

所以，上述三类赛事产品的引进、生产与消费，都会充分体现一个城市的竞争优势，也会考验一个城市发展战略的价值所在。我国城市居民对体育赛事产品的消费习惯是由体育电视传媒的发展而不断培育起来的。随着电子采集技术和远程通信技术的发展，加之我国改革开放后电视走进家庭，城市居民才借助体育电视传媒逐渐了解和熟悉了国际上各种各样的精彩赛事产品。当然，中国城市化进程的加快也促进了人们对赛事产品消费能力的提升，促使城市体育赛事产品的供需关系不断变化。由于体育传媒特别是体育电视传媒市场不断扩大，城市居民在强势传媒的营销下，对各类国际赛事产品的消费欲望不断增加，对体育赛事产品的需求也就越来越大，从屏幕到现场的消费欲望也开始强烈。有了市场，自然就有销售赛事产品的中介公司的诞生，赛事开启了全产业的发展态势。随着互联网技术和网络视频产业的发展，新媒体和传统媒体对体育赛事报道权的竞争就更加激烈，由于体育竞赛属于城市文化，自然这一切角逐的主战场均发生在城市，因此体育赛事与城市的需求条件首先体现在体育电视传媒产业的发展，进而影响了城市居民的消费习惯，最后创造了城市居民消费市场。在满足城市居民消费需求的同时，城市的市场需求又开始呈现多样细分的结果。当大都市居民开始并首先接受体育传媒影响，产生内需市场和国际市场，而其他城市又不具备这样的条件时，大都市就抢占了先机，所以最初引进国际顶级赛事的城市自然是北京、上海、广州、深圳等城市，当然，这也和城市管理者的理念有很大关系。反过来，除北上广以外的城市在战略制定的时候如果考虑了赛事产业的巨大价值，也就比其他城市多了一个竞争优势。

城市选择哪一类体育赛事、举办多少赛事应该基于城市内部的需求条件。具体来说，需要考虑如下两个方面。

1. 体育赛事产品与城市品牌营销的需求条件

任何一个产品的生产者，其生产目的都是需要将其变成商品，最后通过市场上消费者购买而最终获取利润，回收投资成本，投入再生产的过程。同样，城市作为特殊的商品，也需要获取资金、发展城市经济，所以在发展的过程中也会逐渐产生品牌营销的需求。因此，品牌的塑造与提升逐渐成为城市营销的主要内容。正如美国营销大师科特勒教授指出的，地理位置或某一空间区域像产品和服务一样，也可以成为品牌。①

美国营销学教授科特勒指出，在剧烈变动和严峻的全球经济条件下，每个地区都需要将地区形象，通过市场营销的手段来提升，使地区形成独特的风格或理念，以满足投资者、新企业以及游客的需求和期望。② 佩吉

① 郑昭：《国内外城市营销理论综述》，《经济纵横》2005 年第 7 期。

② Kotler, et al., *Marketing Places: Attracting Investment, Industry and Tourism to Cities, States and Nation.* New York: The Free Press, 1993: 10 - 25.

(Page）和霍尔（Hall）认为城市营销的概念是对城市管理与规划过程的自然延伸，公共管理者需要考虑市场营销的背景、城市竞争的定位，尤其是在旅游和休闲市场中的位置。城市营销就是基于把城市当作产品的考虑，向潜在的消费者进行营销与推广。现代的城市形象塑造战略很大程度上是城市对后工业化时代和全球化竞争带来的一系列社会与经济的问题的一种政策回应。①

中国学者于涛、张京祥认为："城市品牌营销是指根据城市的合理定位，运用一系列市场营销的意识、机制和手段，对城市中的各种资源进行挖掘与整合；在充分发挥城市整体功能的基础上，通过城市知名度、美誉度的提升以及城市有形、无形资产的增值，满足目标市场（投资者、游客和居民等）的需求，从而不断提升城市竞争力的一种社会管理活动或过程的总称。"②

在全球一体化背景下，城市之间的交流合作变得日益频繁与密切，城市之间因为争夺稀缺资源出现了既合作又竞争的局面，城市发展面临新的挑战和机遇。城市的政府部门开始积极通过"城市品牌营销"来提升城市的综合竞争力和吸引力。

近些年，各地城市政府都在根据自身城市发展的特点，努力打造城市的品牌形象进行品牌营销。中国城市发展研究会对我国部分城市品牌进行了归类（如表2－7）。

表2－7　中国部分城市的品牌形象归类

城市品牌	城市名称
国际化大都市	北京、上海、西安
休闲城市	杭州、青岛、三亚、丽江、成都
创新型城市	唐山、包头、济南、南京
花园城市	大连、苏州、北海、三亚

资料来源：http://www.chinacity.org.cn/csgn.html。

表2－7只是国内部分城市的形象战略，该表格所列举的城市，笔者自

① Page S., Hall C. M., *Managing Urban Tourism*, Prentice Hall, Harlow, 2003.

② 于涛、张京祥：《城市营销的发展历程、研究进展及思考》，《城市问题》2007年第9期，第97页。

然有自己的看法，因为符合上述品牌表述的城市远远不止这些，甚至其表述是否准确都需要进一步商榷，但是有一点我们是可以借鉴的，那就是城市管理者对城市战略制定的作用。

我们发现，在城市化进程速度加快的今天，城市管理者已经逐渐意识到品牌营销的重要性，积极打造城市品牌，塑造城市形象。但是，由于有些城市管理者的管理理念滞后及管理水平有限，其采用的品牌营销手段过于机械，使城市品牌营销同质化现象十分严重——很多城市的品牌打造只是简简单单停留在宣传口号或者城市定位标语上，很难找到专属于城市自己的特质。同时，城市集群的发展，也使城市群内部的城市苦于区域战略的掣肘，城市特色被城市群的大概念遮掩，比如京津冀地区，河北的很多城市被限制在这种区位概念下，且被北京和天津两座直辖市的光环遮掩了本来的核心价值。

基于这样的城市化发展背景，中国城市品牌营销的需求条件发生了变化，从只需提升城市知名度慢慢转化为打造知名度与城市特色相结合的发展思路，城市管理者着手从发展经济强市到提升城市综合实力的战略转型。信息时代传媒的作用也被城市熟知和重视，多个城市开始从埋头搞建设，变为整合城市特色资源并予以放大，再整合、再传播的营销促发展的思路，创造了城市竞争力，提升了城市影响力。

2000 年，我国云南昆明花费 700 多万元在中央电视台做了中国第一个城市广告，成为我国城市品牌营销的先锋。2007 年，昆明市旅游总人数达到 2508.31 万人次，总收入 168.92 亿元，与 2001 年相比翻了 20 倍。截至 2008 年底，已有 100 多个城市在中央电视台投放城市形象广告。① 投放广告只是一个开端，这种方式可以迅速提升城市知名度，但是要在人们心目中留下恒久的烙印，必须借助更多的载体，不断将承载城市所要缔造的优势信息向外传播，城市需要制定相应的发展战略。

能够满足城市品牌营销需求的载体有很多，而其中能够与城市文化紧密联系的、内容积极向上的、传媒高度关注的、能够带动城市其他产业发展的却是少之又少。纵观各种载体，体育赛事恰恰可以满足以上的城市需

① 刘彦平：《中国城市营销发展报告（2009 - 2010）》，中国社会科学出版社，2009，第 176 页。

求。如前文多次强调的，体育赛事是城市文化的一部分，体育赛事报道权的争夺便是最好的市场佐证。举办体育赛事能够带动城市多项产业，特别是第三产业的发展，有助于城市的产业结构转型。体育赛事为城市所带来的一切，便是一个城市管理者所应该认识到的，也是城市管理者在城市发展战略中必须要考虑的问题。如果一座城市能够连续每年为城市居民提供一项顶级赛事产品，且媒体能够高度关注，那么这个城市势必会与健康、活力、现代、时尚等形象联系在一起。城市管理者意识到体育赛事可以满足城市品牌营销的需求，围绕城市的资源环境制定相应的城市发展战略。可以说，缺少体育竞赛产业规划的城市是不完整的。

英国的谢菲尔德长期以来给世人留下的印象就是典型的传统工业城市，钢铁及机械重工是该市的支柱产业。随着新兴国家的兴起以及能源的匮乏，谢菲尔德这样的传统工业城市开始出现衰退。为了转变这种困境，谢菲尔德开始寻求城市发展战略的转型，并在1989年出台了城市发展10年规划战略纲要，明确到2000年城市发展的远景目标与战略计划是将谢菲尔德发展成为体育、休闲与旅游的国际中心，目的就是要提升谢菲尔德市在外来工商投资者心目中的城市形象，从重工业转向休闲、娱乐、零售以及其他服务业。谢菲尔德希望借助1991年举办的世界大学生运动会作为城市形象提升的重要契机，并利用大型场馆的建设促进投资、创造就业、改造和提升城区形象，最终实现城市发展的长期战略目标。

1990～1996年，谢菲尔德共举办了250项大型赛事，据估计，仅在大运会后的4年时间里，谢菲尔德依托赛事为城市带来的额外的经济效益总值估计为3100万英镑，为城市带来的媒体宣传价值在8500万英镑左右。直到今天，通过举办大型赛事吸引游客依旧是谢菲尔德市发展战略的重要组成部分。2009年，谢菲尔德共举办多达50项大型赛事，包括国际泳联的世界跳水系列赛，斯诺克的最高级别赛事——斯诺克世锦赛等。

谢菲尔德利用体育赛事进行城市品牌营销的策略使谢菲尔德摆脱了传统重工业萧条所带来的危机，成功由“钢铁之城”走向全英第一个“国家体育城”，形成了以现代服务业为主的新的城市形象和品牌。[①]

---

① 刘东锋：《谢菲尔德市利用大型体育赛事塑造城市形象的战略和启示》，《上海体育学院学报》2011年第35卷第1期。

国外城市的发展经验为城市化起步相对较晚的中国城市提供了良好的借鉴。

青岛市依托海洋资源和青岛的城市发展实际，制定了打造帆船之都和亚洲一流国际赛事集散地的发展战略，围绕战略目标，举办了众多相关活动和赛事。全力打造青岛国际帆船周，举办以“五赛一营”为内容的国际赛事交流活动，如“市长杯”威海－青岛国际帆船拉力赛、“鲁商杯”青岛国际帆船赛、全国翻波板锦标赛、全国激光级和激光镭迪尔级帆船精英赛、国际 OP 帆船营暨 OP 帆船赛，同时还辅以一系列的沙滩活动和比赛，适时配合青岛啤酒节，全面展示后奥运时代奥帆城市的幸福生活。此外，青岛还积极举办其他高水平的国际赛事，如世界跳水锦标赛青岛站、男篮对抗赛（中国 VS 阿根廷）、世界柔道大奖赛（中国站）（2010 年、2011 年）、羽毛球苏迪曼杯等，这些赛事及活动吸引了来自国内外众多运动员的参与，同时，国内外的媒体竞相报道，极大地满足了青岛市品牌营销的需求，将 2008 奥运效应有效延长。

上海是中国最具国际化的城市之一，也是中国的汽车制造基地之一，汽车产业的发展对上海整体经济发展无疑有巨大的推动作用。2004 年，上海迎来了世界赛车运动的顶级产品 F1。F1 这一“烧钱运动”一直饱受质疑，然而，这没有阻挡 F1 与上海的下一个 7 年之约。对上海来说，F1 也不是他们的终极目标。上海市政府真正看重的是 F1 作为商业化程度最高的国际体育赛事所具有的聚金效应。上海希望通过举办 F1，把上海国际汽车城打造成亚洲的汽车服务贸易中心。面对该项赛事投入与产出的巨大差距，上海无疑选择了一条长远的战略发展道路，不管最终的结果如何，F1 已经成为目前上海城市发展战略中非常重要的一枚棋子。正如上海市体育局局长李毓毅所说，“一个城市如果有一项活动有生命力，其必定会对城市的思想推动、思维定势的打破、认知水平的提高、与国际接轨程度的加大起到重要作用，而这些正是 8 年来 F1 带给上海的”。①

三亚作为中国唯一的热带滨海旅游城市，为了实现打造国际化滨海旅游城市的战略目标，必须借助一个优质的载体不断地把自己传播出去、营

① 《F1 带给上海城市生命力》，《大公报》，http://www.shanghai.gov.cn/shanghai/node2314/node2315/node15343/u21ai603933.html。

销出去。经过长时间的探索与比较，三亚最终选择了可以体现城市风貌和特有精神的体育赛事作为推广城市的主要途径，并将目标设定为利用三亚的环境优势，把三亚建设成为全国最大的体育冬训基地和海上体育娱乐中心，利用举办重大体育赛事的契机把三亚建设成为未来的“体育之都”。先后作为1990年北京亚运会和2008年北京奥运会火炬传递境内首传城市的三亚，自1998年建市以来，共举办40多项国际体育赛事，从1993年首次引进的三亚沙滩排球赛，到后来的环海南岛国际公路自行车赛、高尔夫亚巡赛三亚公开赛、中日围棋公开赛以及沃尔沃环球帆船赛等。通过这些赛事的举办，三亚提高了城市的知名度和影响力，也拉动了城市旅游的发展，增加了城市的经济收入。

此外，青海围绕“大美青海”，将已经举办了10年的环青海湖自行车赛视为全年重点活动着力打造；厦门国际马拉松的赛道串起了城市的旅游名胜，比赛路线也被誉为世界上最美丽的马拉松赛道，马拉松已经成为厦门的一张城市名片，成为厦门低碳生活、花园城市形象最好的体现。

随着城市竞争的不断加剧，城市品牌营销的需求越来越强烈，同时，体育赛事在提升城市传播力与影响力上的作用日益明显，有的城市结合已有的整体发展战略，从体育的角度，诠释战略，提供对策；也有一些城市，根据城市特色，围绕体育重新制定或调整城市发展战略，将体育赛事与媒体共同作用所产生的叠加效应作用于城市品牌营销。在具体的实施环节，城市在选择体育赛事时，一定要综合考虑城市的文化品质和自身经济实力等因素，在前文提到的三大类体育赛事中，选择群众基础较好、符合城市发展特质的运动项目，这样才能实现社会效益和经济效益的双赢。在充分考虑城市需求的基础上发展起来的体育竞赛产业势必具有较强的竞争优势，进而促进城市竞争优势的提升。

2. 体育赛事产品与城市居民娱乐观赏的需求

近年来，我国经济持续增长，居民的收入不断增加，从2004～2009年我国城镇居民消费支出情况的统计表（见表2－8）中可以看出，随着城市居民收入的增多，消费支出也呈增长趋势，从2004年的46282.9元到2009年的92296.3元，翻了近1倍。根据马斯洛的需求理论，当人们某一层次的需要相对满足时，就会向高层次发展，追求更高一层次的需要就成为驱使行为的动力。因此，人们用于精神消费的支出势必增多，其中用于

表 2-8　2004～2009 年我国城镇居民消费支出情况

单位：元

指　标	2004 年	2005 年	2006 年	2007 年	2008 年	2009 年
城镇居民总支出	46282.9	51989.3	59005.6	71487.8	83099.5	92296.3
城市居民文教娱乐用品及服务类支出	5650.4	6058.4	6850.9	7781.2	8152.9	9046.9

资料来源：http：//www.stats.gov.cn/tjsj/ndsj/2011/indexch.htm。

文教娱乐用品及服务类支出从 2004 年的 5650.4 元上升到 2009 年的 9046.9 元。可以说居民对娱乐观赏类服务的需求越来越旺盛。

同时，大众传媒的发展使得媒介内容极大丰富，与之伴随的是受众市场的细分，以电视为例，电视出现了大量专业频道，其中还包括付费频道。其中体育频道是频道专业化的代表，人们通过专业的体育频道观看全球体育赛事，逐渐形成了对某一赛事或运动项目的偏好，这一方面会促使人们持续关注此类赛事，另一方面也希望能够有机会到现场观看体育比赛，这种愿望促使“观赏型”体育消费持续增加。

欧洲顶级足球联赛、NBA、F1 的比赛通过在中国十几年到二十几年的转播，以及相当数量的宣传片和欣赏片的播放，培养了一大批忠诚度很高的粉丝，中国的城市也适时引入了 NBA 中国赛、意大利超级杯、F1 上海站，并拥有了可观的观众数目和较大的影响力。

2010 年，北京的五棵松体育馆（现万事达体育中心）和广州国际体育演艺中心这两座按照美国 NBA 标准建造的球馆，迎来了 NBA 中国赛，中国球迷在专业的场馆感受着真正的美国篮球文化。两场比赛均是座无虚席，而这两场比赛在 CCTV-5 的收视率更是排在 2010 年全年收视的前十位（广州亚运会除外），分别是 0.96% 和 0.87%。

2011 年 8 月 6 日晚上的国家体育场——“鸟巢”，涌入了 7 万多名观众，超过了北京奥运会的最高上座率。中国球迷在家门口欣赏到了曾经只能在电视上看到的米兰双雄的对决，山呼海啸般的助威呐喊绝不逊色于他们在圣西罗（梅阿查）作战。这场比赛的球票官方报价最低是人民币 199 元，最高为 3999 元，票价不低，却仍旧一票难求，很多球迷只能在球场外感受比赛的气氛。同时，CCTV-5 转播这场比赛的收视率为 0.60%，大约有 785 万人通过 CCTV-5 收看了比赛。

2012 年，在 F1 中国大奖赛三天比赛中，累计有 18.5 万人次观众涌入上海奥迪国际赛车场，据统计，2012 年 F1 赛事票务销售比 2011 年同期上升 15%。其中 4 月 15 日的正赛观众人数达到 8.5 万。票房收入大幅增加，观众人数、票房收入均恢复到 2005 年水平，练习赛当日，赛场现场就卖出了 60 万元的门票。[①] 经过 9 年的市场培育，车迷群体的消费能力大大提升，久事总经理姜澜表示“如今的观赛主体是一群真正热爱 F1 运动的车迷”。

这些国际顶级赛事的举办无疑很好地满足了城市居民的观赏需求，但是进口赛事产品的同时，还应重视本土赛事产品的打造，培养自己的赛事特别是高水平的联赛更加有利于市场的健康有序发展。一方面，从国家层面积极规范联赛市场，让优秀运动员投身到市场环境中去交易和发展；另一方面，各俱乐部需要根据市场规律去管理与运营，通过市场的激励机制不断提高竞赛水平。只有这样才能真正做到为广大球迷生产高质量的赛事产品、满足城市居民的娱乐观赏需求。改革开放几十年，中国的联赛市场的确有了很大的起色，特别是近几年引进了一些高水平的外援，增强了比赛的观赏性。但是由于某些体制方面的因素，整体竞赛产业还是受到了一定的掣肘，需要政府管理部门能够更加开放，借助市场之力提供更加有利于竞赛产业的发展环境，让企业生产出更加优质的竞赛产品，获得更有力的竞争力。

中超公司公布的数据显示，2010～2011 赛季中超联赛的现场观众人数达到了 423.29 万，平均每场 1.76 万，比 2009 赛季和 2010 赛季的场均 1.59 万人和 1.46 万人有明显上升。广州恒大以其抢眼的表现，15 个主场比赛共吸引了 68.5 万人，场均达到了 4.56 万人，两项数据均排名第一；北京国安这两项数据则分别是 60.6 万人和 4.04 万人，位列次席。与中国足球国字号队伍在国际赛场上的持续低迷表现相比，国内的联赛市场为中国球迷保留了一丝对中国足球的希望。

篮球项目和足球一样，在中国拥有良好的群众基础，而国内篮球的顶级联赛——中国男子篮球职业联赛（CBA）在马国力总裁亲自率领的盈方

① 《F1 上海站 18.5 万观众人数再创新高 6 亿人看直播》，http：//sports. titan24. com/rc/2012－04－15/208960. html。

团队极其有力的推动下，日渐成熟。2011～2012 赛季可以说是 CBA 史上最好的赛季，各俱乐部都加大了赛季的投入，所有球队的总投入平均达到 6.45 亿元，加上以马布里为首的一大批 NBA 外援的加入和迅速成长的年轻新锐，在 NBA 缩水的赛季，为广大球迷奉献了精彩的比赛。最后的总决赛，北京金隅队为了满足更多球迷到现场观战的需求，将主场从仅能容纳几千人的首钢篮球馆搬到了北京万事达中心，即便如此，仍旧无法满足球迷想要现场观赛的愿望。18000 人的现场观众加上数千万的电视观众，人们对高水平赛事的需求可见一斑。①

总之，目前国内城市的体育竞赛产品的质量在不断提高，城市居民的观赏需求逐年攀升，相关消费水平也逐渐提高，除了已成规模或长期落户的赛事外，城市依托自身资源，从战略出发，进一步引进赛事，如 2012 年 5 月武汉举行的羽毛球汤尤杯、6 月山东海阳举办的亚洲沙滩运动会、7 月 27 日北京鸟巢上演的阿森纳对曼城的首届“圣殿杯”英超足球挑战赛等。一方面，赛事的举办满足了居民娱乐观赏的需求，丰富了居民的业余文化生活，促进了城市的精神文明建设，提升了城市的软实力。另一方面，城市通过举办赛事，实现了城市品牌的营销，并积累了办赛经验和体育赛事经营管理人才的储备，为体育竞赛产业的进一步发展，创造了便利条件，从而进一步带动城市整体发展，提升城市竞争优势。

（二）城市居民健身休闲的需求奠定了竞赛产业发展的基础

随着近些年居民生活水平的提高，加之我国法定节假日已经达到了 115 天，每年，人们大概有 1/3 的时间都处在休息当中，人们不再只满足于物质生活的享受，越来越多的人开始愿意利用更多的时间进行休闲娱乐。

同时，城市化也导致了一些负面效应的产生，如前文提到的生理机能的退化和文明病，虽然随着医疗条件和医学技术的进步，现代人的平均寿命不断延长，但是人的身体素质却并不理想。国家第四次卫生调查的数据显示，2008 年，被调查地区居民两周患病率为 18.9%。按 2008 年人口总数 13.3 亿推算，当年全国两周患病累计总人次数达 65.4 亿。过去十年，

① http://sports.people.com.cn/cba/BIG5/234448/17584157.html.

平均每年新增 1.5 亿人次。其中，被调查地区居民慢性疾病患病率（按病例数计算）为 20.0%。以此推算，全国有医生明确诊断的慢性疾病病例数达到 2.6 亿。过去十年，平均每年新增近 1000 万例慢性病。其中，高血压和糖尿病的病例数增加了 2 倍，心脏病和恶性肿瘤的病例数增加了近 1 倍。[①] 可见，慢性疾病已经成为影响居民健康的主要问题，而且很多疾病有年轻化的趋势。

在全国政协十一届五次会议第四次全体会议上，全国政协委员杨桦进行了题为《增强青少年体质刻不容缓》的发言，指出，我国青少年体质一些重要指标呈下降趋势，令人担忧。突出表现为：第一，肥胖率日趋增长，超过世界卫生组织公布的 10% 的“安全临界点”。与 1985 年相比，2010 年我国 7～18 岁城乡学生肥胖率增长了 7.9%，这将导致成年后高血压、冠心病、糖尿病等患病率大大增加。第二，心肺功能下降，运动能力趋低。与 1985 年相比，2010 年我国 7～18 岁城乡中小学生肺活量下降了 11.4%，大学生下降了近 10%。第三，视力不良检出率不断攀升，位居世界前列。2010 年，小学生视力不良检出率为 40.9%，初中生为 67.3%，高中生为 79.2%，大学生为 84.7%。这些对整个民族身体健康将造成极大危害。导致这种局面的原因有很多，比如饮食结构、学业压力等，其中，学校教育中体育教育的缺失或不到位也是重要因素。据调查，我国中小学体育课开课率不高，仅有 42.7% 的小学生和 25% 的初中生每周上 3 节体育课，73.5% 的高中生每周上 2 节体育课，这与中央文件规定的“每天锻炼一小时”的目标相差甚远。同时，体育场地设施也严重不足。可以说，中国居民没有将体育健身和赛事观赏真正融入生活，形成现代健康的生活方式。这除了与生活水平有关外，还与教育有关，没有从小培养运动的习惯，这也是城市政府在制定发展战略时需要正视的问题——因为城市的发展，实际上也是人的发展。

无论是主观意愿还是客观形势所迫，居民包括青少年对于健身休闲的需求越来越大，甚至可以说十分迫切地要改善身体素质。越来越多的人有条件参与到体育中来，以求在参与体育的过程中强身健体，释放工作、学

① 《中国居民慢性疾病持续上升 吸烟率缓慢下降》，http：//news.qq.com/a/20090227/001476.htm。

习和生活中的压力。

根据国家统计局信息中心张富民在《我国居民的休闲娱乐分析——基于2008年时间利用调查数据》中的数据（见图2-3），可以看出工作日与休息日人们参与体育锻炼和健身的时间比看电影、看演出、参观、游戏、消遣等活动的时间多。

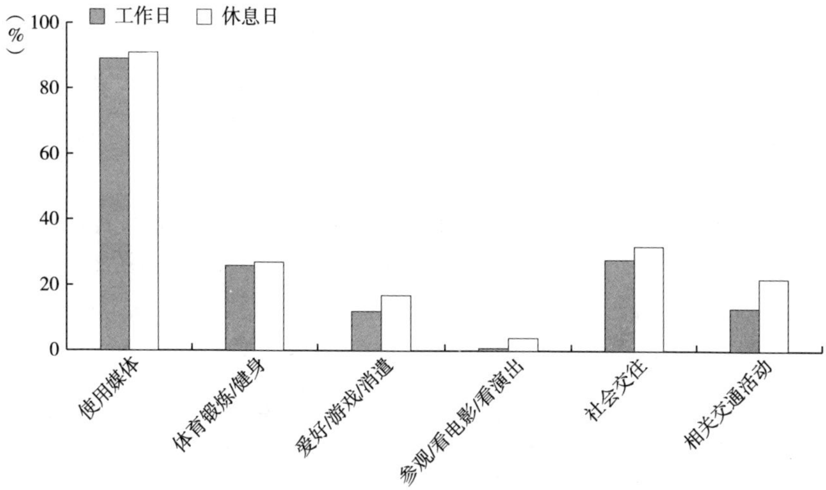

图2-3 工作日和休息日不同休闲活动的参与率比较

资料来源：参见国家统计局信息中心张富民《我国居民的休闲娱乐分析——基于2008年时间利用调查数据》。

人们对体育健身需求的增加，促使城市的健身俱乐部飞速发展。以北京市为例，根据2009年7月统计，仅网上注册的具有一定规模的经营性健身俱乐部已达到645家（不包括单项运动及专业性较强的体育俱乐部），对比2007年的465家，年平均增长率达到19.35%，按照北京市2008年常住人口1695万人计算，平均2万~3万人拥有一家规模型体育健身俱乐部。相比美国平均每1万人拥有一家健身俱乐部的规模来说，我国的健身俱乐部还有很大的市场潜力。①

同时，城市在学校体育方面，也在积极改善目前的课程设置以及老师、学生和家长的观念，并通过组织丰富的课余体育活动，培养学生参与体育的

① 江和平、张海潮等：《中国体育产业发展报告2008-2010》，社会科学文献出版社，2010，第134页。

习惯，以此达到锻炼身心的目的。比如，2007 年，青岛市在全国率先推出“校园阳光足球计划”，目前已经在全市中小学建设了 60 个足球试点学校；2011 年，青岛市足球运动管理中心投入 100 多万元向这些学校提供服装、训练器材等方面的支持；2012 年底，试点学校预计达到 80 所。并计划与青岛市高校加强合作，成立青岛高校足球联盟组织，创办青岛市高校联赛。

哈尔滨市结合城市特色体育文化，已经举行了多年百万青少年上冰活动，市政府要求所有冬季上体育课的学校都要浇冰场，这些冰场假期时要对社会开放。对于浇冰场的学校政府会给予一定的补贴，主要来自体育局和教育局。2011 年专门设立了 200 万元的百万青少年上冰雪基金，从政府角度推动学生及市民上冰雪活动。

无论是学校还是社会，都在积极提供健身场所、器材以满足居民需求，当然，学校和社会在满足居民需求的同时，也会促使需求的增加。而城市在制定相应战略、执行具体计划的时候，需要注意与学校和社会的配合，因为只有当人们从小接受了良好的体育教育和熏陶，学习一项运动项目并养成长期锻炼的一种习惯，并成为其终身的需求，这项产业才会有源源不断的动力。

体育竞赛产业随着城市需求条件的改变而产生和发展，反过来，体育竞赛产业壮大后，体育竞赛产品生产企业的竞争力也会提升，爱好一个项目、掌握一个项目并养成参与的习惯就会渗透进城市居民的生活之中，形成居民生活方式，再反哺城市的人文环境、推动城市的经济发展与产业结构的改善，提升城市竞争优势。

三　城市与体育竞赛相关产业及支持性产业

国家的竞争优势来源于城市，城市的竞争优势来源于企业。波特认为，“产业是研究城市竞争优势时的基本单位。一个城市的成功并非来自某一项产业的成功，而是来自纵横交织的产业集群。一个城市的经济是由各种产业集群所组成，这些产业集群弥补并提供竞争优势，反映了经济的发展”。[①] 根据波特的思想，每一项产业都和与之相关的产业及支持性产业，共同构成产业集群，产业的发展并不是孤立割裂的，集群的全方位提升，才是可持

① 〔美〕迈克尔·波特：《国家竞争优势》，李明轩、邱如美译，第 67 页。

续的产业发展之路。而城市竞争优势正是通过产业及产业集群来体现的。因此，城市产业布局是城市发展战略的重头戏，产业规划的好坏直接决定着这个城市未来竞争力的强弱。

有人说，发达国家 GDP 的 60% 是服务业（第三产业）带来的，服务业的发展水平代表着一个国家和城市的生产社会化程度，是市场经济发展水平的重要标志。从某种程度上说，如果一个国家或城市的服务业壮大了，它的竞争优势才会更强大。2009 年，美国的服务业占国内生产总值（GDP）的 70%，[①] 而我国只占 43.4%，积极发展服务业将促进产业结构转型、优化社会资源（包括自然资源、资本和劳动力）配置、提高经济整体效益和效率。

波特认为，一个城市形成竞争优势的一个关键要素是当这个城市和其他竞争对手比较时，能提供更健全的相关产业和支持性产业。一个城市如果要将体育竞赛产业培养成具有竞争优势的产业，那么体育相关产业就要跟上竞赛产业的步伐，同时，政府要制定相应的税收、土地等优惠政策给予支持。体育传媒业、体育中介业、体育场馆业、体育用品业、体育旅游业、体育博彩业的完善会给体育竞赛业带来足够的支撑，彼此相互促进，共同提升城市竞争力。

体育竞赛产业属于服务业的一部分，它与传媒业、中介业、场馆业、用品业、旅游业、博彩业等相关产业及支持性产业形成产业集群，并受集群内其他产业的影响和制约。余守文在其《体育赛事产业与城市竞争力：产业关联、影响机制、实证模型》中勾勒了体育赛事相关产业与支持性产业的关系图（见图 2－4），从图 2－4 我们可以看到体育赛事产业通过前向、后向和横向关联与城市第三产业体系形成广泛的关联关系。

（一）体育传媒业

体育竞赛产业的发展离不开传媒产业的支持。正如美国著名体育社会学者迈克尔·里尔教授所说，“不认真关注媒体和媒体经验，要理解今天的社会生活是困难的。这是我们必须努力理解体育产业和大众媒介两者之间关系的主要原因”。[②]

---

① 世界经济年鉴编委会：《世界经济年鉴（2010～2011）》，经济科学出版社，第 191 页。

② 〔美〕杰·科克利：《体育社会学——议题与争议》，管兵等译，清华大学出版社，2003，第 499 页。

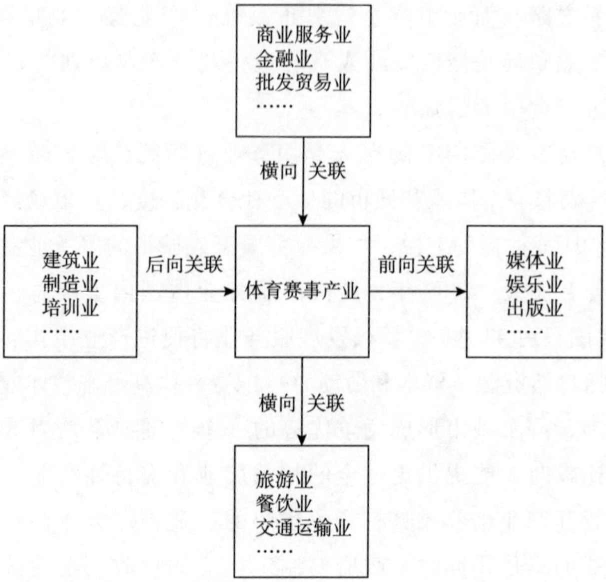

图 2－4　体育赛事产业与城市产业体系的关联关系

目前，能够到现场观看体育比赛的观众毕竟是少数，绝大多数人是通过各种媒体来获取体育竞赛信息，尤其是通过收看电视转播，人们开始了解了不同国家、不同地域、不同文化差异的运动项目，在全世界不同的角落，同时体验体育赛事带来的激情与动力，与之伴随的是一些体育项目逐渐走进人们的生活，如篮球、足球、斯诺克、羽毛球、网球等。2003 年，中国观众在上海看到了 F1，在此之前，人们便通过电视上播出的赛事专题片领略了 F1 的速度与激情，尽管中国的汽车工业起步较晚，汽车进入大部分家庭也只是近几年的事情，但是电视的影像让中国人首先从理念上缩短了与欧美国家的差距，思想的进步有助于实践层面的跨越式发展。为此，上海迎来了 F1，并希望通过举办这一顶级赛事，把上海国际汽车城打造成亚洲的汽车服务贸易中心。

人们观赏体育赛事的需求日益旺盛，促使我国不断涌现专门进行体育信息传播的媒介，体育报纸、体育杂志、体育电视频道、体育网站等，有效地满足了细分市场的需求。这里尤其要讲到体育电视产业的发展，原国际奥委会主席萨马兰奇说："体育与电视是天作之合。"正是因为电视的参与，奥运会才成为顶级的体育盛宴，电视为奥运会搭建了一个巨大的商业舞台，舞台上不断演绎着为奥运会相关权益和资格（如报道权和 TOP 赞助商）而展开的激烈争夺战。而体育电视报道权费用正是体育赛事收入的重要来源之一。有了体育电视，赞助商、赛事、消费者三者之间的良性循环关系得以建立。

体育传媒产品的原材料来自体育竞赛业。体育赛事产品要符合体育传媒的需求。在体育赛事与城市经济关系部分提到，CCTV－5 播出的赛事首先要考虑的是其受关注程度。据不完全统计，2010 年，在 CCTV－5 播出的赛事中，播出数量排名前五的项目分别为足球、篮球、斯诺克、网球、排球。其中，足球项目共计播出了 386 场比赛（包括重播场次），居第一位。足球和篮球项目在中国拥有较好的群众基础，加之欧洲五大联赛和 NBA 在中国的影响力，CCTV－5 不会错失如此巨大的收视市场。另外，其他几个项目虽然全年播出场次不如足球和篮球多，但是收视率不错，特别是斯诺克项目，随着中国球员整体水平的提升，2012 年世界斯诺克锦标赛更是有包括丁俊晖在内的 5 名中国球员打进了正赛，带动了一大批爱好者观看并参与该项运动。中国的很多城市也在积极举办斯诺克赛事，目前有北京的中国公开赛、上海的斯诺克大师赛、无锡的斯诺克精英赛等，值得一提的是，世界斯诺克国际锦标赛于 2012 年 10 月 28 日至 11 月 4 日在成都举行。该项赛事奖金为 60 万英镑，积分为 8000 积分，是英国本土之外世界排名最高的锦标赛。可见，“原材料”的质量直接影响传媒产品质量。

体育与电视是天作之合，而新媒体的发展，更是丰富了体育赛事的传播渠道，网络视频的发展无疑令体育赛事资源的价值得到了最有效的释放。新媒体相对于传统媒体的特点和优势为其赢得了奥运会等一批赛事的青睐，而对传播的需求也使新媒体之间对这些赛事版权的争夺战一触即发。多个赛事在出售电视报道权的同时，也开始了新媒体版权的销售。2012 年 4 月 12 日，腾讯视频购买了 2012 欧洲杯赛事报道权。腾讯在线视频部总经理刘春宁表示，“此次我们将为球迷提供三种服务：第一，不仅全部 31 场赛事的实时直播和点播（VOD）服务，同时依托移动互联网直播权益，通过微博、空间、QQ 等腾讯全平台间的联动，为广大球迷带来随时随地的赛事全互动体验。第二，发挥腾讯视频的优质技术支持，用户可以在电脑、手机、iPad 三个终端观看比赛，可以边用微博互动边看比赛，给用户边看边聊的直播体验，让用户在社区体验到乐趣。第三，腾讯重点打造腾讯平台概念。在不断强化腾讯创作赛事产品的同时，在欧洲杯期间也会派前方团队进行采访和视频制作，我们后方也会制作互动性的原创节目，给观众更多的视觉体验”。[①] 这一举措，不仅标志着新媒体介入了传统媒体生产资料的争夺，也使新媒体开始借助顶级赛事资源和互联网的技术手段，为观众提供更加丰富的体育传媒产品。在体育传媒企业的热情中，体育竞赛产业在满足了观众观赏需求的同时，再一次扩大了市场需求，随之带来的便是赛事产品价格的悄然走高。

传媒的背后是广大受众，中国城市在发展体育竞赛产业的时候，必须考虑传媒行业的需求。当然，城市也不能因为某些项目关注度高，就扎堆举办，城市政府在制定相应发展战略的时候也要结合城市自身特色，找准定位，实现城市资源的最优化配置，以此为前提，选择有影响力的赛事，并充分利用传媒资源，对赛事进行全媒体推广。只有这样，城市的体育竞赛产业和体育传媒产业的叠加效应才能最大化地作用于城市间的竞争。

（二）体育中介业

体育中介是体育竞赛产业链中的重要一环，体育中介活动实际上是资源共享、信息互换的过程。体育中介业的繁荣能够提高体育竞赛产业的劳动生产率，使竞赛产业的发展全面提速。体育中介业的行为主体被称为体育经纪人，不单指个人，而是包括自然人、法人和其他经济组织，比如从事体育文化传播的中介公司等。他们从事的工作包括运动员经纪、活动经纪、组织经纪和其他经纪，并通过经纪活动获取佣金。

近年来，由于职业运动的影响力越来越大，竞赛产业的产品生产资料——运动员拥有了很高的商业价值，球队支付的工资、广告代言收入及其他活动报酬使运动员成为最富有的职业之一。2008 年，美国《体育画报》评出了 2007～2008 赛季美国以外的国际体育明星的收入榜，全部为职业运动项目运动员（见表 2－9）。

在以上收入榜中，足球运动员占了 4 位，其中贝克汉姆位居第 1，他在 2007 年仅个人肖像权（含广告）的收入达到 3000 万美元。姚明在 2007～2008 赛季这一收入榜上排名第 8，他是 NBA 外籍球员中收入最高的，在 2008～2009 赛季中的广告、代言等商业收入达 1800 万美元。另外，与国际

① 《三战略助腾讯视频高兴签约中视体育》，http：//sports. qq. com/a/20120412/000892. htm。

表 2-9　2007~2008 年国际体育明星收入排行表

单位：万美元

排名	姓名	项目	金额
1	贝克汉姆	足球	4280
2	莱科宁	F1	4600
3	罗纳尔迪尼奥	足球	3750
4	梅西	足球	3700
5	费德勒	网球	3513
6	阿隆索	F1	3500
7	罗西	摩托车	3400
8	姚明	篮球	3176
9	C. 罗纳尔多	足球	3030
10	铃木一郎	棒球	2760

体育明星收入榜排行共同推出的美国国内体育明星富豪榜上，高尔夫明星伍兹依然高居榜首，他的年收入达 1.27 亿美元，个人总资产超过 10 亿美元，其主要的收入来自商业收入。

欧洲足球五大职业联赛 2009 年夏季在球员转会市场上投入超过 19.52 亿欧元。其中英超联赛以 5.47 亿欧元（见表 2-10），再度位居 2009 年转会市场的首位。

表 2-10　欧洲五大职业足球联赛 2009 年球员转会投入资金

单位：亿欧元

联赛名称	2005/2006 年	2006/2007 年	2007/2008 年	2008/2009 年	2009/2010 年
英　超	4.05	4.70	8.14	7.86	5.47
西　甲	2.20	3.49	5.35	3.55	4.81
意　甲	1.45	2.05	3.75	4.78	4.48
德　甲	1.02	1.42	2.79	1.86	2.26
法　甲	1.60	1.96	2.46	2.35	2.50

资料来源：《中国体育产业发展报告（2008-2010）》。

从运动员的收入便可窥见负责职业运动员的参赛、转会、代言等活动的经纪人从中获得的佣金是相当可观的。他们不仅使职业运动员的市场认知度提高，而且使职业运动员企业代言的机会不断增多。

体育中介在我国市场上的生存和发展受到了相当大的制约，这是由于我国运动员的所有权、赛事的管理权以及强势传媒机构，大多为体制内产物。这些机构有自己的中介公司，但因为体制内的体育经纪人不够专业或者由于缺少某种市场激励机制，人浮于事，因此原本就不够成熟的中介市场雪上加霜，我国的体育中介业及体育经纪人很长一段时间处于比较尴尬的境地，与国外的差距也很大，相关统计数据也极度匮乏。所幸的是，随着国内体育竞赛市场的不断规范，我国体育中介组织及从业人员近几年来获得较快的发展，逐步扩大了为运动员及赛事提供的服务范围，包括转会与工作合同代理、赛事安排、法律和财务咨询、商务活动代理、赛事经营推广、赛事版权交易等（见表2－11）。

表2－11　我国体育中介组织及从业人员情况

年　份	公司数量	从业人员	分布范围
2003	约200家	1500多人	大部分分布在经济和体育较发达的东部沿海城市
2005	—	取得资格证书的体育经纪人超过4500人	全国共有18个省（区、市）、3个计划单列城市开展了体育经纪人的培训
2008	超过600家，其中北京市注册并开展业务活动的体育中介公司就有160多家，上海市有100多家公司，广东省有80多家公司，浙江省有30多家公司	北京获得资格证书的体育经纪人达2200人，全国体育经纪人总数超过7000人	全国，主要集中在经济发达地区

与2003年相比，目前我国体育中介公司的数量增加了约2倍，持证体育经纪人增加了近4倍，即使如此，相对于如此大的体育竞赛市场，体育中介业恐怕也是太弱不经风。

目前，国内体育中介企业的数量在逐年增加，排在前三位的依然是有国际背景的中介公司，然后才是国内企业：①盈方体育传媒（中国）有限公司，在中国的主要业务负责CBA和中国男女篮国家队的运营与推广。

②八方体育也是一家国际中介公司，在中国的业务曾经有北京国际马拉松等业务，同时参与 WTA、TAP 等在中国的国际网球业务，如中网、上海网球大师赛等。③IMG 国际管理集团在中国也是负责国际赛事的引进、销售和推广，并且与央视国际电视总公司合作建立“央视 · IMG”体育赛事管理公司，IMG 国际管理集团的业务是高尔夫、网球以及娱乐等项目的市场中介运营管理。④未来广告公司主要负责 CCTV－5 的广告业务开发，借助 CCTV－5 的垄断资源一直处于中国体育广告界的领头地位，年销售额达到 16 亿元左右。⑤中体产业也是我国最早上市的体育领域的公司，过去的主体业务虽然是体育产业类的公司，但是其业绩主要是以体育地产为主体，近年逐渐开始回归体育赛事的经营管理与经营。⑥上海久事集团投资建设了 F1 赛车场，其旗下的“上海久事国际赛事管理有限公司”为上海取得了 F1 的举办权，负责 F1 上海站的商业运营、推广、版权销售等，连续多年承办了在上海举办的 F1 方程式世界汽车锦标赛，ATP 大师杯网球赛，主旨是提升上海在国际同类大都市群中的影响力，打造上海的城市品牌价值和竞争力等。⑦中视体育作为国际电视总公司旗下的一家中介公司，成立于 1997 年，主要负责体育频道部分面向社会赛事节目的服务工作，2005 年，该公司改制，团队跳出传媒，着力进行了体育传媒、赛事资源、市场营销三大板块的整合，使这家企业到 2011 年营业额从 2800 万元快速增长至 6 亿元，被国际电视总公司领导称为“非理性狂涨”，也是创造央视经营业绩增长最快速的公司之一。目前主要负责体育频道广告经营的“未来广告公司”、赛事管理经营的“央视 IMG”，以及与社会上一些中介公司对接，承接与 CCTV－5 的相关业务。⑧国家体育总局旗下各个中心，本着肥水不流外人田的遵旨，基本都下设了为自己中心的一些项目做中介服务的部门。⑨中网公司是北京青年报旗下的一家主要负责“中国网球公开赛”的管理与经营的机构。⑩中国福特宝足球产业发展公司，主营业务是与中超及各级别的足球赛事相关服务、经营与推广。⑪北京众辉国际体育管理公司作为“姚之队”的重要团队成员，代理了姚明在国内的商务推广，还代理了台球运动员丁俊晖，篮球运动员陈楠、苗立杰等众多明星的商业活动，其还负责帮助中国篮球协会和中国大学生体育协会开发中国大学生超级篮球联赛。

这些中介公司主要特点：第一，三家外企拥有一定国际赛事资源、优秀运动员的资源，在赛事经营管理方面有一定的专业经验，同时拥有国际单项协会的人脉关系以及国际赛事的运作经验，显然在我国体育产业特别是竞赛产业处在一个发展初期，这些国际公司首先是通过商业信息不对称等获得了发展和壮大；第二，投资类的国家大型投资公司，自投自管，如上海久事集团的投资、管理、赛事承办、商业运营、推广等都是自发运营的；第三，利用央视垄断的体育传媒资源作为核心资源发展业务；第四，利用赛事资源的相对垄断和众多体育类的知识产权做大做强的企业，如中体产业等。其实还有一类与投资地产有关系的类似体育中介公司，实际上是操纵地产开发的公司，这就是一直以来某些公司推崇的“体育地产”概念的运营模式，在这不一一列举了。

从上述所列举的一些代表性的企业中，我们基本可以梳理出我国目前中介公司的成长脉络，第一类是国际赛事和运动员资源的拥有者，这些企业有着多年体育赛事运营的专业经验；第二类是具有政府背景的资本或地方资源的拥有者；第三类是具有强势传媒资源的拥有者。这其中，政府机构或事业单位业务领域的延伸公司在该领域具有一定的优越性，这也是中国特色在体育竞赛产业及其相关产业领域的一个基本现状。

由于我国体育竞赛产业还处在刚刚起步阶段，即使某些具有资源和国企背景的经纪公司，仍须凭借专业的赛事运营管理人才的智慧，既要顺应体制又要适应体制，逐步完善体育赛事市场。

各城市不断举办体育赛事，为这些公司提供了运作平台，比如前文提到的几场即将举办的比赛，其中，武汉的汤尤杯由武汉体育中心发展有限公司负责运作、2012 年 7 月在鸟巢上演的圣殿杯（曼城 VS 阿森纳）由北京中奥延旭国际体育文化有限公司负责运作、世界斯诺克国际锦标赛由中视体育娱乐有限公司负责运营。

体育中介业让体育竞赛业更加职业化、商业化、规范化，体育竞赛业则促使体育中介业更加专业、成熟。目前，我国有影响力的体育中介企业主要还是集中在北京、上海、广州三个城市，其中排在前 12 位中的 11 家都集中在北京，而体育中介企业大多是直接围着市场需求而生长与发展，支持体育中介企业发展的两大支柱——体育传媒与赛事资源大都集中在北京，这也是北京市体育中介快速发展的关键。全国竞赛产业的龙头城市当属北京市，这一点也说明竞赛产业与城市的经济实力、文化影响力以及城市发展战略是正相关关系。北京打造国际体育大都市，同样是一种品牌营销战略，目的还是促进整个城市在国际大都市中竞争优势的提升。

（三）城市体育场馆的战略布局

随着国际赛事全球化的快速发展，国内各个城市因为举办大型的单一或综合型的体育赛事都纷纷建造了各类单项或综合体育场馆，运营及管理水平也在不断地提升和完善。体育场馆既是一个城市体育赛事的空间载体，也是一个城市的地标性建筑和文化载体，甚至可以形成一个城市的商业集聚区，在城市品牌传播的过程中成为该城市代表性的符号。体育场馆等基础设施不仅能够满足城市人群观赏赛事、文化娱乐节目、会议展览等城市重大活动的需要，还成为城市居民健身、购物、休闲等的场所，同时还是一个城市文化传承的载体，是现代城市经济、城市文化、城市科技、城市教育、城市居民生活方式等城市发展综合水平的重要体现。

根据体育蓝皮书《中国体育产业发展报告2013》所提供的数据，截至目前，全国一共进行了五次体育场地普查，普查时间分别为1974年、1983年、1988年、1996年和2004年，全国大型体育场馆5680个、室内体育场地55678个、室外体育场地485818个，共计547176个。据了解，2004年的调查结果显示，场地分布最多的为广东省，共计77589个，占全国体育场地总数的9.1%，其中标准场地58071个，非标准场地19518个。体育场地分布最少的是西藏自治区，共有1057个，仅占全国体育场地总数的0.12%，其中标准场地721个，非标准场地336个。我国的体育场馆主要集中在北京、上海、广州等一线城市，自2004年之后，济南全运会、北京奥运会（辐射山东青岛、天津、秦皇岛市）、广州亚运会、深圳大运会、南昌城市运动会、合肥全国体育大会、沈阳全运会以及即将于2014年举办的南京青奥会等都为举办国内和国际大赛或即将举办的国际和国内大赛筹建了一大批大型体育场馆，城市实际建造的大型场馆的数据已经远远超出了目前的调查数据。例如，北京奥运会共使用了37个比赛场馆（32个在北京）和59个训练馆，其中11个新建场馆。广东省审计厅发布，广州亚运会新建场馆 15 个、改扩建场馆 63 个，共计 78 个场馆（含备用场馆），以及新建 1 个开闭幕式场地。广州亚残运会场馆建设投资主要用于部分亚运会场馆无障碍设施改造，场馆建设费用总投资 72.48 亿元。深圳市审计局发布，深圳大运会共使用 63 个场馆，其中政府投资新建、改（扩）建及临时搭建场馆 61 个，企业投资新建场馆 1 个，企业现有场馆 1 个。场馆建设支出共计 75.20 亿元。政府投资建设的 61 个场馆计划总投资 66.11 亿元，实际支出 58.06 亿元。其中：新建场馆 20 个，支出 52.80 亿元；改（扩）建场馆 31 个，支出 4.29 亿元；临时搭建场馆 10 个，支出 0.97 亿元。而企业投资新建的深圳湾体育中心，尚未完成项目决算，按大运会实际使用场馆分摊的项目概算 17.14 亿元计入大运会支出总额。而与大运会赛事直接相关的配套设施、专项设备、场馆室外工程、场馆周边灯光与绿化工程等项目共 26 个，计划投资总额 22.98 亿元，实际支出 19.86 亿元。全运会给山东留下了可以媲美奥运的比赛场馆，一共新建、改建了 130 个体育场馆（新建 42 个，改造 88 个）。江西省奥林匹克体育中心是“一场两馆”：“一场”为可容纳五万观众的主体育场；“两馆”为跳水游泳馆、球类馆。首期工程投资约为 7.5244 亿元。南昌国际体育中心是“一场四馆”，即主体育场、体育馆、跳水游泳馆、网球馆、综合比赛训练馆，总投资约 15.77 亿元。

我国各个城市的场馆建设费用主要来源于市财政拨款，在整个城市发展战略的布局中缺少城市整体规划意识，一届政府一种举措，场馆建设和布局只考虑眼前，缺少考虑后续适应相应场馆的大型赛事、文艺活动、展览活动等内容的配套以及城市居民的使用便利，经营管理方面的相应对策也相对滞后，同时场馆运营的专业经营人才相对缺失，这些都是目前我国各类城市举办完大赛之后所面临的普遍问题。

即使有报道称鸟巢和水立方运营中没有出现负数，没有拖整个集团（北京市国有资产经营有限责任公司）的后腿，但那是在没有考虑前期投入的情况下，所以不具有说服力。当然，很多场馆也进行了一些积极的尝试，试图找出一条适合中国体育场馆发展的经验之路。例如，上海国际赛车场经过多年的苦心经营，如今成为集高端赛车赛事、车商实验、跑车聚会、品牌发布功能于一体的大型活动场所。除了一年中 100 天左右必要的维护时间，其他 260 多天，各种活动和赛事的安排已经达到饱和状态。[①] 2011 年，一汽大众旗下的奥迪品牌正式冠名上海国际赛车场，冠名期为 5 年。由此，上海国际赛车厂开始启用“上海奥迪国际赛车场”的名称。这是世界顶级 F1 赛车场首次尝试商业品牌冠名，而上海赛场的收支开始有了盈余，至于投入与产出比，上海市政府一直未有翔实的数据公布（业内人士分析，上赛场依然没有把前期投入计算在内）。全国其他各个城市的体育场馆也同样没有公布过任何投入与产出比数据，所以，目前我国如此规模的场馆建设费用的投入一直是一种模糊状态。

在未来的场馆建设中，各个城市管理者首先应该将其与城市的整体发展战略结合，进行综合考虑：第一，场馆建设的具体位置要方便城市居民健身、观赏赛事，方便文艺节目、城市会展的举办；第二，不在脱离高校和离城市较远的地方建只为赛事服务的场馆群，这样既容易造成城市居民观赛不便，又为以后经营带来困难；第三，避免建造大而单一的场馆，增加维护费，利用率又低，目前国外的城市建造场馆都是以多功能为主体；第四，场馆建设要符合城市的人文环境，为内容生产服务，避免建成后无米下锅，空置时间过长；第五，要符合城市的自然环境，与城市竞赛产业相配套，做到持续发展；第六，场馆的最初设计与规划需要考虑其自身的商业运营空间，创造具有自身造血功能的场馆，既要适应市场需要，又要为城市商业集聚区的打造创造良好的环境；第七，场馆须与酒店、商场、城市休闲环境整体配套设计，不留经营死角；第八，城市场馆投入需要财政与社会集资相结合的道路，为赛事结束后交付社会上具有经营管理能力的企业创造条件，减轻大赛后城市财政负担和经营管理的困惑；第九，建议根据目前我国城市财政的主要收入很多是源于土地的开发的现状，如果能将场馆建设与当地的商业或房地产实施联动，不仅可以减少城市财政的压力，还可以实现双赢；第十，各地政府要相信社会企业的市场经营能力，合理经营管理好国有资产，让其增值并服务好城市居民才是最重要的。上述十点建议仅仅是框架建议，供城市管理者参考。其实，城市场馆从投资到后来的经营管理都有非常成熟的体系，城市管理者可以引以为鉴（见表 2－12、2－13）。

① 《如何经营好大型体育场馆》，《新民晚报》2011 年 6 月 28 日。

表 2－12　国外体育场馆经营管理模式

经营模式	说　明
休闲式公共体育场馆的经营模式（俱乐部经营管理）	欧洲的一些国家法令规定，政府在社区成立俱乐部后，有义务提供运动场馆供社区居民做休闲活动。因此，欧洲多个俱乐部的运动场馆均由政府投资兴建并交由俱乐部管理，政府不再投入经费维护场馆及人力资源开支，全权由俱乐部运作 俱乐部为维持场馆的完整与内部的灵活运作，均实行会员制，经费来源主要有会员的会费、广告收益与经营收入等。俱乐部经营最大的原则是达到收支平衡，并负有训练优秀选手的责任 此类经营管理模式的优点是：（1）减轻政府人事与经费负担；（2）管理民主化，各俱乐部可全力发挥社区本身的运动专长；（3）由于全民运动基础雄厚，可发掘出更多的优秀运动员，吸引更多的会员参与
竞技式（商业性）公共体育场馆的经营模式	此类模式主要适用于大型体育场所（如体育馆、足球场），由政府投资兴建并交由民间财团经营，其经营最大的原则是以盈利为目的，属于纯商业性质。其优点是：（1）减轻政府人事与经费负担，且每年（月）尚有场租可收；（2）提升运动技术水准，满足观众的需求；（3）带动职业运动的蓬勃发展
混合式公共体育场馆的经营模式	此类模式大体上有两种范例：一种是建地由政府提供，建物由民间财团投资兴建，投资者取得时限内的经营权；另一种是建地由政府提供，在同一建地由投资者兴建大型体育场馆、国际级大型饭店及超级市场等。体育场馆馆权属于政府，并派人员与投资者监督共营。政府每年还会收到大型饭店及超级市场的租金，作为维护大型体育场馆的经费

表 2－13　国内体育场馆经营管理模式

经营模式	说　明
单位内部自主经营模式	采用这种经营模式的体育场馆通常规模较小、经营内容较为单一。目前，我国大部分体育场馆均采用这种经营模式，实际操作上一般由体育场馆所属单位内部的一个部门具体负责场馆经营，如学校有偿对外开放的体育场馆一般由体育组或后勤部门负责体育场馆经营 这种经营模式一般没有明确的经营目标，不进行单独核算，其优点在于分工明确、责任到人，经营管理人员熟悉体育场馆设施情况，有利于体育场馆的充分利用和维护保养，有利于提高服务质量；缺点是不利于体育场馆经营水平的提高
承包租赁经营模式	这是 80 年代中后期我国体育场馆的主要经营模式。在不改变所有制性质的前提下，按照体育场馆所有权与经营权完全分离的原则，以承包经营合同形式确定体育场馆所有者与经营者间的责、权、利关系和承包年限，

续表

经营模式	说　明
	使承包人能根据体育场馆的自身条件和体育健身市场发展的基本规律，做到自主经营、自负盈亏 承包人根据规定每年要向所有者交纳一定的承包费用，并负责体育场馆的日常管理和设备维护与维修，而大型设备的更新、维修则仍由政府投资。承包人在承包体育场馆后不能改变其为大众提供体育健身服务的性质，必须保证为全民健身和运动员训练提供场馆服务，但对提供的各种服务都要收费，其收费标准一般由体育场馆主管部门同物价管理部门共同制定，并在合同中标明，承包人必须严格执行。对场馆的原有职工，承包人有选择是否留用的权力
事业单位自主经营模式	这种模式是我国大中型体育场馆的主要经营模式。体育场馆作为各级体育行政部门下属的一级事业单位，实行全额财政拨款或差额拨款，在体育行政部门的领导下，由体育场馆管理人员进行自主经营、独立核算。这种经营模式的特点是：具有较强的公益性，经营管理人员熟悉体育场馆设施的情况，便于开展经营活动。缺点是：经营目标不明确，缺乏动力，员工工作积极性不高，“等、靠、要”等依赖思想较严重
企业化经营模式	近几年来，我国所建的一些大型体育场馆开始采用企业化经营模式，由具有独立法人资格的企业来经营体育场馆。企业内部按照《公司法》的要求建立现代的企业管理制度和财务制度，内部管理机构完善，管理比较规范。这种经营模式的特点是：经营目标明确，以追求利润最大化为主要目的

其实，北京、上海等城市的城市管理者已经开始采用国际上一些成熟的经营管理模式，比如，五棵松体育馆已经交付社会上具有经营管理能力的企业进行运营管理，万事达卡已经冠名北京五棵松体育馆，更名为万事达中心。上海世博文化中心更名为上海奔驰文化中心、宁波体育馆更名为宁波雅戈尔体育馆、上海国际赛车场被奥迪冠名等，这都是鲜活的实例。正所谓好的开始是成功的一半，体育场馆业是一个投资大、见效慢的行业，体育场馆是城市地标性建筑，为城市的商业集聚区的形成奠定了环境基础，需要按照市场规律进行操作。体育竞赛产业的发展，要和城市自己的俱乐部、固定的联赛落地、能够拥有可持续的国际赛事落户本市等相结合，才可以让场馆业的持续经营成为可能，这都是城市管理者在场馆建设之前需要进行战略思考和计划的问题。政府在引进赛事和修建场馆的时

候，不仅要充分考虑市场容量、城市商业区、居民区、高校集聚区等各类现成的配套环境，还要考虑所建场馆在未来城市发展中是否具有后续的生产资料，如果只为单一的赛事做一锤子买卖，大兴土木建设场馆，那么在城市经济无法提供后续补给的时候，场馆也就必然成为城市管理者的经济负担，最后导致恶性循环，将原有的竞争优势转化为劣势，影响城市未来的发展。所以，一个城市的场馆建设必然与城市发展战略相辅相成，同时是一个城市发展战略重要的组成部分。

（四）城市赛事缔造城市人文动态景观

城市体育场馆既是一个城市的地标性建筑，形成了一个城市商业休闲的集聚区，也是体育赛事的空间载体，并且共同形成一个城市动态的人文景观。结合当地的自然旅游风光，策划、设计、组合相关产品的一种新的旅游形式，是城市旅游产业、体育竞赛产业、传媒产业交叉渗透产生的领域。每年的北京中网公开赛、环北京职业公路自行车赛、北京国际马拉松赛、上海的 F1、上海大师杯、成都的世界斯诺克国际锦标赛、深圳观澜湖高尔夫、环青海湖自行车赛、环海南岛自行车赛、厦门国际马拉松赛等，都为城市制造了吸引游客的动态人文景观，不仅提升了城市的影响力，而且吸引了大量的国际、国内游客，为所在城市旅游业的发展注入了新的亮点。

城市如何借助体育赛事的传播力和影响力，促进城市旅游资源的开发，吸引全球各地的游客前来参观，同样是城市管理者在城市发展战略中需要考虑的。在国外，体育旅游已是较为成熟的产业，例如温布尔顿网球公开赛，每年的 6 月底至 7 月初，全球的眼光都在温布尔顿，全球各地的游客前往观赛。同样的事例不断在全世界各地上演，如表 2－14。

表 2－14　部分国家及城市赛事带动旅游情况

国家及城市	赛事带动城市旅游情况
日本和韩国	通过联合举办 2002 年世界杯，分别创造出 88 亿美元和 245 亿美元的产值
瑞士	仅滑雪一项，每年就创汇 70 亿美元左右
意大利	以“足球工业”为主体，2010 年与体育相关的旅游的年产值为 500 亿美元左右，超过汽车制造业和烟草业产值

续表

国家及城市	赛事带动城市旅游情况
维多利亚	近年来以强势推行赛事战略大造赛事之州而著称，维多利亚旅游部称其研究表明维多利亚在因为举办国际大型体育和文化赛事方面的认知度已经超越了悉尼，阿德莱德、布里斯班和伯斯等其他澳大利亚著名旅游城市。维多利亚的春季赛车嘉年华带来的经济效益达到 1.74 亿澳元
墨尔本	举办一系列具有影响力的国际著名赛事，被称为澳大利亚的赛事之都，吸引了无数人前往旅游。其中 F1、澳网公开赛的经济效益分别达到 0.96 亿澳元、0.7 亿澳元
北京	北京从申办奥运会成功到举办完成，7 年间旅游收入翻了两番，2008 年的旅游收入达 45 亿美元
南非	由于世界杯，搭乘飞机前往南非的来自非洲境内的游客数量额外增加了 50 万，来自欧洲大陆的游客数量增加了 20 万，所有预计之外的游客数量达到了 220 万

维多利亚和墨尔本旅游的发展大都得益于该城市良好的体育、住宿、旅游设施和完备的内外交通基础设施。英国谢菲尔德、美国印第安纳波利斯、意大利都灵以及我国哈尔滨等城市都将体育赛事与旅游结合，发展体育休闲度假旅游城市。

圣莫里兹（ST. moritz）1928 年和 1948 年两度举办冬奥会，被誉为冬季运动的发源地，因斯布鲁克在 1964 年和 1976 年举办两次冬奥会，冬季的冰雪美景和夏季凉爽宜人的气候使它成为四季旅游胜地。它们将体育纳入城市发展战略，通过赛事的举办，将城市发展成观光旅游与体育休闲度假的旅游城市。

我国除一线大城市之外，中小城市在借助体育赛事营造城市发展战略方面，也有不错的举措。仅以我国北方的城市秦皇岛为例，其城市定位为滨海旅游、休闲、度假胜地，其战略目标是充分利用其海洋、沙滩等资源，大力发展体育产业。北戴河地区被称为北京的后花园，它同时将其优良的自然环境与体育结合，如在北戴河新区即将建一个占地 20 公顷的综合训练馆，其定位是文化旅游、休闲体育产业，同时，还将打造一些高端项目，比如游艇俱乐部、高尔夫项目，以此带动相关消费。

此外，秦皇岛拥有包括中国第一个帆船基地、国家体育总局秦皇岛训练基地的篮球学校和足球学校等在内的省级以上训练基地 7 个。依托于自然资源创造的城市竞争优势，秦皇岛还积极承办国际级赛事以提升城市的国际知名度和影响力。2008 年北京奥运会期间，秦皇岛作为协办城市承担了足球项目的比赛，2012 年 5 月，承办了国际拳联世界女子拳击锦标赛暨伦敦奥运会资格赛。这些都是秦皇岛城市发展战略顺利推行的利好因素。

《深圳市总体规划（2010－2020）》中明确提出将盐田区建设成为优美的滨海旅游区和高品位的人文生态城区，重点发展体育休闲旅游业。规划期重点发展沙头角、东部华侨城和大小梅沙等片区，重点推进沙头角服装设计基地及大小梅沙滨海旅游区项目。将龙岗区建设成为珠江三角洲东岸最具现代化气息、生态环境优美的文体休闲旅游中心，重点发展现代印刷业、体育休闲文化旅游业和高端工艺美术业。

这些城市在制订战略规划时，将体育竞赛资源和旅游资源相结合，注重产业集群的规模效应，以此带动城市发展。

体育竞赛产业与旅游产业有着先天的高契合度，赛事作为城市营销的载体，在其传播过程中也承载了城市的自然风光和人文景观。有人说，奥运会就是奉献给世人的有关举办城市的旅游日志，16 天的游记，甚至可以创造出 16 年的辉煌。赛事因为美丽的风景而更加鲜活，美丽的风景也因为体育赛事变得更加生动，城市也因此更加美好。

四　城市发展战略与城市体育竞赛及相关产业的竞争力

在上文中，我们比较清晰地探讨了体育竞赛业与城市场馆业、旅游业以及与竞赛业相关的体育中介业之间的相互关系，也对我国一些城市场馆业和体育中介做了一定的剖析。其中我们也能看到我国有些一线城市这类企业的发展与城市经济文化整体发展的一致性。对一个城市战略发展的评价，根本上来讲可以说是对一个城市产业发展的评价，具体讲是对一个城市产业链或者说是企业群战略发展的评价。

波特认为，分析竞争的基本单位是“产业”，而产业是由一群企业以产品生产或劳务服务直接进行竞争。波特说，“在城市竞争优势对产业的关系中，第四个关键要素就是企业”。“站在竞争最前沿的，是企业而不是城市”，对文化产业大发展、大繁荣与城市竞争力的提升也同样实用。所以一个城市的体育竞赛产品的生产企业与策划、组织、运营、推广、广告、体育电视节目的制作等共同构成一个城市的体育竞赛产业链或者说是竞赛企业集群，竞赛产业的发展需要一个企业集群共同完成，而这个企业集群中的每一类企业的战略、结构以及相关同业的强弱，都将决定着所在城市体育竞赛产业的竞争能力。

一个城市某个行业中企业的优势，决定着这个城市的特点所在，如晋江的运动服装生产企业的集聚，便突出了一个地级城市的城市特点。企业是国际市场竞争角逐的主角，企业不只在一个城市内发展、在一国内发展，还各自有一套全球竞争战略，可以进驻多个国家，所以，一个城市的发展战略如果忽略了这样的行业强势，势必失去这个城市唯一具有竞争力的优势，城市管理者在城市发展战略中必须认真思考这个问题。

改革开放以来，从第一家可口可乐公司打进中国市场到欧美及日韩其他企业及产品的全面进入，我们已经充分看到产品背后的企业优势和产品背后的文化倾入，而体育竞赛产业在这方面显然具有更强的渗透性。比如，一个城市拥有一个优质的国际赛事资源，就有利于带动一批本市的体育文化创意企业、城市场馆业，继而繁荣以场馆为核心的商业集聚区、吸引优质的专业人才甚至达到吸引其他优势传媒企业的关注与投入的目的等。所以“站在竞争最为前沿的，是企业而不是城市”。

因此，了解一个城市的体育竞赛文化产业，必须了解该城市的企业如何创造、保持它的竞争优势，才能明白城市在国际竞争中的优势所在。一个企业的成功也许不能全面提升城市竞争优势，但是如果一个城市具有一群有竞争优势的企业，那么聚合起来就能形成城市的竞争优势，城市竞争就是企业集合体的竞争，所以城市发展战略要考虑企业的发展。这就是为什么在城市的总体规划中，通常都会将招商引资、吸引有国际竞争力的企业或企业集团落户本市以及培育本地企业品牌的国际影响力作为城市发展的重点内容，并创造条件来促进企业发展。如北京市“十二五”规划中“选择300家以上重点企业，集中政策资源重点支持，形成一批具有全球影响力的千亿级规模企业、产业带动力大的百亿级规模企业和高成长的十亿级规模企业”，当然扶植中小企业以及给予一定的政策和资金的扶持，我们的企业才会有一个良好的成长基础，拥有强大的企业才能够拥有有竞争力的城市，我们的国家也才能具有竞争力。所以无论是国家政策还是城市政策都应该将培育有竞争力和影响力的品牌企业作为重点。企业发展的环境折射出一个城市的发展环境，也同样折射出一个国家的发展环境。

国务院办公厅发布的《关于加快发展体育产业的指导意见》（国办发〔2010〕22 号）提到主要目标是“到 2020 年，培育一批具有国际竞争力的体育骨干企业和企业集团，形成一批有中国特色和国际影响力的体育产品品牌”。

那么，一个城市的体育竞赛产品的生产企业、体育传媒产品的生产企业及相关生产企业该如何制定战略、结构以及如何在同业竞争中脱颖而出获得竞争优势呢？企业战略是指设立远景目标并对如何实现目标进行的总体性、指导性的谋划。企业战略决定了一个企业的发展方向，是企业在竞争中获得主动权、提升自身竞争优势的关键因素。根据波特的钻石体系，企业战略需要根据生产要素（人力资源、资本资源、知识资源、自然资源、基础设施等）、需求条件、相关产业与支持性产业、政府政策、机会等因素综合考虑来制定；企业结构旨在通过对企业内部相互联系的组成要素的有效合理的组织，达到共同目的，强调企业的内部机制，需要与企业战略相适应；同业竞争指的则是关联企业之间的竞争关系，突出企业的外部环境，是企业战略需要考虑的重要因素。

因此，本研究着重分析体育赛事、体育传媒、城市、市场四者之间的发展关系，本章所探讨的则是赛事与城市发展战略之间的关系。“赛事”，我们可以从两个维度来分析：一是赛事产品，这个产品同一切有形产品一样，可以引进，可以自己生产；另一个是赛事产品的生产企业。因为企业是国际市场进行角逐的主角，站在城市之前的是企业，而不是城市本身。所以说城市的企业集群优势是一个城市发展的战略之一。本章重点分析体育竞赛产业群中企业战略与结构的制定，以及体育赛事产品生产企业相互之间的竞争，即同业竞争促使企业不断创新，保持竞争优势，从而提升城市竞争力。这里的体育赛事企业，包括直接生产产品的生产企业及其相关生产企业，比如与中超相关的企业、CBA 的生产企业、英超的生产企业等相关企业。

（一）体育竞赛企业的战略与结构

体育赛事企业战略制定首先要关注的生产要素：①专业的策划、生产、经营、管理人才；②整体的生产成本，包括国际赛事产品的权利租金、选手邀请费用、赛事所需要的奖金、交通食宿、生产企业的基础管理运营费用、预计先期的推广费用等，也就是预先需要投入的资本；③资金回收的市场预测，包括作为该赛事产品在全国乃至国际所能获得的赞助收入、票房收入、政府资金可支持的力度等资金回收的市场分析；④优秀的国际、国内的可参赛选手是赛事企业必要的生产资料；⑤赛事产品生产所需要的城市基础设施，这里包括交通、通信、场馆、酒店等生产大型和中型赛事产品的硬件条件；⑥某些赛事产品生产所必需的自然资源，比如帆船、赛艇、马术、汽车拉力赛等（帆船、赛艇赛事产品生产需要有合适的水域，马术系列赛事产品等需要各类可以参赛的马匹和场地）；⑦城市管理者的理念——这一点在我国各类城市生产赛事产品是至关重要的，例如，主管机构是否可以免去赛事产品的管理费，当地政策是否可以降低赛事使用场馆的费用等；⑧该产品国内、国际强势媒体的关注度等。上述八点是生产赛事产品企业以及城市必须考虑的不可或缺的生产要素。

此外，体育竞赛企业战略的制定还要了解当前的竞赛产品市场需求和发展潜质。这一需求在国内市场需要满足三个必要条件：一是城市原有的文化体系与该产品是否能够相融，这里指的是一个城市居民历史与现代文化体系的接纳度；二是该城市的经济基础，这里包括城市企业集群所具备的实力和政府的财政状况；三是城市管理者自身的管理理念与所制定的相关城市发展战略。

最后，体育竞赛产品生产企业战略的制定还要兼顾相关产业特别是体育传媒产业群中的各类企业的发展现状以及其支持力度。一个城市或者是相关产业集群中的关键企业的竞争优势有可能直接影响到体育赛事企业产品生产和销售甚至是生存问题。体育传媒业、体育中介业、体育场馆业、体育用品业、体育旅游业、体育博彩业等相关产业与支持性产业都将会在一定程度上影响到体育竞赛产业的发展，而属于体育竞赛产业或者说与之相关的体育赛事企业群的竞争优势的建立自然离不开这些相关产业与支持性产业的基础性支持。作为一个体育竞赛产品生产企业，在我国生存的必要条件除了与相应国际赛事的单项协会、国家体育总局各个管理中心达成可以获取优秀运动员这一必备的生产资料以及拥有专业的组织运营管理团队之外，假如你还不具备达到奥运会、足球世界杯、欧洲杯、NBA、世界锦标赛、亚运会以及国际顶级单项赛事等获得本市居民欢迎的优质产品的生产能力，你就必须与强势传媒机构达成合作意向，特别是在我国目前体育竞赛产业发展还比较幼稚，票房收入、版权销售市场极不发达的情况下，政府、媒体的作用更是不可忽视。

目前，在我国各个城市体育竞赛产品市场比较好的主要还是国际高端的赛事产品，还是以政府支持为主、市场为辅的生产方式，比如每年举办的“北京中网公开赛”、上海的“大师杯”和“F1方程式赛车”、“成都世界斯诺克国际锦标赛”等；自主生产的产品如“中超”“CBA”“乒超”“全国排球联赛”等具有影响力的赛事基本都是政府与国企投入为主、社会上民企合作为辅，单一社会企业或者说民企独立生产的产品与销售大都不尽如人意，生产过程也是举步维艰。

相关资料显示，发达国家的体育产业（包括竞赛产业在内）收入预计占各国GDP的2%~4%。江西财经大学教授易剑东在美国做访问学者期间获取的著名研究机构Plunkett Research提供的数据显示，2008年，美国体育产业产值达4411亿美元，占美国当年GDP的3.05%。由于全球经济危机的影响，2012年这两个数字下降到4350亿美元和2.88%。但是，这依然无法否定美国体育产业的产值是汽车产业的2倍和电影产业的7倍。

美国四大联赛与欧洲五大联赛及其俱乐部的成功运作是有目共睹的，在国际上具有很强的竞争优势，是国际各个城市都极为关注的产品。这些联盟及其俱乐部在探寻市场需求、与城市的合作以及寻求与相关产业和支持性产业的合作方面，一旦落地某个城市并得到持续发展的机会，很快会带动整个产业在该城市的发展，如NBA在中国北京、上海、广州等城市所举办的季前赛都是为了在中国获得更大的市场份额而实施的战略计划，这些企业以及它们的营销手段已经成为当今职业体育的典范。

联赛最大的特点：首先是赛事的连续性；其次是地域性。而联赛俱乐部则是联赛产品生产不可或缺的生产资源也是联赛产品的核心资源。俱乐部作为体育竞赛产业中的核心生产模式，是竞赛产品生产链上的关键环节之一。一个俱乐部就是一个企业，其核心产品就是一支优秀的球队或选手，其是赛事产品生产环节的组装阶段，此外，俱乐部还生产出众多与赛事配套的相关延伸或衍生产品，比如运动员、俱乐部品牌的服装、各类纪念品和各类贴牌产品等（见图2-5）。

从世界范围来看，比较成功的联赛俱乐部均出自美国的四大职业联赛、欧洲足球五大联赛、世界四大网球公开赛等，其发展历史都在百年左

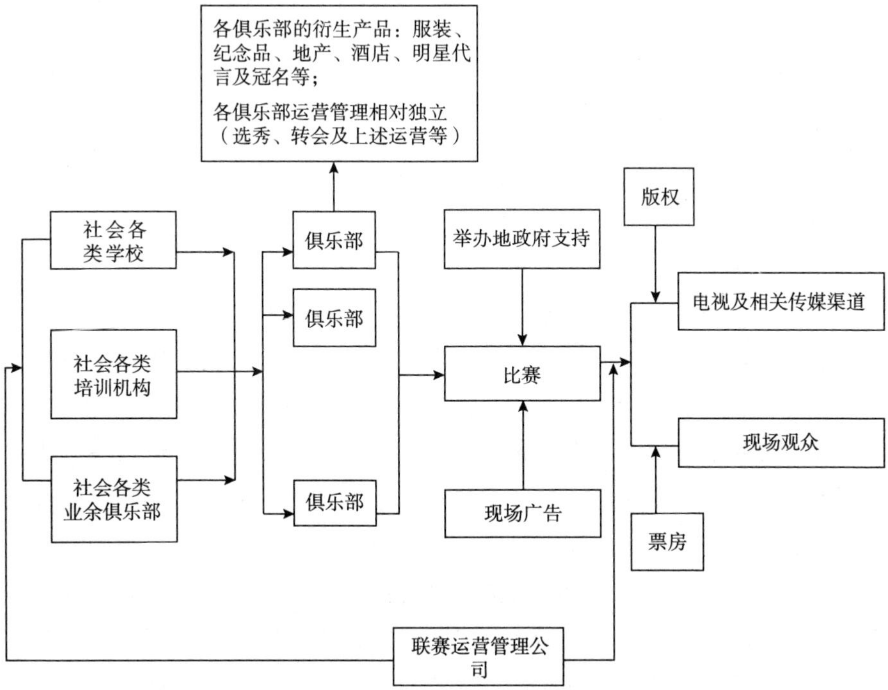

图 2－5　联赛生产运营模式

右。竞赛产业能够形成城市的企业集群，对城市影响力和竞争力的提升有着明显的推动作用，俱乐部作为竞赛产业生产产品的企业之一，是城市竞赛产业链中的关键环，一个城市俱乐部在联赛中的影响力，同样会影响到城市的品牌价值。下面我们通过几个在城市企业集群中俱乐部企业的价值，分析其对城市的影响。

1. 美国国家橄榄球联盟（NFL）及其俱乐部

2010 年，NFL 收入达到 78 亿美元，每个俱乐部球队的平均价值达到 10 亿美元。不仅《福布斯》把超级碗评为世界第一赛事，超过了世界杯；2006 年世界杯前后，英国的《经济学人》也发表文章，说美国橄榄球联盟是世界上最成功的职业联盟，超过任何欧洲的足球联盟。这些媒体的高度评价从一个侧面说明橄榄球联盟代表着竞争社会中的成功模式之一。NFL 的成功与它的战略和结构以及同业竞争是相关的，通过了解 NFL 的发展历程，我们可以看出，其发展壮大并不是一帆风顺的，不断出现其他橄榄球联盟与之竞争，而且俱乐部的数量也是一变再变，俱乐部成员也是进进出出发展起来的，到了20世纪60年代才开始迅猛发展，这与其自身战略目标和结构有关，也与整个市场环境有关（如电视媒体的发展等），还与各个组织相互竞争有关，这些都对NFL的成功有着极大的影响。NFL在80年后适时提出战略目标——“让整个世界的人，让下个世纪的人都知道美式橄榄球的乐趣”，通过大力利用媒介、举办活动、建立与最终消费者——球迷的快速反应机制等进行品牌造势和公共关系传播的同时，注重与球迷的沟通，从而获得反馈信息，达成双向沟通原则，更好地了解消费者需求，塑造品牌形象和组织形象，从而达到组织的整体战略目标。

目前NFL拥有32支俱乐部，每支俱乐部的战略与结构以及所面临的同业竞争促使其提升竞争优势，从而提升所在城市的竞争优势。例如NFL新英格兰爱国者队（New England Patriots）成立于1960年，位于马赛诸塞州福克斯堡。一个城市有这样一支俱乐部会产生怎样的价值呢，我们可以窥一斑而见全部。根据爱国者提出“建立和维持世界上最受尊重的，最有价值的职业体育俱乐部”的发展战略目标，于2002年启用新建的体育场馆——吉列体育场，可容纳68000多名观众、16500个停车位和1000多个电视屏幕，比尔·比利奇克担任主教练，现任主席、总执行官罗伯特-卡夫负责对整个赛事进行运营管理，为了尽可能多的吸引和满足球迷，采取了一系列的球迷互动以及球迷服务措施，同时跟媒体、赞助商及其他合作伙伴建立良好的关系，并设置了完备的组织机构：最上层是董事会，公司事务由总裁管理运营，下设有球员招募部、橄榄球运营部、装备部、球员培训部、医疗部、影视部、行政部、广播产品部、社团与社区事务部、吉利体育馆运营部、财务部、食品饮料部、人力资源部、信息技术部、法务部、媒体关系部、爱国者啦啦队、爱国者队周刊与爱国者队网站、产品运营部、营销部、大型活动部、票务运营部等多个部门。可见一个俱乐部本身就能形成一个城市的企业集群。为了俱乐部的发展，总裁卡夫采取了一系列的措施，使容纳68000观众的吉列体育场，上座率几乎达到100%。2005年被福布斯杂志评为全球第三，获得了最有价值的俱乐部和“最佳运动队”的称号，2010年价值为14亿美元，被体育界和商业界誉为成功运作的典范。爱国者队的成功给城市福克斯堡带来了巨大的竞争优势。

2. 休斯顿火箭俱乐部的中国战略

提起休斯顿，人们特别是中国人马上想到的是NBA休斯顿火箭俱乐部，想到休斯顿火箭，一定想到姚明，姚明让中国人快速知道了休斯顿这座曾经在中国默默无闻的美国能源城市。但是，一个篮球俱乐部让中国乃至亚洲关注了这座城市，休斯顿城市的影响力也由此辉煌了一把。

2002 年，姚明加盟 NBA 的火箭队，这个 2.26 米的小巨人带给火箭的是中国巨大的市场回报。这就是商业，交易。在中国球迷的心中，拥有了姚明后的火箭队及休斯顿这座城市的知名度、影响力都不可小觑。福布斯杂志 2007 年 12 月最新公布的年度 NBA 各球队财富榜中，休斯顿火箭队的商业价值攀升至 4.62 亿美元，是其购买姚明价格的 5 倍还多，其成为 NBA 最值钱的球队之一。2007 年 11 月 9 日，休斯顿火箭队对雄鹿队的一场比赛创造了中国 19 家电视台、两家互联网站直播的盛况，2.5 亿中国观众关注了这场比赛，因为易建联加盟了雄鹿队，这是一场姚明对易建联的"中国德比"之战。因为火箭队有了姚明，中国人几乎把 NBA 的火箭队当成了主队，CCTV－5 在排播 NBA 赛事转播计划中，也是逢火箭队必排。中国人的自豪感从来没有这样高涨，无论是火箭队还是雄鹿队甚至是 NBA，获得更多的是金钱，各取所需。央视及全媒体的大力吹捧，在一定程度上也引导了无数真球迷和伪球迷的高度关注，而这一切，都为中国企业进军 NBA 做好了前期铺垫——蒙牛、燕京、海尔、方正、青岛啤酒等相继涌入 NBA 阵营。NBA 的各级球星也纷纷踏上了中国的土地，被疯狂的中国球迷包围，甚至李宁也热血沸腾地把"大鲨鱼"请进中国。各家媒体、各级城市、各类企业真是忙得好不热闹。一家俱乐部企业用姚明撬动了中国市场，NBA 多家俱乐部企业形成的企业集群也联动了中国的各类体育传媒、体育经纪公司、体育广告公司、体育制作公司等。在市场的作用下，NBA 迅速形成一张无形的商业网络，横扫着中国各个"幸运"城市！

3. 城市营销战略与体育竞赛产业

除了上述直接提供赛事产品的联盟及其俱乐部外，还有一类从事赛事运营的企业。在我国，随着体育竞赛产业的发展，这类企业不断涌现并扮演着越来越重要的角色。

城市营销是城市管理者的工具，是实现城市管理总体目标及可持续城市发展目标的工具，就如同产品营销一样，城市是一系列产品的集合体，《体育与城市营销》的作者里奥·艾瑞克·亚历山大提到"一个城市要具备吸引力和竞争力就必须提供体育设施"。他认为体育设施是构成一个魅力城市的重要组成部分，是向潜在顾客展现城市魅力的工具，在城市对外营销过程中很有帮助。

亚历山大对巴塞罗那、赫尔辛基、鹿特丹、都灵以及曼彻斯特五个城市的体育赛事营销经验的研究所涉及的话题包括：①体育赛事与魅力城市；②体育赛事、场馆、俱乐部的地位；③体育赛事在品牌营销和差异化营销中的作用；④举办大型赛事对城市改造的催化作用；⑤对组织能力的要求。最后，亚历山大得出了体育赛事与城市营销组织才能的要求以及组织能力的构成要素的框架，如图 2－6、2－7 所示。

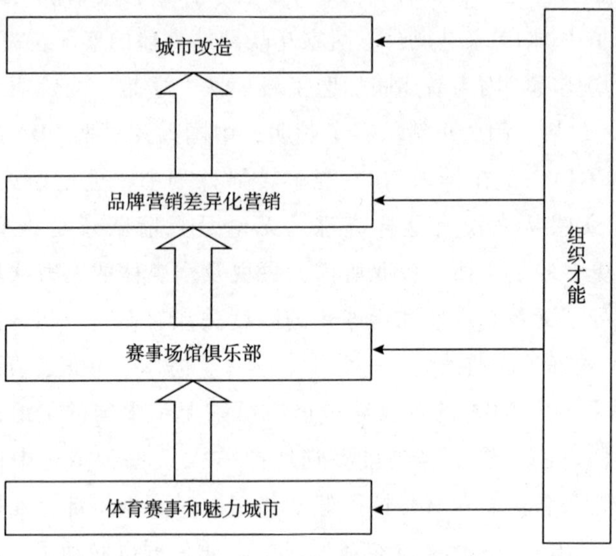

图 2－6　赛事与城市营销组织才能的要求

根据亚历山大的组织才能分析，再对应波特的“钻石理论”，我们就会对体育竞赛企业的战略和结构更加清楚，体育竞赛能够作为城市营销的有效工具，除了其可以形成一个庞大的产业群推动城市文化产业发展、促进城市产业转型外，更是创造魅力城市的重要工具。作为一个产业，其庞大的结构涉及的不只是一个赛事的组织者即竞赛企业的自身战略与结构，因为一方面中介机构的影响力也在不断地扩大；另一方面各类赛事会涉及主办国和主办城市，国际、国内营销，法律法规，赞助计划以及各方利益的平衡等都将影响竞赛企业的战略与结构。

虽然我们分析了大量的赛事与城市营销案例，充分证明了赛事对城市

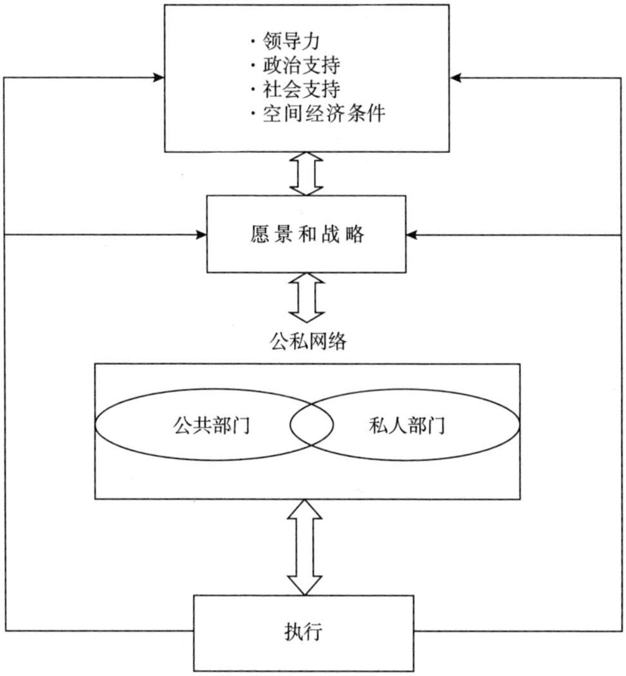

图 2-7　组织能力的构成要素

营销所产生的巨大功效，但是如果我们不能够了解一个赛事所需要的企业群的合作或者忽略了大型赛事所需要的组织能力，我们依然无法明确具有持续性主办和承办大型赛事所需要的组织才能，这一点也说明波特在其钻石理论体系中强调一个企业的或一个企业群的竞争优势的条件之一就是其企业的战略与结构的竞争优势的重要性。所以，采用体育赛事作为城市营销战略也同样需要把握作为一个赛事企业群的整体战略与结构整体优势。

与发达国家相比，我国体育竞赛产业与国际同行业中的产业之间的差距还比较大，竞赛的产业化程度还是较低。国家体育总局 2010 年公布的第一次体育产业调查数据显示，我国 2008 年体育及相关产业实现增加值 1554.97 亿元，占当年国内生产总值的 0.52%。虽然与发达国家相比还是很低，但是这也说明我国城市体育竞赛产业的发展空间还很大。我国城市体育产业的优势主要集中在体育用品、体育培训以及体育健身业三方面，城市体育竞赛产业还处在发展初期，甚至有业内人士放话称“我国城市根本没有体育竞赛产业”，基本处于“体育事业”或者说是“计划经济的核，市场经济的壳”，原因是作为竞赛产业主体生产资料的运动员完全属于事业体制控制，符合市场模式的企业化操作模式依然有些理想化，竞赛产业与体育用品企业相比较还是一块待开发的处女地。也正是如此，大量赛事资源的市场能量尚未开始释放，我国赛事产业发展的空间及潜力巨大。

对在我国各个城市市场化程度尚不完善的竞赛产业集群中的企业来说，在制定发展战略过程中，如果按照波特所建立的“钻石体系”中的各个要素来整体考虑并制定相应的企业战略，无疑能够得到一个有益的参考。城市经济和人文环境会对体育赛事的生产与销售产生较大的影响，城市的体育竞赛产品生产企业对城市的人文环境和城市的经济发展水平的评估，也可以成为对波特钻石体系理论在中国城市市场实用性的检验。但是，无论如何，对城市企业如何提升其竞争优势依然具有一定的指导意义，根据这些要素，企业生产出适合一个城市的人文环境、市场环境以及易于传播的赛事产品，以吸引赞助商企业的关注，满足城市居民消费赛事产品的需求，并尽可能争取到相关产业与支持性产业的企业合作等来制定相适应的战略目标，对提升企业的竞争优势是有益的。

NBA、NFL、英超、中超、CBA 等优质的联赛俱乐部，对城市的影响力和具有的竞争力都是一般企业所不具备的，而看似简单的俱乐部在一个城市中实际上几乎可以带动一个企业群，同样，一个优质的赛事也可以带动一个城市的企业群，这就是竞赛产业在城市发展战略中具有重要地位的原因。正如欧美学者所说，职业联赛俱乐部与赛事的成功举办成为城市管理者的政治资本，而职业联赛俱乐部与赛事是城市提升影响力和竞争力的重要载体。

（二）同业竞争不可忽视

波特认为，当所有的竞争对手集中在某一城市或区域时，一群企业相互竞争，对地方产生的贡献会大大高于没有竞争的单一企业的贡献。一群企业彼此激烈竞争，往往会带动专业基础设施的建设、加速市场信息的流通，而相关科技与专业人力资源也会快速发展。企业因为害怕落后，必然会单独或以同业工会的方式进行专业条件的投资。企业竞争也会带动当地学校和大学开设专业的课程，政府也会投资支持设立学校和培训中心、出版专业的期刊、建立市场情报组织等。

波特还认为，企业之间的竞争是企业改进和创新的原动力。波特说：

"从钻石体系来看，同业竞争并不亚于创造生产要素、发展供应商体系，以及高水准、挑剔的市场需求等。在竞争优势中，最重要的部分并不是静态的效率，而是企业的竞争活动。"这一观点在我国各个城市企业集群发展中已经得以证实，最具代表性的如北京的传媒企业集群、中网所带动的网球培训业、网球中介业、网球广告业，上海 F1 赛事带来一系列赛车相关企业之争，晋江运动服装企业之间的角逐等。城市体育竞赛企业之间的竞争不仅体现在竞赛产品的同质竞争，还体现在一系列相关配套企业之间的竞争，比如，中介业的竞争、广告业的竞争、传媒业的版权之争、联盟俱乐部与俱乐部之争、消费人群之争、政府资源之争等；不同项目之间还存在着联盟与联盟之间的竞争，如中超与 CBA 之间的竞争、美国四大联盟（NFL、MLB、NBA、NHL）的竞争；同一项目不同赛事之间的竞争，如欧洲五大联赛（英超、意甲、德甲、西甲、法甲）之间的竞争、四大网球公开赛之间的竞争等。这些竞争促进了体育赛事企业的不断创新与发展，也要求企业具有明确的发展战略和具有竞争能力及适应竞争的强大结构。企业的竞争实际上也是承办城市之间的竞争，在竞赛产业各个产业环节之间的企业之争也提升了城市的竞争优势，甚至是国家的竞争优势。

一个城市单一竞赛产品的市场竞争同样波及体育传媒产业的竞争，我们以 NFL 为例。美国棒球联盟 MLB 自 1896 年成立以来，在全面竞赛企业中一直占有竞争优势。而当 NFL 成立之后，两个赛事联盟之间的角逐便拉开了序幕，NFL 为了取得竞争优势，首先从球迷市场的培养开始，为了让观众养成观赏习惯，于 1939 年与电视台 NBC 合作，进行了第一次电视直播，仅这一年的球迷人数就达到了 107 万，超越了 MLB。NFL 市场火爆之后，1946～1966 年又出现了两个强有力的橄榄球赛事竞争对手：一个是全美橄榄球联合会（AAFC）；另一个是美国橄榄球联盟（AFL）。最后，通过与国会沟通，NFL 进行政府公关而合并了 AFL。竞合的结果成就了一个伟大的企业，那就是 NFL。联盟与联盟之间的竞争促使 NFL 策划和吸纳了更多有利于职业橄榄球运动发展的公关活动，如继续与电视台合作、各俱乐部利用地理归属感、参加社区活动、进行慈善活动等，至 1964 年，已经有 41% 的体育迷把职业橄榄球选为最喜欢的体育活动。同样，MLB、NBA、NHL 也在快速发展。

自 NFL 与 AFL 合并后，职业橄榄球进入超级碗时代。NFL 与电视媒体的合作渐入佳境。1970 年，自国会批准合并后，NFL 立即以 950 万美元把两个联盟的冠军对抗赛四年的转播权卖给了 CBS 和 NBC，并且开播了混合运动与娱乐的周一夜赛。同时，NFL 设计了一套完善的公关体制来服务媒体，包括比赛采访的申请、为媒体提供采访便利、提供官方信息（如媒体指南与年册等）。NFL 利用媒体巩固了美国顶尖运动和精英运动的地位。

NFL 不断扩充至新的市场，从 20 世纪 80 年代后期开始进行一系列在美国之外的国际地点举行的季前表演赛，称为美国杯。1991 年，成立了美式橄榄球世界联盟（即为现今的欧洲美式橄榄球联盟）。2005 年在墨西哥举行例行赛，并打算在其他国家继续进行这样的比赛。同时，NFL 向加拿大、墨西哥、日本、英国、中国等许多国家直播比赛，推广 NFL 品牌和赛事，并通过网络媒体等建立反馈机制，拓展全球市场。

一个强大的赛事联盟实际上就是一个具有竞争优势的企业集群，而优秀的企业集群必然造就出其庞大的消费市场，这就为 NFL 的 32 支俱乐部企业群的发展提供了一个广阔的平台，反之一个联赛所有的 32 个俱乐部企业集群效应也为联赛生产高质量的产品奠定基础，NFL 的平台效应使其每个俱乐部企业的平均价值达到了 10 亿美元。并且联赛所具有的影响力，使得每个俱乐部企业的产品都渗透着不同的城市文化，代表着城市形象，制造着城市无与伦比的品牌价值。特别是在当今各个国家城市激烈角逐之际，一个城市俱乐部企业的竞争优势，无疑在城市间竞争、招商、品牌价值提升、城市旅游开发等方面都将具有不可替代的作用。与此同时，美国四大联盟（见表 2－15）的竞争提升了美国的国家优势，这也是同业竞争带来的不可忽视的影响，这就是美国体育产业居然可达到其国民生产总值 11% 的根源。

表 2－15　美国四大联赛收入及俱乐部价值情况

单位：亿美元

联盟/俱乐部	金额	年份	资料来源
美国职棒大联盟联赛（MLB）收入	68	2010	普朗科特
MLB 联盟球队平均价值（30 支俱乐部）	4.91	2009	福布斯
美国国家橄榄球联盟（NFL）收入	78	2010	普朗科特
NFL 联盟球队平均价值（32 支俱乐部）	10	2008/2009	福布斯

续表

联盟/俱乐部	金额	年份	资料来源
美国男子职业篮球联赛收入	40	2009/2010	普朗科特
联赛球队平均价值（30 支俱乐部）	3.67	2008/2009	福布斯
北美冰球联盟（NHL）收入	30	2009/2010	普朗科特
NHL 联盟球队平均价值（30 支俱乐部）	2.23	2008/2009	福布斯

资料来源：www. plunkettresearch. com。

欧洲五大联赛及俱乐部之间的竞争，促使欧洲足球市场繁荣。根据 2010 年《福布斯》杂志公布的一项关于（足球）俱乐部“财富排行榜”的榜单（见表 2－16），英格兰的曼彻斯特联队（曼联）俱乐部仍稳坐世界最具价值足球俱乐部排行榜第一的宝座，它是唯一价值超过 20 亿美元的俱乐部，达 22.3 亿美元。与 2009 年同期相比，曼联的价值增长了 20%，遥遥领先位居第二的西班牙皇马俱乐部（其俱乐部价值为 18.8 亿美元），这意味着该英格兰俱乐部（曼联）连续八年蝉联最具价值足球俱乐部排行榜第一。

表 2－16　福布斯公布最具价值的 12 大足球俱乐部

单位：亿美元

排名	俱乐部	价值
1	曼联	22.3
2	皇马	18.8
3	巴萨	13.1
4	阿森纳	12.9
5	拜仁慕尼黑	12.3
6	AC 米兰	9.89
7	切尔西	7.61
8	利物浦	6.19
9	尤文图斯	5.91
10	沙尔克 04	5.87
11	托特纳姆·热刺	5.64
12	曼城	4.43

资料来源：2010 年《福布斯》杂志。

皇马俱乐部的价值比 2009 年增长了 29%，紧跟曼联。排名第三的是巴萨俱乐部，其价值增长幅度更大，与 2009 年相比，提高了 34%。一个城市俱乐部企业能够具有如此规模，对一个城市来讲所具有的竞争优势实际上已经远远超过其价值本身。

其他还有五个英格兰的俱乐部出现在了排行榜的前 12 名中，分别是阿森纳、切尔西、利物浦、托特纳姆·热刺和曼城。虽然西班牙的两家俱乐部——皇马和巴萨分别排在了第二和第三名，但是进入排行榜的英格兰俱乐部还是多于其他国家的。德国（拜仁慕尼黑和沙尔克 04）和意大利（AC 米兰和尤文图斯）是该榜单中其他国家（俱乐部）的代表。每一个城市都因为拥有这么一家俱乐部企业而名声大振，享誉全球，这就是体育竞赛产业为其城市所创造的无可比拟的竞争优势。

《福布斯》表示“曼联全球 3300 万的球迷帮助它成为最具价值的球队”，超过了 MLB 的纽约洋基俱乐部和 NFL 的达拉斯牛仔俱乐部的价值。曼联的首席执行官大卫·吉尔（David Gill）强调：“我们的收入有 1/3 来自比赛日、1/3 来自商业收入，另外 1/3 来自电视转播收入。风险非常分散。商业收入利润很高，并且是长期的。”有报道称，鉴于股市行情的好转，该俱乐部有计划在新加坡证券交易所发行股票。格雷泽家族表示，将出售 25% ~30% 的俱乐部股份以换取大约 6 亿英镑（9.59 亿美元）的资金，估计该俱乐部的价值会增长到 32 亿美元。曼联的成功与其面对的激烈的国内外竞争是分不开的。正是因为这些强队与强队之间的竞争，不断培育和引进优秀球员，曼联共获得了 19 次英格兰顶级联赛冠军、11 次英格兰足总杯冠军、4 次英格兰联赛杯冠军（除了英格兰联赛杯冠军外，其他均是英格兰俱乐部的最高纪录）。在欧洲赛场上，共获得 3 次欧洲冠军杯冠军、1 次优胜者杯冠军和 1 次欧洲超级杯冠军。另外，曼联的主场老特拉福德球场具有高贵、典雅与现代感的气质，在曼联球迷的心目中已经成为曼联永恒的象征。其整体的设计、讲究的座位、人性化的管理，开设博物馆并创新性的建立模拟演播室，观众戴上耳机麦克风，选一场曼联的经典赛事，制作自己的“现场解说评论”等，这就是曼联文化。除此之外，善于经营的曼联俱乐部还在老特拉福球场开了 3 个纪念品商场，其中最大的一家占地 557.42 平方米，它们经营的都是经过俱乐部官方授权的商品，品种不断推陈出新，这从一定程度上反映了曼联俱乐部经营的精心程度。

图 2－8　2008～2009 年曼联获得英超联赛的冠军

通过多渠道、全方位的品牌打造，曼联成为欧洲乃至世界上最成功的俱乐部之一，也提升了曼彻斯特整座城市的竞争优势。

四大网球公开赛（简称四大满贯）是澳大利亚网球公开赛、温布尔登网球公开赛、法国网球公开赛、美国网球公开赛。四大网球公开赛在竞争战略上采取了不同的战略，对赛事做了不同的定位，如美网呈现的是纽约商业氛围的气息，澳网凸显墨尔本的激情，巴黎让法网充满着浪漫，伦敦的温网流淌着英伦高贵的血液。超越百年历史的赛事已经与所在城市融为一体，相濡以沫，四大赛事随处飘逸着城市悠久的韵味，传递着城市品牌的经典内涵，这就是竞赛产业所缔造出的百年辉煌与积淀，仅仅这一赛事产品便会让其他城市的竞争显得薄弱。

展开纽约的美网，便可嗅到这个城市的商业气息，一百多年的美网伴随这个城市一个多世纪。首届美网公开赛于 1881 年在罗得岛新港举行，1968 年比赛移至纽约市皇后区森林山（Forest Hills）的西区网球俱乐部（West Side Tennis Club）举行，并于 1978 年从纽约森林山移至现今位于法拉盛草原公园的场地（USTA 国家网球中心）。

美网的战略目标就是要打造一项最赚钱的网球比赛。它在四大公开赛中商业化气息最浓，它们根据市场需求完全把美网当作商业活动来运作，使之成为世界上最赚钱的网球比赛，美国网协 USTA 每年的预算都超过 1 亿美元。美网由 USTA 负责，具有成功运营 NFL 背景的首席执行官阿伦·坎塔瑞安管理赛事运营，在激烈的竞争中，他制订了一系列竞争措施大大提高了美网的影响力与竞争力。通过对美网的分析，我们可以更加清楚一个赛事产品的营销过程，了解营销一个赛事产品所涉及的相关产业情况，由此，我们可以更进一步了解到一个赛事产品与一个城市的相关企业群之间密不可分的合作关系。只有全面了解，才能有所作为。

1. **报道权买卖**

美网的发展离不开媒体的宣传推广，美网的转播合同主要包括：ESPN 和网球频道签订的 6 年有保障合同，金额达到 1.4 亿美元；从 1968 年开始转播美网公开赛的哥伦比亚广播公司（CBS），同样签订了为期 6 年至 2011 年的电视转播合同，合同金额达 1.45 亿美元。美网网络宣传的主要途径是美国公开赛官方网站，2008 年美网的官网点击率、覆盖率都创造了历史新高。

2. **名流汇聚与商业并举**

美网每年都会邀请许多名人到现场观战，为美网造势，扩大其影响力，2008 年则吸引了历年来最为庞大的明星阵容，涵盖了体育界、商业界、娱乐界、音乐界等，其中娱乐圈明星有威尔·法瑞尔、安妮·海瑟薇、卡梅隆·迪亚兹、托比·马奎尔、娜塔莉·波特曼、查理兹·塞隆、亚历克·鲍德温、金·卡特罗尔等超级大腕。而时尚圈则云集了包括时装大师拉尔夫·劳伦、“女魔头”安娜·温图尔、“家政女皇”玛莎·斯图尔特、超级名模娜奥米·坎贝尔等。至于商界名流则有理查德·布兰森爵士、地产大亨唐纳德·特朗普等。音乐界也有大师保罗·西蒙、《美国偶像》评委宝拉·阿布杜尔等名流。

美网男女单打冠名权、美网系列赛等以招商赞助的形式出售，但美网不会出售比赛场地的冠名权。为了在商战中取得最大效益，美网会将几乎所有参加美网的球星拉来造势。对比赛本身也是从细节入手，增加比赛的趣味性和与球迷的互动性，在美网转播期间，美国网球频道还会邀请观众与主持人一起评论比赛。

3. **赛场与商场共赢**

美网的中心赛场坐落于纽约的阿瑟·阿什中心球场，这也是全世界最大的室外比赛网球场，占地182000平方米，拥有比赛场地33个，场地为硬球球场，它拥有22547个独立座位、90个豪华包厢、5个餐厅和2个球员休息室。在比赛期间，美网还有各种相应的配套设施供球迷娱乐，以刺激消费，例如各种高档餐馆、各种商店，球迷可以在那里购买美网限量版T恤或跟篮球一般大小的网球等产品。

4. **巧定票价**

美网的票价会根据需求指定最合理的价位，不仅能让富人观看，也能让普通民众欣赏精彩的比赛。在比赛期间，包括久负盛名的阿什球场的票价最低可至48美元，也有高至1万~6万美元的豪华套房，手持该门票，还可以漫步赛场去看其他比赛。这种根据消费水平不同而定价的策略有利于吸引各个阶层的网球爱好者，激发民众参与网球运动的热情，也有利于推广网球公开赛的品牌。

5. **赛事推广与传媒联动**

为了扩大知名度，各项公开赛事在开赛前，都会进行各种形式的强势宣传，包括电视媒体、网络、报纸等媒介。为了吸引人们的关注，各项公开赛事还会想方设法吸引各界名流来现场观看比赛。

6. **“人性化”的赛事组织**

美网的赛事组织者非常细心，很多安排都颇具人性化。例如，通向中心球场的手扶电梯赛前全部往上，而在比赛结束时便调整为全部往下。为了使洗手间在人流高峰时不出现拥挤，他们分别规定了一个入口和一个出口。此外，赛事组织者还特别照顾残疾人，他们会在每个球场边上留位置给坐轮椅的人士。美国国家网球中心的网球部主任比尔·蒙特福德自豪地说：“每年的美网公开赛，世界各地的网球迷都会蜂拥而来，我们会在保卫、交通和服务等方面做出周详的安排。”

正是这一系列的措施与运营，据美国网协USTA发布的数据，2008年美国网球公开赛成为赛会公开赛40年历史中最为成功的一届赛事，在赛事收入、观众数、官方网站浏览量以及营业许可享受等方面均创造了历史峰值（见表2－17）。

表 2-17　美网 2008 年数据统计

赛事数据分类	具体数据
赛场上座率	超过 72 万观众到现场观看，覆盖美国国家网球中心 99% 的容量。在 26 个时段的比赛中，23 个时段的球票销售一空。相比 5 年前，增长近 10 万人次；相比 10 年前，增长 18 万人次。美网是平均上座率最高的网球赛事
官网点击率	在 15 天的赛事期间，官网主页的访问量总计超过 3900 万，同比上年增长 33%；总流量超过 2.22 亿；独立用户覆盖超过 200 个国家和地区，总计达 900 万，同比上年增长 26%
转播收视率	小威廉姆斯与扬科维奇的女单决赛同比上年增长 57%；由 CBS 转播的男单半决赛则比上年增长 16%
名人观众	美国网协收到的名人球票预定申请数量超过以往，涵盖了体育界、商业界、娱乐界、音乐界等（前文已有详细介绍）
转播收入	ESPN 和网球频道签订的 6 年有保障合同金额达到 1.4 亿美元；哥伦比亚广播公司（CBS）为期 6 年的合同金额为 1.45 亿美元

资料来源：《中国体育产业发展报告（2008－2010）》。

无论是伦敦的温布尔顿小镇还是纽约、巴黎以及墨尔本这样的大都市，百年的网球赛事每年在固定的时间吸引全世界数以百万计的球迷关注现代竞赛产业与传媒产业的“核反应”成为世界关注的焦点。

我国改革开放之后，一线城市的管理者以及专业人士首先感觉到了竞赛产业对城市发展以及城市间竞争的重要性，上海与北京的角逐在大型赛事活动中也同样表现得淋漓尽致。北京的 2008 年奥运会、上海的 F1、北京的中网公开赛、上海的大师杯等，中国两大都市在引进国际顶级赛事方面，角逐从来没有停止过，除了奥运会，上海的市场经济在赛事运营与管理方面并不逊色于北京，但是由于北京的强势传媒地位，其所承办的赛事在推广方面始终占有优势地位，这就是我们在上文中所谈到的城市举办赛事的产业优势与政府资源优势。

2004 年起，通过北京市政府的全力支持和中网体育推广有限公司的不断努力，2009 年，中国网球公开赛经过调整之后，男子赛事为仅次于四大满贯赛和九站“1000 分赛事”的十站“500 分赛事”之一，女子赛事则为仅次于四大满贯赛的四个钻石皇冠赛事之一（即皇冠赛 A9 赛事）。这样，中国网球公开赛在整体级别上仅次于四大满贯赛，与印第安维尔斯公开赛、迈阿密公开赛和马德里公开赛并称“四大超级赛事”。

上海劳力士大师赛 ATP1000 赛事属世界职业男子网球协会于世界巡回赛中等级最高的 ATP1000 大师赛级别，全球仅在九座城市举行，亚洲范围内仅有上海这一站。作为全亚洲顶级的男子网球赛事，其规模和总奖金仅次于四大满贯赛，世界排名前 20 的选手全部强制参赛。此项赛事设立于 2009 年，此前，上海曾连续五年举办了 ATP 世界巡回赛的年终总决赛即原大师杯赛，但在 2008 年后举办地点不固定。

中网是女子网球最高级别的赛事，男子级别赛上，ATP 将赛事分为 ATP1000、ATP500、ATP250 三个级别，中网男子属于第二个级别，而上海大师赛则是最高级别的赛事。中网号称自己为亚洲顶级的网球赛事，战略目标是成为第五大满贯赛事，而上海大师赛则被称为亚洲顶级的男子网球赛事，战略目标是成为全球男子网球赛事中举办最好的赛事，从其战略目标我们就可以看出，其都希望做最好的赛事（见表 2－18）。

表 2－18　中国网球公开赛与上海大师赛基本情况对比

	中国网球公开赛	上海劳力士大师赛 ATP1000
类别及积分	SE WTA 皇冠明珠赛 1000 积分 ATP500 世界巡回赛 500 积分	ATP 1000 世界巡回赛 1000 积分
举办地	中国北京	中国上海
设立时间	2004 年	2009 年
比赛场地	国家网球中心	旗忠网球中心
比赛奖金	SE WTA 皇冠明珠赛奖金为 450 万美金 ATP500 赛事奖金为 210 万美金 总共：6600000 美元	3531600 美元

为了达到这样的战略目标，两项赛事分别采取了一系列的措施。例如中网为了更好的发展，2009 年将比赛场地由北京光彩网球中心搬迁到国家网球中心，其总建筑面积为 26514 平方米，共设置 17 块比赛场地，其中，中央赛场作为决赛场地，可容纳观众 15000 人，莲花球场可容纳观众 10000 人，映月球场可容纳观众 4000 人，1 号球场可容纳观众 2000 人，2 号平台有 7 块外围赛场地，另有练习场 6 块。而 2009 年，上海为迎接首次亚洲范围内唯一 ATP1000 大师赛——上海 ATP1000 大师赛的举行，在拥有

30649平方米建筑面积、15000个座位的圆形中央赛场的旗忠网球中心新建了拥有5000个座位的2号馆和1500个座位的3号馆，并对其他16块室外场地进行了改建，而且其可开启和关闭的钢结构顶棚，为世界首创。另外，2010年，在旗忠网球中心建立了美食天地及品牌天地建筑，取代了以往的临时帐篷。美食天地是一座3层建筑，更多更完备的餐饮设施不仅能为球迷和观众提供更高水平和质量的餐饮服务，还能为赞助商以及VIP提供一个更好的用餐环境和交流平台。品牌天地为一座两层的建筑，不仅让球迷观众更好地参与现场活动、观赏赞助商展示、购买赛事产品，还增加了休闲娱乐功能，设置了酒吧、咖啡吧等设施，让球迷和观众在观赛之余，更好地享受网球文化所营造的节日氛围。

此外，除了每年举行中网这样一个核心的赛事业务，中网公司全年还有一系列的在青少年、成人以及各类时尚人群当中开展的网球推广活动，还建设了中网名人网球俱乐部，形成了赛事和相关外延产业综合发展的局面。2004年WTA授予中网“年度最佳赛事”的奖励，2006年ATP授予中网“年度最佳媒体推广奖”，2008年WTA又授予中网“五年贡献奖”。中国网球公开赛的媒体宣传和电视转播规模也在不断发展和提高。2011年，国际电视的转播总时长是1440个小时。通过全球159个国家和地区的电视，中国网球公开赛覆盖了2.82亿的国际电视用户。在中国国内，电视转播的总时长是307个小时，加上1780万次的各种报道及网络传播，形成了中网特有的宣传价值。据统计，中网赛事媒体宣传总价值达28.9亿元。中网的成功举办和成功的商业运作是分不开的，赞助商的支持始终是办好赛事的动力。2010年，中网一共有37家赞助商。从2006年开始，赛事收入每年都以20%～30%的速率增长。例如2006年，财务收入增长了29%，2007年增长了24%，2008年增长了13%，2009年增长了31%，2010年增长了12%，2011年的财务收入增长了20%。通过举办赛事获得了两大资源：一是赛事资源，中网在国际网球界和中国网球界获得了很好的业界支持；二是中网的赛事团队获得了本土运营赛事的经验，锻炼了一批能够组织国际网球赛事的专业人才。

只有三年历史的上海劳力士大师赛，从创办至2012年连续三年被评为“年度最佳ATP世界巡回赛1000大师赛”。ATP总裁、执行主席布拉德·德拉维特说：“全世界有32个国家举办ATP巡回赛，每一个ATP巡回赛的赛事主办方都会赞叹上海的赛事，因为它真的很棒，就像一个标杆，而这恰恰印证了上海在这个网球世界中的地位。”很少有网球赛事像上海大师赛这样能为高排位种子选手提供独立更衣室；球员的休闲空间也有电影、游戏和无线上网多重娱乐；球员餐厅更是由米其林星级大厨主管。ATP 董事会成员、上海大师赛主办方久事赛事的国际区域管理总监施成伟有着 25 年的赛事运作经验，在他看来，上海大师赛成功的秘诀很简单，“就拿球员餐厅来说，我们需要了解 120 位参赛球员不同的口味和需求，他们就是我们的顾客，更重要的是，我们不仅仅考虑顶尖球员，我们也考虑双打球员、低排位球员的需求，哪怕是一轮后就被淘汰的球员，我们同样一视同仁”。

“上海大师赛的举办也推动着中国青少年网球的发展，它一直在鼓励那些年轻球员，激励他们有朝一日参加这项顶级赛事”。在德拉维特看来，上海大师赛是中国网球未来发展的一个基点，它的影响力辐射着周边乃至整个中国的青少年网球赛事，“目前有上海、宁波等 6 站 ATP 挑战赛（青年球员参加的赛事），上海大师赛的存在也帮助了这些挑战赛在中国的发展”。

但是目前来看，这两个赛事还需要继续加强，例如在媒体推广上，上海劳力士大师赛的信息主要来自上海劳力士大师赛票务网，而中国网球公开赛事的官网也是与其他媒体合作的网站，这两个网站的内容非常简陋。另外，上座率等问题始终是这两个赛事未能解决的大问题。

不管怎样，中网体育推广有限公司与上海久事赛事管理公司两个公司在赛事的组织、经营等各方面都做了很大的努力，两者之间的激烈竞争促进了两项赛事不断创新和升级，提升了上海和北京的国际竞争优势，也符合上海与北京打造“国际体育中心城市”的战略发展目标。

五　体育竞赛产业与城市发展战略

城市既是承载人的容器也自成为一种特殊商品，在满足人的基本生存需求的同时，服务人的精神生活。城市作为一种特殊商品，在发展过程中也就产生了城市品牌营销的需求，创造良好经济环境的需求和提供最佳人文环境的需求，作为一种特殊商品要确保其质量的高低，就必须具有良好的人文、经济、政策等优质的环境和拥有一个高附加值的品牌效应，这一切就自然会作为城市发展战略的重要组成部分，否则，城市管理者就无法真正做到以人为本来考虑城市的发展。

体育竞赛产业的本源实际上就是游戏，当其作为一种产品提供给城市居民消费的时候，它生产出来的便是商品，从游戏到产品是一个企业的生产过程，从产品到商品是一个营销的过程，而这一切都是一个现代企业的运营和管理的结果。一个城市与另一个城市的竞争前提首先是经济实力的角逐，而城市经济的水平则是企业的实力，现代城市的产业优化过程，实际上是一个城市从第二产业向第三产业转型的过程，体育竞赛产业必然成为现代城市发展战略的重要组成部分。上文中我们列举的大量事例充分阐释了竞赛产业作为一个城市的企业集群对一个城市所产生的战略效应，在此，我们可以梳理一下。

（一）城市品牌及文化的效用

美国营销学教授科特勒曾经说过，在剧烈变动和严峻的全球经济条件下，每个地区都需要通过市场营销的手段来整合资源，使地区形成独特的风格或理念，以满足投资者、新企业以及游客的需要和期盼。佩吉和霍尔认为城市营销的概念是对城市管理与规划过程的自然延伸，公共管理者需要考虑市场营销背后城市的地位，尤其是在旅游和休闲市场中的位置，城市营销就是基于把城市当作产品来考虑潜在的消费者进行的营销与推广。

我认为在把城市当成一种商品来营销的时候，我们需要考虑的其实不是一个商品，而是一个商品的集合体或者是一个商品集群，那么我们在考虑其营销手段的时候，就必须选择一种能够同时给予这个商品集群产生效果的营销和推广手段，使其达到最佳的销售效果。在上文大量的事例中，我们已经证实了现代竞赛产业是一个城市的企业集群，自身能够生产优质的产品又能够满足一个城市多种集合产品的营销与推广，同时能够作为一种特殊的商品，为城市获取最佳的品牌营销效果。超越百年历史的伦敦的温网、纽约的美网、巴黎的法网、墨尔本的澳网四大网球公开赛的举办城市，以及巴塞罗那、赫尔辛基、曼彻斯特、鹿特丹、都灵、达拉斯、休斯顿、亚特兰大、米兰等城市对中国人而言跟赛事相连，提到这些城市的名字首先进入我们视线的是电视屏幕上一场场经典的赛事、报纸杂志上一幅幅经典照片、互联网上球星的逸闻趣事，让我们的观众狂热的也是那里的赛事与球星。都灵让我们心动的是它那足球巨星的闪耀，尽管它是百年前菲亚特汽车的诞生地，但在如今，这些似乎已经不重要了。

无数个经典案例告诉我们，体育竞赛产业作为实现城市品牌与文化建设战略目标的助推器的功能，可以说已经无需赘述！

（二）城市企业群的集聚

道格拉斯认为，城市竞争力是指一个城市能够生产和销售比其他城市更好的产品的能力，提高城市竞争力的主要目的是提高城市居民的生活水平。而“产业又是研究城市竞争优势时的基本单位”，当然我们关注的是能够形成纵横交织的产业集群，并且它们可以相互弥补与支持，也就是每一项产业都有与之相关的产业和支持性产业并共同构成产业集群。体育竞赛产业便是这样一个可以形成纵横交织的产业集群。竞赛产业首先是一个项目集群，拥有众多的运动项目组合，每一个项目都独立形成一个企业群，项目与项目生产企业之间都具有共同的相关产业与支持性产业，例如一个马术障碍赛所形成的相关产业包括马业、赛事管理企业、传媒产业、广告业、场馆业、政府等。同时还涉及舞美灯光、设计、策划、表演等多个领域，并与之共同构成相关产业和支持性产业，形成纵横交织的产业集群，而城市产业布局是城市发展战略的重头戏，产业规划的好坏直接决定着这个城市未来竞争力的强弱，体育竞赛产业作为城市文化产业的“重工业”，将其纳入城市发展战略是明智之举。

（三）城市商业区的形成

每一个城市承办一次综合性运动会，便可以留下一个场馆群，每举办一次大型单项赛事便可以留下一个场馆中心。城市为竞赛产业提供了一个建筑群，而这些建筑群可以成为城市的地标性建筑。历届全运会为每一个曾经举办过的城市留下了一个巨大的场馆群，每一个场馆群都可以成为一个城市新的商业集聚区——这就是现代城市发展过程中新的商业集聚区形成的硬件基础。比如北京的工人体育场已经成为北京一个不夜城、青年人夜生活的乐园，而不仅仅是一个体育场。假如我们能够在城市场馆规划过程中同步规划好场馆产业发展前景，那么，仅仅北京市巨大的场馆群就会为北京市形成多个商业新区，而无需增加更多的改建费用，这就是城市战略需要重点考虑的问题。

我国城市目前普遍面临着城市场馆的规划问题。大型运动会之后，所建场馆功能过于单一、周边预留空间不足、配套商业环境缺失，场馆虽然集中了，却造成周边交通不便、人性化设计丧失，难以形成有效的商业环境，这不能不说是一种巨大的浪费。2013 年初，我去大庆考察，看到了一个新建的庞大的场馆群，周边还有很多的空地，场馆的功能显然很单一，没有看到整个场馆未来有多少可以符合该场馆的产品放在这里消费，周边也未看到可形成商业中心的配套设施。其实，一线城市场馆已经面临的问题，似乎可以用很多其他类的活动予以弥补，至少看起来也可以使这些场馆显得很忙碌，但是假如二线城市照搬一线城市场馆群的建设模式，恐怕除了留下“废墟”外，就是市财政的窘境了。

或许某些政府管理者或者决策者为了面子、为了政绩工程，或许是城市管理者或决策者的无知，或许是整个城市发展规划未把城市作为一个承载人的容器来考虑，结果就是耗资巨大的场馆群，一方面无法提供给城市居民日常的健身服务，另一方面却留给市财政巨大的压力，最终导致城市场馆功能的缺失，造成公共资源的巨大浪费！这是一个值得城市管理者反思的问题。

（四）城市产业结构的转型

欧美包括日韩等的发达城市的 GDP 的60% 是服务业所带来的，实际上也就是我们说的第三产业。服务业的发展水平代表一个国家和城市的生产社会化程度，也是一个发达城市的经济发展水平的重要标志。从某种程度上来讲，一个城市的服务业壮大了，这个城市的竞争优势也就会更加强大。《世界经济年鉴》提供的数据显示：美国 2009 年的服务业占国内生产总值（GDP）的 70%，而我国只有 43.4%，尽管我国的 GDP 总额比较高，经济发展态势也让国人确实自豪了很多——但是按人头算算，我们真的不高。所以城市产业转型、优化社会资源配置已经不是城市管理中喊喊口号就可以完成的，而是要从城市的整体发展战略予以实施。体育竞赛产业作为城市文化产业的“重工业”首先需要被列入城市产业转型的战略之中，因为，以竞赛产业为主线，以赛事产品生产为核心，便可形成体育中介企业群、体育传媒企业群、竞赛管理企业群、体育广告企业群等一系列相关产业和支持企业群，而这些产业群又能带动延伸产业群的发展，直至最后带动整个文化产业的大发展，比如，一场赛事推出一场晚会，一场比赛带动一天的商业消费，一年的赛事带动了文艺晚会的市场、带动了周边的商业服务圈，而围绕这一系列的企业群也被带动起来，整个城市的第三产业也会被逐渐带动起来，其实，我们的城市管理者只要做一个好的城市规划者，上述这一切也自然比较容易实现。

（五）城市人居环境的改善

农业无法造就一个适合人居的环境，工业也无法造就一个适合人居的城市，只有第三产业才能让城市的人居环境得以更好地改善。人之所以是人，就是在满足生存需要之后，更多的需要精神生活，观赏、运动是一个城市居民最为基本的生活方式。一个城市必须为居民提供最为适宜人居的基本人文环境。关于这一点我会在其他章节介绍。

在城市与体育产业竞争优势打造的过程中，“机会”是一个很重要的角色，因为它极可能打破原本的状态，提供新的竞争空间，影响“钻石体系”各个关键要素本身的变化。城市政府通过财政补贴、税收优惠、协助支持等政策影响体育产业的生产要素。一方面，政府通过出台政策，影响体育竞赛产业发展的需求条件，也影响体育相关产业发展的环境以及企业结构、战略和竞争者的形态。另一方面，城市政府本身也是体育赛事的需求者，体育赛事是其城市发展战略实施的必要手段之一。同时，政府的政策也受到“钻石体系”中其他关键要素的影响，政府政策的成败必须参照其他关键要素的状态加以考虑。

制定城市发展战略的实质是提升城市竞争力，体育竞赛产业的发展有利于城市竞争力的提升，一个城市体育产业的竞争表现能在一定程度上反映城市竞争力的强弱。体育竞赛产业的发展有赖于该城市所提供的生产要素，需求条件，相关产业与支持性产业，企业战略、企业结构与同业竞争四个关键环境因素及两个辅助环境因素（机会、政府）的共同作用，并通过反作用于这些环境因素影响城市的发展。

体育赛事产品生产、赛事报道权买卖及赛事场馆和基础设施建设需要大量的城市资本投入，而体育传媒业、体育中介业、体育场馆业、体育用品业、体育旅游业、体育博彩业的城市中相关产业的完善会给体育竞赛业带来足够的支撑，并利用企业的战略、结构和同业竞争，彼此相互促进，共同提升城市的发展。

政府通过政策为企业创造一个有利于公平竞争的外部环境，通过微妙的、观念性的政策影响城市的竞争优势，而机遇的到来则极可能打破原本的状态，为体育竞赛产业和城市提供新的竞争空间。体育赛事与城市发展战略的关系可以用以下模型（见图 2-9）表示，它们是作用与反作用的关系，而且随着时代的发展，两者的关系会越来越密切，对城市产生更重要的影响。

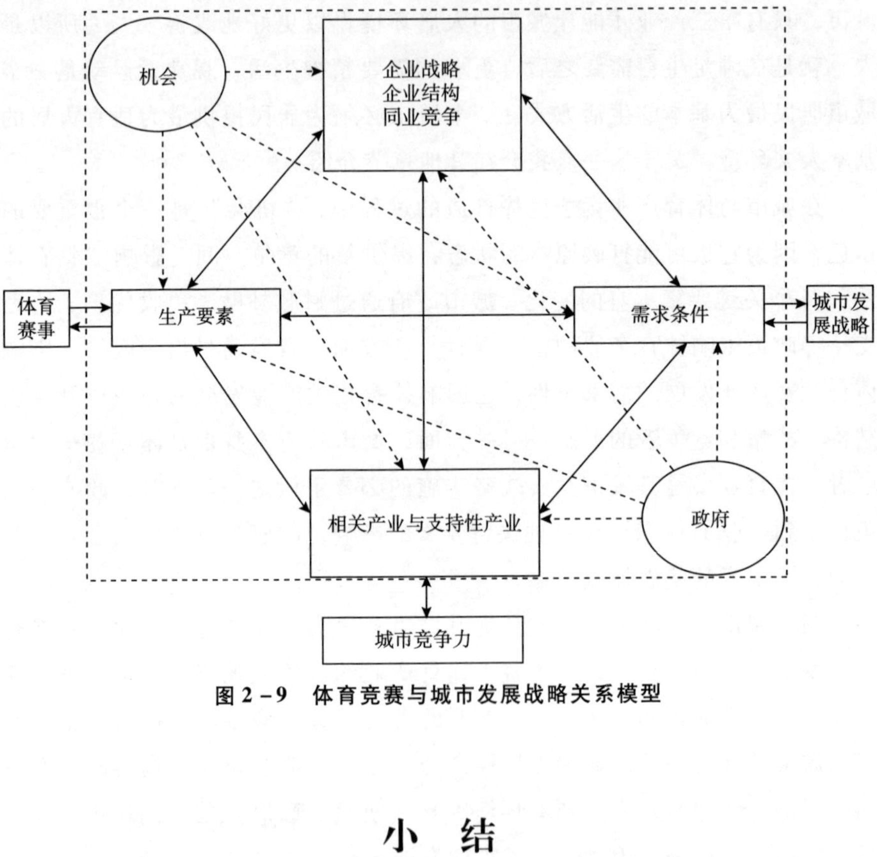

图 2-9　体育竞赛与城市发展战略关系模型

小　结

城市竞争力是城市发展战略的主旨，本章意在探讨体育赛事对提升城市竞争力的作用，以及所涉及或影响到的城市的各个环节。一个城市的竞争力首先体现在城市的产业竞争力，而产业竞争力则反映在城市产业集群的整体实力之中。把赛事放在城市发展战略中去探讨，显然不只是为了阐释某场赛事组织、管理、传播等方面的问题，而是涉及城市文化产业的生产要素、城市的需求条件等方面，需要联系城市整体的文化产业结构、城市企业集群、人文环境等综合实力去分析，包括人力资源、资本、体育传媒、群众基础、硬件设施、地理环境、相关产业以及支持性产业等多种要素，其中，同业竞争也是必须要考虑的因素之一。此外，城市的营销战略同样与竞赛产业具有相当高的关联度，包括报道权的买卖、名流汇聚与商业并举、赛场与商场共赢以及可持续性、赛事产品的定价技巧、赞助商的权益与媒体的关注度等，都反映了城市的整体组织能力，都与城市品牌及文化效用、城市企业群的集聚、城市产业结构的转型、城市人居环境的改善密切相关。所以，若要在城市中建立一个完善的体育竞赛产业体系，就必须将其放入城市整体发展战略中去研究和实施，才能真正达到竞赛产业在城市发展中所产生的预期效果。

第三章　体育赛事与城市经济的相互关系

我国著名系统学家钱学森院士认为，城市是以人为主体、以空间和自然环境的合理利用为前提、以积聚经济效益和社会效益为目的，集约人口、经济、科技、文化的空间地域大系统。与之相呼应，谢文蕙、邓卫在《城市经济学》中认为，“城市经济是城市大系统中的一个子系统，它可划分为若干个部门（如生产部门、流通部门、服务部门等），每个部门又可细分为多个行业（如工业、农业、建筑业等），如此层层分解，直至最基本的微观经济活动主体——企业”①。可以说，企业是城市经济的核心力量，也是城市竞争优势的基本体现。

英国经济学家刘易斯（A. Lewis）提出的著名区域经济理论——二元经济结构理论认为，发展中国家同时存在传统的自给自足的农业经济体系和以社会化生产为特点的城市经济体系两种不同的经济体系。相对于农业经济体系，城市经济以现代化的大工业生产为主，聚集着劳动生产率和工资率较高的工业部门，基础设施发达，人均消费水平较高。

究其本质来说，城市经济的本质特征在于其空间集聚性。城市因空间集聚而产生，因空间集聚而发展、壮大；城市的物质、经济结构既是空间集聚的结果，也是城市集聚的基础。② 空间的集聚自然带来了存在于空间内部各要素的集聚，最终由聚集的企业产生规模经济。

此外，在经济社会发展的不同阶段，城市经济有着不同的内容：在工业化阶段，城市经济是以现代工业为主要内容的经济；在信息化阶段，城市经济则是一种工业比重相对下降，金融、贸易等第三产业迅速发展的经济。③

① 谢文蕙、邓卫：《城市经济学》，清华大学出版社，2008，第99页。

② 牛文元：《中国新型城市化报告2009》，科学出版社，2009，第59页。

③ 章友德：《城市现代化指标体系研究》，高等教育出版社，2006，第56页。

综上所述，城市经济并不是一个严格意义上的专业概念，而是对伴随人类社会的发展而产生的生产关系和社会结构变化的一种表述。可以说，城市经济既带有时间属性又带有空间属性，它体现了生产要素的高度聚集、工商业繁荣发展的时代特色；代表着由特定地域和特定人群构成的现代化的生活方式。

芒福德对城市发展的描述也说明了城市经济的特点。他在谈到从市场到市场经济时便认为，城市的发展总是与商业和工业发展密切联系着的，他说道："在巴洛克规划中表现出政治上中央集权的最高专制形式之前，经济力量已悄然地移到了重心位置……17 世纪时，资本主义已改变了整个力量的平衡。城市扩张的动力主要来自商人、财政金融和为他们服务的地主们……只有到了 19 世纪时，城市扩张的力量，由于机器的发明和大规模的工业生产，才大大增强。"

同时，芒福德也认为正是因为现代工业的机械化程度不断提高，有机体的自然生长被渐渐剥夺，机体逐渐变得越来越脆弱。在这样的环境下，以游戏和娱乐形式存在的体育便应运而生。然而，在一个重商主义时代，商人自然不会错过一切赚钱的可能，体育赛事便逐渐从游戏发展到适应商业与工业高度相容的社会产品，从单一娱乐性的俱乐部发展成为具有商业价值的竞赛产业的一个组成部分，如美国的四大职业联赛、英超及各个俱乐部等。体育竞赛产业及产品便随着城市化的进程发展起来。

在城市间的竞争不断升级的环境下，体育赛事在当今社会已经作为一个城市的商品存在着，同时还具有传播载体的功能，特别是由于传媒技术的发展，体育赛事与城市经济相互间产生着不可替代的作用。经济学中的总供给－总需求模型便可以证明这种作用真实存在且随着时代的发展越发显著。

讨论经济学问题时，供给曲线和需求曲线是最重要的分析工具之一。相应地，考察一个经济体的宏观经济状况时，总供给曲线和总需求曲线是宏观经济学重要的分析工具，也是理解宏观经济学一些重大问题的基础。总供给－总需求模型以总供给曲线和总需求曲线为基础对经济状况加以解释，是研究产出波动以及决定价格水平与通货膨胀率的基本宏观经济工具。

在总供给－总需求模型中，总需求是经济社会对产品和劳务的需求总量，由消费需求、投资需求和净出口构成，其中消费需求包括居民消费和政府消费；总供给是经济社会所提供的总产量，即经济社会投入的基本资源所生产的产量，其中，基本资源主要包括劳动力、生产型资本存量和技术。

总需求曲线表示产品市场和货币市场同时达到均衡，是价格水平与产出水平的组合，是一条向右下倾斜的曲线，如图3－1所示。

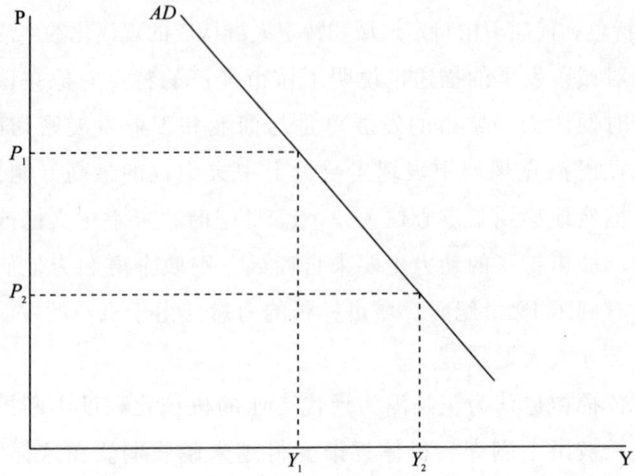

图3－1　总需求曲线

总供给曲线则描述了在各个给定的价格水平，厂商所愿意提供的产出。不同于总需求曲线，关于总供给曲线的争议颇多，达到的基本共识是：在短期内，总供给曲线是水平的，表明厂商在现有价格水平下愿意供给社会所需的任何数量的商品，这是凯恩斯总供给曲线，如图3－2中的*AA*线所示；在长期中，无论是什么价格水平，供应的产品数量都一样，此时的总供给曲线是垂直的，即为古典总供给曲线，如图3－2中的*BB*线所示；通常情况下，总供给曲线介于两个极端值之间，被称为常规总供给曲线，常规总供给曲线是一条向右上方倾斜的曲线，其斜率介于水平和垂直之间，如图3－2中的*CC*线所示。

总供给和总需求曲线相交达到均衡状态，决定产出水平和价格水平，如图3－3中的均衡点（Y_0，P_0）。总需求曲线和总供给曲线的位置并不是一成不变的，在经济发展过程中某些因素会导致这两条曲线移动，进而导致产出水平和价格水平的波动。影响消费需求、投资需求及净出口的因素将会直接影响总需求，导致总需求曲线的移动。例如扩张性的财政政策将直接增加消费需求，从而使总需求曲线向右移动，而宽松的货币政策将有利于投资，投资需求增加也会导致总需求曲线右移；反之，总需求曲线左移。消费者与投资者的信心也影响总需求曲线，当信心增强时，总需求曲

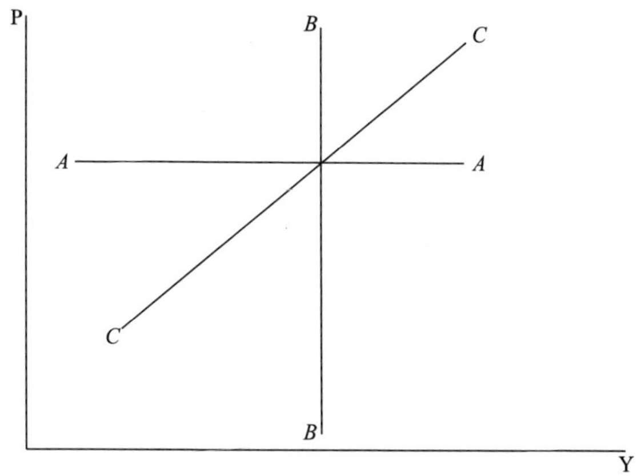

图 3－2 总供给曲线

线向右移动，当信心削弱时，总需求曲线向左移动。① 另一方面，从总供给来看，总产出取决于劳动力、资本存量和技术等，无论是导致劳动力和资本存量变动的外部冲击，还是技术进步或产业结构效应的内部因素的改变，都会引起总供给曲线的移动。移动后的总供给曲线和总需求曲线相交于新的均衡点，决定均衡产出和价格水平，如图 3－3 中的均衡点（Y_1，P_1）。

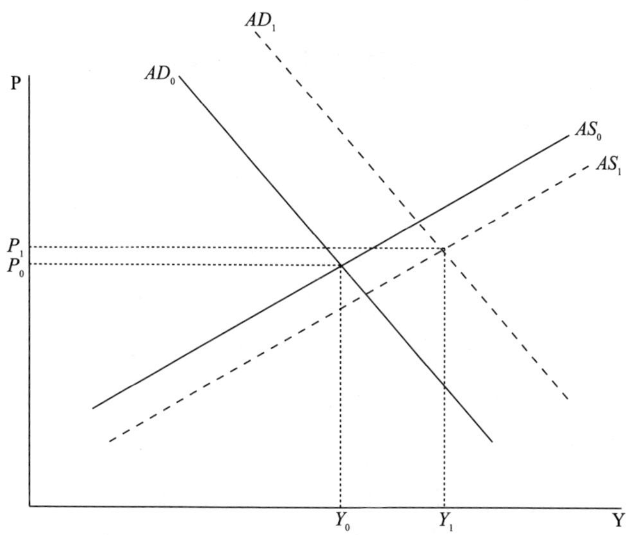

图 3－3 总供给－总需求模型

① 〔德〕鲁迪格·多恩布什等：《宏观经济学》（第 8 版），王志伟译，中国财政经济出版社，2003，第 90 页。

体育赛事产品作为城市产品集合中的一类，其供需变化以及价格水平受到城市经济的影响和制约。

第一节 城市经济水平为体育竞赛产业发展奠定基础

体育赛事与城市关系的产生和演变是城市生产关系变革的结果，是城市自身发展在特定领域的缩影，也是不同历史时期城市内部与外部供求变化的体现，可以说，城市的经济发展是体育赛事与城市关系产生的初始动力，并使两者关系得到延续与升华。

对任何一项产业而言，发展的基础都是生产要素，即用于生产物品与劳务的投入。随着人类社会的发展，生产要素不断丰富。其中与体育竞赛产业发展关系最为密切的是资本和劳动，城市经济不断为体育竞赛产业的发展提供这两样必不可少的生产要素，并通过它们，影响城市生产体育赛事产品的规模和水平。

一 城市经济为体育赛事提供资本支持

（一）城市的经济实力决定体育赛事产品的生产规模

林毅夫教授在《中国经济专题》中提出，重工业是资本高度密集的产业，具有三个主要特征：建设周期长；关键技术、设备需要从国外进口，自己无法生产；每个项目一次性投入非常大，动辄上百亿甚至上千亿。而本研究认为体育竞赛产业是文化产业中的重工业，因为，无论是北京奥运会还是广州亚运会，其投资都是动辄千亿以上，而且，其竞赛主体——运动员都必须是全世界最优秀的选手，产出任何一位世界级选手所投入的资金都不菲。同时，城市交通、场馆建设、酒店设施等硬件和软件的投入周期都很长，从这一点来讲，几乎没有一个文化产品像体育赛事一样需要如此巨大的投入，体育赛事的投入甚至超过一些典型的重工业企业的投入。可以说，一个城市要想做好或者说能够达到这种生产和销售能力，没有一定的经济实力是不可想象的，这也是那些申办奥运会、足球世界杯、洲际运动会等大型赛事的城市不断强调自身经济实力的原因，从申办报告的撰写到安排赛事组委会官员的实地考察，每个城市都做足了工作。

奥运会作为全球赛事的制高点很好地体现了这一点，在北京申奥报告的第一卷中提到“北京的快速发展，不仅为举办奥运会提供了财力保障，也为奥运会市场开发创造了条件。每年数十亿、上百亿美元的基础设施投资，大大改善了北京道路、电信、环境等方面的条件……”，北京的经济实力有目共睹，加上举国办奥运的政策倾斜，北京无疑成为奥运会主办城市最有力的竞争者。

表 3－1　2012 年奥运会候选城市主要方面的支出

单位：亿美元

候选城市项目	奥运会预算	安全方面投入	非组委会支出	环境保护
马德里	20	0.95	16.4	2.5
巴　黎	26.5	0.895	62	8.34
纽　约	30	1.01	76	1.763
莫斯科	18.4	0.67	100	0.175
伦　敦	24.6	0.368	158	7

资料来源：International Olympic Committee. Report of the IOC Eval－uation Commission for the Games of the XXX Olympiad in 2012. www. Olympic . org，2005，7，1。

从表 3－1 可以看到，申办 2012 年奥运会的 5 座候选城市纷纷给出了不低于 18 亿美元的庞大预算，彼此差距不大，但是在非组委会支出方面，伦敦以 158 亿美元的数额遥遥领先，甚至是马德里的近 10 倍，这一数据无疑反映了伦敦对于申办奥运会的决心及支持力度，而伦敦也如愿以偿地成为最后的赢家。可见，雄厚的财力保障是申奥城市竞争的重要砝码。

深圳大运会的申办报告用多组数字诠释了深圳能够为大运会提供强大的资本支持。“26 年来，深圳的经济增长了 1800 倍，2005 年本地产值达到 600 多亿美元，外贸出口超过 1000 亿美元……深圳也是中国经济增长最快的城市，城市综合实力仅次于上海和北京，位居中国内地第三。且由深圳、香港、澳门和广州等城市组成的珠江三角洲都市圈，面积 4.2 万平方公里，人口超过 4000 万，每年可创造 4000 亿美元的产值。雄厚的经济实力，完备的城市基础设施，现代化的服务水平，使深圳不仅能够满足举办世界大学生运动会的各种要求，而且有信心进一步提高大运会的质量和水平”。①

赛事申办城市之所以要反复强调具备的雄厚经济实力，是因为举办体育赛事特别是大型赛事的费用惊人，而只有雄厚的经济实力和政府财政的大力支持才能保证赛事的顺利举行。

截至目前，在举办过奥运会的29个城市中，有26个城市来自发达的工业国家（见表3-2），占全部城市的89.7%，而只有墨西哥城、当时的汉城以及北京例外。墨西哥尽管是拉美地区的经济大国，但是和欧美发达国家相比，整体实力仍旧有很大差距，但是作为首都的墨西哥城，是世界上仅次于东京的人口最多的都会区，同时它集中了全国约1/2的工业、商业、服务业和银行金融机构。汉城（现首尔）是韩国的首都，它创造了韩国GDP的近30%，韩国12家位列世界500强的公司中，有11家总部设在首尔。② 其下辖的一个小岛——汝矣岛，汇集了全韩国一半以上的银行存款。雄厚的经济基础促使汉城在申办之初就展开了经济攻势，免费送给每一个国际奥委会委员往返汉城的头等舱机票，甚至答应将未使用的机票兑换成现金。北京，GDP在2010年达到13778亿元，在中国（未包括台湾省）排名第2，经济实力很强，更重要的是中国体育一直以来实行的举国体制，让北京在举办奥运会的财政支持上底气十足。可见，这3座城市的经济实力并不逊色于其他26座城市。

表3-2 历届夏季奥运会举办地

序号	年份	举办城市	所属国家	备注
1	1896	雅典	希腊	
2	1900	巴黎	法国	
3	1904	圣路易斯	美国	
4	1908	伦敦	英国	
5	1912	斯德哥尔摩	瑞典	
6	1916	柏林	德国	因一战停办
7	1920	安特卫普	比利时	

① http://hi.baidu.com/chengqian1314/blog/item/edb60ef7e11abc31720eec95.html.

② http://baike.baidu.com/view/269075.htm.

续表

序号	年代	举办城市	所属国家	备注
8	1924	巴黎	法国	
9	1928	阿姆斯特丹	荷兰	
10	1932	洛杉矶	美国	
11	1936	柏林	德国	
12	1940	赫尔辛基	芬兰	因二战停办
13	1944	伦敦	英国	因二战停办
14	1948	伦敦	英国	
15	1952	赫尔辛基	芬兰	
16	1956	墨尔本	澳大利亚	
17	1960	罗马	意大利	
18	1964	东京	日本	
19	1968	墨西哥城	墨西哥	
20	1972	慕尼黑	德国	
21	1976	蒙特利尔	加拿大	
22	1980	莫斯科	苏联	
23	1984	洛杉矶	美国	
24	1988	汉城	韩国	
25	1992	巴塞罗那	西班牙	
26	1996	亚特兰大	美国	
27	2000	悉尼	澳大利亚	
28	2004	雅典	希腊	
29	2008	北京	中国	

从其他赛事看，广州亚运会（含残运会）财政总预算安排包括：运行资金73亿元、场馆维护和建设资金63亿元，2005～2010年，广州投入重点基础设施建设资金1090亿元，其中，547亿元用于5条新开通地铁线的建设，185亿元用于道路桥梁建设，190亿元用于环境综合整治，168亿元用于治水。[①]

① 《数字盘点2010年两大盛会 世界杯亚运会各有各的收成》，http://sports.sina.com.cn/o/2010　12－31/09095388536.shtml。

上海为举办 F1 赛事，投资约 26 亿元建设国际赛车场一期工程，随后还将投资数十亿元建造一个最大、最豪华的可以模拟世界上所有公路和天气的安驾乐园。同时，由于上海国际赛车场是建设在偏远的郊区，所以还需要建设道路、通信、给排水等基础设施，这部分的投资大约是 7 亿元，整个建设计划花费超过 50 亿元。① 实际上，需要花的钱还不止这些，每年上赛场还要向国际汽联（FIA）上缴不少于 2000 万美元的承办费，是 F1 全年各个分站中最贵的。这项“烧钱的运动”考验着承办城市的经济实力。

从赛事的申办到举办，从场馆建设到城市基础建设的完善，这些城市为了生产体育赛事产品，投入了大量的资本、劳动和时间。那些数字正是验证了“文化产业中的重工业”这一论断。而重工业又是规模经济，因此，体育赛事产品的生产势必要流程化、规模化。城市经济赋予了一座城市生产体育赛事产品的能力，其生产规模的大小就取决于城市经济实力的强弱。

（二）城市的经济实力决定着城市体育赛事产品的生产水平

体育赛事产品的生产水平主要体现在产品数量和影响力上，尽管目前我国体育竞赛产业还不成熟，很多赛事还不能算作真正意义上的产品，但是为了便于研究，还是将目前国内举办的赛事视为产品。本研究正是基于赛事数量和赛事影响力两方面进行了大量的数据统计和分析。数据来源和选取的过程如下介绍。

根据国家体育总局的年度《全国体育竞赛计划》并结合实际举办情况，统计了 2009～2011 年度有官方记录的，举办过国家级及以上级别专业、青年及成年比赛，以及拥有顶级球类联赛俱乐部的城市及各自举办赛事的数量（之所以选择三年的数据，是因为对于举办赛事数量这一数据来说，一年的数据有偶然性，不足以反映客观情况，因此，统计了从北京奥运会之后的 2009 年到目前为止的近三年数据），共计 244 个城市，但是其中 5 个城市只举办了国内联赛而没有其他赛事，因此没有计算在最终结果

① 《F1 上海站的“烧钱”之作 盛宴惠泽多少中国人》，http://finance.sina.com.cn/g/20040419/0942725285.shtml。

内，实际统计了 239 个城市的数据，其中，直辖市 4 个，副部级城市 15 个，地级市 219 个，省直辖县级市 1 个。由于职业联赛的赛程和赛制与综合赛事及单项赛事不同，所以联赛赛事场次没有记录在三年举办赛事总数里，而是单独将 2010 年联赛场次做了统计分析，此项数据是根据对各联赛赛制和赛事俱乐部数量综合统计而得；每个城市的人均 GDP 是根据地区总产值和第六次人口普查结果计算而得；其他数据是根据各个城市统计局网站上公布的该地区《国民经济和社会发展公报》以及统计局网站上的其他相关信息汇总而得。其中 GDP 选取的是 2010 年的数据，因为，城市 GDP 的排名具有相对稳定性，所以一年的数据可以代表城市间的经济实力对比情况。

此外，需要强调的是，举办赛事数量的单位是项次而不是场次，比如广州举办了 2010 年亚运会，这一赛事被计为 1 项次，而不是计算在 16 天的比赛周期内所进行的全部项目的比赛场次，因为按照场次计算的结果会产生极端值，影响结果的公正。即便如此，所统计的数据由于是人工搜集整理的结果，难免有误差，但误差范围不足以影响最终结果。以下是具体的分析结果（见图 3－4、3－5、3－6）

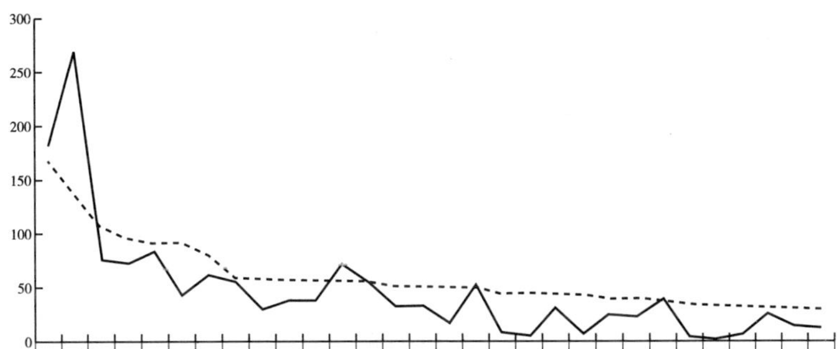

	上海	北京	广州	深圳	苏州	天津	重庆	杭州	无锡	青海	佛山	成都	武汉	大连	宁波	沈阳	南京	长沙	唐山	烟台	东莞	郑州	济南	哈尔滨	泉州	南通	石家庄	长春	西安	潍坊
- - - GDP总量（百亿元）	168	137	106	95	91	91	78	59	57	56	56	55	55	51	51	50	50	45	44	43	42	40	39	36	35	34	34	33	32	30
—— 赛事数量（项次）	182	271	76	73	85	43	63	56	30	38	39	71	55	33	34	17	53	9	5	31	7	26	23	40	5	3	7	27	15	13

图 3－4　GDP 排名前 30 的城市 GDP 总量* 和赛事总量的关系

注：＊ 此处 **GDP** 总量保留整数，以下表格中根据需要保留整数或 **1** 位或 **2** 位小数点。

1. 从数量上看总体走势

图 3－4、图 3－5、图 3－6，将城市按照 GDP 从高到低、由左向右排列。从图中可以看出代表举办赛事数量的曲线整体走势和 GDP 的走势近

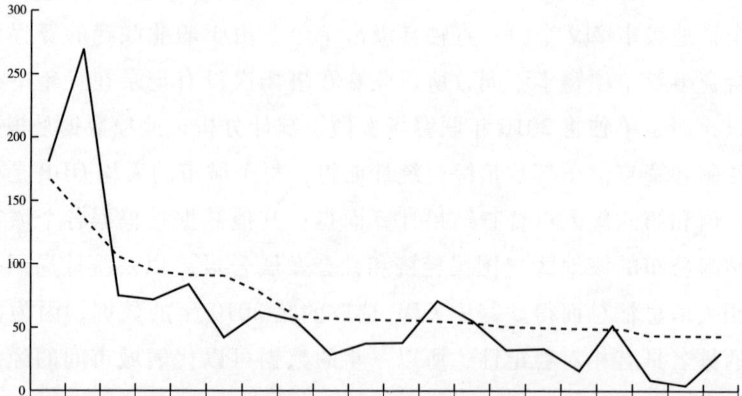

	上海	北京	广州	深圳	苏州	天津	重庆	杭州	无锡	青岛	佛山	成都	武汉	大连	宁波	沈阳	南京	长沙	唐山	烟台
GDP总量（百亿元）	168	137	106	95.1	91.6	91	78.9	59.4	57.5	56.6	56.5	55.5	55.1	51.5	51.2	50.1	50.1	45.4	44.6	43.5
赛事数量（项次）	182	271	76	73	85	43	63	56	30	38	39	71	5	33	34	17	53	9	5	31

图 3-5　GDP 排名前 20 的城市 GDP 总量和赛事总量的关系

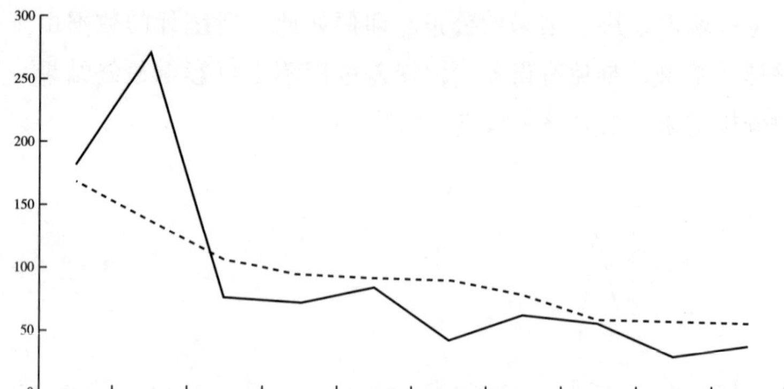

	上海	北京	广州	深圳	苏州	天津	重庆	杭州	无锡	青岛
GDP总量（百亿元）	168.72	137.78	106.04	95.11	91.69	91.09	78.94	59.46	57.58	56.66
赛事数量（项次）	182	271	76	73	85	43	63	56	30	38

图 3-6　GDP 排名前 10 的城市 GDP 总量和赛事总量的关系

似，可以说明 GDP 总量越高，举办赛事数量越多，两者是正相关关系。其中 GDP 排名前 30 的城市举办的赛事数量共计 1430 项次，占到全部 239 个样本城市赛事总量的 55%，而 GDP 排名前 10 的城市举办赛事总量又占了排名前 30 城市的 64.1%，可见，中国的赛事资源集中在这些经济实力较强的城市中，经济实力对体育赛事的影响显而易见。

上海和北京是所有城市中仅有的两个举办赛事数量突破 100 项次的城市，优势明显。它们是中国城市发展的两面旗帜，很多大赛落户于两地，正是他们经济实力的有力证明。特别是北京，城市 GDP 的总量排名第二，赛事总量却位居第一，超过了上海。除了作为首都的优势外，北京以奥运会为契机，修建了六大体育服务产业集聚区，体育综合服务产业集聚趋势形成，并积累了举办大型赛事的经验，体育场馆、体育人才等相关软硬件设施相对齐全，具备了提供高质量的体育赛事产品的能力。

苏州的 GDP 仅次于北、上、广、深这四个一线城市，屈居第五位。2009~2011 年举办的赛事仅次于北京和上海，位居第三。这与苏州良好的区位优势和经济文化水平有很大关系。苏州所属的江苏省是中国经济最发达的省份之一，苏锡常经济圈更是中国最具实力的城市群之一，这便为体育竞赛产业的发展提供了雄厚的物质保障。苏州除了积极举办各种体育赛事外，还有着良好的群众体育基础，拥有包括苏州市体育专业运动队管理中心在内的 6 个体育学校，苏州市体育中心等 6 处大型体育设施，31 家体育社团以及 35 家体育类俱乐部。

下面对 27 个省会城市进行作图分析（见图 3－7）。

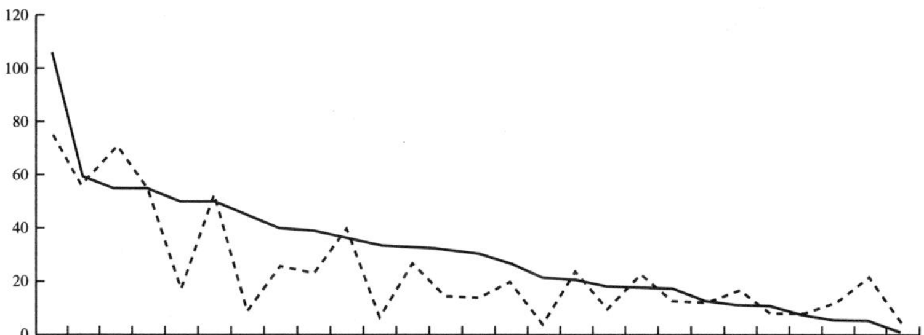

	广州	杭州	成都	武汉	沈阳	南京	长沙	郑州	济南	哈尔滨	石家庄	长春	西安	福州	合肥	南昌	昆仑	呼和浩特	南宁	太原	乌鲁木齐	贵阳	兰州	银川	西宁	海口	拉萨
赛事数量（项次）	76	56	71	55	17	53	9	26	23	40	7	27	15	14	20	4	24	10	23	13	12	17	8	8	12	22	5
GDP（百亿元）	106	59	55	55	50	50	45	40	39	36	34	33	32	30	27	22	21	18	18	17	13	11	11	7.6	6.2	5.9	1.5

图 3－7　省会城市 GDP 总量与赛事总量关系

图 3－7 是把 27 个省会城市按照 GDP 从高到低、由左向右依次排名，整体来说代表举办赛事数量的曲线是起伏下降的，与代表 GDP 的曲线走势一致，符合前面所阐述的总体规律。同为省会城市，但是经济上的差距造成了彼此间体育发展水平的差距。

图中有几个峰值值得关注。在 GDP 排名相对靠后的城市中，昆明、南宁、贵阳、海口举办赛事数量较多，这几座城市有一个共同的特点：他们都是旅游城市，拥有独特的自然风光和人文景观，容易吸引赛事落户。同时，体育赛事产品与旅游产品的契合度很高，品牌联合效应的作用比较明显。

哈尔滨、长春举办赛事数量也比较多，他们举办的赛事中，多半是冬季项目，由于冬季项目（特别是其中的室外项目）对自然环境有严格的要求，而目前国内能够满足相应要求的大城市不多，所以为他们创造了足够的机会。

另外，长沙、石家庄、南昌三座城市的经济在省会城市中处于中游水平，但他们举办赛事的数量却在同档城市中排名倒数，这已经不单是经济学能解释的问题，毕竟城市的经济水平只是反映了城市举办赛事的能力高低，但最终是否会举办、举办多少赛事还要受城市的人文环境及城市发展战略的影响。

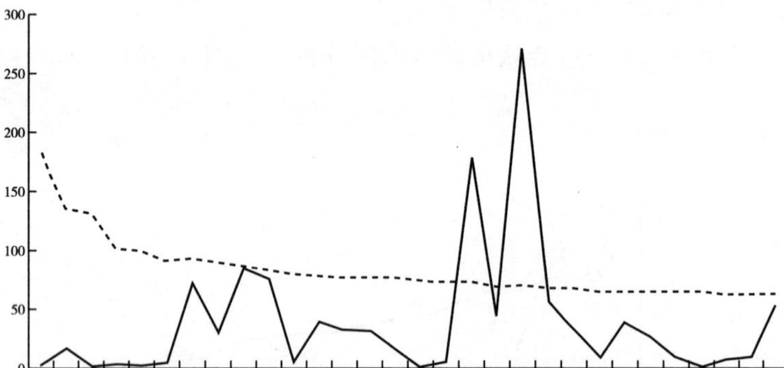

	克拉玛依	鄂尔多斯	阿拉善盟	东营	大庆	包头	深圳	无锡	苏州	广州	嘉峪关	佛山	大连	珠海	威海	海西州	乌海	上海	天津	北京	杭州	宁波	呼和浩特	青岛	常州	长沙	铜陵	镇江	淄博	南京
- - - 人均GDP（千元）	181	136	132	102	99	92	92	90	87	83	79	78	77	77	76	74	73	73	70	70	68	67	65	65	64	64	64	63	63	62
——赛事数量（项次）	3	17	3	4	3	4	73	30	85	76	6	39	33	31	17	1	4	18	43	27	56	34	10	38	27	9	1	7	10	53

图 3-8 人均 GDP 排名前 30 城市赛事数量

图 3-8、图 3-9、图 3-10、图 3-11 是将城市分别按照人均 GDP、工业总产值、农林牧渔业总产值和第三产业所占比重从高到低、由左向右依次排列，与赛事数量对比作图分析。可以看出除工业总产值外，其他几组数据与赛事数量之间没有明显的相关关系，但也呈现一些特点。图 3-8 所示人均 GDP 与赛事数量没有关系，主要是因为中国办赛事以政府出资为主，举办城市的居民很多时候对举办的赛事参与度不高，且赛事往往与举办城市的文化属性不合。同时，一些城市发展战略的重心或是城市特点，

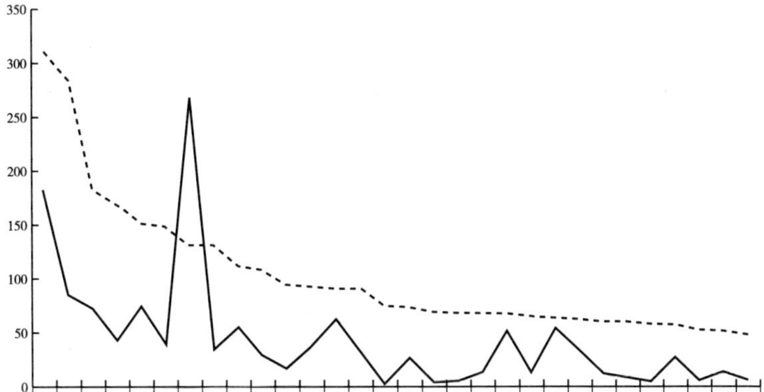

	上海	苏州	深圳	天津	广州	佛山	北京	宁波	杭州	无锡	沈阳	青岛	重庆	烟台	南通	常州	泉州	东莞	绍兴	南京	温州	武汉	大连	潍坊	淄博	唐山	长春	中山	嘉兴	徐州
- - - 工业总产值（百亿元）	310	284	184	170	153	147	132	131	112	108	96	93	90	90	74	73	70	68	68	68	65	64	63	60	60	58	57	53	51	49
—— 赛事数量（项次）	182	85	73	43	76	39	271	34	56	30	17	38	63	31	3	27	5	7	13	53	13	55	33	13	10	5	27	6	14	7

图 3-9　工业总产值排名前 30 城市的赛事数量

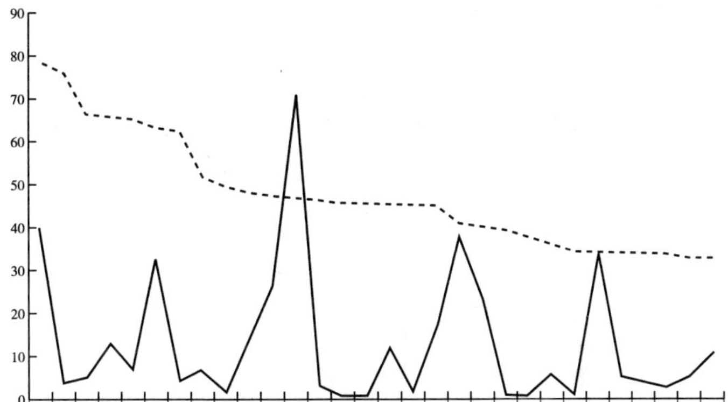

	哈尔滨	盐城	唐山	潍坊	石家庄	大连	济宁	徐州	信阳	福州	长春	成都	南通	沧州	保定	漳州	常德	沈阳	青岛	南宁	四平	德州	齐齐哈尔	聊城	宁波	泰安	赣州	永州	岳阳	宿迁
- - - 农林牧渔业总产值（十亿元）	78	75	65	65	65	62	62	51	49	48	47	47	46	45	45	45	44	44	40	40	39	38	36	34	33	33	33	33	32	32
—— 赛事数量（项次）	40	4	5	13	7	33	4	7	2	14	27	71	3	1	1	12	2	17	38	23	1	1	6	1	34	5	4	3	5	11

图 3-10　农林牧渔业排名前 30 城市的赛事数量

决定了在短期内城市体育竞赛产业发展水平处于比较低的阶段。比如我国的一些能源城市，典型的有大庆、鄂尔多斯、包头、东营、克拉玛依、阿拉善盟，其中前 4 座城市的 GDP 排名分别是第 34、第 39、第 41、第 43，更加突出的是 6 座城市的人均 GDP 占据了全国排名的前 6 位（见图 3-8）。丰富的石油、煤炭、天然气等资源是经济发展的动力保证，同时也成就了 6 座城市的快速发展。与经济发展相反的是，他们举办赛事的数量并

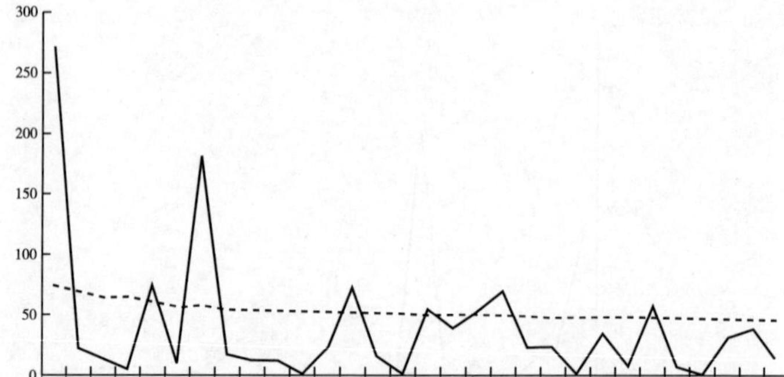

	北京	海口	三亚	拉萨	广州	呼和浩特	上海	贵阳	太原	乌鲁木齐	甘南州	济南	深圳	西安	迪庆州	武汉	哈尔滨	南京	成都	南宁	昆明	博尔塔拉	厦门	兰州	杭州	东莞	临夏	秦皇岛	青岛	福州
----第三产业占GDP总量比重（%）	74	69	65	64	61	58	57	54	53	53	52	52	52	52	52	51	50	50	50	50	49	49	48	48	48	48	47	47	46	46
——赛事数量（项次）	27	22	14	5	76	10	18	17	13	12	1	23	73	15	1	55	40	53	71	23	24	1	35	8	56	7	1	33	38	14

图 3-11　第三产业占 GDP 总量比重排名前 30 城市的赛事数量

不多，因为这几座城市形成历史较短，且靠能源起家，与那些历史悠久的城市相比缺乏文化积淀，文化产业相对落后。而且有的城市地理位置不佳、自然环境较差。通过这一点也可以说明，经济的发展不是简单的数字，也不仅仅是某一领域的出类拔萃，而是一种平衡，整体与局部的平衡、人与自然的平衡、经济与文化的平衡。

图 3-9 呈现的走势和 GDP 与赛事数量走势相似，因为工业总产值和 GDP 是直接相关的，是 GDP 主要的构成部分之一。图 3-10 显示，农林牧渔业产值与赛事数量不相关，城市经济是第二、第三产业繁荣发展的地域经济，且随着城市产业结构的不断完善，城市中第三产业比重将不断提高，农林牧渔业不是现代城市经济的支柱性产业，因此，这一数据与代表城市文化的体育赛事自然不相关。图 3-11 中，两条曲线都显现北京排名第一，它的第三产业占 GDP 的比重超过了 70%，与国内其他城市相比，北京的第三产业较为发达，文化氛围浓厚，体育竞赛产业发展的大环境优越，居民对体育赛事产品的需求较大，促使城市加大了体育赛事产品的供给。

2. 从地域上看

图 3-12、图 3-13 显示，全部 239 个举办过体育赛事的样本城市中，东部城市有 89 个，举办赛事数量总数为 1676 项次，占全国赛事的 64%，远远超过中部城市和西部城市，甚至远远超过后两者之和，虽然东部城市

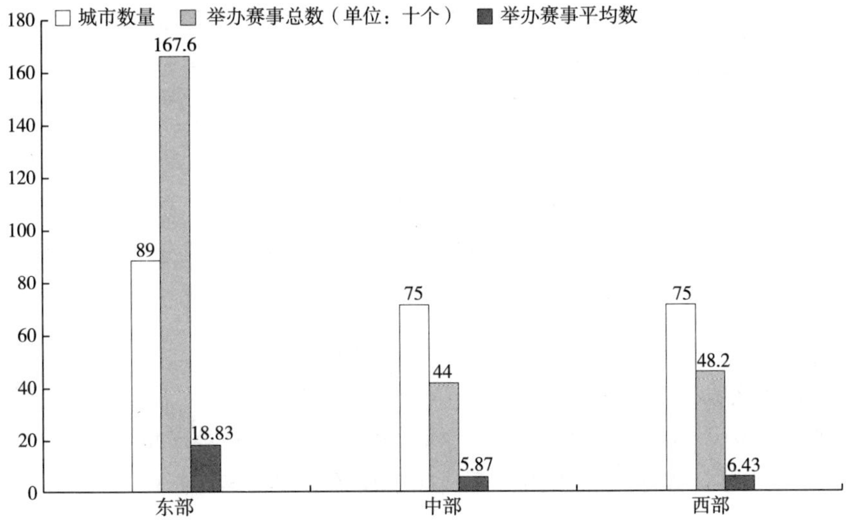

图 3－12　中国东、中、西部地区城市举办赛事数量对比

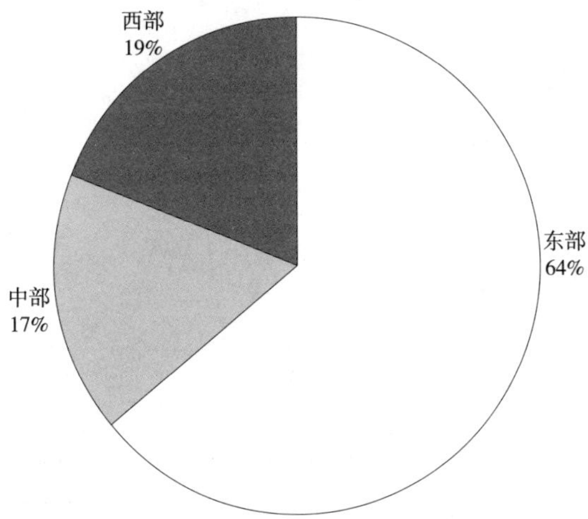

图 3－13　中国东、中、西部地区城市举办赛事数量所占比重对比

数量略多于中部和西部，但这并不影响最后的结果。按平均数量算的话，东部城市举办的赛事数量依旧远远超过中部和西部城市。此外，就场馆来说，三大都市圈，即京津冀、长江三角洲、珠江三角洲区域内省（市）所拥有的体育场（馆）设施数量在全国居于前列。第四次全国体育场地普查资料显示，我国体育场地设施在地区分布上主要集中在东中部地区，约占总数的 80%，而西部地区约占 20%。为此，包括三大都市圈在内的东南部地区城市，尤其是大城市，拥有场（馆）数量比重最大，相比其他省（市）更具备发展体育竞赛产业的硬件条件支撑，能够满足规模生产体育赛事产品的要求。中部和西部差距不大，无论是赛事总量还是GDP总量，西部都略高于中部，这与西部大开发的国家战略以及西部丰富的资源有关，这一结果也印证了城市经济总量和赛事数量的正相关关系。

3. 2010 **年全国城市举办联赛赛事数量和城市发展关系分析**

对联赛单独分析是因为联赛是未来我国建立体育竞赛产业的基础，也是各个二三线城市有望打造自己有影响力俱乐部的基础。

联赛数据是根据在中国大陆地区举办的足球、篮球、排球、乒乓球4个项目，2010～2011赛季各城市一线职业队伍的比赛即中超、女足联赛、CBA、WCBA、排球联赛A组、乒乓球超级联赛数据统计而得。

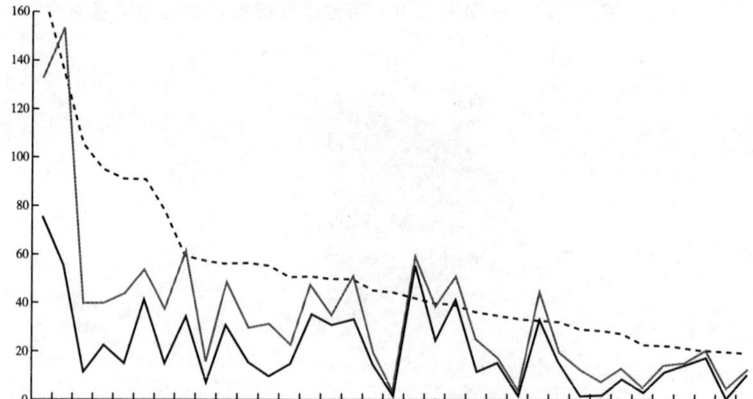

	上海	北京	广州	深圳	苏州	天津	重庆	杭州	无锡	青岛	佛山	成都	大连	宁波	沈阳	南京	长沙	唐山	东莞	郑州	济南	哈尔滨	泉州	南通	长春	西安	常州	温州	绍兴	东营	嘉兴	南昌	金华	台州	泰州
GDP（百亿元）	16	13	10	95	91	91	78	59	57	56	56	55	51	51	50	50	45	44	42	40	39	36	35	34	33	32	29	29	27	23	23	22	20	20	20
联赛场次	76	56	11	23	15	42	15	35	7	31	16	10	15	36	31	34	15	1	57	24	42	12	16	2	34	16	2	2	9	4	12	15	18	1	11
赛事总数	13	15	40	40	44	54	37	62	15	49	30	32	23	48	35	52	20	3	60	38	52	25	18	3	45	20	13	8	14	5	15	16	21	5	13

图3－14（1） 2010年拥有联赛俱乐部城市举办的联赛及全部赛事数量曲线

图3－14（1）、3－14（2）同样将城市按照GDP从高到低、由左向右排列，联赛赛事数量和赛事总量的曲线整体走势与经济走势相似，图3－14（2）中的城市GDP整体不高，赛事总量也都不高，各项数据差距不明显，但是和图3－14（1）中的城市相比差距很大，符合城市经济与赛事数量的整体规律。图中重合的部分说明该城市2010年举办的赛事全部为联赛。而同样，两个数量越是接近，越说明城市举办的赛事数量绝大多数来

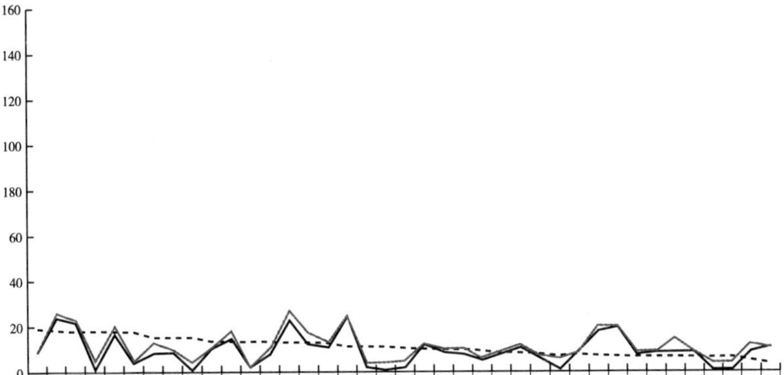

	南阳	呼和浩特	鞍山	吉林	太原	榆林	江门	岳阳	襄阳	聊城	枣庄	滨州	廊坊	乌鲁木齐	湖州	株洲	连云港	松原	赤峰	宿迁	曲靖	营口	张家口	长治	吕梁	莆田	锦州	衢州	辽阳	丹东	泸州	大同	内江	漯河	自贡	舟山	乐山	莱芜	济源
- - - -GDP（百亿元）	2	1	1	1	1	1	1	1	1	1	1	1	1	1	1	1	1	1	1	1	1	1	1	9	9	8	8	8	7	7	7	7	7	7	7	6	6	5	3
——联赛场次	9	2	2	1	1	4	9	9	1	1	1	2	8	2	1	1	2	2	1	2	1	9	8	5	9	1	6	1	9	1	2	8	9	9	9	1	1	9	1
——赛事总数量	9	2	2	5	2	4	1	1	4	1	1	2	1	2	1	1	2	4	4	5	1	1	1	6	9	1	7	6	9	2	2	9	9	1	9	4	4	1	1

图 3-14（2） 2010 年拥有联赛俱乐部城市举办的联赛及全部赛事数量曲线

自联赛，而鲜有其他赛事。

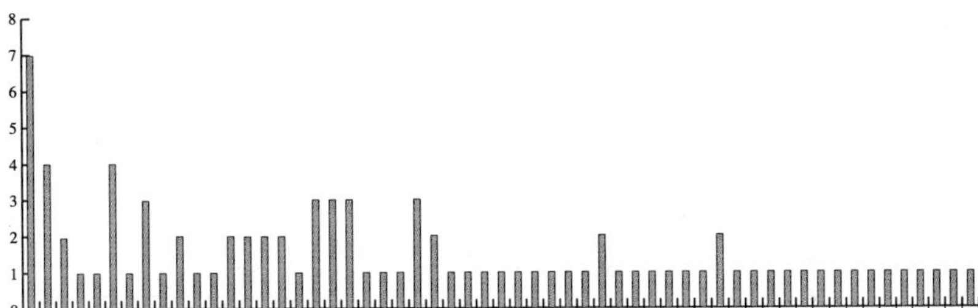

	上海	北京	广州	深圳	苏州	天津	重庆	杭州	无锡	青岛	佛山	武汉	大连	宁波	沈阳	南京	长沙	东莞	郑州	济南	哈尔滨	泉州	石家庄	长春	西安	绍兴	嘉兴	南昌	金华	泰州	南阳	鞍山	南山	太原	保定	江门	岳阳	聊城	乌鲁木齐	湖州	株洲	连云港	贵港	曲靖	营口	宝鸡	蒲山	凉山州	玉溪	辽阳	丹东	内江	漯河	自贡	延边州	莱芜	济源
■俱乐部数量	7	4	2	1	1	4	1	3	1	2	1	1	2	2	2	2	1	3	3	3	1	1	1	3	2	1	1	1	1	1	1	1	1	1	2	1	1	1	1	1	1	2	1	1	1	1	1	1	1	1	1	1	1	1	1	1	1

图 3-15 2010 年全国联赛俱乐部分布及数量

目前，上面提到的四个项目的顶级职业联赛俱乐部共 108 支，2010～2011 赛季在全国 76 个城市进行了共计 1118 场比赛。其中，某些俱乐部不在主场比赛或者是在出资方所在城市进行比赛，比如女足联赛不是主客场制，而是集中起来进行分赛区比赛，也就是说赛事举办地和俱乐部的归属地不相关。另外，由于很多乒超俱乐部的主场不固定，比如浙商银行男子乒乓球俱乐部第一阶段的 8 场比赛分别在 8 个城市进行，这种现象和城市经济关系不大，主要和银行的市场营销行为有关，或者说是为了满足银行的市场营销需求。同样，锦州银行俱乐部在 4 个城市的 6 个体育馆进行了第一阶段的比赛，这些城市只是承办了几场比赛，比赛场次已计入城市举办的赛事总量里（见图 3 - 14），但俱乐部只能归属一地，鉴于这种情况，没有将乒超俱乐部统计在城市拥有的联赛俱乐部数量中。因此，除了乒超之外的 88 支俱乐部共分布在全国 57 个城市（见图 3 - 15）。其中有 28 个城市是 GDP 排名前 50 的城市，且这些城市拥有的俱乐部数量占了全部的 64.8%。整体来说，中国的联赛俱乐部主要集中在经济相对发达的城市。

但是，在拥有足球、篮球、排球俱乐部的 57 座城市中，也有一些城市 GDP 排名并不高。一方面，这是由我国竞赛体制所决定的，全国很多地方都有体校和体工队，而最初的俱乐部就是由原省、市体工队或者体校改制而成，以事业经费为基础经费；另一方面，只要当地有愿意出资赞助的企业，特别是大的国企，那么俱乐部就可以生存。比如四川的凉山州，GDP 排名 140，拥有一支女足俱乐部四川剑南春；辽宁辽阳，GDP 排名 148 位，拥有一支女排俱乐部辽宁华晨汽车；河南济源，GDP 排名 212 位，拥有一支女篮俱乐部河南豫光金铅，这三支球队的赞助商都是国企。目前，国企是中国联赛俱乐部赞助商的重要力量，也就是说，联赛产品的生产不完全是市场行为，很多时候都是政府行为，尽管国企作为企业赞助一支或几支俱乐部的行为毋庸置疑，但是如果这背后是政府的手在操控，那么联赛生产的就不能算是赛事产品而应该是政府的公共服务。

总体来说，国内的职业联赛发展水平普遍偏低，城市所孕育的联赛市场容量有限，配套的相关企业由于单一的赛事资源难以支撑企业的基本生存，也就是说，市场供给不足，生产企业自然积极性不高，这就造成即使一个城市投入巨资收购或者自建一家俱乐部，最终依然无法依托市场而存活，结果只能是政府背负这一包袱。甚至可以说，目前我国没有一个真正市场化的俱乐部，高水平的球员资源有限、赛事数量有限、人文环境有限，且各个俱乐部的选手基本属于各个省或直辖市的行政管理，甚至现在商业运营程度很高的中超球员及俱乐部、CBA 及球员基本上也受所在协会的事业体制管理。同时，由于我们现有的三级训练网的基本体制，经济落后城市的运动员整体训练水平自然就低，即使出现优秀选手，也难以留住，加上整个城市的体育场馆极度匮乏，训练技术及手段相对落后，所以参与国内联赛的俱乐部水平高低不一，差距很大。俱乐部水平差距过大，自然遏制了整个联赛的发展水平，即使我们照搬了选秀制、转会制等国际上成功的办赛与运营俱乐部的经验，但是这是一个城市综合发展水平所决定的，绝不是某个领导或某个企业简单的热情所能持续的。

尽管目前国内一些联赛俱乐部因为高水平外援的引进，在一定程度上提高了赛事的观赏性，一些场次的上座率、收视率都很高。但总体而言，大多数城市的经济发展水平还不足以支撑联赛市场的正常运作，人们的生活水平和生活方式与发达国家仍有很大差别，居民消费联赛产品的能力不强，需求不足，市场容量较小，这也是为什么很多城市只有一支俱乐部甚至还经常被卖来卖去。比如某些乒乓球俱乐部的冠名几乎经常变换，在俱乐部的数量上，以篮球项目为例，美国的 NBA 共有 30 支球队，而作为中国顶级篮球联赛的 CBA 只有 17 支球队。此外，欧美国家的很多城市所拥有的顶级职业俱乐部的数量都超过中国，且职业化水平很高，这些俱乐部不仅仅集中在纽约（拥有 9 支顶级联赛俱乐部）、伦敦（仅是足球俱乐部就 13 家，其中更是包括了 5 家英超俱乐部，这本身就会激起一个城市的球迷碰撞，提升一个城市或者一个联赛的热点。其中还有切尔西、阿森纳这样的欧洲豪门）这样的超级城市中，很多中小城市同样拥有若干支俱乐部，这些城市人口大多不足百万，比如美国的丹佛市拥有 4 支顶级联赛俱乐部。可见，经济的差距导致了中国与发达国家职业联赛发展水平的差距。

从赛事产品的影响力来看，体育赛事产品的影响力主要取决于受众关注度（除了与产品本身的质量有关外，还受到主办城市及国家传统文化以及人们对该赛事产品的熟悉程度的影响）。受众关注度，某种意义上来讲就是该赛事产品在消费者中的影响力，我们通过电视的收视率可以基本了解，各级别赛事通过强势或弱势传媒将产生不同的传播力和影响力。总体而言，国内电视观众对于那些国际赛事，特别是高水平的顶级赛事，比如奥运会、世界杯、洲际运动会、单项世锦赛、网球大满贯等关注度更高。当然人们也会关注所属城市俱乐部参与的国内联赛。

（1）国际和国内（全国性）赛事的比例。图 3－16、3－17 中的国内赛事是指全国性的赛事，两图表示的分别是 GDP 总量排名前 50 和 50 之后的城市举办的国际和国内赛事所占比例。前 50 的城市举办的国际赛事占到总数的 35%，50 名之后城市的比例为 21%，而其中 GDP 排名前十位城市举办的国际赛事更是占总数的 41%。因此可以得出结论，GDP 排名越靠

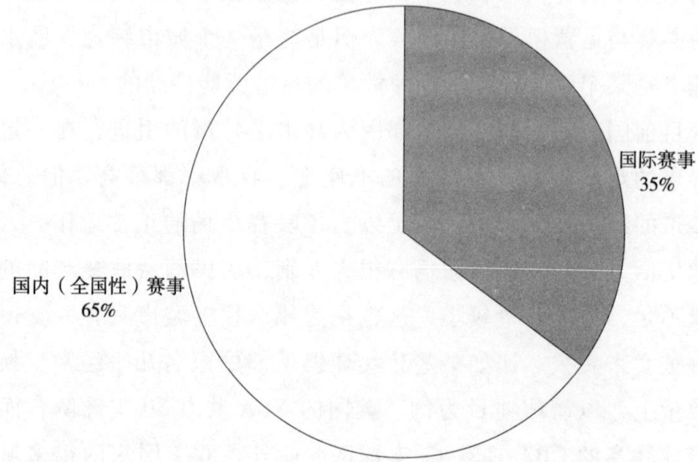

图 3－16　GDP 排名前 50 城市举办国际赛事和国内赛事比例

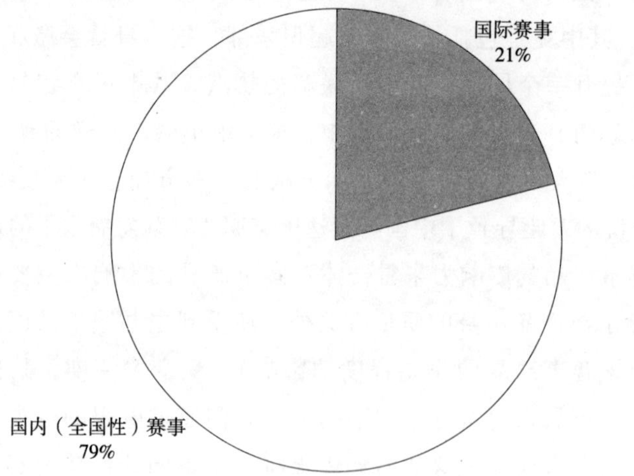

图 3－17　GDP 排名 50 之后城市举办国际赛事和国内赛事比例

前，越具备举办国际赛事的能力。特别是上海，作为 GDP 总量排名第一的城市，举办的国际赛事占其举办的全部赛事的 47%。除经济因素外，还与上海的国际化大都市定位有关系，引进国际性的大型展会及赛事就是围绕这一定位所开展的有效措施，比如 2004 年，上海成为 F1 这一“烧钱赛事”的系列站之一，并于 2011 年期满时成功续约，同时还举办了 2010 年的世博会和 2011 年的游泳世锦赛等大型活动和赛事。

图 3－18 也是将城市按 GDP 从高到低、由左向右排列，举办国际

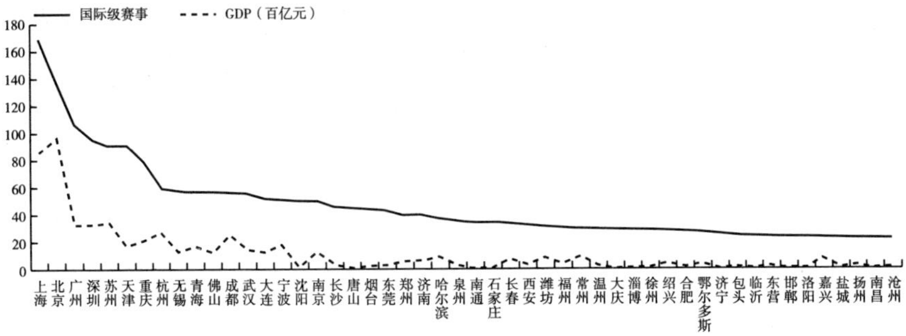

图 3－18　GDP 排名前 50 的城市举办国际级赛事数量

赛事的数量也符合 GDP 与赛事总量关系的规律，即经济实力越强，举办的国际赛事越多。事实上，举办国际赛事对举办城市的要求更加严格，因此，举办的国际赛事越多，说明城市生产的体育赛事产品影响力越大。

（2）受众关注度。对体育赛事产品来说，电视长期以来被认为是最佳的传播渠道，在国内，CCTV－5 被认为是体育赛事传播的最强势平台。现实是，赛事资源远远超过 CCTV－5 所能播出的量。所以，在众多的赛事资源中，CCTV－5 会选择那些影响力较大的赛事进行播出，而实际上赛事影响力的大小还需要观众来检验，收视率就是观众的反馈，反映了观众对某一赛事的喜爱和认可程度。所以，在 CCTV－5 播出的收视率较高的赛事，通常情况下就是有影响力的赛事（见表 3－3）。

表 3－3　2010 年 CCTV－5 播出的国内赛事收视率排名

序号	举办城市	赛事名称	收视率
1	宁波	直播：2010 年女排大奖赛总决赛 9 中国－波兰	1.1861
2	宁波	直播：2010 年女排大奖赛总决赛 12 中国－美国	1.1816
3	宁波	直播：2010 年女排大奖赛总决赛 6 中国－日本	1.037
4	北京	黄金赛场：2010 年世界斯诺克中国公开赛第二轮	1.0084
5	北京	2010 年 NBA 中国赛北京站	0.9572
6	常州	直播周末：361 度第 17 届国际泳联跳水世界杯女子三米跳板决赛	0.9079
7	宁波	直播：2010 年女排大奖赛总决赛 15 中国－巴西	0.8749
8	广州	直播周末：2010 年 NBA 中国赛广州站	0.8659

续表

序号	举办城市	赛事名称	收视率
9	杭州	2010年中国国际女排精英赛	0.8547
10	漯河	黄金赛场：2010年中国国际女排精英赛	0.8202
11	柳州	2010年斯坦科维奇杯洲际篮球赛 中国队－澳大利亚队	0.8081
12	北京	黄金赛场：2010年世界斯诺克中国公开赛1/4决赛	0.8049
13	杭州	2010年中国国际女排精英赛	0.7996
14	杭州	2011年亚洲杯预选赛（中国队－叙利亚队）	0.7857
15	北京	2010年姚明与纳什慈善赛	0.7828
16	成都	现场直播：2010年女足亚洲杯半决赛	0.7708
17	东莞	直播周末：09/10赛季CBA总决赛（广东东莞银行－新疆广汇汽车）	0.7619
18	柳州	2010年斯坦科维奇杯洲际篮球赛 伊朗队－中国队	0.7518
19	宁波	直播：黄金赛场－2010年世界女排大奖赛总决赛3 中国－意大利	0.7468
20	柳州	黄金赛场：2010年斯坦科维奇杯洲际篮球赛 中国队－斯洛文尼亚队	0.7376
21	北京	直播周末：2010年世界斯诺克中国公开赛半决赛	0.7247
22	北京	黄金赛场：2010年世界斯诺克中国公开赛第一轮	0.7215
23	东莞	2009～2010赛季CBA总决赛（广东东莞银行－新疆广汇汽车）	0.7051
24	北京	直播周末：2010年CBA全明星赛	0.6786
25	东莞	黄金赛场：2009～2010赛季CBA总决赛（广东东莞银行－新疆广汇汽车）	0.6758
26	上海	黄金赛场：2010年世界斯诺克上海大师赛第二轮2 丁俊晖－柯普等	0.6517
27	北京	直播周末：2010年世界斯诺克中国公开赛半决赛	0.6479
28	常州	2010年第17届国际泳联跳水世界杯女子10米跳台决赛	0.6469
29	常州	直播周末：361度第17届国际泳联跳水世界杯男子十米跳台决赛	0.6326
30	东莞	黄金赛场：2009～2010赛季中国男子篮球职业联赛季后赛（广东东莞银行－上海玛吉斯）	0.6299

续表

序号	举办城市	赛事名称	收视率
31	北京	直播：2010 年国际足球友谊赛（北京国安队 – 巴塞罗那队）	0.6287
32	广州	2010 年恒大中美女子排球对抗赛	0.6149
33	东莞	黄金赛场：2009 ~ 2010 赛季 CBA 总决赛	0.6107
34	东莞	黄金赛场：2009 ~ 2010 赛季 CBA 总决赛（广东东莞银行 – 新疆广汇汽车）	0.6059
35	东莞	2009 ~ 2010 赛季 CBA 常规赛（东莞马可波罗 – 陕西锂源动力）	0.6043
36	苏州	现场直播：第二届亚洲杯女排赛	0.5974
37	北京	黄金赛场：2009 ~ 2010 赛季 CBA 常规赛（北京金隅 – 八一双鹿电池）	0.5921
38	武汉	2010 年中国队 – 立陶宛队男篮对抗赛 2	0.5888
39	肇庆	2009 ~ 2010 赛季特步中国女子篮球甲级联赛 WCBA 常规赛（广东 – 八一）	0.5785
40	青岛	直播周末：2010 年国际泳联世界跳水系列赛青岛站男子 10 米跳台决赛	0.5774
41	武汉	黄金赛场：2010 年中国队 – 立陶宛队男篮对抗赛 3	0.5716
42	苏州	直播周末：第二届亚洲杯女排赛决赛	0.5493
43	榆林	现场直播：黄金赛场 – 2010 年中国队 – 古巴队女篮对抗赛 3	0.5473
44	漯河	黄金赛场：2010 年中国国际女排精英赛	0.5471
45	青岛	直播周末：2010 年国际泳联世界跳水系列赛青岛站女子 10 米跳台决赛	0.5463
46	成都	直播：2010 年世界女排大奖赛（成都站） 中国队 – 泰国队	0.5456
47	宁波	实况录像：2010 年世界女排大奖赛总决赛中国队精选 2	0.5298
48	常州	黄金赛场：361°第 17 届国际泳联跳水世界杯男子三米跳板决赛	0.5253
49	许昌	现场直播：黄金赛场 – 2010 年中国队对美国明星队男篮对抗赛 3	0.5199

续表

序号	举办城市	赛事名称	收视率
50	苏州	现场直播：第十二届世界杯花样游泳比赛（集体自由自选）	0.5185

资料来源：根据央视索福瑞（CSM）2010 年 CCTV－5 收视数据统计而得。

本研究选取了 2010 年在 CCTV－5 播出的、在国内城市举办的、收视率排名前 50 的赛事（广州亚运会由于比赛场次太多，无法计算确数，所以未在统计之列），共计 25 项，51 场比赛，这些赛事在全国 16 座城市举行（北京、上海、广州、杭州、苏州、青岛、武汉、成都、东莞、宁波、常州、柳州、漯河、榆林、肇庆、许昌）（见表 3－3）。这些城市中，前 10 座城市 GDP 排名都在前 30。可以得出结论，经济实力强的城市，举办的赛事关注度普遍较高，赛事影响力相对较大。

此外，2010 年 CCTV－5 播出的全部赛事中收视排名前 10 的场次全部为广州亚运会的比赛，除此之外，排球、斯诺克、篮球、跳水等项目的收视率也一直不错。因此，对于城市来说，能否举办大型综合赛事是检验一个城市综合实力的标准之一，赛事的成功举办无疑是城市实力的证明。然而，并不是所有的城市都只能通过举办大型综合赛事进行营销，那些群众基础好以及观众长期关注的项目都可以成为城市营销的不错选择，在此基础上可以在赛事级别和规模上有所突破，或者说好的项目加上高水平运动员或队伍的参与是影响受众关注的重要因素。正如上面提到的那 16 座城市中，也有一些城市 GDP 排名并不高，但是因为选择了较好的赛事，为城市赢得了不可多得的营销机会，比如柳州（GDP 排在 107 位，举办了 2010 年斯坦科维奇杯洲际篮球赛事）、漯河（GDP 排在 161 位，举办了 2010 年中国国际女排精英赛）。

综上所述，无论从举办赛事数量还是影响力上看，经济发展相对较好的城市无疑占据了明显的优势，只有强大的资本才能保证赛事的高质量，也只有持续不断的资本支持才能使城市有能力举办多项赛事，并从中获益。

二　城市经济为体育赛事发展提供人力资本

劳动是体育竞赛产业最基础的生产要素之一，而人力资本则可以提升劳动生产率。所谓人力资本，指的是劳动者通过教育和培训所获得的知识和技能。与物质资本一样，人力资本能提高国家或城市生产物品和服务的能力。城市获得人力资本有两种途径：其一是通过高于其他城市的工资水平吸引高素质劳动者定居城市；其二是通过进行人力资本投资，对劳动者进行教育、培训等。这两种获取人力资本的途径都需要城市的经济实力做支撑。

（一）城市经济水平决定了工资水平

图 3－19 将城市 GDP（从高到低、由左向右排列）和职工平均工资的数据作图对比，代表工资的曲线整体走势和 GDP 的走势基本一致，也就是说经济发展好的城市能够提供相对优厚的工资待遇，这无疑更容易吸引劳动者进入，特别是文化产业用工所需要的人才。根据国家统计局发布的 2010 年城市数据统计，全国城市中，职工平均工资排名前三的城市分别是上海、北京、广州，而这三座城市正是全国最大的劳务输入地区，能够吸引如此多外来务工人员，很显然是因为这几座城市能够带来更多的就业机会和相对较高的工资待遇。

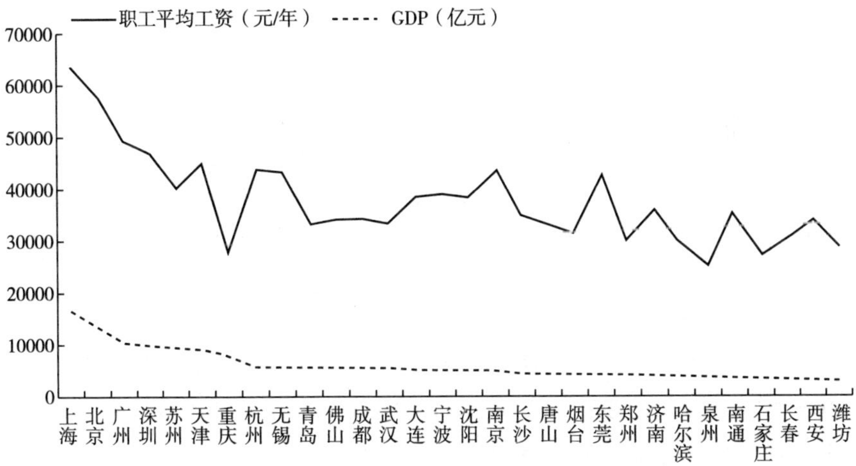

图 3－19　GDP 排名前 30 的城市工资对比

（二）人才的培养需要经济的支持

生产体育赛事产品的专业人才包括体育赛事经营管理人员、运动员、教练员、裁判员、队医、营养师、体育传媒工作者等。他们的知识层面较为宽泛，涉及运动训练、赛事的组织管理、体育经纪、体育传播等领域。

仅以运动员为例。优秀运动员培养成本，是指在运动员培养过程中所付出的各种耗费。具体指为培养运动员所付出的能以货币计量的人力、物力、财力的价值总和。① 优秀运动员作为特殊“产品”，其训练、培养过程可视为对其进行的生产、加工过程，包括从最初被选拔参加各级体校系统的业余训练，输送加入各级专业运动队（包括国家队），出成绩到退役的整个过程。而这一过程的周期很长，3～5 年，有些项目甚至要超过 10 年才能培养出一名优秀的运动员。在如此长的周期内，需要耗费的成本也是惊人的。这些成本主要用于运动员的选拔、训练和所有为此配置的场地器材等。因此可以说，运动员及其所取得的奖牌是大量的人力、物力和财力积累的结果，其中财力的支持是关键。图 3－20 是 2009 年全国运动会奖牌分布情况。

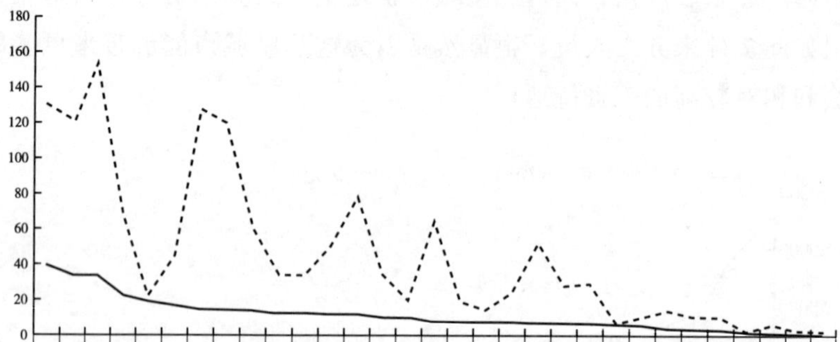

	广东	江苏	山东	浙江	河南	河北	辽宁	上海	四川	湖南	湖北	福建	北京	安徽	内蒙古	黑龙江	陕西	广西	江西	天津	山西	吉林	重庆	云南	新疆	贵州	甘肃	海南	宁夏	青海	西藏
----全运会奖牌数	13	12	15	68	22	46	12	12	61	35	35	51	79	35	20	65	20	15	25	53	28	30	7	12	15	11	11	2	6	3	2
——GDP（千亿元）	39	34	34	23	19	17	15	15	14	13	13	12	12	10	9	8	8	7	7	7	7	7	6	6	4	3	3	1	1	1	0

图 3－20　2009 年全国运动会奖牌分布情况

图 3－20 将全国省、直辖市按照 2009 年 GDP 排名从高到低、由左向右进行排列，虚线曲线是各省份 2009 年全运会所取得的奖牌数量，除个别极大和极小值外，曲线整体走势明显与 GDP 走势保持一致。虽然图中的 GDP 是各个省份的，但是也是由省所辖的各个城市累计起来，完全可以代

① 刘双喜：《我国优秀运动员培养成本研究》，《南京体育学院学报》（自然科学版）2006 年第 5 期。

表省内城市的整体经济水平。由此可知，城市经济发展好，能够为运动员的培养和引进提供必要的资金和软硬件条件。虽然全运会自身也存在一些问题，但是整体而言，全运会的奖牌分布情况确实在很大程度上反映了一个地区整体的竞技水平以及背后的经济实力。

奖牌数最多的是山东省（GDP 第三），2009 年山东作为东道主，奖牌数位列第一也在情理之中，而这个情理之中同样需要 GDP 做后盾，山东省的经济在全国位列前三。同时，山东一直以来就是体育大省，为中国竞技体育输送了很多优秀的运动员。河南省虽然 GDP 总量较高，但是奖牌数偏低，这已经超越了经济的范畴，从之前的举办赛事数量也不难发现，河南的城市整体上举办赛事数量不多，也没有知名且成绩好的联赛俱乐部。此外，河南省地处中原，是人口大省，也是劳务输出大省，大量人才外流是体育长期不愠不火的原因之一。同时，河南也是农业大省，其城市化进程处于初级阶段，而体育的本质是城市文化，因此，整体而言，河南缺乏这一城市文化氛围。

辽宁省和山东省一样，是传统的体育大省，体育人才济济，综合实力强，尤其是田径、球类等项目成绩突出。黑龙江的奖牌数量也较高，主要是因为该省在冬季项目上有垄断性的优势，奖牌数量也受益于此。

除了重庆外，其他几个直辖市也分别占据了一个峰值。作为直辖市，国家在战略上有倾斜是必然的，然而重庆在经济总量上排名相对靠后，而且一直以来，重庆缺少体育文化氛围，特别是体育竞赛产业发展迟缓，大众健身相对好一些。

除了专业运动员的培养外，体育产业也需要一些通用人才，比如从事管理、经营、信息技术等领域的工作人员，他们的培养比较常规，一般是按照目前中国的教育体系进行。

在常规人才培养方面，2011 年，中国校友会网发布了最新的中国（未包括台湾省）大学排行榜 100 强（见附录 A），这 100 所大学分布在 28 个省（含直辖市）的 36 个城市，其中北京 21 所、上海 8 所，分列前两位，除直辖市之外的省区中，江苏最多，共 11 所。综观这 36 个城市，对其 GDP 排名进行了升序排列，中位数为 26，说明这 36 个城市整体来看，属于经济发展相对较好的城市，且这 36 个城市中，GDP 排名前 30 的城市有 20 个，共拥有 100 强大学中的 81 所，CDP 排名前 20 的城市有 15 个，拥有100强大学中的68所，GDP排名前10的城市有9个，占据了100强大学中的43所，比例超过40%。另外，“985工程”的39所大学分布在全国21座城市，其中GDP排名前30的城市有17个（见表3－4）。

表3－4　中国“985”工程大学名单

城　市	GDP排名	拥有985大学数量（所）	大学名称
上　海	1	4	复旦大学、上海交通大学、同济大学、华东师范大学
北　京	2	8	清华大学、北京大学、中国人民大学、北京理工大学、北京航空航天大学、北京师范大学、中国农业大学、中央民族大学
广　州	3	2	中山大学、华南理工大学
天　津	6	2	天津大学、南开大学
重　庆	7	1	重庆大学
杭　州	8	1	浙江大学
青　岛	10	1	中国海洋大学
成　都	12	2	电子科技大学、四川大学
武　汉	13	2	武汉大学、华中科技大学
大　连	14	1	大连理工大学
沈　阳	16	1	东北大学
南　京	17	2	南京大学、东南大学
长　沙	18	3	湖南大学、中南大学、国防科学技术大学
济　南	23	1	山东大学
哈尔滨	24	1	哈尔滨工业大学
长　春	28	1	吉林大学
西　安	29	2	西安交通大学、西北工业大学
合　肥	38	1	中国科学技术大学
厦　门	53	1	厦门大学
兰　州	101	1	兰州大学
咸　阳	102	1	西北农林科技大学

资料来源：根据公开资料整理。

由中国城市竞争力研究会发布的《中国城市竞争力年鉴2011》评选出

了2010年中国的十佳宜学城市（见表3－5）。“宜学”从字面来讲，就是适宜求学，指的是一种良好的求学条件，宜学城市就是那些能够为人们提供良好教育环境和机会的城市，主要指的是本科及以上教育。表3－5中除了香港和台北，其他几个城市全部是GDP排名前30的城市。这说明经济实力强的城市往往能够提供良好的师资队伍、硬件设施和学习氛围。

表3－5　2010中国十佳宜学城市排行榜

排名	城　　市	分　　数
1	北　　京	95.52
2	香　　港	90.65
3	台　　北	89.19
4	上　　海	87.82
5	西　　安	86.57
6	武　　汉	84.39
7	南　　京	82.93
8	杭　　州	80.76
9	广　　州	79.57
10	天　　津	77.99

资料来源：参见桂强芳《中国城市竞争力年鉴2011》，海天出版社，2011，第49页。

虽然，名牌大学的数目并不能完全反映一个城市的教育水平，但是也在很大程度上，说明了整个城市的教育环境，而且良好的教育环境和学习氛围也是以经济为支撑的。

综上所述，城市经济不断为体育竞赛产业提供资本和劳动，进而决定了城市生产体育赛事产品的规模和水平。因此，体育赛事产品的生产不能违背经济规律。

有人说，体育是富人的游戏，时至今日，随着人民生活水平的不断提高，体育也不再是富人的专利。但是对城市而言，这句话仍旧具有时代意义，城市经济是体育赛事发展的基础，那些体育竞赛产业发展好的城市无一不是城市圈中的“富人”。在城市化进程不断加快的时代，中国的城市，特别是二三线城市不能为了短期效益而一味盲目地举办赛事，必须认清城市内外部的供求变化，根据实际情况，量力而为。只有这样，体育赛事对城市发展的价值才能最大化地实现。

第二节　体育赛事推动城市经济发展

体育赛事作为人类社会发展的产物，与经济社会有着密切的关系。体育赛事在满足人类自身生存发展的需要、吸收大量城市经济投入的同时，也在影响着城市经济的发展。随着1984年美国洛杉矶奥运会开创了体育赛事盈利记录以来，越来越多的人将目光集中到体育赛事对城市经济发展的影响上来。

考察城市经济长期发展问题常常涉及两个既紧密相关又有区别的概念，即经济增长与经济发展。在宏观经济理论中，“经济增长通常被定义为产量的增加，这里，产量既可以表示经济的总产量，也可以表示人均产量。经济增长的程度则通常用增长率来描述”。① 如果说经济增长是一个量的概念，那么，经济发展不仅是一个量的概念，还是一个质的概念。“从广泛的意义上说，经济发展不仅包括经济增长，而且还包括国民的生活质量以及整个社会经济结构和制度结构的总体进步”。② 钱纳里对经济发展的定义是“经济发展可被视为持续经济增长所必需的经济结构的一系列互相关联的变化”。③总之，经济发展是反映一个经济社会总体发展水平的综合性概念。从经济增长与经济发展的关系来看，经济发展包括了经济增长，经济增长是经济发展的前提、基础和核心，没有一定的经济增长，就不会有经济发展。因此，在考察一个城市经济的发展状况时，对城市经济增长的考察就是必要的。

本研究考察城市经济增长的主要理论工具是总供给－总需求模型。第29届奥运会OGGI项目首席科学家方福前教授（2004）曾指出，从时效上分析，奥运会对经济的影响在短期主要是影响总需求，包括来自国内外企

---

① 高鸿业：《西方经济学》（宏观部分）（第四版），中国人民大学出版社，2007，第686页。

② 高鸿业：《西方经济学》（宏观部分）（第四版），第687页。

③ 刘翔峰：《论经济增长与增长的社会代价——以泰国为案例分析》，中国社会科学院研究生院博士学位论文，2002。

业的投资需求（支出）、居民和团体的消费需求、政府投资和净出口的增加；在长期主要是影响生产技术、劳动力的素质、基础设施和经济体制，从而影响总供给或生产能力。[①] 这一论述可以做一般性地延伸。也就是说，体育赛事对城市经济的短期影响主要体现在对总需求的影响，长期内，体育赛事对经济的影响应主要涉及总供给方面。

一　体育赛事对城市总需求的影响

经济社会总需求的主要组成部分包括消费需求、投资需求以及境外需求，即居民消费和政府支出、投资、净出口。体育赛事对城市总需求的影响涉及这三个方面。

（一）体育赛事对消费的影响

消费包括居民消费和政府消费。居民消费是常住住户在一定时期内对货物和服务的全部最终消费支出，政府消费是政府部门为全社会提供的公共服务的消费支出和免费或以较低的价格向居民住户提供的货物和服务的净支出。城市居民的消费是分散进行的，符合一定的经济规律。政府作为消费者，是各级政府部门、社会团体及其他公共事业部门作为一个整体进行的，在这种消费行为进行的过程中，占主导地位的不是经济规律而是政府的意志。因此，本文中主要讨论城市居民消费。

凯恩斯（Keynes，1936）在《就业、利息和货币通论》中研究有效需求时提出总消费是总收入的函数，这一思想用线性函数形式表示为

$$C_t = a + bY_t$$

其中 C_t表示 t 时期的总消费，Y_t表示 t 时期的总收入，b 即边际消费倾向，衡量的是每增加一单位收入，消费增加的比重。在价格水平确定的情况下，影响居民消费的因素主要是收入和边际消费倾向：随着居民收入的增加，居民的消费支出也将增加；居民边际消费倾向提高，居民消费同样会增加。

体育赛事通过影响居民收入和边际消费倾向影响居民消费，具体表现

① 方福前：《论研究奥运经济影响的思路与方法》，《北京社会科学》2004 年第 2 期。

在：首先，体育赛事组委会的部分支出直接用于主办城市市内外商品和服务的消费；其次，为筹办体育赛事投入的资金的乘数效应；再次，体育消费和引致需求也会增加本地居民的消费倾向，扩大消费；最后，大型体育赛事的承办有利于增强消费者信心，增加居民消费倾向。

1. 赛事组委会的支出直接用于消费市内外的商品和服务

体育赛事在筹办过程中会产生巨额支出，支出中很大一部分直接用于消费主办城市市内外的商品和服务，如需要购买必要的体育、媒体、通信等设施和安保服务等，这些对商品和服务的消费具有一定的刚性，直接作用于总需求曲线，使总需求曲线右移。

奥运会作为世界上影响力最大的体育赛事之一，举办奥运会对主办城市的消费的作用非常明显。

1984～2000 年 5 届奥运会的支出分别是 6.19 亿澳元、11.24 亿澳元、17.03 亿澳元、13.20 亿澳元、16.19 亿澳元，各届奥组委支出金额巨大，且整体呈上升趋势（见表 3－6）。2004 年雅典奥运会奥组委的支出高达近 20 亿欧元（见表 3－7），用于奥运筹办期间产品和服务的消费，而 2004 年希腊全国 GDP 为 1853 亿欧元，雅典奥组委的支出占到全国 GDP 的 1.06%。2008 年奥运会北京奥组委的支出共计 193.43 亿元（见表 3－8），2001～2008 年间北京市最终消费总和为 28538.0 亿元，整个奥运周期北京奥组委的支出占北京市最终消费的 0.68%；在最终消费中，居民消费总和为 17642.1 亿元，北京奥组委的支出则占其 1.1%。可见各届奥组委支出对主办城市消费需求有着较为显著的刺激作用。

表 3－6　夏季奥运会实际/预测支出

单位：百万澳元

项目	洛杉矶（1984 年）	汉城（1988 年）	巴塞罗那（1992 年）	亚特兰大（1996 年）	悉尼（2000 年）（申办数据）
奥运会运营					
场馆运营	46	52	124	23	52
奥运村运营	60	61	—	42	70
文化奥运项目	13	64	47	19	40
仪式	13	—	32	33	20
标识和装饰	—	—	18	—	15

续表

项　目	洛杉矶（1984年）	汉城（1988年）	巴塞罗那（1992年）	亚特兰大（1996年）	悉尼（2000年）（申办数据）
交通	17	9	17	16	25
航空补贴	—	—	—	—	30
保安	55	99	38	75	65
医疗	—	5	18	10	10
保险	—	—	—	27	20
公共关系和营销	—	132	38	76	35
外交礼仪	—	11	20	17	25
技术	28	62	140	50	20
人力资源	155	21	197	33	190
残奥会团队费用	—	—	—	—	65
其他/经营准备金	86	138	196	193	25
小计	473	654	885	614	707
场馆(包括基础设施)	138	470	430	478	692
奥运村	8	0	248	79	60
媒体（包括电信）	0	技术/设备	149	140	110
准备金	—	—	—	—	50
合　计	619	1124	1703	1320	1619

注：所有的数据均按照1990年9月的澳大利亚元价值计算（1澳元=1.27美元）。

资料来源：Sydney Olympic Games Review Commttee，1999，pls，转引自付磊《奥运会影响研究：经济和旅游》，中国社会科学院研究生院博士学位论文，2007。

表3－7　2004年雅典奥运会支出情况

单位：百万欧元，%

支出项目	金额	占比
技术（信息技术、通讯和能源）	338.8	17.22
运动会运行（交通、食品服务、证件检验、浪费、管理、场馆运行等）	309.6	15.73
运动会支持（志愿者、培训、食宿、比赛等）	298.0	15.14
奥运会和残奥会装修花费	190.2	9.67
奥运会电视转播信号的制作与和传输	171.7	8.73
火炬接力、开闭幕式和文化活动	133.4	6.78

续表

支出项目	金额	占比
管理服务	101.4	5.15
残奥会（举办花费）	99.4	5.05
财务服务和后勤	93.5	4.75
市场计划和推广支持（门票、赞助、经销产品、网络）	92.4	4.70
形象和推广	69.8	3.55
IOC 和 HOC（希腊奥委会）权益	69.6	3.54
合　计	1967.8	100

资料来源：Official Report of the XXVIII Olympiad，转引自董杰、刘新立《近50年夏季奥运会财务状况总体趋势研究》，《武汉体育学院学报》2008年第3期，第49页。

表3-8　北京奥运会支出情况

单位：亿元，%

支出项目	金额	占比
场馆改造补贴以及赛时使用的帐篷、活动板房、围栏、隔断、管线等临时设施投入和租赁支出	39.62	20.48
赛时计时计分系统、通信等技术支出	32.98	17.05
体育器材购置、租赁支出，举办“好运北京”测试赛的支出以及赛时对各场馆的能源消耗、运行保障等补助支出	19.65	10.16
赛时电视转播、住宿、交通、医疗、餐饮等服务支出	50.92	26.32
开闭幕式的创意、组织、实施，火炬的境内外传递、奥运宣传和主题活动支出	12.72	6.58
用于支付工作人员工资，用于工作人员和志愿者的招募、培训、激励、制服等人力资源支出	14.24	7.36
北京奥组委行政办公、法律咨询，以及涵盖运动员、技术官员、工作人员和志愿者的人身保险和财产保险，收费卡等运行支出	18.46	9.54
对残奥会的补助支出	4.84	2.50
合　计	193.43	100

资料来源：根据《北京奥运会财务收支和奥运场馆建设项目跟踪审计结果》整理。

2010年第16届亚运会在广州举办，广州市政府及亚运会组委会投入了巨额资金。根据 2011 年 11 月 25 日发布的《2010 年广州亚运会和亚残运会财务收支及场馆建设项目审计结果公告》，截至 2011 年 4 月 30 日，广州亚运会组委会支出共计 58.27 亿元，分别用于广州亚运会开闭幕式、火炬传递、媒体服务、竞赛组织、团队运行、日常运作经费、赛时安全保障、赛会志愿者等；亚残运会组委会支出共计 6.35 亿元，分别用于广州亚残运会开闭幕式、火炬传递、特种体育器材等（对于广州亚运会无法分割的媒体服务、团队运行、日常运作经费、赛时安全保障等支出，主办方统一在亚组委财务收支核算）。[①] 广州亚组委和亚残运会组委会的支出共计 64.62 亿元，用于消费广州市内外的商品和服务，这个数值虽然远远小于奥组委的支出，但对广州市的最终消费也是一个有效刺激，相应地，2010 年广州市的地区生产总值突破了万亿元大关。

从 1972 ~ 2008 年历届奥组委和 2010 年广州亚组委的支出数据来看，在体育赛事筹办过程中，赛事组委会的巨额支出能对举办城市的最终消费造成比较明显的有利冲击。

2. 体育赛事投入资金的乘数效应

体育赛事的举办需要巨额的资金投入，包括赛事组委会的支出、政府的基础设施投资等。这些资金流入体育产业部门以及与体育直接或间接相关的各个产业部门，形成居民收入，居民实际收入增加。居民收入有两种用途，即消费和储蓄，其中居民边际消费倾向决定消费和储蓄的比例。郭永建和王津港选取 1992 ~ 2007 年中国 31 个省市的截面数据为样本，进行统计分析，结果显示 2001 ~ 2005 年城镇居民边际消费倾向为 0.593，2002 ~ 2006 年为 0.795，2003 ~ 2007 年为 0.703。[②] 而在欧美发达国家，这一数值约为 0.8，即城市居民的收入每增加 100 元，在中国将有 60 ~ 70 元用于消费，在欧美发达国家则有 80 元左右用于消费。

因体育赛事产生的资金投入流入城市经济系统，形成居民收入，根据居民边际消费倾向，在中国约 70% 的收入用于消费，再次流入国民经济系统，形成居民收入……如此循环往复，最终这些赛事组委会的资金投入带

---

① 《2010 年广州亚运会和亚残运会财务收支及场馆建设项目审计结果公告》，http：//www.gd.gov.cn/govpub/gsgg/201111/t20111125_ 152664.htm。

② 郭永建、王津港：《中国城乡居民边际消费倾向比较分析》，《统计与决策》2010 年第 3 期，第 109 页。

来的居民收入增加约为其投入的3.3倍，此即赛事组委会的支出的乘数效应。[①] 如北京奥组委支出193.43亿元，通过乘数效应，最终带来约638亿元的居民收入，而广州亚组委支出64.62亿元，最终带来约213亿元的居民收入。

3. **由于体育消费和引致需求的作用，体育赛事的举办使居民消费增加**

城市体育的发展伴随着体育消费市场的活跃，高水平体育赛事的举办和体育明星的参与更是大大促进了城市居民的体育消费。体育消费中很大一部分是购买比赛门票。《北京奥运会财务收支和奥运场馆建设项目跟踪审计结果》显示，2008年北京奥运会门票销售收入12.8亿元。据报道，NBA中国赛2004年北京站的比赛门票2004年9月11日晚8时开始售票，万余张个人门票在6小时40分钟内售罄。[②] 2010年第16届广州亚运会官网公布广州亚运会公开发售的开幕式门票共5000张，最高售价6800元，最低为1600元，广州亚运会票务中心共收到16000份开幕式门票预订单，实际成交比例约为1∶3，可见消费者对广州亚运会开幕式的需求总量非常可观。[③]

体育消费对居民消费的影响并不局限于体育消费支出本身，消费者在进行体育消费的同时，会产生一些与体育消费相关的其他消费需求。以观看体育比赛为例，观众到现场观看体育比赛，除了需要购买比赛门票，还

---

① 注：乘数效应（Multiplier Effect）是一种宏观的经济效应，是指经济活动中某一变量的增减所引起的经济总量变化的连锁反应程度。乘数效应以一个变量的变化以乘数加速度方式引起最终量的增加，计算方式为：假设收入增量和支出增量分别为Δy和Δc，边际消费倾向为β，则

$$\Delta y = \Delta c + \beta\Delta c + \beta^2\Delta c + \beta^3\Delta c + \cdots + \beta^{n-1}\Delta c = \Delta c\ (1 + \beta + \beta^2 + \beta^3 + \cdots + \beta^{n-1})$$

括号中各项代表一个无穷几何级数，由于边际消费倾向β小于1，因此该级数是收敛的，令

$$Z = 1 + \beta + \beta^2 + \beta^3 + \cdots + \beta^{n-1} \tag{1}$$

则

$$\beta z = \beta\ (1 + \beta + \beta^2 + \beta^3 + \cdots + \beta^{n-1}) \tag{2}$$

令（2）式减（1）式，得$z\ (1-\beta)\ = 1-\beta^n$，所以可得

由于$0<\beta<1$，所以当$n\to\infty$，$\beta^n\to 0$，故

$$Z = \frac{1}{1-\beta}$$

此处，边际消费倾向β为0.7，所以乘数

$$Z = \frac{1}{1-0.7} \approx 3.3$$

② http：//sports. sohu. com/20040912/n222003351. shtml.

③ 2010年第16届广州亚运会官网，http：//www. gz2010. cn/10/0818/17/6ECRCOSP0078000T. html。

会产生一系列的引致消费需求，包括交通、餐饮、住宿、保险、金融服务、邮电通信等。这些因观看体育比赛而产生的非体育消费的消费需求类似于经济学中的引致需求，会进一步刺激消费。

4. 消费者信心指数攀升，提高消费者边际消费倾向

根据凯恩斯的消费函数，在价格水平确定的情况下，影响居民消费的因素主要是收入和边际消费倾向。边际消费倾向在很大程度上取决于居民对未来的预期，也就是消费者信心指数。消费者信心指数是反映消费者信心强弱的指标，该指数综合反映并量化消费者对当前经济形势评价和对经济前景、收入水平、收入预期以及消费心理状态的主观感受，是预测经济走势和消费趋向的一个先行指标，是监测经济周期变化不可缺少的依据。消费者信心指数由消费者满意指数和消费者预期指数构成。其中消费者满意指数反映了消费者对当前经济生活的评价；消费者预期指数反映了消费者对未来一段时期经济前景发展变化的期望。

城市居民对体育比赛的现场观看也是居民消费中的一项，反映着消费者的预期。一个城市体育的发展，如职业体育的繁荣或大型体育赛事的承办往往向广大城市居民传递一种积极信号，包括政府良好的执政能力、体育赛事和城市的高曝光率、城市基础设施的完善、新技术及市外资金的引入等都将通过体育事件一一展现在城市居民眼前。城市居民对城市经济的运行信心增强，消费者信心指数由此攀升。消费者信心指数的攀升表明消费者对当前经济运行状况满意，且对经济运行前景看好。消费者这种心理预期会使边际消费倾向提高，消费支出增加。

2001 年 7 月，北京申奥成功。2001 年 8 月，国家统计局发布的《中国消费者信心监测报告》显示，7 月份，由于受申奥成功的牵引，消费者信心指数在 6 月份的基础上劲升 0.7 点，达 98.1 点。国家统计局专家分析认为，消费者信心指数的上升，首先应归功于奥运因素的牵引。高达 96% 的受访者认为，申奥成功将提升经济增长速度、增加就业、提升居民收入。北京地区的受访者对奥运因素的认知更深刻，高达 90% 的受访者认为，借助奥运的牵引，北京的经济发展、城市建设、人们生活的水平会有很大的提升；同时，高达 67% 的受访者预期，奥运因素将给自己的经济生活以正面积极的影响。①

---

① http：//www.people.com.cn/GB/paper39/4075/479824.html.

体育赛事通过上述四种途径影响城市居民的收入和边际消费倾向，进而影响城市居民消费，该影响最终反映在城市的最终消费和居民消费的统计数据上。本研究重点分析北京市、济南市、广州市消费数据（见图 3 – 21、3 – 22、3 – 23），探析奥运会、全运会、亚运会对主办城市消费的影响。

纵观北京市 1979 ~ 2010 年的最终消费和居民消费增长情况（见图 3 – 21），1997 年东南亚金融危机爆发，1998 ~ 2001 年，北京市的消费增长放缓，居民消费增长率一直维持在 10% 以下。2001 年 7 月北京申奥成功以后，在 2002 年，北京市最终消费和居民消费增长率双双攀升，均超过 20% 。此后直至 2008 年，整个奥运会筹办期间北京市的最终消费和居民消费的增长率一直保持稳定的高增长，居民消费增长率维持在 12% 以上，最终消费总额的增长率甚至一直维持在 15% 左右。

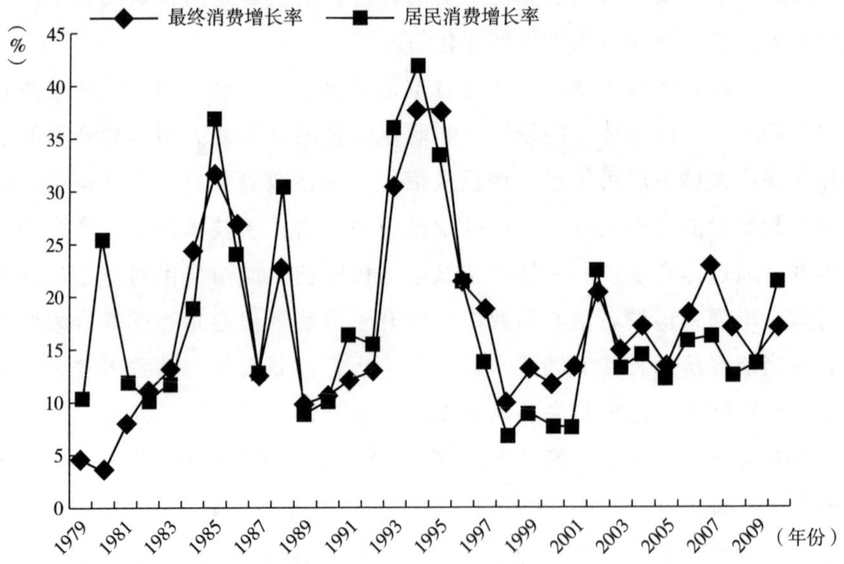

图 3 – 21　北京市消费增长率

资料来源：根据北京市统计局网站公布的统计年鉴整理。

在 1980 年、1985 年、1993 ~ 1995 年也曾出现过最终消费和居民消费大幅增长的情况，高出 2001 年许多，究其原因，1980 年，中国开始实施改革开放的方针政策、商品经济有所发展，北京市居民消费增长 25.7%；1984 年中共十二届三中全会通过《中共中央关于经济体制改革的决定》，鼓励发展商品经济，故 1985 年，北京市最终消费增长 31.7%，居民消费增长 36.9%；1992 年邓小平就加快中国改革步伐发表重要讲话，此后中共十四大召开，提出中国经济体制改革的目标是建立社会主义市场经济体制，中国经济体制改革逐步深化，在这样的大经济环境下，1993～1995 年北京市的消费增长率达到最高峰。

2003 年中国爆发“非典”疫情，北京是疫情重灾区，这样的情况对北京市的居民消费产生消极影响，但 2003 年北京市的消费增长率仍能维持 13%以上，这是因为奥运会抵消了一部分“非典”对城市消费的消极影响。2007 年美国次贷危机爆发并迅速蔓延到全球，各国出现不同程度的经济衰退，中国也受到波及，因此 2008、2009 年北京最终消费和居民消费增长放缓。此前的 1980～1982 年、1987 年、1997 年经济危机期间，北京市最终消费和居民消费的增长率也因此大幅下跌。比较而言，2007～2009 年全球金融危机期间，北京市的最终消费和居民消费的增长率虽稍有放缓，但没有跌到此前其他经济危机爆发时的最低点，且经历短暂的放缓之后，2009 年增长率再次上扬，这与后奥运经济效应有关。2008 年奥运会帮助北京市平稳度过了 2007～2009 年的金融危机。

可见，2008 年举办奥运会有效刺激了北京市的最终消费，在遭遇经济危机时，亦能帮助北京市应对经济衰退，使北京市的消费尽快恢复增长。

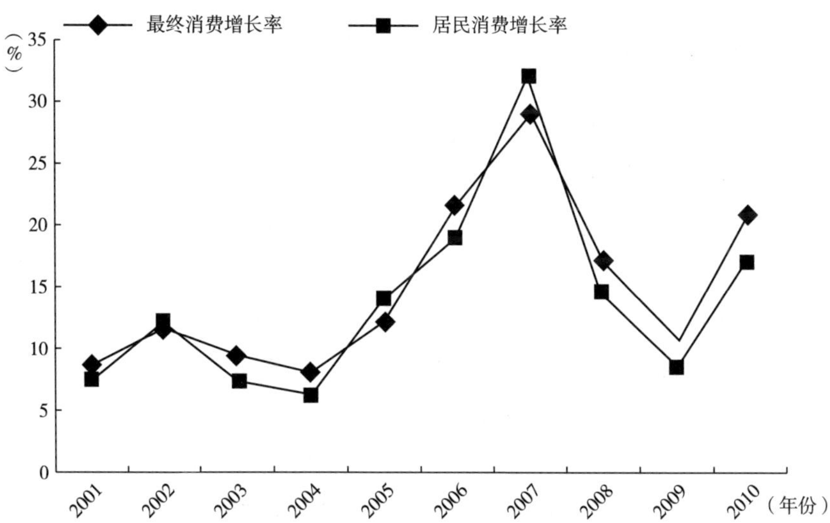

图 3－22　济南市消费增长率

资料来源：根据济南市统计局网站公布的统计年鉴整理。

图 3-22 表示 2001~2010 年济南市的消费增长率。2005 年，济南成功申办第十一届全运会，成为 2009 年十一届全运会的主赛场，2005~2007 年济南市的最终消费和居民消费的增长率持续攀升，在 2007 年达到峰值，分别为 29.1% 和 32.0%。与北京市类似，因为全球金融危机，济南市消费增长率在 2008~2009 年也出现下跌情况，但其最终消费增长率和居民消费增长率仍高于观测期间的最低点（2004 年），并在 2010 年止跌回升。可见 2009 年全运会不仅有效刺激了济南市消费，还在济南市抵抗经济危机过程中发挥了积极作用。

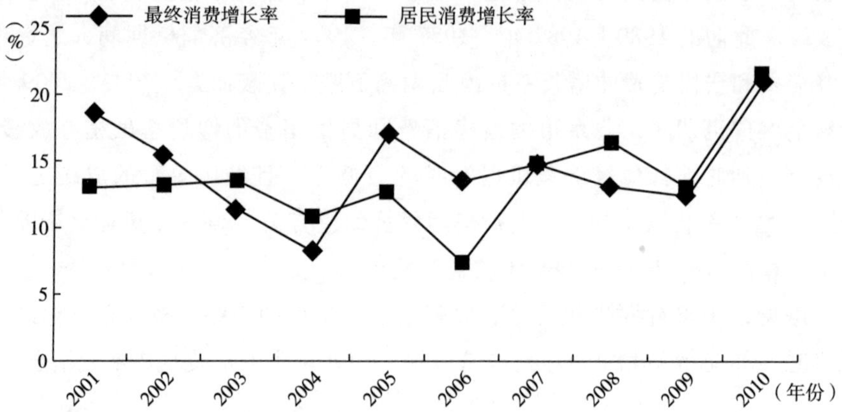

图 3-23　广州市消费增长率

资料来源：根据广州市统计局网站公布的统计年鉴整理。

2001~2010 年广州市消费增长情况如图 3-23 所示，在 2010 年亚运会之前，广州市的消费增长率未出现明显波动。考虑到广东省是受全球金融危机影响最大的省份之一，2007~2009 年广州市消费增长率并没有出现明显的下行趋势，且在 2010 年亚运会举办当年，广州市最终消费和居民消费增长率达到观测期间最大值，分别为 20.9% 和 21.7%。这意味着亚运会对广州市消费的拉动帮助广州市平稳度过了全球经济危机，这种拉动作用在 2010 年亚运会举办当年达到最大。

综合三个城市的情况研究发现，体育赛事对主办城市消费有较为明显的拉动作用，在城市对抗经济危机过程中发挥着积极作用。知名度较高的体育赛事如奥运会对消费的影响从申办成功一直持续到赛事结束后。经济运行平稳情况下，体育赛事对消费的拉动作用在赛事举办当年最大。

（二）体育赛事对城市投资的影响

体育赛事对城市投资最直接的影响主要表现为新建、改建、扩建体育场馆，与场馆配套的基础设施建设以及环境保护投资。

要举办体育赛事，城市的场馆、交通、通信、环境等基础设施都需要满足一定的条件，达到特定的标准。以奥运申办为例，根据国际奥委会执委会 1992 年向各申办城市颁布的《申办冬季奥运会和夏季奥运会的报告调查表》，一个城市申请主办奥运会，必须从以下 10 个方面创造条件：①社会政治稳定；②体育设施齐备；③有安全保障；④交通便利和通信设施先进；⑤文化艺术发达；⑥城市的开放与现代化；⑦有经济保证；⑧城市美化和环境保护良好；⑨具有举办大型国际比赛的经验；⑩具有对体育赞助的潜在能力。[①] 这 10 个标准对城市的场馆、基础设施和环境等方面提出了要求。其中，体育设施齐备是申办的一个关键条件。申办城市的体育设施，尤其是将来举办奥运会使用的竞赛场馆，要相对集中，而且所处的地理位置、地质条件、气象气温等都与国际奥委会的要求相符。具体来讲，就是要建一个最现代化的奥林匹克体育中心。这个中心必须建有包括一座现代化的至少能容纳 10 万名观众的奥林匹克主运动场，以及与之配套的风格各异的其他比赛场馆、训练场馆和辅助运动场地。其中某些场馆应该达到主体结构现代化、设备器材先进、体育设施一流等各项要求。这样的体育设施条件对许多城市尤其是没有国际大赛举办经验的城市来说，是不完善甚至不具备的，这就需要申办城市投入大笔的资金去完善城市的体育设施，以满足申办条件，保障赛事顺利举行。交通通信、城市环境等方面亦如此。

城市在筹办体育赛事时进行大规模的基础设施投资，满足申办条件、履行举办城市合同、保障赛事顺利进行是其最直接的动机，但并不是唯一动机。近年来出现一个明显的趋势，就是城市借体育赛事之机，进行大规模的基础设施和改造环境等的投资，这种现象被称作“催化剂综合效应”或“催化剂综合征”。所谓“催化剂综合征”是指主办城市通常把举办奥

---

① 周学兰、赵军：《申办奥运会的基本条件极其运作探究》，《武汉体育学院学报》1999 年第 1 期。

运会的机会作为他们发展、恢复发展或是建设并不是奥运会所必需的城市基础公路的催化剂。[①] 城市选择体育赛事尤其是大型体育赛事不仅仅是为了发展城市体育，还可能是为了达到一定的政治、经济或其他目的。这种“催化剂综合征”现象将会导致一种结果，即城市对体育场馆、交通、通信、环境保护等方面的投资很可能会远远超出举办赛事所必需的。

奥运和后奥运环保时代高层研讨会上，北京奥组委环境工程部副部长余小萱称：“自 2001 年 7 月 13 日申奥成功以来，北京市已投资 1400 多亿元，从消减污染物排放总量，调整工业经济结构布局入手，努力实现举办一届‘绿色奥运会’承诺。截至 2008 年 7 月，北京市生活垃圾无害化处理率和工业固体废物处置利用率均达到 96.5%，危险废物无害化处理率达到 76.6%。”[②] 当然，我们并没有看到这 1400 多亿元的具体花费情况。这里有一个问题是需要我们读者去解读的，那就是假如北京市不投入这 1400 多亿元消污减排，北京现在的天气环境会是如何?! 这里所要谈的就是一个城市应该思考如何把赛事为城市带来的优势持续下去!

2002 年起，环青海湖国际公路自行车赛每年 7 ~ 8 月在青海省举行，目前为止已成功举办了 10 届。青海省经济状况与东部经济发达地区相比，相对落后，基础设施水平也相对落后，因为举办该项赛事，青海省各个城镇的基础设施得到改善。2003 年，青海省政府计划加大公路建设力度，完成环青海湖自行车赛新增路段的改扩建，全年公路建设投资不低于 50 亿元。[③] 2004 ~ 2006 年，青海省在青海湖 151 景区和鸟岛景区分别兴建一家三星级宾馆。[④] 体育设施方面，南门外体育场的群众活动场地由 12 亩增加到 52 亩，成为青海省最大的全民健身活动中心。[⑤] 2004 年，政府投资 300 万元，为全省农牧区所有的乡镇和 495 个行政村赠送了篮球架等体育器材。

2011 年，兰州国际马拉松成功举办，为筹办此项赛事，赛道建设方面，兰州市投资 3 亿元，历时 43 天，完成南北滨河路改造项目，共完成东

---

① A. J. 维尔、澳·K. 吐：《真实的奥运会》，清华大学出版社，2004。

② http：//www. ce. cn/cysc/hb/gdxw/200807/22/t20080722_ 16236708. shtml.

③ http：//www. qhnews. com/qhgov/system/2003/02/27/006070087. shtml.

④ http：//www. china. com. cn/chinese/SPORT - c/547076. htm.

⑤ http：//www. qhnews. com/qhgov/system/2003/02/27/006070087. shtml.

方红广场、东岗西路、天水中路、北滨河路、银滩大桥、南滨河路、平凉路等城市重点道路改造 42 千米。[①] 南北滨河路改造项目能在如此短的时间内完成，得益于兰州市政府和兰州市民对兰州国际马拉松的大力支持。

由于体育赛事的筹办和催化剂综合征的存在，城市的投资需求，尤其是基础设施和环境保护方面的投资需求出现大幅增长。表 3－9、3－10、3－11反映了 1972～2000 年各界奥运会建设项目投资概况。这 7 届奥运会，除了 1984 年洛杉矶奥运会，体育场馆和基础设施投资都超过 10 亿美元，1992 年巴塞罗那奥运会的投资额最大，高达 91 亿美元。主办城市的经济发展水平影响着体育场馆和基础设施投资的金额大小。在美国，经济发达、体育产业发展良好、体育场馆和基础设施完善的城市，如洛杉矶，体育场馆和基础设施的投资就较少。汉城、巴塞罗那申办奥运会时体育场馆设施不完备，因此这两届奥运会体育场馆和基础设施投资较其他各届奥运会更多。

表 3－9　悉尼奥运会建设项目投资（公共资金建设项目）

单位：百万澳元（1996～1997）

项　目	开始年份	完成年份	投资金额
体育场相关建设	1996	2002	151.6
奥运村：场址、基础设施	1996	2000	93.1
赛艇设施	1988	1998	12.8
铁路线	1992	1999	89.6
其他基础设施	1992	2001	115.0
体育场发展	1994	1997	4.0
奥运村发展	1994	1997	8.8
其他设备	1994	2001	360.8
场址修缮	1992	2001	18.3
服务基础设施	1992	2001	99.1
交通基础设施	1992	2001	267.0
合　计			1220.2

资料来源：根据 NSW 财政局，1997 整理。

① http：//news. ifeng. com/gundong/detail_ 2011_ 05/11/6319592_ 0. shtml.

表 3－10　悉尼奥运会建设项目投资（私人投资项目）

单位：百万澳元（1996～1997）

项　　目	开始时间	完成时间	投资金额
奥林匹克体育场	1996	1999	454.1
运动员村	1997	2000	407.0
国际项目部分	1997	2000	52.0
媒体和技术人员村	1997	2000	278.0
多功能室内竞技场	1996	1999	57.8
合　计			1248.9

资料来源：根据 NSW 财政局，1997 整理。

表 3－11　1972 年以来历届奥运会体育场馆及基础设施投资情况

单位：百万美元（1995 年美元价格）

投资项目	1972 年慕尼黑	1976 年蒙特利尔	1984 年洛杉矶	1988 年汉城	1992 年巴塞罗那	1996 年亚特兰大	2000 年悉尼
奥运村	74.4	174.2	7	—	2063.2	189.8～245.9	485
体育场馆	741.5	2022.6	242.3	1158.1	970	496.8	475
国际广播中心	23.5	—	148.9		—	—	32.1
交通运输	283.6	—	—	1974.6	3374.8	—	165
住宿设施	—	—	—	—	1163	—	61.1
其他投资	339	649.6	84.5	—	1574.4	201.9	305
投资合计	1462.4	2846.3	483.7	3132.6	9105.3	1182.5	1523.82
本表包括的主要投资主体	政府组委会	政府组委会	私人机构组委会	政府私人机构组委会	政府私人机构组委会	政府组委会	政府私人机构组委会

资料来源：参见林显鹏《奥运对主办城市影响力的数字阅读》，《北京规划建设》2004 年第 3 期，第 149～151 页。

本研究重点关注北京市、济南市和广州市的投资增长情况（见图 3－24、3－25、3－26），探析奥运会、全运会、亚运会对主办城市投资的影响。

图 3－24 显示的是 1979～2010 年北京市投资增长情况。1979～2010 年北京市投资增长并未因 2008 年奥运会出现明显波动，1998～2010 年其增长率仅在 2002 年出现了一个较高的值，这个数值大大小于 1985 年、

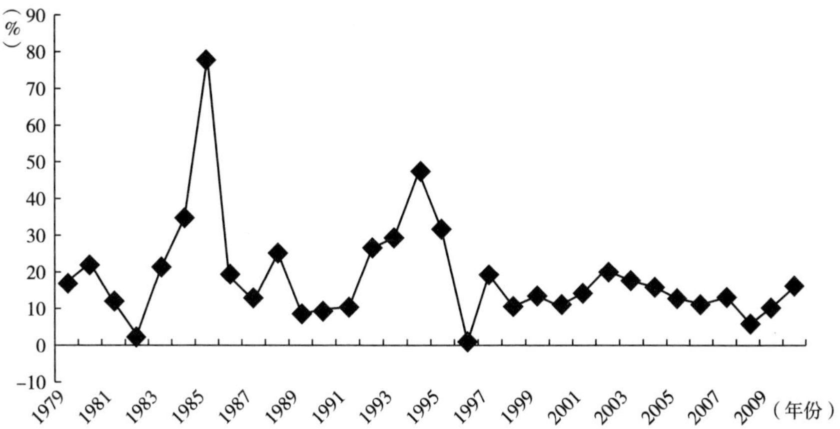

图 3－24　北京市投资增长率

资料来源：根据北京市统计局网站公布的统计年鉴整理。

1994 年的峰值。北京市作为中国的首都，其经济发展和基础设施水平在中国都较为先进，且筹办奥运会期间，北京奥运会组委会有意控制成本，包括修改鸟巢方案、与高校合作减少新建场馆的支出，所以奥运会并没有导致北京市投资的大幅增加。

2007～2009 年全球金融危机波及中国，但北京市投资增长率仅在 2008 年出现小幅下跌，对比 1982 年、1997 年经济危机时期投资增长率大幅下跌，几乎下跌至 0% 左右，2007～2009 年金融危机期间北京市投资增长较为平稳，这是因为北京为举办奥运会，投入 1800 亿元进行城市基础建设，这些投资有一定的刚性，并不会因金融危机而削减。这些投资帮助北京市平稳度过金融危机。

图 3－25 表示的是 2001～2010 年济南市投资增长情况。2009 年第十一届全运会在山东济南举办，为了承办全运会，济南市专门编制了《2007 年至 2009 年城市建设及环境整治计划》，共安排项目 926 项，总投资约 1475 亿元。而在 1997～2002 年，济南市的城市建设投资为 600 亿元。① 所以，在 2008 年，济南市投资增长率明显高于 2005～2009 年间的其他年份的投资增长率。2004～2005 年也出现过投资增长的高峰，这是因为“十五”期间是济南市“投资规模最大、城市变化最为显著的时期。全市累计

① 济南政府网，http://www.jinan.gov.cn/art/2009/3/20/art_594_17866/.html。

完成城建投资850亿元，是‘九五’的2.2倍，城市基础设施建设实现新的飞跃”。①

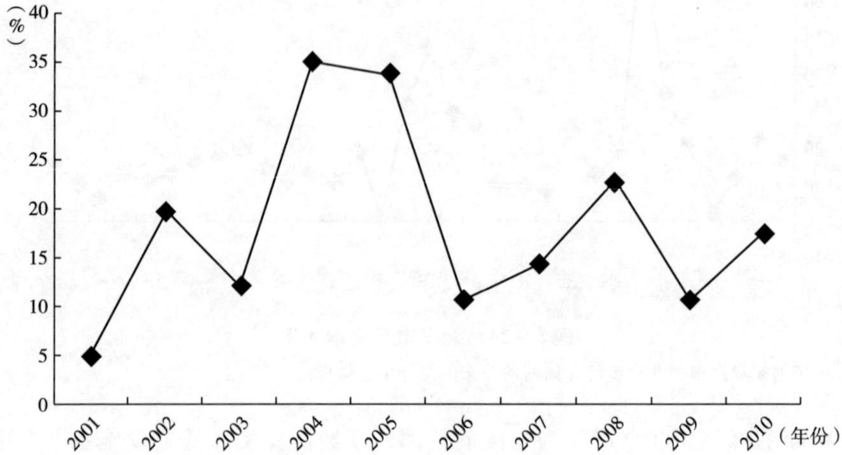

图3－25　济南市投资增长率

资料来源：根据济南市统计局网站公布的统计年鉴整理。

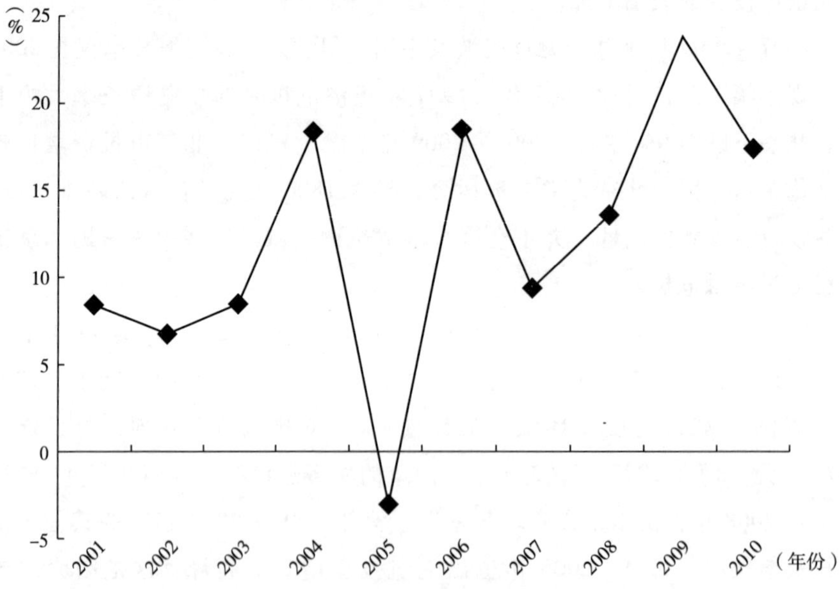

图3－26　广州市投资增长率

资料来源：根据广州市统计局网站公布的统计年鉴整理。

① http：//www.jnuca.gov.cn/study_ content.php? id＝24.

图 3－26 给出了 2001～2010 年广州市投资增长情况。2004 年广州市因为大力投入基础设施建设，且包括本田（中国）出口基地等在内的重大生产力骨干项目稳步推进，当年投入资本总额增长率比往年高出许多。为筹办第 16 届亚运会，广州 2005～2010 年投入重点基础设施建设资金 1090 亿元，在总计 1090 亿元的投资中，547 亿元用于 5 条新开通地铁线的投入、185 亿元用于道路桥梁建设、190 亿元用于环境综合整治、治水费用 168 亿元。[①] 因此，2006 年起，广州市投资额增长迅速，其增长率在亚运会前一年，即 2009 年达到最高峰 23.6%。因为举办 2010 年亚运会，广州市的投资增长明显，且投资增长效应主要出现在赛事前期。2007～2009 年世界金融危机爆发，广州市受危机影响严重，但这期间广州市的投资增长率并未出现下跌情况，反而在 2009 年增长最快，可见因广州亚运会产生的投资几乎完全抵消了金融危机对广州市投资的消极影响，亚运会对广州市投资需求的刺激显著。

城市在筹办体育赛事时，为满足申办条件、让赛事顺利进行，借举办体育赛事之机完善城市基础设施，因此，对基础设施和体育场馆不完善的城市来说，举办体育赛事能大大改善城市的设施环境、促进城市投资。因为筹办赛事产生的投资需求是刚性的，在遭遇经济危机时，主办城市的投资增长率也不会出现明显下滑趋势。

（三）体育赛事对净出口的影响

城市的净出口主要包括该城市产品、服务的输出和市外资金的流入，体育赛事对主办城市净出口的两方面都会产生影响。

1. 产品和服务的输出

城市举办体育赛事会吸引大量的体育迷和非体育迷到当地观看比赛或观光旅游。与比赛直接相关的游客包括参赛者（运动员、教练、代表队官员）、观众、赞助商以及媒体。此外，城市宣传的深入、铺天盖地的媒体报道以及主办城市国际美誉度的提升都将进一步吸引游客的到来。虽然增加的游客数量会在体育赛事举办的当年达到顶峰，但体育赛事在比赛前后的几年内，也会为主办城市带来络绎不绝的游客。

---

① http：//sports. sina. com. cn/o/2010－12－31/09095388536. shtml.

大量游客滞留期间在当地消费各种产品和服务，包括交通、住宿、餐饮、娱乐、体育赛事纪念品等。游客的增加会给主办城市的经济创造更大的需求，游客的餐饮、住宿、交通以及比赛门票都会带来源源不断的收益。此外，由于这些收益在主办经济体内被再次消费，因此会产生额外的次生效应。这种“乘数效应”包括其他与比赛有关的本地企业的招聘与采购，以及受益企业的员工日常开支的增加。

本研究分析了1984～2000年奥运会和F1一级方程式赛车各赛站的境外游客相关情况，以此探析体育赛事给主办城市带来的产品和服务的输出。

表3－12　1984～2000年历届奥运会境外游客数量

单位：人

奥运会	境外游客人数
1984年洛杉矶	638320
1988年汉城	279332
1992年巴塞罗那	455092
1996年亚特兰大	1092161
2000年悉尼	1600000

资料来源：根据林显鹏《现代奥运会对主办城市经济发展的影响及其规律研究》，《上海体育学院学报》2006年第3期第4页整理。

从表3－12中各届奥运会吸引的境外游客人数来看，每届奥运会都会吸引数十万甚至上百万的境外游客，且这一数字整体呈上升趋势，在2000年悉尼奥运会达到160万人的高峰。在这之后的2004年雅典奥运会，由于曝光率的提高，雅典“1998年至2011年的国际游客大量增加，因为奥运会增加的游人将达到每年44万人，或者说从1998年到2011年有600万人。这种需求在2004年8月达到高峰，大约有190万人会在17天里停留”。[①]

在这些因奥运会到访的境外游客中，他们到访的目的不同，滞留时间也不同，因此对奥运主办城市的产品和服务输出的影响也不尽相同。举例来看，1996年亚特兰大奥运会佐治亚州州外参访者共计109.2161万人次，

① 余守文：《体育赛事产业对城市竞争力的影响》，复旦大学博士学位论文，2007，第81页。

停留时间为 831.9529 万人天，平均每人滞留 7.6 天。其中奥运会会前和会后到访 27.3519 万人次，停留时间为 294.3498 万人天，平均每人滞留 10.8 天；奥运会会中到访 81.8642 万人次，停留时间为 537.6031 万人天，平均每人滞留 6.6 天。在奥运会会中，境外游客人数较多，约为会前和会后境外游客的 3 倍，但是会中境外游客滞留时间较短，总的停留时间仅是会前和会后的 1.8 倍。也就是说，奥运会会中吸引的境外游客数量更多，但滞留时间较短，而奥运会会前和会后到访的境外游客数量较少，但滞留时间更长。

这种特征会反映在境外游客的消费支出上。因 1996 年亚特兰大奥运会到访的境外游客共计 109.2161 万人次，总支出为 12.65363037 亿美元，人均支出 1159 美元。其中，奥运会会前和会后到访的境外游客共计 27.3519 万人次，共支出 3.61844685 亿美元，人均支出 1323 美元；奥运会会中到访的境外游客共计 81.8642 万人次，共支出 9.03518352 亿美元，人均支出 1104 美元（见表 3－13、3－14）。

表 3－13　1996 年奥运会佐治亚州州外参访者概况

类别	数量（人次）	停留时间（人天）
奥运会会前和会后	273519	2943498
转播商	6245	661680
文化奥运	50200	50200
营销	14180	113803
奥运大家庭	8965	44207
记者	7850	164250
购物	2288	6864
保安	8075	153425
体育赛事	112012	610709
Savannah 参访者	51558	112930
训练	12146	1025430
奥运会会中	818642	5376031
赞助商	67894	407364
转播商	20543	326642
国际观众	65000	650000

续表

类　别	数量（人次）	停留时间（人天）
国内观众	603205	3016025
奥运大家庭	35500	639000
运动员/官员	16500	297000
帆船比赛观众	10000	40000
总　计	1092161	8319529

资料来源：IRE Advisor 和 The Selig Center for Economic Growth，Terry 商学院，佐治亚大学，转引自付磊《奥运会影响研究：经济和旅游》，中国社会科学院研究生院博士学位论文，2002。

表 3－14　1996 年奥运会州外游客支出

单位：美元

支出类别	总支出	间接经济影响
奥运会会前和会后	361844685	322618346
转播商	60753796	52072557
文化奥运	9971326	9270936
营销	28017994	26032813
奥运大家庭	11465666	10694521
记者	28599429	26307813
购物	1491657	1395890
保安	15655125	13578672
体育赛事	93306305	85317211
Savannah 参访者	17631798	16449976
训练	94951598	81497956
奥运会会中	903518352	823376418
赞助商	112244262	104490495
转播商	58496883	54076111
国际观众	158737800	147399200
国内观众	443307093	397972620
奥运大家庭	114036082	105387860
运动员/官员	10123080	7895580
帆船比赛观众	6573152	6154552
州外游客支出总计	1265363037	1145994764

资料来源：IRE Advisor 和 The Selig Center for Economic Growth Terry 商学院，佐治亚大学，转引自付磊《奥运会影响研究：经济和旅游》，中国社会科学院研究生院博士学位论文，2002。

不仅大型综合体育赛事（如奥运会）能吸引如此多的境外游客，单项体育赛事亦如此。据统计，1997～1998 年在欧盟境内 11 个国家举办的 F1 大奖赛中，每年的比赛周共为这 11 个国家吸引了总计 211.6707 万名车迷观众，即每个比赛周的平均观众人数达到 20 万（见表 3－15）。而 1997 年德国大奖赛和欧洲大奖赛比赛周的观众人数分别达到 25.85 万和 27.65 万名；在经济收益方面，1997 年的意大利大奖赛车迷观众的经济支出为 4386.08 万美元（约合 3.7 亿元），其中非主办地观众的支出（包括在当地的购物、住宿、饮食、饮料、服装、纪念品和交通运输）占了 70%，这其中还不包括非当地观众中的许多人，主要是因为外国车迷在赛事前一周及赛后继续在该国其他旅游热点地区游玩的消费（见表 3－16）。[①] 1996～2007 年，墨尔本举办了 9 次 F1，据报道，2007 年 F1 比赛期间，墨尔本市区的酒店价格翻了数倍且一房难求。[②]

在中国，因为 F1 前来上海的境外游客每次约有 5 万人，大大超出此前估计的 3 万人左右。游客平均在上海逗留 3 天，在上海住宿、交通、餐饮、门票、商业等方面的总花费为 4 亿～5 亿美元。[③] 大量游客的到来导致上海市酒店的客房供不应求，房价大幅上升（见表 3－17）。

表 3－15　1997 年 F1 欧盟 11 站中 7 个赛站的观众人数

赛　　站	赛周观众人数（人）	周日正赛观众人数（人）	非当地观众占比（%）
德 国 站	258500	91000	70.0
欧 洲 站	276500	115000	80.0
奥地利站	234500	110000	96.5
摩纳哥站	222432	66505	60.0
法 国 站	184500	75000	92.0
英 国 站	182000	90000	80.0
意大利站	188500	90000	65.0

资料来源：参见李广宁《F1 中国站大奖赛对长江三角洲经济社会影响之分析》，《北京体育大学学报》2005 年第 28 卷第 5 期。

① 李广宁：《F1 中国站大奖赛对长江三角洲经济社会影响之分析》，《北京体育大学学报》2005 年第 28 卷第 5 期。

② http://sports.qq.com/a/20070319/000075.htm.

③ 孔庆吉、赵雷、孟庆华：《上海 F1 一级方程式赛车经济功能研究》，《山西师大体育学院学报》2007 年第 S2 期。

表 3-16　1997 年 F1 欧盟 11 站中 7 个赛站对当地的经济效益统计

赛　站	车迷总支出（美元）	非当地车迷支出占比（%）	当地收益企业（家）
德 国 站	47102100	70.0	3632
欧 洲 站	66344300	90.0	3037
奥地利站	36988750	98.0	1464
摩纳哥站	71493200	80.0	6364
法 国 站	53660800	98.0	8881
英 国 站	50151000	90.0	5420
意大利站	43860800	70.0	43527

资料来源：参见李广宁《F1 中国站大奖赛对长江三角洲经济社会影响之分析》，《北京体育大学学报》2005 年第 28 卷第 5 期。

表 3-17　2004 年 F1 中国大奖赛比赛期间酒店住宿价格变化情况

单位：元/天

酒店档次	五星级酒店			普通二三级酒店		嘉定当地酒店
	万丽	君悦	万豪	二星	三星	二三星
F1 比赛前	1000	2100	2500	180	200	400
F1 比赛期间	2600	2950	4200	400	800	1300

资料来源：参见江和平、张海潮《中国体育产业发展报告（2008～2010）》，社会科学文献出版社，2010，第 51 页。

哈尔滨冰雪节为哈尔滨市的旅游收入做出了重要贡献，其旅游人数和旅游总收入连续十年稳定增长，但在 2009 年迎来了一个增长高峰，旅游人数比上年增长 25.72%，达到 1114.5 万人次，旅游总收入比上年增长 25.08%，达到 90.42 亿元，究其原因，是第 24 届世界大学生冬季运动会的赛事带动效应。第 24 届大冬会在 2009 年第 25 届冰雪节期间开幕，冰雪节的品牌影响力和知名度随着大冬会声名远播，吸引了更多的游客前往，冰雪节的旅游收入随之增加。

环青海湖国际公路自行车赛带动了青海湖周边整个城市群的经济收入。环青海湖国际公路自行车赛自 2002 年开始，每年 7～8 月在青海省举行，根据青海省统计局公布的数据，500 多万青海人有 1/4 到现场感受过比赛，使青海湖景区的收入从 10 年前的 100 多万增长到 2009 年的 7500 万，9 年增长了近 74 倍。第一次承办环湖赛的祁连县 2010 年前两个季度旅游收入增长30%，300万的投入换来了近3000万的回报。据青海省人民政府网站公布的数据来看，2011年环青海湖国际公路自行车赛期间，7月15日、16日、17日，青海湖景区接待游客人数接连刷新，单日接待游客量达到14000人次的历史最高点，日收入也首次连续三天突破百万元。青海湖旅游集团有限公司总经理贾文说："青海湖旅游今年热度提高，尤其是进入7月份以来客流增多，离不开环湖赛后发效应……"①

2. 外部资金流入

因体育引起的城市外部资金流入主要包括外地赞助商的赞助资金、出售给外地媒体的赛事转播权收入。体育赛事是天生的优质资源，它以其激烈、对抗、精彩与悬念吸引着观众，因此也吸引着媒体和广告赞助商。在一个相对健全的市场环境中，体育赛事组织方、媒体、广告赞助商三者之间的经济关系越来越紧密。竞技水平高、观赏性强的赛事转播会吸引大量观众，提高电视台的收视率；电视台收视率的提高又为电视台吸引了大量的广告客户和赞助商；而广告、赞助的收益，又会使电视台、体育赛事组织方获得可观的收入；广告商、赞助商则可通过媒体和体育赛事提高产品知名度，扩大销售而追求更大利润。因此，对体育赛事组织者和主办城市来说，来自广告赞助商和转播权的收入是其总收入的重要组成部分。

从夏季奥运会和冬季奥运会的转播权收入来看，夏季奥运会组委会和冬季奥运会组委会的转播权收入分成十分可观，高达数亿美元，且逐年增长（见表3－18、3－19）。奥运会组委会还有一部分收入会导致主办城市资金流入，即TOP计划的收入分成。历届奥运会的TOP计划收入分成亦十分可观，达数亿美元，也在逐年增长（见表3－20）。奥运转播权出售给全世界各国的媒体机构，TOP赞助商均是跨国企业，对奥运会主办城市来说，几乎所有的转播权收入分成和赞助费用都是外部资金流入，会使城市净出口增加。

除了奥运会这样世界知名的综合性赛事，单项体育赛事亦能给主办城市带来巨额的资金流入。上海F1一级方程式赛车赛场周围的移动专营店、F1专卖、食品等展示的都是国际品牌；赛场中，松下、TOY－OTA等日本品牌的广告最多。一个赞助和广告花费达数十万美元，赛事中的广告、赞

① 青海省人民政府网站，http：//www.gov.cn/gzdt/2011－07/18/content_1908336.htm。

表 3-18　夏季奥运会组委会转播权收入分成

单位：百万美元

奥运会	组委会转播权收入分成
1992 年巴塞罗那	441
1996 年亚特兰大	546
2000 年悉尼	797
2004 年雅典	733
2008 年北京	851

资料来源：《Olympic Marketing Fact File》（2011 edition）。

表 3-19　冬季奥运会组委会转播权收入分成

单位：百万美元

冬季奥运会	组委会转播权收入分成
1994 年利勒哈默尔	229
1998 年长野	308
2002 年盐湖城	443
2006 年都灵	406
2010 年温哥华	414

资料来源：《Olympic Marketing Fact File》（2011 edition）。

表 3-20　历届奥运会 TOP 计划收入

单位：个，百万美元

时　期	奥运会	合作伙伴	国家奥委会数目	收入	组委会分成
1985～1988 年	卡尔加里/首尔	9	159	96	48
1989～1992 年	阿尔贝维尔/巴塞罗那	12	169	172	86
1993～1996 年	利勒哈默尔/亚特兰大	10	197	279	189.5
1997～2000 年	长野/悉尼	11	199	579	289.5
2001～2004 年	盐湖城/雅典	11	202	663	331.5
2005～2008 年	都灵/北京	12	205	866	433
2009～2012 年	温哥华/伦敦	11	205	暂缺	暂缺

资料来源：《Olympic Marketing Fact File》（2011 edition）。

助达几十亿美元。[①] 这些世界顶级品牌的巨额广告、赞助费用流入上海市，为上海的净出口做出较大贡献。

职业联赛亦是如此。世界最受欢迎的职业联赛之一——英超联赛的转播权收入也是各俱乐部收入的主要支柱，俱乐部的转播权收入将会使大量的资金流入俱乐部所在城市。英超联赛的 20 强俱乐部每家俱乐部仅一个赛季的转播收入都超过 3566 万英镑，最多的如曼彻斯特联队，每个赛季就能给曼彻斯特市带来 4529.3932 万英镑的资金流入（见表 3－21）。

表 3－21　2010～2011 赛季英超 20 强转播收入明细

单位：英镑

球队	排名	转播分成	直播分成	海外转播收入	转播总收入
曼联	1	13819031	13548306	17926595	45293932
切尔西	2	13819031	11616454	17926595	43362080
曼城	3	13819031	10167565	17926595	41913191
阿森纳	4	13819031	11616454	17926595	43362080
热刺	5	13819031	9201639	17926595	40947265
利物浦	6	13819031	12099417	17926595	43845043
埃弗顿	7	13819031	7269787	17926595	39015413
富勒姆	8	13819031	5820898	17926595	37566524
维拉	9	13819031	8235713	17926595	39981339
桑德拉	10	13819031	6303861	17926595	38049487
西布朗	11	13819031	5820898	17926595	37566524
纽卡斯尔	12	13819031	8718676	17926595	40464302
斯托克城	13	13819031	5820898	17926595	37566524
博尔顿	14	13819031	5820898	17926595	37566524
布莱克本	15	13819031	5820898	17926595	37566524
维冈	16	13819031	5820898	17926595	37566524
狼队	17	13819031	5820898	17926595	37566524
伯明翰	18	13819031	5820898	17926595	37566524
布莱克浦	19	13819031	5820898	17926595	37566524

① 孔庆吉、赵雷、孟庆华：《上海 F1 一级方程式大赛的经济功能研究》，《山西师大体育学院学报》，2007 年第 S2 期。

续表

球队	排名	转播分成	直播分成	海外转播收入	转播总收入
西汉姆	20	13819031	7752750	17926595	39498376
总计		276380620	158918704	358531900	793831224

资料来源：《第五频道》2011 年 7 月，第 18 页。

体育赛事通过吸引外地游客和外部资金流入刺激城市净出口，本研究重点关注奥运会期间北京市、全运会期间济南市、亚运会期间广州市的净出口①变动情况（见图 3－27、3－28、3－29）以验证此观点。

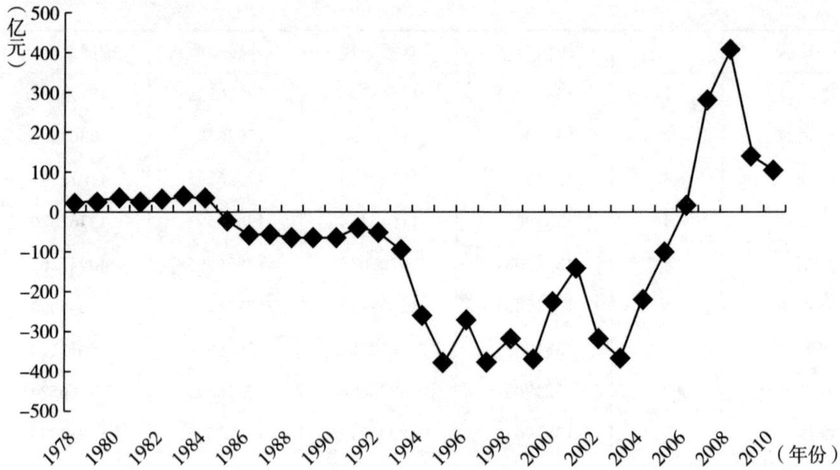

图 3－27　北京市净出口

资料来源：北京市统计局网站公布的统计年鉴。

图 3－27 表示的是 1978～2010 年北京市净出口变动情况。北京市 1985～2005 年一直存在贸易逆差，是一个进口城市。在 2001 年北京申奥成功之后，除 2003～2004 年外，北京市贸易逆差一直在缩小，2006～2010 年北京市净出口总额出现了正值，并在 2008 年达到了 412.7 亿元的峰值。2003～2004 年北京市贸易逆差增加，这是因为 2003 年中国爆发“非典”疫情，

① 注：净出口是指货物和服务净出口，即货物和服务出口减货物和服务进口的差额。出口包括常住单位向非常住单位出售和无偿转让的各种货物和服务的价值；进口包括常住单位从非常住单位购买或无偿得到的各种货物和服务的价值。在计算某一城市货物和服务净出口时，还包括该城市和其他城市或地区间的货物和服务的流入流出。用公式表示：

货物和服务净出口（净流出）＝货物和服务出口（流出）－进口（流入）

北京市疫情严重，北京市经济受到影响，贸易逆差扩大。

奥运会对北京市净出口的影响显著，该影响从申奥成功后一直持续到奥运结束后，且在奥运会举办当年（2008 年）最为显著。奥运会对北京市净出口的影响如此显著有两方面的原因：一是奥运会是世界上规模和影响力最大的体育赛事之一，吸引了许多运动员、赞助商、媒体、赛事观众到北京；二是北京是一个旅游胜地，有许多自然、人文景观，旅游资源丰富，因奥运会到来的游客会在北京停留更长时间、消费更多产品和服务。

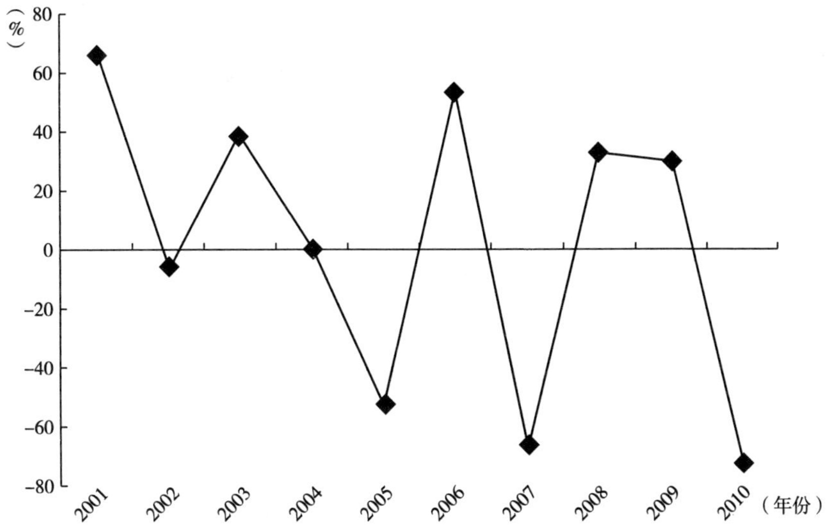

图 3－28　济南市净出口增长率

资料来源：根据济南市统计局网站公布的统计年鉴整理。

如图 3－28 所示，2001～2010 年济南市净出口增长率波动很大。因为全运会的影响力有限，而且济南市相对来说不算是一个旅游城市，旅游资源有限，难以吸引因全运会到访的游客停留更长的时间，所以，2005 年申办全运会成功以后直至 2009 年全运会举办，济南市的净出口增长率没有出现持续上扬的趋势。这期间，济南市净出口增长率在 2007 大幅下滑，原因是上文提到的济南市为举办全运会，于 2007～2009 年大规模投资城市基础设施和体育场馆建设，对产品和劳务的需求大幅增加，许多需要进口，进口增长幅度超过出口增长幅度，导致净出口增长率下跌。2007～2009 年国际金融危机波及中国，中国对外贸易增长趋缓，但是 2008～2009 年济南市净出口增长率仍能保持在 30% 以上，不能说没有全运会的作用。

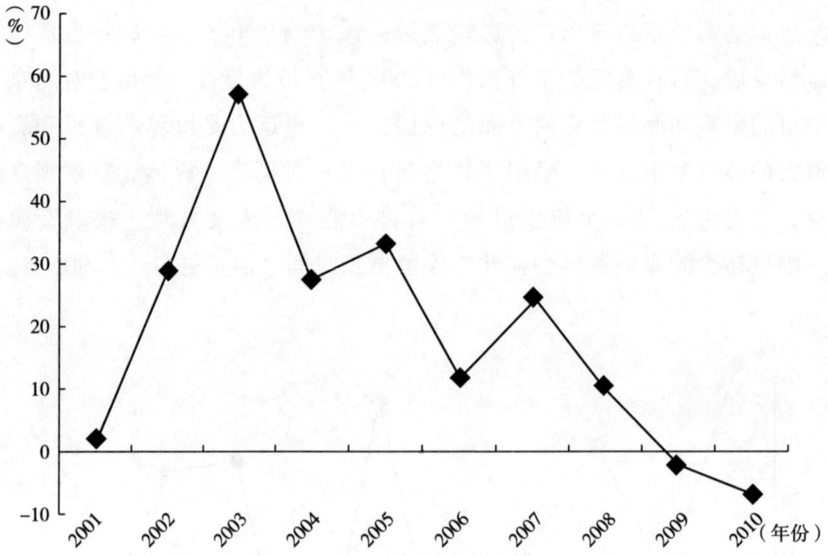

图 3-29 广州市净出口增长率

资料来源：根据广州市统计局网站公布的统计年鉴整理。

图 3-29 显示的是广州市净出口增长情况。从 2008 年开始，广州市净出口增长率持续下跌，并在 2009、2010 年出现负增长，亚运会并未刺激广州市的净出口。

2010 年亚运会不能刺激广州市的净出口最主要的原因是广州市净出口受 2008 年金融危机影响更为明显。与北京、济南不同，广州是一个出口型城市，其生产的许多产品在全国各地销售并有很大一部分远销国外，其净出口占 GDP 的 1/4 左右，整个城市的 GDP 尤其是净出口对外部的经济环境依赖程度很高。2008 年国际金融危机威胁全球，广东省是受波及最严重的省份之一。广州受金融危机影响，产品外销不畅，净出口出现下跌的情况。广州市净出口受全球金融危机影响如此严重，可以合理推测，若广州未举办亚运会，净出口增长率下跌幅度或许会更大。

综合北京、济南、广州三个城市的净出口情况可知，体育赛事并不一定会刺激主办城市的净出口，刺激作用的大小取决于体育赛事的情况和城市自身的经济状况。奥运会颇具影响力，同时北京市旅游资源丰富，故 2008 年奥运会对北京市的净出口影响非常显著，且这种影响一直持续到奥运会结束后。济南由于缺乏旅游资源，体育赛事对其净出口的影响不显著，不足以抵消经济危机带来的负面冲击。广州是一个出口城市，净出口几乎完全取决于外部经济环境的状况。

二　体育赛事对城市总供给的影响

总供给是经济社会所提供的总产量（或国民收入），即经济社会投入的基本资源所生产的产量。这里所说的基本资源主要包括劳动力、生产性资本存量和技术。① 宏观经济学中描述总产出与劳动、资本和技术之间的关系的一个合适的工具是生产函数。罗伯特·巴罗（Robert J. Barro）假定劳动为 N，资本为 K，总产出 Y 取决于投入的劳动、资本以及技术水平 A，提出的生产函数为：

$$Y = AF(K, N)$$

根据巴罗的生产函数，更多的投入意味着更高的产出。也就是说，每增加一单位的劳动力即增加就业，或者增加资本投入，总产出的增加都是正的。而技术水平 A 也被称为生产率，A 越高，则给定水平的投入所生产的产出也越多。

此外，经济社会中人力资本、产业结构等因素也会对总供给产生影响。在工业化社会中，工人的技巧和才能非常重要。通过学校教育、在职培训、健康投资与其他手段进行人力资本投资，可以增加经济社会的这种技能存量，其方式与实物投资导致的实物资本存量增加是相同的。曼昆、罗默和韦尔在一篇颇具影响力的文章中指出，生产函数中实物资本、非熟练劳动力和人力资本要素份额各占1/3。② 产业结构指的是三次产业在经济体系中所占的比例关系和经济联系。产业结构对经济发展具有重要意义，在经济发展过程中，产业结构优化会促进经济总量的增长，而经济总量的增长也会进一步优化产业结构。

体育竞赛产业作为体育产业的核心和重要组成部分，涉及国民经济的各个生产部门。城市举办体育赛事，会对城市中的就业、资本存量、技术水平、人力资本、产业结构等方面产生影响，进而通过这些因素影响城市

---

① 高鸿业：《西方经济学》（宏观部分）（第四版），第586页。

② N. J. Mankiw, D. Romer, and D. Weil, "A Contribution to the Empirics of Economic Growth", *Quarterly Journal of Economics*, May 1992.

经济的发展。

（一）体育赛事对就业的影响

关于体育竞赛产业的发展对就业拉动的研究很多，但至今未达成共识，体育赛事对就业的影响仍是体育经济领域颇有争议的论题。其中，贝德（Baade）等关于职业体育就业效应的研究显示，职业体育对就业的影响并不显著，即使短期内就业有所增加也大多是低薪的和季节性的工作，这对区域经济的发展不利。[①] 这一研究结果也受到了质疑。首先该研究主要涉及直接就业影响，如运动员、教练员、管理者和与运动队直接相关的雇员，或者安全人员和引座员。其次，这一经验模型不可能精确测量出职业体育的正外部性，毕竟，这种正外部性不仅局限于体育产业内部的直接就业效应，还涉及与体育竞赛产业关联的其他产业，如餐饮、住宿、旅游等产业。

综合前人对这个问题的研究，结合总供给－总需求理论，本研究认为，体育赛事对就业的影响取决于体育赛事主办城市的经济运行状况和劳动力市场条件。在主办城市的经济处于不充分就业和潜在产出水平之下时，体育赛事的举办增加城市的总需求，并以此促进城市经济增长和就业水平提高。在主办城市处于经济高峰时期，充分就业且产出位于潜在产出水平之上，此时因体育赛事产生的总需求增加会加大膨胀性压力，导致物价上涨、工资水平提高。在这样的情况下，体育赛事是否能促进城市就业取决于主办城市劳动力市场的供给弹性。在缺乏弹性的劳动力供给市场中，存在真实工资刚性的特点，尤其是向下的方向上的刚性更加明显，也就是说在面对体育赛事的需求冲击时，缺乏弹性的劳动力供给市场通过调节价格（工资水平），而不是数量（就业）来达到新的均衡，即体育赛事对就业人数没有影响。在富于弹性的劳动力供给市场中，均衡失业率低于缺乏弹性的劳动力供给市场，也就是说，面对短期内体育赛事对总需求的冲击，就业增加更为显著。

因体育赛事增加的就业可分为体育产业内部的就业岗位增加、与体育产业相关联的其他产业部门就业岗位增加。体育产业内的岗位增加包括短

---

① Victor A. Matheson and Robert A. Baade, “Super Bowl or Super (Hyper) Bole? Assessing the Economic Impact of America's Premier Sports Evert”。

期就业岗位和长期就业岗位。短期就业岗位是指那些因为体育赛事“峰聚效应”而产生的临时性的工作机会，例如体育赛事旅游接待和体育场馆引座员、检票员等工作岗位；长期就业岗位是由于体育赛事而产生的长期的就业岗位，例如新建体育场馆维护、管理和运营等长期的就业机会。同时，体育竞赛产业与第二、第三产业中很多产业部门密切关联，包括建筑、餐饮、住宿、交通运输、商务服务、金融保险、邮电通信等产业部门。例如，城市举办大型赛事需要兴建大量基础设施，如体育场馆、交通设施、电信网络等设施，城市完善基础设施会刺激建筑、通信等行业的发展，这些产业部门的就业岗位也将增加。

历届奥运会都在促进主办城市就业方面发挥了重要作用。从表 3－22 的数据可知，1972～2000 年七届奥运会带动的就业人数从数万至数十万不等，其中，1988 年汉城奥运会和 1992 年巴塞罗那奥运会带动的就业人数明显高于其他几届奥运会，这正是因为筹办奥运期间汉城和巴塞罗那的经济状况与其他奥运主办城市不同。20 世纪七八十年代，韩国经济正处于劳动力由轻工业部门向重工业部门转移过程中，汉城劳动力供给市场富于弹性，奥运会对汉城就业的影响较为显著。而 1992 年奥运会筹办期间，巴塞罗那正处于全国经济危机复苏阶段，经济处于不充分就业状态，因此，各届奥运会中，1992 年奥运会对巴塞罗那就业的影响最显著。

表 3－22　1972～2000 年历届奥运会带动的就业

单位：人

奥运会	带动的就业人数
1972 年慕尼黑	23199
1976 年蒙特利尔	37924
1984 年洛杉矶	73375
1988 年汉城	336000
1992 年巴塞罗那	355900
1996 年亚特兰大	77026
2000 年悉尼	75000

资料来源：参见林显鹏《奥运对主办城市影响力的数字阅读》，《北京规划建设》2004 年第 3 期。

另外，根据预测，“因为奥运会，希腊 GDP 从 1998 至 2011 年增长 0.8%，每年增加就业 32000 人”。[①]“至 2008 年，北京奥运经济为中国累计提供 210 万个就业岗位”。[②] 北京奥运会带动的就业远远高于其他各届奥运会，主要有两方面的原因：首先，中国是一个发展中国家，北京市的经济水平与其他发达国家的奥运主办城市相比较落后，整体的劳动生产率、资本和技术的密集程度以及劳动力价格都相对较低，因此奥运会对北京地区就业方面的作用更明显。其次，中国的经济制度和政治制度决定北京奥运会的筹办是集全国之力，全国各地的劳动者集聚北京，使得北京市劳动力供给市场富有弹性，奥运会对就业的影响就更为显著。

F1 中国大奖赛给上海创造了良好的就业机会，如赛场赛道建设、赛事组织、人员接待、设施维护、治安保卫、环境卫生、绿化养护、水、电、交通、通信、修理等行业，以及住宿、就餐、休闲、娱乐、旅游至少会提供 1000 个直接就业岗位。F1 带动的旅游业和其他三产项目可能带动投资 130 亿元左右，间接带动就业约 3 万人。[③]

另外，因为 2008 年上海 ATP1000 大师赛增加的就业机会有 1507 人，其中就业增加最多的为住宿和餐饮业 372 人（24.7%），批发和零售业 296 人（19.7%），制造业 240 人（15.9%）以及交通运输、仓储业和邮政业 170 人（11.3%）。[④]

在主办城市的经济处于不充分就业或劳动力供给市场富于弹性时，体育赛事对城市的就业产生积极影响。此时，体育赛事对城市总需求的有利冲击会刺激相应行业的发展，供给相应增加，必然会需要更多的劳动力、资本等生产要素的投入，于是城市的就业也相应增加。

（二）体育赛事对资本存量的影响

资本存量是决定一个经济体总产出的重要因素之一，资本存量增加意味着经济社会的总产出，即总供给增加。决定资本存量的因素有上年资本

① 余守文：《体育赛事产业对城市竞争力的影响》，复旦大学博士学位论文，2007，第 81 页。

② 巴曙松：《奥运经济的金融视角》，《中国城市经济》2007 年第 7 期。

③ 王志宇、王富德：《F1 赛事对上海区域旅游经济的影响浅析》，《北京第二外国语学院学报》2005 年第 1 期。

④ 闻力婕：《试论网球运动对促进我国城市发展的影响——以上海网球大师杯为例》，《巢湖学院学报》2008 年第 6 期。

存量、本年投资和本年资本折旧，即

资本存量 = 上年资本存量 + 本年投资 - 本年资本折旧

体育赛事对城市资本存量的影响主要通过赛事筹办期间的固定资产投资。如前文所述，城市举办大型体育赛事往往需要进行大规模的基础设施投资，包括两方面的内容：一是体育设施，包括设施齐全的体育场馆、健身娱乐性的体育中心和综合性的体育公园等；二是交通设施，合理、健全、便利、畅通的交通网络是体育赛事能够招揽众多观众的重要因素之一。

历届奥运会的举办都会有巨额的基础设施投资，详见前文表 3 - 11。此外，亚运会、全运会、城运会等体育赛事一样会促进主办城市的基础设施投资，增加城市的资本存量。

北京为举办 1990 年亚运会，共投资修建了 5 条道路、3 座立交桥、31 个现代化的场馆，改扩建了首都机场，并为电视转播成功而修建了 405 米高的电视塔，短短几年内使北京市基础设施得到较大的改善。①

2010 年广州亚运会共设有 34 个比赛项目，使用比赛和练习场馆共 88 个，按照广州市政府相关规划，在 2008 年前，广州对现有的 37 个大型体育场馆进行相应的改造，并新建 44 个专业体育场馆及大量场馆附属设施，加上这些项目带动或直接促进的城市基础设施建设，总投资额达到 2200 亿元。②

于 2009 年 10 月在济南举行的十一届全运会促使济南进行了大规模的城市建设，根据济南市《2007 年至 2009 年城市建设及环境整治计划》，为筹办全运会济南市共安排项目 926 项，总投资约 1475 亿元。③

2003 年 10 月，长沙市举办了全国第五届城市运动会。据《长沙晚报》报道，城运会组委会成立大会上宣布，从 2000 年起，长沙市为迎接城运会而在体育场馆和城市基础设施建设方面的投资总额累计已达 290 余亿元，城市功能显著改善。④

---

① 蒋良骏：《体育产业促进南京城市发展的对策研究》，南京航空航天大学硕士学位论文，2005，第 16 页。

② 王滔、左晓东：《2010 年亚运会与广州体育产业》，《发展研究》2009 年第 7 期。

③ http://www.jinan.gov.cn/art/2009/3/20/art_594_178667.html.

④ http://hn.rednet.cn/c/2003/07/19/442029.htm.

2006年，全国第六届城市运动会在武汉举行，六城会给武汉市全面提升公共设施水平、扩大固定资产投资提供了难得的机遇。为六城会服务的重点基础设施工程共有32项，共投资564.25亿元，包括武昌客运中心站、汉孝高速公路、梅子路南段工程、友谊路立交、三环线西段、三环线南段、武汉体育馆周边排水管网工程、三金潭污水处理工程、轨道一号线二期工程、轨道二号线一期工程、轨道四号线一期工程、汉阳地区江湖水网生态工程、武昌大东湖水网生态构建工程、武汉火车站铁路工程、杨春湖客运换乘中心、长江隧道等工程项目。①

城市通过举办体育赛事完善城市体育设施，加大城市基础设施投资，这些大规模投资将增加城市的资本存量，为城市经济的后续发展创造有利条件。

（三）体育赛事对技术进步的影响

技术进步是推动社会经济发展的关键力量，经济学家很早以前就已认识到技术进步在经济增长中的巨大作用。经济学意义上的技术进步，指的是技术水平有了变化和发展，表现为用较少的投入，能够生产出与以前同样多的产品。

现代的大型体育赛事，会对先进科技产生巨大的拉动作用。一次成功的大型体育赛事离不开各项高新技术的支持，如现代化、高科技的体育场馆，比赛的信息处理系统，赛事的决策管理系统，媒体转播信号制作等。毕马威在对悉尼奥运会成本效益分析报告中也重点关注了体育赛事给科技带来的收益。

（四）体育赛事对人力资本的影响

城市举办体育赛事可以通过提高劳动者素质、增加城市人力资本存量、提高劳动生产率促进城市的经济增长。举办体育赛事对城市人力资本的影响主要表现在两个方面：①健身提升身体素质；②增加培训学习的机会和大型活动筹办经验。

体育赛事对城市人力资本的影响首先表现在提升劳动者的身体素质方

① 李宪生：《城市与城运》，武汉出版社，2007，第72～73页。

面。工业及后工业社会，自动化工具广泛普及，人类的肢体和神经系统局部负担过重，生理机能逐渐衰退，身体素质下降。许多研究表明，影响现代人身体健康的主要原因是身体锻炼的缺乏。体育赛事通过教育和激励鼓励市民参与体育锻炼，增强市民的体育锻炼意识。体育赛事对市民锻炼意识的教育作用表现在运动员的榜样作用，体育赛事对市民锻炼意识的激励作用表现在形成重在参与的体育氛围，鼓励人们积极参加体育锻炼。另外一个制约城市居民参加身体锻炼的关键因素是体育场馆设施的短缺。城市为举办体育赛事，新建、改扩建大量的体育场馆设施，这些体育设施在比赛结束后会对社会开放，体育锻炼硬件设施的供给增加，方便市民进行体育锻炼。城市通过举办体育赛事，提高城市居民体育锻炼的意识、增加城市体育锻炼的硬件设施供给，从精神和物质两方面推动健身运动的开展，提高劳动者身体素质。

体育赛事还通过增加培训学习机会，大型活动、论坛、科学报告会等筹办经验积累提升劳动者素质。从体育赛事的申办到体育赛事的成功举办，这些对主办城市政府、体育赛事的组织者等都是难得的学习机会，这些学习机会将有助于城市劳动者素质的提高。学习机会主要体现在以下方面：一是因为举办体育赛事的需要，有关部门专门组织的培训，如奥运会等国际大赛都会组织语言等培训课程；二是从具体实践中所获得的知识及经验，体育赛事从申办到成功举办其中的过程十分复杂，还会涉及城市政府、体育赛事组织者、赞助商、媒体、参赛运动员等各利益方，参与其中的工作人员在整个过程中会学到很多在其他工作领域所无法接触到的知识，从而积累经验。

城市举办体育赛事，通过提升城市居民的身体素质和增加培训、积累知识及经验等提升劳动者素质，增加城市人力资本存量。毕马威在列举悉尼奥运会的成本和收益时，就将人力资本作为一项重要的收益。

（五）体育竞赛产业对产业结构的影响

产业结构与经济发展有着非常密切的联系。产业结构的演进会促进经济总量的增长，经济总量的增长也会促进产业结构的演进。这已经为许多国家经济发展的实践所证明。特别是在现代经济社会中，产业结构演进和经济发展的相互作用越来越明显。产业结构是产业间的技术经济联系与联系方式。这种产业间的联系和联系方式可以从两个角度来考察：一是从“质”的角度动态地揭示产业间技术经济联系与联系方式不断发展变化的趋势，揭示在经济发展过程的国民经济各产业部门中，起主导或支柱作用的产业部门的不断替代的规律及其相应的“结构”效益，从而形成狭义的产业结构理论；二是从“量”的角度静态地研究和分析一定时期内产业间的联系与联系方式的技术经济数量比例关系，即产业间“投入”与“产出”的量的比例关系，从而形成产业关联理论。广义的产业结构理论包括狭义的产业结构理论和产业关联理论。本文中涉及的产业结构是狭义的产业结构理论。①

国家发改委、国家统计局和国家体育总局共同开展的全国体育及相关产业专项调查结果显示，中国体育及相关产业主要涉及第二、第三产业。从产业活动的范围来看，体育竞赛产业涉及体育组织管理活动，又包括体育场馆管理活动和其他体育服务活动，因此体育竞赛产业属于第三产业，其自身的发展会提高第三产业在城市经济中的比重。

体育竞赛产业对城市产业结构的影响还表现在其广泛的关联性。“在美国经济结构的42个部门中，体育产业的关联强度居第8位。正是这种较强的关联性使体育产业能够叠加到其他产业中去，创造‘1+1>2’的效应”。② 与体育竞赛产业相关联的产业（文化、旅游、餐饮、娱乐等）基本处于比较高的产业结构等级。如表3-23、3-24、3-25所示，受奥运会影响最大的产业主要集中在第三产业，包括住宿和娱乐、餐饮、交通等。“美国经济学家推算出体育行业与旅游业等有较强关联度的6个行业中，体育业与旅游业的关联度最高，约为0.21”。③ 从1996、2000、2008年三届奥运会对主办地各产业部门的影响数据可知，体育赛事对主办地第二、第三产业都会产生影响，且第三产业的影响更全面、更显著。

体育赛事产业本身属于第三产业，体育赛事产业的发展将直接增加第三产业的产值及其在国民经济中的比重。同时，与体育产业相关联的产业大多属于第二、第三产业，且受体育赛事影响的产业部门多集中在第三产

① 苏东水：《产业经济学》，高等教育出版社，2000，第223~224页。

② 周雯艳：《体育赛事对主办城市经济发展的影响》，《商业时代》2008年第36期。

③ 瞿华、彭美清：《广州体育赛事对旅游业的影响及对策》，《武汉体育学院学报》2009年第11期。

表 3-23 1996 年奥运会对佐治亚州产业产出、就业和收入影响最大的前 10 位产业

产业排名	对就业影响（所属产业）	对总产出影响（所属产业）	对收入的影响（所属产业）
1	住宿和娱乐（三）	住宿和娱乐（三）	家庭（三）
2	餐饮（三）	商务服务（三）	商务服务（三）
3	商务服务（三）	餐饮（三）	住宿和娱乐（三）
4	零售贸易（三）	房地产（三）	零售贸易（三）
5	其他服务（三）	家庭（三）	餐饮（三）
6	新建筑（二）	零售贸易（三）	保健服务（三）
7	保健服务（三）	交通（三）	交通（三）
8	交通（三）	食品生产（三）	批发贸易（三）
9	批发贸易（三）	新建筑（二）	其他服务（三）
10	个人服务（三）	其他服务（三）	新建筑（二）

资料来源：参见余守文《体育赛事产业对城市竞争力的影响》，复旦大学博士学位论文，2007。

表 3-24 不同阶段悉尼奥运会对新南威尔士州影响最大的前 10 位产业

产业排名	奥运前（所属产业）	奥运中（所属产业）	奥运后（所属产业）
1	建筑业（二）	个人服务业（三）	个人服务业（三）
2	个人服务业（三）	建筑业（二）	交通和通信业（三）
3	交通和通信业（三）	交通和通信业（三）	房地产业（三）
4	国内贸易（三）	公用事业（三）	社区服务业（三）
5	金融业（三）	国内贸易（三）	建筑业（二）
6	房地产业（三）	金融业（三）	国内贸易（三）
7	公用事业（三）	社区服务业（三）	公用事业（三）
8	社区服务业（三）	公共服务业（三）	公共服务业（三）
9	制造业（二）	制造业（二）	金融业（三）
10	公共服务业（三）	房地产业（三）	制造业（二）

资料来源：参见余守文《体育赛事产业对城市竞争力的影响》，复旦大学博士学位论文，2007。

表 3-25 举办北京奥运会对第三产业内部行业增长的影响

部门名称	2001～2007 年实现增加值年均增速（%）	受奥运影响增速高于“十五”计划百分点	到 2008 年占全市 GDP 的比重（%）
商业	12.3	2.1	7.5
货物运输及仓储业	10.9	1.7	1.0

续表

部门名称	2001~2007年实现增加值年均增速（%）	受奥运影响增速高于“十五”计划百分点	到2008年占全市GDP的比重（%）
体育产业	11.6	1.0	0.4
饮食业	12.5	1.0	0.8
文化产业	11.2	0.8	5.5
邮电业	13.8	0.6	4.4
社会服务业	13.4	0.5	9.0
金融保险业	12.5	0.5	11.2
房地产业	16.3	0.4	6.0

资料来源：参见刘淇《北京奥运经济研究》，北京出版社，2003。

表3-26 举办北京奥运会对第二产业内部行业增长的影响

部门名称	2001~2007年实现增加值年均增速（%）	受奥运影响增速高于“十五”计划百分点	到2008年占全市GDP的比重（%）
高新技术产业	15.0	3.0	8.8
机电产业	8.0	2.5	4.0
建筑业	11.6	2.0	8.5
服装纺织业	9.6	2.2	0.8
食品制造及烟草加工业	7.4	2.4	1.2
石油加工及炼焦业	12.4	1.8	1.1
非金属矿物制品业	14.7	2.7	1.3
金属冶炼及压延工业	3.0	8.6	1.1

资料来源：参见刘淇《北京奥运经济研究》，北京出版社，2003。

业。因此，体育竞赛产业的发展会提高第三产业产值在城市地区生产总值中的比重，促进城市产业结构的优化，推动城市经济发展。

三 体育赛事对城市总产出水平的影响

体育赛事推动主办城市的经济发展的作用机制是影响城市总需求、总供给，这最终会表现为城市总产出的增长，反映在城市GDP数值上。

本研究选取了中国2009~2011年三年举办体育赛事数量排名前50的城市，各城市的GDP总量和举办数量SG的散点图见图3-30所示。

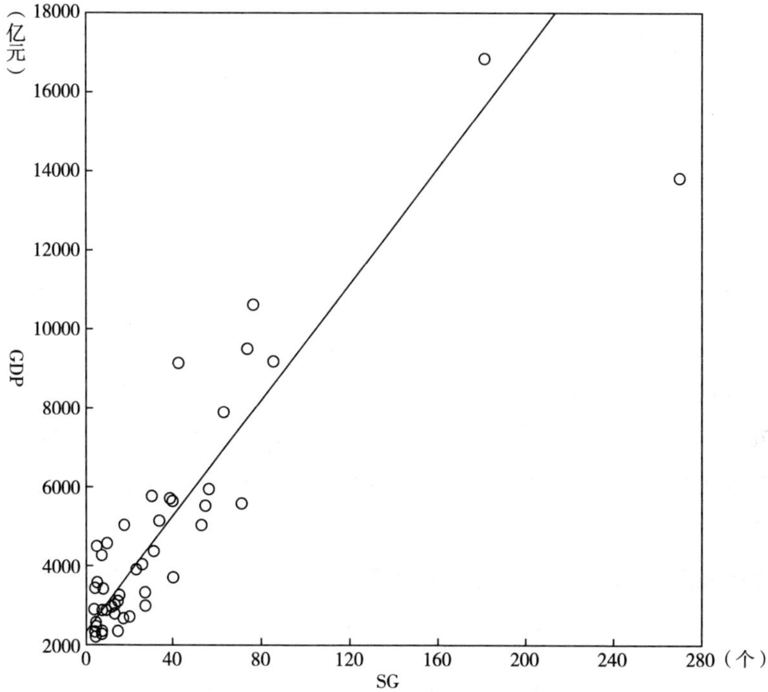

图 3－30 城市 GDP 与举办赛事数量散点图

观察该散点图，发现城市 GDP 总量与城市举办的赛事数量 SG 基本符合线性规律，故将城市三年举办的赛事数量和城市 2009 年 GDP 进行线性回归，假设回归方程为

$$GDP = a + bSG$$

其中，SG 为三年内城市举办的体育赛事数量，GDP 为城市 2009 年地区生产总值，使用最小二乘法进行回归，结果如下：

Variable	Coefficient	Std. Error	t-Statistic	Prob.
C	2797. 384	248. 8050	11. 24328	0. 0000
SG	57. 24547	4. 415548	12. 96452	0. 0000
R-squared	0. 777859	Mean dependentvar		4638. 398
Adjusted R-squared	0. 773231	S. D. dependentvar		3033. 634
S. E. of regression	1444. 625	Akaike info criterion		17. 42826
Sum squared resid	1. 00E +08	Schwarz criterion		17. 50475

续表

Variable	Coefficient	Std. Error	t-Statistic	Prob.
C	2797. 384	248. 8050	11. 24328	0. 0000
SG	57. 24547	4. 415548	12. 96452	0. 0000
Log likelihood	-433. 7066	Hannan-Quinn criter.		17. 45739
F-statistic	168. 0789	Durbin-Wats on stat		1. 788726
Prob（F-statistic）	0. 000000			

从回归分析的结果可以看出，回归方程的拟合优度（R-squared）达到0.78，且常数项C和自变量SG的回归系数均通过检验（拒绝回归结果的概率为0.00%），说明城市的GDP与其举办体育赛事数量有很明显的相关关系。

具体到某一城市，体育赛事对上海市经济发展有一定的影响（见图3-31）。

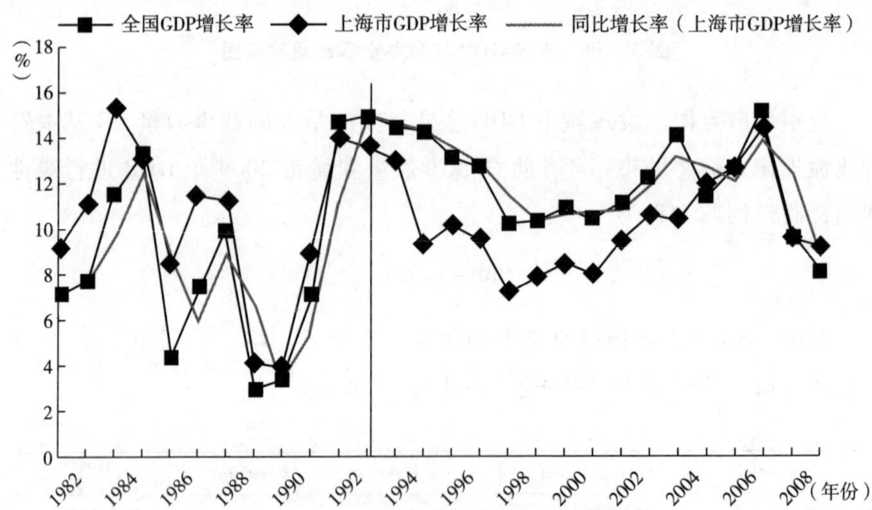

图3-31　上海市GDP增长率情况

资料来源：根据上海市统计局网站公布的统计年鉴整理。

从图3-31中可以看到，1993年以前，上海经济增长不稳定，GDP增长率波动较大，且低于全国水平。1993年上海举办第一届东亚会后，上海开始举办一系列、国际国内重大体育赛事：1996年起举办上海国际马拉松，1997 年举办第八届全运会，1998 年开始举办上海喜力网球公开赛，2004 年起举办 F1 中国大奖赛，2005 年起举办上海国际田径黄金大奖赛，2007 年起举办世界斯诺克上海大师赛，并重点打造六大品牌赛事（见表 3－27）。1993 年之后，上海的 GDP 增长较快，增长率每年都在 10% 以上，且除 2005 年、2006 年外，均高于全国 GDP 增长速度，这其中上海体育竞赛产业的发展起到了一定的作用。

表 3－27　上海市六大品牌赛事基本情况

赛事名称	起始时间	举办届数
F1 中国大奖赛	2004	8
上海 ATP1000 大师赛	2009	3
上海国际田径黄金大奖赛	2005	7
世界斯诺克上海大师赛	2007	5
汇丰高尔夫冠军赛	2005	7
上海国际马拉松赛	1996	16

注：举办届数统计截止时间为 2011 年 12 月 31 日。

资料来源：上海市体育局工作报告。

上海作为一个国际大都市，经济发展水平居全国前列，是全国 GDP 最高的城市，良好的经济条件为上海市体育产业发展打下了基础，上海市民对体育赛事产品的消费能力也相对较强。加之上海市确立了发展体育竞赛产业的策略，其体育竞赛产业得以发展。上海市 2009～2011 年举办了共计 182 项次国际、国内体育赛事，远远高于中国其他城市（除首都北京外）。其中，比较有代表性的是 F1 中国大奖赛。

F1 中国大奖赛第一个承办周期为 2004～2010 年，在这期间，上海市投入近 50 亿元修建、维护、扩建上海国际赛车场。中国石化集团支付近 8 亿元取得 2004～2006 年 F1 中国站的冠名权和赛道广告等权利，LG 集团、可口可乐、联想等也成为该赛事的赞助商。F1 观众每年在12 万～14 万人次，在 2004 年曾达 20 万，其中 2004 年、2006 年赛事门票销售超过 3 亿元。F1 对上海旅游业也有一定的刺激作用。根据美国 AC 尼尔森公司对上海 F1 赛事的评估，F1 对旅游、酒店、交通、会展、房地产等有不同程度的经济贡献，2004～2008 年，F1 为上海市旅游消费的贡献约为 31.4 亿元。可见，仅 F1 中国大奖赛对上海的经济发展有一定的推动作用。

具体到某一项赛事对城市经济增长的影响，本研究主要考察奥运会对北京市、全运会对济南市、亚运会对广州市经济增长的影响（见图 3－32、图 3－33、图 3－24）。需要提出的是，1978～1994 年，中国开始经济体制改革，市场经济体制逐步确立，所以在这段时期内，中国经济受政策影响很大，GDP 增长不稳定，在 1985 年、1990 年、1995 年左右出现极高的增长率，故这几个峰值不在本研究讨论范围内。

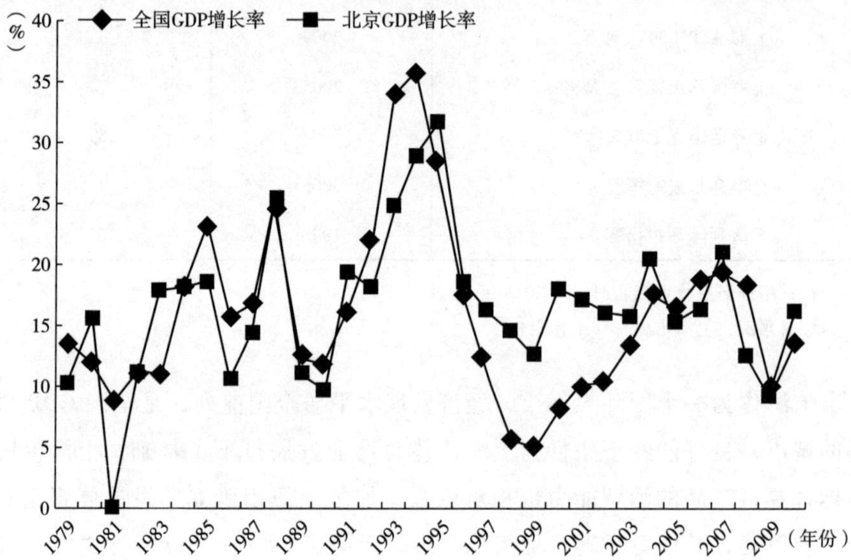

图 3－32　北京市 GDP 增长情况

资料来源：根据北京市统计局网站公布的统计年鉴整理。

图 3－32 表示 1978～2010 年北京市 GDP 增长情况。1978～2001 年，北京市的 GDP 与全国的相比，增长趋势基本一致，增长率相差不大。2001 年北京申奥成功，2001～2007 年，北京市 GDP 增长率多数情况下高于全国 GDP 增长率，也一直高于北京市 1978～2010 年增长率的平均水平 10.6%，且随着北京市对奥运会投入的累积，北京市 GDP 增长率在 2007 年达到 21.3% 的峰值。2008 年经济危机波及中国，北京市 GDP 增长也出现下滑趋势，但 GDP 增长率经历了两年的短暂下滑后在 2010 年再次上扬，

这其中有中国政府救市的原因，但也不能忽视后奥运效应的作用。可见，举办 2008 年第 29 届奥运会对北京市经济增长有较为明显的推动作用。虽然这种推动作用并不足以改变大的经济趋势，但在一定程度上可以帮助主办城市尽快从经济衰退中恢复。

奥运会能推动北京经济发展，但这一事例不具有普遍代表性。首先，到目前为止，奥运会是为数不多的世界范围内影响力巨大的体育盛会，且 4 年一届，并不是所有城市都有机会承办，具有偶然性。其次，由于中国特殊的经济体制和体育体制，北京举办 2008 年奥运会并不是由北京市独立完成的，还有全国提供的人力、物力支持，奥运会对北京市的经济促进作用被放大了。

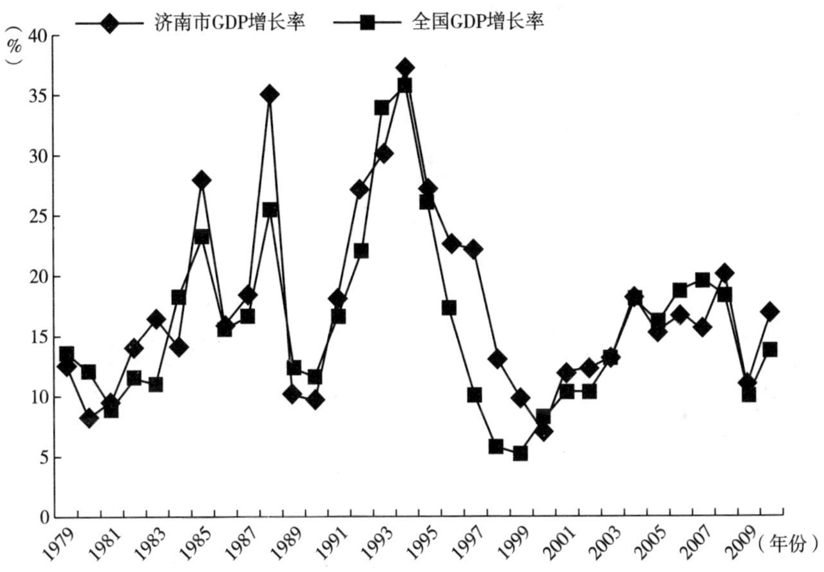

图 3 - 33　济南市 GDP 增长情况

资料来源：根据济南市统计局网站公布的统计年鉴整理。

图 3 - 33 显示的是 1978 ~ 2010 年济南市 GDP 增长情况。2009 年在济南市举办的第十一届全运会并未明显推动济南市的 GDP 增长，甚至在 2005 ~ 2007 年济南市的 GDP 增长率低于全国水平。出现这种状况有三方面的原因。首先，全运会的规模和影响力还相对较小。其次，济南市不是一个旅游城市，没有足够的旅游资源吸引赛事观众或运动员在济南停留更长时间，体育赛事对城市经济的推动作用没能完全发挥。最后，济南市体

育竞赛产业发展相对落后，据统计，2009～2011 年济南市共举办国内、国际体育赛事 23 项次，远远小于北京 271 项次、上海 182 项次、广州 76 项次的数据。

但全运会不是对济南市经济发展完全没有作用。2008～2009 年世界经济危机期间，济南市 GDP 增长率有所下滑，但与此前 1981 年、1997 年经济危机期间相比，济南市 GDP 增长率仅在 2009 年出现下跌，且仍高于 1981 年、1997 年的数值，全运会在济南市对抗经济危机过程中起到了一定的作用。此外，为举办十一届全运会，济南市投入大笔资金进行城市基础设施建设，这对济南市未来长期内经济发展有着积极作用，目前仅观测到 2010 年济南市 GDP 增长率迅速回升并高于全国水平。

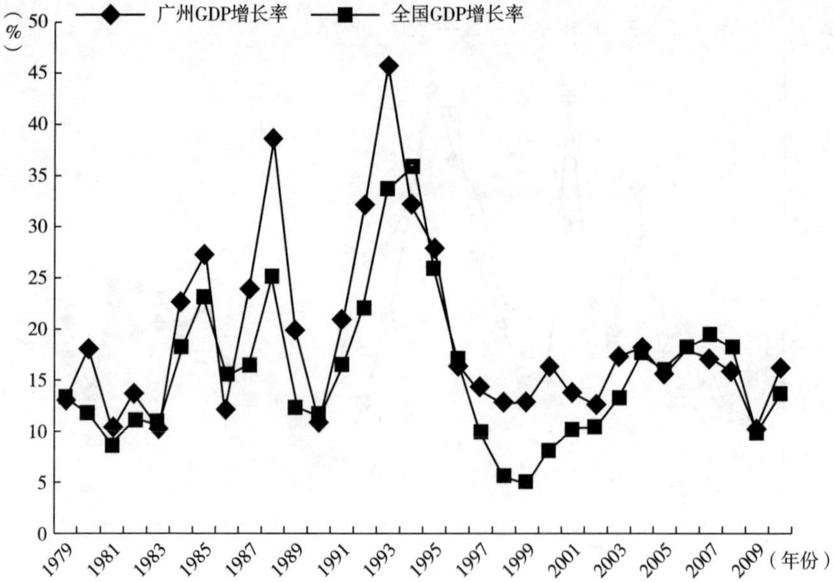

图 3－34　广州市 GDP 增长情况

资料来源：根据广州市统计局网站公布的统计年鉴整理。

图 3－34 表示的是广州市 GDP 增长情况。同济南市的状况类似，第 16 届亚运会对广州市的 GDP 增长没有明显的推动作用，原因如下：一是亚运会的影响力相对较小。二是广州市是一个出口型城市，受大经济环境的影响较大，2008 年经济危机造成广州市 GDP 增长率下跌。三是广州市同济南市一样，旅游资源相对较少，不能吸引因亚运会到来的游客在广州停留更长时间，体育赛事对主办城市的经济发展尤其是旅游等产业的影响受到

限制。

从另一角度看，2009 年广州市 GDP 增长率下跌，但与此前 1981 年和 1997 年两次经济危机时期相比，2009 年广州市经济表现优于 1981 年和 1997 年，亚运会帮助广州市快速从经济危机中恢复过来，广州市 GDP 增长率在 2010 年止跌回升，且高于全国水平。

总的来看，体育赛事对主办城市经济发展的作用并不能一概而论。短期内，体育赛事对城市经济的影响主要表现为对总需求的刺激，这种刺激更为明显且更容易观测到。长期内，体育赛事对城市经济的影响主要表现在对城市总供给的影响，通过影响城市就业、资本存量等生产要素提升城市生产最终产品的能力。体育赛事对总需求、总供给的影响最终会表现在城市的 GDP 上，且影响力视城市的状况不同而不同。在经济发展水平较高、体育竞赛产业较为发达的城市，举办体育赛事对城市经济有着较为明显的推动作用。而对经济和体育竞赛产业发展相对落后的城市来说，体育赛事的作用也相对更小、更难观测到。但是，举办体育赛事是对主办城市经济的有利冲击，能够一定程度上帮助主办城市抵抗不利的冲击，如经济危机，尽快走出经济衰退等。

小　结

体育赛事作为一种城市产品，与城市经济密不可分，体育赛事与城市经济的相互关系如图 3 - 35 所示。城市经济为体育竞赛产业发展提供资本和劳动两项最基本的生产要素，同时，城市经济水平决定体育赛事产品的生产规模和水平。城市经济水平越高，其生产的体育赛事产品规模越大，数量越多，质量越高，生产能力越强。体育赛事也会反作用于城市经济，短期内，体育赛事对城市经济的影响主要表现为对总需求的刺激，长期内，体育赛事对城市经济的影响主要表现为对城市总供给的影响。体育赛事对总需求、总供给的影响最终会表现在城市的 GDP 上，使城市 GDP 更快增长，经济结构更加合理。同时，体育赛事是对城市经济的有利冲击，能够一定程度上帮助主办城市缓解经济衰退。

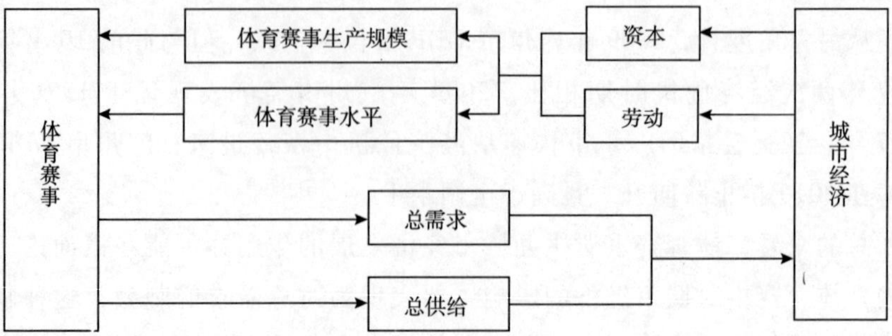

图 3－35　体育赛事与城市经济相互关系模型

第四章　体育赛事与城市人文环境的相互关系

第一节　城市人文环境的内涵与构成

一　城市人文环境的内涵

历史学家修昔底德（Thucydides）倾其毕生精力撰写了《伯罗奔尼撒战争史》（The History of the Peloponnesian War），书中记载了发生在公元前431年至公元前404年的这一“希腊世界大战”。在这一代表希腊古典史学最高水平的史学精品中，古雅典将军尼西阿斯（Nicias）对站在锡拉库萨（Syracuse）海滩上的雅典士兵说：“无论你们选择到何处驻留，你们自己就是城市……人形成了城市，而不是那些没有人的城墙与船只。”[①]

人是城市的核心与主体，是城市发展的目标，也是城市发展的归宿。城市是文化的容器和磁体，装载和吸附人类文明。因此，城市的精神就是生活在其中的人的精神。

围绕“人”这个主体并占有一定空间，创造人生存发展条件的一切物质和精神因素的总和，便构成了城市环境。[②] 城市环境包括自然环境和人文环境。城市自然环境是城市人文环境的天然物质载体，城市人文环境则是一个城市区别于另一个城市的“DNA”，是社会的、人为的、非自然的。由于自然、地理、历史、文化等多方面因素，每一个城市都有区别于其他城市的精神和品质，美国城市问题研究的权威学者乔尔·科特金（Joel Kotkin）在其具有启示录式意义的著作《全球城市史》（The City：A Global

① 〔古希腊〕修昔底德：《伯罗奔尼撒战争史》，谢德风译，商务印书馆，2008。

② 梅保华：《论城市人文环境的建设》，《城市问题》1994 年第 3 期。

History）中指出，城市不只是“生活的机器”，同时还折射出这个地区的神韵、安全感以及生机等内在的品质。[①] 在书中，科特金把古往今来所有世界名城的基本特征，高度概括为六个字：神圣、安全、繁忙。这便是对城市人文环境的一种具体释义，体现了城市在意识形态、政府公共管理、社会生产等方面的文化特质。

“人文”（Humanism）一词，最早出现在《易经》“贲”卦的象辞上：“刚柔交错，天文也。文明以止，人文也。观乎天文，以察时变；观乎人文，以化成天下。”古人将“人文”与“天文”相对，人文指社会现象，天文指自然现象。我国权威辞书《辞海》对“人文”一词的解释是“人类社会的各种文化现象”。[②] 但是“人文”在中国并没有词源学基础，这个词源出于拉丁文“Humanitas”，意为人性和教养。欧洲文艺复兴时代，一些知识分子将“人文”用作原指同人类利益有关的学问，区别于中世纪教育中占统治地位的神学，这些知识分子就被称为“人文学者”（Humanista），他们所做的学问就变成了“人文主义”，其根本观念是倾向于对人的个性关怀。

“环境”（Environment）始见于《元史·余阙传》：“环境筑堡寨，选精甲外捍，而耕稼于中。”意为环绕所割的区域。《辞海》对“环境”一词的解释是“围绕人类生存和发展的各种外部条件和要素的总体”。[③]

《辞海》中没有“人文环境”这一词条解释，笔者从《公共关系辞典》和《房地产经济辞典》中找到的定义是“人类社会的文化环境”[④]“人文环境包括社区氛围、人文气候”。[⑤] 而在前人的相关研究中，“人文环境”通常被解释为一定社会系统内外文化变量的函数，而文化变量包括共同体的态度、观念、信仰系统、认识环境等。

根据以上相关定义，本文将城市人文环境定义为打上人文烙印、渗透人文精神的城市环境，它体现了人们对生活环境的文化衡量与人文要求，

---

① 〔美〕乔尔·科特金：《全球城市史》（修订版），王旭等译，社会科学文献出版社，2010。

② 夏征农、陈至立：《辞海》（缩印本），上海辞书出版社，2010，第1563页。

③ 夏征农、陈至立：《辞海》（缩印本），第782页。

④ 袁世全等：《公共关系辞典》，汉语大词典出版社，2003。

⑤ 叶天泉等：《房地产经济辞典》，辽宁科学技术出版社，2005。

是作为社会主体的人的人文素养、人文意识、人文品质、道德水准和文化心理素质等赖以生成和提升的社会文化背景。

二 城市人文环境的构成

文化是人文环境熏染而成的空间文化表征，它像是一种“气候”，表征着如“天气”般的城市人文环境。文化结构可以从不同框架进行划分。我国著名马克思主义哲学家、新中国哲学发展史的开创人肖前教授在《论文化的结构和功能》中认为，“物质文化、制度文化和精神文化是文化最主要的结构方式”。[①] 本文遵循这样的观点，将城市人文环境划分为物质的、精神的和管理的三种环境方面的人文状态。

（1）物质的人文状态：文物古迹、建筑群落、交通设施等，人们在创造它们的时候就把某种人文精神及其结构形式渗透于其中。

（2）精神的人文状态：城市的风俗文化、语言、艺术、时尚、传播、教育等精神现象，表现城市的生存方式与人文特点。

（3）管理的人文状态：政府关于城市环境的制度规定，市民应当遵循的规章与纪律，它表现为一种强制力量，体现制度对市民环境行为的约束与监督，是保护城市环境不可缺少的社会力量和制度环境。

以上三种形态的城市人文环境不可相互替代，但是，它们相互融入与相互制约，共同显现一个城市的人文环境的个性与品质。

国内以杨藻镜为代表的跨文化交际研究工作者以文化层面为依据，将文化分为表层、中层和深层三个结构。[②] 我们将城市人文环境进行分层，可以比拟为一种同心圆结构（见图 4－1）。

城市人文环境的各个层面相互作用、密切联系，形成一个浑然整体。作为表层的物质人文状态是城市的物质“外衣”；精神人文状态中的生产、分配、交换、消费层面在浅层，是城市的生命线和“肌肉”；中层的制度文化是城市的“骨架”和发展的支点，表层、浅层和深层出现的很多问题，深究其原因，往往就出在中层；而位于城市深层的精神的人文状态，是表层、浅层、中层的人文环境在人的头脑中的反映，是城市的“灵魂”所在。

---

① 肖前、陈朗：《论文化的结构和功能》，《天津社会科学》1995 年第 5 期。

② 杨藻镜：《第二语言教学中的语言对比与文化对比》（胡文仲：《文化与交际》），外语教学与研究出版社，1994。

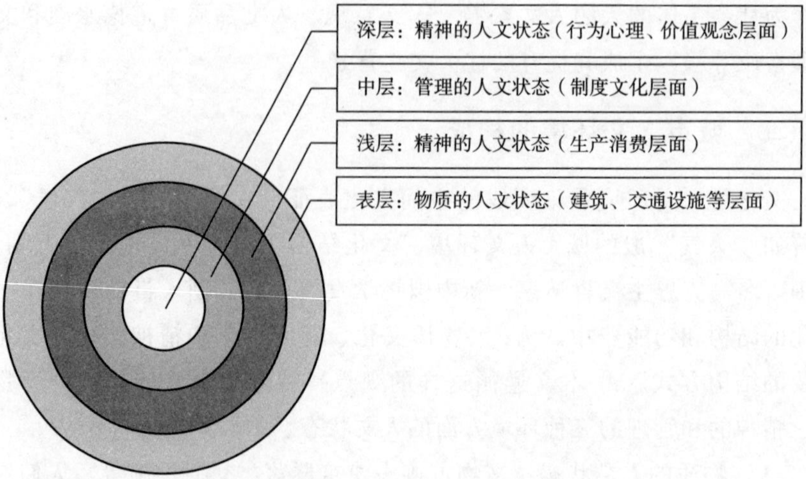

图 4-1　城市人文环境分层结构示意

从辩证唯物主义的观点——“物质决定意识，意识对物质具有能动反作用”来看，城市人文环境这四个层次的相互作用，就是物质与精神互相转化的具体体现。

第二节　体育赛事是城市人文环境的一部分

文化是一个大集合。1871 年，达尔文（Charles Robert Darwin）出版了解开人类起源之谜的经典著作——《人类的由来和性选择》（The Descent of Man and Selection in Relation to Sex），人类学由此开始从哲学和历史中独立出来。同年，第一位对文化概念进行人类学定义的学者——泰勒（Edward Tylor）也出版了他最著名的代表作——《原始文化》，泰勒运用了达尔文使用过的把结构（世界各民族文化的相对差异）还原为历史的方法，认为人类文化是进化的，文化的差异是进化程度的不同，每一阶段都是上一阶段的产物，并提出了狭义文化的早期经典学说，即文化是包括知识、信仰、艺术、道德、法律、习俗和任何人作为一名社会成员而获得的能力和习惯在内的复杂整体。① 体育文化和城市文化因划分的参照体系各

① 〔英〕泰勒：《原始文化：神话、哲学、宗教、语言、艺术和习俗发展之研究》（重译本），连树声译，广西师范大学出版社，2005。

异而各得其名并包含其中。六十多年后，享誉世界的文化史学家赫伊津哈（Johan Huizinga）提出了经典的理论命题："人类文化在游戏中发生并得以成立"，他将体育（Sport）现象置于文化的范畴展开讨论，指出"体育作为一种真正意义上的文化，不可或缺游戏的要素"。[①] 因此，体育是一个独立的领域，并与城市文化同属于文化的大集合。

同时，体育赛事本质上也是城市文化的一部分。依循德国哲学家恩斯特·卡西尔（Ernst Cassirer）的符号理论，体育可以看作满足城市居民需要的"文化符号"。[②] 刘易斯·芒福德（Lewis Mumford）在《城市文化》（The Culture of Cities）中是这样阐述城市环境的："（城市环境）会促使人类经验不断化育出生命含义的符号和象征，化育出人类的各种行为模式，化育出有序化的体制、制度。城市这个环境可以集中展现人类文明的全部重要含义；同样，城市这个环境，也让各民族各时期的时令庆典和仪节活动，绽放成为一幕幕栩栩如生的历史事件和戏剧性场面，映现出一个全新的而又有自主意识的人类社会。"[③] 体育赛事作为城市环境化育的人类文明的一部分，是城市居民所创造的文化符号，它从诞生之日起就携带着文化的特质，成为城市文化的一部分，并以各种形态存在于城市人文环境中的各个方面和各个层次（见图 4－2、4－3）。

第三节　体育赛事：一种城市文化产品

"现代营销学之父"菲利普·科特勒（Philip Kotler）在《国家营销》（The Marketing of Nations）中认为，一个国家，也可以像一个企业那样用心经营。在他看来，国家其实是由消费者、制造商、供应商和分销商的实际行为结合而成的一个整体。因此，国家营销应当突出自己的特点，发现自己的优势所在，提高自己的竞争力。[④]

---

① 〔荷〕赫伊津哈：《游戏的人》，多人译，中国美术学院出版社，1996。

② "符号－文化哲学"的创立者卡西尔提出，人是符号的动物，"人－运用符号－创造文化"是三位一体的过程，人正是通过创造出"文化符号"，满足人性的需要。参见〔德〕恩斯特·卡西尔：《论人：人类文化哲学导论》，刘述先译，广西师范大学出版社，2006。

③ 刘易斯·芒福德：《城市文化》，宋俊岭等译，中国建筑工业出版社，2009，第 1 页。

④ 〔美〕菲利普·科特勒：《国家营销》，俞利军译，华夏出版社，2003。

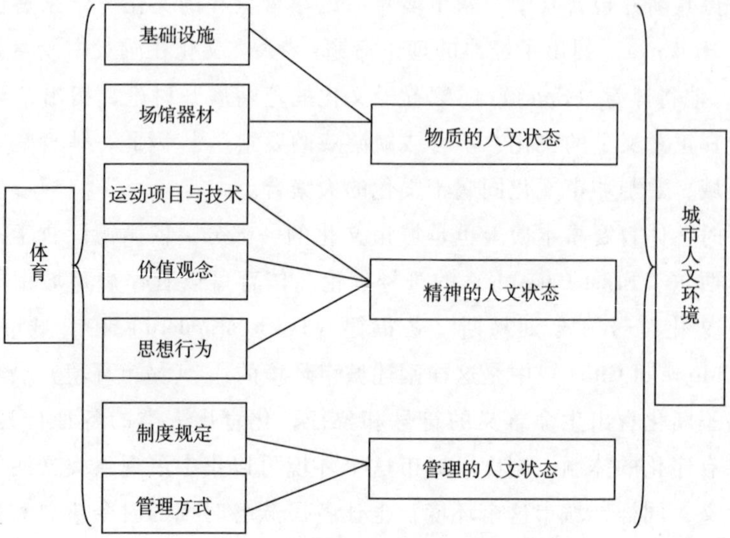

图 4-2　体育在城市人文环境中的存在形式

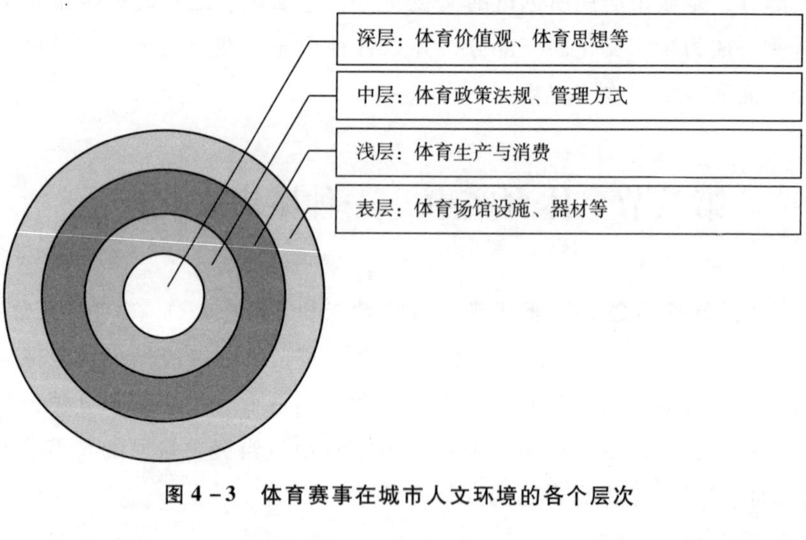

图 4-3　体育赛事在城市人文环境的各个层次

“城市营销”由“国家营销”的概念衍生而来，与国家营销有相似的特点。城市营销是营销城市人文环境，以满足居民、企业、旅客、资方等组成的本地市场、国内市场、海外市场，乃至互联网上的虚拟市场的需求，以获得城市发展所需要的消费、投资、出口所带来的资源。城市居民是塑造人文环境的主体。因此，城市营销的主体是城市居民和企业，以政府为代表的公共机构是资源的调配者，将公共资源应用于普通居民和企业不宜介入的公共产品。

前文中提到，城市是产品的集合体，体育赛事是一种城市产品。从城市营销的角度来看，我们的确可以将城市看作一个提供众多城市产品的品牌，由一系列的城市产品组成，包括机场、码头、电视台、博物馆、音乐厅、购物市场、办公大楼、工业园区等，也包括人们参加体育活动或观看体育比赛时所提供的场地和服务，例如：体育场馆、职业俱乐部、体育赛事等。因此，城市的体育文化产品是城市所有文化产品中的一种。它与其他城市产品相联系，通过塑造良好的城市人文环境满足市场需求，达到城市营销的目的。因此，当城市的管理者把体育赛事真正作为一个城市的文化产品品牌来建设和经营时，往往能对城市的文化、经济、社会生活等各方面产生出人意料的重大推动。

下文将从城市营销的角度出发，贯穿“体育赛事是城市文化产品”的观点，阐释体育赛事与城市人文环境的具体关系。

第四节　体育赛事与城市人文环境的具体关系

现代社会学和公共行政学创始人马克斯·韦伯在其对现代理性资本主义精神进行详细分析的伟大著述《新教伦理与资本主义精神》中提出了一个发人深省的假设：“任何一项事业的背后，必然存在着一种无形的精神力量；尤其重要的是，这种精神力量一定与该事业的社会文化背景有密切的渊源。”[①] 体育作为一种城市生活方式不断地被大的社会环境所雕刻着。现代体育形成与发展的基本特征，都与城市人文环境息息相关。正如美国著名体育社会学学者佐治· 塞格（George · H Sage）在谈到美国的体育产业时说的，它“不是一种孤立的文化现象，它是政治、经济和社会事件在过去两个多世纪的发展结果。它伴随着现代社会的发展而发展。它是先进的科技、工业化、城市化、人口快速增长和资本主义的发展的衍生物”。[②]

---

① 〔德〕马克斯·韦伯：《新教伦理与资本主义精神》，四川人民出版社，1986，第 3 页。

② George H Sage：Power and Ideology in American Sport，Unversity of Nonthem Colorado Human，Kinet Ics，1998.

体育赛事与城市人文环境相互依赖关系的建立，是在城市化的社会发展背景下完成的。城市在空间、人口、物质等要素上的高度集聚是体育赛事得以快速发展的重要基础。

首先，从人文环境物质层面的城市化发展来看，大量人口在城市集中，城市地域分工不断明确，这使得特定的人群开始在特定的地点参加体育活动。

其次，从精神层面来看，当人们逐渐接受并把体育活动融入自己的生活，再借助大众媒介的传播，体育便逐渐成为城市主流文化生活。

最后，从管理层面来看，随着城市制度的不断完善，这种人们聚集的体育运动也在一定程度上得到规范，于是出现了体育比赛、职业体育从业人员、体育俱乐部制度等。

因此，我们甚至可以认为，现代体育是历史上城市化进程中人口集聚造成生态环境恶化和资源短缺后，所形成的一种替代品，表现为健身手段、情绪宣泄、团队培养、意志力、凝聚力以及城市间竞争的手段与方法等。时至今日，城市人文环境仍然随着城市化发展的新特征，在新的层面上影响着体育赛事的发展方向。

前文指出了体育是城市人文环境的一部分，其本质是城市文化。由于体育赛事涉及人的生存方式问题，它与城市人文环境有着相一致的文化特性。

（1）人是主体，人的观念、行为和心态是体育文化最重要的组成部分。

（2）它是人的对象化活动的产物，同样包括物质文化、精神文化、管理文化等三方面内容。

（3）体育赛事体现着内在价值系统和外在行为模式的统一，同样与社会发展的民族性和时代性相适应。

这也是本文接下来在论及“体育赛事→城市”“城市→体育赛事”两组相对关系时，将它们进行整体分析的主要原因。

根据前文对城市人文环境内涵与结构的分析，笔者将从人文环境的物质、精神、管理三种状态的角度，分别论述城市人文环境与体育赛事的相互关系。

一　体育赛事与城市人文环境的关系——物质的人文状态

“我们构造了建筑物，然后建筑物构造了我们”，温斯顿·丘吉尔如是说。当我们来到一个城市，首先看到的是形态万千的建筑群落、纵横交错的交通道路、琳琅满目的商品和各式各样的公共设施，它们构成了物质状态的人文环境。

享誉世界的城市学家伊利尔·沙里宁曾经说过：“让我看看你的城市，我就能说出这个城市里居民在文化上追求的是什么。”物质的人文状态正是寄托在城市物质外壳中的文化痕迹，刘易斯·芒福德将其概括为“建筑的复杂变化总是随着文明的演进而发生”。[①] 也正如著名的社会学家和城市研究的权威学者曼纽尔·卡斯特尔所说，“城市和街区的布局和建筑风格，反映了社会中不同群体的斗争和冲突”。[②] 人文环境的物质表层不仅具有实用的物质性功能，而且还与精神功能相结合，如审美的功能、传播的功能、教育的功能等，并且，如城市地理学家万斯（James Vance）所认为的，“在适应新的经济需求和体现时代风尚的过程中不断增添新的物质内容，同时又为现在和将来的人们保存过去城市文化的痕迹”。[③] 这些见解，都进一步证实了马克思主义者的建筑环境观——物质状态的人文环境是占统治地位的生产力主导下的广义组织的一部分，并反映了潜在的社会关系、压力和矛盾。

（一）物质状态的人文环境是体育文化产品最基本的生产要素之一

体育赛事是城市文化产品，其基本的生产要素包括人的要素、物的要素及其结合因素。物质状态的人文环境是城市体育文化产品生产的物的要素，是最基本的生产要素之一。它记录体育文化的发展演进，为体育赛事的形成与发展提供地理环境和空间场所。因此，现代体育对物质状态的人

---

① 刘易斯·芒福德：《城市文化》，宋俊岭等译，中国建筑工业出版社，2009。

② 〔美〕曼纽尔·卡斯特：《认同的力量》（第二版），曹荣湘译，社会科学文献出版社，2006。

③ 〔美〕万斯：《延伸的城市：西方文明中的城市形态学》，凌霓、潘荣译，中国建筑工业出版社，2007。

文环境尤为重视，这在体育场馆的建造和选择上表现得尤为明显。

由于良好的体育场馆设施条件是体育赛事举办的最基本的条件，一般情况下，每项赛事由于赛事项目自身需要或赛事主办方、单项联合会的要求，而对体育赛事场地有较为细致和全面的要求，例如，国际足联对世界杯赛的体育场馆设施就有较明确的规定（见表 4-1）。

表 4-1　国际足联对世界杯比赛场馆设施的要求

项目	具体要求
数量	8 至 12 个比赛场馆
容量	1）小组赛、16 强、1/4 决赛的球场至少能容纳 4 万人（不包括媒体和嘉宾） 2）开场赛、半决赛和决赛球场至少能容纳 6 万人（不包括媒体和嘉宾）
座位设置	不得有阻挡视线的物体
观众席	具有 105×68 米大小、与观众席间距 7.5 米的自然草皮球场，两侧边线与球门后观众席的间距为 6 米
办公室	至少 10 间
训练场地	参赛队住处附近要有条件良好的训练场地

资源来源：国际足联官方网站，http：//www.fifa.com/。

奥运会作为世界规模最大、项目最全的体育盛会，对体育场馆、交通等公共设施都有十分明确的要求，例如对观众席位数的规定（见表 4-2）。在申奥过程中，申办城市要对本市体育场馆设施状况进行全面评估，并提出切实可行的建设方案，以迎合赛事需要。例如，为申办 2008 年奥运会，北京市对全市体育场馆设施情况进行了全面考察，并提出了进一步修建体育场馆设施的规划：计划使用 37 个比赛场馆；赛前无需任何改建工程的有 10 个；需要翻新的 5 个；需要新建的 22 个，其中 8 个专为奥运会新建（含主体育场）；新场馆的建设和现有场馆的改造将严格按照国际奥委会和各国际单项体育组织的要求进行，并符合未来体育场馆的数字化发展趋势和环境保护要求。①

美国是世界上最早开展职业体育的国家之一，其体育的商业化和社会化发展历程是人文环境中的物质状态作为城市体育文化产品最基本的生产

① 资料来源：根据《北京 2008 年奥运会申办报告》整理。

表 4－2　部分奥运场馆观众席位数标准

单位：万人

项　目	IOC 标准
田　径	6.0
篮　球	1.2
跳　水	0.5
足　球	5.0
体　操	1.2
游　泳	1.2
乒乓球	0.5

资料来源：参见豪格·普鲁斯《奥林匹克经济学》，北京体育大学出版社，2008，第 62 ~ 63 页。

要素，对现代体育发展产生重大影响。

20 世纪，美国的城市化革命大致经历了三个主要发展阶段：1820 ~ 1870 年“步行的城市”（Walking City）；1870 ~ 1960 年“工业化辐射城市”（Industrial Radial City）；1960 ~ 1980 年“郊区化的大都市”（Suburbanised Metropolis）。[①]这三个阶段的城市化发展有着鲜明的特点，在美国体育发展的过程中扮演着重要的角色。

“步行的城市”，顾名思义，城市规模小而紧凑，市民的生活范围都在步行距离之内，居民区离市镇的距离不会超过 2 英里。这一阶段美国城市人口的激增（见表 4－3）为体育人口增加提供了基本条件。城市人口就业难使体育比赛也逐渐成为一种可供选择的职业，从而推动了体育商业活动的出现。一些商人开始有意识地经营体育，即通过培养一批职业体育运动员专门从事体育赛事为自己赚取利益，以至发展到后来，直接推动了职业体育雏形的出现，1870 年，棒球成为第一个成功定位为联盟制度的体育运动项目。

但是，在这一时期，由于城市空间的拥挤，运动场地和设施受到了限制，普通市民只能在街头巷尾进行有限的体育活动，体育赛事一度被卷入了暴力、赌博和反社会行为中。在体育价值观岌岌可危的状态下，一项自

① RIESS S. A.，“*City Games: The Evolution of American Urban Society and the Rise of Sports*”，U. S. A，University of Illinois Press，1989.

表 4-3　1820～1870 “步行的城市” 阶段人口增长情况

年代	5000 人口以上的城市数目（个）	总人口（百万人）	城市人口比例（%）
1820	35	9.6	6.2
1830	56	12.9	7.8
1840	85	17.0	9.8
1850	147	23.2	13.9
1860	229	31.4	17.9
1870	354	38.6	22.9

资料来源：Yeates，Mauric. 1988. The North American City. Addison - Wesley Educational Publishers Inc.，p. 72。

上而下的关于“干净的体育活动”（Clean Sports）在美国城市开始推广，如号召市民参加团队性体育活动及非暴力体育运动，反对体育赌博等。而这一运动的首要措施便是促进运动场地和设施的修建。

到了“工业化辐射城市”阶段，体育空间的拓展与体育场地的专业化直接促进了体育的快速发展。美国全国范围内兴起了由各个市政府领导的“公园运动”，即在城市周围建立大型公园和配备健身设备，并向普通市民免费开放。上流的体育组织在城市中心地区建立了功能更趋完备的体育馆，在郊区也建起了一间间相对应并符合城市人群健身需求的体育俱乐部，体育活动渐渐成为美国主流社会的一种主要的休闲方式。介于这种公共和私人之间的另一种体育设施也开始出现向大众开放的私人经营的体育场馆及体育俱乐部，这些商业体育设施尽量修在离公共交通设施比较方便的地方。其中，有针对工人阶级的较小规模的经营性体育设施，如在城市贫民地区兴起的台球馆、保龄球馆等；有针对中产阶级的较大规模的户外比赛场，如在城市周边地区建立的球场等。这使得体育运动的参与形式逐渐丰富，也直接导致了体育分层现象的出现，即不同阶层的人们有自己的参与形式和体育组织，并以此作为区别身份的一种标志。另外，由于户外体育场需要大量的土地，在城市空间有限的情况下，新型的室内体育设施开始大量地在城市建设起来，如在贫民区的拳击馆或市中心的高级综合体育馆，这也改变了人们只能在户外运动的体育习惯。

第二次世界大战后，美国富有阶层和中产阶层大量从城市迁移到郊区，平民阶层留住在城市中心，工业区不断减少，美国的都市区经过郊区化而相互连接变成巨型城市带。“郊区化”的新城市化进程促进了体育的多元化发展。

首先，开发商们追随城市中产阶层的脚步，把体育设施移向郊区。而在此之前，体育中心主要集中在铁路公路网络连接便利的东北和中西部的工业城市，有利于不同城市之间体育俱乐部进行比赛。但是，随着一些新兴的大城市在东南、西南以及太平洋海岸的崛起和城市带的形成，以及民航的发展，很多高级俱乐部开始往新兴地区拓展，对设备和场地进行更新，加快了职业体育的发展。

其次，由于新城市的崛起，各城市设施齐全、多功能的公共体育场数量增加，各城市政府也通过此来吸引职业比赛的落地，城市间体育俱乐部的联赛也在这一时期得到加速发展。

（二）体育的物态形式承载并优化城市人文环境内涵

体育文化的物态形式（或称“体育物质文化”）主要包括体育器材、场馆设施等，它们与其他城市建筑一样，同为物质和精神的统一体，是不同时期、不同地域、不同人群的城市文化的物态形式，反映了体育活动的文化内涵和社会的文化心理。正如前文所提到的奥运会和世界杯对赛事场馆的明确规定，体育赛事对建筑有基本的功能要求，这实质上就是体育赛事与社会人文环境相适应的过程。人们对体育场馆的设计建造要求不仅在于它的使用功能，更由于不同城市人文环境的各式各样，需要一种贯穿历史、体现时代文化审美功能的体育建筑，体育的物态形式也由此促进整体人文环境的优化发展。

体育的物态形式承载了城市人文环境的精神内涵，例如，我国古代供体育活动的场所——“瓦市”便是深受我国传统文化影响下建造的体育建筑与综合游艺场所的结合。“瓦市”是用绳网或草荐围起来的简陋场地，其中为数不等的“看棚”（亦称“勾栏”）使整个体育活动空间具有较多观演区域，充分体现了我国传统文化影响下体育建筑不规范、随意的特征，以及中国传统体育中的娱乐性、教育性特点。过多的娱乐性和观赏性反过来进一步推动了中国古代的竞技体育向表演方向发展。而西方古罗马具有重视身体系统训练、强调对抗性和竞争性的人文大环境，在这种社会背景下所形成的古罗马竞技场的设计构造也体现出对抗性、竞技性和规范性等与其人文环境内涵一脉相承的特点。

通过对比中西现代体育建筑的特点，也能很清晰地发现人文环境差异所带来的体育物态形式的迥然不同（见表4-4）。例如，我国“天人合一”的哲学观点造就了体育建筑注重体现整体和谐的特点，如天津“水滴”体育场，而西方“天人相对”的人文思想使体育建筑的设计也趋向于体现建筑物本身的高大雄伟和线条清晰，例如，亚特兰大奥运会主场馆佐治亚穹顶、雅典奥林匹克体育中心等。

表4-4 中西人文环境和体育建筑形态的差异

		人文环境	体育建筑特点
中国	哲学基础	崇尚中庸、天人合一 对于事物的评价标准是模糊的、混沌的	注重整体和谐
	思维方式	感性、类比、拟人 注重万事万物是自然生长出来的	强调“有”与“无”、“虚”与“实”的比较 设计侧重由里而外，内部空间丰富
	语言文字	象形结构，注重感情的流露	注重情感，赋予设计对象某种象征性意义
西方	哲学基础	主张天人相对、人定胜天 注重事物之间的逻辑性、精准性以及辩证的方法论	高大、雄伟、清晰
	思维方式	客观、理性、逻辑推导 注重万事万物是被制作出来的	强调对称性与几何形体 设计侧重自外而内，内部空间相互关联
	语言文字	语音结构，注重逻辑的联系	注重逻辑生成，强调体育建筑最终的理念表达和造型塑造

但是，必须指出的是，随着全球经济一体化的发展，现代体育物态形式的发展逐渐呈现中西融合的趋势，例如西方建筑师参与中国体育建筑设计。但是，关注当地特有的人文环境、实现体育建筑与当地人文环境的和谐统一，是建筑师工作的主要目标，也是社会环境赋予建筑师的成功关键。例如，由中国建筑工程总公司、澳大利亚PTW建筑师事务所、ARUP澳大利亚有限公司联合设计的中国国家游泳中心“水立方”，这个看似简单的“方盒子”是中国传统文化和现代科技共同“搭建”而成的，承载了

中国传统文化中“天圆地方”、讲究纲常伦理的思想。

现代体育的物态形式也越来越强调对人文环境的优化功能，例如南半球最大的室内多功能体育馆——悉尼超级穹顶体育馆在设计和建造的过程中就充分考虑了赛后利用和节能问题，配置了大量的商业和服务空间（如包厢设置）以及屋顶太阳能发电系统，体现了体育与娱乐的双重设计。2000 年悉尼奥运会结束后，该馆成为悉尼娱乐及会议机构使用最频繁的场所，并赢得了 1999 年拔克西杰出建筑环境实践奖。该馆在与人文环境充分融合上的突出表现，也为未来体育场馆的发展指出了方向，国际奥委会主席萨马兰奇因此称悉尼奥运会为历史上最成功的奥运会。

而另外一个场馆，世界上最著名的大型综合性体育场馆纽约麦迪逊广场花园的发展历程，就是一部纽约城市文化史。与“花园”同属于波兰家族的 NHL 联盟的纽约游骑兵队、NBA 联盟的纽约尼克斯队、WNBA 的纽约自由队理所当然地把这里当作主场。截至 2010～2011 赛季的 NBA 和 2010～2011 赛季的 NHL，“花园”已成为 NHL 历史上最悠久的舞台，也是居奥克兰甲骨文球馆之后，NBA 历史上第二悠久的球场，被称为“篮坛麦加”，并且是拥有 100 年历史的米尔罗斯室内运动会的举办场地。1976 年、1980 年和 1992 年民主党全国代表大会，2004 年共和党全国代表大会都在此举办。纽约警察学院、巴鲁克学院、纽约市立大学和耶什瓦大学每年都在这里举行毕业典礼。美国第一场商业体育赛事，也是拳击史上第一次商业比赛就在第一代麦迪逊诞生。它在商业上的辉煌历程起始于“花园”第一个业主泰克斯·里卡德主办的系列拳击比赛创下的拳击史上第一个超过百万美元票房收入。之后，麦迪逊广场花园成为拳坛麦加，一名拳击手能到麦迪逊广场花园登台比赛就将意味他的职业拳击生涯达到了巅峰。

麦迪逊广场花园不仅举办体育赛事，纽约市的诸多大型音乐盛会都在麦迪逊广场花园落户。很多国际知名歌手都以在麦迪逊广场花园举行个人演唱会为荣，所以亦有很多经典演出发生在此。其中尤为著名的包括乔治·哈里森为孟加拉国举办的音乐会、为悼念“9·11”恐怖袭击丧失的生命而举办的音乐会、约翰·列侬的谢幕演出等。

涉及体育、文艺、政治等领域的许多具有重大意义的时刻都在这里定格，因此，“花园”成为纽约人心目中意义非凡的标志性建筑，顺理成章地出现在美国各种各样的电影和电视节目中。例如麦迪逊广场花园曾多次出现在风靡全球的美国情景喜剧《Friends》的镜头中。电影《蝙蝠侠》中的许多拳击场面就发生在一个被称作“纽约广场花园”的场馆里头。麦迪逊广场花园作为纽约城市文化的物态存在成为美国文化产业以外其他部门的创作素材和生产资料。而其他文化产品的出口并在全世界范围内被消费强化了麦迪逊广场花园作为纽约乃至美国文化的载体的作用。

拥有126年历史的纽约麦迪逊广场花园是纽约城市文化的物质载体，经过历史的洗练，已经成为纽约的地标性建筑，成为纽约市一道独特的风景，所有到纽约的旅客一定不会忘记参观它。麦迪逊广场花园跟随纽约城市变迁的脚步，不断地由最初的一个简陋的体育场，扩展为全世界最著名的综合性多功能现代大型场馆，经营者依靠敏锐的市场嗅觉推动其朝着更好地为纽约市民服务的方向发展。

1879年，第一座花园广场在26街的麦迪逊广场启用。1890年，新花园体育馆紧挨着麦迪逊大道落成，这是一个划时代的建筑，它的主塔高达32层楼，主厅能安置8000个座位，是当时世界上最大的体育馆。1925年，花园搬到50街，主要以举办拳击比赛闻名于世。目前的麦迪逊广场是于1968年2月11日正式开馆迎宾的花园四代。1991年，面对有所调整和分化的市场需求，花园的业主花费2亿美元翻新球馆，并拆除一部分观众席后新增了89个豪华套间。事实上，美国的体育场馆在19世纪80年代还没有高端营销，直到19世纪90年代早期，豪华包厢开始成为体育场馆盈利的重要手段。在此之后，花园业主多次斥资数亿美元对其内部空间进行重新设计和改装。这一切投入都是为了通过花园空间利用最大、服务最优化的实现以满足日益膨胀的文化消费市场需求，纽约城市化进程不断加快，土地资源的紧张导致城市建设强调城市空间（尤以地下公共设施建设为代表）的拓展和建筑设计的功能性。

宾夕法尼亚铁路公司将宾州火车站所在地出售给急于寻找地皮建设新体育馆的花园公司，最终促成“地上是麦迪逊广场花园，地下是全美最大的火车站曼哈顿中央火车站”这一开先河之壮举。到如今，多条纽约地铁能够通往这里。这既给麦迪逊的消费者提供了交通便利，又为纽约城市交通减轻了运转负荷。从今天看来，这一具有战略性和前瞻性的布局几乎考虑到了纽约市民参与观赏性、娱乐性、集会性活动所涉及的方方面面，一切问题在一个良性循环中迎刃而解。

最终，麦迪逊广场花园成为宾夕法尼亚州办公和娱乐中心，被誉为宾夕法尼亚州广场（Pennsylvania Plaza），更因为在铁路之上修建而被简称为佩恩广场（Penn Plaza）。

反观我国城市体育场馆经营建设存在的问题。广州体育学院谭建湘教授在接受《南方都市报》记者采访时说："体育场在建造的时候就根本没有考虑赛后运营的问题，现在我们建体育场馆，首先考虑的都是哪里有空地。做规划的是一班人，赛后经营又是另一班人，这让不少场馆从一开始就先天不足。为（广州）亚运会而建的亚运城体育馆有着同样的问题，体育馆建在莲花山边上，尽管政府修了路，区域内还建有运动员村，但房子是卖出去了，周围依旧一片荒凉。那里毕竟不是番禺的中心区，周围都还是农田，配套设施跟不上，根本不会有人气。现在政府一年要投入几百万的运作经费，场馆都不敢开门，开门了会亏得更多。"[①] 由于汽车使用率高，许多发达国家实际比中国更具备在未开发地区建造新体育场馆的条件，然而，"体育场馆不能建在偏远地区"又是国外体育场馆选址普遍坚持的一个原则。例如，纽约当年申办 2012 年奥运会时为坚持这一原则，最后商议决定将纽约最大的垃圾场迁走，填平用于建馆。

二　体育赛事与城市人文环境的关系——精神的人文状态

1995 年，在哥本哈根举行的世界首脑会议上通过的《行动纲领》提出："社会发展的终极目标是改善和提高全体人民的生活质量。"城市化不仅体现在城市人口增长、城市范围的扩大、城市规划与基础设施的完善等方面，更表现为城市制度的引进以及城市生活方式的普及，如美国规划大师刘易斯·芒福德所指出的，"贮存文化、流传文化和改造文化，这大约就是城市的三个基本的使命"。[②]

《公共关系辞典》将人文环境的精神形态解释为"政治思想、宗教信仰、道德伦理、价值观念、风俗时尚等，表现在人们的行为模式和公共秩序之中。对人们的行为起着耳濡目染、潜移默化、广泛深远的作用，是体

---

① 谭建湘：《赛前规划与赛后利用严重脱节 先天不足仍靠政府买单》，《南方都市报》2011 年 12 月 3 日。

② 〔美〕刘易斯·芒福德：《城市发展史——起源、演变和前景》，宋俊岭、倪文彦译，中国建筑工业出版社，2005。

现社会文明程度、渲染社会气氛的重要标志”。[①] 城市人文环境精神状态的更新是城市人文素质的综合反映，具体体现在城市发展水平的方方面面，从而影响体育各个方面的发展。正如长期研究现代中国体育史的北京体育大学客座教授苏珊·布朗内尔（Brownnell, S）在 1995 年所作的《中国的身体训练：人民共和国道德秩序中的体育》（Training the Body for China: Sport in the Moral Order of the People' s Repulic）中，对实践、道德和意识形态等精神状态对体育的影响进行研究后得出的结论：例如，传统的毛泽东思想“批评与自我批评”在运动员的日常生活中不断被强调，还通过“思想教育”、“自我测评”和无数次会议等方式一起把无所不在的主流意识形态加之运动员；人文环境中关于个人的传统文化观念对运动员的自我发展和自我社会感也有着重要的影响，如中国运动员通过参加体育比赛从普遍认为的“社会低层”向“上流社会”流动；中国的阴阳文化赋予武术的刚柔皆有的特性，也使武术不仅仅专属于刚性十足的年轻男性等。[②] 这些都证明了城市人文环境的精神形态与体育赛事有着千丝万缕的联系。

（一）体育赛事成为颂扬和强化城市人文精神的一种方式

体育赛事的人文内涵是城市人文环境不可或缺的组成部分。刘易斯·芒福德在《城市发展史》（The City in History）中提出“城市戏剧”（Urban Drama）[③] 的理论，在《城市是什么?》（What is a City?）中，芒福德将城市形象地称为“社会活动的剧场”。[④] 前国际体育社会学会主席约瑟夫·马奎尔（Joseph Maguir）在其对体育社会学理论进行深度专题阐述的著述《理论诠释：体育与社会》（Theory, Sports and Society）中将体育比作在剧场中上演的“现代道德剧”，展现人类作为个体、群体以及相互之间关系的基本真理。[⑤] 事实

---

① 袁世全：《公共关系辞典》，汉语大词典出版社，2003，第 35 页。

② Brownnell, S.,“*Training the Body for China: Sport in the Moral Order of the People's Repulic*”, Univisity of Chicago Press. 1995。

③ 也有学者把“城市戏剧”（Urban Drama）称为“城市剧场”或“城市剧院”。本文以宋俊岭翻译的《城市发展史》中的译法为标准。

④ 〔美〕刘易斯·芒福德：《城市是什么?》，许纪霖：《帝国、都市与现代性》（知识分子论丛第 4 辑），江苏人民出版社，2006，第 193 页。

⑤ 约瑟夫·马奎尔、凯文·扬：《理论诠释：体育与社会》，陆小聪主译，重庆大学出版社，2012，第 2 页。

上，体育赛事只有与深层次的文化意义和个人意义相联系时，才会被市民所重视，并为市民提供集体参与和认同的机会，进而成为城市人文环境中颂扬和强化文化内涵的一种方式。例如，与体育比赛联系在一起的国歌、国徽和国旗强调了冠军代表的是一个国家，而俱乐部代表的是各个城市，夺得冠军的城市队被赋予了集体英雄主义的精神。体育赛事的象征意义以及冠军所起的作用甚至比单纯的民族主义、爱国主义更加深刻。当上海将姚明作为城市形象代言人，伴随着“无数个姚明，好一个上海”的宣传口号出现在大众视野中时，姚明成为比在 NBA 获胜更有意义的象征符号。

全世界最疯狂、最忠诚的球迷恐怕要数红色军团了，他们建立了球迷、城市、俱乐部之间的最坚不可摧的紧密联系。如在利物浦市 800 岁生日之际 liverpoolfc. tv 与球迷联盟 RTK 全力参与了文化名城的宣传。

在利物浦的民俗研究中，Spionkop 是不可缺少的一环。1900 年 1 月 23 ~ 24 日，独立的南非共和国与英国军队在南非发生的一场史称 Spionkop 的战役令英国军队伤亡惨重，这场战役最终以英方战败而结束。因此，英国本土各地多有以 Spionkop 命名的建筑物特别是球场或看台来纪念这次战役中死伤的子弟。

全英大约有 50 个球场有以 Spionkop 命名的看台。利物浦的看台是最早以它命名的，利物浦人的祖祖辈辈都在安菲尔德 KOP 看台高歌，百年多来，KOP 早已成为利物浦死忠球迷的代称，无论辉煌还是苦难都陪伴在利物浦球队身边。包含着凝聚、永不言弃、特立独行等种种人文内涵的 KOP 精神经过世代流传，早已渗入家族血液。

《你永远不会独行》是他们的信仰，只要球员在赛场全力拼杀即使失败也会得到 KOP 最热情的鼓舞。KOP 在 2004 - 2005 赛季英格兰联赛杯总决赛赛场刷新了一项“在体育场内球迷制造的最高噪音纪录”的吉尼斯世界纪录，这样的呐喊足以让球队自豪并在其他俱乐部面前颜面十足。2005 年欧洲冠军联赛 1/4 决赛前，意大利和英格兰媒体都看好尤文图斯，KOP 的“恐怖气氛”帮助利物浦战胜了强大的对手……面对球迷的拥护，利物浦俱乐部尊重每一个球迷乃至每一个利物浦人。2007 - 2008 赛季欧冠半决赛，一位身患绝症的利物浦小球迷莱母·哈克得到了他最心爱的签有利物浦球员姓名的球衣，莱母·哈克最终穿着深爱的球衣长眠在利物浦城。2004 年，利物浦俱乐部在经济状况极端困难的情况下，因为利物浦本地球迷的不认可，最终依然没有同意当时泰国总理他信的注资……

最终，KOP 精神成为这座城市文化所凝练的最有别于英国其他城市并震撼世界的利物浦精神。利物浦球队这支以城市名字命名的俱乐部已然成为利物浦市的形象化身和城市名片。

（二）城市人文精神决定了体育竞赛产业的发展程度与方向

彼得·霍尔在《明日之城》（Cities of Tomorrow）中谈到："什么将再次推动城市经济的增长？这一角色可能会由其他部门来担当，例如艺术、文化娱乐、教育、健康服务以及旅游。另外，人们预测高科技将与创造性部门相连接，以创造出新的产业，如多媒体、教育和娱乐的新组合……所有这一切都可以通过信息的完全数字化，以及与以往彼此分离的技术（广播、计算机和远程通信）融合为一体而得以实现。"[①] 的确如此，在现代电子采集技术与远程通信技术高度发达的今天，体育赛事已然与以电视为代表的媒体融为一体，成为城市营销不可缺少的绝佳手段，也成为体育产业得以发展推动的关键所在。而体育赛事与媒体的关系不仅在经济空间里紧密相连，还在文化空间里被紧紧联系在一起。体育赛事、运动员以及相关体育事件在媒体封面上的描绘方式与当下的文化环境以及意识形态有着密不可分的关系，这些都影响着人们如何看待体育以及社会。

从产业性质的角度来说，体育产业属于第三产业，它和其他产业具有相同的经济性质，并具备其他产业所不具备的特性——极强的文化性。因此，城市的文化基础深刻影响着体育产业的市场状况，体育产业的产生与繁荣必定建立在人文素质的高度普及基础上。正如芒福德所指出的，"城市之所以能够从农村地区中分化出来，形成自身特有的职能结构和形态，首先是由于有市场中心，由于有工业制造业，由于它具有一些机构和组织，能给居民提供文化娱乐和教育服务。农庄、市场、制造业，这些是城市存在的基础条件；但是，其目的，正如亚里士多德所说，是为了培植一种高尚的生活。这样，在其居民和城市组织机构之间，就构成一种确定的联系"。[②] 城市人文环境对城市居民的影响既是直接的也是间接的，城市的历史积淀影响城市文化

---

① 〔英〕霍尔：《明日之城》，童明译，同济大学出版社，2009。

② 〔美〕刘易斯·芒福德：《刘易斯·芒福德著作精萃》，宋俊岭、宋一然译，中国建筑工业出版社，2010，第 274 页。

的厚重程度，并对城市中居民的整体文化水平产生作用。

本文在第三章“体育赛事与城市经济相互关系”中，对城市的 GDP 总量与体育赛事数量的关系做了大致分析，并从统计数据中发现，我国部分能源型城市如新疆的克拉玛依市，内蒙古的包头市、鄂尔多斯市、阿拉善盟，山东省东营市，黑龙江省大庆市等，它们的人均 GDP 虽然相对较高，但是所主承办赛事数量却远远低于其他城市（见图 4－4）。究其原因：一方面，我国能源型城市的建市时间大多在 20 世纪 50 年代左右，物质的人文状态的匮乏、精神的文化状态的缺失以及制度文化的不完善，致使它们从建立之初起就缺乏最为基本的人文环境根基；另一方面，由于它们具有能源占有的绝对优势，拥有天然的城市经济实力，长期忽视对社会、科技、环境等综合发展能力的培养；然而，体育赛事本质上就是城市文化，而这些新兴的能源型城市由于缺少健全的人文环境，自然也就失去了体育竞赛产业发展的土壤和水分。

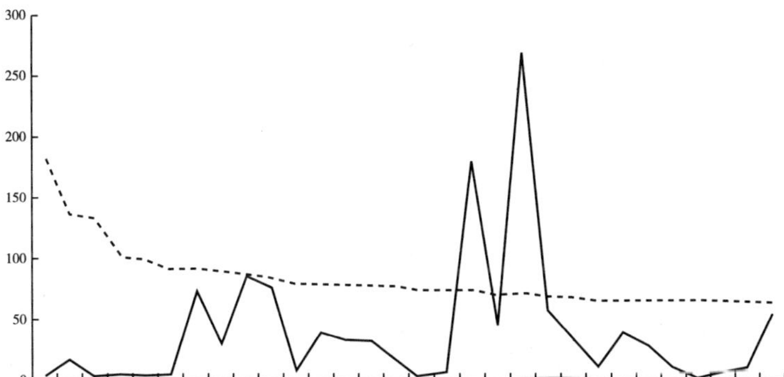

	克拉玛依	鄂尔多斯	阿拉善盟	东营	大庆	包头	深圳	无锡	苏州	广州	嘉峪关	佛山	大连	珠海	威海	海西州	乌海	上海	天津	北京	杭州	宁波	呼和浩特	青岛	常州	长沙	铜陵	镇江	淄博	南京
- - - 人均GDP（千亿元）	181	136	132	102	99	92	92	90	87	83	79	78	77	77	76	74	73	73	70	70	68	67	65	165	64	64	64	63	63	62
—— 赛事数量	3	17	3	4	3	4	73	30	85	76	6	39	33	31	17	1	4	182	43	271	56	34	10	38	27	9	1	7	10	53

图 4－4　国内人均 GDP 排名前 30 城市的赛事数量

南方新兴城市——深圳的发展是相似的例证。深圳提出的发展目标是“新加坡的环境，香港的效率”。“下一步，就是叫板新加坡、叫板香港”。——2010 年 8 月 9 日，在深圳特区建立 30 周年之际，面对电视前的亿万中国观众，深圳市委书记王荣公开讲出这句话。有人说，“深圳是有城市没文化”。且不论深圳相比新加坡和香港在经济规模上的“硬差距”，其在政府效率、民生保障、社会管理和文化影响力等人文环境因素上的“软差距”也较大。服务业占国民经济的比重是衡量一个城市社会发展程度和现代化水平的一个重要标志，从三个城市的服务业所占 GDP 比重的情况来看（见表 4－5），深圳市人文环境的“软差距”可窥一斑。

表 4－5　深圳与香港、新加坡发展比较（2009 年）

指标	深圳	香港	新加坡
占地面积（平方公里）	1953	1104	710
居住人口（万人） （每平方公里人口数）	1447 (7409)	703 (8783)	499 (7055)
GDP（亿美元）	1201	2107	1822
人均 GDP（美元）	13581	30100	36537
进出口总额（亿美元）	2702	6655	5139
集装箱吞吐量（万标箱）	1825	2093	2590
机场旅客吞吐量（万人次）	2449	4617	3700
制造业和服务业占 GDP 比重	43.9∶53.2	2.2∶92.1	18.6∶65.5

资料来源：参见钟坚《香港新加坡转型经验对深圳的启示》，《开放导报》2011 年第 1 期。

2005 年 9 月，在深圳经济特区成立 25 周年之际，时任中共中央政治局常委、国务院总理的温家宝在深圳召开经济特区工作座谈会上指出：“把创新作为特区发展的生命线和灵魂。”① 奥地利经济学家熊彼特（J. A. Joseph Alois Schumpeter）以其创新理论闻名于世，他认为创新就是建立一种新的生产函数，或是将一种从未有过的关于生产要素和生产条件的“新组合”引入生产体系。而这些生产要素和生产条件全都是城市人文环境中存在的城市产品，因此，城市进行社会创新的基础一定是要有相对健全的人文环境。前上海市对外经贸委员会常务副主任叶龙蜚在谈到浦东发展时说道：“我们使用的不仅是深圳的方法‘筑巢引凤’（喻指自己建基础设施和标准厂房，创造优良的投资环境，吸引外来资金），而且还采用海南省洋捕的方法‘引凤筑巢’（喻指由外国商人投资、建设整个地区），还有厦门正在采用的战略‘引凤带巢’（喻指邀请外国商人来投资土地开

① 新华网：《温家宝深圳考察 创新是特区发展的生命线和灵魂》，http://news.xinhuanet.com/newscenter/2005－09/14/content_3489918.htm。

发，并把他们的投资伙伴也带来）。”《明日之城》（Cities of Tomorrow）的作者彼得·霍尔（Peter Hall）举此案例并点评道：“它体现了部分的（尽管是最发达的部分）贫穷国家着手按照陡峭的曲线进行发展。”这不禁让人想起芒福德在《黄金时代》中关于欧洲移民对美国国家精神起源的影响的深刻思考，他认为，“困扰美国作家的问题，就是如何在一个文化片面性的社会环境中生存下去，以及如何在此基础上继续实现社会创新”，“多数美国作家，面对这种快速发财以及投机取巧的社会文化，都不同程度、不同方式上，表现为‘裹足不前或腐足前行’”。一个按照这种“筑巢引凤”、“引凤筑巢”或者“引凤带巢”建起的城市，人文环境何以构建？城市文化何以储存？体育产业的发展更是举步维艰。这从深圳、香港、新加坡三地体育产业发展的一组数据上可以得到证实。

根据新加坡理事会（SSC）青年及体育部部长维文（Dr. VivianBalakrishnan）在第4届年度CEO大会上公布的数据，新加坡2010年时体育产业总产值超过了10亿美元。新加坡体育理事会计划：到2015年体育产业为国民生产总值贡献达到20亿新元（约合16亿美元），创造两万个体育相关的就业机会，未来五年将主办更多的高品质体育赛事，如F1赛车（赛车史上首场夜赛取得商业成功，为新加坡带来约1亿美元的旅游收入）、新加坡华侨银行自行车赛等。[①]

香港体育产业主要包括两个门类：第一个门类是体育用品（包括运动服装）的生产、营销、销售和贸易；第二个门类是体育设施的提供与服务。2000年，香港体育产业增加值为201亿港元，占香港GDP的1.58%。其中体育用品进出口贸易增加值为68.33亿港元，体育场馆服务为39.65亿港元，健身中心为31.89亿港元。香港体育产业大约有61339名从业人员（占香港就业人口的1.9%），其中有大约17000人来自运动服装、运动鞋和体育设备的进出口行业。体育产业派生的就业人口为19000人，因此体育产业就业人口与派生就业人口总数为89300人，占香港就业人口总数的2.5%。[②] 而香港居民体育消费情况更是体现了其体育产业的蓬勃发展（见表4－6）。

---

① 体育用品网：《国际体育产业概况及发展趋势》，http：//www.3spo.com/news/201112/24/25566.htm。

② 林显鹏编译自香港体育发展局《体育对香港的经济影响》，《体育科研》2003年第24卷第6期。

表4－6　1998～2000年香港居民体育消费情况

年份	体育参与情况（%）	人均体育消费（港元）	体育消费总额（估算值）（亿元）
1998	54	3574	109
1999	45	4573	115
2000	44	3450	91

资料来源：林显鹏编译自香港体育发展局《体育对香港的经济影响》，《体育科研》2003年第24卷第6期。

2005年，深圳市体育产业总产出为24.47亿元（其中体育用品业总产出为13.35亿元，体育服务总产出为11.12亿元），实现增加值12.41亿元，较上年增长7.4%，加上暂时难以列入统计范围的体育服装、鞋帽、运动竞赛型自行车以及体育中介、会展、培训、旅游、传媒等领域的增加值，深圳市整个体育产业增加值约为40亿元。①

由于资料收集的困难，以及体育产业统计数据相对较为缺失，笔者上文所述的新加坡、香港、深圳体育产业发展的三组数据并非同一年度，但是，由于前后时间相差不远，加之体育产业规模差距较大，采取以定性分析为主导的思想，基本可以看出深圳体育产业发展程度与新加坡、香港的较大差距。

与此同时，城市的人文精神决定了体育赛事的发展方向。

棒球在美国和日本最受欢迎，但是两国的棒球文化有所差异，源于美国蕴含美国主流价值体系的棒球传到日本后受到日本文化的渗透。1873年，棒球由美国传入日本。现在，日本人对棒球的钟爱可谓是如醉如痴。不善言辞、含蓄委婉的日本人只要聊到棒球时，都能够滔滔不绝地讲起自己喜欢的球队和选手以及对棒球的认识。而日本的电视台哪怕有很大的时差也会坚定不移地转播实况。

两国对棒球有着不相上下的狂热，但是对棒球的理解却不尽相同。我们从他们表达对棒球的热爱的歌曲中可见一斑。

美国棒球史专家沃那佛尔森介绍，最流行的首推1908年诞生的《带我去球场》，这首歌主旨为年轻人热衷棒球赛以从中获得快乐。而一首日本高校棒球歌体现了他们对这项运动的另外一种理解："花为樱花，人乃

① 《深圳体育产业基地获"国"字号牌匾》，《深圳特区报》2007年4月8日。

武士，一千个青年一千武士的魂，青年该当报效国家，誓言飘洒在学校的高岗，承载世间的名誉。德才兼备是第一，优秀之名誉不可弃，比起富士的高山啊，节操义烈勇全齐。为了实现心中理想，当对日月磨腕力，剑术柔道和射击，棒球比赛更需去。”

美国人将棒球运动当作一种游戏和社交方式，具有大众性和民主性的特点；出于对西方文明的敬畏和羡慕，日本将学习棒球当作追赶西方文明的一种手段，并在棒球中融入了隐忍、坚持、奋勇的武士道精神。日本棒球历史学家罗伯特·惠廷曾称甲子园的高中棒球比赛是“日本青少年纯净精神的庆典”。有日本学者认为，甲子园对大和民族而言就是一座精神丰碑，它带给日本年轻人“永不放弃”这一信仰。

来自美国的棒球在东方找到了一片热土，那么中国武术文化又如何在西方社会立足，在其传播过程中我们需要突破哪些障碍？

对外文化传播首先必须充分考虑接受者的感受，寻找适合接受者的传播方式，才能做到有的放矢。如果我们自说自话，所传播的文化信息接受者完全不理解，传播也就中断和失败了。

虽然“Kongfu”是目前中国文化中国际认知度最高的文化符号，但是中国武术文化没有真正被西方社会所认知，其文化价值体系产生的根源被忽略，各类影视剧及小说的渗透和影响作用较多，其本身的文化内涵反而被模糊化和神秘化了。究其原因，就在于我们没有使用合理的传播方式，错误的传播方式成为武术文化传播的主要障碍。

合理的传播方式应该是一种在工业化和商业化背景下的标准产品市场化运作的方式。可是，当今中国武术仍然派系林立，对外传播的武术文化内容不统一，且含糊笼统，甚至导致“很多外国人分不清‘太极拳’‘中国武术’‘传统功夫’‘武术’等词的异同”。例如，我们在传播武术文化的过程中习惯使用“博大精深”这样的词汇，以此来形容中国武术文化历史脉络的久远和文化底蕴的深邃，但恐怕没有几个人能完整精确地说出中国武术的博大精深之处，这往往使中国武术文化在接受者心目中成为一种玄而又玄的虚化存在。根本原因在于我们往往重视艺术标准而忽视技术标准。

中国武术在西方国家的普及程度与同为东方文化代表的日本柔道、韩国跆拳道相比，难以望其项背。原因在于柔道和跆拳道在向国外积极推广的过程中进行了全面的改进和标准制定，甚至具体到服装、礼仪都进行了仔细的考虑。如韩国各个武术门派在20世纪50年代达成一致，推出他们所谓的“国技”即“跆拳道”。韩国武术家们在跆拳道的竞赛规则、技术特点、等级分类等方面不断进行规范化和标准化的改进，对其在世界范围内的推广起到了决定性作用。自1972年至今，竞技跆拳道比赛规则已进行过12次重大修改，改变规则的目的在于促使技术的进一步创新和提高，使运动员最大限度地展现技术能力，进而提升比赛的观赏度。

2008年由中视体育娱乐有限公司发起并完全拥有自主知识产权的中国武术职业联赛（WMA），在武术竞赛形式的标准化、规范化上迈出了突破性的步伐。它在中国已有的129个拳种的基础上提炼出的30招标准化技法作为中国武术技法精华的集大成者，具有实战性，更具观赏性。WMA既体现中国武术文化的特色又完全符合国际职业格斗比赛技法标准化和裁判明晰化的要求，是目前为止中国武术在职业化、国际化道路上最有力和最彻底的变革。

三　体育赛事与城市人文环境的关系——管理的人文状态

马克思（Karl Heinrich Marx）认为，“人的本质并不是一个人生来固有的抽象的东西。人的本质实际上就是社会关系的总和”。[①] 制度来源于社会关系，凡勃伦（Veblen, T.）在《有闲阶级论》中指出：“制度实质上就是个人或社群在某些关系或某些作用方面的流行思想习惯。”[②] 制度无法与个人或社群所处的社会、文化、经济背景隔离开，它通过强制性的社会力量对体育运动产生深远影响，而体育赛事以其独特的方式塑造和表现着城市的生存方式和人文特点，系统反映出基本的人类社会制度，成为城市人文环境的一个缩影和高度象征。

（一）体育赛事是人文环境的缩影和象征，对社会秩序具有维持和整合的作用

德国社会学家顾瑟·卢森（Luschen, G）在1982年对体育的内部系

① 马克思：《关于费尔巴哈的提纲》，朱光潜译，《社会科学战线》1980年第3期。

② 〔美〕凡勃伦：《有闲阶级论》，蔡受百译，商务印书馆，2009。

统以及体育作为一个社会系统和其他社会系统的关系进行了新的结构性分析，并得出：体育系统反映出了基本的人类社会制度，体育中的竞争性和分级制就是我们现代社会的一个缩影。[①] 卢森在研究中总结了体育团体作为一个社会系统，它的结构与相应社会功能的对应表（见表4－7）。

表4－7 体育团体作为一个社会系统的功能

结构层次	功能性问题
价值观（成就感、公平性等）	范式的维持
标准（对比赛的定义，比赛的规则制定，对最佳团队的定义等）	整合
小集体主义（进攻或防守，团队核心领袖，派系主义、友谊等）	目标的达成
角色（团员的正式、非正式权利与义务，团队中前锋，调解人，替罪羊等角色）	适应

资料来源：Lu schen，G. "The interdependence of sport and culture"，*International Review for the sociology of Sport*，1967：2，127－142。

体育赛事作为"人类社会生活中大规模的社会实践"和"一种规模宏大的社会文化系统的整体性行为"，[②] 不仅仅是物种意义上的人的生物性活动，也是人文意义上的人的文化活动。职业棒球、职业篮球、职业橄榄球和职业冰球是美国影响最大、发展最为完善的职业体育项目。它们是美国传统文化与现代竞技文化有机结合的产物，在某种程度上，美国的职业体育是美国社会的一个缩影，包含了球队、球员、资方、联盟、政府之间的复杂关系，体现了美国社会的规则制度。正如布鲁姆（Brohm，J. M）在《体育：测量时间的监狱》（A Prison of Measured Time）里所提到的，"（体育）在意识形态上再造了资本主义的社会关系，例如民主选举、统治集团、屈服和服从等。其次，它传播着特定体育机构的意识形态，包括竞争、纪录和成绩；最后，它也大规模传播着占统治地位的资产阶级意识形态，如超人神话、个人主义、社会成就、成功和效率等"。[③]

2012年，NFL在美国《Fast Company》杂志评选的全球50家最具创新力的公司和组织中排名第15，而位于这份榜单前三的分别是苹果、

① Luschen，G. The system of sport－problems of methodology，conflict and social stratification in G. Luschen and G. Sage（eds），Handbook of Social Science of Spor. Champaign，IL：Stipes，1981，pp. 197－213.

② 袁旦：《〈美国体育管理理论与实践〉评介》，《体育文化导刊》2003年第1期。

③ Brohm，J. M；A Prison of Measured Time：Ink Links. 1978，p. 77.

Facebook 和 Google。NFL 所获得的巨大成功源于在职业体育制度制定和体育赛事商业化运作方面的诸多创新之处，近年来还成为 NBA 羡慕和学习的楷模。

事实上，美国职业体育联盟在同一政治、经济、文化背景下有着共同的形成机制。在联盟内部、俱乐部之间追求利润最大化这一原动力的驱使下，形成的竞争与协作的利益博弈方式的制度化、契约化存在，保证了赛事产品的质量，并将交易和运转成本最低化。联盟的存在就是为了保证运动中的平衡，并且通过一整套严密的内部治理模式来实现。追求利润最大化是商业社会的本质属性，而与之匹配的制度和契约则是为了降低商业中的运行成本，竞争伴随对利润的追逐愈演愈烈，但是协作或者说合作的目的则是俱乐部之间在共享部分资源的基础上形成迈克尔·波特所谓的企业竞争优势，这种竞争优势来源于企业构建的庞大的合作系统，《竞技体育发展之路：走进美国》形象地称之为“命运共同体”。最终，联盟演变成一个成型的社会缩影，并且随着社会的变迁不断调整系统内部环境以确保生存发展。

四大联盟在管理方式上仍有所差别，NFL 的特别之处在于它通过全美最高程度的收入共享制度和最严格的硬工资帽制度确保各支球队间经济实力和竞技实力的平衡，即保证公平竞争的环境来保证赛事的精彩性和市场的繁荣。小城市球队叫板纽约这样的大城市球队对观众而言更有噱头、更有挑战意味，如 2011 年来自人口仅仅 10 万的绿湾小城的绿湾包装工队最终夺冠的事例就是“美国梦”的经典励志故事，这样的比赛结果足够振奋人心、足够让人们热血沸腾并且相信“美国梦”永远存在，并且让人们带着这样的好梦继续工作生活。NFL 不仅仅制造梦境，而且制造对未来的希望，它给在困惑中彷徨的人们以崇高的精神指引。NFL 不仅是美国社会的缩影，橄榄球的精神内涵更是美国传统文化的杰出代表。

橄榄球培养并传承了在美国社会生存所必需的竞争精神，形成了通过个人不懈努力获得相应回报的社会心理趋向。正如道格拉斯·麦克阿瑟（Douglas MacArthur）所说，“没有什么比这项竞技体育更加迅速地培养出果断决策能力、迅速行动能力、心理与体力的协调能力，以及攻击性和勇气。也没有什么可以如此迅速牢固树立起难以定义的集体精神、集体利益与自豪感，而这些就是我们所必需的”。美国主流文化中竞争与合作的对立统一哲学、高度工业化和商业化社会要求的高精准度在这里得到完美展现，正如中国 NFL 第一人王凯曾说过的，“NFL 的运动精髓是团队配合，而战术更是精准到令人吃惊的程度，所以这也是一项充满智慧的挑战”。

（二）城市的制度环境是影响体育赛事生存与发展的关键因素

美国学者约翰逊（Johnson，A. T）在论及城市制度与公共政策对体育的影响时，有一段鞭辟入里的论述：“美国现代化的职业体育是联邦政府、州政府和地方政府利用公共政策共同资助的结果。如果没有职业体育行业的税收优惠政策，没有对 NFL－AFL 的合并和职业棒球大联盟免除反托拉斯法，没有对各联盟在电视和广播转播权的整体出售上免除反托拉斯法的各种限制，职业体育的经济情况和商业运作将会大不一样。同样，如果没有公共部门对体育设施的资助，没有当地政府和州政府提供的低于市场价格的设施租金、各种税收减免，以及其他形式的补贴，职业体育的经济情况和商业运作也会大不一样。那些没有被纳入大联盟的体育组织和赛事（即二流体育市场）与大联盟和超级联赛的情况都是一样的。”[①] 本章在开篇时提到，位于中层的制度文化是城市的“骨架”和发展的支点，表层、浅层和深层出现的很多问题，深究其原因，往往就出在中层。因为，城市管理者主导下的制度环境决定了城市的整体优势，影响整个城市系统高效和有序的协调运行，因此，城市的制度环境是影响体育赛事生存与发展的关键因素。

体育领域的管理和相关制度法规的执行须在现有更高层次的法律规范和约束下进行。欧洲足球领域的球员转会制度自从博斯曼法案以来开始受到欧盟法的强力冲击。

1990 年，球员的转会规则是：俱乐部在招募其他俱乐部中合同到期的球员时必须向球员原属俱乐部支付转会费。而当时法国的敦刻尔克俱乐部因为无力支付巨额转会费无法招募效力于比甲列日队合同已到期的球员让·马克·博斯曼。这名球员以俱乐部违反了欧盟“关于欧盟各国公民有

① Johnson，A. T.（1993），“Rethinking the sport－city relationship：In search of partnership”，*Journal of Sport Management*，7，pp. 61－70.

权自由选择居住地和自由择业”的《罗马条约》为由将列日队、比利时足协和欧足联一并告上欧盟法院，欧盟法院于 1995 年 12 月 15 日裁定有欧洲联盟公民资格的足球运动员在与俱乐部合同期满后，有权在不支付任何转会费的情况下到欧盟另外任何国家踢球；同时，有欧洲联盟公民身份的运动员在欧洲联盟任何地方踢球时，有关外国运动员限制的规定予以废除。

本法案之后，欧洲联盟各个国家国内足协按照博斯曼判案陆续修改了足球运动员转会规则。最终于 2001 年经过欧盟委员会与国际足联、欧洲足联的艰难谈判达成协议并发布了新的《国际足联运动员身份及转会规定》。多方博弈后产生的新的转会制度并没有就此杜绝转会纠纷的产生和彻底根除转会费问题，相关问题仍然是足球领域面临的重大课题。欧盟法与球员转会规则的改革之间的关系越来越紧密。

事实上，博斯曼法案反映的不仅仅是欧盟法对英国球员转会制度的改变，而且是欧盟法对欧洲足球行业自治的影响和监管，至此之后，欧洲足球包括的电视转播权法、俱乐部合并法规等种种法律体系开始置于欧盟法律主要是欧盟法中竞争法的监管和调控之下，欧洲足球从此遭遇严格的法律审核，这加快了欧洲足球的法制化进程。

改革开放后，我国确立了以公有制为主体、多种所有制经济共同发展的经济制度，民主开放的政治制度，丰富多彩的文化制度，形成了自主、开放和积极进取的社会生活方式。社会制度和生活方式的改变对体育赛事的发展产生了深远的影响。在经济形态上，我国逐步向社会主义市场经济体制转型；在社会组织上，城市管理制度最大的变化是“单位体制”的改革，国家所有制的单位逐渐成为独立的经济实体或事业机构，企业组织的行政性弱化，社会成员的身份属性弱化。社会主义市场经济体制的确立和“单位体制”的改革使得社会组织对城市生活的影响不断增加，逐渐开辟了公共领域和私人领域的界限，直接促使了“单位体育”① 的弱化，促进了社区体育的迅速崛起。在这种情况下，体育参与在城市中不仅是一种公共集体行为，而且成为市民的个人生活，从而为体育的全面发展提供了更

① “单位体育”指为了提高职工的身体健康水平和劳动生产率，树立单位形象，促进单位文化建设，增强企业凝聚力，单位职工在单位内、行业内和特定区域内单位间开展的各种体育活动的总称。

大的空间。

计划经济体制下，我国城市社会体育的结构是由政府系统、体总系统、单项体协系统、人群体协系统、行业体协系统构成的“五线合一”的形式，最后集中指向“单位体育”（见图4－5）。城市体育管理系统（见图4－6）的末梢只到区级，没有延伸到城市的基层社区，而是将“单位”作为个人体育利益取向的原点，政府和单位基本行使了全部社会体育管理职权，使本来属于体育的社会空间行政化。体育难以深入基层开展经常性活动，体育的参与者也仅限于单位职工而非全体市民，难以实现群众体育的普遍化和生活化。几十年来，“单位体育”“职工体育”几乎成了中国社会体育的代名词。体育社团实际还是被政府所管理，缺乏自主性和适应市场的能力，这也是职业俱乐部制度在中国举步维艰的原因。

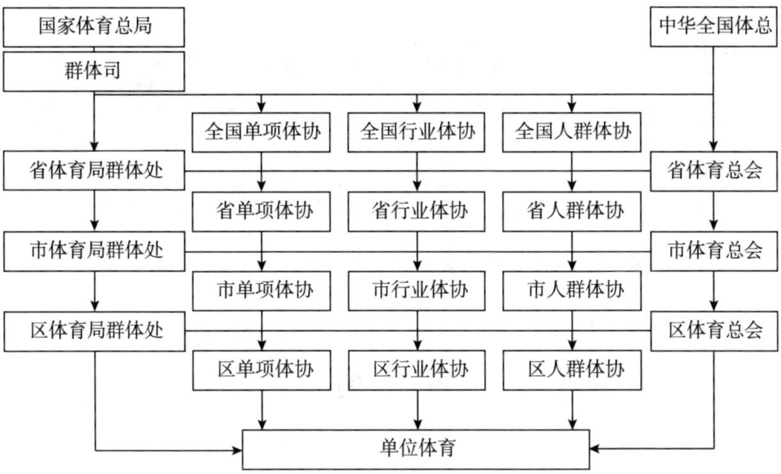

图4－5　计划经济时期城市社会体育组织管理结构

资料来源：参见熊欢《城市化与市民体育的兴起——美中城市体育发展之比较》，《体育科学》2008年第1期。

随着城市经济体制改革的深入，“单位体制”得以淡化，社区功能不断强化，我国的体育组织管理体系随之发生变化。这样的体育管理制度降低了社会体育管理重心，强化了体育的社会管理职能，带动了基层体育社会组织的发展。社区体育的组织、场地设施、活动等都在社区内，既方便组织管理，又便于居民参与，这些都使实现体育赛事的普遍化和生活化成为可能，推动了我国体育社会化的进程。

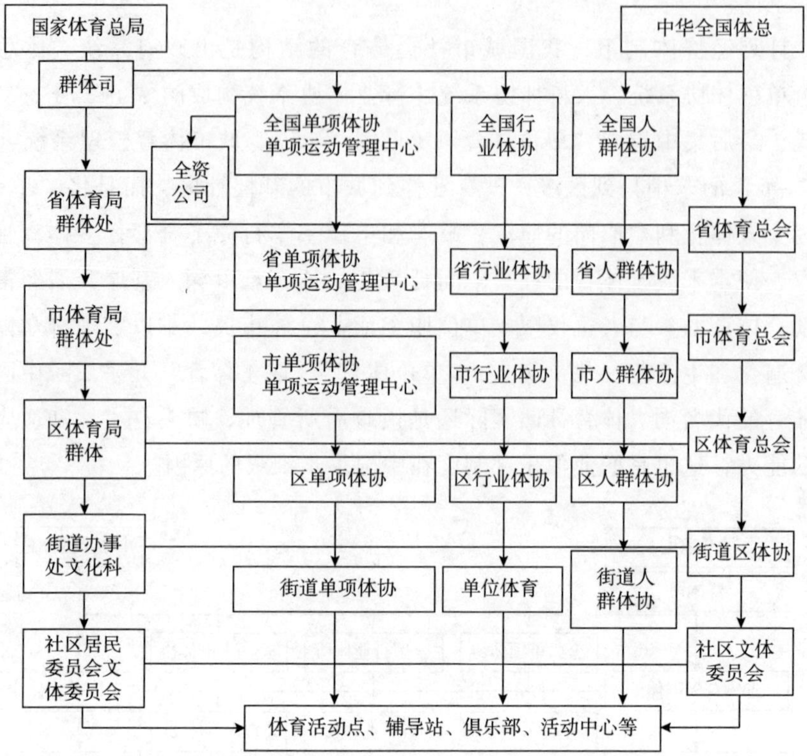

图4-6 市场经济体制下的城市社会体育组织管理

小　结

城市人文环境是打上人文烙印、渗透人文精神的城市环境，它体现了人们对生活环境的文化衡量与人文要求，是作为社会主体的人的人文素养、人文意识、人文品质、道德水准和文化心理素质等赖以生成和提升的社会文化背景。城市人文环境可以划分为物质的、精神的和管理的三种环境方面的人文状态，它们构成了人文环境的四个层次。

体育是一个独立的领域，并与城市文化同属于文化的大集合，同时，体育赛事的本质也是城市文化的一部分。体育赛事作为城市环境化育的人类文明的一部分，是城市居民所创造的文化符号，它从诞生之日起就携带着文化的特质，成为城市文化的一部分，并以各种形态存在于城市人文环境中的各个方面和各个层次。

城市的体育文化产品是城市所有文化产品中的一种。它与其他城市产品相联系，通过塑造良好的城市人文环境满足市场需求，达到城市营销的目的。因此，城市的管理者把体育赛事真正作为一个城市的文化产品品牌来建设和经营，往往能对城市的文化、经济、社会生活等各方面产生出人意料的重大推动。

体育赛事与城市人文环境相互依赖关系的建立，是在城市化的社会发展背景下完成的。城市在空间、人口、物质等要素上的高度集聚是体育赛事得以快速发展的重要基础（见图4－7）。我们甚至可以认为，体育是历史上城市化进程中人口集聚造成生态环境恶化和资源短缺后，所形成的一种替代品，表现为健身手段、情绪宣泄、团队培养、意志力、凝聚力以及城市间竞争的手段与方法等。时至今日，城市人文环境仍然随着城市化发展的新特征，在新的层面上影响着体育竞赛产业的发展方向。另外，由于体育赛事涉及人的生存方式问题，它与城市人文环境有着相一致的文化特性。

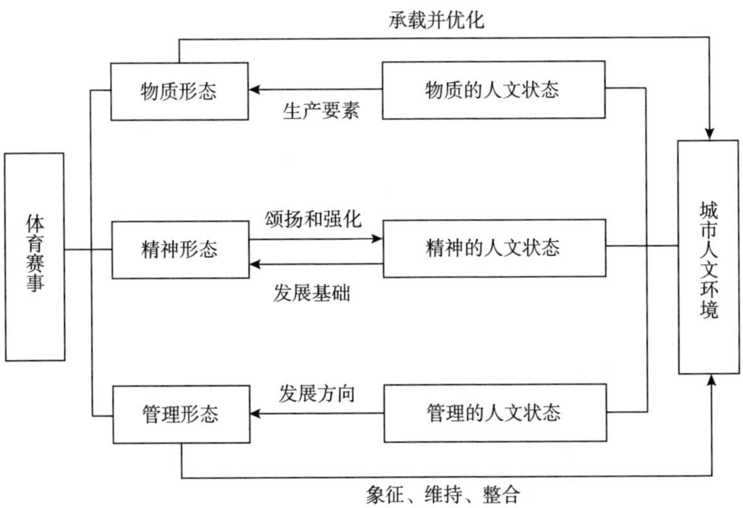

图4－7　体育赛事与人文环境关系模型

物质状态的人文环境是城市体育文化产品最基本的生产要素之一。它记录体育文化的发展演进，为体育赛事的形成与发展提供地理环境和空间场所。体育文化的物态形式反映了体育活动的文化内涵和社会的文化心理，承载了城市人文环境的基本内涵。体育赛事的物态形式通过表现其使用功能，体现时代文化的审美功能，促进整体人文环境的优化发展。

体育赛事只有与城市人文环境的精神内涵和城市居民个人意义相联系时，才会被市民所重视，并为市民提供集体参与和认同的机会，进而成为城市人文环境中颂扬和强化文化内涵的一种方式。城市的文化基础也深刻影响着体育赛事的发展程度与方向，体育产业的产生与繁荣必定建立在人文素质提升的基础上。

城市人文环境中的制度无法与个人或社群所处的社会、文化、经济背景隔离开，它通过强制性的社会力量对体育赛事产生深远影响，而体育赛事以其独特的方式塑造和表现着城市的生存方式和人文特点，系统反映出基本的人类社会制度，成为城市人文环境的一个缩影和象征，并发挥对社会秩序的维持和整合的作用。

第五章 体育赛事在全媒体时代打造城市影响力

第一节 城市影响力

一 影响力

在当今社会，“影响力”（Influence；Reference power）早已成为一个众人皆知、耳熟能详的词汇，广泛见诸于报纸、杂志、电视和网络等多种媒体。在百度上输入“影响力”，可以得到大约 1 亿个相关结果；在中国知识资源总库——中国知网上将“影响力”作为关键词进行搜索，共有 65106 条文献。

根据现代汉语词典的解释，“影响”一词被定义为“以间接或无形的方式来作用或改变人或事的行为、思想或性质”。[①] 简单来说，影响力就是指影响的能力。搜索中国知网，影响力的解释共有 3030 条，涉及大大小小多个学科，包括管理学、市场营销学和心理学等。由于研究角度各异，各学科对影响力的理解也各不相同。《中国卫生管理辞典》从心理学的角度出发，将影响力定义为“一个人在与他人交往中，影响和改变他人心理和行为的能力”，[②] 目前风靡世界的畅销书《影响力》正是由美国的一位知名心理学家罗伯特·西奥迪尼所著，作者主要从心理学的角度研究社会上无处不在的影响力；《企业管理学大辞典》则从企业管理的角度出发，认为“影响力就是指领导者对被领导者的思想和行为施加影响的能力”，[③] 影响

① 吕叔湘、丁声树：《现代汉语词典》，商务印书馆，2005。
② 武广华：《中国卫生管理词典》，中国科学技术出版社，2001。
③ 陈佳贵：《企业管理学大辞典》，经济科学出版社，2000。

力的主体与客体是领导与被领导的关系；而市场营销领域则更加注重对品牌影响力（Brand Influence，BI）的研究，品牌影响力从广义而言，是对各利益相关者（包括股东、雇员、顾客、社区等）影响程度的综合体现，可细分为政治、经济和社会影响；狭义上则专指企业的品牌影响力，即在消费品牌过程中引起的消费者态度、行为倾向与认知，是品牌所具有的驱动消费者产生某种认知、评价及行为意愿的效应。①

虽然各界对影响力的理解存在差异，尚未形成统一意见，但综合以上几种观点并结合实际，本文认为影响力就是一个主体将其缔造的优势信息，通过多种传播载体或传播渠道，直接或间接地辐射至一个客体，并对客体产生效果的能力。主要由四个要素组成：一是发挥影响的主体；二是用以发挥影响的内容；三是用来传播内容的方式即渠道；四是被影响的客体。这四个要素缺一不可，其中，发挥影响力的主体范围广泛，既可以是个人也可以是群体或组织，既可以是物质也可以是精神，既可以是建筑景观也可以是山川河流（见表5－1）。但不论主体是谁，影响力都一定要充分借助人的力量才能实现。

表5－1　影响力主体的多种分类

影响力的种类				
管理影响力	国际影响力	领导影响力	政治影响力	论文影响力
素质影响力	行为影响力	个人影响力	直接影响力	间接影响力
教师影响力	自然影响力	客观影响力	权力影响力	媒介影响力
校长影响力	学术影响力	心理影响力	人格影响力	城市影响力

影响力虽人皆有之，但强弱程度各不相同，并且随着客观环境、主体性质以及交际对象的变迁，影响力的作用也会发生相应的变化。现在很多公司、机构或行业动辄投入大量人力、物力和财力，声称要提升影响力，但实际上最终能达到预期效果的少之又少。这是因为影响力的塑造与提升绝非一朝一夕之事，影响力的打造必须围绕被影响的客体，从主体、内容

① 刘凤军、李敬强、李辉：《企业社会责任与品牌影响力关系的实证研究》，《中国软科学》2012年第1期，第117页。

和方式等三个因素上进行努力。首先，要加强主体的自我建设，进一步壮大自身实力。比如作为领导，要想提升在下属心目中的影响力，就必须率先垂范，如果自己的工作表现无懈可击，那么在下属心目中影响力的提升也就指日可待。其次，要优化传播的内容，结合自身的特色与客体的喜好去选择内容，尽可能激发最大的化学效应。最后，选择正确的传播渠道，充分把握全媒体时代的传播特点，方能取得最好的效果，产生最大的影响力。

对城市而言，若要提升自身的影响力，传播内容和传播渠道同等重要，两者需要紧密结合，互相作用，才能获取最大的效应。城市一方面需要顺应全媒体时代的传播趋势，整合媒体资源，全方位地进行宣传曝光。另一方面也需要选择能够产生积极影响的事件作为传播内容。如 2010 年上海通过举办世博会向世界全面展示了城市风貌。世博会是一项由主办国政府组织或政府委托有关部门举办的有较大影响和悠久历史的国际性博览活动，由于举办时间长、展出规模大、参展国家多、影响深远，又被誉为世界经济、科技、文化的“奥林匹克”盛会。[①] 作为第一次在发展中国家举办的世博会，上海世博会历时 184 天，在参展国家数量、游客人数和媒体报道等方面创下了多项纪录：共有 246 个国家和国际组织参展，逾 7308 万人次的海内外游客参观，同时还接待了 18.6 万人次的中外记者。国际社会对世博会的广泛参与、持续关注和媒体的大量报道毫无疑问提升了上海的城市知名度和影响力。

二　城市影响力

格迪斯和布兰德福都曾说过，“城市作为一个社会器官，通过它的运行职能实现着社会的转化进程。城市积累着、包蕴着本地区的人文遗产，同时又以某种形式、某种程度融汇了更大范围内的文化遗产——一个地域，一个国度，一个种族，一个宗教，乃至全人类的文化遗产。因此城市的含义一方面是一个个具有个性的城市个体——它像是一本形象指南，对你讲述其所在地区的现实生活和历史记录；另一方面，总体而言，城市又成为人类文明的象征和标志——人类文明正是由一座座富有个性的具体城

① 词条《世界博览会》，百度百科，http：//baike. baidu. com/view/5159. htm。

市构成”。由此我们可以清楚地了解到，城市间在现代社会形成竞争是因为城市本身必然携带着扩张基因。每一个城市都在企图扩张并成为城市间的强者，都在渴望成为具有影响力的城市，城市就是这样在不断地创建自己的文明。

目前，全球有形形色色的城市影响力评选活动。美国知名的科尔尼咨询公司（A. T. Kearney，ATK）每年都会发布“全球最具影响力城市”的榜单，其考核依据有五个方面：工商业活动、人文因素、信息流通、文化氛围、对全球政治的影响。其中，“体育场馆和赛事”被归为文化氛围这一主指标下（见表5－2）。

表5－2　ATK全球最具影响力城市评选标准

序号	主指标	子指标（举例）
1	工商业活动	全球500强企业落户数量、商贸交易额
2	人文因素	人口成分，例如外国出生人口比例、教育成就和大学质量等
3	信息流通	国际性传媒数量、宽带用户和信息管制程度等
4	文化氛围	博物馆、体育场馆和赛事、餐饮美食和文艺演出等
5	对全球政治的影响	外交使团、智库与国际性机构数量等

国际知名的物业顾问莱坊公司（Knight Frank）在确定全球最具影响力城市榜单时，主要依据4大指标，即经济活力、政治地位、科学水平和生活质量。而福布斯在“全球最具影响力新兴城市”的评选活动中，也主要从四个方面进行考核：一是基于万事达卡全球新兴市场指数（Master Card Worldwide Emerging Markets Index）的情况，该指数共包括4个标准，即商业环境、经济增长、经济环境（评估信贷市场和投资者保护情况）以及衡量股票、债券、衍生物和商品交易规模的金融服务环境；二是该城市经由民用航空和水陆交通与全球的联系情况；三是该城市的教育与联网情况；四是生活质量以及安全状况。①

通过上述评选活动，不难发现这些权威评选活动的考核细则均有相通之处，那就是：对一个城市影响力的判定既包括对城市内在经济发展、基

① 佚名：《全球最具影响力城市中国四城市入围前十》，福布斯中文网，www. forbes. com。

础设施、生活质量等方面的考核，也包括对城市外在形象、品牌和知名度的考核，同时还包括对城市未来前景的展望。据此，本研究将城市影响力分为三个子影响力：一是内在影响力。内在影响力是城市的核心竞争力，主要指基于城市的经济活力、文化水平、基础设施、交通通信等综合实力，对个人、组织或周边区域产生影响的能力。二是外在影响力。正如前文所说，城市是一个产品的集合体，拥有工业、商业和文化等多种产品。城市的外在影响力就是指城市通过产品的营销，塑造城市品牌、提升影响力的能力。三是潜在影响力，主要指基于内外在影响力的共同作用，推动城市未来发展的能力。其中，内在影响力为外在影响力提供基础，外在影响力又能促进内在影响力的提升，两者关系紧密，缺一不可。现如今大量城市都希望能够提升城市影响力，但并未成功，主要原因就在于割断了内外在影响力的关系。有些城市只是埋头进行建设，城市往往不为人所知，在招商引资、开发旅游等方面存在困难；有些城市则是举办各种大型活动，进行大量的宣传推广，推动知名度的提升，但缺乏良好的基础设施、服务环境作为支撑。前者忽略了外在影响力可以促进内在影响力的提升，缺乏打造城市名片、塑造城市品牌的意识，后者则忽视了内在影响力是外在影响力的根基，如果自身实力欠缺，那么外在影响力将始终无法落地生根。因此，提升城市影响力，必须从内外两方面着手：一是不断完善城市的自身建设；二是选择正确的内容和渠道塑造城市品牌、提升城市知名度。

综上所述，城市影响力集中体现了一个城市的经济、文化、公共机构等综合实力，又反映了城市的知名度和吸引力以及在所处区域的地位，同时还揭示了城市的未来发展方向。加强对城市影响力的建构和提升，将有助于城市在未来形成强大的竞争力。

第二节　城市传播力决定城市影响力

原国家广电总局局长王太华曾在全国广播影视局长会议上的讲话中，提出“传播力决定影响力”，明确了传播力的重要性。[①] 传播力之所以决定

① 杜永明：《传播力决定影响力》，《中国广播电视学刊》2008 年第 2 期。

影响力，是因为传播力是影响力得以发挥的前提。现如今，随着手机、网络等新媒体的发展，我们已然进入“全媒体”时代。对于任何一个国家、政府、城市、企业或个人而言，影响力的建设和提升都离不开传播力的支持，“酒香不怕巷子深”的时代已一去不复返。

“传播力”概念的源头主要有两个：一是以大众传媒作为传播主体对传播力所做的界定。2003 年，清华大学教授刘建明在《当代新闻学原理》中，最早提出“传播力”概念。他认为“传播力是媒介传播力的简称，指媒介的实力及其搜集信息、报道新闻、对社会产生影响的能力。从外在层次上看，传播力包括媒体规模、人员素质，传播的信息量、速度、覆盖率及社会效果，其中传播效果是媒介传播力的主要表征”。传播内容的权威性、媒介人员的素养、媒体管理水平、技术手段和资本是传播力的五个决定性因素。[①] 传播力研究的另一分支，则是将社会机构、组织、团体甚至个人视为传播主体。以社会组织为传播主体进行的研究可追溯到 2006 年郭明全的《传播力：企业传媒攻略》，书中首次提出了“传播力就是竞争力”的观点。前文提到城市是产品的集合体，因此，可以将城市视为一个大的企业探讨其传播力的打造。云南省昭通市市长王敏正在《市场经济学》的前言中这样写道：“无论行政管理，还是经济调控，市长都是一个市域的‘总经理’，其作用非常关键。”周其仁在该书的序中用科斯的观点阐释了超级公司的想法：“科斯对国家超级公司理论同意又不完全同意的理论探索，不但解释了为什么在‘看不见之手’主导的市场交易里会源源不断产生内部由‘看得见的老总之手’管控超级国家公司的改革路线——分权、放权、收缩计划命令的范围，扩大价格机制发挥作用的空间，直到形成在市场经济基础上的形形色色的公司来组织生产和交易。”由此，我们可以更加清楚地了解一个城市即使被视为一个“企业”，但是也很清晰地说明这是一个由企业集合体组成的城市，仅仅赛事产品的生产就是由众多相关企业联合生产与交易的结果。企业品牌的传播力也同样带动城市传播力的提升。

一个城市运用新闻、广告、公关、营销等手段，通过大众传媒或其他媒体组合方式对城市缔造的优势信息进行传播，以此实现城市品牌打造、

① 刘建明等：《新闻学概论》，中国传媒大学出版社，2007，第 40 页。

知名度和影响力提升的能力，就是城市的传播力。

城市传播力的强弱与传播渠道和传播内容密切相关。在全媒体时代，城市如何整合多种媒体形式，充分利用各媒体的优势，最大限度地发挥传播功效对城市传播力的提升至关重要。在利用多媒体传播渠道的同时，需要进一步丰富和完善传播内容，俗话说："巧妇难为无米之炊。"没有精彩的内容作为主导，即便拥有强势的传播渠道，宣传也会苍白无力。

澳大利亚政府就曾充分利用传播渠道和传播内容做文章，积极实现其重点城市品牌的升级。在运用传播渠道方面，其采用了"广泛的媒体计划"，先后邀请了3000多家国外媒体来到澳洲各地进行采访，重点是采访都市乡村一些时尚的变化，这些媒体先后制作了价值约23亿美元的宣传素材，在世界各地广为传播，澳大利亚将国外媒体的传播功效发挥到了极致；在传播内容方面，澳大利亚通过举办国际大型活动引起世界的关注。2000年悉尼举办奥运会并常年举办澳网公开赛等国际大型活动事件，使得在随后的2001年，悉尼创造了举办49次国际会议的纪录，这使它成为世界五大会议目的地城市。[①] 通过举办国际性会议，澳大利亚的众多城市被越来越多的人所认识。

任何一个在国际上或者在区域有影响力的城市几乎都会把城市举办赛事活动作为城市营销的重要手段之一，比如，东京市政府为了推动城市营销专门指定了八项切实的政策，其中之一就是倡导体育运动，为孩子打造希望。东京曾在2008年加入申办2016年奥运会的大军，其之前设计的十年规划的最后一年就是2016年，此项十年规划既是东京的城市计划，也被认为是奥运会期间的城市品牌战略。舒密尔在2006年曾经谈道，大型体育盛会的相关基础设施的开发与经济趋势和社会形势是有很强关联性的。东京2016年奥运会申办委员会宣称申请动机在于"打造和促进下一个转变——实现东京的经济、社会和环境的可持续发展……"，其概念就是为在一个高度成熟的城市中心举办世界最大的体育盛事提供一个范例。

此外，中小城市同样开始借助体育赛事提升传播力，以2009年黄山举办中国武术职业联赛（WMA）为例。WMA作为中国第一个拥有自主知识产权、发端于中国本土的武术职业联赛，以技术性、趣味性、观赏性为核

① 周西宽：《体育基本理论教程》，人民体育出版社，2004，第200页。

心，同时也具有完善、成熟的产业结构和产业链，是中国第一档真正具有产业链的职业联赛，对于城市而言该联赛无疑是一种优质的传播内容。CCTV－5对此项赛事进行了17场直播，2场录播，总时长达20小时，全国观众收看累计达到2.97亿人次。中央电视台、凤凰卫视、美联社、ESPN等国内外170余家媒体高度关注、报道WMA。同时，中央电视台《新闻联播》、《人民日报》、中央人民广播电台、《中国体育报》等国家主流媒体对赛事给予了高度评价。黄山通过借助WMA的赛事内容，综合运用多种传播渠道，让更多的人认识并进一步了解了黄山，提升了黄山这座城市的传播力。

一个城市或企业等主体品牌知名度的提升、形象的塑造、影响力的壮大亦离不开大众传媒的贡献，但同时自身也需要具备可缔造的优势信息。随着世界范围内城市化进程的不断深入，越来越多的国家将城市建设提上政府工作日程，涌现出一批具有显著特征的城市，例如，现代奥运的发源地雅典、“宗教圣城”耶路撒冷、“音乐之都”维也纳、“浪漫之都”巴黎等。这些城市正是利用大众传媒将自身长期以来缔造的优势信息传向世界，成功塑造了世人公认的城市名片，提升了城市影响力。从某种意义上说，城市传播力决定着城市影响力。

一　体育赛事是一种优质的城市传播载体

（一）体育赛事是全世界通用的语言

前国际奥委会主席萨马兰奇曾说过，“人类有5种通用语言，金钱、战争、艺术、性和体育，而体育能把前四者融合在一起”。体育赛事作为一种文化现象，突破了肤色、民族、国界、性别、年龄、宗教信仰、政治和经济地位的限制，很多人称其为世界的“现代宗教”，体育赛事能够被人类共同接受和拥有，是人类认同的精神文明和物质文明成果，以至于国际奥委会的成员国数量竟会超过联合国的会员国总数。[①] 下文将从常规赛事、职业联赛、职业俱乐部、运动员等方面对“体育赛事是全世界通用语言”的属性进行阐释。

① 周西宽：《体育基本理论教程》，人民体育出版社，2004，第200页。

2010 年世界杯第一次登陆非洲，在一个月的时间内，南非成为全世界的焦点。据国际足联官方统计，在全部 64 场比赛中，购票入场观众已经超过了 320 万人次，场均入场观众为 5 万人，这个数字令南非世界杯跻身世界杯历史现场观众人数的前三位。此前，1994 年的美国世界杯以 359 万人次的统计数据雄踞榜首，而 4 年前的德国世界杯也吸引了 336 万人次现场观看。国际足联发言人尼可拉斯·梅因戈特表示，“这绝对是相当令人瞩目的成功”。

此外，全球共 155 亿人次通过各种渠道观看了世界杯的比赛。在德国，3110 万人观看了半决赛的直播，这一数字刷新了德国所有现场直播的电视节目中收视人数历史纪录；[①] 在南非国内，SABC1 和 Super Sports 3 这两个体育频道的世界杯揭幕战转播收视人群达到了 1014.7 万人，这个数字几乎占整个南非人口的 25%；在中国，根据国际足联的统计数据，有 2400 万中国观众观看了希腊与韩国的比赛，中国也成为小组赛收视人数最多的国家；在日本和韩国，世界杯比赛都创造了两国电视收视率的历史；在美国，美国队同加纳队的 1/8 决赛共吸引 1940 余万观众，超过了同年的 NBA 总决赛，创下美国历史上足球赛事转播的最高收视纪录，超过了 1994 年本土世界杯的决赛。据统计，世界杯开赛以来，美国境内每场比赛的平均收视人数达 490 万，比德国世界杯暴增 108%。[②] 南非世界杯吸引了全世界的关注，在很长一段时间内，它都是人们乐于谈论的话题，成为世界人民沟通和交流的语言。

世界范围内日益壮大的职业联赛亦是全世界人们关注的焦点，以美国篮球职业联赛（NBA）为例。从最初仅面向美国民众，发展到现如今在全球 210 多个国家、通过 40 多种语言在全世界传播，NBA 已经渗透到世界的各个角落，成为所有人共同关注的焦点。即便在 2011 ~2012 赛季遭遇停摆事件，其在世界的受关注程度和影响力不仅没有受到明显影响，反而进一步激发了人们对于高水平篮球职业联赛的需求，大量的球迷都在呼吁其能够尽快结束停摆。NBA 的收视数据显示，截至 2012 年 2 月，新赛季 NBA 常规赛在 CCTV -5 转播的场均收看人次为 760 万，比 2011 年同期增

① http://soccer.titan24.com/2010/2010-07-13/97161.html.

② http://sports.eastday.com/eastday/sports1/n/20100713/u1a5325840.html.

长38.9%。2012年1月21～28日春节期间，有7958万人次通过央视等国内电视台观看了NBA的比赛直播，另有1697万人次通过网站收看赛事转播。[①] 观看高水平职业联赛已成为全世界很多人共同的爱好。联赛正在逐渐融入人们的生活，成为共同的语言。美国连同各俱乐部所在城市的知名度和影响力（如洛杉矶湖人、迈阿密热火等）随着联赛影响力的提升而提高。

作为职业联赛的重要组成部分——俱乐部，亦能够引起人们的共鸣，尤其对俱乐部所在的城市市民而言更是如此。2012年，在北京金隅篮球俱乐部与广东东莞银行俱乐部之间进行的CBA总决赛充分体现了这一情况。央视索福瑞（CSM）的收视数据显示，在四场收视表现良好的总决赛之后（CBA总决赛前四场比赛分别吸引了约1410万、1560万、1750万和1840万观众），CCTV－5转播的最后一场CBA总决赛将2300多万名观众吸引到电视机前欣赏比赛，并且全国范围内共有超过7200万人通过CCTV－5观看了至少部分比赛，占总体推及人口的5.7%。此外，仅在北京，就有将近100万人（96.9万）通过BTV－6完整收看了比赛，约320万北京市民通过收看电视转播的方式参与到决胜局的比赛中。在广东，尽管最后一场总决赛的收视情况与前四场相比有所下降，但2.03%的平均收视率，平均每分钟200多万的收视人数以及超过650万的到达率仍然展示了本场比赛在广东地区的受关注程度。仅将CCTV－5、BTV－6和广东体育频道的观众人数加总，就有超过8000万的观众见证了北京队的胜利，本年度迄今为止收看人数最多的一场比赛由此诞生。8000万人在同一时间共同关注同一事件，堪称一个奇迹，而这源自能够引起人们共鸣的体育。

除此之外，明星运动员同样能够让全世界瞩目。时下风靡全球的前纽约尼克斯队（现休斯敦火箭）的华裔球员林书豪便是如此。2012年2月5日，在纽约尼克斯与新泽西篮网的比赛中，华裔球员林书豪砍下25分、7次助攻、5个篮板，自此全世界的目光都聚焦到了这个来自中国台湾的黄皮肤篮球明星。新华社、《时代》、《泰晤士报》、《体育画报》、《马卡报》、ESPN、雅虎、福克斯等国内外知名媒体都将林书豪作为重点报道对象；姚明、丁俊晖、美国总统奥巴马、美国前总统克林顿、美国教育部长阿恩·

① http：//sports.sohu.com/20120204/n333730442.shtml.

邓肯、Facebook 创始人马克·扎克伯格、著名导演斯派克·李等公众人物都在关注这个篮球明星。此外，2 月 4 ~9 日，在 NBA 官网视频的点击排行中，林书豪在尼克斯对阵湖人比赛中的集锦播放次数排名第一，超过 105 万次，前六名中有四个是关于林书豪的。在新浪 NBA 视频的排行榜中，林书豪的视频已经占据了本日、本周播放次数的前十名。林书豪最近几场比赛的得分集锦，点击量最大的已经接近 190 万次。另据 ESPN 报道，“林书豪”已经跻身百度关键词搜索的前三名。[①] 纽约尼克斯队连同纽约这座城市随着林书豪而再次成为世界的焦点，他也已然成为纽约这座城市新的名片。

提及明星运动员就不得不提及上海的姚明。2002 年 6 月，姚明以状元秀的身份加盟休斯敦火箭队，成为 NBA 历史上首位外籍状元秀。美联社、法新社、路透社、中央电视台、人民日报等国内外众多媒体在第一时间对此次事件进行了报道。从加入 NBA 起，全世界的球迷都在关注这个来自中国上海的“东方巨人”，他的一举一动都在牵动着媒体和球迷的心。2011 年，饱受伤病困扰的姚明选择退役。虽然只有 9 年的时间，但其给 NBA 联盟、休斯敦火箭队、休斯敦市以及上海市带来的影响却难以用简单的数字来衡量。9 年来，国内很多人因为姚明认识并喜欢上了 NBA，NBA 在中国市场得以快速扩张，“东方明珠”上海也因为姚明而更加闪耀。

常规赛事、职业联赛、俱乐部以及明星运动员都具备引起世人共鸣的功能，赛事的举办城市，职业联赛举办国家及俱乐部、明星运动员所在城市，都会借此机会获得更多的关注，即使我们无法用准确的数字来量化这种影响，但是不能够否认这种影响的存在，体育毫无疑问是全世界通用的语言，是塑造城市形象、打造城市品牌的优质载体。

（二）现代全媒体的发展态势形成对体育赛事资源的全面争夺

现如今，体育赛事已成为城市竞争和营销的重要手段，会对城市经济、文化、公共机构的发展产生影响，有时甚至会影响城市发展战略的制定。当体育事件在城市发生时，任何一家媒体都无法忽视，并开始对其高度关注，以此更好地获得城市居民的关注，体育事件已成为媒体不可或缺

---

① http://sports.sina.com.cn/nba/.

的生产资料。同时，专业体育报刊、杂志、体育电视频道、互联网的体育视频网站、手机体育报道等纷纷涌现，报道体育的传媒渠道因城市人群对于体育的狂热而日渐丰富。这些人群在同一时刻通过多种媒体渠道集中关注体育赛事，这将给媒体带来高收视率、高发行量和高点击率。媒体通过吸引城市人群的关注而得到企业的青睐，获得巨额的广告收入。

随着体育赛事影响力的不断提升，各媒体为了获得更多的收益，对奥运会、世界杯等高质量赛事资源的争夺愈演愈烈。

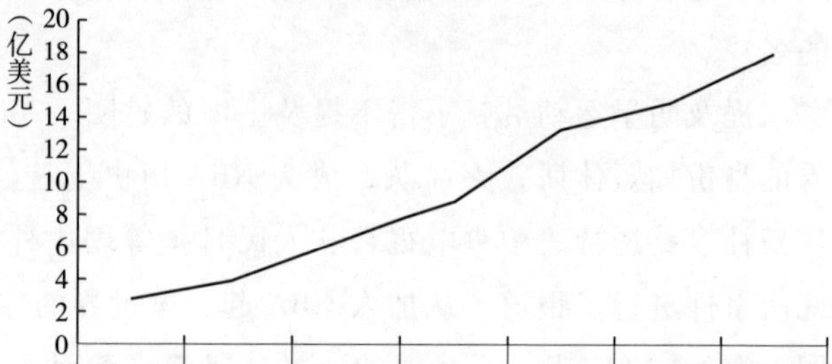

	1984年洛杉矶奥运会	1988年汉城奥运会	1992年巴塞罗那奥运会	1996年亚特兰大奥运会	2000年悉尼奥运会	2004年雅典奥运会	2008年北京奥运会
—— 奥运会电视转播权收入（亿美元）	2.87	4.03	6.36	8.95	13.18	14.82	18

图 5－1　奥运会电视转播权收入

资料来源：根据国际奥林匹克官方网站资料整理。

以奥运会电视报道权的出售为例（见图 5－1）。通过图 5－1 看到，国际奥委会通过出售电视报道权获得的收益在逐届递增。1984 年洛杉矶奥运会只有 2.87 亿美元，而到了 2008 年北京奥运会已达到 18 亿美元。奥运会电视报道权销售价格的逐届递增，很大程度上源于全球广播电视业之间的激烈竞争。例如在美国，每逢奥运会，美国三大电视网（ABC、CBS、NBC）便为获得奥运会的电视报道权展开激烈的争夺，这也使得每一届奥运会的全球电视报道权在美国的销售都占据绝对份额。三大电视机构之所以不惜重金抢夺报道权，是因为奥运会这种优质的赛事资源能够吸引足够多的观众，从而获得更多企业的青睐，给媒体带来远远高于投入的回报。这些媒体机构在获益的同时，也在世界范围内进一步宣传了奥运会及其举办城市，对赛事和城市影响力的提升起到了推动作用。

对媒体而言，除了奥运会、世界杯这类赛事外，体育领域内发生的热点事件也会成为其必不可少的内容资源。以林书豪为例，据美联社消息，随着林书豪的爆发，亚洲各大电视台和网络纷纷在转播日程中增加了尼克斯的比赛。中国台湾的电视台在2012年2月增加了尼克斯对猛龙、国王、黄蜂、篮网和老鹰的比赛的转播。ESPN的菲律宾频道也增加了尼克斯对黄蜂比赛的直播。中央电视台也修改了先前的转播计划，增加了更多尼克斯的比赛和对林书豪的报道量。观众对林书豪关注度的持续升温，促使很多媒体机构修改了先前的转播计划，加转尼克斯的比赛，这无疑会提升纽约这座城市在世界范围内的知名度与影响力。

另据美联社报道，从2011年12月31日开始，由于时代华纳集团和纽约尼克斯特权转播商MSG（麦迪逊广场花园）集团就转播费用等问题一直难以谈妥，纽约市200多万用户无法收看时代华纳公司转播的尼克斯队比赛的现场直播。而林书豪最近一段时间的优秀表现，帮助尼克斯队连战连捷，这让纽约的球迷们因为无法看到现场直播的比赛尤其感到不满，于是他们不断向时代华纳和MSG公司施加压力，最终在顺应民心并且看到市场巨大利益的刺激之下，两者达成了和解协议。这无疑会进一步推动尼克斯队的市场效应发酵，进一步提升纽约市民对尼克斯球队的关注，增强纽约城市的市民凝聚力，推动城市内部影响力的提升。

2011年国内最重大的体育事件莫过于李娜法网折桂。2011年6月4日，来自中国武汉的网球选手李娜在罗兰·加洛斯成功加冕法国网球公开赛的女单桂冠，这不仅书写了中国网球的历史，同时也创造了亚洲网球的历史，其在法网的惊艳表现引起了全世界所有媒体的广泛关注。在国内，CCTV-5对李娜的决赛、半决赛、1/4决赛等关键场次比赛进行了全程直播，比赛受到了全国观众的密切关注。央视索福瑞（CSM）的收视数据显示，决赛的收视率达到了2.75%，约有3500万人通过CCTV-5收看此项赛事，成为2011年上半年体育频道的收视冠军。此外，新浪、搜狐、网易、腾讯等主流门户网站纷纷开辟法网比赛的主题页面，在第一时间对李娜进行了全方位、多角度的报道。而在国外，路透社、法新社、英国广播公司、英国卫报、英国天空体育、合众国际社、美国有线电视新闻网、美国全国广播公司、ESPN等众多主流媒体，纷纷在第一时间对李娜夺冠进行了报道。其中，多数媒体将这条新闻置于头版头条，这充分显示出此次事件在媒体心目中的价值，媒体都希望借助此次事件吸引更多人群的关注。值得一提的是，武汉市也随着国内外强势传媒机构对李娜夺冠的报道而一夜走红，这对于推动武汉市在世界范围内知名度的提升和影响力的打造起到了重要作用。

全世界人们对体育赛事需求的持续升温形成了传媒对体育赛事资源全面争夺的态势。一方面，传媒借助体育赛事资源，吸引更多人群的关注，实现盈利；另一方面，赛事及赛事举办城市借助传媒的平台实现知名度与影响力的提升。纽约因为林书豪而备受关注，武汉因为李娜而登上世界舞台。我们有理由相信，在全媒体的发展态势下，体育赛事优质内容资源的属性将会得到进一步的挖掘和展现，体育赛事给举办城市带来的影响借助传媒的功效得以放大。

二　全媒体时代提升城市传播力

美国著名传播学者，被誉为传播学之父的威尔伯·施拉姆曾说："电视是20世纪最伟大的发明。"国家广电总局的统计公报显示，在我国，2010年电视综合人口覆盖率已达到97.62%，电视已成为人们生活重要的组成部分。电视传媒的出现与发展提升了大众传媒的实力，城市、赛事的传播力也得以提升（见图5－2、5－3）。

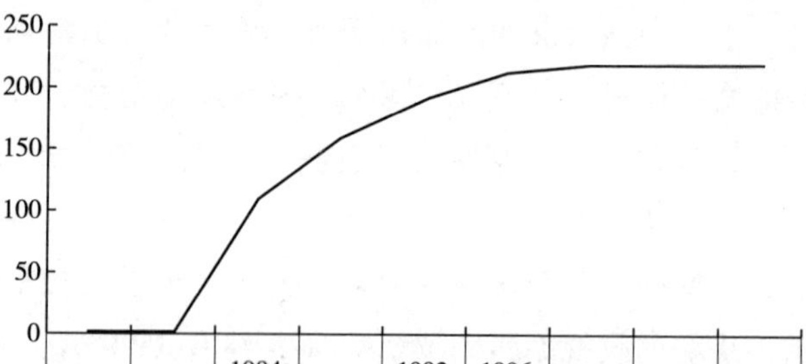

	1936年柏林奥运会	1948年伦敦奥运会	1984年洛杉矶奥运会	1988年汉城奥运会	1992年巴塞罗那奥运会	1996年亚特兰大奥运会	2000年悉尼奥运会	2004年雅典奥运会	2008年北京奥运会
—— 直播覆盖国家数量（个）	1	1	111	160	193	214	220	220	220

图5－2　奥运会直播覆盖国家数量

资料来源：根据公开资料整理。

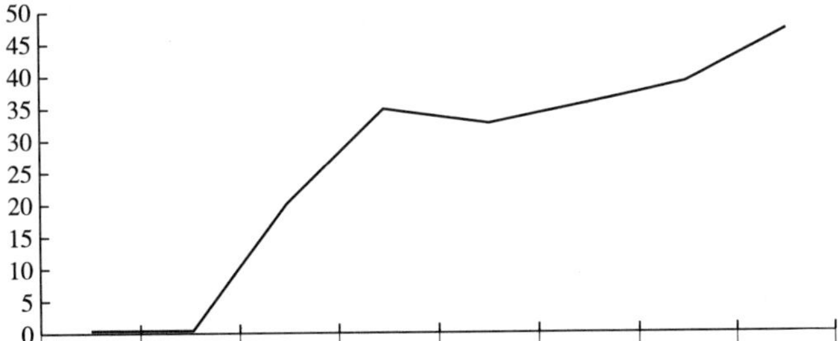

	1936年柏林奥运会	1948年伦敦奥运会	1984年洛杉矶奥运会	1992年巴塞罗那奥运会	1996年亚特兰大奥运会	2000年悉尼奥运会	2004年雅典奥运会	2008年北京奥运会
——观看人次（亿次）	0.00162	0.005	20	35	33	36	39	47

图 5－3　奥运会观看人次

数据来源：根据公开资料整理。

以奥运会在全球传播力的提升为例（见图 5－2 和图 5－3）。通过图 5－2 看到，奥运会的直播覆盖国家数量呈现节节攀升的态势。1936 年柏林奥运会电视传媒首次出现在奥运会的报道中，当时的传播只限于德国。随着电视传媒在世界范围内的推广和普及，到 2000 年，悉尼奥运会的直播覆盖国家数量已经达到了 220 个。与之对应，通过图 5－3（1988 年汉城奥运会数据未能查到）看到，随着直播覆盖国家数量的增加，通过电视传媒观看奥运会的人次整体上也呈现上升的趋势。奥运会的影响力随着电视传媒实力的提升而壮大，现如今已成为全世界体育迷的盛大节日。

电视传媒的发展壮大为赛事及城市传播力的提升贡献了力量。此外，以网络为代表的新媒体在赛事和城市传播力提升过程中扮演着越来越重要的角色。2006 年，比尔·盖茨在达沃斯经济年会上提到“未来五年，网络视频将为传统媒体带来一场革命”。现如今，我国网络媒体的发展状况印证了比尔·盖茨的论断（见图 5－4）。

通过图 5－4 看到，我国的网民数与互联网普及率，自 2002 年起始终呈现上升的趋势，到 2010 年网民数已达到 4.573 亿，互联网普及率达到 34.3%。互联网作为新兴媒体的代表，它的产生与发展在给传统媒体带来冲击的同时也丰富了传媒的表现形式，更重要的是能够提升一项赛事、一名运动员甚至一座城市的传播力。

电视为奥运会及举办城市传播力的提升做出了贡献。殊不知，以网络

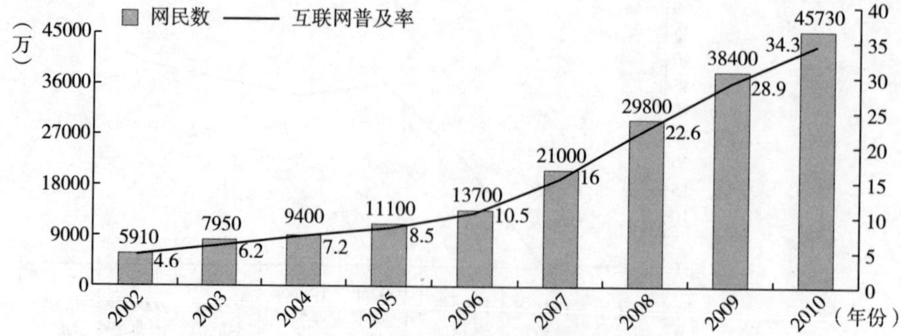

图 5-4　中国网民数及普及率

资料来源：中国互联网络发展状况统计报告。

为代表的新媒体的介入亦发挥了重要作用。早在 1996 年亚特兰大奥运会，网络媒体就对奥运会的传播产生了影响，但同时给电视媒体造成了冲击；国际奥委会为保障电视转播商的权益，在 2000 年悉尼奥运会禁止各国网站对赛事进行网上视频直播，同时也不允许网络记者进行采访；随着网络传媒影响力的不断提升，2004 年雅典奥运会，国际奥委会允许近 20 家广播公司对奥运会进行网络直播，雅典奥运会成为首次利用网络实现大范围奥运视频直播的奥运会；2008 年北京奥运会更是百年奥运史上第一次授权新媒体进行转播，国际奥委会在 77 个国家和地区推出网上频道，播放北京奥运会精彩节目集锦。

中国权威数据机构 CSM 媒介研究和 DCCI 互联网数据中心联合发布的第三方监控数据显示，2008 年 8 月 8 ~ 18 日，央视网、新浪、搜狐、网易、腾讯、酷 6、PPS、悠视网、PPLive 等 9 家拥有奥运转播权的网站，页面访问量（PV）总数达到 63.96 亿页次/天，日均不重复独立用户数（UV）达到了 1.38 亿，占到了中国总人口的约 1/10，更是占到了中国 2.52 亿网民总数的 54.55%。而北京奥运会开赛第一周，国际奥委会官方网站的访问量已经超过整个雅典奥运会期间的访问量。[①]通过上述数据看到，网络在北京奥运会传播过程中发挥了重要作用，北京市的传播力也借助网络传媒得以提升。

随着网络传媒的发展，以 Facebook、Twitter、微博为代表的国内外社

① http://info.broadcast.hc360.com/2008/09/020836117088.shtml.

交媒体使用人数在迅速扩张。《中国互联网络发展状况统计报告》显示，截至 2011 年 12 月底，我国微博用户数达到 2.5 亿，较上一年增长了 296.0%，网民使用率为 48.7%，微博用一年时间发展成为近一半中国网民使用的重要互联网社交平台。大量的人群开始通过社交媒体关注体育赛事、体育明星，其传播力也得以提升。

林书豪自 2012 年 2 月 5 日以来，在美国社交网站 Twitter 的关注度便迅速提升。从 2 月 5～10 日，林书豪在 Twitter 热词榜上的提及次数为 18.9004 万，力压詹姆斯的 18.5847 万次和格里芬的 1.9964 万次，位列所有 NBA 球员首位。战胜湖人的比赛后，讨论林书豪当场比赛表现的 Twitter 数达到了 164.3284 万。从 2 月 5 日起，林书豪 Twitter 的粉丝数以每日 2 万～3 万的速度增长。而在新浪微博上，从 2012 年 2 月 2 日至今，林书豪的粉丝数已经从 19 万激增到 333 万多，目前还在不断增长。①

此外，2011 年法网冠军李娜的新浪微博粉丝数量在法网比赛期间也在稳步上升。法网开赛前，李娜已经拥有 160 余万粉丝，而到法网决赛前，这一数字已升至 170 多万。在李娜夺冠后的 3 小时内，她的粉丝数激增了 26 万。她也在第一时间与她的粉丝分享了夺冠的心情。她的第一条微博写道："哈哈。终于赢得了第一个大满贯冠军，兴奋中，很高兴大家一直支持我，没有你们的支持也不会有今天的我。也希望大家一直支持下去。"随后，李娜又发了一张亲吻奖杯的图片，配以文字"梦想终于成真了，大家一起加油！"这两条微博在不到 1 小时的时间内，转发和评论数量都突破了 5000，其中后一条被转发 2 万多次。考虑其发布微博时，已经处于北京时间 6 月 5 日的凌晨，能有如此高的转发与评论数量难能可贵。② 这一方面体现了李娜的人气极高，另一方面也体现出社交媒体强大的传播力。李娜在网络上被传播的同时，法网这项赛事、巴黎这座城市以及李娜的家乡武汉都在被传播着，网络媒体强大的传播力为城市传播力的提升贡献了力量。

除了丰富媒体的表现形式、提升主体的传播力外，网络媒体自身具有的可重复、可检索、受众关注度高等优势也为其在全媒体时代的发展奠定

① 根据新浪网公开资料整理。

② http://news.cntv.cn/20110606/103366.shtml.

了基础。以伦敦奥运会为例，由于伦敦和北京时差的问题，CCTV－5转播的过程中，大量赛事的首播都发生在北京时间的凌晨，观众难免会错过一些自己喜欢的赛事，而网络媒体能够在第一时间满足观众再次观看的需求，并且能够为观众提供交流、互动的平台，这无疑给网络媒体提供了进一步扩大自身影响力的空间。网络媒体自身的特点无疑能够更好地满足传播主体以及广大受众的需求，这种优势将使其在未来的发展中占据主导地位。

传统媒体和新媒体的竞争与融合，丰富了人们获取信息、了解资讯的渠道，各媒体纷纷通过提供细分服务满足受众的个性化需求，媒体已然实现了对受众的全面覆盖和传播范围的最大化。全媒体时代促进了城市、赛事等主体传播力的提升。对城市政府或赛事组织者而言，需要打出组合拳，整合多种传媒渠道，尤其要充分发挥以网络为代表的新媒体在传播中的功效，从而实现传播效果的最大化，提升城市和赛事的传播力。

全媒体时代下，城市的传播力水平在很大程度上左右着城市影响力的提升。而城市传播力的培养需要依托优质的传播内容和丰富的传播渠道。对于城市政府而言，如何挖掘体育赛事、职业联赛、俱乐部及体育明星等优质传播内容的潜力，并切实整合电视、网络等多种传媒渠道，实现传播内容与传播渠道的完美联姻，对城市传播力的提升至关重要，而最终也会影响城市影响力的提升。

三　体育赛事提升城市影响力

体育赛事之所以能够提升城市影响力，主要源于自身所具备的三个特点：首先，体育赛事是一种具有事件营销价值的产品，会受到传统媒体和新媒体的广泛关注；其次，举办体育赛事是一种优质的活动事件，与城市的管理机构、经济和文化之间有不可分割的关系；最后，体育赛事具有传播载体的功能，能够呈现一个城市的经济、文化、公共服务等方面的某些特征。体育赛事作为一种优质的传播载体和城市营销手段，它以较高的观赏性、较强的竞技性和较大的社会影响力，通过传媒平台，塑造城市品牌、提升城市知名度和影响力。城市影响力主要分为内在影响力、外在影响力和潜在影响力，下文将从这三方面详细阐释体育赛事如何提升城市影响力。

（一）体育赛事提升城市的内在影响力

城市内在影响力主要是指基于城市的经济活力、文化水平、基础设施、交通通信等综合实力，对个人、组织或周边区域产生影响的能力。它不仅仅是经济实力的体现，而且是由很多因素共同决定的有机体。城市内在影响力主要体现在两个方面：硬件和软件。硬件具体包括城市的交通、建筑和接待能力等；软件具体包括城市文化、发展战略、传媒和城市居民凝聚力等。

1. 举办体育赛事有助于增强城市基础设施建设能力、接待能力等硬件实力

城市的建筑、交通等基础设施是城市内在影响力的核心硬件，只有“硬”，才有“赢”的可能。在本研究的体育赛事与城市经济部分已经详细阐述了举办体育赛事吸引了来自政府、民间和海外的大量资本投资城市硬件建设和改造，在一定程度上推动了城市经济的增长。具体来说，商务中心区、城市重点功能区、城市危旧房改造和卫星城开发建设都将取得重要成果，城市现代化服务和承载能力将显著增强，交通、通信方面都将得到改善，城市基础设施水平都将大幅度提高。[①] 例如，济南市为承办第十一届全运会，政府投资场馆建设和交通建设等支出高达 1475 亿元，实施了 926 项建设及环境整治工程（包括棚户区改造），负责组织新建与改造场馆 9 个。2010 年广州亚运会本身投资 1200 多亿，而围绕亚运会，广州市政府总投资 3500 亿元重点建设亚运场馆、亚运城和相关配套设施等亚运工程建设，机场、港口、地铁、高快速道路等重大城市基础设施建设，现代产业体系相关的重大产业项目建设，以及包括生态环境保护、农村及农业基础设施建设和教育、医疗、文化、住房保障等民生工程。[②]

在世界范围内，很多城市为了举办体育赛事都投入了大量资金用于城市基础设施建设，例如 2010 年温哥华冬奥会为不列颠哥伦比亚省留下了重要的公共基础设施建设遗产，其中有 13 个场馆为社区的长期多用途使用而设计，还有 8 个多用途的体育馆。这包括理查德奥运会场馆（Richmond

① 周雯艳：《体育赛事对主办城市经济发展的影响》，《商业时代》2008 年第 36 期。

② 刘晓玲：《广州亚运会的城市营销》，《国际公关》2009 年第 3 期。

Olympic Oval）、Hillcrest 公园奥林匹克中心（Hillcrest Park Olympic Centre）、惠斯勒滑雪中心（Whistler Sliding Centre）以及惠斯勒北欧滑雪中心（Whistler Nordic Centre）；巴西计划 2009 ~ 2016 年，在基础设施建设方面投资约 830 亿美元，以准备 2014 年世界杯和 2016 年奥运会。①

同时，城市接待能力也是城市硬件实力的一种展示。举办体育赛事能够检验城市的接待能力与服务水平，加速城区内酒店的建设与改造进度，为城市经济社会的发展和对外合作交流提供便利条件。如 2008 年，青岛作为奥运会协办城市，逐步地扩充着自己的容纳度。青岛市旅游局的信息表明，加上 2008 年年底开工的海景国际大酒店，2007 年以来青岛市新建和扩建的高档星级酒店达到 7 家，总占地超过 414666 平方米，建筑面积超过 40 万平方米，客房数量超过 2100 间，总投资额超过 45 亿，大大提高了青岛市的接待能力。

马克思曾经说过，"没有需要，就没有生产"，消费者的需求是城市接待能力的动力源。广州市借助亚运会这一高端平台，向世界全面展现了广州的旅游吸引力与文化魅力，提升了城市知名度，塑造了国际化旅游城市的新形象。2010 年 10 月，广州市接待游客人次达到 1542.5 万，同比增长 4.99%（见表 5 - 3），其中还不包括会议参观、走亲访友等。为促进旅游业的发展，满足客人的不同需求，广州市在进一步加大中低档次宾馆建设

表 5 - 3　2010 年广州市旅游统计报表

项　目	10 月	同比（%）	1 ~ 10 月累计	同比（%）
城市接待总人数（万人次）	1542.50	4.54	9976.72	4.99
过夜人数（万人次）	513.05	6.56	3348.72	11.54
不过夜人数（万人次）	1029.45	3.57	6628.00	1.97
旅游业总收入（万元）	1679543.21	24.97	8535093.58	23.33
旅游外汇收入（万美元）	81236.23	24.70	336811.48	23.09
国内旅游收入（万元）	1155368.79	29.64	6234671.18	24.23
旅游业增加值（万元）	714141.77	24.97	3629121.79	23.33

资料来源：广州市旅游局规划与统计网站。

① 普华永道，http://www.pwc.com/ca/en/media/release/2011 - 06 - 09 - sporting - event - economic - development.jhtml。

的同时，加快了高档酒店建设的速度。如表 5－4 所示，2010 年亚运会前，广州星级酒店增长了 50%，总数增至 340 多家，其中一半为四星级以上高档酒店，广州的接待能力大幅提升。

城市举办大型体育赛事，能够推动城市交通和建筑等基础设施的发展、提高城市接待能力，因此，举办体育赛事成为提升城市硬件实力的有效途径。

表 5－4　广州星级酒店的数量变化

单位：家

酒店星级	2005 年（数量）	2008 年 1 月	2010 年 3 月	亚运会期间
金白五星级	0	0	1	1
五星级	6	8	14	24
四星级	24	30	34	159
三星级	89	129	142	161
总　计	119	167	191	345

资料来源：广州旅游局网。

2. 举办体育赛事有助于提升城市居民凝聚力、推动体育传媒市场等体育文化市场的发展，提升城市的软件实力

对城市而言，软件实力是相对于城市基础设施等硬件实力而言的，是指建立在城市文化、政府服务、居民素质、形象传播等非物质要素之上的城市社会凝聚力、文化感召力、科教支持力、参与协调力等各种力量的总和。城市软件实力是内在影响力的核心价值，未来城市的核心竞争将主要表现为城市凝聚力、城市文化市场发展状况等软件实力方面的竞争，而体育赛事无疑能够在城市软件实力培养过程中发挥作用。

（1）体育赛事提升市民的凝聚力、培养居民的竞争意识、促使其遵循规则和规范行为。城市居民凝聚力是判断城市竞争力和识别城市影响力的重要标志。体育赛事作为联系政府、社会、居民三者的重要纽带，在融洽情感、凝聚人心方面发挥着重要作用。举办体育赛事，是一个城市凝聚民心和加快发展的有力引擎，而其所产生的聚焦效应，更会令举办城市获得稀缺的竞争力资源。如 2011～2012 年 CBA 总决赛第五场，央视索福瑞收视数据显示，在北京地区，北京电视台体育频道获得了 7.7% 的收视率，创下了全年的收视新高，230 万北京人观看了全部或部分的比赛，这场比赛在 BTV－6 吸引的观众人数约为前四场比赛平均值的 1.5 倍。正是由于北京队进入总决赛，才吸引到如此众多的市民在同一时间怀着同样的心情关注此项赛事，这无疑会增强城市居民的凝聚力与荣誉感，提升城市的软实力。

体育赛事除了能够提升城市居民凝聚力外，还能够培养市民的竞争意识、促使市民遵循规则和规范行为。在我国，一直以来主张“以和为贵”的儒家文化占据主导地位，这使得国人的竞争意识普遍较弱。而体育鼓励个体通过竞争获得成功，实现个人价值，张扬个性。体育赛事对城市居民竞争意识的培养主要体现在两个方面：一方面，人们能够通过亲身参与体育比赛，感受体育的竞争内涵；另一方面，人们通过观赏高水平的体育赛事和参赛选手的场上表现领略体育蕴含的竞争魅力，培养竞争意识。参加竞技体育活动的经历和欣赏体育赛事的过程不仅是成功与失败、竞争与协作的体验过程，同时也是接受积极健康的竞争价值观的机会，市民的竞争意识也会在参与和欣赏的过程中不断增强。

同时，体育赛事是一种遵循某些规则的合作性冲突，参赛双方通过各自的努力去获取目标，并且彼此间处于竞赛状态，但为了防止竞争转变为冲突，双方必须预先就“游戏规则”达成统一，并认真遵守这些规则，以实现公平竞争。众所周知，任何一项体育赛事都有明确的比赛规则，并且每场赛事都需要裁判员对比赛中出现的犯规行为进行判罚。所有运动员在比赛中都需要遵守赛事规则，一旦违反规则，必须无条件服从裁判的判罚，维护裁判的绝对权威。现如今，对服用兴奋剂运动员的禁赛、对顶撞裁判员的运动员进行处罚等都是为了督促运动员遵守规则、规范行为。运动员对规则的遵守、对自身行为的规范必将潜移默化地影响参与或观赏体育赛事的观众。

正如刘易斯·芒福德所说，“城市是文化的容器，是人类文化的荟萃之地。居民是城市文化的主体，是城市社会文明的创造者、维护者、共享者、体现者，也是城市精神的载体。他们的素质直接影响到城市功能运作的效益，他们的思想意识、道德品质、生活方式、行为习惯直接影响城市建设的品位，因此，提高市民素质，打好城市精神的群众基础是塑造城市精神的根本”。通过体育赛事提升市民的凝聚力、培养市民的竞争意识，促使他们遵守规则、规范行为，无疑会推动城市内在影响力的提升。

（2）体育赛事推动体育传媒市场的发展。上文提到，体育传媒随着人们对于体育赛事的狂热而变得日益丰富，体育传媒通过报道体育赛事、吸引受众的关注，获得经济效益和社会效益。随着体育赛事数量的丰富和质量的提升，体育传媒市场实现了快速发展，这会进一步推动体育赛事及体育所蕴含的公平、竞争精神的传播，从而推动市民凝聚力的提升、竞争意识的培养，最终提升城市的内在影响力。

以南非世界杯为例，2010 年央视年度广告中标记录显示，与世界杯相关的招标项目包括：射手榜独家冠名广告、世界杯倒正计时广告、全天赛事套播广告等。其中，倒正计时广告标底价达 3620 万元，而最低价位的广告“全天赛事套播广告赛中第一段指定广告”第二选择权方的出价也超过了 2000 万元。此次招标中，中标的品牌包括郎酒、雪花啤酒、青岛啤酒、中国移动等。粗略计算，2010 年央视年度广告中涉及世界杯所有的中标金额约为 2.5 亿元。在 2010 年 4 月，央视又针对世界杯赛事展开了一次以“赛事套装”为主题的集中招标。此次招标的内容包括：赛中广告、赛前广告、加时赛时段广告、点球时段广告。其中，最大的单笔中标金额超过了 5600 万元，而除点球之外，最小的一笔中标金额也达 1100 万元。此次招标囊括了王老吉、腾讯、燕京、蒙牛、乔丹、奔驰等众多品牌。粗略计算，央视就世界杯展开的专门招标总金额近 6 亿元。

与此同时，世界杯中国版权持有者——CCTV－5 也在强力推进新媒体传播渠道的发展。中国网络电视台从国际足联手中获得了 2010～2014 年所有国际足联主办的赛事的新媒体视频版权，包括手机、网站等新媒体公司都要从中国网络电视台购买视频版权。土豆、优酷等 6 家视频网站各以 1500 万元获得世界杯视频转播权。同时，央视还将世界杯版权以分销的形式向省级电视台进行出售（当然实际情况是各地方电视台为了节省经费，会从中挑选一些较为精彩、关键的比赛场次，不会全部购买）。

除央视外，各大视频网站在 2010 年上半年的视频广告收入为 15 亿元左右，而在 6～7 月，各大视频网站的广告收入便达到了 9 亿元，之所以出现收入的峰值，和世界杯有着密切的关系。其中，腾讯网以 8 亿次的点击量成为了视频网站中最大的赢家，酷 6 网以 6 亿次点击占据次席，而土豆网则以 3 亿次位居第三。按照 150～180 元/千人次的贴片广告价格计算，世界杯期间视频网站仅贴片广告一项的收入就在2.5亿元以上。

综上所述，仅南非世界杯一项赛事就在2010年为中央电视台及各大视频网站带来了丰厚的收益，随着赛事影响力和受众关注度的不断提升，报道体育赛事的各传媒机构必将获得更多企业的青睐，进而获得更大的收益，从而助推体育传媒市场的发展。体育传媒市场作为城市发展的重要组成部分，它的发展壮大必将提升城市的内在影响力。

（3）举办赛事有利于培育城市体育文化市场。体育文化市场是提供精神产品和体育文化娱乐服务的场所，随着人们精神文化生活需求的不断提升，体育文化市场在整个市场经济体系中发挥的作用愈发显著。

作为体育赛事举办的场地——体育场馆，对体育文化市场的培养有着重要影响。一方面，很多场馆作为城市的地标建筑，承载着城市的文化，能够营造体育文化氛围、激发居民关注和参与体育运动的兴趣；另一方面，为居民进行体育消费，如欣赏高水平的体育赛事、进行健身娱乐活动提供物质载体。例如，为承办2012年伦敦奥运会，伦敦市政府建设的体育场馆“伦敦碗”，它是由5个环状结构组成，为了保证赛后的有效利用，设计人员在建设过程中采用了可拆卸设计：最底部2.5万个座椅和田径场，外围架设有一个可拆卸的轻质铁架作为看台，配备的5.5万个座椅同样可以拆除。“海浪”（游泳馆）的白色翅膀被拆除后，1.7万个座位仅留下2500个，成为公共开放的游泳池；伦敦倾斜赛车馆拥有1.2万个座位，其中6000个为临时座位，在奥运会后，拆除临时座位后的场馆将被用来扩建更多的自行车赛道，整个场馆也将对外开放；纯白色的奥运篮球馆将为预赛和1/4决赛提供1.2万个座位，在奥运会后则将被彻底拆除并可能在他处重建。[①] 赛事举办期间，“伦敦碗”保证赛事的顺利举办，吸引观众观看高水平的赛事，进行体育消费；赛后对普通民众的开放对激发市民的体育消费热情、培养市民的体育消费意识有着重要作用，而居民消费意识的提升又能够刺激体育文化市场的繁荣。

体育场馆为市民观赏体育赛事提供了支持，也带动了越来越多的人直接或间接参与其中。根据中国篮协2012年初公布的数据，在2011~2012赛季CBA上半赛季结束时，通过央视转播观看CBA比赛的观众就已超过

---

① 席悦：《伦敦奥运，环保少不了》，《第一财经周刊》2012年第14期。

10 亿人次，而此数据还并不包括观看各地方电视台、网络媒体转播的人数。随着北京金隅队首次杀入 CBA 总决赛，为了更好地满足市民的观赏需求，北京队将主场搬迁到了万事达中心，现场能够容纳 1.8 万名观众的体育馆座无虚席。之前，扣除套票和内部预留球票之后，可以销售给球迷的门票只有 1000 张，而在更换主场后，总决赛可供销售的球票增加到 9000 张，即使如此，北京城还是一票难求，这样的场景在中国职业篮球联赛十几年的发展历程中极其罕见。

体育文化市场作为市场经济体系的重要组成部分，在未来城市发展过程中将会扮演更加重要的角色。举办体育赛事，一方面能够带动市民的体育消费热情，另一方面也为市民进行体育消费提供了场地支持，而最终将会推动城市体育文化市场的发展和繁荣，提升城市的内在影响力。

总之，硬件是一个城市的身躯，而软件则是城市的灵魂，硬件和软件共同构成了一座城市完整的内在结构。城市通过举办体育赛事，一方面，能够促进城市的基础设施、城市接待能力等硬件实力的提升，另一方面，能够促进市民凝聚力、竞争意识、体育传媒市场及体育文化市场的发展壮大等软件实力的提升。体育赛事通过作用于城市的硬件和软件，从而不断提升城市的内在影响力。

（二）体育赛事提升城市的外在影响力

城市的外在影响力，指城市通过向外部传递的优势信息或释放的能量，帮助或促使外部事物认识、感知、判断、理解该城市内涵的能力。在外在影响力的作用下，城市有了城市形象、知名度、美誉度等形式的人为印象，并进而形成城市品牌。在信息时代，城市外在影响力的提升是通过完善城市发展战略、实施城市整体营销策略、制造多样化的热点事件，并借助传媒的强大传播力在全媒体攻略中予以实现的。

在经济全球化和信息大爆炸的环境下，产品变成商品经历了从沿街叫卖到通过媒体进行广告宣传的转变过程，时至今日，更是将整合营销运用得日臻完善，品牌意识进一步提升，所以 21 世纪也被称为品牌营销的世纪。营销的理念已经无处不在，甚至品牌营销已经不再只是针对普通的货架上的产品，城市在发展过程中，也开始面对社会资源竞争的压力，城市也有了各类客户群，比如游客、企业、高精尖人才以及普通的城市百姓。

而城市能够提供的“产品”包括了其所辖区域内可使用的各种有形和无形的资源，比如土地、生态环境、自然风光、教育、医疗、企业园区等，正如前文所说，城市是产品的集合体，城市开始需要立足这些产品进行城市品牌营销。

美国品牌专家凯文·莱恩·凯勒教授在《战略品牌管理》中指出，“地理位置或某一空间区域像产品和服务一样，也可以成为品牌”，例如城市。而要想使城市品牌独具魅力，并在激烈的竞争中脱颖而出，就必须提炼与众不同的核心价值，并让人们能够最大程度地感受到。也许城市的魅力与生俱来，但要让这种魅力持久并带来收益才有价值，而这正是城市营销的真谛。

城市品牌的营销，不能直接将城市的内涵简单地呈现给外界，比如现代化的高楼大厦、四通八达的交通网、山水间的悠然自得……这些必须借助载体传播出去，而体育赛事的魅力恰好和城市的诉求相吻合。2005 年，欧洲城市联盟对 18 个国家的 25 个城市的城市营销情况进行了调查（多选），识别出了 7 种城市营销的常用模式，其中，使用频率最高的为贸易展会（71%），此后依次是商务论坛（45%）、媒体宣传（45%）、文化和体育活动（40%）、网络宣传（35%）、定向直接推广（15%）、路演和游学（15%）。[①] 由此可见，举办体育赛事已经被广泛应用于城市营销，并扮演着重要的角色。下文将分别从体育赛事、体育俱乐部、体育明星和体育赞助商四个方面分析体育赛事在现代城市营销中发挥的作用。

1. 体育赛事提升城市外在影响力

全世界的众多城市都在不断申办、举办各类体育赛事。据不完全统计，2010 年，在中国就有 239 座城市举办了共计 2053 项次的国家级以上体育赛事（包括联赛场次）。体育赛事特别是大型赛事与媒体宣传相结合已经成为现代城市品牌传播的重要方式。体育赛事作为优质的传播载体，承载着举办城市缔造的优势信息，成为备受瞩目的注意力资源，进而通过整合的各种媒介渠道，充分发挥全媒体时代的传播效应，把城市的经济发展、自然和人文特色、投资和人居环境等适时地呈现给大众，达到城市营

① Gildo Seisdedos, *State of the Art of City Marketing in European Cities.* 42nd International Society of City and Regional Planners Congress Paper, 2006.

销的目的。

无论是电视媒体还是新媒体，体育赛事的报道权都是其争夺的重要资源。媒体在追逐体育赛事的同时成就了举办城市的高曝光率，城市从申办赛事到筹备再到正式举办，得到了媒体持续不断的关注，这种宣传效果比机械地在媒体上投放城市形象宣传片效果要持久且让人记忆深刻。这也是奥运会、世界杯这样的大赛会有众多城市竞相申办的原因之一。这类赛事市场的垄断性以及强大的影响力促使城市为申办而展开世界范围内的激烈竞争，对奥运会举办权的争夺便是如此（见图 5－5），潜在候选城市从 1988 年奥运会的 8 个猛增到 2008 年的近 70 个，增长了近 9 倍。

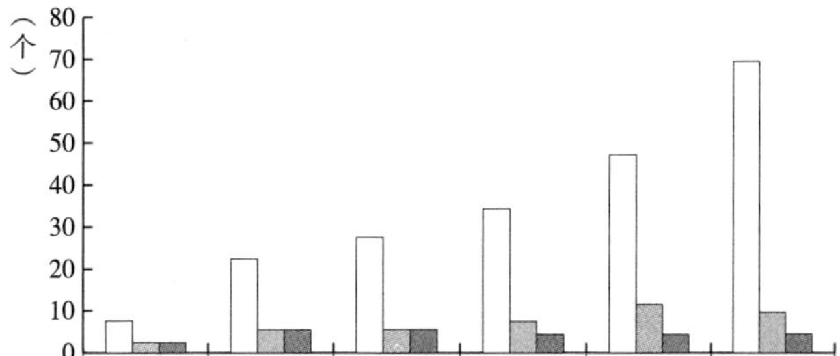

	1988年	1992年	1996年	2000年	2004年	2008年
□ 潜在候选城市（有兴趣举办但为正式投标城市）	8	23	28	35	48	70
▨ 竞标候选城市（正式投标但未入选候选城市）	3	6	6	8	12	10
■ 候选城市（包括正式举办城市）	3	6	6	5	5	5

图 5－5　城市竞争奥运会举办权情况

资料来源：根据国家奥林匹克官方网站资料整理所得。

以 2008 年北京奥运会为例。从 8 月 8～24 日收看北京奥运会的观众达到了 47 亿人次，约占世界人口的 70%，创历史新高。而在国内，中央电视台一共直播奥运赛事 809 场，超过 1208 小时；录播赛事 1135 场，超过 1506 小时；累计观众人数 11.2 亿，约占全国电视总人口的 92%。[①] 此外，北京奥运会是百年奥运史上第一次授权新媒体进行转播，这一举措将奥运

① 刘斌、姚治兰、兰馨：《2008 年北京奥运会电视传播的研究》，《首都体育学院学报》2009 年第 5 期。

会的传播提升到一个空前的高度。通过全媒体呈现给观众的除了奥运会的精彩，还有主办城市的风土人情。

通过奥运会，北京的外在影响力迅速提升，成功地营销了自己的城市品牌，使北京更具吸引力，大量的外部优质资源涌入北京。《北京奥运会经济研究报告》指出，从2007年开始，北京的国际交往人口规模不断上升，年接待入境人数每年以7%左右的速度增长，从286万人次增加到2008的460万人次，全市承办的大型国际会议由44个增加到100个左右。另外，利用外资的规模明显扩大，进出口总额大幅增长，特别是对世界500强企业的吸引力显著增强，到2008年，著名跨国公司在北京设立地区总部的数目增加到40家左右。[①]

2010年广州亚运会期间，一共有8.49亿观众通过CCTV－1、CCTV－5、CCTV－7、CCTV－12、CCTV－新闻等五个频道观看了亚运会赛事转播和新闻报道，占全国观众人数的67.84%。[②] 其中，CCTV－5共计播出了227.55个小时的亚运会比赛及相关报道。众所周知，电视资源是以分秒计算价值的，长达200多小时的曝光所产生的宣传力度是惊人的。即使很多赛事在体育馆内进行，无法看到广州的市容市貌，但是通过主持人和解说员的口播、字幕、角标等方式都能够很好地宣传城市，而且这种宣传是连续的，可以不断强化人们的记忆和认知，广州的城市知名度和影响力在一次次的正面宣传下不断提升。除了获得国内媒体的高度关注，广州同样吸引了来自亚洲各地的目光。亚运会前后，以“广州”和“广州亚运会”为标题的新闻频繁出现在境外媒体的报道中，甚至出现了以广州命名的专题栏目“Hello from Guangzhou”。韩国两大电视台MBC和KBS转播的亚运会开幕式收视率更是达到了惊人的8.8%和7.7%。而日本的《每日新闻》则采用了微博互动，设立了“微博@广州”栏目，每天都会更新记者在广州的所见所闻。新加坡的《经济时报》在《亚运会开幕：广州不遗余力确保成功》中感叹，广州也许没有上海和北京那样的魅力，但通过成功举办亚运会而有望深烙在世界地图上。[③]

不只是奥运会、亚运会这样的大型综合赛事能够引起媒体的关注，一

① 余守文：《体育赛事产业对城市竞争力的影响》，复旦大学博士学位论文，2007，第106页。

② 陈高洁、汪杰：《2010年广州亚运会收视分析》，《广告人》2011年第1期。

③ 郭光华：《境外媒体广州亚运会报道分析》，《现代传播》2011年第5期。

些单项赛事很多情况下亦能够达到这种效果。上海作为国内综合实力最强的城市，与世界级的大都市如伦敦、巴黎、纽约还存在一定的差距。面对这一状况，举办高水平的国际赛事已经成为上海迅速缩小差距的有效途径。从2000年以来，上海市先后引进了F1、大师杯网球赛等国际顶级赛事，更是在2011年成功举办了世界游泳锦标赛，随着这些赛事的成功落户和日臻成熟，上海的国际地位也在不断提升。

2004年，上海F1中国大奖赛共接待境外记者550人，共发稿2400多篇，国内记者约140人，在3天比赛期间共刊载约850篇报道。正赛当天，观众人数达到15万，3天累计观众超过26万人次，其中境外观众超过5万。此外，在F1上海站比赛期间，有120家世界排名前500位的大企业在上海举办了各种推广活动，有的还把上海站的门票作为待客礼物，上海对大企业、大公司的影响和吸引力继续扩大。[①] 2005年，上海国际田径黄金大奖赛共吸引了120多家境外媒体的200多名记者前来采访，比赛向全世界62个国家和地区直播，向43个国家和地区录播，有60多个国家对本次赛事进行了报道。[②] 2011年，上海世界游泳锦标赛共吸引了来自世界35个国家、65家电视机构的1300余名从业人员前来参加转播工作，全世界有35亿人次通过转播欣赏到了上海世锦赛的精彩场面。体育赛事成为世界了解新上海的一个窗口，众多媒体、观众和游客成为上海与世界的桥梁。

正如前文所说，电视长期以来一直被认为是体育赛事的最佳传播渠道，而在国内，CCTV－5被认为是体育赛事传播的最强势平台。城市举办体育赛事如果能够在CCTV－5播出，无疑会提升赛事及城市的影响力。将前文中数据进一步筛选（见表5－5），截取了收视率排名前20的赛事。这些赛事共在全国九座城市举行（北京、广州、杭州、成都、东莞、宁波、常州、柳州、漯河）。其中，宁波一共有五场比赛（全部为女排大奖赛）入围此榜单，分别排在第1、第2、第3、第7和第19位，观众人数累计达6534万人次，赛事数量和观众人数均排名首位。宁波通过举办2010年世界女排大奖赛，在CCTV－5获得了大量的曝光机会，对城市起到了良好的宣传作用。

---

① 冯好：《大型体育赛事与上海城市形象传播的研究》，上海体育学院硕士学位论文，2010，第28页。

② http：//tyj.sh.gov.cn/website/content.jsp？ct_ id＝24089&sj_ dir＝30_ tyss.

表 5－5　2010 年 CCTV－5 播出的国内赛事收视率排名

序号	举办城市	赛事名称	收视率
1	宁波	直播：2010 年女排大奖赛总决赛 9 中国－波兰	1.1861
2	宁波	直播：2010 年女排大奖赛总决赛 12 中国－美国	1.1816
3	宁波	直播：2010 年女排大奖赛总决赛 6 中国－日本	1.037
4	北京	黄金赛场：2010 年世界斯诺克中国公开赛第二轮	1.0084
5	北京	2010 年 NBA 中国赛北京站	0.9572
6	常州	直播周末：361 度第 17 届国际泳联跳水世界杯女子三米跳板决赛	0.9079
7	宁波	直播：2010 年女排大奖赛总决赛 15 中国－巴西	0.8749
8	广州	直播周末：2010 年 NBA 中国赛广州站	0.8659
9	杭州	2010 年中国国际女排精英赛	0.8547
10	漯河	黄金赛场：2010 年中国国际女排精英赛	0.8202
11	柳州	2010 年斯坦科维奇杯洲际篮球赛中国队－澳大利亚队	0.8081
12	北京	黄金赛场：2010 年世界斯诺克中国公开赛 1/4 决赛	0.8049
13	杭州	2010 年中国国际女排精英赛	0.7996
14	杭州	2011 年亚洲杯预选赛（中国队－叙利亚队）	0.7857
15	北京	2010 年姚明与纳什慈善赛	0.7828
16	成都	现场直播：2010 年女足亚洲杯半决赛	0.7708
17	东莞	直播周末：2009～2010 赛季 CBA 总决赛(广东东莞银行－新疆广汇汽车)	0.7619
18	柳州	2010 年斯坦科维奇杯洲际篮球赛伊朗队－中国队	0.7518
19	宁波	黄金赛场：2010 年世界女排大奖赛总决赛 3 中国－意大利	0.7468
20	柳州	黄金赛场：2010 年斯坦科维奇杯洲际篮球赛中国队－斯洛文尼亚队	0.7376

资料来源：根据央视索福瑞（CSM）2010 年 CCTV－5 收视数据统计而得。

此外，国内的中小城市也能够借助体育赛事向外界展示其独特的城市风采，从而提升城市的知名度，吸引投资从而推动相关产业发展。2009 年 7 月 26 日至 9 月 5 日，WMA 首届中国武术职业联赛在黄山举办，该项赛事极大提升了黄山市的影响力。首届中国武术职业联赛一共历时 42 天，共举办了 19 场比赛，CCTV－5 在黄金时间全程直播了开幕式、17 场比赛赛况和颁奖仪式，媒体推广价值超过 5000 万元。同时，WMA 还吸引了大量的武术爱好者前来黄山观看比赛，这一项就直接为黄山市带来近 500 万元的消费收入。

2. 体育俱乐部提升城市外在影响力

相比于体育赛事而言，体育俱乐部存在的时间更长，与所在城市的关系也更为紧密，特别是在率先完成工业革命的欧美国家，体育俱乐部的诞生几乎与城市的崛起同步进行。例如，在现代足球的发源地——英国，多数俱乐部的成立时间都早于联赛。位于伯明翰市的阿斯顿维拉俱乐部成立于1874年，曼彻斯特联队的前身“牛顿·希斯”俱乐部诞生于1878年，地处伦敦地区的富勒姆紧随其后于1879年宣告成立，三者都比英格兰足球超级联赛的前身——成立于1888年的英格兰足球联赛时间更为悠久。可以说，体育俱乐部见证了城市的发展历程，是城市历史变迁的缩影，同时也是一张闪亮的城市名片，向外界散发所在城市的独特光芒。

从20世纪80年代末开始，国内开始报道和转播欧洲的四大足球联赛。在当时国际交往相对闭塞的情况下，很多人正是因为通过电视收看职业足球联赛才开始真正了解一个国家，通过喜欢某一支俱乐部才开始真正热爱一座城市。因为米兰德比，人们认识了意大利时尚之都米兰；因为拜仁慕尼黑，人们认识了德国工业重地慕尼黑；因为曼联，人们认识了英国曾经的老工业城市曼彻斯特；因为皇马和巴萨，人们又见识了西班牙城市的拉丁风情。对于国内的足球迷来说，俱乐部是认识国外城市的一扇窗口，是心生向往的一个美好开端。

和国外的俱乐部相比，我国的职业俱乐部存在的时间不长，但是在媒介技术不断发展的今天，职业俱乐部借助迅猛的媒体传播给所在城市带来了不可低估的影响。以“篮球之城”广东省东莞市为例，在没有广东宏远篮球俱乐部之前，很多人对东莞的印象也许只局限在“有着发达的经济和密集的工厂，是一个沿海的工业城市”，然而在广东宏远男篮坐镇东莞八年，七夺CBA总冠军后，东莞的城市知名度在全国篮球爱好者的心目中大幅提升。2010年，东莞2010年度在CCTV－5城市转播时长的排行榜上位列13，CCTV－5共转播了14场在东莞进行的CBA比赛，转播时长共计24.83小时。值得一提的是，东莞的转播机会主要来自CBA俱乐部，与排名靠前的广州、北京等大城市动辄耗巨资举办亚运会、世锦赛等大型赛事相比，东莞市在城市曝光方面可谓实现了最优的投入产出比。

职业体育俱乐部同样成为广州市着力打造的城市品牌。2010年以来，无论是广州恒大女排还是恒大男足都在所属联赛里取得了优异的成绩，获得了传媒的广泛关注。特别是在2009年，知名教练郎平以及多位明星球员的相继加盟使恒大女排的成立一度成为热点事件。在恒大女排升入全国女子排球甲级联赛A组的第一个赛季——2010～2111赛季，恒大女排与天津女排的决赛受到了媒体的密切关注。CCTV－5全程直播了三场决赛，直播时长共计325分钟，观众累计达到约1625万人次（见表5－6）。虽然广州恒大女排最终不敌天津队屈居亚军，但亮眼的收视数据和可观的观众数量已经成功宣传了广州这座城市。

表5－6　CCTV－5 2010～2011赛季全国女子排球联赛决赛收视率

比赛时间	比赛场次	直播时长（分钟）	收视率
2011年3月27日	第1场	70	0.2316
2011年4月2日	第2场	120	0.5793
2011年4月3日	第3场	135	0.4387

资料来源：根据央视索福瑞（CSM）2010年CCTV－5收视数据统计而得。

3. **体育明星提升城市外在影响力**

除了体育赛事和体育俱乐部对城市外在影响力的拉动外，体育明星的作用也不可小觑。全世界从事各种体育项目的运动员数以百万计，然而真正可称得上是体育明星的人却少之又少。这是因为体育明星的形成绝不是一朝一夕之事，其自身必须要具备一流的竞技水平、强烈的个人魅力和广泛的关注度，同时还要结合“天时地利”才能实现，如运动项目是否热门，是否具有较高商业价值等。因此，体育明星可谓是体育竞赛产业中“最有价值的产品”之一，位于竞赛产业价值链的顶端。运动员一旦成为体育明星，受益的将不仅是运动员本身，还会为其所在城市带来惊喜。

2011年的中国体坛可谓是从年初就刮起了一场娜旋风。从年初的澳大利亚网球公开赛进入决赛，到随后的法国网球公开赛历史性捧杯，李娜一时间成为全世界炙手可热的体育巨星，与李娜相关的一切信息也被传媒放大。除了大满贯赛事冠军外，李娜的另外一个身份也开始被世人牢记，那就是“武汉妹子”。武汉是李娜的家乡，从李娜成名起，武汉这座城市就开始被无数次地与李娜一并提起。无论是直播李娜的重要比赛，还是探寻李娜的成长轨迹，武汉都在传媒的一次次曝光中提升了城市知名度。

索福瑞对 CCTV－5 2011 年上半年栏目收视情况的调查显示，李娜一共有三场比赛入围收视率前 20 名的榜单，分别是：排名第 1 的法网决赛，时长为 115 分钟，观众人数为 3452 万；排名第 6 的澳网决赛，时长为 140 分钟，观众人数为 1783 万；法网半决赛位列 15，时长为 120 分钟，观众人数为 1427 万。这三场比赛的转播时长共计 375 分钟，收视人口约 6700 万人次。这个可观的数字足以说明李娜的影响力，也令武汉在 CCTV－5 的曝光量一举超越国内其他城市，如果加上 CCTV－5 对李娜澳网和法网其他场次比赛的转播数据，以及在新闻、宣传片中反复提及的次数，武汉从中所获得的传播量将更为惊人。而李娜成名以来标志性的武汉话同样为人津津乐道，CCTV－5 在随后转播李娜比赛的时候甚至请来了一位通晓武汉方言的翻译，这无疑是武汉再一次的趣味曝光。毫无疑问，武汉和李娜紧密地联系在了一起，武汉因为拥有李娜这个体育巨星一次次地提升了城市的知名度。

除了李娜为家乡武汉提升影响力与知名度外，当今国内体坛的另一位巨星——刘翔也早已成为上海市的形象代言人。从 2004 年雅典奥运会一举成名，到 2008 年北京奥运会悲情退出，再到 2011 年大邱世锦赛强势崛起，刘翔的一举一动都会牵动媒体的神经，一言一行都会引起人们的讨论。他的家乡上海市也因此经常与“刘翔”一起出现在国内外传媒的各种报道之中，获得了大量展示城市风貌、提升城市国际知名度的机会。2010 年，刘翔走出奥运退赛的阴影，参加了多场重量级的国际比赛。从比赛结果和收视数据来看，刘翔依然保持了一流的竞技水平和超高的人气。2010 年 11 月 24 日，刘翔获得广州亚运会 110 米栏的冠军，CCTV－5 的收视率为 5.0399，收视人数为 6500 万，在转播的亚运会所有比赛中排名第一，成为收视冠军。2011 年 8 月 29 日，刘翔获得大邱世锦赛 110 米栏的亚军，CCTV－5 的收视率为 1.0164，共吸引了全国约 1300 万观众；而比赛中罗伯斯的犯规更是在赛后引发了全民讨论，将刘翔复出之后的人气炒到了一个新的高点。此外，在全媒体时代，各种新媒体对刘翔的关注也是“不遗余力”。刘翔得亚军之后在百度上输入关键词“刘翔”，一共搜索出 5400 万个网页，83.5 万篇相关新闻，19 万个视频；而刘翔的个人微博一共拥有 2500 万粉丝之多。对于上海来说，刘翔早已成为一张珍贵的城市名片。上海市借助刘翔的影响力与曝光量，向世界推广了其国际大都市的形象与品牌。

除了本土培养的体育明星外，城市引进的大牌外援也会为城市带来较高的关注度和曝光量。如中超的广州恒大引进孔卡，上海申花引进阿内尔卡等足球巨星，都提升了媒体的报道量，提升了所在城市的知名度。而CBA 的多家俱乐部更是在 2011 ~ 2012 赛季相继引进了马布里、肯扬·马丁、J. R. 史密斯、钱德勒等多位 NBA 一流球员，除了提升俱乐部的实力，众多大牌的到来也为俱乐部及所在城市获得了大量的媒体曝光机会。如CCTV - 5 就将 CBA 2011 ~ 2012 赛季的转播计划从原来的一周三场提升到一周四场，并增加了拥有 NBA 巨星俱乐部的直播场次。通过高频次的电视转播，所在城市的外在影响力无疑会得到提升。

4. 体育赞助商提升城市外在影响力

在体育赛事、职业俱乐部和体育明星周边还长期活跃着一群既特殊又重要的身影——赞助商。在全球体育竞赛产业高速发展的今天，赞助商的重要性毋庸置疑。各大赞助商都在借助体育赛事不遗余力地进行强势品牌传播，在达到提升自身品牌形象、扩大品牌影响力、促进销售的同时，体育赛事、俱乐部和明星及其所在的城市也得到了多重的宣传和曝光，提升了自身的知名度和受关注度。

对奥运会、世界杯等顶级赛事，各大企业除了需要花费巨资取得赞助资格外，还需要持续投入资金保证赞助资格为广大消费者所熟知。因此，除了借助媒体对赛事的传播，各大企业还会围绕赞助商身份打造专属的传播计划，以达到成功树立和推广企业品牌的目的，使自身的商业权益得到最大程度的开发。而与此同时，赞助商对赛事的推广也会为赛事及其举办城市积累更多的人气，获得更多的关注。

可口可乐公司全球奥运项目总监彼得·富兰克林曾经说过，拿到赞助权、支出赞助费用后，还必须要花好几倍的钱，去好好运用这个赞助权才可以发挥赞助的功效。可口可乐出资 4000 万美元成为 1996 年的亚特兰大奥运会全球合作伙伴后，又投入 2. 5 亿美元的广告费用做营销。据 CTR 公司对 2008 年北京奥运会期间所有电视媒体的无限制时段检测，可口可乐在 7 月 13 ~ 19 日一周内的广告花费就达到 1. 1 亿元，电视广告投放量居各品牌之首。① 由此可见，可口可乐公司对这两届奥运会的巨额广告花费一方

---

① 赵轶佳、王清：《终结尤伯罗斯》，《第一财经周刊》2012 年第 11 期。

面强化了自己的品牌形象，另一方面也进一步提升了奥运会的热度，为举办城市进行了全球化的宣传。

2008 年 11 月，国内的民族运动品牌 361°花费 3.5 亿元成为了广州亚运会的高级合作伙伴。在斥巨资获得赞助资格之后，361°继续投入大量资金打造全方位多渠道的品牌营销计划。首先，在以 CCTV-5 为代表的电视媒体上大量投放以亚运会为主题的系列广告。广告以亚洲各国运动员备战亚运会的故事为内容，并巧妙地将品牌口号“多一度热爱”与亚运会相结合，提出了“亚洲多一度热爱”的亚运会口号。其次，361°还充分把握全媒体时代的传播特点，与新媒体进行了充分的合作，在线上线下进行了多个宣传活动。例如 361°和门户网站腾讯网启动了线上的亚运会“圣火传递”，旨在借助门户网站的强大影响力获得网络世界的关注；361°还携手移动梦网推出了“无线空中圣火传递”，通过手机平台邀请形式，让年轻人通过大拇指成为“亚运火炬手”。361°的亚运会品牌营销行动一方面提升了品牌在消费者心中的认知度，另一方面也增加了亚运会的赛事热度，使广州这座城市更令人向往。

2011 年，国内的另一个运动品牌特步将企业品牌与马拉松运动进行结合，相继成为 8 项马拉松赛事的合作伙伴。其中，厦门马拉松每年都会在 CCTV-5 进行全程直播，2011 年的播出时长为 110 分钟，收视人口为 150 万左右。除了借助媒体对厦门马拉松的报道宣传企业品牌外，特步还在电视媒体、视频网站和移动传媒上投放了一系列以“坚持，人生就是一场马拉松”为主题的广告，广告中截取了厦门马拉松的比赛画面，观众在观看广告的同时也记住了厦门的城市风貌。此外，特步还结合厦门马拉松的主题，在比赛前举办明星云集的大型演唱会等，将娱乐元素与体育元素融为一体，成功地吸引了传媒的注意，这同时也进一步为厦门聚集了人气。

除了运动品牌，国内啤酒行业的佼佼者——青岛啤酒也一直坚持走体育营销的路线，将企业文化与体育赛事进行融合，如赞助 2008 年北京奥运会，牵手 NBA 打造“炫舞激情”啦啦队选拔赛，签约刘翔、易建联、陈一冰和何姿等体育明星，与 NBA 迈阿密热火队达成合作关系等。青岛啤酒一系列大手笔的体育赞助方案除了会提升体育赛事、俱乐部和明星等所在城市的知名度外，更是向全世界输出了青岛的本土文化，扩大了青岛的城市影响力。

除了借助赛事打造品牌外，赞助商还热衷于包装体育明星，利用体育明星在大众心目中的广告效应树立和推广自己的品牌。而在赞助商用多种方式推广体育明星的同时，明星所在的城市也会因此增加曝光量，获得更为广泛的关注。法网夺冠之后，李娜的代言瞬间增多，既包括耐克等与体育相关的品牌，也包括像劳力士、奔驰和哈根达斯这样的非体育类的高端品牌。这些赞助商在启用李娜作为代言人后，通过各种途径宣传企业品牌，包括实施公益计划，举办网球训练营，在电视媒体和视频网站上投放广告片等。这些大规模的商业推广活动同时也帮助李娜继续维持着高人气和高曝光量，而武汉这座城市也通过诸多赞助商的大力传播而更加为人所熟知。

综上所述，城市的外在影响力就好比透过一面镜子看自身，它折射出一座城市最耀眼的形象，让他人赏心悦目，让城市本身得到关注和尊重。

（三）体育赛事提升城市的潜在影响力

城市潜在影响力是指城市的“潜在资本”，存在于城市内部尚未显露出来，反映它的未来发展趋势。体育赛事在其中，既是内容，又是手段。我们从历史性和全媒体时代下培养城市消费两个视角考量体育赛事打造城市潜在影响力的过程。

1. 历史性视角：在工业化和城市化进程中

工业化和城市化相互促进，工业革命激发了城镇居民数量的大爆炸。工业经济需要的恰好是城市可以提供的：工厂、仓库、商店和办公室、交通网络、大型劳动力市场和消费市场等物质基础设施。

在欧洲和北美的工业化核心区域，农村的发展和城市增长是紧密相连的（见图5－6）。农业生产受益于机械化和城市中开发的创新技术。更高的生产力解放了农村劳动力，让他们可以到发展中的城市制造业部门工作，同时提供了更多的食物，供应给不断增长的城市人口。①

大量农村人口逐渐变成了工业化时代的劳工。城市的集中性，注定了许多农村生活方式的退出，一方面城市生活没有足够的空间和时间再给人进行农村游戏；另一方面城市化框架对个体的拘束也越来越严格。

然而，人总要休闲娱乐，这不仅是生活的追求，从某种意义上说，更

① 保罗·诺斯克、琳达·麦克卡西：《城市化》，科学出版社，2009，第53页。

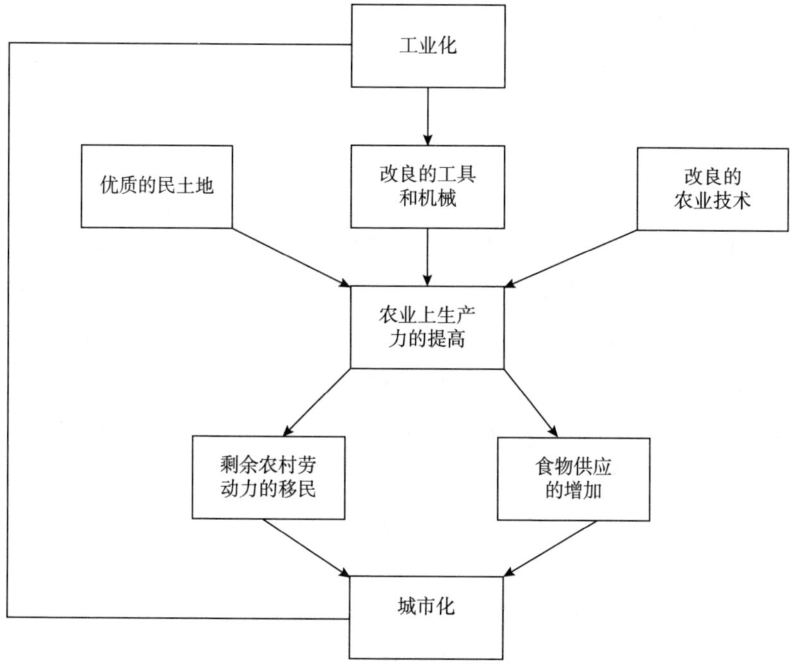

图 5－6　世界核心地区的城市化进展

是社会发展的目的。体育改变人的生活方式。享受运动快乐，是一种让城市人寻找生活平衡、寻找自由的过程。

（1）体育赛事对城市居民的影响。城市居民通过体育找到了一种心理平衡的良药，从社会学角度，体育是社会的“安全阀”。从经济学的角度，城市中人的健康是高机会成本的硬约束。

城市化是一个人口增长自动得到控制的社会经济过程。控制的内在机制在于农村和城市养育子女的成本和机会成本的差距和约束力。为什么城市化水平较高的国家，人口自然增长率为零甚至负，主要原因是生育和抚养子女的成本和机会成本太高。

在城市化过程中，体育对人的健康甚至生活方式有着正面影响作用。卢元镇在《体育的本质属于生活》一文中提出：体育生活化就是把体育渗透到人们日常生活当中，成为衣、食、住、行之外的第五生活要素；成为高品质生活的特征；从而促进人的发展和社会文明的进步。[①] 在美国，有

① 卢元镇：《体育的本质属于生活》，《体育科研》2006 年第 4 期。

规律的坚持运动，不仅是一种娱乐手段，还是一种戒掉生活恶习的措施，在大学中“生活方式与身体健康”的自我评价系统，更是受到了高度重视。

总之，体育融入城市居民的生活方式是在科学体育观念引导下，对人的日常生活进行干预的、理性的行为。这一行为不仅能对个人和家庭有正向影响，而且能完善一个维护人尊严的、和平的城市。

“文明其精神，野蛮其体魄”，体育赛事能够塑造城市的精神。对于旅游者、投资者以及潜在居民来说，这种精神就是城市品牌，意味着安全、实力；对于本地居民而言，这更是他们的荣誉。因此，响亮的城市精神通过以人为载体进行传播，能够增强城市吸引力、竞争力和凝聚力。

刘汉太在《城市影响力及其打造》一文中提出，城市影响力包含了三方面：知名度、能量级和感情线。① 可以说，体育赛事对人的影响不只体现在促进身体健康和生活方式上，感情线（社区）的形成也是一个不容忽视的方面。

这一点从英国足球的发展史中能清晰地看到。足球，原本是劳工阶层情绪宣泄的一个出口，三五好友之间踢球为乐，很快它就被赋予了更特殊的社会属性——聚众性。当他们踢得越来越好，又出现几位民间“球星”时，观众就会越来越多，成百上千也不是难事，足球成为城市生活的新话题和新内容。一场普通球赛，成为一个社区人群聚集的机会，渐渐地，一个足球俱乐部，会成为一个社区人群的象征。人们对俱乐部和赛事，产生了一种强烈的依赖感和归属感，这种情感纽带，演化成为足球最明显的社会属性。与足球一样，许多体育项目在社会转型期扮演了这样的角色：满足了城市人群的深层精神需求，成为他们对城市生活的一种积极体验，也让人从辛苦的工作中得到暂时的缓解。

在后工业化时期，品牌形象对城市发展变得更重要，在一定程度上，竞技体育影响了城市形象。赵渺希在研究中，专门选取了 10 支英超球队、7 个英国城市，借助网络计量学进行实证分析，结果发现：米德尔斯堡、利物浦等相对较小的城市与竞技体育的知名度关联度更高，与大城市相比，人们对这类城市的了解会更多来自其足球俱乐部。② 像伦敦这样的大

① 刘汉太：《城市影响力及其打造》，《小城镇建设》2004 年第 4 期。

② 赵渺希：《竞技体育对城市知名度的影响分析——以英超传统强队为例》，《体育科技文献通报》2008 年第 3 期。

城市，虽然有3支顶级足球俱乐部，但它对城市知名度的影响却略低于那些中小城市。这一方面说明，体育对社区人群，特别是中小城市的人群，能产生强烈的情感需求；另一方面，在城市竞争愈发激烈的氛围下，俱乐部有大量媒体报道，又拥有众多的铁杆球迷，为城市品牌带来了明显的提升效应。在财力许可前提下，中小城市借助竞技体育提升影响力是一个明智之举。

（2）体育赛事对城市产业结构的影响

产业结构与经济发展有着非常密切的联系。产业结构的演进会促进经济总量的增长，经济总量的增长反过来也会促进产业结构的演进。这已经为许多国家经济发展的实践所证明。

产业结构变动的影响因素可归结为两类：一类是供给因素，包括自然条件和资源禀赋、提供劳动力的人口、投资、商品供应、进口、技术进步等；一类是需求因素，包括消费和投资等。[①]

体育赛事对城市的供给和需求都会产生影响。供给方面，体育赛事通过拉动就业、扩大投资、带来技术进步进而影响城市的产业结构。需求方面，体育赛事对城市的消费需求和投资需求产生影响进而改变城市的产业结构。

体育赛事对城市产业结构的影响主要表现为体育赛事广泛的关联性，并且相关联的产业（文化、旅游、餐饮、娱乐等）基本处于比较高的产业结构等级，从而可以促进城市产业结构的优化升级，继而促进城市经济发展。

例如，在美国经济结构的42个部门中，体育产业的关联强度居第8位。[②] 正是这种较强的关联性使体育产业能够叠加到其他产业中去，创造“1 +1 >2”的效应。[③] 体育赛事的举办，第三产业最受益，尤其是第三产业中的旅游业、餐饮业、会展业、娱乐业等行业，赛事的举办对这些行业拉动作用显著。

美国网球公开赛进行了三周时间，给纽约带来超过2亿美元的收入，这是不小的奇迹。可纽约马拉松才只有一天，却能给这座城市带来超过

① 苏东水：《产业经济学》，高等教育出版社，2000，第239～244页。

② 马修·尚克：《体育营销学》，董进霞等译，清华大学出版社，2003，第127页。

③ 周雯艳：《体育赛事对主办城市经济发展的影响》，《商业时代》2008年第36期。

3.5 亿美元的商机！据《第五频道》杂志 2012 年 4 月刊《纽约，疯体育》一文报道："纽约马拉松赛比赛期间，很多酒店早早被选手们预订一空。酒店也会为跑步爱好者们提供一系列专门服务，例如比赛当天凌晨两点半供应早餐。选手一般都举家出动，会在纽约逗留一周左右的时间。参赛的同时，还要旅游观光，平均一个家庭就给纽约贡献数千美元。

2011 年 11 月 6 日，第 42 届马拉松赛吸引了来自全国 50 个州和全球 135 个国家的逾 4.7 万名选手参加，有 200 多万观众收看了电视现场直播。

全长 42 公里 195 米的比赛路线横跨纽约市五大区，不仅是长跑健将的竞技场，也是 130 多个乐团的演奏场，他们既为选手打气，也娱乐道路两侧的观众。据《华尔街日报》报道，马拉松路线平均每一里就有约五场表演。纽约马拉松的魅力，在于它跨越了整个纽约市，平常车水马龙的街道，此时都要向跑者让路。纽约市长彭博在赛后总结时表示，这项比赛以独特方式使全市团结起来。"①

美国专家还推算，体育赛事对第二产业中的其他行业也产生有力的推动，例如房地产就会由于赛事得到迅速发展。

表 5-7　1996 年奥运会对佐治亚州产业产出、就业和收入影响最大的前 10 为产业汇总

产业排名	就业影响（所属产业）	总产出影响（所属产业）	对收入的影响（所属产业）
1	住宿和娱乐（三）	住宿和娱乐（三）	家庭（三）
2	餐饮（三）	商务服务（三）	商务服务（三）
3	商务服务（三）	餐饮（三）	住宿和娱乐（三）
4	零售贸易（三）	房地产（三）	零售贸易（三）
5	其他服务（三）	家庭（三）	餐饮（三）
6	新建筑（二）	零售贸易（三）	保健服务（三）
7	保健服务（三）	交通（三）	交通（三）
8	交通（三）	食品生产（三）	批发贸易（三）
9	批发贸易（三）	新建筑（二）	其他服务（三）
10	个人服务（三）	其他服务（三）	新建筑（二）

资料来源：参见余守文《体育赛事产业对城市竞争力的影响》，复旦大学博士学位论文，2007。

① 万欣：《纽约，疯体育》，《第五频道》，2012 年 4 月刊。

表 5－8 不同阶段悉尼奥运会对新南威尔士州影响最大的前 10 位产业

产业排名	奥运前（所属产业）	奥运中（所属产业）	奥运后（所属产业）
1	建筑业（二）	个人服务业（三）	个人服务业（三）
2	个人服务业（三）	建筑业（二）	交通和通信业（三）
3	交通和通信业（三）	交通和通信业（三）	房地产业（三）
4	国内贸易（三）	公用事业（三）	社区服务业（三）
5	金融业（三）	国内贸易（三）	建筑业（二）
6	房地产业（三）	金融业（三）	国内贸易（三）
7	公用事业（三）	社区服务业（三）	公用事业（三）
8	社区服务业（三）	公共服务业（三）	公共服务业（三）
9	制造业（二）	制造业（二）	金融业（三）
10	公共服务业（三）	房地产业（三）	制造业（二）

资料来源：参见余守文《体育赛事产业对城市竞争力的影响》，复旦大学博士学位论文，2007。

表 5－9 举办北京奥运会对第三产业内部行业增长的影响

部门名称	2001～2007 年实现增加值年均增速（%）	受奥运影响增速高于“十五”计划百分点	到 2008 年占全市 GDP 生产总值的比重（%）
商业	12.3	2.1	7.5
货物运输及仓储业	10.9	1.7	1.0
体育产业	11.6	1.0	0.4
饮食业	12.5	1.0	0.8
文化产业	11.2	0.8	5.5
邮电业	13.8	0.6	4.4
社会服务业	13.4	0.5	9.0
金融保险业	12.5	0.5	11.2
房地产业	16.3	0.4	6.0

资料来源：参见刘淇《北京奥运经济研究》，北京出版社，2003。

表 5－10　举办北京奥运会对第二产业内部行业增长的影响

部门名称	2001～2007 年实现增加值年均增速（%）	受奥运影响增速高于“十五”计划百分点	到 2008 年占全市 GDP 生产总值的比重（%）
高新技术产业	15	3	8.8
机电产业	8	2.5	4.0
建筑业	11.6	2	8.5
服装纺织业	9.6	2.2	0.8
食品制造及烟草加工业	7.4	2.4	1.2
石油加工及炼焦业	12.4	1.8	1.1
非金属矿物制品业	14.7	2.7	1.3
金属冶炼及压延工业	3	8.6	1.1

资料来源：参见刘淇《北京奥运经济研究》，北京出版社，2003。

表 5－11　2006 年上海就业受 F1 赛车场及配套设施建设影响最大的前十个产业

单位：人

排　名	产　业	就业人数
1	新建筑	91013.7
2	公路、街道、桥梁和隧道建筑业	7066.4
3	建筑和工程服务	6261.8
4	餐饮	5872.1
5	就业服务	2048.5
6	食品饮料商店	1961.2
7	内医、牙医和其他保健从业者	1878.3
8	一般商业商店	1862.9
9	房地产	1575.7
10	机车修理和维护	1445.4

资料来源：参见余守文《体育赛事产业与城市竞争力：产业关联·影响机制·实证模型》（第 1 版），复旦大学出版社，2008，第 198 页。

从 1996 年、2000 年、2008 年三届奥运会及上海 F1 对主办地各产业部门的影响数据可知（见表 5－7、5－8、5－9、5－10、5－11），体育赛事对主办地第二、第三产业都会产生影响，尤其对第三产业的影响更突出。另外，体育竞赛产业本身也属于第三产业，体育竞赛产业的发展将增加第三产业的产值及其在国民经济中的比重。可以说，主办城市的产业结构优化，体育赛事在其中起到了积极作用。

研究表明，我国第三产业增加值平均每增长 1%，可能创造 100 万个就业机会。从为提高国民素质和为居民服务的行业性质上看，体育竞赛产业属于第三产业，城市管理者有必要通过政策引导等手段加大这类产业开发的力度。周天勇在研究中论证了，经济增长速度与就业机会的扩张有正向的内在关系。另外，第三产业的发展与城市化水平和城市规模也有着正相关关系：城市化水平越高，第三产业发展比重越大；城市规模越大，第三产业发展的条件越充分。①

“十一五”时期，我国服务业增加值年均增长 11.9%，服务业增加值和就业比重分别提高 2.5 个和 3.5 个百分点，但仍没有达到“十一五”规划纲要确定的服务业增加值和就业比重分别提高 3 个和 4 个百分点的预期性指标。目前，我国服务业增加值占国内生产总值比重为 43%，不仅低于高收入国家 70% 的水平，也低于与我国发展阶段大体相当国家 50% 的水平。

差距意味着广阔的发展空间。目前，我国的体育竞赛产业虽然在第三产业中的比重不大，但体育竞赛产业较强的关联作用不能忽视。可以预期，在我国工业化和城市化的进程中，体育赛事打造城市影响力的作用会越来越明显。

2. 在全媒体时代下培育城市消费市场

从经济学的角度看，经营城市就像经营公司。城市竞争力是一个城市对各种资源的吸引能力，主要受居民、企业、投资者以及游客对城市感受的影响。城市的潜在影响力是城市未来竞争力的一个重要指标。

（1）体育赛事是城市营销的优质载体。城市营销将城市未来发展视为面向市场的“产品”，其本质是人们对健康生活的追求。城市品牌、城市形象和城市事件是城市营销系统中重要的三大要素，而体育赛事恰恰能作为一个载体，使之相互联系，彼此协调，共同促进城市的全面发展。

城市品牌是城市营销的核心，它对城市而言，反映了城市的未来发展目标。城市形象从静态的视觉认知层面，强化城市品牌。城市事件从动态的体验感知层面，突出城市品牌。②

---

① 周天勇：《托达罗模型的缺陷及其相反的政策含义——中国剩余劳动力转移和就业容量扩张的思路》，《经济研究》2001 年第 3 期。

② 陈琳：《全球化时代国际大都市的营销策略》，同济大学工学硕士学位论文，2006。

体育赛事的强大号召力可以在短时期内让主办城市的口碑获得“爆发性”提升，真正实现城市品牌、城市形象和事件营销的有机结合。除此之外，还能拓宽城市旅游市场，促进城市基础设施的完善。美国的印第安纳波利斯就是将体育赛事与城市营销成功实践的案例。印第安纳波利斯是印第安纳州首府，早期规划落后、城市面貌破旧。19 世纪 70 年代后期，当地的政治家与商人领袖认识到城市营销的重要性，并提出了将城市打造成“体育胜地”的战略目标。

“第一，城市实体空间的创新。波利斯旧城改造与体育设施建设是分不开的。1909 年，该市将破旧的‘汽车制造商新车测试与比赛地点’，改造为‘汽车竞速场’，接着引进了知名汽车赛事——Indy 500。完善的体育设施，大型的汽车赛事，每年吸引超过 30 万观众前来观看。这使得 Indy 500 成为世界最大的单日运动赛事，为城市带来了大量流动人口，增加了城市的活力。第二，体育精神与城市文化空间的创新。体育俱乐部和著名赛事的导入为城市创造了灵魂。印第安纳步行者队于 1970 年、1972 年和 1973 年三次夺得 NBA 冠军。事实上，步行者成立后，极大地活跃了当地居民参与体育的热情。该市一跃成为美国拥有最深厚篮球文化传统的区域，步行者队也成了城市代言人。第三，品牌赛事与城市品牌形象的创新。随着体育爱好者的增加，体育运动已成为居民的必需品，城市也成了一个体育胜地。在很大程度上，城市品牌知名度的增加促使具有世界影响力的比赛找上门来，例如世界篮球锦标赛。第四，赛事对城市相关产业的推动。借力体育元素成功地展开了营销活动，吸引了大批投资者、旅游者的到来。在体育产业的推动下，城市内部形成了大量能开展重大事件的活动场所，如会展中心、维克多体育场等。仅这些设施，每年都能吸引数百万的旅游参观者。不仅如此，巨大的人流、资金流也带动了会展业的发展”。①

（2）城市体育营销需要内外兼修。城市体育营销，内在的重点是培育消费市场，外在的关键是全媒体传播。前文已经论述，消费包括居民消费和政府消费。政府消费不同于居民消费或者其他组织的消费，具有一定的

① 卢长宝：《体育元素与城市营销——印第安纳波利斯与郴州比较研究》，《中国城市经济》2009 年第 10 期。

特殊性。在这种消费行为中，占主导地位的不是经济规律而是政府的意志。

城市营销行为具有两面性，不当的营销行为会对城市发展造成消极的影响，著名学者约翰·弗里德曼，曾分析了城市营销的弱点——把外来“游资”作为城市发展主要动力的“城市营销”模式。[①] 体育作为宽带产业，与体育地产、场馆等城市产品有很强的相关性。从各国的实践来看，城市体育营销所暴露的种种问题，很可能使营销城市走向极端。近年来，有关全运会造成的场馆闲置、资源浪费的报道常见于媒体。解决实践中的问题，抛开社会转型的时代因素不谈，增强政府的执政能力也是关键。

居民消费是常住住户在一定时期内对货物和服务的全部最终消费支出，这些消费是分散进行的，符合经济规律。体育消费对居民消费的影响并不局限于体育消费支出本身，它会产生一些与体育消费相关的其他消费需求。以观看体育比赛为例，观众除了需要购买门票，还会产生一系列的引致消费需求，包括交通、餐饮、住宿、金融服务等。前文引用的相关研究表明：城市居民的收入每增加 100 元，在中国将有 60 ~ 70 元用于消费，在欧美发达国家则有 80 元左右用于消费。

可以说，城市体育营销培育消费市场，不仅涉及政府消费的理性引导，更要把握居民消费与体育赛事的互动规律。把握规律才能良性发展，在全媒体时代的放大镜下，城市体育营销才能像水一样自溪而渠，自渠而河，自河而海。报纸、杂志、广播、电视、音像、电影、出版、网络、电信、卫星通信在内的各类传播工具，已涵盖视、听、形象、触觉等人们接受资讯的全部感官，体育赛事既是城市营销组合拳的最佳内容，更是城市传播多渠道的整合大平台。

综上所述，在全媒体时代下，通过体育打造城市的影响力，是从理念到实践的明智之举。但必须客观看待城市体育营销效应，如果赛事主办地政府能够协调好城市体育营销内部的多因素关系，对内能培育好消费市场，对外能充分发挥当今全媒体的系统作用，城市品牌必能产生聚集的叠加效应。

---

① 陈琳：《全球化时代国际大都市的营销策略》，同济大学工学硕士学位论文，2006。

小　结

体育作为全世界通用的语言和媒体争夺的优质内容资源，对城市而言无疑是一种优质的传播载体，城市能够借助体育赛事提升自身的知名度与影响力。体育赛事对城市的影响除了源自体育本身所具备的城市文化特质和它自身所具有的健身功能等外，最为重要也不可忽视的就是传媒的作用，现代体育只有在现代传媒的作用下方能发挥最大功效。在全媒体时代背景下，体育赛事借助城市日益强大的传播力，必将为城市影响力的提升贡献更大的力量（见图5－7）。

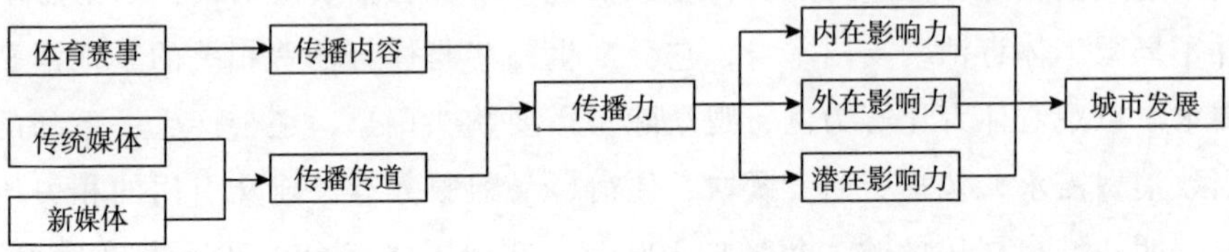

图5－7　体育赛事打造城市影响力模型

第六章　现代城市赛事与体育电视传媒的博弈

马歇尔·麦克卢汉在 1964 年所著的《理解媒介—论人的延伸》中提出："媒介即信息。"佐藤卓已在《现代传媒史》中认为城市就是媒介。他提道："如果说媒介具有沟通私人领域和公共领域的功能的话，那么城市就是媒介。"他还认为，"建筑物在向人们发出信息，繁华的街道、公园，或者说办公室与工厂是为了交流而创造出来的空间"。他认为城里人是指可以解读这座城市的人。而空间是由于经验而产生关联的场所，城市是浓缩了这种关联性的场所。所以，他认为，既然城市化是空间的组织化，那么大众媒体自然会集中产生于城市。

当然，"孕育舆论的社会关系的公共性也起源于城市"。城市既然是媒介，城市间的传播自然就需要传播的焦点。佐藤卓已所著的《现代传媒史》之所以阐述的重要对象是"传媒与战争"，充分说明战争作为信息的焦点被传媒高度关注，也因为战争让传媒产生巨大效应。作为本章节的研究对象，"传媒与赛事"间的关系与"传媒与战争"间的关系颇为一致。顶级赛事同样会让传媒产生巨大效应，世界杯足球比赛会让中央电视台在短短的一个月内获利 10 亿元。毫无疑问，当今最具有传播效应的就是我们称为和平时期的战争——体育赛事。奥运会、世界杯、洲际运动会等各种体育盛会在强大的视频传播过程中，展现出城市之间的和平角逐，这也是最为高效的激活城市居民自豪感与责任心的手段。

赛事在国际传播的过程，也是一个城市乃至一个国家的文化在不断传播的过程。例如，美国的橄榄球、欧洲的马术、巴西的足球、印度的板球、中国的武术等，在传播国家文化的同时传递着所在城市的文化，这就是赛事所具有的媒介特点。同样的理念，美国文化人类学者罗伯特也曾提出，“城市的作用在于改造人”，而媒介的作用同样是在影响人。这里可以再加上一句，那就是赛事在改造人的过程中也在影响人。

城市的建筑物、交通网络、学校、商店、咖啡馆、茶馆、博物馆、车站、公园、政府机关、工厂等各个环节均构成了传播装置的基础，承载着城市历史与现实、城市与城市、人与人之间信息的传递与交流，随着活字、印刷、通信、电子采集等技术的不断发展，相适应的，城市大众媒体也孕育而生。赛事一旦在这个城市展开，必将在整个城市的硬件内被人传递着，可谓从“传媒即信息”到“赛事即媒介”。由此可见，城市的媒介功能与城市人们生活中所直面的有形媒介，不断地影响、教育与改善着城市人群无形的生活方式和工作等各方面的理念。这里还有一种无形媒介在不断地影响、教育与改善着城市人群的生活方式和工作理念，那就是“赛事”。

改变这一切的自然就是“传播技术”的革命。这是一个广义的概念，是指人类在传播过程中应用的一切技术方法、手段的总称。“现代传播技术”研究的范围是建立在新科学技术基础上的媒体技术、系统技术以及为适应现代传播而产生发展起来的传播理论、传播技术，重点是媒介技术的研究。

第一节　传播技术发展历程

一　报纸统治近两个世纪的传媒渠道

公元前 500 年，波斯帝国的大硫士国王派遣家臣登高而呼，用最原始的方法传递了国王的命令。公元 105 年，中国东汉的蔡伦发明造纸术，使人类繁琐迟钝的传播方式变得比较简便易行，在一定程度上加快了传播的速度。大约公元 1045 年，中国宋代的毕升发明活字版胶泥印刷术，将扩大传播范围的尝试提到了一个新的高度。以至于传播学者韦尔伯·施拉姆认为，人类传播史应从中国人毕升发明活字版胶泥印刷术开始。

15 世纪 40 年代，德国工匠古登堡在中国活字印刷和油墨技术的基础上创造了金属活字排版印刷，将机械技术用于印刷，实现了文字信息的机械化生产和大量复制的可能。17 世纪报纸的出现，可以说是一种具有现代意义的大众传播。正如麦克卢汉所说，“印刷媒介发展的结果，把口语、俗语变成标准化语言，促进了远距离的传播：城市因此取代了农村，国家取代了小城邦”。

在 19 世纪，美国人莫尔斯发明通信电码，开始了有线电报时代。1870 年出现电话，1895 年意大利人马可尼发明无线电，使人类的通信技术大幅改进。第一次世界大战后，以此技术为基础发明了民用无线电。与此同时，电影工业在欧美亦成为另一种有力的大众传媒。电视是在 1924 年首次问世，而英国定期播放电视则始于 1936 年。电视时至今日，仍是一般人主要吸收资讯、常识，作为休闲娱乐或作为消磨时间打发孤寂的工具。20 世纪，互联网与多媒体的兴起，将信息传播速度提到了与信息发生、发展同步的程度。传播技术的不断进步，促使传播渠道不断演变，满足了人们越来越多的信息交流的要求，实现了马克思在 19 世纪中叶提出的“用时间消灭空间”的传播设想。

19 世纪中期，欧美近代体育开始传入我国，成为我国近代体育的主流，我国的体育新闻传播也应运而生。这一时期，出现了我国迄今发现的最早的体育报道，1864 年 4 月 18 日上海第一份中文报纸《上海新报》上刊登的一篇名为《第一日跑马单》的文章。1897 年 11 月 29 日《国闻报》开始报道“天津大学堂赛跑”，1905 年 5 月 31 日《大公报》刊登了“京师大学堂运动大会敬告来宾请君校”、“京师大学堂运动会洋志”和“大学堂运动会告词照登”等三篇报道。1909 年 4 月，上海中国体操学校体育界杂志社创办《体育界》，这是我国迄今发现最早的体育刊物，在当时体育界产生很大影响。1910 年 10 月 8 日《劝业日报》报道“敬告发起各学校联合运动大会诸君”和“颁发运动员奖品志盛”。此时期有关奥运的报道是 1900 年 6 月 6 日巴黎奥运会开幕半个月以后，《中西教会报》对观赛观众进行报道，题为“法国，观赛人众”，此报道为迄今发现最早的中国有关奥运的报道。1904 年，许多中国报刊简短报道了在美国圣路易举行的第三届奥运会。1908 年，一些报刊介绍了即将召开的第四届奥运会的情况。

1958 年，《体育报》（《中国体育报》的前身）创刊，这是新中国第一家真正的体育专业报纸，也是国家体育总局的机关报。其以新中国体育事业的宣传报道为己任，在长达 20 余年的历史中，一直是中国唯一的体育报纸，与《新体育》杂志一道成为仅有的两家专业体育媒介。1979 年《足球》报创刊，标志着地方媒体开始创办体育报纸。足球是最受欢迎的竞技体育项目，随后几年，随着中国足球队冲击世界杯所引起的关注，以及世界杯足球赛转播所造成的巨大影响力，《足球》报乘势而起。20 世纪 80 年代开始也就是改革开放之后，各类体育类专业报纸、杂志的发展进入了一个快速发展期，目前仅国家体育总局报业总社专业杂志就有 27 种，各个系统的报业机构也开始全面向集团化发展，如北京报业集团以及各省市都纷纷成立报业集团等。

二　广播率先用时间消灭空间

从 17 世纪报纸出现，到 19 世纪末意大利发明家古格利埃尔莫·马尔科尼在世界范围内率先运用无线电波传输莫尔斯电码，报纸几乎独家统治传媒市场达两个世纪之久。直到 1898 年 7 月 20 日，马尔科尼运用无线电电报技术，跨越爱尔兰海峡，将金斯敦赛艇大赛的信息传给了《都柏林每日快报》，这是有史可考的最早通过无线电播报体育新闻的消息。这一消息刺激了当时报业竞争异常激烈的美国纽约市场。1899 年，美国《纽约先驱报》为了与同城竞争对手《纽约时报》和《纽约世界报》争夺报纸市场份额，在时效性上击败对手，决定聘请马尔科尼为美洲杯帆船赛的最新信息进行无线电电报信息传输。10 月 3 日，马尔科尼从 15 公里外的新泽西海湾将 2000 多字的有关夏洛克号与哥伦比亚号的赛事报道及时传发给了《纽约先驱报》，其中只有 3 ~ 4 处需要重复和修改。来自美洲杯比赛消息的及时传出，使《纽约先驱报》立刻赢得了市场。一时间，无线电信息传输声名鹊起。

最早的广播体育赛事传播出现在美国明尼苏达大学。早在 1912 年秋天，该校的斯普林格教授和年轻的教师特纳便开始运用火花发射机和电报信号进行广播电台的实验播音，当时他们的电台呼号是 9X1 - WLB。作为实验的一部分，斯普林格和特纳将明尼苏达当地的美式橄榄球比赛赛况发布给了少数听众。这次实验比历史上第一家商业电台匹兹堡 KDKA 诞生的时间足足早了八年。在这两次体育赛事传播之间之所以有如此长的间隔，是因为第一次世界大战的爆发。当时，美国海军限制了商业无线电和业余电台的发展。在此期间，唯一的广播体育赛事转播只有一年一度的美国陆军与空军的美式橄榄球比赛。1920 年 11 月 25 日，一场美国大学生美式橄榄球比赛在得克萨斯大学和得州农业机械大学之间展开。这场比赛被广泛认为是世界上第一场进行了适时赛况解说的比赛，转播的电台是当时还没有拿到正式执照的得州大学实验电台 WTAW。

真正意义上的广播体育的诞生与拳击比赛有着不解之缘。1920 年 9 月 6 日，体育赛事的结果在世界范围内第一次通过广播电台被传播出来，那是在美国密歇根州本顿港进行的一场拳击比赛。对阵的双方是杰克·丹普西和比利·米斯克，比赛结果是由刚刚成立 17 天的底特律 WWJ 电台播报的。1921 年 4 月 11 日，《匹兹堡邮报》的记者弗罗伦特·吉布森为匹兹堡 KDKA 电台客串解说了轻量级拳击赛庄尼·雷和庄尼·邓迪的比赛，成为历史上第一位在现场解说体育比赛的“解说员”。1921 年 7 月 2 日，丹普西在新泽西赫伯坎进行的重量级拳击赛中迎战法国拳手乔治·卡蓬蒂埃的比赛举世瞩目，这场比赛由当地电台 WJZ 进行了转播，比赛战况由《无线电时代》的发行人梅杰·安德鲁·J·怀特在有 91000 人观战的现场进行实时解说，他被认为是历史上第一位正式的体育解说员。这场比赛的解说被 WJZ 传送到了美国 61 个城市，最终丹普西在第四回合击倒对手，这次转播被公认为广播体育转播史上最经典的赛事之一。据估计，收听这场比赛转播的听众超过 30 万人。在足球领域，“1927 年出现了英国足球比赛的广播，这是阿森纳队与谢菲尔德联队之间的一场甲级联赛”。

广播体育在全世界的发展到 20 世纪 30 年代进入第一个高潮。在美国、英国等国家，广播体育节目成为吸引听众购买收音机的重要原因。1924 年巴黎奥运会是第一次使用广播技术的奥运会。1936 年的第 11 届柏林奥运会共进行了 2500 小时、28 种语言的广播报道。英国广播公司（BBC）在 1948 年的伦敦奥运会上首次进行了现场实况转播。广播报道大大加速了媒介传播速度，让听众可以通过听觉了解比赛的盛况。

我国体育广播是从 1951 年 12 月 1 日中央人民广播电台每天广播操的音乐声中开始的。1955 年 4 月，开设了体育专题“体育谈话”，1958 年更名为“体育运动”，每天有固定的时段报道我国体育事业的发展情况，也转播一些我国选手参加的重大的国际、国内体育比赛。1956 年，中国国际广播电台（CRI）开辟了“体育爱好者”栏目，主要报道外国体育代表团、代表队来华的友谊活动以及通过专线向来访国家做专题节目报道。

无论是广播的发展还是体育广播的发展，两者的黄金阶段，应该说都是从改革开放初到20世纪80年代中后期，这是广播主流媒体地位在体育领域的表现，也是中国体育事业蓬勃发展的产物和写照。2002年1月1日，第一家体育专业广播——北京人民广播电台体育广播正式开播。在北京奥运会之前，全国相继开设了专业化不等的8家体育电台：北京体育广播、上海体育广播、南京体育台、广东电台文体广播、楚天交通体育广播FM92.7、大连文化体育广播、青岛音乐体育广播、沈阳体育健康广播。北京体育广播的收听率在北京地区的排行从2006年的第10名，上升到奥运前的第6位，并在奥运期间达到第4位。这个发展过程说明了一个城市的赛事与传播渠道的发展是直接相关的。北京奥运会后，体育广播专业频道纷纷改版，在继承和发扬奥运赛事报道经验的同时，适应受众新的需求，关注体育和社会结合的亮点，促进全新的都市体育文化发展。20世纪后期，电视强大的影响力，确实让广播纠结了一段时间，但是城市家用汽车拥有量的递增以及互联网的兴起，促使电台开始寻找到新的集聚地，北京的97.4、103.9等其他频道的迅速崛起，与北京城市私家汽车保有量呈正相关，而互联网技术的引入和在城市的迅速铺开，又让电台再一次寻找到新的结合点。传媒渠道的发展必须具备发展的土壤，广播的二次崛起，与城市人群生活方式的变化有着必然的关系。广东高尔夫数字频道能够在一个极其有限的群体中求得生存，自然是受益于客户群极大忠诚的结果。

自报纸独家畅行近两个世纪之后，广播技术着实让报纸在速度方面相形见绌，但是报纸与广播一个满足了眼福，一个满足了耳福，多少还是可以相濡以沫的。然而，电视技术的介入以及快速普及残酷地打破了报纸与广播和平相处的局面，电视开始逐渐走向统治传媒的霸主地位。

三　电视技术完善了地球村概念

到了现代，人们认为的大众媒介只是集中了各种现代传播技术的发展，扩大了传播空间，加快了传播速度。改变世界空间距离的两大因素就是交通工具和视频采集与传播技术的革命。“地球村”的概念充分说明了现代信息社会的传播速度与广度，也精辟阐明了现代国际间、城市间竞争的激烈程度，有效传播已经不是简单的“子弹效应”，而是“导弹效应”或者是“核效应”。卡尔·牟特在1951年阐释道：“这一视觉炸弹，具有和原子弹一样的威力，我确信它能引导建设性的福利事业的连锁反应。”例如，北京奥运会开幕式在全球一夜间所产生的影响力，绝不亚于“广岛的原子弹爆炸”的影响力。

显然，在电视产业发展的历程中，已经不仅仅是福利事业的连锁反应，而是全球空间的缩小、文化的快速渗透、商业权益的极度扩张，当然包括所有商业或者说所谓的非商业体育赛事。如，北京奥运会在全球所产生的巨大影响力来源于强大的传播力，能够制造出这种强大影响力的就是通信与视频技术的充分展示。电视的威力将原本属于媒介的城市也变成电视这一传播技术承载的内容，传播着政治主张、文化渗透、商业模式、企业品牌等各种正面信息，在城际间、国际间快速传播并不断地制造城市、国家的品牌影响力。

电视技术的诞生被称为20世纪人类最伟大的发明之一，其满足了人们长久以来远距离传送最为直观信息的愿望。电视瞬间被政治所操纵，随之便因体育、娱乐等被商业所控制，进而又融入并形成了城市人们的生活方式。城市作为一座人们赖以生存的容器本身所具有的自媒体功能，在现代视频技术的作用下，很快拉近了与世界其他城市的距离，充分满足了城际间的信息相互交流，这就是“地球村”概念产生的关键。

电视所具有的核辐射似的传播效应可以说一直延续了近一个世纪。这一时期，电视被看成“社会国家”的核心媒介，与电视报道相比，未来互联网的应变能力将更为引人注目。但是，在发展中国家，特别是在我国城市化进程中，即使互联网在本世纪已经初显威力，但电视强大的传播力依然会成为影响力的制造者。同时，电视从业者也必须清醒地认识到，体育竞赛极具刺激的观赏性和事件特点，是赛事之所以成为城市动态传播灵魂的原因，而快速传播事件也是体育视频产业的优势，因此，未来体育视频产业的发展不可小觑。

1950年，理斯曼在《孤独的人群》中从“宗教礼仪－印刷－电视”这一社会媒介变化的角度，对大众性格的变化进行了“传统的导向型－内在的导向型－他人的导向型”的剖析，可见电视从其诞生之日起，便显示出对城市群体所产生的强大的核辐射式的渗透力。这期间，电视的出现对20世纪40年代末观众人数达到高峰期的电影给予了毁灭性的打击，使得马戏和热闹的公共场所举办的民众娱乐活动走向衰落，使得大众的视觉变得越来越统一和单一化。由于电视对受众来说是外部世界，比电影更容易引起受众主观上的反应。佐藤卓已认为电视“促进了女权主义运动的形成和女性国民化进程的发展”以及“动摇了传统的男女角色观念”。佐藤卓已还认为“1968 年，在发达国家出现的学生运动达到了高潮，这一运动是由在 20 世纪 40 年代末到 50 年代初电视开播时出生的第一代人所发起的，和女权运动同样也很快便被经过在编的系统所吸收”。

美国、英国、德国从电视技术应用开始，便被政治所操纵。如，1939 年 4 月 30 日，RCA 和 NBC 开始在纽约进行电视的定期实验性播放，而这一天被美国确定为开播之日，原因是第二天要现场直播纽约万国博览会的开幕式。1937 年 5 月，BBC 对乔治六世的加冕典礼进行了直播。而德国柏林于 1935 年 3 月最先开始了电视的定期播放，柏林同时也是世界上第一个使用电视转播技术实况转播 1936 年第十一届奥运会比赛的城市。从 20 世纪 50 年代到 90 年代末，电视被看成“社会国家”的核心媒介。现代体育竞赛替代了“战争”所具有的震撼力、感染力，甚至是一个民族的自尊、城市强势文化的渗透、城市商业信息的传播，具有激发市民的自豪感、凝聚力、责任心等的功能，参赛的选手来自世界各个城市，自然被各个城市的居民、媒介所关注，是一个难得的集聚眼球的平台，借助现代视频的“核辐射式”的传播威力，展现所在城市的魅力，已经成为国际间城市迅速创造影响力不得不打的、一场不见硝烟的战争。

体育和电视的天作之合又体现出电视在传播中所具有的强大的核辐射作用。深入了解体育视频产业的发展、体育竞赛产业和城市之间的关系，对探究赛事在城市动态传播中所产生的作用会有所帮助，并更加有利于运用顶级赛事平台传播城市品牌、提升城市旅游、改善城市文化等，帮助城市在当今城市间剧烈的竞争中获得先机与突破！

四　互联网技术让地球村变成现实

印刷术、广播技术、电视技术改变了人类的传播方式，而互联网技术不仅改变了传播方式，更改变了人类的生活方式。

互联网技术实现了信息革命。信息的概念有多种定义，在此，我们选择美国信息管理专家霍顿（F. W. Horton）给信息下的定义，“信息是为了满足用户决策的需要而经过加工处理的数据”，这一定义会使我们更好地理解互联网技术所带来的信息革命。简单地说，信息是经过加工的数据，或者说，信息是数据处理的结果。这充分说明互联网技术无论是在信息数据加工还是在信息数据处理以及传输方面都是一次技术上的革命。它打破了传统文字、图片、视频的空间限制，可以自由进行信息交换；信息储存量大，信息交换能够以多种形式存在，如视频、音频、图片、文字等；信息交换具有互动性，即人与人、人与信息之间实现了互动交流；在信息交换的过程中，大众获得信息达到了同步化，有价值的信息被资源整合；信息交换的使用成本低，信息交换趋向于个性化发展（容易满足每个人的个性化需求）；人人都是自媒体，由于具有自媒体功能，传统单一的媒体监督功能转化成社会大众全方位、全时空的监督功能，实现了信息交换的及时性，超越了传统媒体的监督功能，当然也引发了某种程度上的信息泛滥。

互联网技术深刻改变了人类的生活方式。中国人传统的拜年方式被短信所替代，传统的电话方式渗透了微信的传递方式，语音交流渗透了视频交流，人们不用再去邮局寄信，淘宝改变了购物方式，在线娱乐渗透着人们的日常娱乐生活，银行的服务内容也被互联网技术所改变，无纸化办公已经成为当今办公的一个基本形态，电脑逐渐代替了笔耕，网上阅读也影响着人们日常的读书习惯，以及传统的图纸设计方式都在被电脑设计所取代等。这一切都在悄然改变着现代城市人群的生活与工作方式。

互联网技术改变了传统数据的加工、处理、传输方式，自然也改变并颠覆了传统媒体的单一监督功能，完成了社会人人自媒体的网络建设，再加上信息交换的互动性，社会的传播与监督功能发挥到了极致。

当 NBA 总裁大卫·斯特恩还在接受电视记者采访时强调电视传播的价值，即“电视 + 赛事 = 明星”这一公式的时候，当前国际奥委会主席萨马兰奇和刚刚卸任的奥委会主席罗格都还沉浸在“电视和体育是天作之合”的理念之中的时候，互联网技术逐渐超越了电视的传播功能，将传统媒体的所有传播特质集于一身。互联网技术的影响力在过去两年的大型国际赛事的传播中已初显端倪（见图 6 – 1）。

根据清华大学媒介调查实验室在线调研数据（见图 6 – 2），腾讯网在伦敦奥运期间制作的专题类节目成功吸引了大量的网民，在四大门户网站

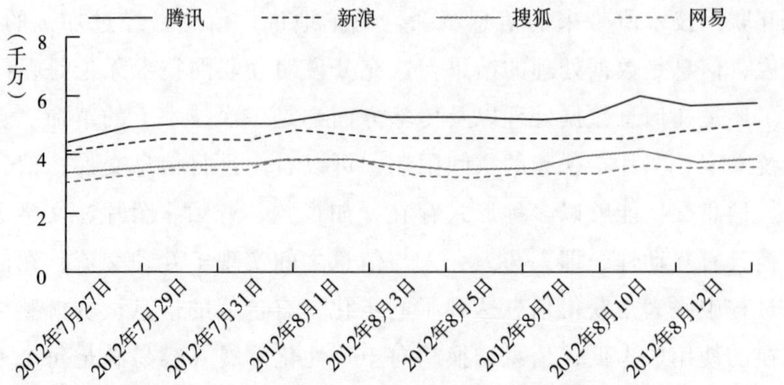

图 6-1　各网站奥运专题日均访问量曲线

的日均访问量中稳居首位。除此之外，腾讯制作的独家专题数量也超过第二名新浪网 50% 之多。

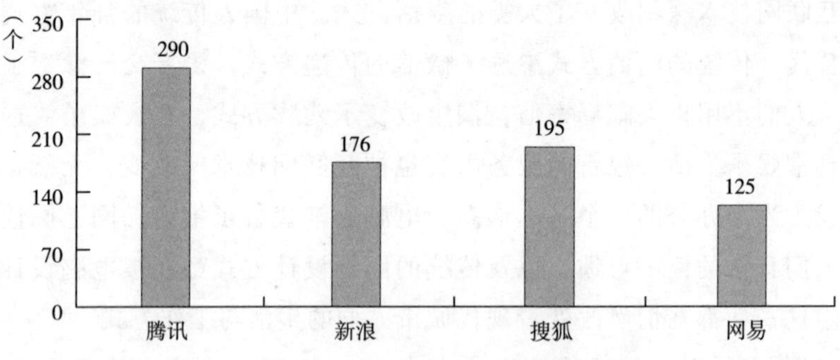

图 6-2　四大门户网站独家专题策划数量

无论是伦敦奥运会还是南非足球世界杯，互联网都已经开始融合“视频”“图片”“文字”，通过“微博”“微信”“QQ 空间”，联动移动终端，利用网络所具有的点播技术特点，实施全平台、跨终端的全方位推送。既实现了赛事信息的及时性，同时也满足了不同项目、不同粉丝的实时关注，超越了电视的单向传播，体现了互联网的互动优势，跨越了东西方的时空界限。正如网易颇具互联网特征的奥运营销口号“视无界、路无界、爱无界、赢无界”一样，互联网技术突破了时间与空间的界限，弥补了电视与文字的缺陷。1936 年，电视首次转播奥运会，1964 年，在东京举办的第十八届奥运会首次采用了卫星传送，而这一切逐渐成为历史，未来的辉煌将属于互联网。

第二节　体育电视传媒与现代城市赛事的竞合

上文的传播技术发展历程显示，伴随着以网络为代表的新媒体的快速崛起及全媒体时代的到来，曾经在传播过程中扮演着重要角色的报纸及广播媒体，在发展中受到了电视及网络媒体的强烈冲击，生存空间日益被压缩，如何在逆境中求生存成为报纸及广播媒体亟须考虑的问题。在中国，以 CCTV－5 为代表的体育电视媒体在赛事传播过程中发挥着不可替代的作用，以 CCTV－5 为代表的体育电视传媒和赛事的博弈在相当长的一段时期内仍将是主旋律。故下文的研究会着重围绕体育电视传媒与城市赛事的竞合展开。

一　体育与电视乃天作之合

萨马兰奇提出：体育和电视是天作之合。现任国际奥委会主席罗格同样认同这一观点。这里的体育主要指的是赛事。对赛事而言，电视媒体相较于平面及广播媒体具有无可比拟的传播优势。电视作为视听一体化的媒体，能够生动地呈现比赛的精彩画面，完整地记录比赛的真实声音，最大程度地还原赛事激情，使观众仿佛亲临现场，是赛事的最佳传播渠道。

电视与赛事之间既是一个简单的商业合作关系，又是一个带有政治经济学特质的传播与生产的关系。其关系的主体性质包括事业和商业两部分，而这两部分形成了事业对商业、事业对事业、商业对事业、商业对商业等四种关系态势，甚至还经常会形成商业与事业对事业、商业对事业与商业等模式，电视与赛事主体各自的双重性质决定了上述多重关系的特点，致使当今的交易成本远远大于日常的运营成本！关于电视与赛事之间的关系主要有以下研究，大多都提到了两者具有密切相关、不可分割的关系。

吴周礼于 2006 年 9 月在《体育文化导刊》发表的《电视传媒对体育产业发展的影响》中提出“电视传媒与体育产业的共生关系”。也就是说“电视传媒业的后向关联与体育产业的前向关联存在差异性：一是前向关联必将伴随着需求压力所造成的后向关联而发生。二是前者的作用效果在短期内就明显地表现出来，而后者有时需要一个较长的时间跨度才得以表现。可以认为，在电视传媒业与体育产业的产业关联中，后向连锁一般比前向连锁更重要，即电视传媒业占据了相对的优势”。他认为，体育产业与电视传媒业之间确实有着较强的关联效应，目前大型体育赛事电视转播的迅猛发展就是其产业关联效应增强的表现。所谓产业关联是各产业部门之间由于供给和需求而存在的一种天然的联系。

原中央电视台体育中心主任马国力于2003年在《电视研究》第8期上发表的《中国体育电视与体育产业》一文认为，中国体育电视与中国体育产业之间更多的是伙伴关系，而不是市场交易中的简单两极，两者关系之中合作远远大于竞争。电视媒体与竞赛产业之间应该是一个共生关系，合则两利。

北京邮电大学中国电信传播研究中心曾静平和首都体育学院王守恒于2009年9月在《首都体育学院学报》第21卷第5期上发表的《论电视媒介与商业体育的互动关系》中提出，“商业体育与大众媒介尤其是电视媒介有着唇齿相依的关系”。该观点中所提及的商业赛事，显然是针对事业与市场经济并举的状况下，国家体育总局在赛事资金的投放上还有一定的计划经济特性，即所谓每年的计划性赛事，总局会有一定的财政拨款，这类赛事有人称之为非商业赛事，把这样赛事之外的赛事称为商业赛事。实际上，当今国家体育总局所有的赛事都在实施商业操作，商业与事业赛事已经很难再区分开来，国家体育总局只是不愿意放弃那庞大的事业经费而已。这就造成了事业体制的电视机构与企业运营的商业赛事之间的合作关系变得复杂，矛盾随之而来，这自然源于各自的垄断、权威以及利益。

在笔者看来，赛事和电视同属文化范畴，具备天然而深厚的合作基础。两者都以吸引受众为宗旨，都需要努力开拓注意力经济。

早在100年前，美国大众报刊的创始人普利策就曾将体育报道称为报纸保持畅销的法宝之一。可见竞赛一直是人们生活中必不可少的娱乐项目之一，也在传递一种强大、自豪、区域精神、城市文化等。21世纪的今天，竞赛与大众传媒的关系早已密不可分，无论是阅读各种报纸杂志、观看各种电视节目还是浏览各大互联网站，不难发现，竞赛早已成为与政治、娱乐、军事等并驾齐驱的主流传播内容。其中，对于体育的报道主要以赛事报道为基础，这正说明了竞赛在整个体育产业中的核心地位。正如两位美国著名体育新闻记者加里森和塞伯加克在他们所著的《体育新闻报道》中所说，“赛事报道并不是体育新闻报道的唯一内容，但它却一直是大部分体育版的基础”。[①]

竞赛作为城市文化产品，容易引发城市人群的高度关注，突破了城市区域、国家区域以及种族的各种限制，是一种真正的世界语言。萨马兰奇就曾说过，“人类有 5 种通用语言，金钱、战争、艺术、性和体育，而体育能把前四者融合在一起”。而赛事本身的悬念和精彩程度更是堪比任何一部戏剧。一位好莱坞导演曾说：“没有一部奥斯卡影片所制造的悬念能与一场足球比赛媲美。在运动场上任何结果都是可能发生的，竞赛对手之间的实力越接近，双方的竞赛水平越高，其悬念性越强。”因此，赛事的受众基础和内容特征对媒体来说具有强大的吸引力。电视报道赛事一是可以扩大观众的覆盖面；二是可以丰富自己的内容资源，通过打造独特的体育节目与其他媒体相抗衡。

毫无疑问，高水平的体育赛事是媒体优质的传播内容，但与此同时，赛事作为一种文化现象，它的观念和价值也必须借助媒介才能得以传播，特别是与电视的结合对竞赛产业的发展起到了关键性的作用。1936 年，德国柏林奥运会第一次运用闭路电视转播了部分赛事。由于条件的限制，当时的转播只在柏林和几个主要城市的大礼堂设置了电视播放机，转播的项目仅局限于田径和游泳。即便如此，这一举措还是吸引了大约 1612 万人通过电视观看这届奥运会。赛事与电视的结缘，加快了赛事产业和视频产业的发展，体育赛事借助电视的传播在世界范围内迅速扩大了影响力。

无数的赛事在电视的推动下，形成了独自的簇拥人群，电视自然获得了无数观众的青睐，随之广告商也不断集聚在电视的周围，电视媒体也因此赚得盆满钵满。这些赛事也因电视传播而获得巨大的影响力，从而获得高额回报。电视因赛事而实现了电视体育频道的建立，赛事因电视而获得社会和市场价值，是电视助推了赛事，还是赛事成就了电视，这显然是一个“蛋生鸡还是鸡生蛋”的论题。

没有赛事，就没有电视体育，反之，没有电视技术的革命，赛事就很

① 张庆：《竞技体育、体育产业与大众传媒》，复旦大学硕士学位论文，2006。

难有如此大的魔力。NBA 总裁大卫·斯特恩曾经说过，“赛事 + 电视 = 制造球星”，反过来，球星吸引球迷、媒体与赞助商，又在不断创造更大的赛事价值，当媒体与赞助商不断关注时，赛事就有了经济基础，即使奥运会也不过如此。奥运会首先必须让自己拥有一个巨大的盈利功能，才有可能谈及公益。国际奥委会商业价值中最为关键的一点便是拥有全球 250 多个会员国的传播价值和庞大的赛事明星集聚，萨马兰奇作为一个工业家、外交家，恰恰具备了经营一个赛事产业最必要的两大素质，加上阿迪达斯的大力协助，将一个不可能变成了可能，那就是“TOP”计划。这个计划的核心价值就是必须让所有会员国家接受其传播过程中对“TOP”计划的认同，只有工业家的远见卓识和外交家的通达技巧才能制造出如此庞大的饕餮盛宴。TOP 赞助商也同样在如此巨大的平台上获得了自身个体难以达到的品牌曝光价值。承办城市的巨大热情，也充分显示出现代城市竞争所需要的赛事营销和传播渠道。其实这一切都又隐隐埋藏了一条暗线，就是电视与赛事之间的必要和充分条件。

电视与赛事的结合，在提升赛事的全球影响力、丰富电视传媒内容体系的同时，推动了体育电视的诞生与发展。提及体育电视，我国观众最熟悉的自然是 1995 年诞生的 CCTV－5。通过电视，我们了解了最具诱惑的奥运会，最为狂热的足球世界杯、欧洲杯、英超、意甲、中超等；通过电视，高尔夫爱好者欣赏到了美巡赛、欧巡赛、亚巡赛等，网球爱好者欣赏到了包括四大满贯赛事在内的全球顶级网球巡回赛；通过电视，更多的观众了解了 F1 世界杯，速度、引擎的咆哮让车迷热血沸腾；通过电视，众多的篮球爱好者开始痴迷于美国的 NBA、中国的 CBA 等。电视技术完成声画合一的传播，使全球的体育迷虽相隔千万里却可以在同一时间聚焦同一个赛事、同一个城市，影响并激发着全球城市居民的生活与体育的热情，每一个赛季都在疯狂震撼着城市人群的生活节奏，每一个项目都被痴迷者传颂着，这一切，正是电视这一产物所创造的奇迹。

在国内，CCTV－5 显然处于强势，占据了中国体育电视市场的主导地位。例如，2013 年上海 F1 赛事由于版权价格及互换条件未能通过谈判达成一致，央视便果断放弃转播，结果 2013 上海 F1 静静地开始，寂寞地落幕，赞助商的损失显然是不可低估的。准确地说，真正损失的是 F1，对央视而言，可以忽略不计，造成这种局面的原因就在于上海 F1 的组织者高估了自己的实力，忽略了F1在中国城市人群中的关注度还是非常低的这一实际情况。没有电视的造势，鲜有观众能够想起这项赛事。在中国目前的情况下，缺少CCTV－S的宣传和造势使得一度“狂热”的上海F1在2013年归于默默无闻。

尽管互联网近些年的发展声势浩大，但在中国眼下的时局，CCTV－5依然占据不可动摇的霸主地位。当然，其国际地位不如ESPN。不过社会总是向前发展，赛事的版权价值终究要回归到合理的市场价格上来，这一点在互联网市场上已被充分证明。对于这一点，CCTV－5在面对国际市场时已经有所体会。国内传播渠道与国际和国内顶级赛事版权之战已经打响，这一点可以通过国际赛事版权在销售过程中对传播渠道的限制窥见一斑。

下文的研究将围绕一份国际顶级赛事组织与体育电视渠道商签署的授权书的相关条款，更加直观、明晰地分析体育电视传媒与城市赛事之间的博弈情况。

二　现代城市赛事与体育电视传媒的竞争

伴随着赛事影响力与受关注程度的不断提升，赛事组织者与体育电视传媒之间的关系从最初赛事组织者花钱到电视台进行播出，逐步发展为电视台花钱购买赛事版权，继而赛事版权价格不断提高，传媒与赛事之间的博弈便拉开了序幕。当然，所有商业上的博弈过程，均可以通过双方最后达成的合作条件予以具体体现，这里所谈的不是零和博弈，而是双赢。通过分析版权销售者与传媒渠道购买者之间所达成的合作方式，基本可以看清赛事与传媒渠道之间的博弈情况。

（一）独家权力及呈现方式

目前，全球购买赛事视频版权的主要有电视、互联网视频网站、IPTV、移动平台等视频节目需求比较大的视频传播渠道。大赛组委会在版权销售的权力中都会按照渠道所传播的广度和权力范围来确立其销售价格，越有影响力的渠道，传播渠道越广泛，自然价格就越高。国内的赛事版权销售范围过去只有电视一家，现在却面临着视频网站版权以及其他相关新媒体的版权价格竞争。

赛事版权分独家和非独家两种销售方式，在购买奥运会、足球世界杯、欧洲杯等顶级赛事版权时，CCTV－5 基本都是独家。同时，借助政策上的优势，央视把新媒体包括互联网视频的所有版权也基本全部囊括。因为独家既可以在某些方面垄断市场，比如在广告销售的时间结点上占有控制优势，也可以进行二次分销，获取更多利润。即使是独家，也会有明确的独家期限，比如赛事结束后 30 天内。除独家权利外，还有非独家权利，包括公共场所的播出权等。

版权购买与销售还包括在播出方式上限于直播、录播、重播和点播的选择，授权方和被授权方，在节目授权方面同样会有所要求。比如比赛的现场实时比赛节目需要的所有授权；比赛的当天延时授权比赛节目的所有授权；比赛的延时授权比赛节目的所有授权；比赛的赛事集锦节目的所有授权；比赛的授权比赛片段节目的所有授权；辅助支持节目；分组抽签节目以及所有任何上述节目制作播出宣传片等。赛事电视版权的售卖还存在一个最低播出义务，这一点是指传播渠道购买赛事版权自然产生了传播的义务与责任，比如，分组抽签的授权节目，内容须包含一定时长的不间断的抽签仪式画面、现场实时播出和当天延时播出的可能以及须在抽签当日的节目播出，同时，须在分组抽签当天之前的连续多少天播出以及至少播几次或几个宣传片等。

对每场授权比赛需要进行直播，比如足球比赛需在小组赛第三阶段的几个比赛日中，每天假如授权两场，则购买方必须直播其中的一场，另外一场也需要在开球之后当天实施延时播出，这其中还包括购买方需要在其相关的某些频道中予以播出等推广条件；为了考虑赛事的整体推广需要，版权被授予方，从首场授权比赛之日起至最后一场授权比赛之日期间（包括举行授权比赛的当天），每天至少播出三个或三次赛事的宣传片，以及对本届赛事进行必要的推广宣传，相关宣传片须在当地的黄金时间，比如北京时间 18∶00～24∶00 内播出，播出日期同样有所要求，即首场授权比赛举行前的连续 15 天。

每个授权比赛日都必须就当天举行的授权比赛播出至少一集的赛事集锦节目，播出时间要求为当地黄金或者亚黄金时间。如果某场授权比赛结束时间为当地时间午夜或更晚，则被授权方须在当地时间次日的黄金或者亚黄金时间内播出相关赛事集锦节目；在各个分组抽签直至半决赛、决赛期间或者双方达成合作期，须播出至少一定集数的辅助支持节目，均采取专题杂志的形式，时长同样有一定的要求，所有内容都必须是对赛事进行预览和推广宣传，甚至很有影响力的赛事都要求被授权方需要在提前半年开始对赛事实施预览和推广。比如，有的授权方甚至要求传媒渠道至少每个日历月份中都必须播出至少一期对赛事进行预览和推广宣传的辅助支持节目，并且对上述辅助支持节目有明确的播出时间要求；现场实时、不间断的对赛事的开幕式、闭幕式及奖杯颁发仪式进行全程播出报道；在直播每场授权比赛节目的过程中还须包含至少30秒钟的音频、视频内容对相关举办城市和举办国家进行推广宣传。

本协议明确规定，上述各项内容须由被授权方在相关现场实时授权比赛节目本身（而非相关的广告时段内）的播放过程中进行播放；授权方对被授权方就每期授权节目，所有由被授权方进行的传送播出均必须为相当授权节目的自始至终；在授权比赛实际进行期间，除现场实时授权比赛节目以外，不得在指定频道上播出任何其他授权节目（包括通过任何相关的互动电视服务进行的播出）；被授权方在播出格式方面有严格的规定，比如，在相关授权比赛开始的至少10分钟之前开始传送播出；在参赛国家球队离开上场门之前切入授权比赛的基本信号，且在任何情况下，不得晚于相关授权比赛开始之前的五分钟；须持续不间断地播放授权比赛信号，直到授权比赛结束之后。所有授权节目均须在开头和结尾使用赛事组织方或相关协会指定的制作片头和片尾片段。

通过上述条款发现，赛事组织者为保证赛事传播范围、赛事影响力、赛事受关注程度的最大化，对传媒渠道购买者提出了明确的要求，传媒渠道购买者只有确保满足赛事组织者的要求，并作为合同条款予以签署，才能够拥有获得赛事版权的权利。

（二）被授权方的商业广告运营限制

授权节目中插入的所有商业广告时段均须在开头和结尾使用赛事组织方或管理方制作的隔断。图6－3、图6－4显示的是欧足联所授权比赛节目以及其他授权节目的限制，即片头、片尾、片段的时长，为针对标准电视节目格式和长度所规定的时长。就授权比赛片段节目，相关片头、片尾、片段和片花隔断的时长可以变更（须由欧足联决定）。

CA	BS	Openin Title Sequence [18"]g	Studio	Break Bumper [5"]	BS	CA	BS	Break Bumper [5"]	Studio	Match	Break Bumper [5"]	BS	CA	BS	Break Bumper [5"]	Studio	Closing Title Sequence [8"]	BS	CA

图 6－3　欧足联授权比赛节目

注：CA 为商业广告时间；BS 为播出赞助广告机会。

CA	BS	Opening Title Sequence [18"]	Programme	Break Bumper [5"]	BS	CA	BS	Break Bumper [5"]	Programme	Closing Title Sequence [8"]	BS	CA

图 6－4　其他授权节目

注：CA 为商业广告时间；BS 为播出赞助广告机会。

此外，尽管相关法律中存在相关规定，被授权方不得在任何授权节目中（相关广告时段内的时间除外），不论相关内容是否为约定的授权比赛画面，传送播出任何广告宣传、商业广告及其他标识（不包括赛事组织方要求在授权比赛基本信号的电视画面上所显示的机构人员字幕）；就所有授权节目而言，如果被授权方向第三方机构授予了任何播出赞助广告机会，在将相关播出赞助广告标识包含在相关节目中时，须遵守赛事组织方的相关规定。被授权方必须在指定频道上（包括相关的互动数字电视业务）各其授权节目之中，或之前及之后紧邻的任何商业广告时段，被授权方将有权就相关商业广告机会进行开发利用，但须遵守下列条件的规定：①在向任何除事先明确的赞助机构以外的其他第三方机构提出商业广告机会的销售意向（或从其处收到主要提出的购买意向）之前，被授权方须首先向所有赞助机构以书面方式、诚意地以可能提供的最优商业条款，就相关商业广告机会提出销售意向，并向所有事先规定的赞助机构诚意提供获得上述商业广告机会的合理机会。必须向事先明确的赞助机构，就某商业广告时段内所有位置的以及时段开头和结尾的广告机会，提供购买机会。②在按照事先的规定向所有赞助机构提供获得商业广告机会之后，被授权方可以将剩余的其他播出赞助广告机会向任何其他第三方机构进行销售，但向第三方机构提出的销售条件不得优于向赞助机构提出的条件，同时，就名称中直接或间接包含赛会的任何已明确的指定频道，不得向任何赛会认同的赞助机构的第三方机构授予任何商业广告机会。③任何在首次向双方合作权益规定赞助机构提出销售意向之时尚不存在的新出现的商业广告机会，必须在首先按照上文规定的程序向事先明确的赞助机构提出销售意向之后，向其他第三方机构提出销售意向。④如果赛会向被授权方通知某机构人员在规定的开始日期之后成为双方规定赞助机构，则，就在上述时间仍然存在且未授予的任何商业广告机会，被授权方须向上述新增赞助机构以最惠条件提出销售意向，须遵守上文所规定的程序步骤。⑤被授权方须保证，除就相关授权节目的商业广告机会的授予关系以外，在赛会与任何非明确的赞助机构的第三方之间，不得形成或暗示任何直接或间接的关联。⑥被授权方在提供或授予任何商业广告机会时，均不得以任何方式附加如下条件，即必须同时购买任何其他播出赞助广告、商业广告或其他广告机会。

赛事组织者对被授权方商业广告运营限制的条款，一方面能够最大限度地保障赛事组织者自身的权益，例如，企业与赛事组织者签署合作协议，那么赛事组织者必须在保障自身客户权益的基础上，授予传媒渠道购买者部分商业广告运营的权利；另一方面，通过对商业广告运营的限制，规避由于商业广告数量过多而影响赛事的可观赏性，对保证赛事的口碑、观众的观赛兴趣、受关注程度都会起到促进作用。

（三）赛事品牌标识在渠道传播中的明确规定

赛事组织方与传播渠道的合作，对赛事产品的品牌传播都有明确的要求。

首先，在每期授权节目中加入赛事完整标识，加入的形式须完全遵守赛会的指导守则：①在对授权比赛节目中的授权比赛内容进行播出的过程中，仅限于使用由赛会提供的字幕图形，相关形式的样式须遵守赛会的要求；②不得影响观众看到授权比赛场馆中的广告板，亦不得删除或弱化包含在授权比赛基本信号和由赛会制作的任何授权节目中在电视画面上所包含的字幕图形；③不得在任何授权节目中包含“滚屏”信息、“闪烁字幕”或类似的屏显内容，尤其不得加入除赛会事先以书面形式明确表示批准的屏显字幕以外的其他屏显字幕；④保证在任何授权节目中均不会发生相关主持人、嘉宾、采访双方展示任何第三方品牌（不论是在衣服上展示还是以其他方式展示），且在任何演播室布景及背板上均不会出现（非赛会提供或要求的）任何第三方品牌标识，包括被授权方就其拥有控制权的采访背板。上述禁止第三方品牌商标的规定，在满足下面的要求的前提下，不适用于赛会规定的赞助机构：①被授权方须保证其同时向所有本协议规定的赞助机构提供了上述展示品牌标识的机会，且相关商业条款均为最优。②被授权方须向赛会提供准备在演播室或背板上展示的规定的赞助机构的品牌标识的样本，该样本须包含完整的细节（以及赛会可能随时要求的其他信息），提供时间不迟于赛会的被授权方对相关授权节目进行首次传送播出或提供之前的30个工作日。③赛会须就上述准备在授权节目中使用的相关本协议赞助机构品牌标识的样本，向被授权方提供书面批准同意（赛会不得无故拒绝做出批准同意）。就此，赛事组织方与传播渠道各方认可并同意，该赛事品牌标识与被授权方的赞助机构品牌标识两者之间，赛会的品牌标识须居于主导位置，且，任何被授权的传播渠道的赞助机构的品牌标识均不得暗示相关赞助关系的程度强于由赛会实际批准的程度（特别，但不限于，不得暗示或表示二者之间存在任何冠名赞助关系或类似关系）。此外，相关法律所许可的任何产品植入广告或其他类似的商业广告机会，其销售意向仅限于提供给本赛会所明确的赞助机构。④授权方要求被授权方须遵守赛会就提交的相关赞助机构品牌标识样本所规定的所有一切合理的限制性规定和要求。

其次，所有授权节目在传送播出时均须为全屏显示，即不得对任何授权节目（或其任何部分）采用挤压屏幕或分割屏幕的形式进行传送播出。如果被授权方的互动数字电视业务获得了赛会的批准，则可以使用挤压屏幕或分割屏幕的形式，但须遵守赛会的指导守则；在提及该赛事时，不论通过任何格式、媒介或媒体，仅限于使用由赛会明确指定的相关官方名称的全称形式；保证所有的演播室布景及背板均显著地显示赛会标识以及赛事的名称全称。

（四）确保授权赛事基本信号的完整性

传播渠道在获得被授权后，被授权方必须保证授权赛事基本信号的完整性，不得以任何形式对授权赛事基本信号进行剪辑、改变、删除、中断或更改，但下列情况除外：在其中加入双方事先规定的被授权方的指定频道的屏显标识；加入被授权方自己的时钟及记分字幕图形，都必须使用由赛会提供的字幕图形模板，相关时钟和记分字幕图形的体积及位置须遵守相关赛会指导守则的要求。不得在上述时钟及记分字幕图形上附加或联用任何其他赞助机构名称标识或其他名称标识（不论其是否为商业性质）；被授权方可以在授权节目中制作或加入模型或影像（仅限于编审目的），但须遵守下列规定：①在任何授权比赛节目中对上述模型或影像进行传送播出时，仅限于包含在使用单边录像内容的镜头重放中，被授权方所插入的单边录像内容须遵守赛会或双方明确的规定。②上述模型及影像不得直接、间接地与赛会或赛会相关联的隶属机构建立关联。上述模型及影像不得包含任何赛会标识或任何其他赛会标识或带有任何表示其为源自赛会或任何赛会关联隶属机构的官方信息的内容。因此，必须明确向收视观众表明，上述影像及模型的提供方为被授权方。③上述影像及模型不得在除本授权节目以外的其他节目中以任何形式使用。④被授权方须自行承担费用对所有上述模型和影像的制作承担全部责任。⑤就上述影像及模型的生成和/或包含的任何事宜，包括但不限于任何相关摄像机至场地之间的距离测量事宜，均为被授权方的独家责任，赛会不承担任何形式的责任。

无论是音频评论解说内容还是单边录像内容，仅限于使用在授权比赛进行的场馆以及授权比赛进行的时间制作的影像内容，且须在授权比赛进行过程中对授权比赛基本信号起到补充作用，相关单边录像内容不得对向任何商业合作机构授予的权利构成影响或干涉，及影响观众看到包含在授权赛事基本信号中的信息性内容、字幕图形和屏显机构人员字幕；使用授权比赛基本信号以及对授权比赛（仅限于时长）进行剪辑以用于制作节目片段在授权节目中使用。宣传片和节目片段可以按照规定在其他被授权方节目中使用；对授权比赛基本信号进行版式安排和重新调整，仅限于出于保证其能够在技术上适用于以下目的，即通过本协议指定频道网站和指定本协议被授权方移动门户对授权节目和宣传片进行使用的目的。

任何赛事组织对于其所销售的赛事版权都会要求被授权方不得对任何附加赛会节目以任何方式进行剪辑、更改、调整、删除、中断及改变。但是，赛事组织方与渠道方也可商定，可以对附加赛会节目（包括由赛会制作和传送提供的专题杂志节目内容）及该节目中所包含的内容素材的长度进行剪辑，以用于制作调整授权节目和宣传片。就此，上述内容素材（全部或部分地）在使用时仅限于与包含其的专题节目同时使用播放。附加赛会节目的任何部分，包括授权录像内容或人员采访，均不得抽取出来单独使用、进行修改或在使用时改变赛会制作时形成的节目相关素材内容的上下文环境。

（五）赛事在推广宣传方面对渠道的要求

已经具备影响力的赛事组织方，在版权销售的过程中，都会要求被授权方必须承担一定的赛事宣传和推广宣传的义务，要求被授权方在赛事传播的过程中，仅限于进行与赛事本身或任何授权节目（及授权节目的宣传片）进行赛事的推广宣传活动，并就相关竞赛和推广宣传活动开发利用相关商业机会，相关竞赛、推广宣传活动和相关商业机会须完全遵守赛会的指导守则。就此，所有竞赛、推广宣传活动和相关商业机会，均须得到赛会组织的事先书面批准。不对相关赛事指导守则的普遍适用性构成限制，与授权节目及授权节目的宣传片相关的任何竞赛、推广宣传活动，包括以互动电视业务形式提供的内容，均必须：①在内容上仅限于与赛事相关；②不得为由任何第三方机构赞助，或以任何形式与任何第三方机构产生联系，相关第三方为事先明确的赞助机构的情况除外；③不得包含下注、赌博及任何性质类似的内容。

所有赛事推广活动，同样具有非常严格的限制条件，以确保对赛事官方赞助商权益维护。例如，被授权方所从事的竞赛及推广宣传活动中提供的奖品，仅限于下列物品：①被授权方的特许商品；②在授权区域范围拥有特许的官方赛事商品；③由赛会就其授权相关权利的产品、服务类别中包含的赞助机构的产品及特许商品；④任何第三方机构的产品，其产品不得与任何本赛会事先明确的赞助机构及赛会构成竞争，也不得提及相关第三方的品牌，同时，相关第三方机构不得以任何其他形式通过赛会建立关联从而受益；⑤赛事的门票可以作为奖品提供，但仅限于该门票由某赞助机构提供的情况，并且相关推广宣传活动为被授权方与相关赞助机构联合举行，同时，相关全部具体情况须得到赛会的事先书面批准。通过购买途径获得的或其他方式提供给被授权方的门票不得用作奖品。现金以及与现金同等的物品不得用作奖品，与现金同等的产品可在经赛会判断决定后，作为奖品，但相关与现金同等的产品不得与由赛会向赞助机构授予的赞助广告权利构成冲突。所有的竞赛、推广宣传或其他节目元素，如果其邀请或鼓励观众打入电话或通过短信息、电子邮件及其他互动系统（例如，投票系统及邀请观众拨打特别费率电话进行参与)，须完全遵守赛会指导守则的规定。

总之，无论是电视还是互联网、移动电视以及各类新媒体，所有专业的体育赛事传播渠道均希望能够得到有影响力的顶级赛事版权。在购买赛事报道权之后，授权方都会对被授权方有一系列的严格限制条款，由此，我们可以清晰地看到国际顶级赛事版权市场的规范与严谨，大家都在遵循一个严格的、赛事与传播渠道双方必须尊重的商业合作准则，这里，无论你是强势的传播渠道还是顶级的赛事版权，在严苛的法律合同的制约下，相互执行、相互制约，最后达到共赢。通过赛事组织和传播渠道的博弈过程，我们最大的感受是体育比赛转播方面对知识产权的保护做到了细致入微，以至于让任何传播渠道都难以突破其界线!

三　现代城市赛事与体育电视传媒共赢

赛事和电视追求的都是注意力经济，受众的数量和忠诚度直接决定了其生存的状况。在赛事和电视的结合过程中，双方的受众数量呈现了快速增长，各自拥有了牢固的受众基础。从 1984 年洛杉矶奥运会开创先河出售电视转播权，成功扭转奥运会巨额亏损的局面以来，电视与赛事的结合可谓真正实现了产业化的携手并进，为双方带来了巨额的经济利益。

（一）体育电视传媒提升赛事传播力，扩大赛事影响力，为赛事机构提供资金支持

电视帮助赛事突破了地域的限制，使体育真正成为城市间交流的通用语言，也是国际间交流的通用语言。每逢奥运会和世界杯等重大赛事举办，全世界的人都会围坐在电视机前观看和讨论，世界顶级赛事已经成为一个全球性的话题和节日。虽然称“体育无国界”，但是，如果没有城市，也就没有可能产生这样的赛事，因为赛事的本质是城市文化，没有城市便不可能有赛事，充其量也只是游戏。但如果没有视频技术的诞生，没有电视转播，任何赛事也只能是一个地方性、区域性的赛事活动，根本无法形成如今的规模和影响力。此外，电视不仅为赛事培养了观众，培养出明星选手（NBA 总裁大卫·斯特恩的经典语录：电视 + 赛事 = 制造明星）、优

秀的国际裁判员、著名的赛事管理公司以及所有从事竞赛产业的专业人才和延伸或衍生产业，而且电视提升了传播力，自然增加了城市的影响力，推动了城市文化产业的持续性发展。

在世界经济一体化的大背景下，作为全球产业体系的一部分，体育产业也不可避免地走上了全球化发展的道路。特别是随着奥林匹克运动自20世纪80年代萨马兰奇接手之后，面临着经济上的困境，为了维护整个奥林匹克运动的连续性和完整性，萨马兰奇与阿迪达斯携手推出风靡全球的赛事赞助商业计划——TOP奥运会顶级赞助商的合作计划。经过全球商业推广成功之后，奥林匹克的商业化程度在视频转播技术的助推下显著提升，奥运会成为全球最具有集聚财富能力、最具有影响力的一场赛事盛会。同时，北美、西欧等地区职业联赛的日渐成熟，亚洲、东欧和非洲地区赛事产业的兴起，竞赛产业的全球化趋势日益明显。体育竞赛产业的各项要素，如传媒企业、赛事管理企业、资本和人才等无不呈现全球化整合的特点，特别是卫星传送技术、互联网、新媒体的发展使全球越来越多的观众在通过电视收看各种精彩比赛之外，能够更加高效、多渠道地获取赛事信息。2010年南非世界杯后，国际足联发布收视数据称，全球有9.96亿观众在家收看了至少1分钟世界杯决赛的电视直播，其中全程收看南非世界杯决赛的观众人数高达5.309亿。国际足联秘书长瓦尔克说："这些数据表明，世界杯是全世界观众关注的一场视听盛宴。"① 由此可见，电视的传播帮助体育竞赛产业实现了全球化的扩张。

对体育竞赛产业而言，赛事是其生产的核心产品，收入来源主要有以下几种：一是电视转播权收入；二是商业赞助；三是门票收入和相关衍生品的开发；四是政府的经济支持。其中，电视转播权费用最能衡量赛事产品的价值，是竞赛产业的支柱收入，被誉为赛事运营情况的"晴雨表"。尤·伯罗斯在介绍洛杉矶奥运会盈利的秘诀时就坦诚地说道："对奥运会来说，必要的不是巨大的赛场，问题在于在其赛场上能放进多少台电视摄像机。"40年前，NBA还只是一个负债累累、岌岌可危的体育组织。20世

① 《国际足联：全球有10亿观众收看了南非世界杯决赛》，新华网，http：//news.xinhuanet.com/sports/2011-07/12/c_121655741.htm。

纪 70 年代，大卫·斯特恩担任联盟总裁之后，召集法律界和传媒界人士成立媒体传播部，开发和出售电视转播权，不仅成功地扭亏为赢，更开启了一个崭新的 NBA 时代。相关统计显示，美国 NBA 篮球赛事 2008/2009 赛季的电视转播权收入约为 9.25 亿美元，占总收入的 29%，与门票收入一起成为 NBA 最重要的收入来源。① 由此可见，如果没有电视转播权的收入做支撑，竞赛产业很难有充足的资金去进行规模化的扩张，全球化的发展目标只能沦为空谈，我国竞赛产业一直迟迟得不到发展的原因之一就是 CCTV－5 的高度垄断，强势低价收购赛事版权。国际竞赛市场除了获取高额的转播权费的收入之外，电视转播本身也是赛事产品获得商业赞助的重要前提。很多国际性赛事包括世界杯和欧洲足球联赛在出售赞助商资格时，都会跟赞助商明确电视转播的权益，比如，地面广告牌在镜头中的位置和出现的次数等，可以说一个赛事的赞助收入很大程度上取决于电视媒体曝光的数量和质量。

（二）赛事为电视传媒带来丰厚收益

1. 国际顶级赛事为体育电视传媒提供获益的平台

在体育电视传媒推动赛事发展的同时，赛事也为电视传媒培养了一大批忠实的观众，扩大了城市举办地的传播范围，培育了各个城市居民对于赛事的爱好，提升了赛事的参与人数，也使承载着赛事的电视传媒受到大量球迷的追捧，使体育电视节目不断影响着城市居民的生活，改变着城市居民的生活方式，当然，电视传媒也逐渐在城市中奠定了赖以生存的根本。

2011 年，中国女子网球运动员李娜在法国网球公开赛历史性夺冠，成为第一位获得大满贯赛事冠军的亚洲选手，其中，她与卫冕冠军斯奇亚沃尼的决赛共吸引了约 1.16 亿名中国电视观众收看，成为中国历史上单场网球比赛电视直播观众数量最多的一场比赛。② 除了数量上的增长，赛事还有助于观众形成固定的渠道收视习惯，所以赛事内容也成为各个视频

---

① 胡薇：《体育产业首获扶持　赛事运营成最大掘金点》，搜狐网，http：//stock.sohu.com/20100224/n270394709.shtml。

② 汪涌：《李娜法网决赛刷新中国网球直播收视率》，人民网，http：//www.people.com.cn/h/2011/0609/c25408－2340219810.html。

媒介必然角逐的资源，同时也影响了更多的居民参与到网球的运动中，推动了网球场地、网球服装以及网球相关产业商业价值和市场的认可。同样，在国内拥有几大世界顶级赛事版权独家购买权力的 CCTV－5，不仅影响着观众对该渠道的长期收看习惯，同时，凭借独家购买权及二次销售权也为该频道带来巨大的经济效益，从而使各省级体育电视频道难以望其项背。正是由于拥有奥运会、亚运会、世界杯、欧洲杯等国际顶级赛事的独家版权，CCTV－5 的霸主地位在中国无人撼动，成为各个城市居民关注的强势赛事媒介，而在赛事视频传播领域独占鳌头则促使其拥有了强势的商业地位。这也充分说明赛事与电视之间的共生关系。

体育电视传媒机构为获得赛事播出的权利，需要支付高额的电视转播权费用。媒体之所以花费大量资金去购买电视转播权，是因为电视转播权同时也意味着收视率的保障，媒体通过对赛事版权的开发吸引观众，提高收视率，并借此获得企业的青睐，赚取高额的广告费用。全美职业橄榄球大联盟（NFL）是美国国内最受民众喜爱的赛事。据《福布斯》网站公布的材料，NFL 年收入接近 80 亿美元，运营利润已经超过了 9.8 亿美元，是目前世界上最赚钱的体育赛事。其中，电视转播权收入占据了 NFL 总收入的 2/3①（表 6－1 为目前 NFL 在美国国内的转播权出售情况）。虽然 NFL 的电视转播权可谓“天价”，但各家媒体仍然不惜重金进行争夺，主要的原因就在于 NFL 对电视广告商有着绝对的吸引力。“超级碗”是 NFL 的年度冠军赛，已经连续数年成为全美收视率最高的电视节目，甚至成为一个非官方的全国性节日。超高的人气使这场比赛成为 NFL 最为丰硕的钱袋，无论哪个广告商，都渴望自己的广告能被 1 亿观众同时收看。2010 年举行的第 44 届“超级碗”由美国哥伦比亚广播公司（CBS）进行了独家直播，赛前发布的数据显示，CBS 共销售出 62 个 30 秒广告权，每一段广告不低于 300 万美元，仅广告收入就在 1.86 亿美元（约合人民币 12.24 亿元）以上。②

---

① 佚名：《NFL 公司橄榄球背后的商业》，商业英才网，http：//www.bnet.com.cn/2008/1229/1295685.shtml。

② 梁静：《四大关键词解读 NFL 超级碗科比奥巴马也是超级拥趸》，《新快报》2011 年 2 月 2 日。

表 6-1 目前 NFL 电视转播权费用

电视网络供应商	协议总价值（亿美元）	协议期限（年）	年度费用
Fox	42.7	2006～2011	7 亿 1160 万美元
CBS	37.3	2006～2011	6 亿 2160 万美元
NBC	36	2006～2011	6 亿美元
ESPN	88	2006～2013	11 亿美元
DirectTV	35	2006～2010	7 亿美元

资料来源：《2007 体育电视版权》和《体育商业杂志》

与此同时，竞赛产业的繁荣还会为体育电视传媒带来持续稳定的收入增长。2008 年，全球爆发大规模金融风暴，体育竞赛产业虽然和其他行业一样遭受冲击，但奥运会等大型赛事的举办依然使整体产业保持了上升的势头，成为危机中的信心经济。体育视频产业也得益于体育竞赛产业的繁荣，成为风暴中亮眼的经济增长点。2008～2010 年的迪士尼公司年度报告显示：在有线电视服务领域的收入增长上，主要依靠 ESPN 的收视费用的增加以及用户数目的增多；广告收入的增加也有赖于 ESPN 在赛事转播中增加的广告收入；整个迪士尼集团的盈利增长主要来自香港的迪士尼公园和 ESPN 带来的盈利。在全球经济衰退的大背景下，ESPN 保持着持续盈利的势头，成为迪士尼集团的收入支柱之一。①

同时，体育竞赛产业位于体育电视产业链的上游，为体育电视产业提供生产的原材料。体育电视传媒在对赛事节目进行生产加工时，必然也要适应体育竞赛全球化发展的需求，在全球范围内合理分配生产要素，走国际化发展之路。早在 1983 年，ESPN 就成立了国际公司，全力向海外市场扩张。目前 ESPN 已经发展成为全球最大的体育电视网，卫星网络覆盖 160 个国家，节目使用 21 种语言，全球收视观众超过 2.1 亿人。② 作为一个庞大的体育传媒帝国，ESPN 在多个国家设有专业频道，主要根据频道所在国家和辐射范围因地制宜，播出体育电视节目，同时还涉及如广播电台、赛事组织、网站建设及其他业务（见表 6-2）。

① 韩晓宁、王静君：《从极限运动推广看 ESPN 内容资源运营》，《青年记者》2010 年第 5A 期。

② ESPN，http：//baike. baidu. com/view/158217. htm。

表 6-2 ESPN 的全球分布

公司名称	公司类型	所在国家或地区
ESPN	大型事务管理，网站，移动传媒，电视台	美 国
ESPN 英国和爱尔兰	电视台	英格兰
ESPN America（formerly NASN）	电视台	英 国
ESPN 澳大利亚	电视台	香 港
ESPN 巴西	电视台	巴 西
ESPN 经典体育	电视台	英格兰
ESPN 西语频道	电视台	美 国
ESPN Dos	电视台	墨西哥
ESPN EMEA	电视台	英格兰
ESPN 国际	电视台	美 国
ESPN 国际	电视台，视频节目发行	英格兰
ESPN 国际 X 运动	电视发行	美 国
ESPN 拉丁美	电视台，视频节目发行	阿根廷
ESPN 北美及加勒比海	电视台	美 国
ESPN Pacific Rim	电视台，视频节目发行	香 港
ESPN 广播	电台	美 国
ESPN STAR Sports	数字传媒，网站，体育市场，电信业务，电视台电视发行	新加坡
ESPN Sur	电视台	阿根廷
ESPN X 运动	大型赛事组织，市场开发	美 国

2. 电视传媒进军体育竞赛产业，创造获益的平台

面对外部日益高涨的转播权费用，以及内部逐渐积累的雄厚资金、先进的电视理念和娴熟的制作技巧，体育电视媒体不再局限于原本的传播领域，而是深入产业链上游，参与到赛事的生产和经营中来：一是和赛事组织者合作，共同开发和经营体育赛事；二是创办具有自主知识产权的赛事。早在 1992 年，欧洲最大的体育频道之一——欧洲体育频道 EUROSPORT 就率先与赛事组织者共同开发了欧洲足球冠军杯赛事，创造了体育与商业、媒体结合的模式。此后，ESPN 等体育电视传媒也相继进入产业链上游，涉足体育赛事的开发和运营，其中最典型的案例就是 ESPN 对极限运动这一项目的开发和推广。在 20 世纪 90 年代初，极限运动

虽然在美国的年轻人中有一定的基础，但一直都只是松散的群众性运动，缺乏统一的规则和全国性的赛事，属于电视台很少会播出的冷门赛事。ESPN 敏锐地意识到极限运动的前景，投入大量资金发展极限运动，成功地将极限运动推向市场，最终成为该领域规则的制定者、赛事的主办者和信息的传播者。随着 ESPN 的全球化发展，极限运动的影响力也扩展到全世界，赛事管理从此成为 ESPN 内容生产领域的一项重要业务。这样的创新不仅使体育电视传媒拥有独一无二的赛事资源，直接获得与赛事有关的大量收入，同时也丰富了体育竞赛产业的内容，提升了体育竞赛产业的整体规模和号召力。

央视借助旗下国际电视总公司的分公司“中视体育娱乐有限公司”于 2005 年开始介入赛事的市场经营与管理。专业的管理、勤勉的团队、严谨的风格、媒介与赛事的联动使该公司从 2005 年至 2012 年，几乎每年的收入增长都达到一个亿！在中国，这是体育竞赛产业与传媒联姻的创举，其业绩增长速度在该行业中也是无可比拟的！2012 年之后，央视加大了对该公司资源性的投放。过去几年的成功经营模式以及国际传媒行业的成功案例，证明了传媒与赛事产业的联动，更加有利于推动赛事产品的品牌建设，也有助于在初创期，合理有效利用媒介的宣传平台，换取赞助商对初创期赛事的资金投放！这样一种生产模式则是利用媒介的资源性平台来影响观众关注赛事产品，实际上是让观众从习惯开始逐渐走向狂热。

由此可见，体育竞赛产业和体育电视产业互为因果，实质上是一种双赢的关系。体育竞赛产业是体育电视产业的基石，是体育电视产业存在的前提。体育竞赛产业位于体育电视产业链的上游，负责为体育电视产业提供原材料，是体育电视产业的核心资源，体育竞赛资源的优劣决定了体育电视产业的生存和发展状况。如果没有优秀的体育竞赛，体育电视产业也就不复存在。就如同 CCTV－5 没有奥运会、世界杯、亚运会等世界顶级赛事，就不可能有现在的传播力和影响力，充其量和各个省级体育频道处在一个等量级上。同时，媒介也在为体育赛事不断地加大宣传，是体育赛事产品影响力不断提升、不断强大的催化剂，是体育竞赛产业发展过程中的推动力之一。高额的电视转播费成为体育竞赛产业的支柱性收入，提高了电视传媒争夺赛事版权的资金门槛，遵循着弱肉强食、适者生存的理论，央视因为政策性的支持，获取权利的同时也获得了高额的商业利润，而各个省级体育媒介只能是望而却步，当然某些情况下，也有遵循“强盗逻辑”，其实只为生存，否则，体育频道只能沦落到卖药或播电视剧，这就是当今中国特色省级体育频道真实的生存境遇。高额的转播费同时也意味着高收视率，这也为体育电视产业带来了巨额的收视费用和广告收入。

小　结

本章节对体育电视传媒与现代城市赛事间的关系做了一个基本分析。伴随着全球经济一体化趋势和文化产业的发展浪潮，两者的关系在未来的发展中将会呈现以下五个新的趋势。

第一，赛事自身的商业化程度提高。由于观众对赛事产品质量的要求不断提高，观众的观赏水平在不断的提升，要维持赛事产品质量不断满足观众日益增长的需要，赛事产品的生产者、销售者就需要不断加大对生产营销方面的投入，这也就促使了赛事产品的商业开发加剧。

第二，全媒体对赛事版权需求的增加。全媒体的整体发展水平以及需求的不断提高，也促使了赛事产品从策划开始就要应对和满足各类媒体的整体需求，如传统电视的要求、互联网视频渠道的需求、移动媒体的需求、分众媒体的需求等，抓住媒体的需求点也是赛事营销的重点之一。

第三，媒体为赢得广告商的青睐又反作用于赛事产品的生产。由于媒体的生存主要源自广告收入，自然满足观众的最终目的就是为了吸引更多的广告商的关注以获得价值的最大化。如，赛事主办方在销售版权的过程中，必须考虑到电视或者互联网等媒体所在国的观众收看习惯，实时根据转播商的需求更改比赛时间，甚至不惜牺牲运动员最佳的比赛时间以及其他方面的利益。2008 年奥运会，为了照顾美国 NBC 电视台在北美地区的直播时间，版权拥有方的国际奥委会，决定将游泳和体操比赛的决赛安排在北京的上午进行。早上决赛、晚上预赛的时间安排违背了项目的正常比赛规律，既让运动员大呼不适应，又严重损害了中国电视媒体、互联网视频及中国观众和广告商等的多方利益。同样，男子足球决赛更是被安排在北京时间的中午 12 点，球场上的温度高达 40℃。这些不合理的规定限制了运动员的发挥，引起了部分观众的反感。从这些现实中，我们能够看到在所谓奥运大家庭的旗帜背后所隐藏的一系列赤裸裸的利益争夺。

第四，城市化进程对赛事版权的角逐。近些年，发展中国家的城市化进程在不断加快，城市群的集聚以及城市商业集聚区的形成诉求都变得越来越强烈。转播权的价值随着全媒体、城市需求的提升而升高，版权销售的市场份额也超越了以往单一的传统电视媒体的需求量。这也就加剧了赛事产业、体育视频、全媒体产业和城市化进程之间的不断的博弈与联合，当然最终一定是和气共赢。

第五，城市对顶级观赏性赛事资源的角逐。优质的赛事产品除受到赞助商、视频传媒的高度关注之外，各个国家的城市也加快了对赛事举办权的争夺，这是由于国际顶级极具观赏性的赛事资源在不断地减少，如上海的 F1、上海大师杯系列赛、北京的中国网球公开赛、成都的斯诺克国际锦标赛、深圳观澜湖高尔夫世界杯赛以及在北京举办的国际马联场地障碍世界杯中国联赛等。优质赛事在城市的举办权与电视和其他相关视频的转播权联手，借助赛事产品市场销售的影响力，共同构成了未来赛事产业与视频产业发展的第五大趋势。

第七章 国际体育电视的生产经营模式

随着视频技术与卫星技术在全球的快速发展，到了20世纪80年代，电视产业已经获得了空前的发展。与此同时，欧美等国家的职业体育发展日趋成熟，各大电视机构认识到体育赛事的传播价值，开始重视体育赛事的转播。体育赛事转播权购买的竞争烽火首先从电视产业、体育产业最发达的美国燃起。

1984年洛杉矶奥运会是一个分水岭。当时，美国三大电视机构竞相报价，最终ABC以2.25亿美元的代价获得奥运会的转播权，是1972年慕尼黑奥运会美国地区转播费的30倍。电视转播大大提升了体育赛事的价值，体育电视也获得了空前的发展。以体育赛事转播权的购买作为开端，国外体育电视市场逐步走向成熟。

目前国外体育电视产业发展具有几个特点：一是市场成熟、竞争加剧。二是产业并购、集团化发展。许多电视产业巨头将触角伸向体育电视，如时代华纳、维亚康姆、迪士尼、HBO等。竞争的加剧使体育传媒机构通过资本重组来获得生机。三是呈现多元化经营趋势。四是欧美等国家的体育产业的发展要好于其他国家和地区。

第一节 国际体育电视的管理模式

在世界范围内，各个国家的体育电视管理模式各不相同，但是基本都遵循一个准则，那就是制播分离与标准化生产为基本点，即使所谓的国营模式，依然是遵循市场机制实施经营与管理。各国对电视媒体的管理体制分类基本如下。

第一，按照所有制分的四种不同的类型。以美国为代表的，以私有制为基础的商业化模式；以英国、加拿大、日本等为代表的，以公有制为基础的公私并存的双轨制模式；以意大利、德国为代表的，以公有制为基础的纯粹公营体制；以法国为代表的，以国有化为基础的纯粹国营体制。

第二，按经营性质分的五种不同类型。国有公营，如法国公共广播电视系统、西班牙公共广播电视系统、意大利广播公司（RAI）、加拿大广播公司（CBC）。社会公营，一种是联合型由社会各界联合经办，如德国的公共台，一种是团体型，由某个公众团体经办。私有私营，这是私人独资、合资或组成股份公司经营电视企业的体制类型。如美国 CBS、ABC、FOX。公私合营，是国家和私人合资或合办的电视媒体。不论合资或合办，国家通常处于主导地位，如法国的新闻电视频道，法兰西国际电视台（CFI）等。还有的将 BBC、NHK 定义为公共事业型，这种模式也有人称为西欧模式，它以英国为典型代表，是一种介于完全的商业化和完全政府控制之间的模式。

第三，按体育电视的播出渠道分为三种类型。一种是开路电视，主要是指国家电视台如 BBC、NBC、NHK 等拥有播放体育电视的平台，除了有专门的体育频道或体育电视网（如 NBC 的环球体育电视网），还会在综合频道中定期或不定期地播出体育节目；一种是综合体育频道如 ESPN，集各大赛事于一身，设有多个体育频道的综合性体育电视网；一种为单项目体育频道如美国的高尔夫频道、NFL 频道，英国的赛马频道和汽车频道，法国的汽车频道（MOTORS）等。

尽管分类的方法和依据以及结果各有不同，但是总体来说就是公共和商业之分。体育电视既包括公共电视台中的体育电视网（频道），又包括商业电视台中的体育电视网（频道），其管理模式根据其主体不同而不同。但以体育品牌著称的 ESPN、SKYSPORTS 则分别是美国 ABC 和英国天空广播公司旗下的公司，属于商业电视台。

第二节　国外体育电视的生产经营情况

国外体育电视的生产经营属于多核形式，相比国内体育电视的单核生产经营模式要丰富很多。体育电视节目的内容创作与生产表现是多元化、多渠道、多种经营的生产与销售模式，这主要是由于目前国际所有的顶级赛事均诞生于西方，无论是竞赛产业还是视频产业的基础都远超我国，还有其成熟的市场经济。主要表现在以下几点。

一　国际市场赛事版权的血拼

全球的顶级体育赛事的版权是所有体育电视传媒争夺的重要内容，因为谁都清楚得版权者得天下的道理。无论是电视业发达的美国还是欧洲各个有势力的电视传媒机构甚至是亚洲一些发达国家，对于顶级赛事资源从来也没有放弃过拼杀，特别是美国三大电视网争夺最为激烈，正如前文所说，NBC、ABC、FOX 等对奥运会独家转播权的争夺一直被称为“蝎子之争”。可见，电视媒介对赛事版权争夺之残酷。正是如此，赛事报道权费一届高过一届。除了奥运会、世界杯这样的全球级盛会美国三大电视网必然会拼杀之外，美国的四大职业联赛也会让美国的各个电视网厮杀得不可开交。因为，每家体育电视媒介都非常清楚得顶级赛事者得天下，所以各家体育电视媒介谁也不会轻易让步，蝎子之争每年必杀。

其中以体育著称的 ESPN，就是因为在 1987 年，第一次幸运地夺得了 NFL 的独家转播权之后，所获得的影响力让其深感震撼，这种成功使 ESPN 切身体会到顶级赛事版权对一个体育频道的重要性。从此，其以体育为根基，开始通过不断努力，陆续将全球众多大赛收入囊中。使它在短短三十几年发展成为全球顶级的体育电视传媒机构，并在 2010 年福布斯发布的世界最有价值的十大体育品牌排行榜中以品牌价值 105 亿美元而位列第二。

默多克的天空电视台成立于 1987 年，但天空电视台的收费电视理念在成立早期却很不被英国人接受，曾创下每周亏损 200 万英镑的惨痛记录。

默多克的直觉告诉自己，英国人只会为两件事花钱看电视：足球和色情。为此，当英超于 1990 年初筹备成立之际，嗅觉灵敏的默多克便牢牢锁定了新联赛的电视转播权并首战告捷。顶级足球联赛在电视节目选择上的不可替代性、英格兰球迷的超高忠诚度，让默多克这一次豪赌获得全胜。天空在买断英超独家转播权后，一年之内由巨额亏损扭转为盈。此后天空推出了多个收费频道，从电影、新闻、娱乐到时尚和财经等，其中除电影频道略有盈利外，真正赚钱的只有英超足球。

随着默多克的天空电视台因为独揽英超电视版权扭亏为盈之后，英国相关部门便对其企图继续垄断英超版权实施制裁……至此，掀起了围绕英超电视版权争夺的战争。为了达到继续垄断英超版权的目的，默多克和其生意伙伴、热刺前老板阿兰·舒格，在这段精彩纷呈的电视版权争夺中，上演了一出对抗反垄断法的无间道。就在英超 22 家俱乐部的代表和独立电视台（ITV）代表戴克谈判的关键时刻，舒格则把 ITV 底价告诉了天空，最终天空以高出 5000 万英镑的价格拿走了第一个五年的英超独家转播合同，仅这一个赛季的价格就远远高出了 1983 年第一份足球联赛电视转播合同足足 18 倍。

2005 年，欧盟按照反垄断法的精神，立法禁止转播市场上一家电视台通吃的局面，2007 年后，英超电视转播权被拆分成几种模式竞标。2007 ~ 2008 赛季，全部 138 场英超直播比赛被分割为 6 个转播包，任何一家媒体不得独揽 5 个以上的转播包，结果天空电视台和爱尔兰的 Setanta 电视台联手买下全部转播权，当时它们一起创造了 17 亿英镑的转播费用新纪录。通过表 7 -1 我们可以清楚看到默多克对英超版权的资金投入。

表 7 -1　英超版权的资金投入

单位：年，亿英镑

年份	期　限	金　　额	平均每赛季
1992	5	1.91	0.382
1997	4	6.7	1.675
2001	3	11	3.67
2004	3	11.5	3.83
2007	3	17（反垄断法，与其他电视台合作，天空体育台约 13 亿英镑）	
2010	3	20（反垄断法，与其他电视台合作，天空体育台约 13.14 亿英镑）	

这一出电视版权之争夺所产生的长久作用，改变了英国足球的运行方式，也改变了英国人的生活方式。默多克的天空电视台仅仅是因为夺得了英格兰顶级足球联赛这一在英国社会不可替代的赛事资源，而一跃成为真正主流媒体的一员。由于付费电视对赛事资源的垄断，也宣告了英国球迷

看电视的免费午餐变成历史。

那么，我们再看看 2010～2013 年英超海外版权的销售情况，根据一家英国专业体育商业媒体的调研，未来 3 个赛季，也就是直至 2013 年的夏天，英超在海外市场的媒体版权销售总计价值 14.37 亿英镑，平均每个赛季高达4.79 亿英镑，而把西甲、意甲、德甲和法甲的转播权收益加起来，也不过2.67 亿英镑而已。2010～2013 年英超电视版权全球总收益为 14.37 亿英镑。

总而言之，只有拥有全球顶级的体育赛事资源，体育电视传媒机构才能做得风生水起。不过因为体育赛事转播费用的连年攀升，越来越多的电视机构开始联合购买，如 FOX、ABC、NBC 联合起来购买 NFL 的版权，在不同时段购买，从单一的竞争开始走向竞合的阶段。

二　国际体育电视节目的生产方式

国际体育电视节目的生产方式与国内体育电视节目生产方式的最大区别，就是完全遵循着市场运行机制来谋得生产资料的获得。其价格、竞争、供求等确定因素完全是市场条件下的协调统一。政府在维持市场运用机制中也采用政府那只“看不见的手”予以控制。比如，当默多克对英超新联赛版权实施垄断后，政府也采取分割包的方式实施调控。这也是欧洲传媒市场如火如荼发展的基本机制。良好的生产方式源自良好的生产力与生产关系在物质资料生产过程中的统一。这一切都值得我们去借鉴。有效的市场机制创造出了一个合理的竞争环境与适应市场的价格体系，在不断形成市场供求关系的前提下，老百姓虽然支出一定的费用，但是获得了更加丰富的体育电视节目，也有效地促进了体育竞赛产业和体育视频产业的高效率发展，使得这两大文化产业在城市得以快速发展，并借此推动了城市品牌的提升以及城市经济的全球化发展。

虽然国外体育电视节目的基本形态与目前国内的电视节目形态基本大同小异，诸如体育赛事转播、体育赛事的精彩集锦、体育新闻、健身类栏目以及体育人物和沙龙类等。其他类型节目的生产制作与一般电视的生产制作具有相同性，但是在游戏娱乐类的节目策划与创意中显然技高一筹，如中国引进的法国版《城市之间》、与劳伦斯体育大奖类似的《体坛风云人物评选》等。除此之外，在体育赛事的直播水准方面，由于欧美城市化进程要远远高于我国，所以其作为城市文化产业的竞赛产业发展也较早，而视频技术、卫星技术的运用也远远领先于我国，并且更早投入赛事的传播之中，所以体育电视行业的发展远远领先于我国同行业。但是随着国内电视机构改革三十多年的发展历程，目前，国内赛事除了 F1、帆船、高尔夫等在国内发展较晚、观众关注不高的项目之外，应该讲在很多项目的转播水平上都有了长足进步，而且在一些项目上已经达到了国际公用信号的制作水平。

首先，体育电视公用信号[①]的制作。体育电视公用信号的制作最早出现在 1936 年柏林奥运会，在这之后很长一段时间都是由获得奥运会主办权的国家承担奥运会公用信号的制作与传输任务。1992 年的巴塞罗那奥运会，采用了多国电视台人员和设备，大家按照理念相同、标准统一、操作规范、流程精细、组织严密的“工业化生产”模式，完成各自的工序，生产出“信号产品”。这种模式取得了很好的效果，后来在许多世界性运动会和大型国际赛事的电视信号制作中得到广泛采用。

体育电视公用信号的制作从某种意义上来讲代表各国电视机构的实力。以奥运会为例，多年来，欧美国家占据主导地位，其他国家很难插足。北京奥运会公用信号的制作除了中国、日本、韩国、澳大利亚等以外，大部分是欧美国家转播。欧美国家不仅在电视转播设备上有着优势，而且完善的市场机制、规范的运作程序和丰沛的专业人力资源都是其占据主导地位的关键因素。

其次，体育电视节目的制作。购买了赛事版权的电视机构接入公用信号之后，一般是由一个团队精心安排赛事的直播，包括安排优秀的解说员、演播室的创意设置等。国外解说员和评论员在体育电视节目的制作上可以有较大的发挥，而且他们能进行更准确的节目定位，以满足观众的需求，从而获得良好的收益。

---

① 注释：公用信号制作的工作原理如下：它是由分布在各赛场的广播电视综合制作区（Broadcast Compound）的电视信号制作队伍，用摄像机和话筒把比赛的精彩场面采集和拾取下来，经过导演对镜头的流畅切换，配上慢动作和字幕，组装成电视信号成品，经过制作区的技术控制室（TOC）传送至国际广播中心的信号收集、分配与传播中心（CDT），再由它按照预先的约定把信号传输给各国电视机构，各国电视机构按照各自的需求对信号进行再加工后再呈现给观众。

除了自制节目之外，国外体育频道还购买第三方的节目，比如辛迪加。另外，国外大部分体育电视机构播出的自制节目内容也是由台内人员以及台外人员合作完成。例如世界杯大赛来临，在组织人员方面，主要负责人是电视台内部人员，而摄像等其他岗位则采取项目合同制。电视台制播分离的形式灵活多样，既利于节目的不断改良，也不会人浮于事，能够节约经费。

三　多元化的运营方式

多元化经营是媒介经营中普遍选择的方式之一。经济学家常说的“不把全部鸡蛋放在一个篮子里”，就是通过多元化规避风险的一种通俗形象的表述。多元化经营使媒介组织同时经营几个相关或不相关的产品，可以在比较大的范围内重新进行资源的配置，分散了经营风险。从国外传媒机构的发展经验来看，跨媒体、多元化的发展道路，使发达国家的电视产业收入来源多样化，电视广告收入只占电视台收入的40%左右，[①] 而通过节目交易、收视费和跨媒体多元化经营带来的其他增值服务也在不断增加。

根据体育电视播出渠道的不同，其运营方式也不一样。开路电视完全通过线上广告、线下活动或衍生产业获取利润；综合性付费频道则以收视费、节目版权的出版发行、线下相关产业以及广告方式获取利润；单项目体育频道采取的是通过单独收取收视费或并入节目包收费以及自身制作的节目版权以及线下产业的经营模式。收取收视费的频道运营一般来说都是按月收费，但也有按次收费的（pay - per - view）。按次收费是电视机构除了每年收取用户一定的订购费之外，再向用户收取一笔某场特定比赛的收视费，比如刘易斯（Lewis）和迈克·泰森（Mike Tyson）之间的一场拳王争霸赛。

以上三种类型的体育电视机构，除了通过电视中广告的投放或者收取收视费以外，目前都已经向其他领域拓展。有的延伸到服务领域，例如ESPN为了满足用户需求，将赛事加工成DVD或者做成适合网络或手机播放的视频，并拥有自己的杂志，通过延伸服务而获得营收；有的向赛事领域渗透，例如HBO（Home Box Office）电视网，为了控制拳击赛事的资

① 赵化勇：《中央电视台品牌战略》，中国广播电视出版社，2008，第12页。

源，收购一些拳击组织机构，ESPN 还专门打造了自主赛事 X - GAME；有的通过已有的品牌，授予商标特许权或进入其他领域如餐饮、体育用品等。延伸拓展的这些领域逐渐成为这些电视机构的主营业务之一。据此，国外体育电视机构的发展已经形成了新的核心业务，其生产的产品也不再仅限于体育电视节目而出现多样化。其生产经营模式已经由最初单一的制作生产、广告运营或收取收视费的简单模式发展到今天的多核[①]生产经营模式。

四　国际体育电视传媒机构的生产运营——以 ESPN 为例

ESPN 是一家纯商业性质的跨国体育电视传媒集团，产权结构明晰，实行股份制，旗下 50 多个企业实体拥有最广泛的多媒体体育资产组合。总部 ESPN 广场（ESPN Plaza）位于美国康涅狄格州的布里斯托，拥有员工 3900 人（全球 6500 人），占地 11600 平方米包括 17 座大楼（占地 83613 平方米），另外租用附近的办公区面积为 37161 平方米。ESPN 80% 的股权归由华特·迪士尼公司的子公司美国广播公司（ABC）持有，赫斯特公司（The Hearst Corporation）持有 ESPN 另外 20% 的股份。本部分主要从三方面分析这个具有代表性的全球优秀体育传媒企业的生产运营模式。

1. 拥有丰富的赛事资源

赛事转播权是体育电视产业中的一个核心要素。对体育电视来说，一旦拥有了热门赛事的独家赛事转播权，便意味着高收视率随之带来的巨额的广告收入和用户收视费用。ESPN 深知赛事对自己发展的重要性，从其拥有的版权赛事列表中我们可以清楚看到，赛事版权为一个体育专业频道带来的价值不仅仅是国内体育频道几个大赛的报道权，其目标是一方面针对性地垄断有影响力的赛事；另一方面是抓住特色赛事，扩大自己的受众群体，以满足广告商最大范围的需求。仅 2011 年它就拥有了 176 项赛事的版权，更重要的是，它几乎囊括了全球顶级赛事资源，如英超、西甲、欧洲冠军杯、联盟杯、欧锦赛、斯诺克台球巡回赛和美国

---

① 根据夏征农、陈至立主编《辞海》（第六版）缩印版，上海辞书出版社，2010。多核是指某一事物的发展呈多元化结构，除中心外，还存在着其他具有独特性的支配中心。

四大联赛等。

2. **注重节目的制作和包装**

对一个专业的体育频道来说，节目内容的好坏取决于两方面的因素：一是要有好的赛事；二是要有好的包装和制作水平。ESPN 不仅购买了好的赛事，而且在编排、制作和包装上狠下功夫。ESPN 针对不同的受众开辟了不同的体育频道，比如 ESPN 和 ESPN2 播放各类赛事，而新闻频道（ESPN NEWS）主要播出发生在世界各地的体育赛事新闻和比赛的精彩片断以及对比赛的专业分析；它的经典频道（ESPN CLASSICAL）则为观众们讲述历史上的体育英雄和他们的故事。在节目制作中，ESPN 不断改进其制作手段，配合具有创意的制作技巧，向观众即时呈现最符合现实需求的节目形态，真正做到与时俱进！比如，在一场 NBA 的常规比赛中，ESPN 的转播通常会在赛场的各个角落安放 24 个机位，并且在演播室的设计上很考究，实时实现与网民互动，为观众展现激烈的比赛带来的强烈的视觉冲击。

3. **ESPN 的主营业务与营收**

ESPN 通过三十多年的发展，已经成为具有多业务版块、年收入超过 50 亿美元的集团公司。主营业务如表 7－2。

表 7－2　ESPN 的主营业务

电视	所有在 ABC 播出的体育节目都冠以 ESPN on ABC 的标识、8 个美国有线电视网（5 个拥有高清联播服务）、区域电视、辛迪加①、付费订阅包以及 47 个国际电视网
广播	ESPN 广播、ESPN Deportes 广播、在 11 个国家的联合广播
互联网站	ESPN. com、ESPNDeportes. com，以及越来越多的针对特定市场的网站
出版	ESPN 杂志与其他在美国和海外发行的期刊类杂志，以及 ESPN 书籍
无线服务	ESPN 移动内容、比分、头条、视频集锦、比赛
消费产品	CD、DVD、电子游戏、服装和衍生产品
赛事管理	极限运动会（X Games）、冬季极限运动会（Winter X Games）、ESPN 年度杰出运动大奖（ESPYs）以及橄榄球和篮球等赛事

① 辛迪加节目（syndicated program）：节目供应商在没牵涉联网的层面下，直接与全国各地区电视台签约提供节目。通常这些节目包括旧电影、独立制作节目以及已经在联网播放过的旧节目。http：//zh. wikipedia. org/wiki/% E9% 9B% BB% E8% A6% 96% E8% 81% AF% E6% 92% AD% E7% B6% B2。

续表

ESPN 地带	餐馆、游戏和购物
Corporate Outreach 企业社会责任和社区联系	团队 ESPN（Team ESPN）、Jim Valvano 癌症研究基金会（The V Foundation for Cancer Research）以及更多

（1）电视业务：第一，在美国广播公司（ABC）播出的 ESPN 的节目。第二，8 个国内有线电视网：ESPN（1979 年推出——目前面向 9900 万家庭用户，2003 年推出 ESPN 高清）；ESPN 3D（2010 年推出）；ESPN2（1993 年推出，目前有 9900 万家庭用户，2005 年推出 ESPN2 高清）；all - sports news ESPNEWS（1996 年推出，目前拥有 7400 万家庭用户，2008 年推出 ESPNEWS 高清）；ESPNU（2005 年推出，目前拥有 7200 万家庭用户，聚焦高校体育。2008 年推出 ESPNU 高清）；ESPN Classic（收购于 1997 年，目前拥有 3300 万家庭用户。主要用于回顾历史上精彩的体育瞬间和伟大的体育明星）；西语频道 ESPN Deportes（2004 年推出，目前拥有 530 万家庭用户，并于 2011 年推出 ESPN Deportes 高清）；区域体育电视网——长角运动网（Longhorn Network），专门关注得克萨斯大学的体育运动项目，于 2011 年开始运营。第三，辛迪加节目，通过 ESPN 地区电视网公司进行联合节目的制作。ESPN 区域电视（Regional Television）是 ESPN 的子公司，是电视体育营销、辛迪加、赛事管理和制作的公司。ESPN 区域电视（Regional Television）是全美最大的直播体育节目的制作者和辛迪加，每年制作 1200 多个体育赛事。提供的主要美国节目：①体育中心（SportsCenter），该节目是在 ESPN 问世的当天首播的（1979 年 9 月 7 日），是 ESPN 第一个并具有旗舰意义的节目，定义了体育新闻的类型，提供来自优秀新闻记者进行的大事件、集锦、专题报道和深度分析。②电视观众，每月平均有高达 1.15 亿观众收看。③赛事、演播室和原创节目制作。NFL 的“星期一晚间橄榄球”；MLB、NBA（包括 ABC 播出的决赛）；NASCAR、印地赛车（IndyCar）和短程加速赛（NHRA）；大学生足球和大学生橄榄球联赛（BCS）；男子和女子的大学篮球，包括女子锦标赛；网球，包括四人满贯赛事；高尔夫大师赛

和英国公开赛；FIFA 世界杯；美国女子篮球联赛（WNBA）；少年棒球联盟世界大赛（Little League World Series）等更多赛事。④专门的体育演播室播报 NFL、MLB、NASCAR、高校足球和篮球赛事。⑤来自 ESPN 内容开发（ESPN Content Development）的颇具吸引力的纪录片和原创节目。

（2）广播业务。ESPN 广播（1992 年首播）、ESPN 西班牙语广播（2005 年首播）。ESPN 广播有 750 个附属电台。主要的内容包括“Mike & Mike in the Morning”平日脱口秀（ESPN2 同时联播）、“The Herd with Colin Cowherd”（ESPNU 同时联播）和“The Scott Van Pelt Show”（ESPN2 同时联播）。主要的赛事包括 MLB 和世界系列赛、NBA 和决赛，以及大学橄榄球冠军联赛（Bowl Championship Series）。西语 ESPN Deportes 广播有 42 个电台，覆盖美国 62% 的西班牙裔听众。

（3）互联网在线服务：第一，网站。ESPN. com（1995 年开始运营）、ESPN 广播网与数字音频（ESPNRadio. com & digital audio）、梦幻游戏（fantasy games）、ESPN 西语网站（ESPNDeportes. com）、ESPN 足球网站（ESPNSoccernet. com）、ESPN 板球网站（ESPNCricinfo. com）、ESPN 英式橄榄球网站（ESPNScrum. com）、ESPN 一级方程式赛车网站（ESPNF1. com）、比分中心（ScoreCenter），以及数量正在增长的针对特定市场的网站。第二，宽频服务（Broadband）。ESPN3（宽频服务，2001 年开始运营；2005 年更名为 ESPN360；2007 年集中于赛事直播；2010 年更名为 ESPN3. com；2011 年改名为 ESPN3）。ESPN3 是 ESPN 的直播多屏体育网，7 天 24 小时全天候播出全球每年数以千计的体育赛事，观众还可登陆 WatchESPN. com 在线观看。ESPN3 为大约 7000 万家庭提供免费服务。另外大约 2100 万美国大学生和美国军事人员还可通过校园教育网和军事网利用电脑免费使用该体育网。通过附属供应商，还可在智能手机和平板电脑上通过 WatchESPN 应用和 ESPN on Xbox LIVE 观看。第三，多屏传送。ESPN 移动内容（1995 年开始运营）、ESPN 移动电视（2007 年开始运营）、WATCHESPN（2011 年开始运营）。2010 年，包括 ESPN. com、ESPN Deportes、ESPNsoccernet 和 ESPNcricinfo 在内的 ESPN 网站吸引了近 70% 的用户在移动浏览器上获取体育内容，平均有 1150 万独立访问者（占访问整体人数的 37%）。ESPN 移动电视直播 950 场赛事。ESPN 的应用月均独立访问量为450万人次。2011年，ESPN首次在平板电脑和智能手机上提供网络进行直播。WatchESPN允许用户通过一个附属供应商移动和在线访问ESPN、ESPN2、ESPNU、ESPN3、ESPN Goal Line和ESPN Buzzer Beater来观看4000多个直播赛事。第四，ESPNW于2010年开始运营，致力于服务女性运动员和粉丝，建立起一个能与顶尖女性运动员联系的桥梁。

（4）出版。lESPN杂志于1998年创刊，两周发行一次。在2010年改版，引入深度单一主题的版式。集锦包括第二期《美体专刊》（Body Issue），与第一期相比广告销售增长了22个百分点。该杂志还推出了iPad应用程序，使“ESPN Insider”增长了20%。ESPN书籍于2004年开始运营，2010年出版了11本图书。

（5）ESPN高校。ESPN High School（ESPN RISE到2011年）是一项跨平台业务，在线服务学生运动员和粉丝，以杂志和电视转播的形式报道赛事，包括ESPN H. S. Football Kickoff（13场比赛）和全国高校邀请赛（National H. S. Invitiational）。

（6）赛事管理。1993年举办首届ESPN年度杰出运动大奖（ESPYs），1995年推出极限运动会（X Games），1997年推出冬季极限运动会（Winter X Games）、国际版极限运动会，以及由ESPN区域电视台运作的一些赛事（如橄榄球、篮球等赛事）。

（7）消费产品。在大型零售店、ESPN网站（ESPN. com）和ESPN Zones可以购买到各种ESPN DVD、服装和衍生产品。

（8）ESPN地带（ESPN Zones）。两个ESPN地带分别位于洛杉矶和阿纳海姆。另外加上沃特迪士尼乐园的ESPN俱乐部（ESPN Club）和奥兰多ESPN世界运动中心（WWS Complex）的ESPN Grille餐厅。

（9）ESPN世界运动中心（Wide World of Sports Complex）。在奥兰多，这个为业余体育爱好者和专业运动员而建的先进的综合型体育场馆每年主办300多个赛事。

（10）企业社会责任和社区联系（Corporate Outreach）。团队ESPN（Team ESPN）、Jim Valvano癌症研究基金会（The V Foundation for Cancer Research）、青少年健身计划ESPN Play Your Way、Cable in the Classroom（为学校提供有线电视内容）。

（11）ESPN国际。创立于1998年，ESPN国际辐射全球七大洲200多个国家和地区，内容包括电视（拥有46个电视网、采用16种语言面向3.5亿订阅用户）、无线、交互式、纸媒、广播、宽频服务、赛事管理和消费产品。除了NFL、MLB、NBA、NASCAR、IRL、所有高尔夫赛事和网球四大满贯赛事和主要的国际性体育赛事（欧洲冠军联赛和其他顶级足球赛事、板球等），还有13种当地版本的SportsCenter节目，以西班牙语、葡萄牙语、英语、法语、印地语、广东话、普通话和日语8种语言播出。ESPN360.com在欧洲、墨西哥、巴西和智利。纸媒方面，在墨西哥拥有"ESPN La Revista"，巴西有"Revista ESPN"。ESPN国际广播于2000年开始联合内容模式，在4个国家设有分部。

ESPN 2005年及2006年主要体育电视网的净收入[①]和杂志收入见表7－3。

表7－3　ESPN 2005、2006体育电视网与杂志收入情况

单位：亿美元

电视网	2005净收入/13个体育电视网	2006净收入/6个体育电视网
ESPN	37.339	43.356
ESPN2	4.309	6.409
ESPN Classic	1.367	1.662
ESPNews	0.674	1.161
ESPN Deportes	0.061	—
ESPNU	—	0.133
总　计	44.9	52.8
ESPN杂志广告总额	2.755	2.693

迪士尼对外公布的年报显示，ESPN2010年为迪士尼创造了大约50亿美元的收入，[②] 迪士尼占有的股份是80%，可想而知，它全部的收入会更多。

综上所述，ESPN的生产经营模式已经发展为高收入多业务的多核生产经营模式。

---

① 《2005年全国15大媒体公司的净收入》，http://adage.com/images/random/mediafamilytree06.pdf。《2006年全国顶级媒体公司的净收入》，http://adage.com/images/random/mediafamilytree07.pdf。

② http://www.trefis.com/stock/dis/articles/15281/espn-hbo-and-fox-sports-top-3-cable-tv-revenue-generators-for-media-stocks/2010-04-20.

第三节　国际体育电视生产经营模式的发展趋势

美国的 NFL 拥有自己的体育电视台，ESPN 打造自己的 X－GAME 赛事，HBO 打造专属的拳击赛事，中央电视台推出中国武术职业联赛（WMA），以及一些国外体育俱乐部建立网络电视台……传统的赛事组织机构、传统的体育电视传媒机构、网络公司等都在迅速膨胀的市场中忙于攻城略地。未来体育电视企业的平台优势将逐步弱化，体育电视的竞争将逐渐演变为原材料整合能力的竞争，赛事机构与传媒机构将互相渗透和整合，变得更加互相融合。

随着科学技术和社会的不断进步，笔者分析认为未来体育电视的生产经营模式将有以下几个发展趋势。

1. 视频市场多元化

随着网络视频的兴起、手机电视的推出、高清数字电视的发展、科学的进步和社会的发展，视频传媒方式、传媒领域、传播的时间、传媒者与受众的角色与关系、人类接受信息的心理过程等都将发生巨大的变化。在这样的背景下，传统体育电视一统天下的时代将彻底成为历史，更加多元化的视频市场将注入人们的生活当中。目前已经存在的视频市场有：无线模拟电视、有线模拟电视、音像制品、IPTV、网络视频（如优酷网、土豆网等）、点播性视频（如门户网站的视频）、广播性质的手机电视（如 CMMB）、3G 以及 4G 手机电视、数字电视等。

人们未来看体育比赛会去电影院看大屏幕，或者选择网络视频，因为网络视频已经发展到超过现在电视的展现效果，而且还可以互动。还有一种就是拿着手机看电视。据此，未来体育视频产业的发展方向有三种：第一是选择未来大屏幕时代的高清数字电视（影院）的主流视频形式；第二是适合移动用户观看的手机体育电视——未来移动电视的主流视频形式；第三是追求互动的网络体育电视——未来互动模式的主流视频形式。

2. 业务板块增多，形成多核中心

正在面临和即将全面实现的视频产业市场的多元化。传统的体育电视将被逐渐分化并形成全新的媒介体系。目前，全球视频产业的发展趋势为：第一，城市未来将形成多层次、多终端的体育视频传媒产业。原先传统的单核体育电视媒介将形成多个业务核心模块体系。如互联网电视台、传统电视与视频网站技术的高度融合的互动模式、移动终端的 iPad 用户终端、手机等多媒介的视频平台。第二，体育赛事产业的相关延伸产业。运动与健康产业、体育场馆商业圈、体育教育、体育经纪服务、体育用品的销售服务、体育器械的服务等，围绕视频传播技术的广泛应用，城市居民生活方式又反过来推进以互联网视频技术为核心的体育视频生产、经营和管理模式。

传统的体育电视的单核生产模式，势必被以多核式集团化的体育视频产业模式所替代，竞赛内容依然是各家视频传媒集团的血拼对象，而体育视频产业同样经历着发展与兼并的恶战。

3. 营销方式的转变

如今已经进入分众化时代，视频产品的多元化是一个不争的事实。不同的视频传播介质、不同的传播方式将吸引不同的人群，不同的人群形成了不同的收视习惯和对不同视频媒介及内容的信赖。“唯我独尊”的单一体育电视已经适应不了城市居民的需求，生产不同的视频产品以满足城市不同的教育水平、家庭背景、交际圈子、收入水平、消费习惯、性别等观众的需要，将是体育电视需要关注的节目生产趋势。视频媒介的多样化，构成了不同的市场需求，不同的产品市场将打破传统体育电视市场单纯的广告营销模式，单一依靠广告的电视经营模式盈利的时代行将结束。

更多的广告商将会直接参与体育视频节目的生产中去，广告将被植入赛事节目中，使广告和节目成为有机不可分割的整体，达到企业传播品牌的效果；同时并存的将是更多的视频内容以服务的形式提供给消费者，为消费者提供的已经不是简单的观赏服务，更多的服务模式将通过视频内容来完成。视频技术、传播技术以及终端平台所提供的所有关于体育竞赛、运动健身、球星互动、球迷互动等都将为体育视频生产企业带来新一轮的互动服务的营销模式。

当你拿起手机接贝克汉姆的问候时，当你拿起手机接收到赛事的视频新闻时，当你打开电脑清晰而流畅的体育赛事视频画面侵入眼帘时，当你在赛事直播并将你与赛场画面同步传给亲朋好友时，你就是现在的电视台，你的生活也将为此而改变，神话百年的传统电视又有什么价值呢！

4. **立体发展以强扶弱**

俗话说“瘦死的骆驼比马大”。传统电视未来之网是否会比互联网大呢！俗话显然是不灵了。其实，目前互联网的强大之势已经是咄咄逼人，单一的电视台借助其在中老年中的人群优势，似乎还有挣扎之势，这只是因为民营的互联网由于受到政策压制，而不是市场的压制，一方面在赛事版权争夺上始终处在弱势地位，而不是市场或者用户的问题；另一方面，宽带的费用过高也是由于体制造成的，也不是消费者的问题，所以，一旦政策均衡，走进市场，互联网的赛事视频网站将迅速崛起，而传统电视台将一落千丈。市场机制在企业之间的竞争可以体现为三个层面的竞争：技术层面、市场层面、资本层面。企业之间的胜负并不取决于技术层面和市场的拓展，而最终取决于企业融资的速度和规模。[①] 企业借助金融资本的力量，使企业的实力迅速提升，一步步占领竞争的制高点。当今，传统体育电视传媒机构亟待凭借现在殷实家底，迅速借助资本来打未来之战，否则在未来或许就在一年左右，一旦断奶，优势必将不再。

小　结

本章节详细分析了国外体育电视传媒的管理模式和生产经营模式，并以 ESPN 为例做了详细解读，归纳总结出未来全球体育电视产业的发展趋势。从国外体育电视产业的发展历程中可以看出，体育电视应该既具有媒体属性，又有产业属性。体育电视产业中的企业，其运营和管理既要符合传媒介质的特性，又要遵循生产、管理和销售的规律，努力建立起一个符合体育电视发展的多核生产经营模式。

① 房西苑：《资本的游戏》，机械工业出版社，2008，第 7～8 页。

第八章　中国体育电视的生产经营模式

城市体育视频的生产资料包括国际、国内各个城市所举办的各类赛事，及各个赛事背后的故事以及所有赛事的延伸及衍生产品。体育视频产品生产资料的选择是根据赛事本身的竞技性水平所带来观赏性的高低来决定取舍。确定体育视频产品生产资料后，视频生产人员如编、导、摄、主持人、舞美、灯光和技术等各岗位工作人员通过视频技术对赛事资料进行再加工。这其中融合了电视的图像、声音、色彩和体育赛事激烈角逐的过程与结果。体育赛事成为各视频媒介机构竞相争夺的核心资源。近年来，随着视频产业和体育竞赛产业的发展，体育赛事视频的生产经营也已经从传统的单核模式实现了向产业化模式的转变，已经形成了包括赛事版权的开发与分销，电视节目的制作与销售，相关延伸、衍生产业发展的现代化多核生产经营模式。

第一节　中国体育电视管理模式

与发达国家相比，我国体育竞赛视频产业发展较晚，自 1958 年之后才开始做了一些电视转播的尝试，并围绕大赛做了部分新闻节目和专题节目等。1978 年第一次通过卫星实现了在泰国曼谷举行的第 8 届亚洲运动会的现场直播。

1983 年 3 月，第十一次全国广播电视会议的召开对中国电视行业产生重要影响，会上制定了中央、省、地（市）、县（市）“四级办电视、四级混合覆盖[①]”的事业发展方针。电视台数量激增，不少电视台相应设立

① 当代中国的广播电视编辑部编《方向与实践——第十次全国广播电视工作会议文件与典型材料选编》，中国广播电视出版社，1984，第 11 页。

了体育部或文体部，主要以提供体育新闻播报为主，后来逐渐发展出专题、栏目及赛事节目。直到1995年我国第一个自办的体育专业频道——CCTV－5开播，期间各电视台尤其是中央电视台创办了多个体育栏目。从体育部发展到体育中心成为CCTV－5的基本发展路径。

截至2011年，体育频道全天播出体育节目时间超过10个小时，全国大约只拥有13个体育频道，包括CCTV－5、北京、上海、广东、广州、山东、天津、深圳、新疆、湖北、福建、陕西、武汉等电视台的体育频道，这其中只有CCTV－5是全国落地，深圳、武汉属于市级电视台，剩下的各个省级电视台基本是本省落地，仅就落地范围而言与CCTV－5差距巨大。部分省级体育频道中还有相当多的时间在播出非体育类节目，自然就形成了恶性循环。就目前来看，CCTV－5因为赛事资源的高度垄断和政策的导向雄居霸主地位，无人撼动；北京、上海、广东为第二阵营，虽然发展得较好，但是与CCTV－5依然没有可比性；除第一、第二阵营外的为第三阵营，其中包括天津、广州、深圳以及CSPN联盟等体育频道。由于现存我国各个体育频道的发展水平差距较大，又由于赛事版权销售市场的高度无形垄断，致使我国体育视频媒介发展还处在一个较低水平。此外就是我国的体育频道的事业性质，也造成了体育频道自身的商业开发、延伸及衍生产品的开发处在一个非常落后的状况，相对于发达国家的体育文化传媒产业的发展情况，我国体育传媒行业的发展空间还是相当可观的，但是，传媒业事业体制的模式亟待改革。

在我国，事业单位都是由政府财政拨款、从事公益事业的非盈利性机构，如学校、医院、研究所、报社、剧团、电台和电视台等单位。1978年之前，国内电视台是完全靠政府拨款生存的标准型事业单位。1983年3月第十一次全国广播电视会议就有关电视行政机构设置、中央与地方的关系、广播电视机构的性质和任务等一系列涉及管理体制的重大问题做出了决定，提出了“双重职能”的思想，即中央和地方的各级广播电视机构既是新闻宣传机关，又是事业管理机关，中心工作是宣传①。电视业的管理

① 艾知生、刘习良主编《改革开放十四年的中国广播电影电视》，中国经济出版社，1993，第25页。

体制呈现宣传工作、事业建设、行业管理的“三位一体”。之后，随着经济管理体制和行政管理体制的改革又逐步实行事业单位企业化管理。从此，中国电视台的双重身份就一直持续到现在，一方面担负着舆论把关人——政府喉舌的责任，另一方面还要实现经济创收。这是中国所特有的事业管理商业运营的基本模式。

1. 央视的组织管理架构

图 8-1 为中央电视台的基本组织管理框架，主要是便于读者对目前我国的传媒体系做一个基本了解。此图基本反映出在我国传媒机构的事业管理体系中，企业所处的基本位置和经营管理结构。此类组织管理结构也基本可以用来梳理目前我国事业机构和所属企业的关系，例如，国家体育总局的各个中心也同样下属各类企业，而企业的管理层也同样由中心负责任免。再比如中国国际电视总公司的各个事业部以及下属公司的高级管理者也同样是由中央电视台负责任免。虽然企业有自己的管理法则，但是却需要同步遵循央视事业体系的管理原则。这就使此类企业面临一个非常矛盾的管理问题，即公司法需要在事业管理体制中予以实施，出现了事业管理规定大于公司法的尴尬局面。例如，高管在公司章程中规定必须由董事会来任命，而在央视的下属企业中，却是由上一级主管部门任免。当然，这是目前我国普遍存在的问题。

国际总公司的各级高管、事业部高管以及各个分公司的高管均按照台事业机制的任命体系履行程序，但是人事管理归国际总公司，业务行为既面对社会也借用各个播出频道的资源，这是目前央视广告及各类经营的基本路径。央视的整体管理所采取的是“事业 + 企业”并行管理模式。这是与世界发达国家最大的区别。因为欧美的管理模式有政府有企业，但是没有事业，所以“事业体制 + 企业体制”并举，“事业管理，企业运营”才是我们的真正特色。

2. 运营管理实施路径

如果我们将央视的具体组织管理用三条线型图来表示，就更加一目了然，见图 8-2 所示。

国内其他各个电视台的结构也基本大同小异。有些省级电视机构虽然被称为某某传媒集团，但都还是事业与企业并行的模式或者是企业机制、事业管理。人力资源的管理特别是高级管理人员依然是上级主管单位任

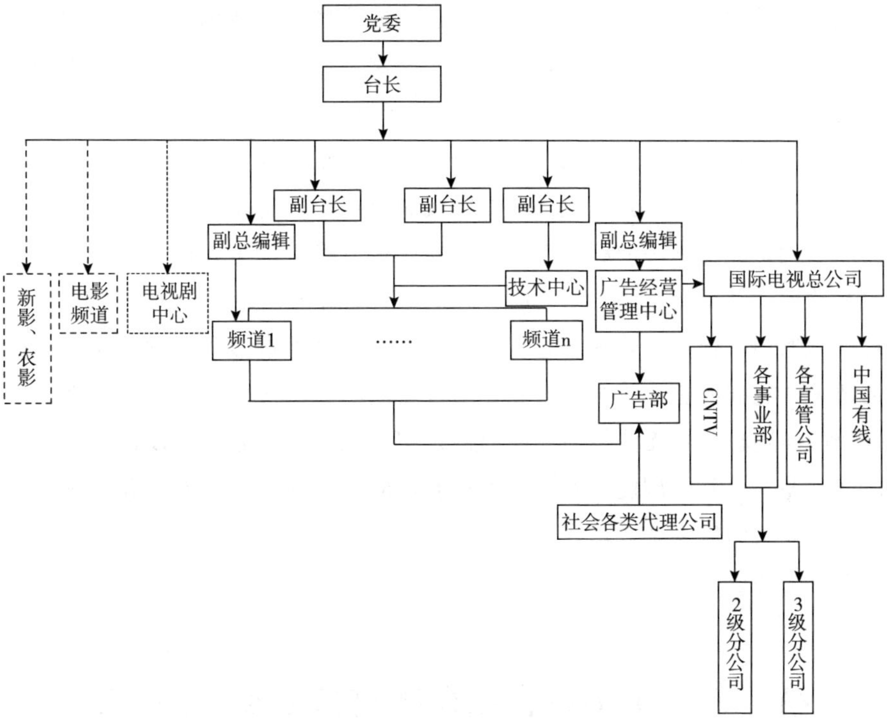

图 8－1　央视基本组织框架

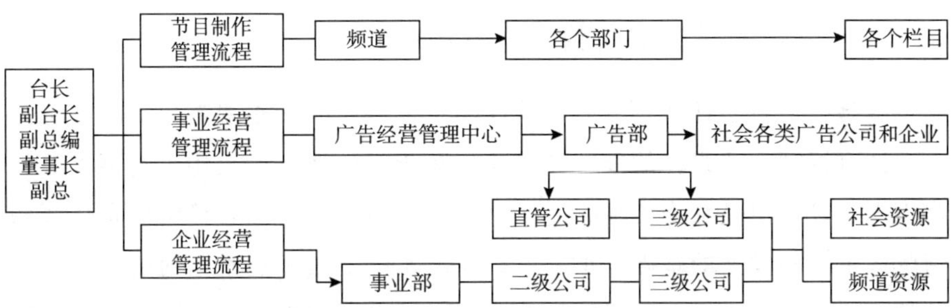

图 8－2　央视的事业与企业管理构架

免，中层干部虽然是聘用制，但大多是走过场，即使是这些事业机构下设的企业，高级管理层的任免也是按照事业干部流程予以履行。各种各样的事业规定牢牢束缚着企业前进的步伐，企业法在这些茫茫的规定中也显得如此苍白和无力，企业董事会基本无权决定公司高管层的选拔与任命，造成“企业不像企业，事业不像事业”的管理方式。这种情况对我国的传媒文化产业的发展有着相当大的掣肘，也造成这样的企业的独立生存的能力和人才选拔都会受到不利影响。一旦互联网视频产业崛起，这类电视传媒机构将会面临巨大的风险，除非政策一包到底。

在财政收支方面，电视台采取的收支两条线，计划经济的预算划拨方式，看起来似乎很清晰，但是在激励机制方面就显得不知所措。这样造成的后果便是业绩越好问题越多，因为商业运营经常和事业体制中的管理规定相冲撞，甚至有人还会用政府管理的某种规定套用企业管理，尽管幼稚可笑，但却是让企业管理者有苦难言！企业管理者按照事业体制或公务员的要求，这样的企业将会如何呢，不言自明。如果按照事业体制管理，管理层的激励机制就无法体现，进而便是留不住人才、企业行动迟缓、抗风险能力差、运营管理能力差，最后只能造成靠销售国家现有资源来机械提升公司业绩的传媒企业现状，我国电视台目前就是一个事业管理体制下有商业行为的公共商业电视机构。

第二节　中国体育电视频道核心资源的争夺

一　体育频道核心价值——赛事版权

赛事类节目是任何一个体育电视媒介生产产品最主要的原材料，也是一个体育视频专业媒介的核心与灵魂。在所有的体育频道中，赛事类节目都占据了最长也是最为黄金的播出时间，特别是赛事的直播资源是体育频道赖以生存和发展的基础。正因为如此，无论是国际还是国内的优质赛事转播权，都会成为媒介争夺的焦点，尤其是占据较大比重的国际高水平体育赛事争夺就会更加激烈。我国的赛事转播权的购买有着自己较为独特的市场争夺形式，这是因为国内赛事转播市场互相角逐的媒介均属于事业单位，而赛事资源的拥有方也多归属于政府或事业机构，如国家体育总局。因此至今也未能完全市场化操作和市场化经营，政府的行政力量及赛事版权主要购买方——央视，由于政策的导向所造成的强势地位，致使在某种程度上对赛事版权的定价起着决定性的作用，也就是价格上基本处于垄断地位。现在，国内赛事转播权的购买在表现形式上分为三种：一是政策干预下的赛事转播权买卖；二是央视的强势地位使其可以以低价格购买或以制作为借口换取赛事版权；三是面对在国外举办的国际赛事，采取的则是较为规范的市场运作下的赛事转播权的购买，目前采取借助政策优势对顶级赛事实施全媒体版权一次性购进，再进行二次销售以达到利益最大化的目的。特殊的国情下推行的特殊政策，以及 CCTV－5“一家独大”处在高度垄断地位，对我国赛事的报道权销售市场起到了巨大的限制作用，使国内赛事版权市场在垄断状态下畸形发展，自然也就客观破坏了各个省级的体育频道百花齐放的生存环境。

二　强势体育媒介的优势

1. CCTV－5 的强大，来源于政策干预

2000 年 1 月，国家广播电影电视总局发布的《关于加强体育比赛电视报道和转播管理工作的通知》规定，“重大的国际体育比赛，包括奥运会、亚运会和世界杯足球赛（包括预选赛），在我国境内的电视转播权统一由中央电视台负责谈判与购买，其他各电视台（包括有线广播电视台）不得直接购买”。这一规定，一方面在政策层面保证了 CCTV－5 在优质赛事转播权购买方面的主动地位；另一方面，国内所有体育媒介要想获得国际顶级赛事的播出权，就必须从央视手中高价购买，这就使得央视能够拥有版权销售方面绝大部分的控制权——即使考虑到拒绝版权销售会引起众怒而销售出一部分的赛事版权，也只是售出一部分不太重要的场次，并且销售时间往往也会控制在即将开赛之际，目的是维护央视自身广告销售的同时还能获得版权二次销售的丰厚利润。而其他相关体育媒介，自然又花钱，又无法获得最佳的赛事版权，也就失去了广告最佳的销售日期，这让地方各个省级体育电视媒介苦不堪言，只能艰难而困苦的生存着。这显然无法让我国体育电视转播权市场进入成熟发展状态，虽然表面上看，似乎抑制了所谓的恶性竞争，保障了央视体育电视及央视体育视频网络媒介的利益，但是对国内其他相关的专业体育媒介，尤其是民营资本投放互联网体育媒介的发展，实际上起到了阻碍的作用，严重打击了民营资本所投入的赛事产品的生产企业和互联网体育视频网站的发展，最终会造成我国在这个行业里与国际同行业的差距越来越大而失去竞争力。这种一家独大的媒介发展模式，也严重限制了我国整个体育视频产业的发展。

2. 国内政策优势撬动国际赛事版权

除了奥运会、世界杯、亚运会这三项的电视媒介报道权和互联网体育视频媒介的报道权政策明确规定由中央电视台进行国际谈判与购买的赛事外，其他的所有国际赛事，国内的电视台则有权利进行赛事转播权的购买。此时的赛事转播权购买需要通过市场竞争来获得，完全遵循市场交易的原则。CCTV-5在除世界杯之外的单项国际赛事版权的国际市场竞争上虽然无法得到政策支持，会受到地方体育电视台的竞争与挑战，似乎是与地方体育频道展开了公平的竞争。但是地方体育电视台长期处在营养不良及由于落地的限制而无法获取强大的广告收入，在资金方面显然不是央视的对手，因此，他们深知，目前根本无法和CCTV-5单独进行抗衡。他们所能得到的要么接受央视版权的二手价格，要么各个地方体育频道通力合作。事实证明，后者显然是目前各个省级体育频道最为正确的营销模式。但是由于各个地方体育频道的资金实力差距较大，比如，北京、上海、广东基本处在第一方阵，其他各个地方体育频道除了与第一方阵差距较大之外，各自资金实力也是良莠不齐，投入也未必能够赚回成本，所以，地方体育频道真正的合作实际上很难真正形成，自然谈不上与CCTV-5形成实质上的竞争，所以，就我国目前情况来看，地方体育电视台是根本不可能与CCTV-5形成竞争。而未来真正产生竞争力的将是互联网的体育视频网站。当然，就目前我国各个省级传统体育电视媒介联动力量较弱的情况下，如果各个省级体育电视媒介能够扩大联合方式，与具有一定影响力和一定资本优势的互联网体育媒介携手，基本能够形成强大的竞争力，更容易形成一个良性的市场环境。未来，随着地方体育频道的不断壮大，与互联网视频网站通力合作程度的深入，再加上全球赛事资源的不断丰富、人们对赛事关注程度的不断提升，国际赛事报道权独家购买的竞争将会加剧。但是，随着互联网的不断发展以及互联网视频时代的来临，在规范的市场运作下，地方体育频道发展壮大的可能性并不大，按照目前情况来看，多数地方体育频道将会逐渐萎缩，而真正能够具有强大竞争力的将是互联网体育视频网站。实际上，当今我国几大门户网站的经济实力在体育视频领域已经具有超强的竞争力，四大门户网站中，谁都有可能成为CCTV-5的竞争对手，因为任何一家互联网站都有机会快速进入视频领域而迅速崛起。遗憾的是各个有实力的互联网站一直战战兢兢，未见大的动作，各个互联网站的专业制作团队也未形成节目制作优势，再加上 CNTV 利用目前的政策优势对其他互联网起到一定的威慑作用。如果目前有实力的互联网能够迅速占有常规赛事并获得一定单项国际赛事的版权资源，再集中优势力量决战综合大赛，任何一家门户网站都有脱颖而出的可能。如果错过目前的机遇，让央视 CNTV 的体育做到垄断时，那将是所有体育视频网站的最大悲剧！

其实，建立起一个体育视频网站的投入，远远不是那么可怕，在当今中国市场建立一个体育视频网站，应该讲比建一个娱乐视频网站简单得多，关键是缺少专业人士和专业团队的实际操作。我们曾经做过粗略的计算，就目前国内处在前八大优势的互联网站内建一个体育视频网站，所有预算，赛事小年的基本投入约为 1.5 个亿，体育大年也不过 2.5 亿 ~3 亿。就目前体育赛事数量上来说，支撑一个体育视频网站并获得每年超过 5000 万到 1 个亿的利润应该不是问题，投入在三年之内收回是一个非常简单的事，所以亏损的可能基本为零！其实目前的困惑：一是理念；二是营销；三是专业制作的团队。但是，这一切的筹备，应该在半年的时间里只要想做就一定能做成！谁能横刀立马，谁就将是下一个体育视频传媒的领头羊！

3. **生产方式决定生产水平**

体育视频内容的制作水平是一个体育电视媒介的基础与灵魂所在。对电视台或者现在越来越多的视频制作公司而言，获得赛事转播权或赛事报道权之后，如果仅仅将赛事一次性直播的画面呈现在电视观众面前显然是不够的。例如，同样是转播一场 NBA 的比赛，赛前、赛后背景资料的介绍，演播室的配合，现场记者不断发回的报道，举办城市的人文环境、地理位置、城市居民高涨的热情等各类配套的视频资料的介绍，都是观众极度热情关注的信息。还有新闻类节目的跟踪报道、专题类节目的人物报道、赛后对该赛事结果的深度报道等，甚至赛事解说员、评论员的不同，比如黄健翔的解说等，都会对观众产生一定的影响。不同制作技术的投入会生产出不同的节目类型，如 1994 年广岛亚运会第一次采取注入点电话实时报道正在比赛的现场情况，到后来注入点改成电视直播现场记者报道赛事情况；中国网球公开赛中鹰眼技术运用对电视观众观看网球比赛带来的细节的把握，甚至是与网民的即时互动技术等，都体现了现在电视转播过程中多层面、多角度、多形式的报道方式，极大地丰富了体育电视节目的形态，更加直观和富有激情地满足了观众不在现场也能享有身临其境的感受。前后期的制作技术水平的提高和策划、编辑等现代的制作理念充分满足了电视观众的差异性选择。

由赛事的稍纵即逝性和结果的不可预测性所造成的诱惑力，更加体现出赛事直播的价值，因为一旦观众知道了比赛的结果，观看该赛事的兴趣点就会大大降低，从而对体育频道的收视率、赛事的影响力、企业的品牌曝光以及城市的影响力都会大打折扣，所以，一场比赛的直播与录播的传播力有着很大的差别。从一个电视台的直播能力和直播赛事场次的数量，就可以简单看出该频道的制作能力和管理者的基本理念。一个频道的赛事公用信号制作能力是一个频道体育电视节目生产的基础，更是一个电视台综合实力的体现。相比较而言，赛事公用信号制作有着极为严苛的技术要求和标准。团队的整体合作水平较高，拥有专业的技术设备和成熟的转播团队才能提供优质的公用信号。从国内目前的状况来看，CCTV－5的公用信号制作团队与制作水平经过20多年的磨合与锤炼，在国内基本处于绝对的领先水平，个别项目的转播水平完全达到了世界一流，并进入国际转播市场，例如，2004年负责雅典奥运会比赛项目的公用信号制作；2008年更是承担了7个比赛项目的信号制作任务，同时还承担了2012年伦敦奥运会的部分项目国际信号的制作等，均得到了国际奥委会及单项协会的高度认可。央视能够拥有这样的团队应该讲和CCTV－5的两任主任马国力和江和平的高瞻远瞩的人才战略是分不开的。文化产业是一个大写的人，没有人仅仅靠资源的买卖获利，不懂体育竞赛的发展规律，臆造出某个缺乏科学发展的体育赛事产品，那只能是拔苗助长，不具有赛事节目发展的持续性。

地方电视台体育频道，这些年的赛事转播团队也逐渐成熟起来，个别项目的转播水平也可与央视一决高低，并且经过2008年时任BOB首席执行官马国力的大力举荐，部分地方电视台也获得了参加北京奥运会以及后来广州亚运会的赛事公用信号制作的历练，在一些单项比赛的公用信号制作上也达到了很高的水平，具备较强的市场竞争力。而这些优秀的公用信号制作人才，未来也都将是视频制作市场竞争不可多得的宝贵的人力资源之一。

第三节　中国体育电视生产经营模式

生产方式既是社会生活所必需的物质资料的谋取方式，也是在生产过程中形成的人与自然界之间和人与人之间相互关系的体系。国内体育电视节目的生产方式中所必需的物质资料来源于三个大方面：一是来源于国家体育总局各个中心和各个省级体育机构等所培养的各级运动员及运动员参与的各个级别的赛事产品；二是来源于国际市场提供的运动员及运动员参与的赛事产品；三是来源于国际、国内各个体育电视节目素材等。所谋得的最终方式基本以独家生产和节目版权购买为主、合作生产和资源互换为辅。制播分离模式由于受制于多方原因，一直是“雷声大雨点小”，最后也就不了了之。生产方式的物质内容是生产力，而生产力是指生产主体利用劳动工具对劳动对象进行加工的能力，即人在体育电视节目的生产方式中利用工具的生产能力。例如，一个赛事的转播团队的专业制作能力，即公用信号的制作能力、转播设备的技术水平、卫星技术的研究与运用、信号传输的技术研发与运用及赛事信号的再加工能力等，都是一个体育电视节目的生产方式中生产力的具体体现。表现为人与自然界之间的关系，或者人类征服和改造自然的物质力量。

一个体育电视节目的生产机构所表现出来的生产效率则是以单位生产主体的生产产品数量和质量来衡量，具体表现在所制作节目所获得观众的喜爱程度、企业广告投入的力度及其区域影响力。生产主体与客体之间关系的紧密程度就是生产力的本质所在。具体可表现为科学技术即人们利用什么样的劳动资料进行生产以及生产规模的大小，如，20 世纪 90 年代初，北京每年一届的马拉松转播的技术设备和转播团队大都依赖与日本传播机构的合作，通过合作获得专业技术和专业团队的支持。时至今天，全部依靠外国团队转播的情况已经不存在了，随着赛事数量的不断增加，转播和制作水平的提高，央视的制作水平已经今非昔比，除了 F1、高尔夫等个别项目之外，已经达到国际水平。

体育赛事作为文化产品，其生产方式中的物质内容应该包括两种物质形态；一种是有形的物质内容，如场馆、器械、电视制作设备、信号传输设备等；二是无形的物质内容，如运动员的技术动作、战略、战术，裁判的技术、专业知识经验和判断能力等。这种无形的物质内容将会直接受到生产关系的影响，无形的物质资料的自变量直接关系到产品的生产力水平和生产方式。

生产关系是指在生产劳动中所形成的人与人之间的相互关系，这些关系有着各种各样的内容，可以包括政治关系、经济关系和文化关系等，人们结成的经济利益或经济权利关系就称为经济关系，制度经济学中常称之为相对产权，具体的表现形式有资本家与劳动者之间的关系、委托人与代理人之间委托代理关系等。如果把体育竞赛产业作为核心产业来考虑，其产品类型应该包括现场产品、体育电视产品、互联网视频产品、移动产品等各类分众产品。就如同以钢铁为原材料所生产的系列产品关系一样。

相互关系是生产方式的两个方面相互联系、相互作用，人与自然界之间的关系决定人与人之间的关系，人与人之间的关系又反过来制约着人与自然界之间的关系。马克思认为政治经济学的研究就是建立在生产力即主体与客体关系基础之上的人与人之间的经济关系。竞赛产业与传媒产业、竞赛产业与城市文化产业、城市竞赛产业与传媒产业以及竞赛、传媒、企业之间所形成的关系等，构成了竞赛、传媒、企业、城市四者之间相互联系和相互作用，这种相互关系也就决定了体育媒介、体育竞赛、城市文化等之间的生产方式，自然也就决定了人与人之间的经济关系。

市场机制是市场运行的实现机制，是通过市场价格的波动、市场主体对利益的追求、市场供求的变化，调节经济运行的机制，是市场经济机体内的供求、竞争、价格等要素之间的有机联系及其功能。由于我国体育电视节目的生产与销售处在一个计划与市场并举的机制之中，其价格、供求、竞争除了要适应市场机制，还要受计划经济的操控，由于这种特殊的运行机制，管理者的权限自然可以随时凌驾于市场机制之上，权力的大小也就决定了对体育电视节目运行过程中的供求、价格、竞争以及市场主体利益的追求，使体育电视节目生产过程的变量增加，也就增加了体育电视节目生产的复杂程度。那么市场运行机制便不再是市场经济的主体功能而是加入了计划运行机制的作用，也就是管理者个体的主观意图，这就使经济成长过程受市场与计划双重驱动因素影响，当然，经济学家把这个称为“看不见的手”。要使“看不见的手”能够合理有效剔除主观因素，就要有一套行使有效的监督机构，否则腐败的温床便会启动。工业革命的发动是建立在市场运行机制基础之上的，或者说以工业化为核心的现代生产力的成长过程是在市场运行机制的驱动下进行的。市场运行机制是经济社会化乃至经济全球化发展不可缺少的重要方面，所以无论是体育视频产业还是体育竞赛产业的发展都需要，既顺应经济社会化和经济全球化，又符合市场运行机制的发展模式，即使需要政府那只看得见的手予以调控，那也应该是各司其职，不能一锅烩。十八大精神已经进一步对官办分离、政企分离、事企分离予以明确。铁道部公司化的模式也应该是我国体育电视传媒未来发展的趋势。

市场机制是一个有机的整体，它的构成要素主要有市场价格机制、供求机制、竞争机制和风险机制等。现在我国传统体育电视节目的管理、生产与经营必须建立符合市场运行机制，过度人为的控制价格、实施垄断、缺乏竞争等将无法形成良好的运行机制，严重限制了我国体育电视产业的发展，造成经济社会化和经济全球化的脱节，最终将会使我国体育电视产业出现软骨病，丧失国际竞争力。其实，将 CNTV 的发展模式与腾讯、新浪、百度或是搜狐等新媒体的市场运行机制相比较，大家都能很清晰地看到他们之间发展的差距。尽管四家民营企业没有享受到 CNTV 所享有的资源配置，但是市场不会偏袒 CNTV。四家民企在市场运行机制下生存和发展，获得应有的资源配置而产生效应，受到价格机制的作用，促进了竞争和激励，合理地调节了收入分配。

作为城市传播的全媒体传播体系，电视台的事业发展依然处于垄断的强势地位，视频产业的生产、经营和管理模式大多还要对应着事业模式的电视台、电视台背景的国企以及少量的民营企业，其生产的产品类别就需要基本符合上述机构的需要而定。因此，关于赛事、城市政府、企业之间的经营、传播的有效整合，我们需要充分了解和把握体育电视产品的生产方式及产品的生产类型，这对城市、赛事以及企业品牌的定位传播把握和选择最佳的合作模式、推广效果、整合传播资源是不可或缺的。处理好城市、赛事娱乐、电视媒介及赞助商四者之间的合作关系，方能建立完整的城市赛事文化产业链，同时对城市赛事的组织管理、城市影响力、城市人文环境、城市以赛事为龙头的产业链、城市招商引资、城市商业集聚区的形成、赛事的赞助商、观众的关注度都是积极而有力的。过去国内传统的体育电视产品类型，如体育新闻类、体育专题类、赛事实况、赛事直播、专栏类包括各类杂志性的电视服务节目等都将因为现代传播技术及互联网技术的不断发展，而生产出更加丰富多彩的体育视频节目，但是不管体育视频节目类型如何变换，赛事也永远是一个体育频道的核心资源，是其他节目不可或缺的最主要的原材料。目前体育电视节目市场份额的相关调查显示，常态类的体育节目仅次于新闻、综艺娱乐和影视剧等，列第六位，其市场号召力和影响力可见一斑。[①] 但是如果遇到像奥运会、世界杯、亚运会、欧洲杯这样的世界顶级赛事，那各类节目几乎就只能甘拜下风了，所以，城市选择世界顶级赛事作为城市传播平台，根据国内、国际以往的案例，对快速传播城市特色文化内涵、吸引国际国内的游客、营造大型企业投资的环境、借助赛事所建造的比赛场馆中心形成城市新的商业集聚区及周边的土地价值等都是最佳的选择。把握城市、赛事、企业和媒介四大元素有效联动方式是关键，这就需要我们更好地掌握国家及城市整体视频产业的发展态势，了解赛事与电视产品的生产及产品类型之间的关系。

国内体育电视的经营模式不仅影响和制约着体育赛事产业的发展模式，同时也影响着城市举办赛事的方式、赛事场馆的运营模式、体育视频产业的发展模式以及几方的合作模式。熟悉和掌握体育电视的经营模式有利于城市赛事组织方的管理与运营，减少赛事项目的交易成本，合理策划、设计和评估出企业和城市政府对赛事资金投入所应达到的最佳效果。所以，无论是政府管理者还是赛事的组织、管理和运营者都必须清楚了解城市体育电视传媒机构的经营模式。

一　事业化管理 企业化运营

目前，国内包括 CCTV -5 在内的各个省级体育电视台均处于事业管理体制下，这些电视台既希望享受政策、事业体制的财政拨款和铁饭碗等体制待遇，又希望通过市场获取更大的市场资源，都纷纷借助各种政策优势和自身资源优势，成立公司或频道运营整体外包的模式进行着一定程度的商业运营，像中央电视台国际电视总公司下属的二级公司承担部分体育频道播出赛事的市场运营公司——“中视体育娱乐有限公司”；广东电视台

① 《中国体育电视研究报告 2009》。

下属的“金视体育公司”；上海文广集团隶属的运营管理公司；北京电视台体育频道的外包公司合作模式；等等。

自1979年我国播出第一条商业广告以来，我国电视台的发展模式一直是按照事业体制在运行，电视广告的经营所获得的收入与财政计划拨款是分开实施，也就是我们常说的收支两条线。改革开放30多年过去了，这种收支两条线的模式依然是现在各个电视台主要的生产、经营模式。随着我国社会主义市场经济的不断发展，这种模式与市场经济越来越不相适应，特别是面对国际体育赛事市场化的局面以及体育赛事市场运营管理公司的快速发展，事业体制面对市场机制自然产生激烈的碰撞，随着赛事商业化的操作，事业体制的应对方式难以适应，为了突破这种困境，各个电视台便应运而生了众多的上述各个事业体制下的各类公司，也就随之诞生了事业化管理、企业化运营的杂交经营管理模式，这种模式表面上看似乎是解决了事业与企业交易中出现的困惑，但是，实质上形成的是事业管理企业间接管理的市场，最后事业也就直接参与了市场运营的实际运营模式。这里出现的另一个问题就是公司法在与事业体制管理出现矛盾时，如中视体育娱乐有限公司股东会决议与公司董事会章程中明确规定，公司副总由总经理提名董事会同意，这也是符合公司法的规定，但是，实际运作却是事业管理可以违背公司法以及公司董事会章程的约定，由事业单位直接指派。这就是目前事业单位设立公司的矛盾所在。当然也就违背市场发展的经济规律，破坏了公司正常的运营管理体系，对公司发展的利与弊是显而易见的。

二　事业投资　企业运营

我国目前的体育电视媒介的所有落地、电视台的前期投入、事业单位人力资本的投入和频道的独占性，基本依靠财政投入和政策性的优势来完成，即使CCTV－5体育赛事高清频道的各个节目资源也是依靠央视的版权优势免费获得，这就使得CCTV－5及数字频道立于市场的不败地位。因为，一方面享受计划经济的政府拨款，另一方面又可以从广告中获取巨大的商业利润，例如央视国际电视总公司的盈利公司基本依靠着台内各个频道资源实施市场操作，自然利润不菲。地方各个体育频道虽然在赛事资源上相对于CCTV－5处于弱势地位，同样拥有事业体制的保驾护航，自然也都过着小康生活，无忧无虑。事业体制加上政策支持，每年所获得巨额的广告收入让央视的财力与日俱增。既然是事业投资企业获利，所以皆大欢喜。如，2002 年 3 月央视在离韩日世界杯开赛不到 2 个月时才与世界杯电视转播权的代理销售商德国基尔希集团达成协议，以近 2 亿元的价格买断了 2002 年和 2006 年世界杯在中国境内的独家电视转播权，而 2002 年韩日世界杯央视的广告收入达到 4.5 亿元；2006 年央视世界杯投入大约 4000 万的节目制作费，广告收入保守估计达 7 亿元。两届世界杯版权一共花了 2 亿元，而两届世界杯实际广告收入却达到了 11.5 亿。同样，央视在购买 2010 年与 2014 年世界杯转播权方面可以说是花费不菲，两届世界杯版权费打包共花费将近 1 亿美元，但与此相对应的是一个月便获得 10 亿元的广告收入，虽然绝对收益不如 2002 年世界杯，但是我们也看到了政策优势为央视所带来的巨额收益。

调研发现，2010 年我国（主要）电视体育频道的总收入超过 33 亿(见表 8－1)。据不完全统计，CCTV－5、五星体育、BTV－6、广东体育等几个频道的收益渠道尽管有广告收入、节目制作和版权分销等，但占据各体育频道收入重中之重的无疑都是广告收入，超过 90%，而深圳体育频道和天津体育频道广告收入更是超过总收入的 95%。

表 8－1　2010 年国内主要体育频道营收情况

单位：亿元

频道	CCTV－5	五星体育	BTV－6	广东体育	深圳体育	天津体育	总计
收入	25	3	2	1.8	0.8	0.5	33

通过以上研究可以发现，我国目前的体育电视节目的生产和经营体系相对单一，基本停留在简单的生产和加工环节，收入的绝大部分来自广告收入，缺少对延伸产业和衍生产业的开发，属于传统的以体育频道为核心的单核生产经营模式（见图 8－3）。

三　单核模式下国内体育电视存在的问题

以体育频道为核心的单核生产经营模式是顺应我国时代发展的产物，满足了特定时期体育电视发展的需求，保证了对体育电视行业的有效管理。但随着市场经济的进一步发展，现有的单核生产经营模式、盈利模式

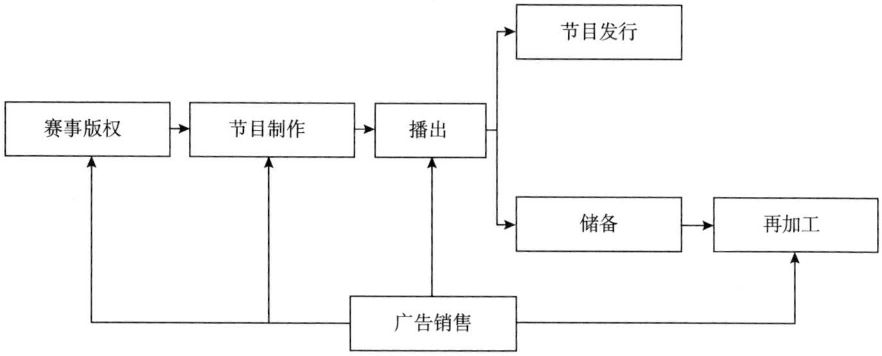

图 8－3　传统的体育电视生产运营模式

比较单一，已经难以适应产业化的发展需求，甚至对我国体育电视产业产生了一定的制约。

1. **事业管企业**

我国电视媒体机构的管理体制是实行党政部门和广播电影电视系统双重领导，并以党政部门领导为主，主要强调行政、宣传与业务的三维导向。虽然各体育频道都在进行一定的商业运作，但受限于其事业属性，并不能真正实现政企分离、管办分离，实现完全的产业化经营。在这种事业机制与市场机制双轨制模式和以事业体制为核心的状况下，事业体制下的企业市场运营能力普遍较低，企业激励机制无法体现，事业单位运用人事权和资源的拥有权控制企业而不是管理企业，甚至有的事业管理者直接插手企业的项目运营或随意将事业资源置入企业而不会进行任何的商业评估，导致了事业管理与企业管理失衡，外行插手内行、事业规定大于公司章程、公司法等各种尴尬境况。

2. **抵御风险能力差**

首先，过分依赖广告收入。无论是 CCTV－5，还是北京、上海、广东等地方体育频道，广告收入都是频道的最主要的收入，虽然也通过一些大型活动及线下的市场操作，但仍是利用大量的频道资源予以置换，如央视的“体坛风云人物”的费用来源以及公司所获取的收益也是采取大量占有频道的广告资源所获得。这不仅不利于体育电视事业的发展，更谈不上体育电视产业的发展，同时由于单一的硬性和软性广告的经营模式，致使原本拥有更加丰富的延伸或衍生产业资源被大量浪费，也失去了占有市场份额的最佳时期。当然，这也给互联网视频媒介赢得了机会，只要互联网能够抓住视频网站的发展机遇，就能够脱颖而出。

其次，体育电视行业的事业属性，使其在发展过程中遇到很多体制性的阻碍，虽然有些能够经营的部分已经参与到市场竞争当中，但毕竟只是在广告等少数业务领域内，品牌价值未被充分体现，多媒体运营缺乏合理管理与运营，一系列相关产业被极度荒废，这一切都严重制约了具有强势资源的体育电视媒介实现多元化发展的机遇。单一模式的形成除了体制带来的问题，主要还是管理者的专业理念过于陈旧所致。

3. 营销以及投融资手段缺乏

“事业不谈营销，即使谈营销也是看着别人做，跟着吆喝几句，假装很懂实际真傻!”，“投资不担风险，只投资源不投钱，资源不入账亏了装糊涂”。这就是常年来依靠政策获取优势赢得利润的体育电视媒介现状。“皇帝女儿不愁嫁，不费心就挣钱，谁还会费心呢!”，能力差的企业管理者，事业领导就多给些资源，业绩也就上去了，这就是事业管企业的具体模式。

调研发现，大部分体育频道的经营都是由台广告部或广告经营中心负责，并选择独家代理广告商承包经营。如北京、广东、深圳都由太动体育管理咨询有限公司承包，而天津体育则由上海雅润文化传播有限公司承包。上海五星体育从2010年开始成立专门的上海五星体育传播有限公司，但大部分权益还是由台广告经营中心享有。真正的营销还是由社会上众多的广告代理公司来完成。当然由于实行收支两条线，而且是事业机制，下属企业和事业单位的关系被业界戏称为“一个老子和儿子的关系”，事业模式与企业模式纠结不清的状况，企业管理团队缺乏专业性而且更迭随意性较大等多方原因，掣肘了体育电视媒介庞大的资源，无法进一步借助资本的力量实施资源整合，做强做大。这一切都制约了体育电视产业的发展。“事业建企业、事业管企业”造成企业跟着事业走，事业与企业实施着内部交易与核算，这就是目前国内体育电视媒介也是事业机构所出现的一个普遍现状。

第四节　构建适合中国国情的体育电视多核生产经营模式

国外体育电视生产经营模式已经形成了多核生产经营模式，而且未来的发展趋势将形成更多的核心业务。我国体育电视的单核生产经营由于盈利模式单一、抗风险能力差，已经越来越难以适应现代体育电视产业的发展，也很难做成国际大品牌。我国体育电视要在国际上获得重要地位、发出自己的声音，依据多核生产经营模式的思路，需要实现生产经营观念的转变，即由以广告作为支柱收入的单一经营模式向多核经营模式转换。根据目前的市场环境和国情，需要建立以视频、赛事、多媒介发展、衍生市场开发、营销、投融资等六大业务为中心的多核生产经营模式（见图8－4），以在国际上获得重要地位，发出中国体育电视自己的声音。

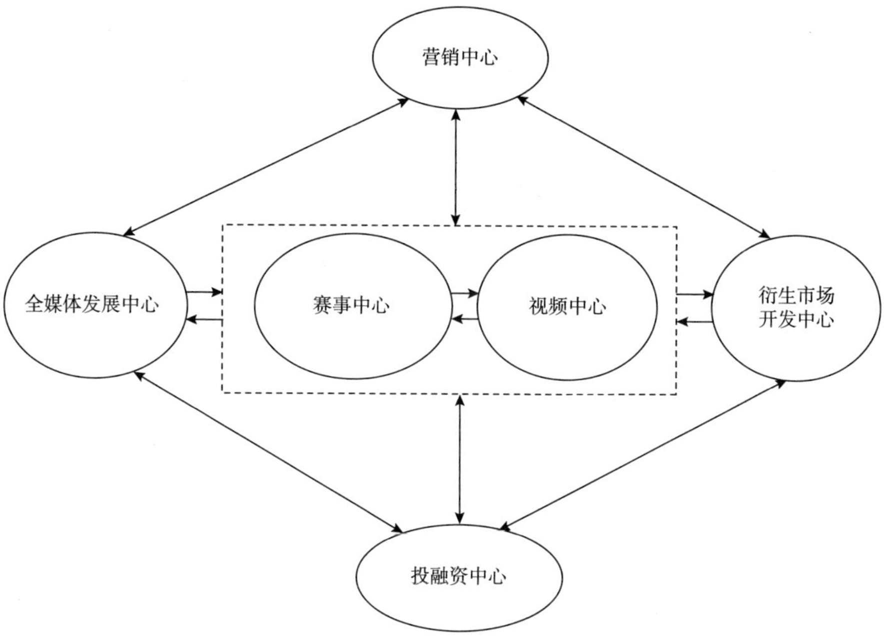

图8－4　构建我国体育电视的多核生产经营模式图

构建多核生产经营模式，每个中心的业务内容不同，以下对每个中心逐项分析。

1. **视频中心**

我国体育电视的发展紧紧围绕电视台体育频道这一播出平台，由体育频道肩负着主要节目制作的重任来展开生产经营活动。而国外，体育电视不再只是围绕体育频道展开，而是开始围绕互联网电视、数字电视、手机电视、移动电视等在内的媒体进行视频制作和服务等生产经营活动。这里包含两层含义：一是建立不再局限于体育频道的全视频平台；二是除了为自有平台提供视频节目外，还可以为其他所有需要体育电视视频的企业和机构提供视频服务。

尽管网络、手机等新媒体给电视带来了前所未有的冲击，但这主要体现在介质上，对体育电视的核心内容冲击很小。我国体育电视要抓住机会，尽早在视频平台和内容上构建发展版图，从而提升核心竞争力。美国哈佛商学院著名战略学家迈克尔·波特在《竞争战略》中，将“总成本领先、标新立异、目标集聚”作为“三种提供成功机会的基本战略”。体育电视视频中心的发展也可以借鉴这套系统竞争战略实现发展：第一，充分利用电视台体育频道长期积累的巨量内容资源；第二，领先的技术和理念，确保视频的独特性；第三，目标紧紧围绕内容资源，通过在全视频平台（网站、数字电视、互联网电视、手机电视、户外电视、车载电视等）上播放来吸引受众注意力并形成商业模式。

（1）充分利用已有资源和平台。在竞争如此激烈的媒体环境下，“内容为王”的理念在今天看来对体育电视传媒的发展依旧是至关重要的。对体育电视来说，具有核心竞争力的优质赛事资源是其发展的源泉，但仅仅拥有这些赛事也是不够的。如何利用已有的资源做出优秀的视频内容是体育电视所要努力的方向。

体育电视的视频制作包括赛事公用信号的制作和赛事视频节目制作与包装两个方面。中国体育电视通过近年奥运会、亚运会、大运会等一系列大赛在赛事公用信号的制作，已经在技术上得到很大的改善，并培养了一大批人才，使中国成为体育大赛公用信号中重要的制作成员。而赛事视频节目制作和包装体现在对拥有的赛事资源的充分利用，充分利用资源在电视传媒机构中很常见。CNN 商业方式的中心就是循环利用，它把自己拥有版权的许多材料以尽可能多的方式来循环利用以平摊成本和最大化收入。这一方面，ESPN 也是典范。ESPN 在其不断发展和扩张的过程中，对赛事资源进行整合，不仅在直播上下足功夫，而且进行赛事前瞻、赛事点评、体育新闻综述等节目，并将各类体育电视节目细分在不同频道播出。ESPN 在不断满足不同受众而增设频道的时候，其实是在充分利用现有的资源，以获得最大化的商业利益。

而在我国，赛事资源的利用率还不高，很多好的赛事播过一遍以后，因为没有时段播出而搁置了。中国体育电视的发展需要对现有的平台资源和内容做相应的审视和思考。

（2）领先的技术和理念，确保视频的独特性。新技术的应用是体育电视发展的一个关键因素。电视的消亡并不是视频的消亡，电视的本质含义是远程传输的视频，是单向的、广泛传播的视频节目，而新兴的视频传播将不仅是广泛的、远程的传输，更是双向的、点对点的、互动的视频节目。[①] 在视频的内容制作上，技术的不断更新是必不可少的。重大赛事可谓新技术的发源地。每逢大赛，或多或少都会涌现出新技术。2010 年南非世界杯，3D 技术在体育赛事中的运用便是如此。5.1 声道杜比环绕、在球员头部与足球接触的一瞬间甩出的汗珠等场景，带给观众的视听冲击是以前任何一项技术都无法实现的。ESPN、天空电视台在南非世界杯期间都开通了 3D 频道，其中美国的 3D 用户达到了 4500 万，日韩两国也做了 3D 电视直播。正是由于 3D 电视技术的出现，体育电视带给了观众无与伦比的观看体验。

除了领先的技术，先进的制作理念也是至关重要的。如 ESPN 24 个机位是基于追求最佳视角呈现效果的理念。3D 技术的使用是一种技术，更是一种理念的体现。

归根结底，一个媒体的生存，在于它独有的内容。新技术的应用以及先进的制作理念是体育电视做到标新立异的前提，也是体育电视视频制作满足不同受众需求的有利保证。

（3）开拓渠道，直接介入或为不同媒体提供视频服务。全媒体时代，“内容经济”具有持续盈利、多平台盈利、叠加盈利的特征。保持对赛事资源的独家性和垄断性，多方发行，直接介入电视台体育频道、互联网视频、移动终端等领域，或与此类机构形成战略联盟，为其提供视频制作和服务。

对观众来说，传统电视内容稍纵即逝，而新媒体的出现，使内容可以反复观看，延长了内容的生命周期，可以持续盈利；视频节目可以在多个平台同时盈利成为可能；内容在传统电视媒体体育频道盈利后可进入新媒体继续发布，产生叠加盈利效应。“利用相同内容反复盈利”将成为体育电视发展的核心手段之一。

---

① 王明轩著《即将消亡的电视》，中国传媒大学出版社，2009。

传统体育电视的优势在于视频节目的制作和包装，充分发挥传统体育电视的优势，与已有传统体育频道和数字付费体育频道达成合作，为其提供内容并以进行分成的合作方式建立视频网站、成立手机移动体育频道等产业，并为其他媒介和赛事组织者提供相应的视频制作和服务。也就是说，紧紧围绕内容资源，打造多介质平台，并制作生产出适合不同介质平台（网站、数字电视、互联网电视、手机电视、户外电视、车载电视等）播放的内容。

综上所述，体育电视的内容和播出平台是以公用信号制作和视频节目为核心展开的，运用先进的技术手段和理念，建立在电视媒体与其他媒介的资源整合基础上开创产业新路径，由此形成的以视频为中心的体育电视商业模式成为体育电视的核心模块之一。

2. 赛事中心

纵观全球顶级传媒机构，原创对品牌的建立起着非同寻常的作用。如HBO电视网，为了避免版权费用的高昂支出和激烈竞争，自20世纪80年代初期开始转型，定位于加强原创，推出自创的《血战太平洋》、《兄弟连》、《黑道家族》、《欲望都市》和《六尺之下》等一系列电视剧之后大获成功。而体育电视的原创内容来自体育赛事。优质赛事资源是体育电视的能源。中国体育电视频道之所以从2003年的40多家到现在艰难的存活10余家，一个很重要的原因就是体育赛事资源的匮乏。对运营体育电视业务的企业和机构而言，对赛事资源（包括但不限于赛事版权、赛事经营权、承办权以及运动员经纪等多层面的资源）的控制和占有至关重要。只有控制了上游资源，才能控制体育视频资源市场，掌握市场主动权。

进军赛事产业，大体分为两种创建模式：一种是嫁接整合，借势出击。如HBO进军拳击领域就是不断整合拳击业的资源，形成多方合作。另一种是从零开始，建立拥有自主知识产权的体育赛事，如ESPN建立的X－GAME就是这种。赛事产品可以自主创新，但是，必须具备以下条件：第一，必须有足够或成熟的市场予以支持，即一定数量和具有一定水平的优秀选手；第二，必须具有成熟的培训体系；第三，必须具有成熟的管理和运营团队；第四，要建立完整的联盟机制。否则只能是昙花一现，自娱自乐！

（1）嫁接整合，借势出击。体育赛事的业务包括赛事开发、赛事组织、赛事版权销售、运动员经纪、赛事商业运营、赛事衍生产品开发等，其中赛事版权销售是顶级赛事的重大收入来源之一，这可以从年年攀升的赛事转播费用中看出。如美国橄榄球联赛（NFL）和美国棒球联赛（MLB）的版权费用（见表8－2、表8－3）。

表8－2　美国橄榄球联盟（NFL）

<table>
<tr><td rowspan="3">电视网络</td><td>CBS平台：周日下午AFC比赛，每年6亿2250万美元，2006～2013</td></tr>
<tr><td>FOX平台：周日下午NFC比赛，每年7亿1250万美元，2006～2013</td></tr>
<tr><td>NBC平台：周日下午夜晚比赛，每年6亿5000万美元，2006～2013</td></tr>
<tr><td>有线电视</td><td>ESPN平台：周一晚比赛，超级碗11亿美元，2006～2013</td></tr>
<tr><td>卫星电视</td><td>DirecTV平台：市场外比赛，超级碗10亿美元，2011～2014</td></tr>
<tr><td>地区广播</td><td>Westwood One（美国游戏软件公司）平台：2010～2011；美国体育电台网络；Dial－Global指南针；个体球队</td></tr>
<tr><td>卫星广播</td><td>Sirius XM平台：2亿2000万美元，2004～2011</td></tr>
<tr><td>电视游戏</td><td>EA平台：排他性合同，>3亿5000万美元，2009～2012</td></tr>
<tr><td>互 联 网</td><td>NFL. com平台（先前由ESPN执行，后是CBS，现为美国橄榄球联盟NFL）；NFL Latino与Univision一起执行</td></tr>
</table>

表8－3　美国棒球联盟（MLB）

<table>
<tr><td>电视网络</td><td colspan="2">FOX平台：30亿美元（w/TBS），2007～2013，周日下午赛事（具有排他性），全明星赛，alternate联赛冠军锦标赛系列，世界全球系列</td></tr>
<tr><td rowspan="2">有线电视</td><td>ESPN平台：24亿美元，2006～2013，周一和周三晚，周日晚（具有排他性）</td><td>TBS平台：30亿美元（w/FOX），2007～2013，决胜局赛事，赛区系列，Alt. 联赛，冠军锦标赛系列League Championship Series</td></tr>
<tr><td colspan="2">iNDemand平台：市场外赛事和半球频道，2007～2013</td></tr>
<tr><td>卫星电视</td><td colspan="2">DirecTV平台：市场外赛事和棒球频道，<7亿美元，2007～2013</td></tr>
<tr><td>地区广播</td><td colspan="2">ESPN Radio平台：5500万美元，2005～2010，国家级别转播权，周日晚棒球，季后赛，全球世界系列（具有排他性），球队也各自拥有他们的区域网络</td></tr>
<tr><td>卫星广播</td><td colspan="2">Sirius XM平台：6亿5000万美元，2005～2015</td></tr>
<tr><td>电视游戏</td><td colspan="2">Take－Two平台：1亿5000万美元，2006～2012</td></tr>
<tr><td>互 联 网</td><td colspan="2">MLB Advanced Media平台：市场外赛事（MLBtv）</td></tr>
</table>

资料来源：Jack W. Plunkett（2011），Plunkett's Sports Industry Almanac 2010。

除了这么高额的转播费用，还有运动员经纪、赛事经营等，体育电视机构完全可以考虑从源头介入分享赛事带来的商业收入。嫁接整合、借势出击就是体育电视机构联合赛事组织者、传播者共同出击，甚至与赛事组织者一起成立合资公司，作为赛事组织者或俱乐部联盟的股东。这样既有利于体育电视机构从源头获取一杯羹，也能分散因为付出高额转播费用带来的巨大风险，还可以在客观上形成强强联合，增强赛事的传播力和影响力，有利于体育电视市场的良性运作和发展。

嫁接整合、借势出击是以强强联合为基础，彼此整合优势资源而成。这种模式的特点是：能够快速有效获得影响力，直接实现利润。HBO 大举进军拳击市场就是一个很成功的嫁接整合、借势出击的例子。HBO 与拳击机构合作，并买回其他拳击赛事组织机构，将其一个个关闭，达到减少相应的赛事种类，从而两家机构联合打造顶级拳击赛事，并垄断相应的拳击运动员的经纪等业务。

（2）“从零开始，完全自建”，建立拥有自主知识产权的体育赛事。对体育电视机构而言，仅仅拥有一些重大体育赛事的转播权是不足以使其完全占领市场的，况且随着赛事转播权联合购买趋势的发展，想要获取独家垄断的赛事转播权资源已经相当困难。而且赛事版权费用的节节高升，令越来越多的体育传媒机构了解到拥有体育赛事资源意味着多么大的商机。ESPN 开创了如 X－GAME、冬季 X－GAME 等自主赛事，成为其创收的重要业务之一。2010 年第 16 届 X－GAME 为举办城市洛杉矶带来的经济价值高达 5000 万美元，包括：与旅游相关的收入增加了 1200 万美元；大约 600 万美元涉及准备、举办和电视转播制作 X－GAME 赛事的收入；与 X－GAME 相关的直接消费产生的乘数效应，大约有 1200 万美元；洛杉矶向所有 50 个州、175 个国家和 3.8 亿家庭，以高清直播 27.5 个原始小时的 X－GAME 赛事的价值大约为 2000 万美元。X－GAME 为举办城市带来了丰富的回报，同样，作为组织者的 ESPN，自然收益颇丰。

作为 CCTV－5 的部分赛事商业运营的业务合作方，“中视体育”在这方面也进行了一些尝试，建立了“中国武术职业联赛”（WMA），形成联盟，完成六家俱乐部建制，再由六家俱乐部形成培训机构和选秀机制，经过两年的磨合，基本建成如同 NBA 的联盟体系，赛事的基本技术、规则、联盟章程均已完成，只要实时进入资本运营，该联盟势必可带来上亿的资本注入，被武林届誉为对中国武术的拯救行动。各门各派都甚为感动，总局武管中心主任高小军同志对此也非常支持。“中国武术职业联赛”所建立和完善的技术体系，未来一定是全球最有价值的职业赛事联盟之一，也将为我国传统武术赛事的传播打造极有价值的自主赛事平台（见第十二章）。

“从零开始，完全自建”的模式，需要完整的人才结构、丰富的市场资源、实力雄厚的传播资源、完善的软硬件集成和科学的产业链设计，赛事技术的研发、组织、运营、品牌管理和市场开发必须环环相扣。城市体育竞赛产业作为城市文化产业中的重工业，其特点是投资大、周期长、见效慢、盈利能力长和后劲大。所以该产业链一旦形成，产生效应，便会带动整个产业的全面提升，其辐射面远远高于赛事本身甚至是带动一个城市乃至一个国家在该领域的巨大发展。

以上两种模式各有优劣，殊途同归。体育电视传播机构根据自身和市场的情况，围绕赛事开发、赛事组织、运营、运动员经纪、版权销售等进入赛事产业领域，实际上是直接参与了上游产业的开发和资源的占有。一方面延伸了体育电视传媒产业链的上游，扩大了产业链的价值；另一方面，确保了下游体育电视内容资源的供给，形成了巨大的垄断市场，增强了在同行业中的竞争力，同时也拓展了业务范畴，可谓一举多得！

3. 衍生市场开发中心

衍生产业是基于品牌传播的，中国体育电视目前最大的问题在于没有自己的品牌。奥运期间本来是 CCTV－5 向全世界展示自己品牌和 LOGO 的好时机。但 CCTV－5 却因被改成 CCTV－奥运频道而错失塑造全球体育品牌的良机。上海电视台体育频道是具有品牌意识的国内先知者，2006 年 3 月起以“五星体育”红色标识统一对外。

2004 年，中央电视台提出“频道品牌化”，其中 CCTV－8 定位在专门的电视剧频道叫作“中国家庭第一品牌”，广告收入从 2003 年的 2000 多万到 2010 年的 12 亿，这就是品牌定位带来的价值所在。以品牌价值带来的回报远不止这些。比如，大家熟知的迪士尼依据强大的品牌，建立迪士尼儿童乐园、迪士尼英语、迪士尼“歌舞青春”以及一系列的迪士尼商品等，只是简简单单通过在广东和福建租赁其白雪公主的品牌知识产权，从其中生产的每只玩偶中提一元钱人民币的版权费，迪士尼就稳稳地获得了 2900 万元的高额收入，这就是品牌效应带来的衍生产品市场。ESPN 也是这方面的高手，通过品牌覆盖了人们所能接触的视觉、听觉、味觉、嗅觉、触觉的所有产品空间，涉足饭店、主题咖啡馆、体育用品及商店、游戏等40多种业务。衍生品经营每年为ESPN带来可观的收益，成为ESPN完整产业链条上的一部分。

“一个电视台哪怕人员什么都没有，靠品牌也可以生存”。原国家广电总局办公厅主任，现任江西省副省长的朱虹同志说。他这里所指的品牌除了品牌的价值，还有品牌所带来能开发的衍生产品的市场等。品牌的塑造，将给体育电视机构带来合纵联合的多元产业发展，自己的产品标识几乎可以渗透每个领域，进而形成一个巨大的多核心的业务模块。

4. **全媒体发展中心**

通常人们将媒介分为“四传统”（广播、电视、报纸、杂志）和“四新兴”（网站、数字电视、手机电视、移动电视），传媒机构整合资源发展成全媒体格局，开创产业新路径。体育电视在这方面一样需要占得先机，占领市场。例如ESPN先后推出杂志、有线电视台、网络、宽频、随选视讯、高清频道、手机电视等多种服务（见图74），并计划向“任何渠道任何设备”提供其原创节目和体育比赛片断。

同样，全球知名传媒集团BBC、NBC、迪士尼、维亚康姆等，不难发现其业务的纵向拓展很多，已经形成了全面发展多种媒介的巨大传媒集团。

我国体育电视频道的媒介延伸还处于起步阶段，除了CCTV－5成立了国家网络电视台体育频道、通过其商业运营机构——中视体育娱乐有限公司推出了《第五频道》杂志、开发了手机电视收看体育比赛等外，其他地方级体育电视媒体尚无较大举动。

新旧媒体的交替是迟早的事，目前新媒体发展迅猛，中国体育电视要在新媒体上下功夫和做准备，一定要抢占新媒体主动权，从而抓住新媒体机会，形成全媒体格局的核心业务模块。

5. **营销中心**

进入21世纪，体育产业发展迅猛，体育电视对体育产业的发展起了重要的作用。体育电视成为体育产业传播和营销的主要平台，成为体育营销的主体。传统的体育电视主要以赞助和广告营销为主要运营模式，而现代体育电视多元化发展，卖广告的媒体和买广告的广告主需要重新建立交易方法与规则。营销中心需要根据新的方法和规则在赞助和广告营销上继续发力，做好整合营销和创意营销。

从销售到营销，层出不穷的手段和方式改变着人们对于消费的观念，产品商越来越注重品牌建设。体育电视也一样，需要利用各种可以利用的媒体增加在公众面前的“出镜率”，并经常举办各种活动与体育迷互动，如举办各种派对、竞争游戏、见面交流会等，加深频道和观众的相互了解。尤其在网络视频上，跟体育爱好者做好互动，让其参与体育比赛问答、参与球队赛事预测等，体验更加个性化，由此吸引更多观众和广告商的关注。如付费体育频道中做得比较好的广东高尔夫频道就定期召开“铁杆会”，进行高尔夫比赛，使线上和线下的活动结合起来。传统电视应利用移动电视，创造出多样化的广告销售方式，整合跨媒介资源，形成按需定制的全媒体广告方案，以获得更多的广告收入。另外，体育电视可以从中国当前全媒体竞合的数字化时代背景出发，探讨出通过建立全方位服务受众的全媒体需求的电视智能运营支撑系统，实现电视媒介对不同受众群体、不同价值需求的多维度精准营销策略①。归根到底，体育频道要获得广告商的青睐，获得赞助和广告营销的成功，首先要关注观众，关注产品的消费者，主动掌握市场需求。

赞助和广告营销中越来越突出的另一个特点就是定制化服务。在竞争日益激烈的今天，广告铺天盖地地出现在观众眼前，每个企业都希望自己能够在品类众多的商品中做到与众不同，脱颖而出。定制化服务，这个在很多行业已经非常成熟的业务，逐渐进入了体育电视领域，助推企业品牌的建设。中视体育娱乐有限公司推出的青岛啤酒“炫舞激情”NBA 啦啦队全国选拔赛，就是根据青岛啤酒自身的需求，为其量身打造的一个极具影响力的大型活动。啦啦队员的活力与激情，彰显着青岛啤酒百年传承的企业文化，体育频道的受众群体又完全吻合青岛啤酒的消费群体。

通过定制化服务，不仅提升了合作伙伴的知名度、影响力和市场占有率，而且也不会引起受众过多的反感，这在某种程度上和植入式广告有异曲同工之妙，但层面无疑又高于植入式广告。在观众日益挑剔的今天，定制化服务是企业和电视机构合作的一个好的手段。

---

① 《2010 中国广播电视年鉴》，中国广播电视年鉴社，2010，第 10 页。

营销中心如果能够形成集文化、广告、传播、体育、娱乐、创意等为一身并大胆开创满足客户需求的新的商业模式的板块，在整个产业中将起到牵一发而动全身的非常重要的作用。

6. **投融资中心**

由于体育电视对高科技人才、广泛的信息源、赛事转播权等有着重大需求，同时又能形成以赛事、衍生产品开发、向延伸领域进军为多核心的业务格局，体育电视机构需要极大的资金投入，而单单依靠现今的投融资体系来注入资金远远不能满足我国的体育电视媒体的需求。

在我国，投融资问题一直是一个热点问题，也是一个敏感问题。我国的体育电视正在尝试从政企不分向企业与监管部门分开的转变。

我国举办2008年北京奥运会、2010年广州亚运会、2011年深圳大运会等大赛，体育产业得到了相当程度的发展，我国体育电视产业也成为越来越受国内外广泛关注的新兴产业。因此，在我国建设社会主义市场经济并不断向深层次发展的过程中，完全可以引进多样化、市场化的筹资方式，来推进体育电视产业的发展。除了国家和地方政府的财政支持，还可以通过银行贷款和吸取民间资本投入体育电视产业的发展。通过上市融资以及尝试债券、基金等多种融资方式来实现体育电视产业优质资源重组。例如，体育电视产业投资基金以股权形式投资于未上市的或是国有电视经营性质企业的运作和管理，有利于明晰产权，强化出资人的有限责任，建立合理有效的内部管理机制，推进体育电视产业的现代企业制度改革。

在中国体育电视发展壮大的过程中，投融资体系的建立与完善起着重要的作用。建立大的体育电视传媒集团的同时，集团需要购买或兼并相应的公司，如体育经纪公司、赛事运营公司等。另外，成立体育产业投融资公司，为相应公司提供金融服务，向体育保险等领域进军。

综上所述，我国体育电视的核心业务围绕以上六大板块（见表8－4）构建，其生产经营紧紧围绕这六方面展开。这种生产经营模式是否完全照搬去做，是否是发展中国体育电视的最佳模式，还要取决于政策是否支持以及环境的变化。正如通用电气董事长兼首席执行官杰克·韦尔奇说："我们公司是个了不起的组织，但是如果在未来不能适应时代的变化，它就将走向死亡。如果你想知道什么时候达到最佳模式，回答是‘永远不会’。”①

表 8－4　体育电视各中心涉及的业务内容

视频中心	视频平台（体育频道、移动终端、互联网等）、视频内容制作和包装
赛事中心	赛事开发、赛事运营、运动员经纪、赛事版权销售、赛事组织、赛事品牌管理、大型赛事开闭幕式等
衍生市场开发中心	体育用品、体育教育、体育地产、体育会展、体育旅游、体育主题餐厅酒吧等
全媒体发展中心	广播电台、体育杂志、移动终端、互联网等
营销中心	赞助、广告营销、体验营销等
投融资中心	资本运作以及金融产品开发，如体育保险等

小　结

本章节重点阐释了国内体育电视传媒机构在组织、生产、管理等方面的基本形态，也浅析了政府、事业、企业、市场之间的碰撞以及面对市场所产生的困惑。目的显然不仅仅是为了解决国内体育电视传媒机构所存在的问题，而是将生产特点展现给城市的管理者、赛事产业的缔造者、具体赛事的组织和运营者，让他们更多地把握我国体育电视传媒机构在版权、传播以及产品生产过程中的基本方式。这至少可以让城市的管理者以及体育赛事的组织者、管理者和运营者在市场运作中对如何更好地与体育传媒机构合作有一个基本了解，以达到利益最大化的目的。此外，体育产业的从业人员以及学生也能够借此更早地了解我国体育传媒机构与国际体育传媒机构在生产中存在的巨大差异。例如，国际赛事产业链条最大的盈收来自报道权费，然而在国内举办赛事时，这项收入基本无法实现。因此，赛事主办者必须要转化资本投入风险，否则将血本无归。

① 管理营销资源中心，《为客户提供解决方案—　通用电气的金融服务》。

第九章　城市现代赛事视频产业品牌构建

第一节　城市体育电视产业的品牌战略

一　电视品牌及品牌效应

品牌的英文单词 Brand，源自古挪威文 Brandr，意思是“烧灼、烙印”。当时的西方游牧部落在马背上打上烙印，用以区分不同部落之间的财产，并附有各部落的标记，这就是品牌的雏形。人们用这种方式来标记家畜等需要与其他人的相区别的私有财产。因此，我们可以认为品牌的最初含义是识别物品，确认所有权。到了中世纪的欧洲，手工艺生产者用这种打烙印的方法在自己的手工艺品上烙下标记，以便顾客识别产品的产地和生产者，并以此为消费者提供担保，同时向生产者提供法律保护。这就产生了最初的商标。

现代意义的品牌，用于确认所有权的意义已经弱化，而通过品牌进行识别和留下印象成为了关键的功能。在产品日益同质化的今天，产品的物理属性作为一种消费基础已经不能完全满足消费者的需求，品牌文化满足了目标消费者物质之外的文化需求，它是品牌在实际使用价值之外给予消费者的一种印象、感觉及附加价值。而消费者在购买某一品牌时，不仅是选择了品牌的质量、功能、售后服务，而且更多的选择的是这一品牌所象征的文化品位。在消费者对自我消费文化的意识越来越具有明确认知的今天，在选择品牌时会考虑这个品牌是否具有能实现自我的个性文化特征。消费者往往借助品牌文化来彰显自身身份、地位、品味、观念等，品牌是消费者表达自我的重要途径。一个品牌的名称也许一百年不变，几百年不变，但是它的品牌内涵一直会有所变化，因为时代在变，人们的思想观念在变，为顺应人们变化的需求和要求，品牌也会有切合社会新观念的新品牌文化，对品牌定位做出相应的调整。

第一个明确提出“品牌”概念的是世界著名广告大师大卫·奥格威，他在1955年提出：“品牌是一种错综复杂的象征，它是品牌属性、名称、包装、价格、历史声誉、广告方式的总和。”[①]

从不同角度审视品牌，就会挖掘出不同的意义和内涵。目前，对品牌的定义主要可以归结为以下两大类。

第一类定义是从传播的角度出发，将品牌视为一种信息载体。

品牌是符号的象征，具有代表性的是美国市场营销协会（American Marketing Association，AMA，1960）给品牌下的定义：“用以识别一个或一群产品或劳务的名称、术语、象征、记号或设计及其组合，以和其他竞争者的产品或劳务相区别。”[②] 这是对品牌最初始、最直观、最外在的一种基本且必要但非充分和全面的定义。菲利普·科特勒（Philip·Kotler）在1967年提出：“品牌是一个名字、称谓、符号或设计，或是上述的总和，其目的是要使自己的产品或服务有别于其他竞争者的。”[③]

品牌是情感的表达。波士顿咨询公司（Boston Consulting Group，BCG）认为，“品牌是联系企业的主观努力与消费者客观认知的桥梁”。[④] 它达成了企业和消费者以及产品和消费者之间的沟通，而这恰是品牌价值得以实现的基础。“品牌资产的鼻祖”大卫·艾克（David A. Aaker）曾言，“品牌首先向公众承诺的是保持并不断改善产品的品质。品牌对消费者而言，可以被视为一种合同或者协议。消费者对品牌的信任和忠诚来源于品牌所包含的关于产品或服务的质量、属性、价格、个性等方面的承诺，以及消费者根据检验获得的对该承诺真实性的认可”。[⑤]

第二类定义是从品牌作为一种资产出发，认为品牌本身是财富，并且

---

① 李弘、董大海：《市场营销学》，大连理工大学出版社，1998。

② 美国市场营销协会：《营销术语词典》，麦格劳·希尔公司，1960。

③ 菲利普·科特勒：《营销学导论》，华夏出版社，1999。

④ 余明阳等：《基于品牌营销视角的品牌定义和品牌特征再认识》，《上海管理科学》2008年第4期。

⑤ 余明阳等：《基于品牌营销视角的品牌定义和品牌特征再认识》，《上海管理科学》2008年第4期。

可以为企业创造财富。

美国品牌学家亚历山大·拜尔（Alexander L. Biel）认为："品牌资产是一种超越生产、商品及所有有形资产之外的价值。"[①] 大卫·艾克（David A. Aaker）还提出了品牌资产管理，并指出品牌资产主要包括品牌知名度、品牌忠诚度、认知质量和品牌联想度。

第一类定义更多是从品牌所代表的文化层面和消费者对品牌的认知角度出发。第二类说法是从市场的角度将品牌转化为企业生产资料。事实上，第一类定义是第二类定义的基础。我们将两类定义进行整合，也就能够清晰把握品牌是什么，以及它在市场中可以扮演什么角色。品牌既然是一种信息载体，达成企业和消费者以及产品和消费者之间的沟通的基础，同时又体现了企业及产品的知名度、忠诚度、认知质量和品牌联想度，那么品牌效应越好，为企业带来的效应也就越好。所以"品牌效应，顾名思义是指由品牌为企业带来的效应，是品牌在产品上使用产生的结果，是为品牌的使用者带来的效益和影响，是品牌使用过程中产生的作用"。[②] 品牌是商品经济发展到一定阶段的产物，其迅速发展得益于品牌使用给商品的生产者带来了巨大的经济效益和社会效益。品牌效应正是在这种背景下受到了世界各国企业的重视。品牌效应是在产品的宣传中产生的。消费者购买商品不可能都经过尝试后购买，主要依品牌效应而购买。

品牌效应的产生源自品牌的传播，所谓品牌传播是指"品牌所有者通过各种传播手段持续地与目标受众交流，最优化地增加品牌资产的过程"[③]。品牌传播主要依靠大众传播媒介实现。随着媒介技术的不断更新，品牌迎来了全媒体立体传播的时代。我们在本书所探讨的"竞赛作为城市动态传播的灵魂"理念，实质上也是指一个优秀顶级赛事展现给城市居民的既是一次高水平的享受过程，也是承载着城市品牌传播的有效平台。最有效的传播便是在一个顶级的优质赛事平台上，全媒体与城市品牌一次高效传播。而这种传播力的强弱，决定着一个城市在国内和国际城市间及城市群之间的整体影响力的大小。

---

① AlexanderL. Biel, "How Brand Image Drives Brand Equity", *Journal of Advertising Research*, Nov/Dec 1993. Vol. 50.

② 刘常宝、肖永添：《品牌管理》，机械工业出版社，2011。

③ 余明阳、朱纪达、肖俊崧：《品牌传播学》，上海交通大学出版社，2005，第 13 页。

“全媒体”作为一个新闻传播学术语，并未为国外新闻传播学界所提及。在我国，“全媒体”从2008年开始在信息传播领域崭露头角，许多媒体从业者纷纷提出“全媒体战略”或“全媒体定位”。所谓“全媒体”，是“在具备文字、图形、图像、动画、音视频等各种媒体表现手段基础之上，不同媒介形态（纸质、电视、广播、网络、手机等媒体）之间的相互融合，产生质变后形成的一种新的立体传播模式”。[①] 全媒体是一个开放的系统，新的传播媒体都会加入全媒体的传播形态中。全媒体形态的出现，使内容的表现形态发生了巨大的变换，即内容制作也将随着多媒体的需求模式发生变化。

著名传播学家麦克卢汉的“媒介即讯息”观点认为，在漫长的人类社会发展过程中，真正有意义、有价值的讯息不是各个时代的传播内容，而是这个时代所使用的传播工具的性质。全媒体所开创的可能性以及带来的社会变革为品牌传播提供了空前的机遇与挑战。

在现代社会，单一的媒体传播不再能够满足产品和企业的信息传播诉求。经营者可以选择贴近产品特性的媒体组合进行宣传，通过不同传播形态的融合，满足不同消费者的需求，让消费者能够全方位地接触产品信息，了解品牌内涵。不同的媒介在产品展示、可信度、对应的受众群体等方面有不同的优势。电视媒介的特性是直观、形象；平面媒体的特性是内容具有保留性，可供消费者仔细搜集、分析信息；广播媒体的特性是只能通过声音来传递；网络媒体的特性是互动性最强；而被称为“第五大媒体”移动终端的出现，制造出无处不在的信息传播方式。

总而言之，“全媒体”实现了从单一角度到多角度、多观点、立体化的传播，让产品形象、企业形象和品牌形象更显丰满。全媒体实时性、互动性、滚动性、融合性的特性，让品牌传播更加有力。“全媒体”不仅是一种传播模式、传播形态的变化，在更深层次上说是一种传播理念的突破，这种创新对消费者来说，使信息更加唾手可得；对品牌来说，有了更多的机会去亲近消费者，有了更广阔的空间去展示自己的魅力，发挥自身的品牌效应。

---

① 周明苇：《全媒体时代会展品牌的塑造与传播——以中国平遥国际摄影大展为例》，《商业文化》2011年第5期。

在品牌的制胜时代，群雄并起，如何使自己的品牌异军突起是一个必须科学对待的问题。据了解，一个美国人一天中所要接触的广告多达270条，而中国消费者也日益受到大量广告的包围。“酒香不怕巷子深”的理念被改写为“酒香也怕巷子深”。面对全媒体立体传播时代的挑战，品牌管理者需要整合所有的媒介资源和传播渠道进行品牌建设和品牌推广。

任何事物相对于一般事物而言都有共性和个性两面，所以电视媒体品牌相对于其他企业类的品牌及产品品牌的一般性特点即共性方面主要体现在：①产品质量是确保企业品牌价值的保证；②都有统一完善的识别体系并拥有各自独特的风格；③明确的企业文化和产品定位，例如：湖南卫视的娱乐定位、安徽卫视主打电视剧、江苏卫视主打服务类、CCTV－5主打体育、CCTV－2主打财经、CCTV－3主打娱乐等。作为电视传媒企业的个性方面体现在：①由于是媒体性质的企业，其产品具有明确的传播价值，自身的影响力就会比一般的企业品牌的社会价值高，品牌传播效益也会高于一般的企业；②电视媒介企业品牌的公信力要远远高于一般的企业品牌，这是由传媒企业自身的性质所决定的。这也决定了电视传媒品牌的高附加值。自然对其未来产业链的建立提供了一个非常好的品牌基础。而知名度和公信力是一个品牌的核心价值。

对电视媒体而言，品牌既是保证收视率的象征、广告收入的无形保障，也是媒体表现独特文化魅力、实现社会效益的重要途径之一。国内外传媒界越来越深刻地认识到，品牌是盈利的“原点”和“风暴眼”。在市场竞争条件下，谁拥有叫得响的品牌，谁就拥有广告经营的主动权，越是知名度高的品牌频道、品牌栏目，就越能给媒体本身带来更多的利益。品牌既是有形资产，也是无形资产，越是品牌含量高的频道、栏目，广告的价位就越高。

二　电视品牌体系

电视品牌建设的一大特点在于从形式到内容、从风格到立场都建立起自己的品牌，整个品牌体系呈现由点到线，再到面的多层性，整个频道的品牌价值分别通过品牌主持人、品牌栏目到品牌频道，单个或多个品牌频道再形成品牌电视台。品牌体系的不同层级也是高度相关的。

电视节目是电视叙事的基本单元，它的单个品牌价值虽有带动整个频道传播的传播力，甚至有时单一品牌的价值远远高于整个频道的价值，比如江苏卫视的《非诚勿扰》栏目，品牌价值很高，单栏目创收也很好，但是仅用这档栏目来总体提升江苏电视台整个体系的品牌价值尚显乏力，这就如同小马拉大车，一个优秀电视传媒平台要想提升整体品牌影响力，必须要产生多点过硬的节目及主持人的品牌，多个点练成面，其价值才能使整个系统进入一个相对较高的运营层面。从这一点来看，央视的整体水平在全国范围内还是要略高一筹。湖南卫视这些年定位娱乐为其核心内容，其战略决策快速提升了湖南卫视的品牌价值，其收视率甚至有时会超过央视一套。从湖南卫视的发展来看，省级卫视选择稳定的、高质量的节目内容，以及明确的战略定位，甚至走一条既大众又分众的道路还是比较明智的，如果都想面面俱到恐怕恰恰会舍本逐末。清华大学教授尹鸿曾说："湖南卫视之所以有今天，就是靠几个主持人、王牌节目来支撑娱乐快乐的节目频道，再去和他竞争，就必须有比他的节目、主持人更具有优势的东西，这个难度相对提高了。"① 从另一个角度来讲，年轻、娱乐、时尚和潮流以及敢于创新是湖南卫视异军突起的关键。优秀的电视节目首先需要准确锁定目标受众，并且要有好的选题和角度、优秀的制作团队，包括制片人、记者、编辑、评论员等，而主持人在其中起着尤为重要的作用。2006 年，王志离开《新闻调查》加盟《面对面》，《新闻调查》制片人张洁说这直接导致观众流失一千万。这让我们不得不研究主持人与节目本身和电视传媒品牌的关系。主持人的品牌效应，甚至说主持人明确定位对节目的质量具有很大的提升作用，因为电视传播在很大程度上是一种人际传播。很多时候观众看节目的时候实际是在看一个主持人，这体现的就是一种共生关系。正如美国电视新闻杂志"60 分钟"节目总编休伊特所说，"如果把节目比作一盘菜，主持人的魅力好比调料，节目内容则是主菜"。所以，一名主持人从其入职开始，就必须明确其主持风格与节目风格之间的统一，时间与专业并举的定位策略，方能在未来打造一个优秀的品牌主持人，例如毕福建与《星光大道》、窦文涛与《锵锵三人行》等都具有典

① 《广西电视台副台长林杰谋、尹鸿教授做客 1 号会客厅》，http：//www. cctv. com/cctvsurvey/20090303/102601_ 2. shtml。

型特征。

电视栏目的品牌是对节目品牌的延续与稳固。电视栏目的品牌经营最关键的是较强的创新能力，通过创新形成自己的风格。电视品牌栏目是创建特色频道的支柱。

此外，打造品牌电视活动也成为电视媒体品牌建设的重要手段。在美国两百多年的国家历史上，有着79岁的奥斯卡电影金像奖，64年历史的电影金球奖。欧洲的柏林电影节举办了57届，戛纳电影节有60届，威尼斯影展延续了63届。它们至今仍然具有强大的品牌效应。我国电视活动的发展与电视进入品牌竞争时期密切相关。央视的品牌活动《感动中国——年度人物评选》在2003年创立时就确立了基本理念：梳理过去一年所发生的事，发掘新闻事件中的主角，感性地刻画历史瞬间，放大历史细节，即用感性的方式表达，以细节的魅力展示，积聚震撼人心的人格力量，用国人的心路历程来见证重大的新闻事件。这样的主题诉求与央视作为国家电视台，必须把握社会时代价值观、正确引导舆论导向相一致。

电视台品牌处在整座品牌金字塔体系的塔基，需要站在战略高度进行定位，保证所有的频道、栏目等子品牌都与办台理念和经营策略一致。每一个电视品牌需要树立能够持续发展并被牢固铭记的核心价值，然后以种种合适的方式张扬这种核心价值，从而形成无形的、抽象的文化。如CNN、DISNEY所表现的正是美国文化中自由、乐观、冒险、进取的特质。凤凰卫视地处香港，香港作为一个东西方文化交汇的国际大都市为凤凰卫视提供了一种全球化视野和多元化的文化资源。“向世界发出华人的声音”“拉近全球华人的距离”既是凤凰卫视的媒体理念，也是其品牌建设的宏伟目标。这种既本土化又国际化的调子是凤凰卫视的核心思路。目前，凤凰卫视旗下的凤凰卫视中文台、凤凰卫视电影台、凤凰卫视资讯台、凤凰卫视欧洲台（由ECHOSTAR即新闻集团星空传媒欧洲区电视网）、凤凰卫视美洲台、凤凰卫视香港台（2011年3月28日开播）透过亚洲三号S卫星、EUROBIRD卫星及美国DIRECTV ECHOSTAR卫星直播平台，覆盖亚太、欧美、拉丁美洲及非洲的逾150个国家及地区。

第二节 体育视频的产品策略

无论是文艺作品还是文化产品，其核心都是要获得人们的喜爱、欣赏和文化认同。只有这样，我们才可以说这样的作品或产品具有一定的传播力和影响力，否则充其量只能算作自娱自乐。一条体育新闻、一个体育事件、一个体育创意在被电子采集手段加工之后，便被制作成人们可视、可读、可听的作品或产品，这个作品或产品越具有艺术性、观赏性，越是被人们喜爱，也就越被市场吸纳、接受，其传播力和影响力也就自然在其中了。这就是我们要谈的体育电视的产品策略。

广义的文化产品是指人类创造的一切提供给社会的可见产品，既包括物质产品也包括精神产品；而狭义的文化产品专指精神产品。2001 年，联合国教科文组织将文化定义为某社会或社会群体所具有的一整套独特的精神、物质、智力和情感特征，除了艺术和文学以外，它还包括生活方式、聚居方式、价值体系、传统和信仰。无论我们现在把电视节目生产机构称为事业还是企业，只要它生产的东西符合文化产品的定义就可以说它生产的是文化产品。既然生产的是文化产品就一定要为更多消费者服务，自然我们电视产品的生产者在生产之前就一定要明确我们文化产品策略是什么。

同样，体育电视节目作为人类创造的提供给社会大众的可见产品及其衍生的拥有符号的相关产品，不仅包含了精神、物质、智力和情感，同时还反映了传统及价值体系的方方面面，所以，体育电视节目无疑可被称为文化产品。既然是文化产品就一定存在于一定的经济范畴之中，就必须采用一定的产品策略，这样才能对广大的消费者或者观众产生较大的传播力和影响力。因此，任何一个生产电视节目产品的企业都必须研究产品策略，清楚产品开发、产品线、品牌及服务的各种细节。

所谓产品策略，指企业制定经营战略时，首先应该明确企业能够提供什么样的产品和服务去满足消费者的要求。北大营销管理学张黎教授把产品策略分成：产品开发和消费者需求；产品线管理；品牌；服务；客户保持。

本文将根据上述产品策略主导思想与读者共同探讨一下在我国社会主义市场经济的情况下，体育电视人如何充分认识体育电视产品策略对体育电视产品生产的指导意义。

一　体育电视产品的开发和消费者的需求

菲利普·科特勒说，产品应该由谁协助设计？从根本上说，当然是顾客。一语道破产品的核心利益是满足消费者的需要。体育电视产品开发的核心利益应该是观众的基本观赏性需求，如果连观众最为基本的观赏需求都无法满足，那么这个产品就失去了核心利益，其他的价值也就不复存在了。

有人曾问著名导演伍迪·艾伦，为什么不以体育比赛为题材拍摄一部电影？他的回答是体育比赛的悬念和不确定性的特点，即使最伟大的导演也无法想象。当然，当今也不乏好的体育题材的影片，但是体育赛事结果的不确定性和所具有的悬念对消费者的吸引力确实比影片更强大。所以在体育电视产品的开发方面，目前市场上的顶级赛事确实为我们生产优质的电视产品提供了上乘的生产资料。但是由于体育竞赛产品所具有的强烈的文化特征，即使在某个国家颇受欢迎的顶级赛事，在其他国家也未必吸引观众。比如，印度的板球超级联赛、全美橄榄球联赛以及欧美颇为流行的帆船比赛等，如果我们将这样的比赛制作成电视节目，就未必受到中国观众的青睐。这里原因有很多，有文化的差异、经济发展的差距、国民的参与程度和对该项目的了解情况、所在地的选手参与情况包括其运动成绩以及当地媒体的传播力度等。

第一，无论是体育电视产品的生产机构还是提供其原材料的竞赛产业，均属于文化产业范畴，其生产的无论是电视产品还是竞赛产品，必然具有浓厚的诞生地的文化特质，如果需要跨地域的传播，就必须做到所要传播地的大众熟悉并最好具有一定的参与度，否则，其产品的营销成本将是巨大的，同时，还有可能打压了当地群众喜闻乐见的体育电视产品的生产和销售。比如，2011 年 NBA 停摆，CBA 就异常火爆，反之由于 NBA 无论是可观赏的精彩程度还是成熟而高超的商业包装以及其巨大的明星效果都是无法抵挡的；同样，世界杯期间传媒界对世界杯赛事的高度集中传播也严重冲击了国内其他赛事产品的市场销售……究其原因生产电视产品的原料本身就具有极大的商业价值，即市场的强烈认同感。

第二，经济发展的差距同样会造成国民对赛事产品的参与和了解方面的缺失或空白。比如，在欧美流行的帆船比赛，该项目一直被誉为奢侈项目，不用提中国观众的参与度，就是该项赛事的知识，中国观众也是知之甚少。如果把这样的赛事制作成电视产品，显然其传播力和影响力都会大打折扣，就会造成体育电视生产机构的损失。这样的赛事需要有一个较长的培育期。比如早期的网球赛事、高尔夫赛事、F1 等，其电视产品的生产和传播都经历了一个承受巨大营销成本的过程。除了一些高端赛事，一些还没有在人们的生活中形成文化融汇的赛事同样难以让观众接受。比如汽车运动，虽然我国的汽车工业在与世界顶级汽车业联营之后，发展迅速，但是汽车运动的文化接受度要远远慢于汽车行业的经济发展，所以，随着汽车工业的快速发展，汽车制造企业市场份额迅速扩张，汽车客户的需求量集聚并一举成为世界第一，但是，汽车运动文化还无法以同样的速度让中国老百姓像接受汽车的使用价值那样接受，国人在开车时会不顾行人冲过斑马线，会驾车斗气，会违规酒后驾车等，这些都是与汽车文化相悖的东西。一方面，我们需要通过媒体宣传让消费者在一定的汽车工业的基础上建立和顺应相应的汽车运行规律并逐步接受相应的汽车文化；另一方面，也可以通过体育赛事产品，如汽车运动项目来提升消费者的汽车文化。虽然汽车运动的电视节目在汽车产业快速发展的情况下也较快融入了消费者的生活，但是这样的电视产品更多提供的是服务类，而不是观赏类。观赏类的体育赛事必须具备与地域文化的融合、广泛的群众基础、吸引观众的明星选手等条件，这类赛事即使有代表地域性的运动队或选手，也还要进行相当长的培育才有可能成为一个市场成熟的项目或产品，才能最终被消费者真正接受。上海国际赛车场有限公司的注册资本就达到了人民币 30 亿，所以从某种意义上来讲，体育竞赛产业应该是文化产业中的“重工业”，它具有投资大、周期长、见效慢、回报慢的特点。所以，现有的电视产品制作首先是选择目前市场较为认可的竞赛产品，否则就会直接影响其收视率，从而降低广告收入，进入恶性循环。

第三，国民的参与度与熟悉度决定了体育电视产品生产资料的选择。但是真正能够渗透消费者内心的还是广泛的参与度。比如，上海 F1 赛车举办的第一年，可谓是一票难求！为什么？因为体育电视对 F1 国际赛事的传播到上海国际赛车场有限公司2002年2月建立，已经有十几年的前期铺垫，人们对于这种烧钱的项目很好奇，加之走近高端赛车在过去只是一个梦，现在突然进入中国并在上海举行，亲临现场一睹风采的愿望能够实现，因此充满热情，当然，还存在其他非赛事本身的因素也具有吸引力的作用。然而现在，F1显然不能作为一个对观众真正具有诱惑力或者真正具有长期的市场价值的赛事。原因很简单，虽然具有一定的观赏性，但是缺乏观众的参与度。对大多数观众来说，渴望有机会成为或参与开赛车的梦想很难实现，身边几乎不可能有这样的赛车场让自己养成观赏的习惯，所以购票也好、看电视也好，都只是热闹而已！F1赛事中没有中国队的身影，结果不确定性的诱因对于观众来说不存在或者诱因很低，低到不足以产生巨大的“粉丝”市场。2009年4月18日，《中国青年报》在“烧钱的F1还能在中国撑多久”一文中这样写道：2009年，据英国媒体披露的数字，F1中国站每年的承办费高达3000万美元，由于赛场广告、电视转播权等赛事的主要收入全部归属于F1管理公司，整个赛事的运营长期处于严重收不抵债的亏损漩涡中，是否甩掉这样一个包袱，显然是上海方面首先要考虑的事情。2011年5月刊《第五频道》杂志在“上海站的拐点”一文中还这样写道，“通过电视转播，世界上更多的人认识了中国，认识了上海，这对于提升上海这个城市的好感度是一件好事。‘尽管银子被伯尼拿走了，但是我们挣得了面子。’地位看上去很靓丽”。当然，从央视转播F1赛事的收视率来看，也是不尽如人意，原因自然很简单了，或许这和体育电视产品策略无关吧。

二　体育电视的产品线

北大营销管理学教授张黎博士通过对产品线扩展和产品线填补等方面的研究，清晰地阐述了产品线如何对高、中、低端产品商机进行准确把握，并从高端产品、主打产品到拖住对方产品顺应市场的发展。

在菲利普·科特勒等所著的《营销管理》中是这样阐释产品系统和产品组合的：产品系统是指一系列功能彼此相容的、相互联系的不同项目。产品组合又称产品搭配，是指特定的生产商提供给市场以供销售的一系列产品或项目。我们知道，任何一个产品最为基本的一层是核心利益，即消费者或者我们电视人谈的是观众，他们所关注的是实际购买到的基本服务或利益。对于体育电视产品的营销管理来讲，他们是在用看广告所花的时间换取体育电视产品的提供商所提供的赛事产品的观赏服务。为此，体育电视人如何提供并确保观众或消费者对产品核心利益的诉求，便是体育赛事产品线设计、生产、管理的基本准则。

彼得·德鲁克在《实践的管理》中有这样一段描述："生产并非是把工具应用在材料上，而是将逻辑应用在工作上。越能更清楚、一致而合理地应用正确的逻辑，生产所受到的限制就会越少，碰到的机会则越多。"由此我们也能比较清楚作为体育电视的产品策略应该如何而有效地进行广度、深度、长度的有效设计来满足并长时间留住电视机前的观众。

第一，坚持赛事专栏节目的设计与生产围绕着赛事的直播或录播来安排。这就相当于一个组合产品的生产策略。因为往往大赛之后，人们意犹未尽、谈兴正浓，如果能够实时跟进则效果将会剧增。这种产品策略在综合型大赛期间已比较多见，但是在日常的体育产品设计与生产方面却是很难见到。其实，这是一个很简单的问题，比如，把篮球类专题栏目编排在NBA、CBA或者相关篮球大赛前后，这种产品策略应该是一方面有效留住电视前的观众提升收视率或延长收视效果；另一方面，有利于广告的市场营销，既具有社会效益又具有经济效益。

第二，坚持长度与深度并举。比如在一场马拉松赛事或高尔夫球赛事的转播中，能够在前、中、后有效穿插马拉松赛事中的人物、事件、历史故事和当地的风土人情等，势必会让一场原本简单的赛事变得既丰富又有趣。其实，这种产品线的实施，只需提前设置一个专项组负责搜集素材，便可轻易得以体现。

第三，避免文化跨度太大的项目进行产品搭配，也要避免地域性太强的项目搭配在本地域文化强的项目前后。比如在乒乓球与高尔夫产品组合、橄榄球与篮球的产品组合或者是新闻节目之前搭配某一个小众产品等，这都极容易流失观众。这里同样要在产品的整体策略上考虑如何在小众或者具有文化差异的产品线方面进行有效搭配，简而言之就是固定一个有效时段，安排小众或具有明显文化差异的产品，其目的是拖住竞争对手，使其无法壮大。

第四，利用自身当前优势，加大产品线广度扩张。首先，利用现有的渠道优势迅速向上线赛事产业渗透，为未来遏制赛事版权的价格走高奠定基础并积极参与大型赛事的组织和市场运用，如现在 CCTV－5 组织运营的“中国武术职业联赛”“中华龙舟大赛”都是专业的赛事产品，从而避免像中超这样的赛事产品在前期通过 CCTV－5 积极扶持成长后，又反过来向央视开出巨额版权费的现象再次出现。同时要建立强大的线下营销网络和产品的分销及合作媒体，积极完善和全力渗透互联网的市场领域，做到进可攻退可守。其次，无论是何种大赛，都必须坚持自有品牌的维护即渠道品牌的推广，要坚持利用国际大赛传播现有渠道的品牌，奠定国际品牌的市场地位，确保品牌价值的提升并同时扩展其上线赛事产业的渗透和下线版权市场和相关体育电视产业衍生市场的开发。再次，对于目前互联网视频产品的生产，必须坚持以单一发展为主，切忌面面俱到。比如旅游卫视在晚间收视率通常不是很好的时段，坚持播放高尔夫节目，目前可以说是初见成效。而目前门户网站的体育视频产品过于追求产品种类，急于与强势媒体竞争，恰恰忽略了体育视频产品线的特点，失去了特色产品线的建立，走产品同质化道路反而越走越窄，最后完全失去特色市场份额。所以建立自己专有项目产品线是目前互联网在体育视频产品线策略中需要的战略思考。

无论是体育电视产品的广度还是深度都具有较大拓展空间，一个企业、一个体育电视生产机构，应该学会在其最为强壮的时期，迅速开拓广度产品线，细分深度产品线，以获得最大的市场份额，为即将到来的红海拼杀奠定基础。而互联网在体育视频产业发展中，应该集中优势进行单一产品线的开发、生产和培育，不可走广度产品线策略模式。目前国内某些体育电视渠道实施的动态编排模式，应该是顺应各个大赛产品线的生产服务，且不可主观随意。

三　体育电视产品的品牌

如何建立体育电视产品的品牌一直是业界比较关注的问题，当然，伟大品牌的核心是伟大的产品。所以，文化产品也同样遵循这个原则，而且，作为文化创意产业，产品的优劣对于品牌的树立更加敏感和脆弱，稍有不慎则会毁于一旦。

第一，体育视频产品的品牌目前主要建立在赛事产品的品牌和超级体育明星之上，至于其前后期的采集以及包装，更多的还是锦上添花。具体表现如下：首先，应该源于其具有影响力的顶级赛事版权；其次，顶级赛事中的超级明星和他们赛场内外的人与事；再次，就是具有影响力的高水准评论员、解说员及前后期的专业制作人员以及他们的理念和先进的创意水平；最后，如果作为整个渠道的品牌建设还必须具有快速、准确、深度的赛事新闻报道以及该渠道所覆盖区域等。一个强势的视频播出渠道，除了依靠大量的顶级赛事资源所撑起的国际顶级赛事的独家转播权及所具有的体育新闻报道水平之外，名家、名人也是不可或缺的，当然还包括一些顶级的赛事专栏，如，央视体育的《篮球公园》《武林大会》《足球之夜》《城市之间》等品牌栏目。如果处在一个非专业且不是很强势的视频播出渠道，要建立一个具有一定影响力的体育视频专栏，一方面需要拥有一定量的赛事资源；另一方面，要使所设定的赛事专栏在观众群中更加细分和差异化。同时，一定要具有绝对稳定的播出时间，否则就会因为渠道不够强势，专栏不断更迭时间段，而根本无法满足观众或无法培养出具有一定收视习惯的观众群。如“旅游卫视”的《天天高尔夫》就是依据这个原则，是走小众路线并逐渐被喜爱高尔夫球的观众所关注的一个典范。

第二，收视是一种习惯，栏目的专业、细分、差异、准点是解决观众需求的基本准则，也是维护并提升渠道收视率亮点一个不可忽视的产品策略。特别是在目前信息传播模式大爆炸的时代，在这个酒香也怕巷子深的年代，随意调整一个栏目的播出时间，加之栏目的专业水准上不去，与强势渠道的视频产品又不具有差异性等，既是对这个栏目摧毁性的打击，也不利于渠道品牌的树立！

第三，体育电视产品的品牌建立不同于一般有形产品品牌，其难点主要是观众所关注的更多的是顶级赛事直播或录播产品。而赛事本身的品牌价值又不专属于某个传播渠道，所以要建立自己的产品品牌，一方面要加大渠道本身品牌的打造，拥有更多更长时间的顶级赛事的独家报道权；另一方面，由于栏目实际上是对于赛事的再加工，特别是赛事之后的内容制作，由于失去了结果不确定的优势，更多的只能是明星生活或赛事背后的故事，所以吸引的观众基本属于铁杆，更多的观众来源于该项目的“粉丝”群体，这就更需要深度、专业、细分、差异和准点播出时段来与该项目的粉丝群建立约会收看的收视习惯，以推进该栏目的品牌建设。此外，要建立体育视频专栏的主持人的影响力也同样属丁品牌产品的重要组成部分。文化创意产品附着在人的思想之中，文化产业是建立在一个大写的“人”上，所以，一个有传播力和影响力的视频产品就一定有一个或几个有影响力的人，否则只能是靠天吃饭，当然品牌也就无从谈起！在这方面，我个人认为凤凰卫视的品牌打造模式确实值得借鉴，当然也需要管理者要有宽阔的胸怀和奉献的精神。

第四，每一个体育电视产品都可以说是一个创意产品，并且在这类产品品牌的建立时，一方面要具有长期性；另一方面又要具有短期性、实效性和阶段性。这两个方面是相辅相成的，品牌建设的长期性在文化产品品牌的培育过程中实时体现在任何一个事件、人物和创意之中，在每一个赛事实施前中后都将被不断地再造，而就赛事事件本身而言又具有短期性、实效性和阶段性，而赛事中明星效应的产生却具有长期性，渠道对某个赛事的传播也具有一定的长期性。世界著名的广告大师大卫·奥格威早在1955年首次提出了品牌的概念，“品牌是一种错综复杂的象征，它是品牌属性、名称、价格、历时声誉、广告方式的总和”。“品牌资产的鼻祖”大卫·艾克是这样定义品牌的：“品牌首先向公众承诺的是保持并不断改善产品的品质。品牌对消费者而言，可以被视为一种合同或者协议，消费者对品牌的信任和忠诚来源于品牌所包含的关于产品或服务的质量、属性、价格、个性等方面的承诺，以及消费者根据检验获得的对该承诺真实性的认可。”意即我们前文提到的“伟大品牌的核心源自伟大的产品”。

四　体育视频产品的服务营销策略

著名传播学家麦克卢汉的“媒介即讯息”观点认为，在漫长的人类社会发展过程中，真正有意义、有价值的讯息不是各个时代的传播内容，而是这个时代所使用的传播工具的性质。在现代这个被称为“信息爆炸的时代”实际上应该讲是传播工具的革命极大地加剧了信息传播的速度和传播方式的变革。从传统的报纸、广播、电视到如今风生水起的互联网传播体系、移动传播体系等全媒体时代的到来，随之产生了信息传播方式的改变，由单项传播到双向传播和多项传播，从单一读、听、看到全方位的互动，视频产品在所有传播工具中是最生动直观的传播方式。现在随着全媒体对视频产品越来越大的市场需求，应运而生的视频产业逐渐成为全媒体服务的独立的产业链。因此，由于现代传播工具的变革，“全媒体”实现了多角度、立体化的综合传播体系，以及独立的视频产业的快速发展，我们所面对的体育视频产品的服务营销策略也必须与时俱进。

菲利普科特勒在《营销管理》中对产品是这样定义的："产品是指提供给市场以满足需要和需求的任何东西，包括有形产品、服务、体验、事件、资产、组织和创意。"北大营销管理学教授张黎博士在谈到产品服务时认为预期与实际感受差异越大，产生的结果会趋于越好或越坏两个极端，生产服务的差距主要源自管理者认知的消费者预期，预期一般不会改变，所以改变的只能是你对自己服务的提升，一定要清晰客户想要什么！那么，当今用户想要什么样的体育视频呢？独立的体育视频产业所生产的产品服务营销策略又该如何制定呢？笔者从如下几点加以剖析。

第一，传统体育电视生产的产品主要是为专有的播出渠道服务，也就是以内部营销为主，生产资料的使用相对单一，产品策略也比较简单，服务周期以赛事周期为基准，战略定位基本按照所在渠道的播出予以制定，特别是产品种类和形态以锁定传统电视播出渠道的需求为基准。这些年随着新媒体的出现，传统电视在产品生产的形态上也发生了一定的变化，如在播出前中后会加入短信的互动信息，视频画面上会出现多频的表现形式，也会利用现代的信息处理技术对视频进行一定的处理等。但是传统电视渠道由于传播渠道的限制。单向传播的形态注定其产品形态不可能超出现有传播工具的限制。

第二，体育视频产业的发展是顺应全媒体对视频产品的需求而诞生的，这就奠定了其产品种类和形式必须是多样的。既要服务传统电视，又要服务互联网的视频网站、手机电视、公交电视、楼宇电视、航空电视以及广场电视等，同样的赛事资源要生产出不同的视频产品来服务不同的传播渠道。比如手机视频需要短小精悍、公交视频必须与公交站点相协调、互联网视频网站的赛事视频需求必须符合互动的需要等，产品的服务策略应该顺应不同渠道的特点。

第三，体育视频产业所生产的产品应该具有专业和细分的特点，更要具有同类项目生产出差异化的产品两大特点。就我国目前的体育电视产品的生产特点，独立体育视频产业产品更多的是提供给新媒体使用，而传统电视主要还是自给自足。因此视频产业的产品除了考虑全媒体的传播渠道的特点外，还要顺应分众时代的需求，不同渠道、不同时段和不同年龄段以及对项目本身的热爱程度等。顾及不同项目在不同传播渠道上观众文化的构成也是体育视频产品不同的服务营销策略。

总之，随着全媒体的快速发展，互联网、移动传媒等传播工具的改变以及对体育视频产品市场需求的不断扩大，体育视频产业首先要加大对体育顶级赛事的资源控制，特别是深受所在地区民众喜爱的赛事产品，以确保对体育视频产品生产资料的掌控；其次，要能做到对全媒体所需要的视频产品种类及形态有一个准确把握，细分市场包括对观众的预期、传播渠道的特点等；最后，建立起符合视频产业需求的人才队伍，确保每一个体育视频产品都会有对应的细分市场。

第三节　渠道与内容共创品牌效益

近年来，我们对电视属性的认识有了一个大的飞跃，即使在当今的事业体制中，体育电视传媒未来将会走出一条产业化发展的道路已经是一个不争的事实。而产业特性突出的体育电视更加深刻地意识到市场竞争的现实性和残酷性，体育电视人更加自觉地把打造品牌作为重要任务。更何况当今媒体进入影响力竞争时代，而影响力的竞争主要依靠品牌力量。

近期新出的一组数据，可以让我们一窥我国体育电视产业品牌经营的现状和问题。《销售与市场》（体育版）2010 年第 10 期公布了该杂志社联合中国经济商务协会、中国品牌价值研究中心共同评选出的“中国体育品牌商业价值百强”榜单，体育电视界有 CCTV－5、五星体育、BTV 体育频道三家荣登榜单，他们的品牌商业价值分别为 198 亿元、22.9 亿元、22.8 亿元。下面我们详细分析一下中国体育电视品牌的经营现状和问题。

一　中国各个体育电视品牌的受众认知度

根据索福瑞的数据，在北京、天津地区，以 2010 年为例，CCTV－5 的收视份额只是稍好于当地体育频道，而在四个重大比赛期间（温哥华冬奥会、男篮世锦赛、南非世界杯、广州亚运会），CCTV－5 的收视份额远远高过当地体育台，说明这两地的受众有“大赛看央视”的收视习惯，而这两个体育频道在两地也受到观众的一定认可。笔者认为，CCTV－5 的产品更具竞争力。但是在平常时候，当地体育频道也有不错的收视表现，这说明当地体育频道已经在央视的强势覆盖下寻找到了适合自己的发展道路，开发出了满足当地观众的收视喜好的产品。

在湖北、江苏、福建、山东、重庆地区，CCTV－5 包揽了大赛播出期间当地几乎所有的收视份额。在这几个省市地区，CCTV－5 一家独大的地位无法撼动，主要原因是与当地体育频道比，受众认为 CCTV－5 播出的节目更有吸引力，赛事资源更丰富。

在上海地区、广州地区，CCTV－5 不论是平常，还是大赛期间，其收视份额都输于当地覆盖的体育频道的收视份额。与广东体育频道相比，CCTV－5 在广东省全年的表现并不具有非常明显的优势，两者有博弈，有输赢，而在四个大赛期间，CCTV－5 的收视份额绝对处于下风。在深圳地区，央视只有在大赛期间的收视份额胜过当地覆盖的体育频道（深圳体育频道、广东体育频道），当地受众平常多收看本地体育频道。CCTV－5 在南方省市表现不尽如人意，与在北方省市的突出表现形成巨大反差。笔者认为主要是文化差异在起作用，主要是南北方语系的差别，CCTV－5 使用的是以北方语系为基础的普通话，而广州、上海当地覆盖的地方体育频道常有方言节目。

电视产业属于文化创意产业，电视媒体品牌是以体育文化内容生产的观赏性产品为基础，受众对体育电视产品认同，才能转化成对品牌的认同，而品牌的认可是以自身成长和生活环境所接受的文化熏陶为基础的，综合性强的 CCTV－5 缺乏精确的市场细分，所以，南方受众选择更加贴合自己需求、符合自身文化习惯的地方体育频道也就在情理之中。为此，我们可以很准确地通过体育电视媒介的影响力，分析出城市居民对体育电视内容传播的选择与其生活的人文环境有着很强的关联性。所以，我们在探讨城市与竞赛之间的关系时，也着重探讨了赛事对城市人文环境的改善是有积极和直接意义的，这对于城市如何选择一个适应城市人文环境或者能够促进城市人文环境改善并能推动城市品牌传播的赛事是有参考和研究价值的。

总体而言，CCTV－5 在中国体育电视的市场版图上仍旧占据大半壁江山，稳坐头把交椅。但是，这绝不是一个永恒不变的话题，因为地方体育频道的突围也说明，地方体育电视品牌的塑造需要规避自身的短板，只有找到一条出奇制胜的发展道路，才能在体育电视市场中与央视竞争资源。同时，互联网的传播力正在与日俱增，随着体育视频网络的传播范围、内容和制作水平不断提升，城市人群对于使用互联网视频观看赛事习惯的不断形成，CCTV－5 的强势地位也将不复存在。

社会效益是体育电视品牌经济效益实现的基础。对体育电视传媒而言，体育赛事品牌的社会效益越大，其经济效益就越高。一个传媒平台的价值首先取决于其传播所带来的社会效益，这是一个体育传媒机构的核心价值。

目前我国体育电视产业中，CCTV－5 的品牌最为强大，近年来，CCTV－5 也确实进行了一系列大刀阔斧的改革和创新，正在步入一个良性且国际化的发展轨道。但是，作为我国体育电视界龙头老大的 CCTV－5 也并不是无懈可击的，与国外很多发展成熟的体育电视媒体相比，其无论是在品牌构建方面，还是产业链的建立方面都有着相当大的差距，顺应市场机制的能力还是较弱，一旦失去政策保护网的呵护，依然存在较大的风险。应该讲该频道还是一个区域性体育媒介品牌，与国际体育电视媒体品牌的差距还比较大，国际影响力远远不够。

但即便如此，就全国体育电视品牌的整体经营情况来看，已经形成了以 CCTV－5 占据绝对优势，稳居塔尖的第一阵营，上海体育频道、北京体育台、广东体育台组成的第二阵营，以及其他体育电视品牌集成的第三阵营的格局。

二　节目质量决定体育电视品牌的影响力

通过数据分析得知，CCTV－5 仍然是目前国内最受观众认可、影响力最大的体育电视传媒机构，这显然是得益于 CCTV－5 拥有高质量体育赛事节目的缘故。以下通过三个方面来分析我国体育频道的产品质量。

第一，各个体育频道有影响力的节目占全天播出节目的比重要大。如果一个体育频道既有体育节目，又有娱乐节目，甚至还有旅游、美食、电视剧等节目，比如陕西体育频道会播出《家有儿女》，福建体育频道出现大量的电视购物节目，那么，这类体育频道体现出来的便是大杂烩的特点，根本谈不上对频道品牌的塑造。

第二，各个体育频道播出的优质体育赛事的数量要多且要呈现国际视野。因为体育电视频道具有很强的资源独占性，CCTV－5的影响力一方面取决于其落地范围之广；另一方面则取决于赛事自身的影响力。

第三，各个体育频道的收视人口。收视人口是衡量一个体育频道影响力的最为直观的数据。

我们上文中也提及赛事资源对一个体育频道的重要性。品牌赛事、优质赛事的播出，将对体育频道自身品牌的塑造起到至关重要的作用。

这里将通过对我国现存的13个体育频道在2011年9月17日播出的节目作为研究对象，进行内容分析（根据国家广电总局网站公布的截至2011年2月的全国广播电视播出机构及频道频率名录查出全国拥有28个体育频道。去掉这些已经改名或者已经改变播出内容的频道，截至2011年5月18日，全国实质上还存有13个体育频道）。

图9－1是各个体育频道的体育节目占全天播出节目的比重，CCTV－5的体育节目达到了100%的播出比重，是严格意义上的体育频道，CCTV－5也不乏品牌栏目，例如《体坛快讯》《体育新闻》《天下足球》。播出比重达到90%以上的体育频道从高到低分别是广东体育频道96%、北京体育频道94%、新疆汉语体育健康频道93%、广州体育频道92%。而为人熟知的五星体育（即上海体育频道）的播出比重仅仅有77%，是因为在当天该频道虽然24小时的播出内容都是比赛，但是其间花费了4.5小时播出了

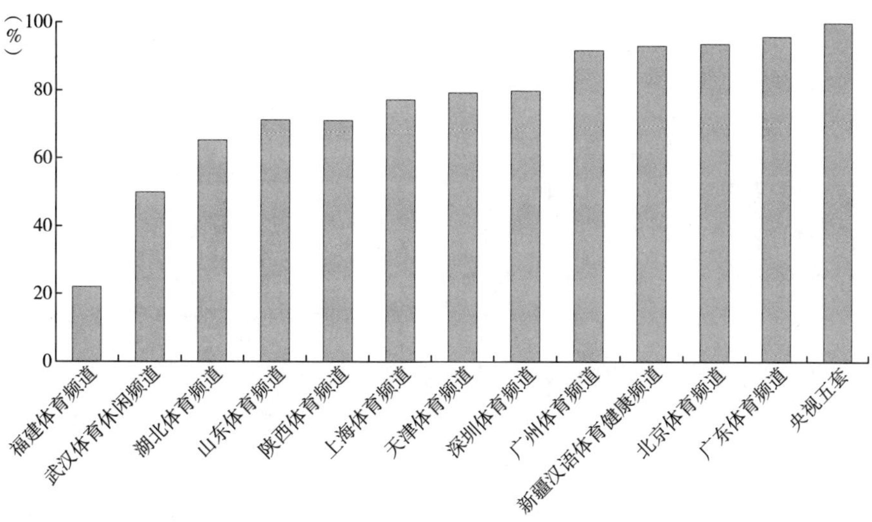

图9－1　各体育频道体育节目与全天播出节目的比重

“威斯敏斯特全犬种大赛：工作犬组”，一个小时播出“国际吃热狗大赛”，这两个比赛都不能算作真正意义上的体育赛事。新疆汉语体育频道播出的内容主要有两部分：一部分是 CSPN 提供的栏目和赛事，一部分是自制的节目。全天候滚动播出，节目重复率高。

关于各个体育频道当天播出的赛事数量和直播赛事数，当天重复播出的同一场赛事按一个赛事计算。广东体育频道播出赛事数量最多，达到了 14 场，但是其中直播的赛事只有 3 场。当天播出赛事数排名前五的依次还有 CCTV－5、上海体育频道、北京体育频道、广州竞赛频道。但是播出赛事数排名前四的体育频道中，直播赛事数排名从高到低依次是五星体育、CCTV－5、广东体育频道和北京体育频道，而广东体育频道和北京体育频道之间差距不大。在一定程度上可以说明一些问题，再从全景式的角度分析一下，CCTV－5、上海体育频道、北京体育频道（BTV－6）、广东体育频道这四个体育频道的总体情况已经明显与其他体育频道拉开差距，为了进行更为深刻的讨论，笔者在比较各个体育频道直播赛事的数量时只选择这四个体育频道为研究样本。

CCTV－5 播出赛事场次最多，全年播出赛事总数达到了 1800 场。另外，CCTV－5 目前拥有 80% 的国际赛事和 90% 以上的国内赛事的国内报道权，参与市场运营和管理的“全国排球联赛”、“国际跳水冠军巡回赛”、“乒乓球超级联赛”以及 2012 年引进并在成都落户的“世界斯诺克国际锦标赛”，同时还开发了拥有自主知识产权的民族品牌赛事“中国武术职业联赛”（WMA）等。此外还有为企业定制化服务的赛事播出，如迪士尼歌舞青春、青岛啤酒 NBA 啦啦队选拔赛等，这些直接参与市场运营管理和组织的系列赛事，为 CCTV－5 未来的产业化发展奠定了一个良好的基础。同时鉴于目前全媒体发展势头，在我的推动下还创建了“央视·IMG”体育赛事管理公司以应对国际赛事市场的开发，创建了《第五频道》杂志，拓宽了市场的传播价值。为了提升在整个行业内的影响力和指导体育赛事产业与传媒产业的资源整合发展，将 CCTV－5 做强做大，2008 年，我还牵头与北京大学联合成立“体育文化产业研究中心”，建立产学研一条龙，为建立完善的体育传媒产业链奠定基础。CCTV－5 这种模式的发展，不仅为其带来了巨大社会效益，同时还赢得丰厚的经济效益，也为 CCTV－5 全面市场化运营打下了良好的基础。

体育电视传媒影响力的关键还取决于渠道的强弱，落地范围的广窄，节目质量的好坏，三者合一才能最终决定体育电视品牌效益的高低。图 9－2 是对全国各个体育频道收视人口的展示，我国目前的 13 个体育频道中，只有 CCTV－5 具备全国覆盖的条件，其覆盖范围及收视人口远远超过其他体育频道，为其品牌传播创造了非常有利的条件。

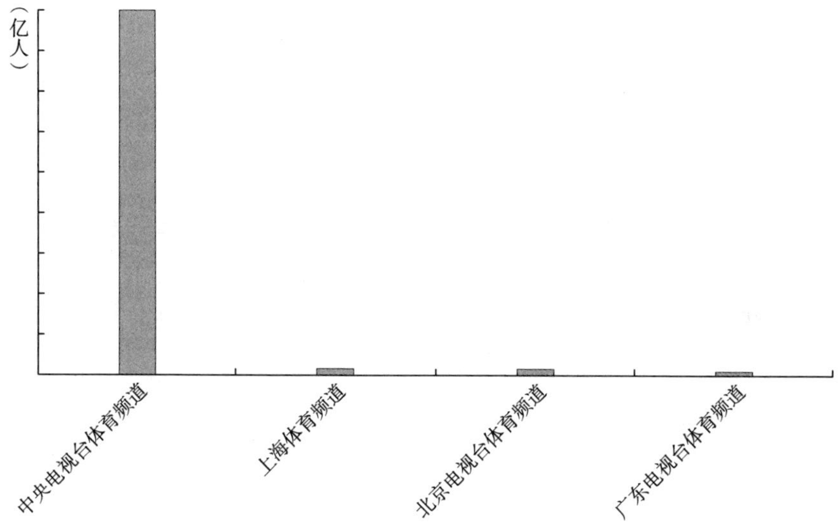

图 9－2　各个体育频道收视人口

从以上三组数据分析我们可以得出结论，在体育节目播出比重、体育赛事播出数量和收视人口的综合比较下，CCTV－5、上海体育频道、北京体育频道和广东体育频道的综合表现最为优异，频道专业化程度最高，为成为行业品牌先锋打下了较为坚实的基础。

三　与国外著名体育电视品牌的差距分析

品牌化是体育电视发展的必由之路，如何进行品牌建设，是所有体育电视传媒行业从业人员面临的重大课题，与我国城市化进程中城市品牌的构建所产生的问题是一致的，大部分城市管理者对城市品牌的认识都落后于城市建设。虽然目前已经有一些从业者开始尝试通过产业链的搭建来促进体育电视品牌的构建和完善，但是我们与国外著名体育电视品牌还有着巨大的差距，究其原因主要来自以下内外两个方面。

第一，自身发展起步较晚。我国体育电视从业人员的品牌意识和品牌认识还不够深刻，在品牌构建方面，我们还处于探讨和摸索的阶段，从节目制作水平、主持人的能力到频道整体的包装以及整体识别体系的建立和知识产权的保护等，我们与国外优秀的体育电视差距较大，还有很大的提升空间。在渠道建设方面，虽然已有一些专项付费频道来迎合分众传播需求，但是还远远不够。

分析我国体育电视目前的业务结构发现，我们缺乏打造品牌赛事以及将其所拥有的品牌价值投入市场进行再生产的能力，这样就无法扩大市场份额，无法进一步扩大影响力和传播力，无法创造收益，更形不成产业链。何谈品牌延伸？

第二，生存环境的限制。我国体育电视的事业体制在很大程度上影响了传播力的增强和发展壮大，极不利于在市场机制下的产业发展。品牌是市场经营模式的产物，当体育电视传媒行业的发展受到事业管理机制的制约，品牌打造必然举步维艰，而体育电视传媒行业中知识产权的保护和运用也将无从谈起。

电视节目的原材料来自国际、国内各个城市体育竞赛产业的发展。国外体育电视坐拥诸多顶级国际赛事，并且自身也开发出一些品牌赛事成为自身节目的源头活水。面对全球快速发展的竞赛产业、强有力的产品竞争以及越来越成熟的市场环境，我国竞赛产业仍被裹于事业的襁褓之中，严重缺乏市场生存能力，举办城市对此认识严重不足，一方面场馆建设严重不配套，求大求专却失去了市场运营能力和空间，结果造成财政压力巨大，政府束手无策。另一方面由于国际顶级赛事资源有限，能够进入中国或者在中国城市产生良好市场运营的更是少之又少，这与我们的政企不分、政事不分、企事不分以及缺乏专业的运营管理团队都有很大的关系。由于上游产业发展不利，下游的体育电视传媒行业的发展就出现了严重掣肘，严重影响下游产业体育电视的品牌塑造。所以只有充分发展上游竞赛产业，建立完善的市场机制，才能真正有利于下游体育电视传媒行业以及互联网视频产业的健康发展。

四　如何构建中国体育电视品牌

图 9－3 虽名为“品牌管理链”，实则为一个品牌创建的基本流程。体

育电视品牌同样符合这一基本规律，但又有其自身特点，本研究认为体育电视品牌构建应该包括品牌定位、品牌体系创立、品牌营销与维护、品牌价值延伸与衍生、品牌文化构建五大主体环节，环节之间彼此呼应，共同构成了这一系统工程（如图9－4）。

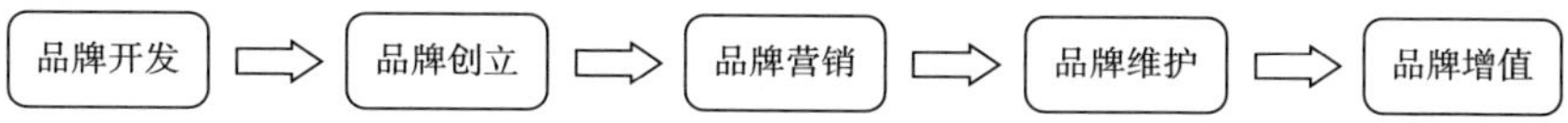

图9－3　品牌管理链①

图9－4　体育电视品牌构建流程

图9－4是经过抽象概括的整体流程，从具体操作来看，品牌定位是品牌构建的前期准备阶段，而后面四个阶段是具体实施步骤。品牌定位的标准和依据归根结底是由不同时代受众的需求决定的，受众需求即受众的口味；品牌体系是通过创立若干子品牌并有效整合的过程，具体包括形象和内容两部分；品牌营销与维护是品牌得以稳固的手段，需要根据时代背景整合多种营销手段，同时结合必要时候的危机公关；品牌价值的延伸与衍生使品牌不断增值——最终，在多种因素的共同影响下，一个成功的品牌必将在品牌塑造过程中形成独具魅力的品牌文化。

体育电视传媒品牌定位的核心价值是社会责任，品牌定位是品牌构建的起点。本文所说的品牌定位不是通常讲的确定具体目标受众和节目风格，而是确定品牌构建在何种价值基础之上。对一个品牌来讲，既追求商业价值也追求社会价值，追求最大的商业价值是一般企业的终极目标，而社会价值则是获取商业价值的前提。不同的品牌对于社会价值和商业价值的理解不一样，侧重点也不一样，一些品牌需要格外注意社会价值的实现，特别是电视媒体品牌，无论它传播的内容是什么，履行社会责任都是其首要义务，也就是说社会价值是其第一价值核心。

在中国，电视媒体是国家宣传最主要的平台，有引领舆论导向的社会

① 倪代光：《试析电视品牌战略的一般性原则》，《电视研究》2009年第8期。

功能，他们所扮演的角色决定了不能像其他很多行业的企业那样一味追逐商业利益。但是纵观全球，往往成功的电视媒体所积累的财富同样可观，品牌价值也十分惊人。比如英国的BBC，截至2010年3月，其总收入达到47.9亿英镑，净资产近10亿英镑[①]；日本的NHK，2010年的运营收入达6786亿日元[②]，合人民币561亿元。同样是以社会责任为第一核心价值，这样，商业价值的实现才有了依托和根基。体育电视也不例外，尽管体育在表面看来，似乎离政治较远，但体育赛事的信息传播，同样要承担有利于社会发展和时代进步的功能。

中国体育电视的社会责任主要包括：在与党和国家的大政方针保持一致的前提下，在遵守国家法律法规的基础上，向公众提供积极、健康的体育信息，传递体育当中拼搏进取、团结协作、不言放弃等正面的人文精神，满足广大受众正当的精神消费需求，并通过对体育赛事等节目内容的播放，帮助观众缓解压力、放松心情，从体育竞赛道德中获得人生的激励。同时也通过电视语言展现体育独有的魅力，培养人们对体育的兴趣爱好，进而参加体育运动、提高身心素质。其中满足广大受众需求是贯穿始终的最基础、最核心的责任所在。

以上这些都是一个体育电视媒体应该秉承的职业理念，也是中国体育电视的基础定位。即使未来中国的体育电视产业链搭建完毕，完全按照市场化运作，体育电视作为传媒行业的一个分支，其行业特性就注定了无论何时何地必须认清社会责任是第一价值核心，即要满足受众需求。具体来说，要做到以下两个方面。

第一，将被动接受变为主动分众，展现体育电视品牌魄力。目前中国体育电视的布局很简单，公共频道占据大半壁江山，而付费频道只是屈居一隅，其生存状态可见一斑。无论央视还是地方台，公共体育频道虽然数量少，但是在体育信息的传播上占据绝对主导地位，其节目内容几乎涵盖了所有体育赛事项目，有限的播出时间不等地分配给这些项目，播出时长由项目的普及程度、受欢迎程度、以往收视情况、赞助商情况、硬性指派等多重因素决定。也就是说，目前的体育电视频道不能保证观众能收看到

① http://www.bbc.co.uk/annualreport/exec/financial/consolidated.shtml.

② http://www.nhk.or.jp/pr/english/profile/pforile.html.

自己喜欢的体育赛事或栏目。在这种情况下，很多观众就会选择更换频道收看其他节目，或者投身网络体育视频等能够自主选择收看内容的媒体渠道。在满足受众需求上，体育电视很多时候显得力不从心，陷入传播渠道过少、时间有限的困境，频道资源有限、电视传播渠道单一致使赛事资源又相对过剩且分布不均，受众需求多样化增加了精准投放的难度。

为了避免分众时代造成的供求矛盾愈演愈烈，只有打破我国现阶段体育电视传播渠道单一和资源垄断的现状，强制央视体育电视频道走分众化道路，这样才能展现体育产业多层次的品牌魄力，让原本被“别扭”地捆绑在一起的体育迷，愉快地“分道扬镳”——像前面章节提到的那样，通过建立多渠道来实现分众，满足不同受众群体的兴趣特征与个性化需求，然后针对不同的需求进行差异化传播，让观众各取所需。这样看似削弱了原来整体的实力，而实际上，随着若干子系统实力的增长，原本没有发挥功效的部分（比如无法播出的赛事）有了用武之地，最终实现了“1 + 1 > 2”的效果。一次主动出击，既满足了受众需求，履行了体育电视媒体应尽的职责和义务，又使资源得到了有效配置，资源利用率提升，商业价值也随之提升，从而实现了社会价值和商业价值的双赢。对一个企业而言，这更是一种品牌价值的提升。无形和有形的转化实现了一个完整的循环。

增设不同渠道、形成集群式的品牌频道也可以降低自身经营风险。以宝洁为例，宝洁共经营着 300 多个品牌，当旗下的 SK - Ⅱ被查出含有禁用化学成分之后，这一负面事件对宝洁的其他化妆品品牌并没有明显的影响，宝洁这一母品牌也没有受到致命的打击。同时，宝洁在为每一个细分市场生产出不同产品之后，又为每一个产品制造出一个不同的销售方式，对每一种产品的宣传都有一个着重点，可以吸引有不同需求的消费者，这一点和体育电视的多渠道建设有异曲同工之妙。

第二，依靠赛事提升体育电视影响力，彰显品牌效应。传播力决定影响力，要提升体育电视的影响力，首先就要提升它的传播力。体育电视的传播力实际上是指一个体育电视媒体（频道）通过各种传播方式的组合，将体育信息扩散，以产生尽可能好的传播效果的能力。它包括传播的信息量、传播速度与精度、信息的覆盖面以及影响效果。

体育电视的传播力由什么决定？——对传播渠道和赛事资源的占有程度特别是高水平赛事的占有以及对它们高水平的制作和包装。其中对渠道的占有实质上就是前面提到的分众的结果，这将影响体育电视传播的信息量、传播速度与精度以及覆盖面。影响效果主要看收视率和市场份额，这主要取决于体育电视对赛事资源的占有程度，特别是对高质量的赛事的占有程度。麦克卢汉指出，电视台实际上是在租用受众的眼睛和耳朵做生意。电视台通过节目传播，用收视率来吸引广告商投放广告（购买观众的注意力），因而受众的注意力就成为电视台的巨大资源①，高质量、高水平的赛事无疑可以很好地吸引观众的注意力。

根据央视索福瑞（CSM）2010 年做得 CCTV -5 收视率统计（以 2010 年 6 月为例），6 月 10 日，也就是南非世界杯开幕前一天，CCTV -5 的收视情况在央视 15 个开路频道中，排名第七，平均收视率为 0.13，平均收视份额为 1.52。而到了 6 月 11 日，则以 0.56 的平均收视率和 6.23 的平均收视份额荣登榜首，特别是世界杯的开幕式和揭幕战，收视率分别是 2.05 和 2.59，是当天峰值。整个世界杯期间，CCTV -5 都排名前三。同时，在 6 月 11 日上午体育频道直播的 NBA 总决赛同样是获得了 0.61 的高收视率，超过了均值——NBA 比赛一向能够掀起体育频道的收视高潮。再看 2010 年的广州亚运会，亚运会的前一天，即 2010 年 11 月 11 日，CCTV -5 的收视份额在央视所有开路频道中排名第九，成绩并不理想，而到了亚运会开幕当天便跃升到第四位，随后的整个亚运会期间排名都保持在前两位，其中有 5 天排名第一，那几天正是有很多精彩赛事上演的日子，特别是田径比赛中的接力以及男篮等受众关注度高的项目赛事正酣。以 11 月 26 日为例，男篮决赛、男子三级跳远决赛、男子 4 ×100 米接力决赛收视率分别是 3.1、2.75、2.03，占据三个正赛高值，连同他们的颁奖仪式也取得了惊人的收视成绩，4 ×100 米和男篮的颁奖仪式收视率分别是 2.95 和 2.8。而亚运会一结束整个频道的收视又掉落至第五位。

拥有了好的原材料，如何让他们的魅力更加夺目，则需要借助专业的技术和先进的手段，以及富有创意的制作理念。只有这样，体育比赛中的巅峰对决、精湛技艺才会得到淋漓尽致的展现。在一场 NBA 的常规比赛中，ESPN 的转播通常会在赛场的各个角落共安放 24 个机位，可以从不同的角度为观众展现激烈的对抗。在 2011 年的上海游泳世锦赛上，细致到运

① 倪代光：《试析电视品牌战略的一般性原则》，《电视研究》2009 年第 8 期。

动员每个表情的变化，精确到秒针之间的差距，以及极具视觉冲击力的水下影像和电视转播镜头，这些感官享受都是通过游泳池上方一个三维飞猫（“蜘蛛眼”）、出发台旁两个定点镜头、水下两个遥控摄像机、水下和岸边各一个高速电子轨道车摄像系统（“电兔子”）——这7台高科技设备上的摄影机实现的。

除了专业的设备和全方位的转播理念，很多新技术也在赛事转播和报道中得到广泛运用。南非世界杯期间，虚拟技术、MVP、3DReplay等技术在CCTV－5的《豪门盛宴》中着实火了一把。在演播室，观众可以看到虚拟的球场，这是虚拟技术和3D建模技术的结合。国际足联每场比赛都会提供每个球员跑动区域和跑动距离的实时数据，而我们则通过数据传输、识别、转换技术、虚拟渲染技术，让梅西在节目中“站”到张斌身边，同时梅西在球场上每一个曾经跑到的点，最经常出现的区域也会展现在观众面前。此外，演播室大屏幕通过渲染服务器加工，不仅能够提供更加丰富的背景，还可以显示实时数据，并以多种方式加工视频信号，使节目演播室的表达方式更加丰富多彩、信息量更大。正是由于大量采用画线、距离测算、镜头旋转等技术对比赛进行深度解读，《豪门盛宴》的专业水准大大提升，得到了观众的喜欢与认可。

大型综合性赛事以及高水平的单项赛事对整个频道的收视率和收视份额有巨大的提升作用，再加上专业、高水平的制作，更增强了赛事乃至整个频道的传播效果。体育电视的传播力显著提高，影响力自然也随之提升。反过来，体育电视的影响力大了，实力强了，品牌效应显现出来，体育电视媒体在赛事版权交易中就会占据主动，越来越多高水平的赛事就有机会呈现给广大受众，更好地满足受众需求，社会价值进一步提升。

当一个体育电视媒体的社会责任和影响力不断提升的时候，其商业价值也必将呈几何倍数提升，这正是体育电视品牌资产形成和巩固的过程。

五　构建体育电视品牌体系

当体育电视传媒机构开始形成品牌，可以通过无形资产获取商业价值的时候，它已经不再满足于品牌发展的现状，一系列更加宏伟的计划便付诸行动。和其他行业的大企业集团一样，体育品牌也可以以集团品牌为母品牌，之下又能成功塑造很多子品牌，这些能共同构成带有强烈专属印记的品牌家族体系。类似于宝洁、中粮等品牌。

改革开放三十多年，我国城市体育电视传媒产业的品牌建设却刚刚起步，我国的体育电视传媒机构，基本都处于事业管理体制之下，在占有国家资源优势的基础上谋求发展，取得了一定的成绩。我国体育电视的广告收入逐年攀升，一些赛事项目的公用信号制作水准在国际上也获得了一定的认可，但是在品牌建设方面仍然无法与世界同步。全球体育电视的发展趋势是要充分遵循市场运营机制。类似于 ESPN 这样的体育传媒巨头早已形成了完善的产业链，品牌资产在整个企业资金链上处于十分重要的一环，品牌价值变现的能力极强，品牌效应处于最佳状态。在很多情况下，可以规避投入大量资金而带来的风险，使企业在竞争中处于有利位置。而这方面，无论是中国的体育电视传媒产业，还是中国的体育赛事品牌都还有很大的提升空间。

对城市体育电视传媒产业而言，要使自身的品牌做大做强，就要有持续的生命力，需要以产业链运行为基础构建体育电视品牌体系。只有这样，他的品牌效应才会得到最有效的发挥。体育电视品牌之所以成为体系，是因为不再把体育电视仅仅当作一个传播平台，如上文提到的单核的经营模式，而是从产业链的角度出发，将产业链的每个环节都融入其中，有横向的延伸，也有纵向的深入，最终形成一个囊括体育电视产业链各个环节的、由若干子品牌构成的品牌体系，这也是所谓的多品牌战略，而且是不同层次的多品牌，这样可以最大限度地占有市场，对消费者实施交叉覆盖，且降低企业经营的风险，同时也有利于品牌延伸。

具体来说，体育电视品牌体系分为三个层次：各环节产品品牌、子公司品牌、集团品牌。其中各环节产品品牌主要包括：体育频道中的品牌栏目、品牌主持人，赛事运营公司中的品牌赛事（是指赛事本身，而不是电视转播的赛事节目）、品牌运动员，延伸版块中的品牌体育杂志，衍生版块中的品牌运动服装等；子公司品牌包括品牌体育频道、品牌赛事运营公司、品牌跨媒体运营公司等；集团品牌就是指未来按照体育电视产业链构建的符合市场运作规律的集团公司（母公司）。而在三级品牌之间又存在一些贯穿上下的其他要素，如人、形象、管理等软实力要件，他们的品牌建设也同样重要，而且要和三个层级中各类品牌的构建相辅相成、相得益彰。

根据该体系的结构，同时考虑到品牌整体的延续性和完整性，在成功进行品牌定位的基础上，体育电视品牌体系又围绕品牌标识和核心内容两部分展开。

第一，能够带来鲜明记忆的品牌标识。这里所说的品牌标识即电视品牌识别系统，包括：台标、标准色、声音识别系统、标准字、话筒标志、片尾字幕定版、频道形象片花、频道形象宣传片、开始和结束曲共同组成的一组多感官形象。尽管作为一个母品牌，旗下有不同层级的子品牌，但是能够代表母品牌的标识应该是一致的，子品牌在标识展示的时候，都要结合母品牌。很多企业品牌在这方面的处理都是一样的，宝洁旗下的快销品牌有很多，拿洗发水来说，每一款的风格和特质都不一样，包括包装、功能、代言人等都各有不同，但是他们在做广告的时候，最后落版画面都会出现宝洁的母品牌标识。对一个集团企业来说，小小的标识就是他们生命力的凝结，是一种责任和承诺的体现。即使集团推出了一款新产品，知名度几乎为零，可是一旦当产品打出“宝洁公司荣誉出品”类似的字样时，一个新生事物会马上拉近和消费者的距离，在与其他同类产品竞争的时候，刚一起步就占据了优势。此外，品牌标识中的标识声音也很重要，比如奥迪汽车在广告中简短却有节奏，仿佛人心跳的声音非常容易识别，而且和品牌的关联度很高，即使不看画面，一听声音就知道是奥迪品牌。

未来体育电视产业中的集团企业也是一样，作为文化行业，企业的品牌公信力和知名度则是其生存和发展的核心价值，首先要从感官形象上牢牢占据受众的记忆空间，而且一旦确定样式，风格不要轻易更换，以免造成受众的记忆疲劳，且在设计上，无论声音还是画面都不要过于繁琐，且要富有动感。毕竟是体育电视传媒，体育竞赛是其核心内容，要符合体育赛事本身的传播特质，就像北京奥运会的会徽——“舞动的北京”一样，奥运让北京舞起来、动起来。这样才会让人过目不忘，和受众产生共鸣。

第二，积极进军上游，建造全产业链品牌。赛事是体育电视品牌依托的核心内容。这里说的品牌赛事不是单纯只通过电视播出的节目产品，而是包括了节目原材料的生产和加工。从源头开始做品牌。就像美国的NBA，作为一个联盟企业，其本身制造的球员、俱乐部、比赛、场馆以及衍生产品都已经是品牌商品了，基于这种商品而生产的电视产品就很容易变成传媒产品中的大品牌。一个体育电视品牌不仅能在赛事版权交易中成为赢家，而且要能够制造品牌赛事产品。在国外，媒体作为主角办赛事，拥有赛事产权不是新鲜事——ESPN 的极限大会就是很好的例子。而在国内，不同机构的利益归属，使得各个机构各自为政，资源不流通，合作的时候也会因为利益分配不均而互相扯皮，严重影响了中国竞赛市场的发展。未来体育电视产业要想有所突破，赛事的占有是关键，如果本身就能生产体育电视产品所需的原材料，就等于激活了目前产业链中很多无法盘活的资源和商业价值。将原材料生产和销售渠道打通，加快了生产要素和资金的流动速度，产品的使用价值变成价值这一循环的时间就会缩短，单位时间产生的社会价值和商业价值就大。

六　整合营销　促进品牌传播与价值维护

体育电视品牌体系一旦构建起来，有了立体的形象和丰富的内容，体育电视品牌便有了实质的依托，体育电视的品牌创立基本完成。品牌一旦形成，品牌营销便必不可少，品牌形象需要通过不断的正面宣传予以维护。特别是在现代信息社会，品牌的传播不是简单的做广告，整合营销成为必要手段。所谓整合营销就是将各种营销活动混合并搭配，以使单独的和整体的营销效果均能最大化。[①] 时代越是进步，品牌传播的手段越不能单一，而体育电视品牌作为媒体本身，品牌传播有先天优势，它的传播会比一般品牌更加自然，品牌内涵会更加潜移默化地影响受众。但是新媒体的涌现和强势发展以及分众时代的特点都让我们明白，受众每天接触的信息量是传统媒体时代的百倍，因此注意力集中在一个信息上的时间也大幅缩短，没有足够广泛的信息覆盖网络，没有高频次的品牌曝光，品牌很容易变得昙花一现。体育电视的品牌不能固守原有阵地，必须整合资源，整合营销手段。

体育电视传媒产业在城市文化产业整合营销的传播层面包括“在播”宣传和“离播”推广。“在播”宣传是指利用自身的独特优势和资源，依托自身节目和其他电视媒体或其他频道的节目对品牌核心理念进行的自我传播，通过播放大量的形象片、广告片、宣传片以及滚动播出的导视片，使电视品牌形象和理念深入人心。“离播”推广是指利用报纸、广播、网

① 菲利普·科特勒、凯文·莱恩·凯勒：《营销管理》，格致出版社，2008，第 317 页。

络、户外广告等其他媒介和传播手段进行电视品牌推广。综合运用“在播”宣传和“离播”推广可形成全方位、立体的传播态势，扩大品牌影响力，从而实现持续不断的体育电视品牌传播。① ESPN 就很会利用其他媒体来做自身的品牌推广，在许多电视台及新媒体上，观众经常能看到别具创意的 ESPN 的宣传片，再配合一系列的公关活动，比如举办派对、游戏活动、学术研讨会以及当红主持人的观众见面会等活动，加深人们对体育电视的印象，吸引受众，提升品牌影响力。

此外，本研究所说的整合营销除了品牌传播渠道和手段的整合之外，还包括对不同品牌优势的整合。奥林匹克这一体育界最有分量的品牌就深谙此道。Top 计划如果说给了一些企业脱颖而出成为全球企业典范的机会的话，那么奥林匹克也从中受益，甚至可以说收获颇丰——这不仅是指直接的经费收入：企业用高昂的赞助费用换取的是可以使用五环标志的权利和奥运会首席赞助商的尊贵身份。而且奥林匹克依托 Top 赞助商的稀缺资源与企业品牌同时频繁宣传，奥林匹克这一品牌在其他品牌名利双收的时候，不断成长壮大。这也是品牌传播领域中品牌联合的现象，不同品牌在对方身上寻找可以让自己提升的点，同时也彼此付出对等的资源，取得利益上的平衡，这样就有了 1984 年以来奥林匹克运动的风靡全球。

品牌营销不仅是一种积极主动的宣传，当品牌出现负面新闻等不利局面的情况下，品牌营销便是危机公关的手段，以维护品牌形象不受伤害，避免品牌价值的贬值。

七　拓展新型业务，促进品牌价值的延伸与衍生

品牌做大做强了，是否还有上升的空间？答案是肯定的。既然要以产业链运行为基础，品牌价值就必然有所延伸，让这种无形力量在产业链各个环节上发挥能动作用。只有这样，才能让体育电视的品牌效应发挥到极致。拓展新型业务将有助于品牌价值的延伸，就像 ESPN 有自己的主题餐厅和服装，《哈利·波特》有服饰和魔法用品在销售一样。品牌所拥有的溢价能力来源于版权的可复制性，或者说是可重复使用，而且不会因为复制的多而削减其价值，反而会呈现累计的效果，品牌使用的领域越多，能

---

① 倪代光：《试析电视品牌战略的一般性原则》，《电视研究》2009 年第 8 期。

够积聚的财富也相应越多，就像滚雪球一样。

目前城市体育电视传媒行业中，依然是 CCTV－5 的品牌价值最高，即使如此，该品牌之下的相关子品牌也屈指可数，跨媒体运作中有《第 5 频道》杂志，节目中有《天下足球》《篮球公园》，自主进入上游产业的“中国武术职业联赛”，一年一度的“体坛风云人物颁奖盛典”，但是总体布局上，依旧比较单一，多是围绕传媒领域展开，而作为体育电视产业链，这样的布局不够合理，资源开发不足，存在资源浪费的现象。而传媒行业本身的辐射效应比较强，不像理工科领域那样，有明显的技术障碍和壁垒，传媒产品作为文化产品的一类，与其他行业的融合相对比较容易，适宜拓展新业务（下文延伸产业和衍生产业会有详细介绍），尤其是其他领域的业务，品牌整体的利用率高，投入与产出比也高。

八 人力资源的品牌化

品牌文化的构成是一个持续培养的过程，任何成熟的企业都十分注重打造自身的品牌文化，华为、苹果、丰田他们的成长经历以及品牌文化都被当作行业典范。无论是产品研发理念，还是团队建设，抑或是如何面对失败，都渗透着企业的品牌文化，这种文化是一个企业的品牌精髓，是多年来风雨洗礼后积累的精神财富，让每一个信仰它的人有一种归属感。品牌的文化是人赋予它的，有人说，一个企业的文化就是 CEO 的文化。这说明企业的管理者与员工共同铸就了企业的文化特质，自然也就附着在企业的品牌之中。而随着产业链的不断完善，品牌文化也将无所不在，优秀的企业文化随时都会转化成物质财富，为企业发展添砖加瓦，这更是品牌效应的一种体现。体育电视传媒产业的核心产品可以说渗透着强烈的制造者理念和这个国家、这个城市、这个民族的文化渊源，正是如此，体育电视传媒产业的人力资源和资本是这个产业发展的两大支柱，而人力资源的拥有则是决胜之道。

任何一个品牌建设环节，归根结底都是由企业的人力资源来完成的，文化产业品牌的建设更是如此。人是文化产业的主体，是核心竞争力，超越一切有形产业的地位。对人的尊重和专业的尊重是建立强大的体育电视传媒产业的基本核心。人力资源是组织中的人所拥有的能够被企业所用，且对价值创造起贡献作用的教育、能力、技能、经验、体力等的总称，对传统意义上的体育电视来说，主持人、记者、赛事解说员、评论员、摄像、编导、技术人员、媒介产品营销人员、赛事组织和策划人员、经营管理者等都属于它的人力资源。如果从新时期产业角度出发，人力资源还将扩展到产业链各个环节当中的生产者和创造者，其中就包括运动员，他们的品牌化实际上就是生产体育明星的过程，有了明星运动员，他们参与的赛事就会有更多人关注。以 2010 年的广州亚运会为例，16 个比赛日中，收视率最高的两场比赛分别是男子 110 米栏决赛（收视率 5.0399）和男子 1500 米自由泳决赛（收视率 3.012），毋庸置疑，高收视率的背后是人们对刘翔和孙杨两位明星运动员的关注和支持，可见明星运动员对比赛本身以及比赛转播的效果将产生怎样的影响。

社会上的所有价值归根结底都是由人创造出来的，因此人力资源品牌化的背后实质上也是一种人才培养模式的创建，这种模式应该是集培养、激励、宣传、定制于一体，可以由高校、培训机构、其他企业来完成，也可以通过企业本身单独成立培训部门或子公司来实现。任何培养模式都是要让他们的能力稳固下来，形成专业的团队；将经验传承下去，形成持久的生产力；把智慧贡献出来，形成勇于创新的集体；使好的形象保留下来，创造明星效应。久而久之，人的品牌化就实现了，人力资源所具有的人力资本为体育电视媒体创造的价值就会几何级数地增长。同时，这一过程与品牌建设的其他环节是相辅相成、彼此呼应的，最终构成一个完整的体育电视品牌构建流程。

总之，未来城市体育电视传媒产业要想充分发挥其品牌效应，就要以满足大众需求为核心。只有这样才能获得社会价值和商业价值的双赢，才会让品牌发展有持久稳定的社会根基和经济基础。此外，品牌的构建要成体系，而且要遵循产业发展规律，不能只注重点的突破，更要在横向上拓宽经营领域、纵向上深度开发产品，形成立体的、多核心的网状格局。

小　结

本章节从视频产业这一概念入手，针对传统电视而言，当然也包括传统电视产品。视频产业的发展，源自网络视频、户外大屏、移动视频、手机视频等视频产业集群的诞生。由于渠道的日趋丰富以及传输技术的差异性、传统电视产品的单一性传播、新媒体的互动性传播、移动终端的及时性等因素，市场对于视频产品的细分要求也就越来越多样化。视频产品自身的品牌价值不仅需要满足传输渠道的技术要求，还要满足不同观众、不同渠道、不同环境下的观看需求，因此，体育竞赛视频产品的制作也就更加精细化和差异化。其中，视频产品在建立营销策略方面，也应该有别于传统媒体。如何解决好渠道与内容的相融度，如何提升受众的认知度和塑造受众的收看习惯，如何创建每一个渠道所需要的视频产品的品牌，既需要我们在内容产品方面做到整合营销，同时又要适应每一个渠道的差异性传播。传统体育电视产品的生产企业，既要满足传统视频渠道的产品供给，又要满足城市多渠道的视频产品需要，使城市更有效地利用视频产品，达到传播城市品牌的目的。如何生产视频产品、满足多渠道的产品需要、创建视频产品的品牌已经是视频产业产品营销的第一要务。

第十章　城市现代体育电视产业链的建立

第一节　现代体育电视产业链

一　体育电视传媒产业链结构

在学术界，产业链被认为是一个十分传统的概念。早在 1958 年，著名的发展经济学家赫希曼在其代表作《经济发展的战略》中从产业的前向联系和后向联系的角度论述了产业链的概念。随着供应链、价值链等理论的兴起与运用，产业链这个词在实际应用中用得较多，在学术界提及较少，而且更多的是一个中国化的经济学概念，在国外提及甚少。

目前对于产业链的概念，学术界没有达成一个统一的认识。但分析前人从不同角度给出的定义，结合现有产业链的组织形态，可以确定的是，产业链必定包含着多个相关产业和相关企业，并以产品为对象、以投入－产出为纽带、以价值增值为导向、以客户需求为目标，按内在的经济技术关联形成的一条上下游关系的链式结构。

现代体育电视产业链的要素包括赛事版权、技术设备、播出渠道，以及高效的节目生产所需要的人力资产及广告营销团队等。这些构成要素创造了体育电视产品或业务的价值，构成其产业的竞争优势，组成了现代体育电视产业链的四个方面：上游是对赛事版权及生产赛事的各个要素的全方位占有，中游是配套技术设备和雄厚的节目生产和广告营销团队，下游是对节目播出渠道的占有，最后是衍生产品的开发和利用（见图 10－1）。

1. 上游资源

优质的赛事资源是体育电视的能源，对运营体育电视业务的企业而

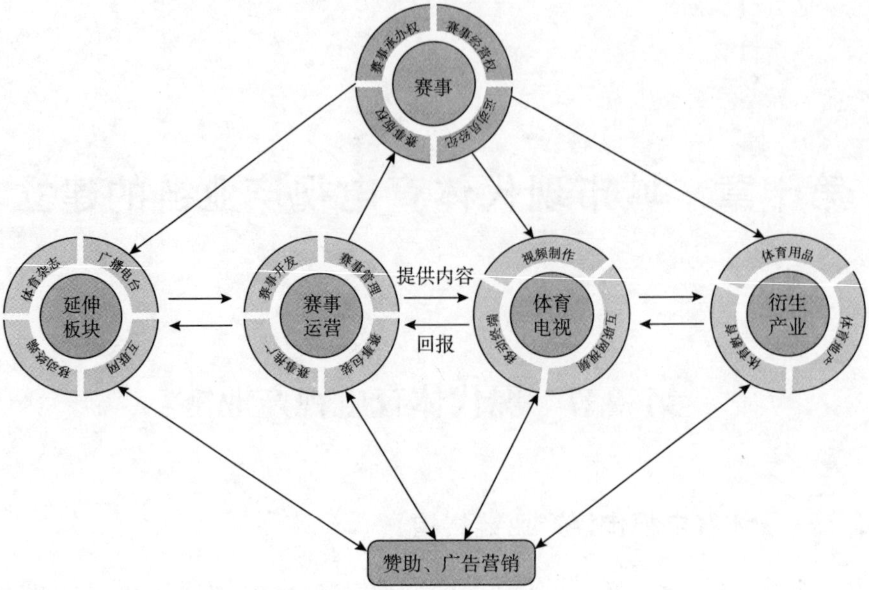

图 10－1 体育电视的产业链结构

言，这些资源对包括赛事版权、赛事经营权、承办权以及运动员经纪等多层面赛事资源控制和占有至关重要。在完整的体育电视产业链中，上游资源包括了赛事管理、赛事包装、赛事推广、赛事开发、运动员经纪等各个要素。

2. **中游环节**

在拥有了优质赛事资源的生产要素之后，在产业链的中游环节，还需要有高水平的创意、制作团队和营销团队，借助电子采集系统及信号传播系统完成赛事的转播，借助先进的技术设备完成新闻、专题及栏目的制作，在满足自有平台播放需求的同时，还可以为其他渠道提供节目。

3. **下游渠道**

体育电视产业链的下游是对节目播出渠道的占有。这些渠道包括电视、广播、报纸、杂志、互联网、手机电视等。对于产业链的下游环节来说，开发、拓展渠道是发展的主题。一个传统的电视台，其创收来源基本以在电视剧或栏目为客户提供广告投放为主，经济收入较为单一。同时，这样的经营模式受广告市场影响较大、抗风险水平低。因此，开拓占有其他媒体渠道可以增加广告投放途径，为电视台拓展新的经营创收渠道，并能提高节目的利用率、扩大节目的品牌影响。

4. 衍生产品的开发与利用

产业衍生是指某种（项）产业向其他产业的扩展和演变。处于体育电视产业链最后环节的衍生产品开发包含了对体育用品、体育地产、体育教育资源的发掘和整合利用。这些体育电视衍生产品与产业链上的其他环节之间所具有的关联性，使其可以从传统产业领域向全新领域进行延伸与拓展，推出新的产品和服务，增加经济效益和品牌效应，有利于改变电视机构单纯依赖广告收入的单一经营局面。

二　中国体育电视传媒产业链现状

从我国体育电视事业的生产现状来看，其生产结构包括赛事版权的购买与分销，视频产品的播出、储存和再加工，以及贯穿始终的贴片广告和植入广告的销售。其基本停留在简单的生产和加工环节，即仅仅占有了产业链的中下游部分，缺乏对赛事版权及赛事生产的各个要素的占有和对衍生产品的开发与利用，这导致了体育电视产业链的不完整（见图 10－2）。

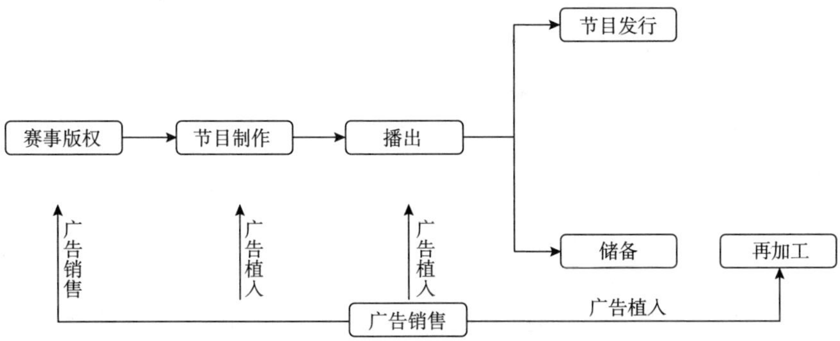

图 10－2　传统的体育电视生产运营模式

随着大众传播技术的日新月异，世界范围内媒介融合的趋势日趋明朗，特别是以 YOUTUBE 为代表的视频网站的兴起，“视频产业”的概念正在成为传媒业界讨论的热点。在这一概念下，未来电视只是视频制作和播放的渠道之一，电视产业将成为视频产业的一个分支。因此，电视作为传统媒体的“老大”，其优势地位正在面临严峻的考验，比如，新媒体对用户观看习惯的改变，年轻观众的流失和广告份额的分流等。面对冲击和挑战，目前这种单一的体育电视产业链无疑抗风险能力较弱，主要表现在以下几点。

第一，经营模式单一，过分依赖广告收入。目前，国内大部分体育频道的运营主要依靠广告，广告收入在全部经营收入中所占的比重非常高。而单纯依靠广告收入，会带来两个风险：一是随着视频产业的高速发展，一部分广告份额逐渐向新媒体转移；二是广告收入经常受到经济环境、企业投放习惯等的制约，且广告价格涨幅有限，广告时间有限。单纯依靠广告收入，体育电视产业的整体发展必将遇到“天花板”，这加大了产业链的不稳定性和风险系数。因此，我国体育电视产业的经营必须要摆脱单纯依靠广告收入的局限，适度向上游和下游拓展，延长内容产业链，变一次消费为多次消费，进行跨媒体、跨行业资本运营，开展多元化运营，使盈利模式由单纯地依靠广告转向整体产业价值链的增值。

第二，缺乏对生产要素和资源优势的整合能力。有一个学者曾经说过，“我们身处一个经营决胜的时代，如果只懂得制造内容，却不懂得主动将这些内容多层次经营，实现增值，那么我们只能处在信息时代食物链的下游”。[①] 对比我国现在的体育电视产业链，不难发现上中下游之间缺乏必要的联系，对赛事、节目和品牌等各种生产要素缺乏必要的整合，造成了资源的浪费，主要体现在渠道覆盖单一和产品同质化。而同样是生产文化产品，在好莱坞，有一个著名的“火车头理论”——电影作为火车头，它本身可能无法实现盈利，但它可以带动整体电影产业的发展。电影作为“火车头”是整个产业链的核心资源，它同时可以带动广告、音像、软件、旅游、娱乐、玩具、服装等行业的发展，甚至在影片开拍之前，相关行业的经营者就会与制片人共同探讨相关产品的开发问题，而单纯的票房收入通常只占全部利润的一小部分。可以说，对核心资源和生产要素的整合利用，是好莱坞成功的秘诀之一。

因此，对中国体育电视来说，只有及时整合各种生产要素和资源优势，打造一条从上游到下游的相互关联、相互交叉、相互促进的完整产业链，才能实现更大的经济效益和社会效益。

第三，缺乏对品牌价值的开采。传统的单一体育电视产业链没有对品

① 凌勇：《电视节目产业链思考》，《管理与财富》2006 年第 11 期。

牌形成正确的认知，缺乏品牌价值再生产的渠道。对体育电视媒体来说，品牌一方面意味着社会效应，另一方面在很大程度上也决定了其经济收益。当前，我国大多数体育电视传媒品牌影响微弱，往往得不到广告客户的认可，限制了自身进一步的发展和壮大。虽然近些年随着品牌观念的深入，我国体育电视传媒已经开始重视品牌的塑造，但与早已蜚声国际的ESPN相比，我国的体育电视媒体品牌价值并没有得到充分的挖掘和开采，可谓雷声大雨点小。主要表现是没有真正利用品牌进行跨媒体和跨行业的开发，最大限度地开拓受众覆盖面，从而无法实现预想中的品牌效应。在充分利用品牌价值方面，美国的迪士尼公司可谓是一个表率，被称作“品牌乘数型企业”，即在影视制作的基础上，相继进军媒体网络、主题乐园、游乐场和服饰玩具等领域（见图10－3），充分进行品牌价值最大化的运作，获得了成千上万倍的利润。从迪士尼公司的年度财务报表中不难发现，商业广告、主题乐园和消费品的利润，往往都超过了迪士尼影片的销售额。

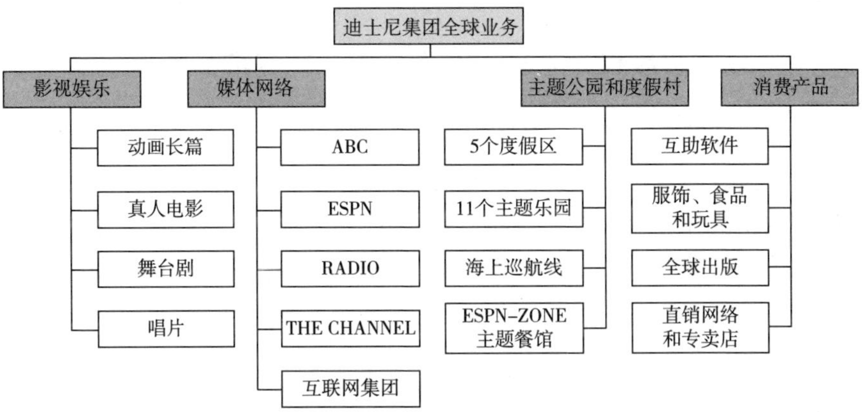

图10－3　迪士尼公司业务结构

由于渠道限制以及开发衍生产品受限，这种相对单一的体育电视节目生产运营体系抗风险能力很低。而在媒介融合和媒介全球化的大背景下，市场经济的高风险时时存在，因此，尽快建立起完整的体育电视产业链，才能控制产品生产的各个环节，生产出符合社会需要的集群产品。

第二节　构建现代体育电视产业链的策略

构建现代体育电视产业链是体育电视产业发展的战略问题和技术问题，是在体育电视产业层面进行资源的高度整合配置、最终实现产业和企业单位价值链的伸展。具体应包括两个层面的内容：一是接通产业链，即将产业链中各个原本孤立的环节以产业合作的形式串联起来，使整条产业链具有利益共享、风险共担的整体功能；二是延伸产业链，即将一条既已构成的产业链尽可能地向上下游拓展，衍生出一系列新兴的产业链环节，增加产业链的附加价值。

构建现代体育电视产业链涉及政府、产业管理者、投资者、经营者等各个方面，而且，需以上各种角色各尽所能，并衔接配合，同时必须符合两个原则：一是有效整合资源，二是团队高效协作。具体可从以下方面展开。

一　以赛事版权为先导，开发自主体育赛事品牌

体育电视的核心产品就是各种形态的赛事节目，生产赛事节目所需要的原材料来自体育产业中竞赛业的核心产品——体育赛事。体育赛事品牌是体育赛事的外在符号，可以说，没有体育赛事品牌，就没有体育产业，也就更没有体育电视产业的产生与发展。因此，现代体育电视产业链的打造，需要从产业链的上游占有优质赛事资源，运用体育电视媒体的优质载体功能，准确、合理定位，培育赛事品牌，提高我国体育赛事的认知度和美誉度。

在现代体育电视产业链建立的过程中，赛事品牌打造所起的强大作用，首先，有利于后续体育电视产品的生产和销售；其次，由于体育电视产业所具有的天然传播特性，一旦掌握了品牌化的体育赛事资源，即控制了其电视传播权，再加上足够强大的渠道和巨大的品牌影响力，就很容易形成市场集聚优势。

体育赛事作为一种无形产品，它的消费过程一方面通过现场观众的即时观看实现，是直接的、一次性的；而另一方面则是以版权交易的形式实

现，是间接的、可重复的。媒体承担了由赛事到受众的中间环节，即转播报道。竞赛产业的大多数收入来自第二种消费，各级各类媒体都是买家，越是水平高、影响力大的赛事越能催生高昂的电视转播费。中央电视台以1.2亿美元的价格获得了2010年南非世界杯决赛阶段比赛在中国大陆地区的电视、广播、新媒体（含互联网、手机及其他所有新媒体平台）的转播权，2010年央视年度广告中标记录显示，该次招标中，与世界杯相关的招标项目包括：射手榜独家冠名广告、世界杯倒正计时广告、全天赛事套播广告等。其中，倒正计时广告标底价达3620万元，而最低价位的广告“全天赛事套播广告赛中第一段指定广告”第二选择权方的出价也超过了2000万元。可见，巨额转播费用的付出可以换回价值更大的回报，媒体可以生产出精彩的赛事节目吸引受众，企业也会为了争夺有限的广告资源而挥金如土。所以说无论从社会价值还是商业价值出发，获取赛事版权，特别是高水平赛事的版权对于体育电视来说意义重大。

二　以渠道覆盖为前提，建立完善的品牌推广机制

体育电视产业链和其他实物产业链一样，产品的生产和渠道的建设是并行的两条主线。没有产品，产业失去了存在的意义，没有渠道，产业如同一潭死水。购买了上好的原材料，生产出高品质的产品，接下来就要进入流通环节，渠道就是产品到达消费者的必须要素。因此，建立体育电视产业链必须以渠道覆盖为前提，这里的渠道既包括了传统电视领域中的公共频道和付费频道，也包括了新媒体中的手机电视、网络电视。打造现代体育电视产业链，已经不能拘泥于原有的公共体育频道唱主角的局面，也就是说渠道本身要产业化，将视角超出传统领域，加入新的主体，充分整合媒介资源，为不同赛事传播找到最适合的渠道，产生最广泛的效应。并采用新的信息技术，植入新的传播理念，以适应分众时代特征。只有当体育电视产品的流通渠道覆盖了一切可能的领域，体育电视产业才能发挥最大的产业效能。

而在产业链的渠道拓展中，如何提高扩大渠道的效能呢？媒体品牌的打造是一个重要途径。全球拥有成百上千个体育电视频道，每天播放着成千上万的体育电视节目，在这个媒体过剩的时代，表面上看，体育电视媒体的竞争似乎是争夺观众、争夺市场的竞争，而实质上是媒体品牌的竞

争。建立完善的品牌推广机制首先需要遵循市场规律，确定准确的媒体定位，推出满足分众需求的精品节目，服务受众、服务市场、服务客户，这也是建设体育电视产业链应有的核心理念。

三 以观众需求为导向，注重选材和节目制作水平

电视产业是“内容产业”，“内容为王”的提出者维亚康姆公司（viacom）总裁雷石东是这样阐述的：“传媒企业的基石必须而且绝对必须是内容，内容就是一切。”笔者认为，注重节目选材和制作水平，提高体育电视产品的质和量，推出个性化的优质节目并建立节目品牌，培养频道和节目的忠实观众群，稳固产业链的第一层次即受众市场，是发展体育电视产业链的基础所在。在体育电视产业的组织管理中，只有以大量的优质内容作为支撑，才能够用能吸引观众的赛事吸引赞助商和广告商，从而激活整个产业链。具体可以从以下几个方面展开：一是实行严格的内容质量控制措施；二是重视内容创新能力的提高，使频道、节目和其他业务具有独特的个性和内涵；三是提高体育电视产品的版权保护与管理水平；四是顺应分众时代发展的需要，以观众的喜好和感受为目标，在创意、策划、开发和生产等环节有所侧重和体现；五是建立市场化的体育电视业务运行机制，建立完善的品牌推广机制，将节目作为产品来经营与推广。

资源浪费是很多产业都面临的社会问题，即使生产无形产品的传媒行业也不能回避。如何让资源利用率更高，让投入产出比更趋于合理，提高体育电视产品自身的兼容性是关键，具体来说就是要以视频制作为基础提高整体节目的制作水平。体育比赛是运动的过程，视频呈现总是比文字更加直观和生动，而且视频是传统的电视媒体和新媒体属性兼容的表现形式和技术体系。体育电视围绕赛事资源制作视频，一方面满足传统电视收视需求，另一方面，又能够为其他形式的媒体特别是网络媒体提供产品和相关服务，加之目前中国网络基础设施和终端设备的不断发展和完善，受众观看视频更方便，渠道更多元。因此体育电视产业必须在视频制作手段和理念上推陈出新，从图像的采集、剪辑到文化的体现、情感的融入都要做到尽善尽美，这样生产出的视频产品才会有市场。

四　全过程营销，节目生产需契合营销需求

在信息时代，传播速度决定了抢滩市场阵地的关键环节，因此必要的吆喝不能少。现如今，吆喝被专业的营销手段所取代，这些手段不仅包括广告，还包括围绕产品宣传所做的各式各样的线上线下活动，是一种全方位的互动式体验。要想达到好的营销效果，产品的营销必须贯穿节目生产全过程。

首先，从产品生产的初始阶段就要融入营销理念。营销的最终目的是实现销售，对体育电视来说，观众收看就是目的，因此需要进行前期的受众研究与定位，这样才能有的放矢，赢在起跑线上。此时，就要开展第一轮的产品营销，这一阶段主要是一种理念式的营销，营销对象是有需求的企业，即广告主。产品的内容资源要么稀缺，如奥运会、世界杯，要么与品牌的契合度高，要么是为企业量身定制，并且贴片广告和植入广告并举。

其次，进行节目策划与节目制作，在这一环节中，要设计出能够用来营销的“点”，也就是所谓的噱头：一是为了吸引观众，二是为了赢得第二轮乃至第三轮的广告赞助。这些“点”又将作为节目宣传片的素材，在节目播出前的一段时间定期投放，如果已经有赞助商，宣传片也将作为赞助商权益回报的一部分。

最后，等到节目成形播出后，再度整合资源为节目造势，比如微博热议、制造话题人物等，同时也可以辅以线下活动与之呼应，从而将营销效应推到最高点。

总之，体育电视节目诞生的过程，也是节目营销的过程。因此，对体育电视产业来说，产品营销需要及早进行，从而能够更加贴合、更加细致地将营销需求融入节目的生产，实现精准营销，最大程度地提升产品的影响力和知名度，实现品牌价值的最大化。

五　延伸产业链，实施跨媒体的多元化运营

与国外知名体育电视媒体通常横跨多领域和多媒体的业务版图相比，我国体育电视媒体的业务开展较为单一，通常仅仅围绕赛事资源制作和播出电视节目，并没有站在产业链的高度，从头审视资源与价值生产之间存

在的多种可能性。对此，我国体育电视企业应结合自身实力，进行资源整合，提高受众覆盖率，从而最大程度地占有市场，这同时对提升知名度和品牌价值也有着非常重要的作用。主要可从以下几个方面进行。

第一，控制产业链上游。应尽可能多地掌握赛事版权，同时努力参与到赛事的开发、运营和运动员经纪等多个环节中来，实现真正意义上对赛事资源的掌握。

第二，拓展视频播放渠道。努力实现公共频道和付费频道并举，同时拓展杂志、电台、互联网站、手机电视等多种媒体，从而在媒介融合的大背景下最大程度地利用资源和拓宽市场。如英国天空广播公司就密切关注世界电视技术的每一次进步，及时采用最新的电视传播手段，丰富用户的观看体验，从而在市场中占得先机（见表 10－1）。其中，体育节目是每一次传播平台更新的核心内容，特别是为球迷津津乐道的交互电视开启了天空体育频道新的发展阶段。

表 10－1　天空广播公司多渠道进程

时间	关键词	详　　情
1989	卫星电视	通过 Astra 卫星，开始提供“DTH”（直达用户）的卫星电视服务
1998	数字电视	全面启动数字化，成为英国第一个提供数字化电视服务的转播公司
1999	交互电视	开始启动足球、新闻类节目的互动电视服务
2001	Sky +	启动 Sky +，消费者可以自己选择如何收看电视
2005	移动电视	11 月 1 日推出英国首个手机电视服务，包括新闻、体育、娱乐等 19 个频道
2006	电影下载	为用户推出下载电影、体育节目的服务
	HD	5 月 22 日推出高清电视节目服务
2008	在线收看	12 月 4 日，推出 SkyPlayer TV，使用个人电脑即可收看节目，无需安装天线
2010	3D	1 月 31 日，首次实现足球比赛的 3D 直播 4 月，推出欧洲首个高清 3D 频道 SkyHD3DTV
	多 平 台	移动电视 SkyMobiletv 继 2009 登陆 iPhone3 和 Touch 后，5 月 28 日登陆 iPad

第三，开拓衍生行业和产品。除了对产业链进行延伸，体育电视企业还可利用自身的品牌价值和雄厚的经济实力，去开拓新的衍生行业，开发

新的衍生产品。除了像 ESPN 拥有主题餐馆和运动服饰外，还可涉足体育教育和体育地产等领域。

六　改变事业体制观念，建立企业及市场体制下的用人机制

体育电视是否实现了产业化，要看体育电视产品在生产销售的过程中是否遵循了市场规律。我国体育电视媒体大部分还受到陈旧事业体制观念的影响，缺乏先进的管理法则和经营理念，人员的创造力受到束缚。如收入分配多沿用事业体制下的制度，采用统一的定岗定编制度，机构管理者对预算外任何人员的聘用和经营支出都会进行限制，这样的限制会束缚企业发展的脚步，无法调动员工的积极性。

如今，在市场经济的条件下，体育电视媒体首先得从自身建设开始，改变事业体制观念，向企业和市场体制转轨，成为一个合格意义上的市场竞争主体，从而参与真正的市场竞争。主要可从以下几点展开。

一是搭建现代化管理制度。国外的知名传媒通常都是独立运营的商业公司，拥有清晰的管理制度和架构，权责明晰，层级扁平，有助于整个公司内部的决策制定和信息传达，可以显著地提升工作效率。如英国天空广播公司实行董事会制度，所有董事会成员都要严格遵守公司的章程，平等地承担责任。[①] 其中 8 名独立的非执行董事会根据联合准则做出决策，他们为集团运营提供了丰富的经验和专业知识支持，并且在董事会的决策中占有重要比重。独立的非执行董事是英国天空广播公司实现良好管理的强大基础。此外，自 1994 年股东全体同意后，公司主席和首席行政长官由不同的人当选。管理团队则由 11 人组成，各司其职，包括首席行政长官、人力总监、法律总顾问、首席运营官、天空体育主管、首席财政长官、首席技术长官、集团企业事务总监、公司商业经营总监、娱乐和新闻主管和用户主管等（见图 10 -4）。

二是尊重人力资源，充分挖掘人的创造力。文化创意产业依靠的是人，最核心的是人的创造力的释放和解放。[②] 作为文化创意产业的一部分，体育电视产业链的打造必须充分尊重人力资源，依赖人的创意与智慧，不

① http：//corporate. sky. com/about_ sky/our_ board_ and management/executive_ team. htm.

② 胡正荣：《创造力是文化创意产业的核心》，《台州日报》2009 年 8 月 26 日。

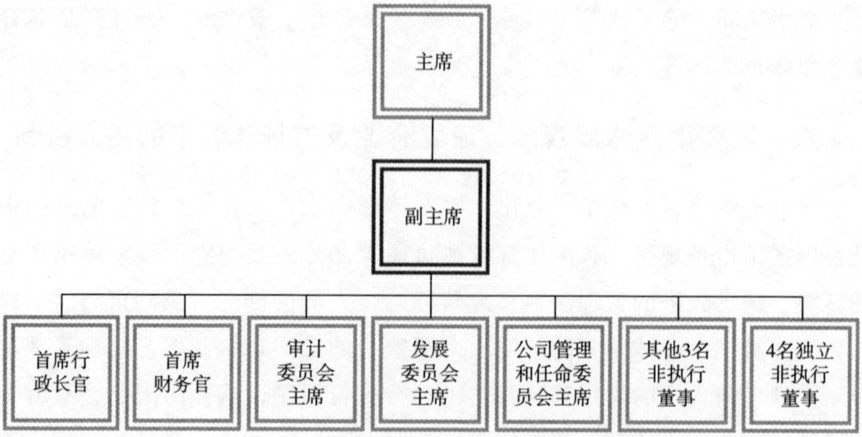

图 10－4　英国天空广播公司董事会结构

断提升现代体育电视产业化的水准。目前，我国体育电视产业在“用人”方面，存在多种问题，如身份受限、收入分配不公和专业人才缺乏等。在体育电视产业化的大潮中，我国应该改变老旧的用人观念，将对人才的尊重放在第一位，主要可从以下几个方面进行改善。

第一，放宽人才选拔的范围。体育电视产业链的各个环节都需要大量人才，因此，在招聘时应该放宽身份限制和专业限制，做到“不拘一格降人才”。除了传统的电视采编人才，还要应需设岗，吸收专业的管理和营销人才。特别是高级管理人才对一个体育电视企业至关重要，高级管理者的素质很大程度上会直接决定企业的团队建设效能和未来发展方向。

第二，加强人才培养的力度。文化创意产业的核心力量来自人的创造力。因此，体育电视企业需切实加强对人才的培养，使从业人员坚持终身学习的理念，不断拓展自己的眼界，只有不断的进步和提升才会为产业注入源源不断的创意和活力。同时，业界也可呼吁高校和相关学术机构开设和设立体育产业和体育营销等相关课程和院系，为体育电视产业链上的各类企业输入专业对口人才。

第三，设立灵活的人才收入和激励机制。作为文化产业之一，体育电视产业的生产主体是人，而创意思想来源于人的大脑。人一旦缺乏积极的主观能动性，其产品质量就一定受损。体育电视企业应设立多种灵活的人才收入和激励制度，从而充分提高人的积极性，最大限度地激发创新能力。

第四，进行严格的成本控制。根据实际需要，有效控制成本，可以避免浪费等现象发生，达到利用一切资源实现创收最大化的目的。

第三节　城市体育电视延伸产业与衍生产业并举

近年来，随着全球经济一体化的发展，全球产业界掀起了大规模的整合与重组风潮，传媒产业在日益加剧的竞争中寻求产业链的完善与拓展，出现了“大文化产业”趋势。所谓“大文化产业”是将电影、电视、报纸、刊物、广播、网络等传媒产业与广告业、娱乐业、旅游业，乃至玩具制造业等整合起来，重组构建一个巨大的传媒文化集团。[①] 发展“大文化产业”，对原先形成的产业体系来说最重要的一环即尽可能地拓展、延伸产业链，攻占更多的新领域，以增强竞争力与抗风险能力，这一环节即延伸和衍生产业的开拓。

媒介经营研究学者黄升民将“大众传播媒介产业经济”定义为媒介凭借其信息属性进行的，以获利为目的的信息经营行为和非信息经营行为总和。该产业经济利益则为其信息利益、信息生产资源利益、信息附带利益和非信息利益的单纯利益总和。公式即

媒介产业经济利益 = 信息利益 + 信息生产资源利益 + 信息附带利益 + 非信息利益[②]

此公式同样适用于体育电视产业链，其中，信息利益和信息生产资源利益主要指由其主营业务体育电视所产生的发行、分销、播出、广告等所带来的直接利益。而信息附带利益可理解为体育电视延伸产业如向其他媒体形态的延伸所获利润。非信息利益则指经营与体育电视行业无必然关联的其他衍生产业所获利润。可见，延伸和衍生产业是体育电视产生经济利益的重要组成部分。

① 马晓静：《上海文广集团体育赛事电视产业链现状分析及对策探究》，上海外国语大学硕士学位论文，2006。

② 马晓静：《上海文广集团体育赛事电视产业链现状分析及对策探究》，上海外国语大学硕士学位论文，2006。

图 10－5 的“微笑曲线”同样显示了延伸、衍生产业在整个电视内容产业链中的重要作用，较多的附加值利润越来越多地向产业链的两端，即上下游延伸和衍生产业转移。同样，体育电视产业在发展过程中，附加值将会在延伸和衍生产业环节逐渐加大。

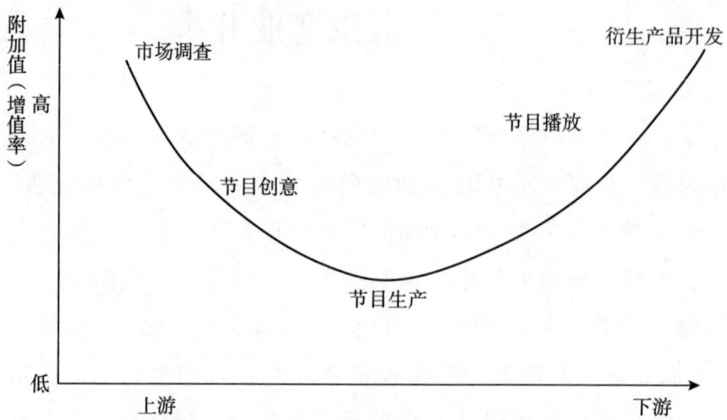

图 10－5　电视内容产业链的“微笑曲线”

资料来源：参见彭祝斌著《中国电视内容产业链成长研究》，新华出版社，2010。

体育电视延伸和衍生产业的发展并不是偶然的。从营销的角度来讲，差异化生存是一个产品存在的基础，而要延长产品的生命周期，就必须在差异化生存的基础上，进行技术的创新和产品的完善更新。产业与产业之间的相关程度越高，资源叠加程度将越深，品牌相互提携力也会越大，经营成本随之降低，企业效益随之提高。

随着体育电视产业的三个转型，即技术转型、业务转型、盈利模式的转型，单一的体育电视产业生产模式已经变得不再适用，或者说，单一的广告收入已经不能满足资金需求，中国体育电视产业需要新的经济增长点，而扩展的领域可能围绕原有的体育电视产业展开，也可能因为体育电视产业的推动，衍生新的领域，无论是基于何种途径的渗透和衍生，都将完成体育资源的进一步整合和配置。

除了重要的经济效益外，体育电视延伸和衍生产业在优化体育电视产业结构、完善产业链、打破行业壁垒、提高资源调配效率等方面也具有重要的战略意义。同时，体育电视延伸和衍生业务的发展可延长体育电视节目的生命周期，加速品牌效应的形成。

一　体育电视延伸、衍生产业的定义及业务范畴

延伸作为动词，是指在宽度、大小、范围上向外延长、伸展。而所谓产业链的延伸（Industry chain Extension），是指在科技进步或竞争激烈的条件下，在企业或产业部门内的产业环节，通过资源的重新有机整合，突破产业行业内企业的束缚和某一地区的限制，在全球范围内的地域空间和产业空间上重新构建与调整产业链环，从而改变原先一些短链或者孤环的联结状态。[①]

由此，我们可以将体育电视延伸产业理解为：体育电视产业通过资源的有机整合，在其产业链的宽度、长度上进行调整、延长、伸展，即以体育电视产业的节目制作为核心，向上游进入竞赛产业的开发、向下游进入体育多媒体领域的开发，从而完善原先产业链的联结状态。

其业务范畴主要包括体育电视与互联网、体育杂志、广播电台、移动终端等其他媒体形态的融合与开发。在进入全媒体时代的今天，体育电视与多媒体的结合日渐紧密，成为体育电视行业打造完整产业链不可或缺的重要战略计划。

衍生是一个生物学概念，指演变而产生，从母体物质得到新物质。这一概念的核心在于新物质的产生，依托母体产生而又独立于母体之外。借由衍生概念，可将体育电视衍生产业定义为：从以体育电视节目制作、播出为核心的母体体育电视产业中演变而产生的向其他产业领域的拓展。

其业务范畴可以在合理范围内无限伸展，如涉足体育用品业、体育教育业、体育博彩业、体育地产业等领域。其中体育电视产业较为常见的衍生业务是体育服装及用品类的生产，这类产品多从相关体育电视节目如“奥运会”“世界杯”的节目中开发玩偶、运动器具等，或电视台生产相关品牌服装，如ESPN的服装开发。体育地产业也日渐受到关注，可包括对体育场馆的投资修建，对体育主题公园、体育休闲城等业务的拓展。

二　延伸和衍生产业之间的相互关系

体育电视的延伸和衍生产业就概念来看，具有不同的指向性。前者指

① 梁杰文：《收购兼并中的产业链延伸战略》，浙江大学硕士学位论文，2003。

对原有产业链的伸展，与体育电视产业具有本质上的一致性。而后者则是体育电视产业将其触角伸向其他领域的产业，并进行拓展与扩张，其产业性质可能发生完全的改变。

然而，体育电视的延伸和衍生产业之间又存在着密切的联系。首先，就体育电视产业而言，其延伸和衍生产业都是基于该产业的派生现象，其产业的存在与发展都服务于体育电视产业。作为体育电视产业的增值环节，延伸和衍生产业都是完整产业链上不可或缺的部分。其次，依照一般产业链的发展规律，体育电视的延伸产业是产生衍生的前提，衍生产业是在延伸产业以及整个体育电视产业发展成熟之后所产生的附加效应，同时其收益又支持和辅助体育电视延伸产业的发展，进而完善体育电视产业链。

三　国外体育电视延伸和衍生产业

国外电视产业的延伸、衍生市场起步较早，已形成成熟的产业规模，涉及整个电视产业的上中下游各个环节。在欧美国家，电视衍生产业的年收益总量在数百亿美元乃至数千亿美元之上。而作为电视产业分支之一的体育电视产业延伸、衍生业务同样发展迅速，其中以体育传媒巨头 ESPN 最为典型。

（一）国外电视延伸与衍生产业——以迪士尼、CBS 为例

1. 迪士尼集团的延伸与衍生业务

目前，国外传媒集团发展延伸、衍生产业最为成功的例子之一即迪士尼集团，同时其作为体育传媒巨头 ESPN 的控股集团也影响着 ESPN 延伸、衍生产业的发展。迪士尼集团创立于 1922 年，经过多年发展，现已成为一家集影视、主题公园、房地产、食品、玩具及其他娱乐业为一体的大型跨国集团。迪士尼公司目前已成为总资产超过 500 亿美元、市值超过 600 亿美元、年营业额约 250 亿美元的世界第二大传媒娱乐公司。

在发展延伸、衍生产业方面，其业务涉及传媒产业链的各个方面（见表 10－2）。

表 10－2　迪士尼集团全球业务

迪士尼集团全球业务				
	影视娱乐	媒体网络	主题公园和度假村	消费产品
1	动画长篇	ABC	5 个度假区	授权服饰、食品和玩具
2	真人电影	ESPN	11 个主题乐园	全球出版
3	舞 台 剧	RADIO	海上巡航线	互动软件
4	唱　　片	THE CHANNEL	ESPN－ZONE 主题餐馆	直销网站和专卖店
5		互联网集团	NHL 巨鸭队	

在其打造的“利润乘数模式”或称“轮次收入模式”利润倍乘价值链中，延伸和衍生产业的发展占据重要地位，影响着迪士尼集团的整体营收状况。“轮次收入模式”指的是迪士尼集团围绕影视产品的制作与包装，形成影视娱乐、主题公园、消费产品等环环相扣的财富生产链（见图 10－6）。

第一轮次收入发生在节目制作环节，通过发行拷贝录像带和印刷品，迪士尼在本土及海外市场可收回数亿美元，基本收回成本；第二轮收入是

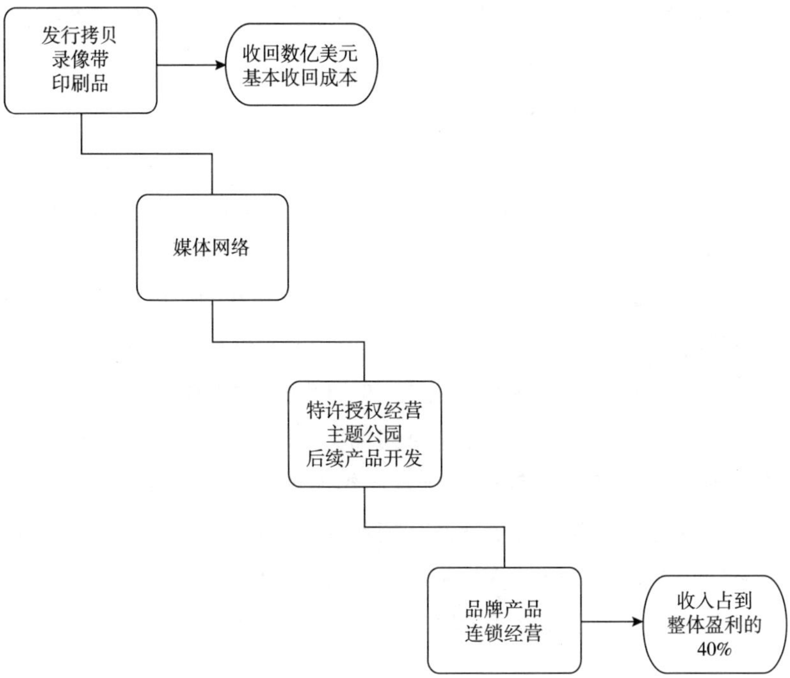

图 10－6　迪士尼“轮次收入模式”

媒体网络结合新影视作品进行的招商和宣传所得；第三轮收入是特许授权经营、主题公园和后续产品开发；第四轮是品牌产品的连锁经营，迪士尼品牌的连锁经营网络遍布全球各地，其收入大约能够占到集团总收入的40%。

值得一提的是，迪士尼的产业扩张之路也并不总是一帆风顺，其在进入新领域时也遭遇过水土不服。例如，迪士尼在1998年建立的Go. com门户网站，用于整合推广它旗下的影视产品及ESPN、ABC电视台等多领域业务。然而由于经营上及决策者的缘故，该公司在第一年亏损9.91亿美元，第二年亏损10亿美元，资金黑洞越来越大，最终在2001年2月关门大吉。Go. com的最终失败是迪士尼互联网业务崩溃的起点。2001年4月，迪士尼发布电影及电视方面消息的MrshowSiz. com和音乐网站WallofSound. Com也相继倒闭。[①] 另外，连迪士尼集团衍生产业中最为著名的迪士尼主题乐园业务也并非总是无往不利，在迪士尼公司公布的2009年第四季度财报中显示，该季度内公司取得8.95亿美元净利润，较上年同期的7.6亿美元有大幅提升，但在主题乐园方面却出现了17%的利润下滑，仅有3.44亿美元。如巴黎的迪士尼主题公园，由于市场定位不准确，与当地文化、环境不符，陷入长期亏损状态。

2. CBS的延伸与衍生业务

CBS作为美国三大商业广播电视公司之一，在发展过程中注重不断地拓展与创新经营业务，至今已形成较为完备的多媒体、跨行业延伸与衍生业务经营范畴。

CBS的延伸业务主要可归类为广播、杂志、互联网、电影等业务，衍生业务则包括商品销售业、餐饮业、出版业、中介经纪业等（见图10-7）。

在延伸业务方面，包括CBS电影和CBS互动媒体在内的娱乐部门在2007年、2008年和2009年（截止时间均为12月31日）为集团收入贡献的比重占到47%、49%和54%，比重逐年加重。其中，CBS互动网络每月在线浏览人数达数百万，居全球网络资产前10名，内容涉及人们广为关心的大事新闻、体育、娱乐、科技和商业门类。CBS广播是CBS集团的下属部门，是美国最大的广播运营商之一。内容主要包括新闻、体育、谈话、

① 龚灏、陈冷冷：《互联网时代的ESPN》，《声屏世界》2005年第3期。

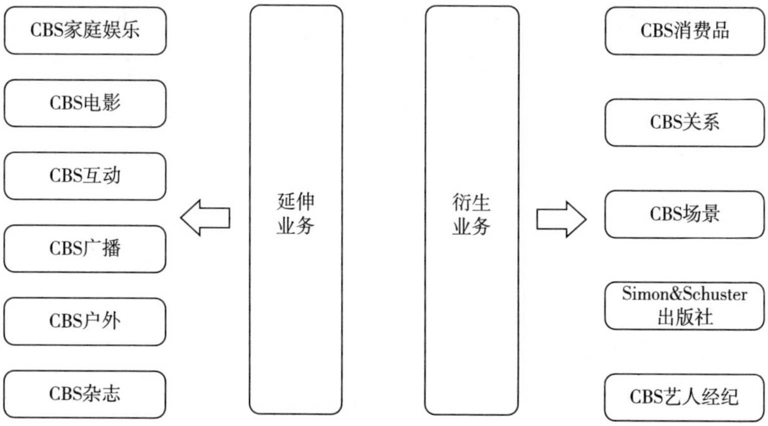

图 10－7　CBS 主要的延伸与衍生业务

摇滚、流行音乐前 40 排行、经典和城市音乐，其主要收入来源于广告销售，2007、2008、2009 年（截止时间均为 12 月 31 日）的收入比重分别是 24%、21%、18%，有下降趋势。CBS 户外媒体部门主要通过户外广告牌、候车亭、公交车、火车系统、体育场标识牌和零售商店等区域的媒体进行广告展示，其在 2007、2008 和 2009 年（截止时间均为 12 月 31 日）的收入贡献比重分别是 16%、16% 和 13%，基本处于持平状态。

在衍生业务方面，CBS 消费品部门负责 CBS 电视品牌和连续剧的全球特许经营和纪念品销售；CBS 关系主要负责开发个性化定制营销平台，利用 CBS 丰富的媒体资源为广告商量身定做营销方案；CBS 场景指的是坐落于马萨诸塞州的 CBS 主题餐厅和酒吧；Simon&Schuster 出版社发行包括图书、电子图书、声音图书等在内的小说和非小说类读物；CBS 艺人经纪是 CBS 娱乐所属机构，主要负责签约和开发新艺人，并将艺人的音乐作为 CBS 电视网的电视节目进行播放，以此对艺人进行宣传与推广。

可见，CBS 的延伸与衍生业务发展紧紧围绕其主营电视业务，且对已有电视媒体资源进行充分挖掘与深加工、再利用，以此为根基对经营业务进行拓展与创新，发展出形式多样、科学合理的延伸与衍生业务。

（二）国外体育电视延伸与衍生产业——以 ESPN 为例

ESPN 作为迪士尼集团旗下的一个子公司，它的延伸和衍生业务发展与迪士尼集团一样风生水起，引领着全球体育电视衍生产业的发展潮流。

经过30多年的发展与扩张，ESPN已经从一个单一的体育频道发展为旗下拥有有线电视、杂志、网站、手机、游戏、饭店、体育休闲场所等40多种业务的体育传媒集团。除了其核心业务——体育电视领域之外，ESPN擅长利用其品牌影响力不断向新的产业领域扩张，同时保持品牌的一致性。其中，ESPN杂志已成为全球发行量最大的体育杂志之一，2004年，拥有100多万的发行量，2006年，其广告收入总额达到2.693亿美元；ESPN.com网站已经成为迪士尼旗下最为炙手可热的网站，开展各种网上业务。网民可以登录该网站自由订购ESPN的服饰产品、与球队相关的纪念品以及其他产品。根据权威国际第三方互联网监测机构Nielsen/NetRating2008年的数据，截至当年10月，ESPN.com平均每月的独立访问者为1000万，月平均页面访问量为5亿~9.5亿，且抓住了所有体育消费者50%的花在互联网上观看体育视频的时间；在美国，很多城市分布着ESPN主题咖啡馆与特色饭店，ESPN甚至尝试在英国布里斯托、德国科恩的ESPN运动赛场边打造体育社区，在人们的日常生活中营造浓浓的ESPN文化氛围……以上诸多延伸、衍生产业延续着ESPN的品牌文化，同时其影响力与经济收益也支持着ESPN的主体电视业务的发展，增强了集团实力。

如图10-8所示，ESPN对体育电视产业链的丰富与拓展主要可以分为以下两种类别。

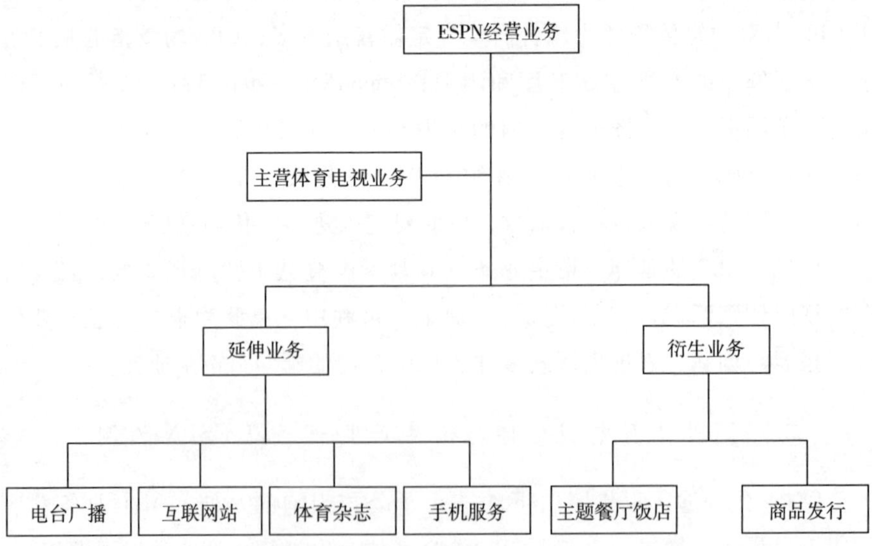

图10-8 ESPN经营业务范围

第一，延伸业务发展。主要表现为跨媒体服务与多媒体融合。ESPN发展到现在已经成为一个跨媒体发展的庞大传媒集团。旗下以电视行业为代表，横跨网站、杂志、手机、高清频道、宽频、书籍，甚至是移动电话服务领域。

第二，衍生品经营。ESPN 除了对传媒市场的大力开采外，还注重其他衍生产品的开发。ESPN 拥有餐馆业、游戏业、玩具业等一系列衍生行业，每年为 ESPN 带来可观的收益，成为 ESPN 完整产业链条上的一部分。表 10－3 为 ESPN 产业链拓展的发展历程（部分）。

表 10－3　ESPN 产业链拓展发展历程（部分）

时　间	领　域	详　情
1992 年 1 月 1 日	ESPN 广播网开播	为全美 700 多家电台提供节目，美国的覆盖率达到 80%
1995 年	ESPN 官方网站上线	如今的 ESPN. com 是世界综合影响力最大的体育网站
1998 年 3 月 11 日	ESPN 杂志上市	连续四年成为“全美十大最受欢迎周刊”
1998 年	授权餐饮店开业	在美国马里兰州开张，ESPN 进军餐饮业
2009 年	与 YOUTUBE 正式合作	ESPN 将在 YOUTUBE 上推出官方频道

国外体育电视延伸和衍生产业发展非常完善，无论是迪士尼集团还是ESPN，之所以能成为称霸全球的传媒巨头，与其不断拓展、延伸的产业链关系密切。作为跨媒体集团全球化战略的重要环节，延伸和衍生产业已不是附着于主营业务的边缘产业，而是与主营电视业务同等重要的经营内容，共同支撑着集团多元化的发展。

值得借鉴之处在于：首先，它们在集团经营中注重对延伸和衍生产业市场的培养，在市场定位准确的前提下着眼于长远利益。迪士尼集团在和电视媒体美国广播公司（ABC）合作之前，ABC 长期负债亏损，直到 1961 年才还清所有银行债务，发展至今的 ABC 成为迪士尼集团重要收入来源之一。其次，其在进行延伸和衍生产业拓展时始终贯穿的品牌意识，无论是跨媒体的延伸产业还是跨行业的衍生产业，都具有统一的形象包装、标识和风格，同时渗透进品牌的文化传统，充分利用品牌效应，让延伸和衍生产业在为集团创造营收的同时，对品牌进行宣传与推广，助力主营电视业务的发展。如ESPN官方网站的创建以及ESPN服装、饭店等业务，在延伸ESPN品牌效应的同时，拉近了与电视观众的距离，为电视节目获取更多的受众。最后，在延伸、衍生产业与主营电视业务之间保持着良好的循环效应。在主营业务不断发展壮大的同时，用充足的资金与品牌效应发展延伸和衍生业务。反之，延伸和衍生业务的发展为主营电视业务提供更加充足的资金保障与宣传推广力度，使得电视业务在逐渐增强实力的同时，有更多的资金进行延伸和衍生业务的拓展，从而形成一个互助互利的良性循环。

第四节　中国体育电视延伸和衍生产业及对策

一　中国主流体育电视媒体发展现状

作为唯一的国家级体育电视频道，CCTV－5于1995年在北京地区试播以来，已经成为国内最具有影响力的一个专业频道。某种意义上说，CCTV－5承担着推动中国体育电视产业发展的重任，但是自开播至今，却一直停留在一个单一的播出平台的功能层面。虽说CCTV－5不论是在国内、国际体育赛事资源的占有方面，还是在体育电视赛事转播与体育电视节目的制作水平方面，都是国内一流水平。但是，频道在整体运营以及产业结构设计方面还是显得过于单一，抗击市场机制下风险的能力较差。主要体现在以下几个方面。

（1）在频道运营方面，除采取简单的广告销售和一定的植入式广告的销售模式之外，营销手段乏善可陈。

（2）节目制作团队与市场营销团队脱节，造成除经典的国际赛事版权之外，频道自制节目的版权销售不畅。

（3）事业机制与市场机制不兼容，事业管企业，市场机制下的企业元素被异化，公司法也要顺应事业管理者的意愿。

（4）产业结构设计受到事业机制的掣肘，无法建立完善并适应市场运营机制的营销团队以及“企业”无法实施真正意义上的市场发展行为。

（5）激励机制无法在这种双轨制下发挥作用。

（6）强大的品牌效应无法放大，事业机制决定了“自扫门前雪”的工作方式，对品牌这个强大的资源缺少统筹兼顾。

上述六点，虽然尚不能准确描述目前国内最为强大的体育专业频道面对市场需要解决的问题，但是，我们基本可以呈现 CCTV－5 目前的状况。客观上说，以上不仅仅是央视体育电视所面临的问题，而且是我国目前所有事业体制下的体育电视传媒机构面对市场运营机制所出现的困惑。所以，对央视体育电视而言，要想不简单地依靠“卖血”和垄断政策存活，就必须顺应市场运营机制的生存法则。让自己在互联网时代继续强大的唯一真理，就是必须打破现有的、计划型的传统电视的生存模式，在迅速建立与互联网视频渠道融合以及多媒体——特别是手机终端的服务体系的基础上，完成强大的立体产业构建（见图 10－9、图 10－10）。

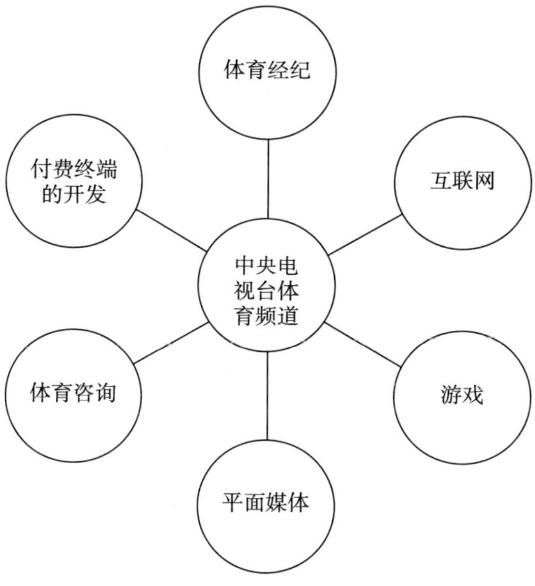

图 10－9　融合互联网的立体架构

二　中国体育电视主流媒体的发展趋势

首先，迅速围绕核心赛事资源打造体育电视品牌。其经营的业务主要将上游国内外赛事报道权的买卖作为商业运营的核心资源：①与国际上各

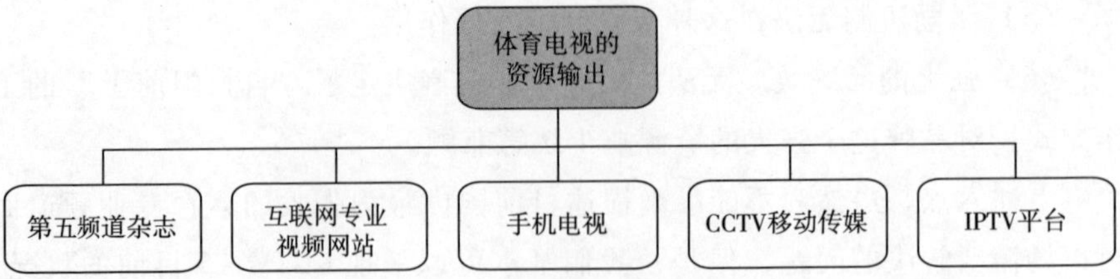

图 10－10　体育频道延伸状况

个赛事的单项组织建立紧密的合作关系和良好的商业合作模式；②与各个核心城市的竞赛组织机构建立商业合作关系，从根本上消除竞争对手获取资源的一切可能，即使在失去政策呵护的前提下，也能迅速把握住国内体育赛事转播权市场主体。

其次，目前得天独厚的覆盖优势以及政策保障，使得体育频道在顶级赛事转播权谈判上握有先机的前提下，直接或间接地整合各家体育电视及各家体育视频多媒体的资源，通过独占的优质赛事产品，建立产业构架，完成最优的产业组合。因为在互联网技术狂卷传媒市场的情况下，谁都有可能异军突起。未来传统体育电视传媒要想捍卫自己的地位，除了政策优势之外，其他优势随时有可能被互联网视频渠道所取代，如落地覆盖的优势。为此，未来体育视频渠道的发展趋势要确保如下几点。

第一，利用媒体市场优势，占有更多的赛事资源。2009 年，央视负责体育频道赛事节目广告植入的公司“中视体育”为了打造全媒体体育产业链，与国家体育总局武管中心、大学生体育协会联手打造了我国第一个武术赛事联赛——中国武术职业联赛（WUSHU MASTERS ASSOCIATION，WMA）。WMA 于 2008 年 12 月 30 日正式宣告成立，它是中国第一档真正具有产业链的职业联赛。其宗旨就是在全球呈现和传播中国武术文化瑰宝。通过挖掘整理武术的技击技术，建立完善的武术技术标准，联合六家俱乐部成立武术竞赛联盟，完成史上由体育电视传媒发起的、我国第一个顺应市场运营机制的赛事产品生产链。

在国外，继由媒体创办的环法自行车赛之后，ESPN 开创了电视媒体举办赛事的先河，通过创办“X”极限运动，如自行车特技、滑雪板竞速、街头雪橇等为青少年观众喜爱的体育项目，加强了和受众的交流，同时也为频道提供了节目资源。

WMA 的出现，似乎也有异曲同工之处。正是基于对我国历史上一直缺失的中国传统文化项目的职业联赛的种种现状的反思，WMA 所呈现的正是我国传统文化内涵的体育项目，让传统的历史文化项目——武术，以其特有的技术特质渗透进职业联赛的体系之中，也让我们的武术选手能够拥有展现自身风采的传播平台，屹立于世界职业赛事的舞台，使得拥有自主知识产权和文化特征的武术运动在全球获得制定标准的权力，同时也将获得门票、转播权、赛场广告、运动员经纪、技术标准的制定、衍生产品的开发权等全球市场运营、管理及推广权益，其意义可谓深远而伟大。然而一个承载中国传统璀璨文化的中国武术职业联赛，在刚刚看到曙光之际，却被非专业人士们无情扼杀。所以，如何利用媒体的强势，整合上游赛事产业，完成上游资源的占有，是确保现代传统电视媒体拥有核心的赛事资源并能够利用当今的强势地位，进军上游和下游及开展延伸产业，完成整个产业链的建立是未来利用市场做强、做大的关键。

第二，整合赛事资源，横向挺进多媒体产业。体育赛事资源既是传统体育电视传媒的核心资源，也是新媒体传播平台上最有吸引力的资源之一，利用强势资源的占有和垄断政策的支持，迅速建立“网络体育电视平台，手机体育电视平台，公交移动体育电视平台，IPTV 体育赛事传播平台”将是传统强势媒体与新媒体融合的四个重要方面。CCTV－5 早在 2001 年就已经在国内率先实现了体育交互电视的播出，并且领先地利用了目前仍然是世界上最先进的交互电视技术转播九运会、盐湖城冬奥会等重要比赛。2007 年 12 月 18 日，央视国际网络正式开通 CCTV 移动传媒业务，将在全国范围内开展基于公共交通工具的移动电视（传媒）业务。其业务范围覆盖北京、上海、广州、深圳等在内的 28 个大中城市。2011 年 7 月 1 日，中央电视台和中国移动通信集团公司签署了战略合作协议，宣布将设立合资公司打造“中国手机电视台”，央视认为“双方联手将实现广电与通信行业的优势资源互补”。这一切，都充分说明了央视的横向整体布局是正确的，但是，由于纵向布局一直处在一种混乱的交叉当中，造成纵向布局无法顺应横向布局产生有效作用。如仅体育频道一家的营运管理公司就有“未来广告公司”“中视体育”“央视·IMG”三家同质公司，内部相互争夺台内资源，外部相互压价争夺客户资源，内耗巨大。在新媒体方面，CNTV 与 CCTV－5 由于事业与企业之间的机制不和，资源整合一直若即若离，节目制作管理与经营管理分属两个团队和两个管理层，矛盾重重。CNTV 方面，由于机械地将传统视频内容植入互联网视频渠道，虽然节目资源极其丰富，但是由于丢掉了传统电视的优势，又失去了互联网的互动特点，造成规模庞大却没有战斗力的尴尬局面！

综上所述，CCTV－5 虽然目前处在强势地位，但要想在未来确保霸主地位，必须迅速解决如下几点：①认真解决事业与企业之间冲突，坚决避免事业管理企业的非正常法则；②处理好“未来广告”“中视体育”“央视·IMG”这“一夫三妻”的内耗问题；③解决好 CNTV 与 CCTV－5 在管理及运营方面“两层皮”的问题；④要有近亲繁殖的忧患意识，引入市场竞争机制，让有竞争力的企业参与竞争；⑤优化管理团队，以专业精神和专业态度来顺应市场发展。只有这样，央视体育才能够更加星光灿烂！

3. 地方体育电视传媒貌合神离

1995 年中央电视台成立体育频道之后，一些省市电视台也相继推出专业体育电视频道，最多的时候达到几十家，着实让体育电视传媒资源在中国大地上火了一把。但是由于 CCTV－5 的落地覆盖优势、广电政策的垄断支持、国际赛事资源的独占以及国内赛事资源很长时间上不了台面等原因，各个地方电视台推出的专业体育频道，自诞生之日起就“营养不良、饥肠辘辘”。结果，相当一部分地方体育频道由于饥寒交迫过早夭折。截至 2011 年，理论上存活下来的地方体育电视频道已不足十家，其中一半以上依靠“偷窃”为生——盗播是活下来的唯一方式。从我国体育电视传媒最为辉煌的几十家专业体育电视频道到仅剩下上海、北京、广东三家不播电视剧、不卖药的专业体育电视频道，这个过程也就十年左右的时间。十多年来，各个地方体育电视频道为了生存也确实采取过多种对抗 CCTV－5 的方法，以求自救，但是最终都不了了之。直到 CSPN 即中国电视体育联播平台最终成立，多省级体育频道实现部分体育节目同步播出的、跨省区域的联播平台，才在挣扎中产生了一定的影响力。

这种“联合引进、联合制作、联合播出”模式，以多台相同节目矩阵的产业新模型，确实点缀了中国传统体育电视传媒行业。目前 CSPN 的广告占总收入的 70%，节目版权销售收入占到了 20%，品牌开发及其他付费终端服务的收入占到了总收入的 10%。但这也似乎刚刚解决了温饱，随时都有可能出现饥荒，命运依然没有掌握在自己手里。虽然各成员台有明确的分工（新闻—山东，赛事—湖北，专栏—新疆），但是依然困难重重。

究其原因，笔者认为主要有如下几点：①缺少一个有影响力的传播平台，所以合力效果依然不明显；②由于传播平台的分散，广告价值提升空间有限；③赛事资源依旧会受到央视体育的打压，只能是找点边角料，赛事节目质量难以提高；④各个地方电视台对体育节目支持力度无法达到一致，难成威力。

因此，CSPN 的合作模式最终是否可以做大，关键源自下列几点：①合作联盟各个东家是否有想做大的决心；②联盟者是否可以整合一个独立频道，排除各自私心，齐心做大；③是否有足够的资金建立一个强大的制作中心，走“光线”的路子；④建立强大的视频制作基地与互联网视频网站合作，由此走出一条中国体育电视产业化经营之路，采取多种创新，CSPN 可以做一些延伸业务，如图 10－11。

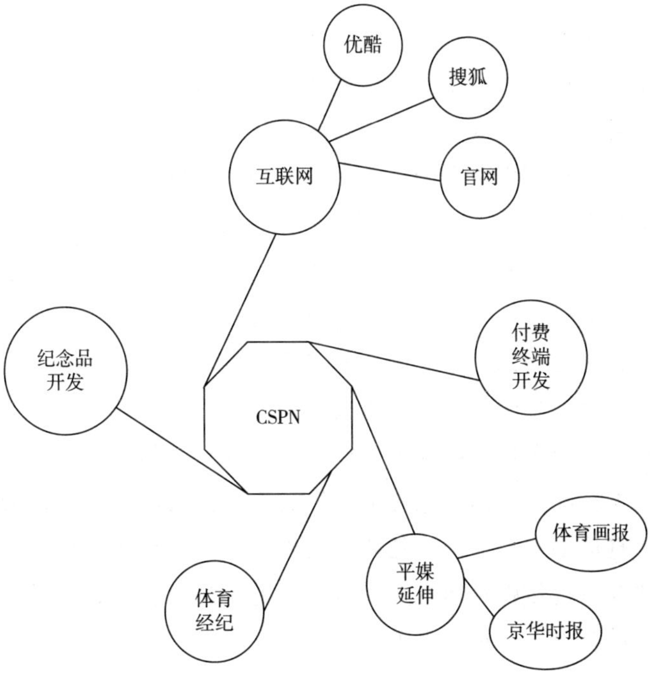

图 10－11　CSPN 的延伸与衍生业务

总之，作为中国第一个体育资源的联播平台，CSPN 肩负了广大体育迷的期待。在 CSPN 总裁陶伟的眼里，中国优质的赛事资源是体育电视赖以生存的基础。在自身体育资源并不优厚的条件下，除了打造自身特色品牌栏目之外，更需通过与平面媒体、新媒体的合作，明确自身定位，打造自身品牌，实现资源输出平台的延伸。

由于政策和资金的限制，CSPN在短时间内，并不能产生强有力的社会影响，但其探索的是一条全新的道路。CSPN也明示了在当代中国，地方台体育频道必须走资源联合的道路才能得以发展。CSPN围绕赛事对产业链进行延伸与衍生，通过跨行业渗透、多媒体运营、差异化生存走出了一条适合自己生存的道路。尽管仅仅只是一些浅显的尝试，但也为中国体育电视产业延伸与衍生业务的拓展提供了借鉴。

三 中国体育电视传媒存在的问题

1. 资源配置效率较低，难以助力产业延伸与衍生

我国电视传媒资源配置是计划经济时期的产物，在电视节目的生产上，绝大部分由电视台自身负责开路频道，因此，传媒市场化程度不高，直接导致了传媒资源的严重浪费。制播分离呼唤了很多年，也一直是雷声大雨点小，无法真正形成体育电视产业化的发展模式。一方面，导致了中央电视台内部体育赛事资源的极大浪费；另一方面，也导致了地方体育电视传媒产业和互联网体育视频网站的生存和发展举步维艰，实际上，现有政策，真正保护的只是央视体育电视频道。虽然这在一定程度上使国有体育电视传媒避免了市场上惨烈的竞争，但是却破坏了我国体育视频产业的整体发展，最终对我国体育视频产业市场的发展会产生摧毁性的打击。资源配置效率远远低于国际市场，造成与国际体育电视传媒企业有明显的差距，使得地方上很多体育电视传媒机构还仅仅只是体育赛事播出的内容平台，长时间停留在传统体育电视生产模式上，无法实现体育电视产业链的建立，无法打造多重产业链的延伸与衍生。各个城市投入的赛事资源由于受到央视体育电视传媒机构有限播出平台的影响及控制，在城市资源的配置上无法形成合力，严重伤害了各个城市办赛事的积极性，同时也抑制了体育竞赛市场的规模性发展。

2. 垄断与保护让赛事资源高度浪费

改革开放三十多年过去了，电视媒体作为当今主流媒体，特别是在中国，这已经是不争的事实。优秀的赛事资源几乎只能通过单一的电视这一媒介进行播出和推广，甚至是只能通过央视体育一家播出。与新媒体的各

种渠道的合作空间同样牢牢被限制，赛事资源无法做到高效合理的配置，再加上赛事媒介产品是一个以悬念取胜的产品，其寿命相对较短，稍纵即逝，一旦比赛结果产生了，受众再选择的兴趣也随之降低，企业的关注度也跟着减少，产品迅速贬值，电视传播产业相关产业及受众之间的互动也就无法运转起来。这就是垄断所造成的一系列弊端。

体育电视传媒通过与新媒体的合作扩大自身优势，可能是其未来几年的唯一选择。互联网的视频发展优势已经完全显现，长尾效应将是任何一家体育电视传媒无法企及的，网速与带宽这两项硬件指标一旦突破封锁，传统体育电视生产模式即使受到某些政策的保护，其覆盖面的优势也将会瞬间丧失。凭借互联网的技术特点和城市人群对互联网依赖程度的不断加深，纵使政策威力，也无法真正保护传统电视的事业生产模式。未来3～5年，互联网体育视频传播渠道的崛起已是不争的事实，而随着互联网体育视频渠道的崛起，传统体育电视近百年的生产模式也必将随之终结！

3. 体育电视的传统思维制约了品牌的塑造

从产业链角度来看（见图 10－12），中国体育电视产业链的最底端是对体育赛事资源的投入。靠近产业链最上层的则是涉及品牌的塑造。体育赛事品牌的资源受到品牌工业权利的保护，而且品牌的建立本身就是一个漫长的过程，这种资源虽然不可替代但是可以模仿，因此从产业链的两极体现出较大的垄断优势。

在工业化进程初期，世界主流产业链延伸主要以资源性优势为主导，而随着新媒体时代的到来，产业链的延伸与衍生更是要建立在技术完备的基础上，尤其是体育电视，新技术的引进与体育资源的优厚一样不可或缺。因此，从产业链的角度来看，传统体育电视需要将其延伸产业锁定互联网视频渠道，其优点在于：第一，可以体现其拥有上游赛事资源的优势；第二，可以体现目前传统体育电视品牌价值最大化的优势；第三，有利于生产资料的顺利转接，为未来的市场竞争奠定基础。

4. 政策优势的双刃剑功能阻碍了市场优势的发挥

中国的体育赛事产业基本是在政策保护的优势下生存，CCTV－5 更是得益于政策的保护才拥有多个独家资源，逐渐发展壮大，但是政策利好的同时，也有着自己的弊端。例如，中国的体育产业市场化程度不高，甚至有人感慨中国没有体育产业和体育电视产业。

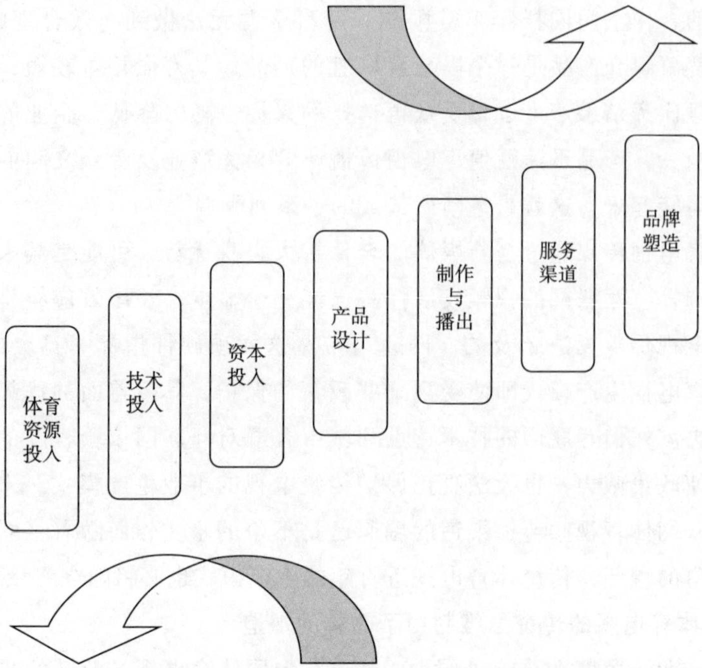

图 10－12　传统体育电视快速进入互联网视频领域

英国是最早提出“创意产业”（Creative Industry）的国家，在 1997 年 5 月，英国首相布莱尔就提议并推动成立了创意产业特别工作小组。近年来，创意产业的观念在欧美及其他国家产生了广泛的影响，推动了电视及其衍生产业等文化产业的大力发展。然而在中国，对创意产业观念的重视却不多见。中国实行了几十年的计划经济体制，从某种程度上来说，市场并没有真正发挥作用，并没有实现各种资源的优化配置。从我国 1995 年出台的《中华人民共和国体育法》来看，将体育划分为社会体育、学校体育、竞技体育和社会体育团体等几个方面，只是强调了体育作为公共事业与社会建立的一种服务关系，而忽略了体育作为市场主体的产业性质。

从体育电视的逐渐发展壮大，到开始涉足体育电视延伸和衍生业务，离不开资金的保障。在研究体育电视市场化的文献资料中，极其缺少相关理论依据、法律法规保障和政策引导。截至 2010 年 12 月的数据显示，体育产业产出仅仅占 GDP 的 0.52%，这与发达国家还有很大的差距。

我国电视传媒业现有法律法规，层次较低，法律的权威性也不够，特别是中国体育电视传媒经历过计划经济到市场经济的变迁以后，中国体育电视产业的经济属性得以体现，中国传媒的规则制度也需要进一步的调整与摸索，而且已有但并不适于现状发展的法规，应得到及时补充和改进。在中国，体育电视产业的发展势必在曲折中前行，而中国体育电视产业延伸与衍生领域的发展更是任重道远。

小结　思路决定出路——传统体育电视

在加入 WTO 以后，中国企业的经营思路转化为“做大做强”，“做大”意味着企业对延伸和衍生市场的拓展。很多企业经营者认为，企业只有先在行业占有一席之地，才能进一步统治市场。殊不知“做大”的基础就是“做强”，ESPN 与 CCTV－5 的不同不仅在于行业定位，更重要的是一种社会责任观点的差异，稳扎稳打才能步步为营。

ESPN 拥有众多国际顶级赛事资源及专业的体育电视节目制作水平，其体育电视节目可谓世界一流，也正是因为其主营体育电视业务强大的网络结构，其有能力通过多种途径引进新技术，对优质赛事资源进行深加工和再利用，并利用其广阔的受众市场发展衍生业务，这一切都基于“做强”的基础业务。

迪士尼公司的品牌产品连锁经营业务收入占到集团总收入的 40%，成为集团强有力的支撑力量，保障着整个集团产业链的繁荣发展。迪士尼公司在发展互联网、与 ABC 的合作时都遭遇过挫折与失败，可能是因为新事物产生带来的不适应或经验不足。只要做到市场定位精准，且具备长远发展的潜力，就可克服暂时面临的困境，通过调整发展策略或方式来培育市场。

现今，体育电视媒体的经营已经摆脱了过去单一的收支模式，转向多渠道、多领域的经营，延伸与衍生业务的拓展更是基于媒体差异化生存的需要。如果开展的领域千篇一律甚至找不出“卖点”，就很难占据市场的优势，因为服务性行业有一个很大的特点，就是产品的可替代性，中国体育电视产业的发展不是求同，而是存异，定位互联网的延伸产业模式，才能在整个产业中起到助推资源配置的作用。

体育电视天然的媒体传播性质使它与广播、杂志、互联网及其他新媒体形式的合作水到渠成，容易形成市场集聚，从而形成品牌效应。而这种媒体融合的强大传播优势，又为其衍生产业的发展创造有利条件，如体育用品、体育中介经纪、体育教学培训、体育休闲与消费、体育产业的咨询等。这些业务都是以体育电视产业作为强大后盾，与此同时，也增加体育电视产业的附加值。

注重产业联动，打造完整的产业链条，对节目的制作、生产、发行、播出到进军其他媒体形态的延伸产业和其他产业领域的衍生业务营销等环节都起到优势互补、相互促进的作用。而其中的各个环节又都可向更多业务领域进行延伸和衍生，进行资源的再次和多次利用，获得更大的利润空间。如迪士尼公司的“轮次收入模式”和 ESPN 所涉及的体育用品业、玩具业、服装业、饮食业、地产业、咨询业等众多行业，均是利用集团强有力的品牌效应，形成产业链间收益倍增的规模效应，达到资源利用的最大化。国外体育电视业的先进经营经验和理念值得国内体育电视业借鉴学习。

这是一个互助互利的良性循环模式，每一次体育电视业务自身实力的增强，都为发展更丰富的延伸和衍生产业提供资金和品牌效应的保障。而市场占有逐渐增大的体育电视延伸和衍生产业产生巨大的增值利润，使体育电视有更多的资金与市场保障用于提升其自身的发展水平。

无论是前任奥委会主席萨马兰奇还是现任奥委会主席博格或者是各位体育界的同仁都一致认同一个观点，那就是“体育赛事与电视是天作之合”。之所以业内人士均认同该观点，关键之处就是在过去赛事产业发展的历程中，电视这一媒介所处的地位和其具有的强大传播力，为赛事产业发展创造出巨大的影响力。而随着互联网对城市居民生活方式所产生的影响不断加大，我们有理由相信“体育赛事与电视是天作之合”这一观点将逐渐成为历史，取而代之的将是“体育赛事与互联网是天作之合”。而互联网时代的来临，也将为结束体育电视这一事业机制的最后一块领地画上圆满的句号。互联网体育视频传媒将吹响赛事资源更加残酷的争夺战，垄断被打破，资本就变得强大了，人才之争就会变得更加激烈，传统电视人的视角必将转向互联网这一媒介。

第十一章　台网联动细分绝杀

体育竞赛产业既是体育产业的重要组成部分，也是体育产业中的主体产业。它与教育、培训形成一个互生的内生产业，其延伸产业包括了体育场馆业、体育用品业、体育服装业以及体育传媒业等。体育竞赛产业是体育传媒产业链上游的生产资料，没有体育竞赛产业就不可能有体育传媒产业。反之，体育传媒产业又推动了体育竞赛产业的不断发展和壮大以至于扩展至全球。在现代传媒技术快速发展的今天，体育赛事正在以客体、本体的双重属性成为传媒渠道内容的生产资料以及创造传媒品牌价值不可多得的资源。特别是随着一个国家和地区城市化进程的不断深入和当今传媒技术的不断提升，体育竞赛产业越来越成为城市消费者、政府以及企业高度关注的文化产品。根据中国互联网络信息中心（CNNIC）在2012年初的统计，当今中国的视频观众已超过3.3亿人，约占电视观众的1/3；一线城市观众花在网络视频上的时间也已经超过了花在电视上的时间。特别是在互联网大而全的时代，如何能够差异化地突出重围，打破平衡，先声夺人，在技术均衡的前提下，专业与特色的内容将变成唯一获胜的法宝。这一点，无论是从传统媒体还是现在的新媒体均可以窥见一斑。

虽然本章节所涉及的体育赛事产业的相关内容不是很多，但是我们从中可以看到最显著的将是赛事版权市场销售的变化成为市场版权竞争的开始。另一方面来看，赛事与传媒之间存在着紧密的伙伴关系，我们在研究赛事与城市发展关系的体系中，依然需要横向把握未来全媒体行业的发展趋势，虽然现在我们把赛事传播主体定位放在电视传播渠道之中，相信很快我们对赛事与城市传播研究的重心，将转移到赛事、互联网视频与城市的关系中来，这样我们才能充分了解赛事在城市发展进程中的作用。

第一节 传统电视的发展路径

我们简单地从传统电视媒体的发展历程便可观其细分的脉络。1995 年应该是我国传统电视发展最快速的一年，也可以说是传统电视进入群雄逐鹿时代的年份。在此之前，央视只有三套节目，各个频道定位也比现在宽泛很多。例如，当时的一套为综合频道；二套虽为经济频道，但是几乎涵盖所有的生活服务内容甚至包括体育赛事的转播和实况录像；三套则是文艺，包括电影、电视剧、晚会以及各种戏曲等。多少也算是有了一定的、粗放式的、差异化发展的雏形。而各个地方电视台更是无所不包，与现在的门户网站可以说基本一致。各个电视台都想又大又全，当然结果是谁也无法做到真正的大而全，这就是 1995 年之前的传统电视媒体发展的基本模式，由于央视独家的全国落地优势，各个地方电视台只能是望尘莫及。

1995 年也可以说是传统电视走入相对细分时代的分水岭。首先，CCTV－5 的诞生，宣告了我国第一个专业体育电视媒体的诞生，随之实施细分的电视频道有电影频道、电视剧频道、儿童频道、农业军事频道、戏曲频道、音乐频道、科技频道、外语频道、新闻频道、纪录片频道等。进入 2000 年之后，各地的数字频道全面进入专业细分领域，如高网频道、足球频道等，多达上百个。其次，各省、直辖市、自治区都开始有一个频道上星，但是由于当时地方电视台的制作水平及内容都远远不及央视，更重要的是，当时各个地方电视台在央视已经开始专业化、差异化发展之后，还在向大而全的建制发展，同时，各地方电视台缺乏强大的制作团队跟进，缺乏强大的内容支持，缺乏新颖的节目形态，缺乏专业的、高水平的策划和创意人才，大而全以及机械地模仿央视，使得各地卫星频道着实经历了一段时期的低迷。

然而，随着时间的推移，地方卫视频道实现了快速发展。如湖南卫视、浙江卫视、江苏卫视这三个具有代表性的传统电视媒体，充分利用自身的激励机制，走出去引进来，集中优势兵力提升一到两个时段的节目水平，从“超女”、“好声音”、《非诚勿扰》等以点代面的突围方式不断地创造收视奇迹，甚至湖南卫视的收视率时而会超过央视一套的收视率，这在过去是不可想象的。这些省级卫视敢于在央视面前“横刀立马”的关键在于，在新媒体还没有走专业化之路的时候，抓住了传统电视最后的发展机遇，频道的差异化和专业化抓住了市场，获得了观众的青睐。湖南锁定时尚、潮流、青春；江苏锁定幸福、生活和服务等；安徽锁定电视剧等。反之，继续寻求大而全的频道呈现的却是平平淡淡，例如北京卫视、上海卫视、广东卫视等频道的影响力却不及前面几个 GDP 低于自己的卫视（安徽、湖南）。

选择差异化成功的湖南卫视选择了娱乐和时尚、安徽卫视直击电视剧、江苏卫视突出生活服务等。我们清楚地看到在传统电视群雄逐鹿的混战中，差异化、专业化是这些地方卫视获取成功的法宝。当然，良好的激励机制以及电视管理者的管理理念也是保证成功的基础。

上述传统电视的发展态势，显示了全国各家传统电视媒体快速增长与蚕食市场的基本特点。从央视的发展态势来看，伴随着体育（五套）、电视剧（八套）、电影（六套）、军事和农业（七套）、国际（四套）、纪录片（九套）、科技（十套）、戏曲（十一套）、新闻等众多频道的诞生与发展，传统电视媒体从大而全走向专业化、差异化。在央视各个频道专业细分之后，除了《新闻联播》、《焦点访谈》和《晚间新闻》这三档强势新闻栏目之外，央视一套综合频道的思路已经在慢慢地失去特点，能够让观众记住的东西越来越少。因为无论是市场还是社会，消费者的定位越来越细致，寻求点对点的需求越来越精准。

传统媒体目前的发展态势是社会经济发展的必然结果。而这种发展结果的原因在于：第一，一个国家或地区的经济发展和生活状况达到一定水平；第二，一个国家或地区人们的认知观念；第三，源自媒体产业发展的状况；第四，人们的需求越来越广泛；第五，观众的信息来源渠道越来越丰富；第六，互联网 OTT 发展速度和广度造就了服务、信息传播与互动渠道的繁杂。信息焦虑症、手机依赖症也都从另一个方面解读了在现实生活中，现代媒体是如何在互联网以及移动终端的互动过程中满足和帮助人群实现精细化的服务需求的。只有这样才能精准定位市场、占有市场、服务市场、符合市场需要，最终也才能赢得观众、读者、网民的青睐。

从上述传统电视的发展路径能够看到，中国的主流电视媒体大而全的发展模式到 20 世纪 90 年代中期之后几乎走到了尽头，传统电视媒体进入了差异化、专业化发展轨道。

第二节　互联网群雄逐鹿

互联网是国际互联网的简称，亦被称为“因特网”，英文是“Internet”。它起源于20世纪60年代的美国，最早应用于军事领域。1991年8月6日，蒂姆·伯纳斯·李建立了世界上第一个网站——万维网(www)。自此，互联网开始应用于商业领域，美国的私人企业纷纷创建自己的网络，向用户提供Internet商业的联网服务。商界的介入，进一步发挥了Internet在通信、信息检索、客户服务等方面的巨大潜力，世界各地无数的企业和个人纷纷涌入互联网，Internet带来新的发展契机。

1994年4月，我国正式联入国际互联网。自1997年以后，我国互联网用户数基本保持每半年翻一番的增长速度。互联网技术发展到今天已经从技术到商务，互联网公司早已越过了运营商，开发出基于开放互联网的各种视频及数据服务业务，物理网络只是作为为整个互联网提供服务的一种技术手段产生作用。互联网Web2.0模式，不受时间和地域的限制，分享各种观点。用户在获取各种信息的情况下，又不断地发布着自己的观点。信息在这里聚合，在互联网上不断积累，用户在自己的兴趣中聚合成社群。在互联网Web2.0模式下，各类用户根据各自的兴趣聚合成群，并在无形中产生了细分市场。由于互联网是一个开放的平台，所有的用户都是因为兴趣而集聚，所以用户会保持比较高的忠诚度，他们会积极地参与其中。当今OTT服务的范围越来越广泛，互联网公司开发和应用的水平完全超越了运营商，他们提供了传统电信业中未曾有过的服务项目，如社交、购物、视频、搜索、游戏、聊天、支付等。除此之外，替代性业务也在飞速发展，不仅直接替代了传统的电信服务，如IP电话、视频通话、文字信息传送、多媒体信息传送等，而且在价格和便捷性方面，传统的电信业务也是望尘莫及。

互联网自1994年进入我国，由于其所提供的服务平台和服务项目，都是传统的电信业务所无法比拟的，同时由于其服务的便捷性、价格的诱惑性、互动性和强大的娱乐性，互联网开始并且已经不断地改变着人群特别是城市人群的生活方式。比如，寄信不用去邮局、购物不用去商场，一部手机让信息随时随地地传递。视频和音频传输技术的应用，使得人与人之间的距离感不断缩小，每逢节假日，短信的问候使得人们的走访越来越少。这一系列的改变也促使着互联网技术的发展与应用都在悄然地改变着城市居民的生活方式！

2005 年，在中国互联网步入第二个十年之际，中国网民数量突破 1 亿大关。然而，作为一个媒体，其初始的状态与 20 世纪 90 年代末期的中国传统电视媒体的情况非常相似，新浪、搜狐、网易、腾讯、百度等大而全的门户网站自立中央，各自称雄。

自 2003 年起，我们清楚地看到，昔日门户网站的地位在不断地发生转换，反应快速、差异化者仍然在这场激烈的角逐中处于领先位置。各个大小网站无论是做大做强还是苦苦煎熬，生存下来以及壮大起来的，无一不是选择了差异化的发展模式，如新闻、微博、网店、游戏、酒店机票预定、社交、视频等。因为互联网公司不需要面子，不需要伪装，活下来是他们的唯一准则，所以他们必须遵循市场上每一个商业游戏规则，在市场化的运作过程中面对更加残酷的竞争，通过分而食之、走好自己的路，最后异军突起。2011 年综合排名前十的互联网站分别是腾讯、百度、淘宝、新浪、谷歌、网易、优酷、阿里巴巴、携程、搜狐。由此我们清楚看到谁进入差异化的发展，谁就能赢得未来。腾讯的 QQ 积累了庞大的用户资源，为其后来在游戏领域一马当先奠定了基础，百度和谷歌的搜索引擎动力强劲，淘宝和阿里巴巴的购物，新浪的新闻、微博，携程的酒店机票服务，优酷和搜狐的视频，每一次细分都在创造着奇迹，这就是当代传媒发展的方向。

随着互联网的不断发展和完善，智能手机成为各大互联网站全力争夺的制高点。移动互联网同时也打响了进军细分市场的时代。或者说，互联网开始从一个粗放时期向精细时期发展，从技术运用向技术创新与内容创新并举的时代发展。当一切都在因为技术而改变的时候，人们的观念往往会成为巨大的阻力，然而，当观念在等待技术来临的时候，革命便随之开始！

手机网络视频是手机娱乐类应用的增长亮点。与 2011 年下半年相比，手机娱乐类应用中，手机网民对手机网络文学与手机网络游戏的使用率有小幅度下降；手机网络音乐和手机网络视频使用率上升，其中手机网络视频的使用率为27.7%，相比2011年下半年，提升5.2个百分点，这说明高流量手机应用发展速度明显加快。

在三网融合的大背景下，三屏合一为大势所趋，手机视频是最主要的应用之一。手机视频应用快速发展的原因包括：其一，目前智能手机价格持续下降、操作系统高度智能化，同时，越来越多的家庭搭建起 WiFi 环境，这些因素为手机视频发展提供了用户基础和硬件支持。其二，国内视频网站纷纷推出移动客户端，抢占无线市场，同时，部分视频网站加强与电信运营商的合作，手机视频内容不断丰富。在视频网站、运营商等多方积极推动下，用户使用手机终端在线看视频的习惯正在逐步养成。渠道商正在全力以赴地抢占终端服务的市场份额，而终端手机生产厂商也在不断地实施技术变革，一旦完成渠道商所需要的技术平台，手机视频的消费便随之拉开序幕，渠道商和移动终端生产厂商共赢的局面随即形成。

随着 iPhone、iPad 终端技术的不断提升，三星在视频领域同样不甘示弱。互联网上一篇题为《八核体验待优化三星 Galaxy S4 评测》的文章就三星手机的视频播放功能做了一个比较细致的剖析，具体分析中，关于三星2013款的 Galaxy S4 实际表现做了如下的一个比较：“为了确保公正性，我们使用了自带的视频播放器进行了播放测试。测试格式包括 MP4、MOV、MKV、AVI、RMVB。”表11-1中，我们以三星的智能手机为例，可以看到手机作为终端，在视频播放技术方面的不断提升，这也为五年到十年之间，视频内容顺利实现手机观看奠定基础。

表11-1　三星手机比较简表

三星 Galaxy S4 影片播放情况		三星 Galaxy S3 影片播放情况
720P WMV 格式	自带播放器完美播放	自带播放器卡顿严重
576P MKV 格式	自带浏览器完美播放	自带播放器完美播放无卡顿
1080P MP4 格式	自带播放器完美播放无卡顿	自带播放器完美播放无卡顿
720P MOV 格式	自带播放器无法播放	自带播放器无法播放
720P MKV 格式	自带播放器完美播放无卡顿	自带播放器卡顿严重
720P RMVB 格式	自带播放器完美播放	自带播放器无法播放
720P AVI 格式	自带播放器完美播放	自带播放器无法播放

作者在分析该款三星手机技术特点时充分认为，其八核的优势无疑就是视频部分。“三星 Galaxy S4 在视频播放方面非常强大，基本上可以秒杀全格式，1080P 的 MP4、AVI、MOV 都没有问题，同时在日常较多的 RMVB、FLV、MKV 等多格式上也完美支持。既然如此，那是否就意味着八核处理器就已经完美无瑕？实际上，在 720P 的 MKV 和 1080P 的 RMVB 上仍然会有一些迟缓和卡顿，不过考虑到真正的实际使用已经完全足够”。

同样，2013 年 4 月 5 日，互联网上还有一篇题为《小米 3 代曝光或采用 Tegra 4 处理器》的报道，“小米 3 代配备的是 5 寸 1080P 屏，搭载高通 Snapdragon 800 处理器，内置 1300 万像素堆栈式 CMOS 主摄像头和 3000mAh 电池。从之前出现过的开发机跑分来看，搭载 Tegra 4 四核的 Pluto 和搭载 MSM8974 的机型成绩基本一致，但究竟孰强孰弱还得等等看”。当代所有手机生产厂家都在全力以赴在屏幕和像素上大做文章，力求让自己的产品顺应移动终端，满足消费者对视频的庞大需求。

CNNIC 的调查报告显示，“截至 2013 年 6 月底，我国手机网民规模达到 4.64 亿，较 2012 年底增加了约 4379 万，网民中用手机接入互联网的用户占比为 78.5%”。这些数据直观地反映出，手机已经成为获取信息来源的最快速、最便捷的渠道之一。报告还指出，截至 2013 年 6 月底，网络视频用户达到 3.89 亿，通过互联网收看视频的用户增加了约 2500 万。手机端视频用户的增长更为强劲，通过手机在线收看或下载视频的网民数为 1.60 亿，与 2012 年底相比增长了 2536 万。手机视频在手机网民中的使用率为 34.4%，相比 2012 年底增长了 2.4 个百分点。此外，69.5% 的网民通过台式电脑上网，相比 2012 年底下降了 1.1 个百分点；通过手机上网的网民比例为 78.5%，相比 2012 年底上升了 4.0 个百分点。2013 年 6 月，我国台式电脑上网网民比例继续下降，手机上网网民比例保持快速增长。手机已然成为我国网民的第一大上网终端，成为信息传播最快速和便捷的媒体。

在我们迎来互联网的视频时代之际，多渠道、多终端、多需求、精准性等互联网视频渠道的角逐也随之进入了白热化阶段，各个渠道进入了视频内容差异化、精细化、特色化、分众化的发展时代。而今的互联网市场正在进入一个“以快打慢”“以技术创新打技术模仿”“以精细打粗放”“以专打全”的时期，有人夸张地说，互联网胜负的时间差只有 5 秒。

第三节　互联网视频的崛起

中国的互联网视频观众已超过3.89亿人，约占电视观众的1/3；一线城市观众花在网络视频上的时间也已经超过了电视。其中，大专学历以上网民对网络视频的使用率较高，网络视频用户中大专以上学历占比高于整体网民中这一学历层次人群占比，而初中及以下人群占比则略低。

根据《中国互联网络信息中心》的调查结果，已经基本可以看出，一线城市观众在网络视频上所花的时间已经超过了传统电视，而且关注互联网视频的网民的学历整体水平也处在较高的层级，特别是城市中关注互联网视频的精英层应该说已经开始集聚，这为中高端产品的推广集结于互联网视频渠道，已经奠定了一个良好的基础。如果一个高端品牌能够长期在网络视频进行营销，加之年龄在20～29岁的网民对网络视频的忠诚度，使他们忠诚于某个品牌的产品也只是时间问题。例如，2011年7月，《中国达人秀》在电视台播放，累计收视为3400万人，而同一时段该节目在13家视频网站上的累积收视人数也达到了3000万之多！根据艾瑞咨询的数据，2011年的在线视频广告收入已经超过60亿元，并有望在2014年超过200亿元。目前在视频网站崛起的有：优酷、土豆、搜狐视频、奇艺网等；视频工具：暴风影音、快播、迅雷看看、QQ影音等；网络电视：CNTV、风行、凤凰宽频、PPTV、金鹰网等。我们可以清晰地看到，无论是视频网站、视频工具还是网络电视台，各家倾力拼杀的还是电影、电视剧的版权价格，面对大型活动内容和顶级体育赛事采取的大多是一哄而上，规划与目标混乱不堪。在文字、图片、视频三个领域内，唯独电影、电视剧等视频领域显得过于精明，而其他视频领域又显得过于愚钝。于是乎，互联网界变成了谈内容色变、谈版权钱紧的状况，出现这种状况或许与互联网的技术起家有很大关系。可以坦率地讲，未来互联网视频的发展，首先面对的困惑是制作人及团队的缺失，其次才是内容问题。

所以文化产业是一个“大写的人”，内容是由人创意并制作出来的，而大量有视频制作能力的人还积聚在当今的传统电视媒体中，如何建立强大的视频团队，是未来专业视频渠道创建的第一步。视频网站中，财经、卫生、生活、汽车等频道内容是否能够给予消费者一个良好的体验，除了取决于互联网技术平台的完善程度、宽带的速度、服务器的数量之外，更多的还要看制作团队的水准，只有实现了专业化和差异化，才能提升自制产品版权二次买卖获取利润的能力。

第四节　台网联动细分绝杀

在三网融合的大背景下，三屏合一为大势所趋，虽说手机视频将成为最主要应用之一，但是传统电视媒体也依然有其生存和发展的巨大空间，关键是如何充分利用互联网的技术为其所用，如何在三网融合的背景下，台网联动，发挥传统电视的优势，就如同广播处在电视与互联网技术飞速发展过程中，借助汽车产业的发展，借势而上。这同样涉及电视终端与互联网终端的巧妙融合，即电视与互联网视频终端的统一。在人们观念形成，翘盼技术改变之际，一旦技术到来必将带来新旧传媒市场革命。苹果在这次电视与互联网视频融合中再一次吹响了冲锋号。2013 年 4 月 4 日，李明在新浪科技中发表了一篇题为“苹果今年或推 60 英寸电视视配子屏幕和体感控制器”报道。

报道内容如下：“美国投资银行 Topeka Capital 分析师布莱恩·怀特（Brian White）周三发布报告称，苹果今年晚些时候将推出配备 iRing 体感控制器的 60 英寸 iTV 电视。怀特近期走访了中国内地和台湾地区的苹果供应商，得出的结论是苹果今年晚些时候将推出 60 英寸的 iTV 电视。这款产品将永久改变人们观看电视的体验，带来革命性影响。怀特称，这款 iTV 电视将配备 iRing 体感遥控器，用户可以将这款遥控器戴在手指上作为导航指示器来使用，可替代传统遥控器的部分功能。这样，用户只要伸出手指即可遥控电视。怀特还表示，iTV 还将配备类似于 iPad 的 9.7 英寸的‘mini iTV’子显示屏，该显示屏可用于家庭安保、拨打电话和视频会议等应用。标准配置下，每台 iTV 配备一部‘mini iTV’显示屏，但用户还可以额外购买，但最多只支持四部。怀特在报告中称：‘我们相信 mini iTV 显示屏可以在最大 200 米的范围内捕捉到 60 英寸的 iTV 上的内容，允许用户在厨房、洗手间、储藏室、卧室，甚至是后院观看 iTV 上的内容。’怀特表示，mini iTV 显示屏的外观类似于 iPad，但功能有限，因此不会取代 iPad。怀特预计，iTV 售价在 1500 美元至 2500 美元之间，取决于用户配备的 mini iTV 显示屏的数量。怀特还称，iTV 的屏幕尺寸最有可能是 60 英寸，但也有可能是 50 英寸至 55 英寸。”通过上述描述能够看到，随着互联网视频影响力的不断提升，技术所带来的影响力和全球的传播方式的改变是大势所趋。

早在 1995 年，国际奥委会就在因特网上设立了自己的网址；1996 年，亚特兰大奥运会互联网首次介入奥运赛事。此次奥运会官网的主页上打出了“Forget TV”（忘记电视）的口号，获得了 2 亿人次的访问量，创下了一项记录。在传播政策方面，1996 年的网络媒体仍然处于初期发展阶段，网络媒体更多的只是作为一种技术工具被使用，且大多数人对互联网一无所知。因此，此时的网络媒体对受众的影响很小，传播能力显然是有限的，尚未对电视传播机构权益造成威胁，国际奥委会也没有制定传播政策对其加以限制。

1997 年，英国广播公司（BBC）推出新闻网页版，体育赛事新闻第一次呈现在 BBC 的网站上。与此同时，世界范围内的多家媒体纷纷“上网”，开始播报体育赛事信息，并收获了良好的报道效果。如 1998 年，IBM 网直播温布尔顿网球公开赛期间，共获得 2.24 亿点击率和 1.06 亿的页面浏览率。1998 年，商业门户网站开始在中国创建，同年举办的法国世界杯足球赛，给这些门户网站提供了一个绝佳的表现机会，它们和外国的网络媒体一起，在这场足球风暴中展开了激烈的竞争，造就了“98 世界杯网络三剑客”——新浪网、中华网、比特网的诞生。新浪体育发展成为中国最好的体育网站，据说中华网在世界杯期间狂捞 320 万元，比特网也迅速扩大了自己的影响力。这次网络媒体在体育赛事上的“亮相”让传媒界深刻体会到，一场体育报道的重大变革已经开始，信息传播手段的进步使得“独家”的概念受到了前所未有的冲击，不少记者提出了“体育报道还有独家新闻吗?”这样的质疑。

2000 年的悉尼奥运会，新华奥运网站于 2000 年 9 月 16 早上率先播报了本届奥运会首枚金牌产生的消息，在与国内外网站及各通讯社的新闻大战中勇夺第一。奥运期间，作为中国奥运代表团唯一互联网合作伙伴的新浪网，奥运会专题网站日访问量突破了千万大关。2000 年悉尼奥运会之前，全球共有25000个含有奥林匹克内容的网站，其中有近千个可能具备传送视频的技术能力。但由于互联网对传统电视媒体独家转播权的挑战将会动摇国际奥委会的财政基础，国际奥委会不得不出台一系列措施限制互联网信息的传播。在2000年悉尼奥运会上，国际奥委会加强了对网络媒体传播的控制，除了积极建设官方网站外，仅对IBM公司与悉尼奥组委合作承建的以本届奥运会为主题的网站以及NBC为美国体育爱好者主办的奥运信息网站给予了认可与支持。除了上述三个网站，其他任何网站都被禁止传播有关悉尼奥运会的动态图片和声音资料。对于私自传播比赛情况的网站更是予以重罚，就连花费7.5亿美元购得悉尼奥运会53%的电视转播权的NBC，也不能在其网站上放置电视转播的比赛内容，只能播放录像，以确保电视媒体对奥运赛事报道的优先性。网络媒体曾经力争提供原创报道，但却屡遭挫折，奥委会不仅禁止网站播放比赛的电视录像，还坚决禁止网站记者到比赛现场采访。

但在随后的2002年韩日世界杯、2004年欧洲杯足球赛、NBA、CBA、中国足球联赛等各大体育赛事中，网络体育赛事传播不断完善，受众逐年增加，成为体育迷获取体育信息的重要渠道，在某些方面其作用甚至超过了报纸、电视等传统媒体。网络直播成为受众欣赏体育赛事最直接的渠道。2006年德国世界杯期间，世界杯赛事网络直播真正形成规模。国内一家网络电视公司引进了世界杯网络视频版权，仅仅在开赛当天，视频流量就突破4000万次点击，总点击量超过2.5亿，比赛直播时每分钟注册用户超过400人，流量之高出乎意料。当时，中国的宽带用户已经达到9700万，尽管许多人还在用路由器多台电脑共享一条宽带，但网络电视的基础已经形成，中文互联网开始进入视频时代。

2006年都灵冬奥会，新浪网以网络媒体的身份拿到了中国互联网的第一张奥运会采访证，这是世界大赛（世界杯、奥运会）历史上首次向网络媒体发放采访证。与以往所有奥运会相比，2008年北京奥运会可谓真正意义上的一次新媒体奥运会。传播环境与格局都发生了巨大变化，奥运报道主要渠道已经开始由传统媒体向新媒体过渡。截至2007年底，中国有2.1亿互联网用户，在这种现实压力下，国际奥委会第一次将新媒体作为独立转播机构出售互联网报道权。CCTV－5借助政策垄断的优势，与国际奥委会就电视版权和新媒体版权采取打包购买的方式。如此一来，央视国际便获得大陆地区的北京奥运会互联网的奥运会新媒体报道权和赛事视频的转播权等相关权益，其重要意义在于网络媒体第一次获得了转播权利的正式认可，这也是奥运赛事转播历史上是一个里程碑。同时，搜狐获得官方唯一认可的奥运互联网服务内容赞助商，这是百年奥运历史上第一次设立互联网赞助类别。同时，网络媒体在奥运会报道史上第一次获得采访权，与传统媒体在同等条件下参与奥运报道竞争。

据统计，2008 年北京奥运会历史上首次实现了全部比赛内容在互联网上播出，更创造了 5000 万人通过互联网收看开幕式的记录，这是 4 年前雅典奥运会网络转播规模的 50 倍。由此，网络媒体正式成为体育赛事报道的主流媒体。随后的南非世界杯以及巴西世界杯和奥运会的所有传统电视报道权及新媒体报道权也同样被央视照单拿下。据了解，央视投入了约 1 亿美元购买了 2010 年、2014 年两届世界杯决赛阶段的转播权，还将独家拥有这两届世界杯期间所有 FIFA 主办的包括联合会杯、女足世界杯、国际沙滩足球世界杯、室内五人制足球世界杯等赛事在中国大陆地区的电视、广播、新媒体（含互联网、手机及其他所有新媒体平台）的转播权及分授权权利、视频点播权、音频点播权及其转授权权利。而 2010 年世界杯决赛阶段的比赛仅由央视网贩卖给土豆、优酷等 6 家视频网站，各家约分别付出了 1500 万元的代价，获得新媒体的世界杯视频转播权，借此央视网获利近亿元。

截至 2012 年 6 月底，CNNIC 调查结果显示，“中国网络视频用户规模增至 3. 50 亿，半年内用户增量接近 2500 万人，在网民中的使用率由上年底的 63. 4% 提升至 65. 1%”。视频网站内容的丰富、网络环境的优化，推动用户快速增长。在内容建设方面尤其显著：第一，视频网站强化台网联动，与电视台同步推广、播出电视剧和综艺节目，尝试在策划和制作过程中就开始与电视台联合，互换资源，扩展影响力；第二，由于在内容选择上更加广泛，网络上播放的海外影视、综艺内容以及自制节目的取材能够突破电视媒体的诸多技术条件的限制，从而让自身获得胜于电视的独特优势；第三，互联网的技术特点决定了其拥有传统电视所不具备的互动性及参与性。

通过这些举措，加之电影、电视剧等长视频内容的推动，视频网站用户规模和收看时长同时上涨。中国互联网数据平台的相关数据显示，网络视频是用户人均单日访问时间最长的应用，在 2012 年的第二季度达到了

35 分 28 秒，比第一季度提高了近 10 分钟，这也是中国网民互联网使用时长增加的原因之一。

内容是视频网站的核心竞争力，近些年网站不惜成本抢占用户，造成版权价格飞涨，电视剧 1 集的价格被炒到 200 万，这几乎等同于奥运会、世界杯报道中的版权价格，显然让行业无法承受。非理性的版权价格在 2012 年出现了转机，传统电视的 CSPN 模式出现在互联网公司中，几家大的视频网站开始实施联合采购版权，以期降低单价。视频网站在版权购买过程中进入一个相对理性的竞争阶段，有效地避免了恶性竞争，同时也挑战了垄断的机构。这不仅有利于互联网的电影、电视剧频道的长远发展，同时对其他视频网站的发展也是有利的。在电影、电视剧文艺频道朝着理性方向发展的同时，互联网公司的巨头们开始寻求更加广泛的突围计划。然而，风险因素同时存在，主管部门又在要求视频网站加强对刚刚起步的网络剧和微电影的审片力度，以强化对视频网站内容的管理力度，政策的收紧将弱化视频网站的优势，为行业发展带来变数。不过我们相信，政府的管理一定能够顺应我国社会的发展，互联网视频网站发展的脚步谁也无法阻挡，目前，已经与传统电视传媒展开了较量，决定胜负的关键将由几个方面决定：第一，网络用户的数量以及收看习惯；第二，网络的网速是否可以满足网民的观看需要；第三，网络视频走进客厅以传统电视化的形式替代传统电视收看习惯（其实，乐视已经开始做了）；第四，视频的内容生产将进入最后的决战阶段。未来的台网联动，是形成共赢的局面还是谁淘汰谁？短期来看电视还是具有较强的优势。但据 CSM 的调查数据，CCTV－5 的收视今年以来一直处于下滑趋势，其他传统电视的收视也同样不容乐观，这也正如互联网调查报告数据所显示的，上海、北京、深圳、广州等地网上看视频的年轻人数已经超过了传统电视。这不得不引起传统电视人的隐忧！

第五节　台网联动运营

1. 传统电视运营模式

互联网视频渠道的诞生，不代表传统电视营销模式的消亡，就如同广播出现不代表报纸广告的消亡，电视出现不代表报纸、广播营销模式的消亡是一个道理。作为传统电视的贴片广告、节目植入广告等方式基本涵盖了企业在电视上的品牌传播模式。这类传播模式在互联网视频渠道中依然可以继续使用，而且现在互联网视频渠道也正在使用。

首先，消费者对于终端接收方式的融合。传统电视已经形成了一种居民的客厅文化，全家在工作之余和节假日聚在客厅观看电视节目已经形成了一种生活习惯，而互联网则是一对一的互动关系，在互联网上收看视频是一对一的模式，那么如何能够使具有传统电视观看习惯的群体接受互联网视频的点击习惯，如何能够使仍未形成缴费观看电视习惯的群体接受缴费看互联网电视的方式，都是我们需要考虑的问题。网络电视模式就是一个很好的台网联动的最佳选择，这就是乐视超级电视脱销的原因。从经营模式角度说，减少现有的传统电视贴片广告的时间和条数，以软性植入广告模式和付费收看两种销售模式获取利润，这就是台网联动生存的市场机制。

其次，传统视频的内容生产与互联网的技术平台互补形成专业的互联网视频频道。技术改变一切已成不争的事实，乐视电视、苹果终端都在不断地改变着城市人群获取信息、观赏节目、享受娱乐的方式，这一切也必然动摇传统电视的强势地位。专业频道所拥有的专业人才与版权资源的垄断与互联网的技术平台合作条件已经完全成熟，虽然互联网所带来的是一个碎片化的时代，但是对网络视频渠道而言，依然需要提供完整的视频产品，如电视剧、电影、体育赛事等，这是互联网也必须遵守的市场准则。因为人们除了需要掌握信息，同样需要娱乐。视频产品自然满足了这两个基本需要。专业的赛事、旅游频道、电影频道、电视剧频道、卫生医疗频道等都是完全可以利用自己的专业资源与互联网技术平台形成共赢，满足实施与点击观看的需求，以此建立完善的传统电视与互联网的共赢体系和整合营销体系，既是拯救自己也是做大自己，这些专业的传统电视频道选择与目前任何一家，如新浪、网易、腾讯等这些商业网站合作，都会获得丰厚的利润。资本与技术的优势，市场的灵活性，视频生产的优势，技术平台以及广告资源的优势相互整合，例如，国际的4A公司和国内的广告代理公司与企业之间的代理关系以及各个企业品牌的推广方式和传播方式的相互借鉴，而不是各自为政，即各个频道都自建网站或者将所有资源都砸到一个网站，如央视所有资源都机械地放入 CNTV，而又无法做专、做精，造成浪费，所以，集中专业资源携手互联网技术平台形成共赢是大势所趋。

最后，创意是无限的，企业品牌曝光从来不会受渠道的限制，技术永远走在革命的前列，广告也依然会更加精彩。乐视 TV 已经开始全面挑战传统电视：一是具有传统电视的功效；二是具备了互联网视频渠道特有的互动优势。其整体盈利模式既具有传统电视的广告收入，又可以获取收视费用。技术条件决定了评估方式的改变。近百年来企业品牌的传播方式也适应了传统的报纸、广播、电视的传统的宣传模式，消费者也习惯了品牌在报纸、广播、电视上的呈现方式和评估方式。所以即使观看互联网视频的人数在不断地增加，但是在企业产品广告呈现手段上，依然还在遵循历史的习惯。例如，如今在互联网视频电视剧、电影等文艺节目之前放入贴片广告，并没有遭到网民的反对，企业也依然按照传统电视广告模式在营销和推广。这都进一步说明了传统电视营销手段在现代互联网时代依然是主要的营销方式，不可以机械取消。“互联网周刊”作者张志宏谈道：“在目前网络视频广告开始受到广告客户肯定与开始准备加大投资之际，应该以增加能够接受更多视频广告秒数，来作为提升广告收入，并且能够接受更多广告客户投放的方式来改善。虽然，对当下的互联网而言，还没有一个类似 CSM 提供的节目评估体系这样一个相对精准的评价体系数据，但是类似电视的点击率完全可以通过调查获得，但可以肯定的是，随着互联网视频的发展，未来用相关数据进行评估将成定局。不仅是数据，互联网视频对企业产品的营销效果也可以通过市场予以体现。因此，网络宣传对企业品牌的曝光率可以通过内容自身的价值、收视率、点击率、市场反馈等综合调研进行评估。我认为长视频中，除了前期的广告植入模式之外，剧中插入贴片广告，还是可以继续采用，对于用户收视来说，适当地插播广告，并不太影响收视过程，同时用户对于视频广告的关注度，也不会因为广告时间过长，而影响广告的收视效果。”

当然也不能照搬全收，因为互联网的互动特点和点对点的传播方式又必须要求我们在使用传统电视营销方面有所改善，直至最后建立起良好的互联网视频独立的营销体系。但是有一点是可以肯定的，那就是传统的电视营销模式将会在相当长的一段时间与报纸、广播、互联网视频的营销方式并存，即使台网联动也不会谁替代谁，特别是传统电视与互联网的营销模式将会互相渗透、互相补充，产生共振！因为只要视频产品存在，视频产业的营销模式就注定需要符合视频产品的特点予以营销，充其量是增加渠道的收费模式，也就是现在的收费电视模式、互联网点击量来判定收费方式以及流量等盈利点而已，即多点盈利模式。

虽然有人出言预判传统电视在未来五年或十年将要消亡，但是笔者认为未来五年或十年传统电视消亡是不可能的，但是其生存方式一定会发生变化。所以，我认为未来十年传统电视网络化的可能是现实的，其变化必将从台网联动开始。所以传统电视营销模式也将会随着互联网不断更新的技术造成传输方式和接收方式的变化而变化。当然互联网广告未来的发展趋势将是逐渐引入独立于企业、消费者和广告代理人角色的信任代理机制。

2. 互动营销模式

随着互联网视频关注人数的不断增加，一线城市观众通过互联网视频获取各种信息，观看各种电影、电视剧以及文艺体育节目的数量也在增加，电视观看人群已经开始向互联网视频渠道分流，互联网视频渠道的视频营销也就成为投资人关注的焦点。这就需要我们首先了解互联网视频与传统电视的异同。相同之处：第一，两者向消费者提供的核心产品都是视频节目；第二，作为一个视频节目的生产基地都将投入成本进行生产；第三，都是通过传播渠道销售所生产的视频产品；第四，都是在传播的过程中完成其销售环节的工作；第五，其前期的生产过程环节基本相同。

不同之处在于：第一，在一个相同的电视台或者说互联网公司，互联网的传播渠道相对广泛；第二，对互联网而言，同一时间所呈现的视频渠道和内容绝非传统电视台可以比拟；第三，传统电视节目一旦生产结束，进入传播过程则无法再造，而互联网视频节目在传播的过程中则可以继续再造，这就是互联网具有互动和参与功能来实现网民互动的技术；第四，虽然传统电视也开始采用多视窗的技术手段，但是和互联网的技术平台相比，既不够灵活也不够丰富；第五，互联网的多视窗、多渠道、长尾效应、实时在线等功能是传统电视无法媲美的。总而言之，互联网这一系列的技术革命，不仅冲击着具有上百年历史的电视影响力，甚至改变着城市居民的生活方式以及全球信息方式，这就是互联网技术的震撼！

正是互联网视频与传统电视有如此多的不同，又在核心产品的属性上以及前期的生产环节上如此惊人一致，才会使得传统电视的营销模式依然会出现在互联网视频产品的营销中。但是互联网视频由于其技术手段与传统电视的巨大差异，必然带来众多节目呈现，网民互动，多视窗、界面等互联网属性，所以其必然催生互联网视频独有的营销模式。

第一，搜索引擎营销一直占据着国内互联网广告的主要市场份额。根据艾瑞咨询的研究数据，2011 年第三季度，中国互联网广告市场各细分领域都实现了不同程度的增长。其中搜索广告增长依然较快，同比增长 77.8%，市场份额扩大到 40.1%，稳居第一的位置。

第二，视频节目在呈现过程中的拆分营销。比如，一场赛事直播，可以同步实时根据客户的需求进行赞助企业的产品营销或者产品服务，甚至是产品销售。

第三，场内、场外以及场上球星等形成多视窗、同步实施的商业运营，这种实施方式充分体现了互联网视频的技术特点，多视窗、多声道、多层面的线上线下与网络实施互动营销。

第四，全产业链营销是互联网视频渠道营销的又一大亮点。比如，马术赛事连带的包括马术俱乐部、马术产品、马术培训等系列视窗的实时在线呈现，每一个视频产品都可以产生互动环节。

第五，动静结合、图文并茂也可以说是互联网视频渠道实施全媒体同步营销的特点。

3. 整合运营模式

台网联动真正掀起视频产业整合营销的基本态势，然而台网联动最容易形成的则是与传统专业频道的对接而不是综合性传统电视频道，在这其中，体育电视频道与互联网视频渠道的联动是最具有条件的。第一，互联网视频渠道具有直播赛事的技术条件；第二，互联网视频的活动功能，恰恰满足了球迷在观看赛事直播过程中的参与感；第三，无论赛事直播还是录播，其参赛运动员、赛事赞助商品牌的推广活动、赛事背后的信息提供等几乎可以在一个界面或多层面或者多视窗加互动的方式同步呈现；第四，由于长尾效应，互联网几乎可以涵盖赛场内外所有内容，并且可以完全实时立体呈现。这些都是传统电视无法做到的事情。所以，一个体育赛事内容在互联网视频渠道上同步呈现的方式是一个多点多线甚至是多面的。台网联动对一个专业体育频道来说，假如能够完成与互联网视频渠道的合纵联合，既可以完成纵向联动，也可以完成横向联动，其形成的传播力是巨大的。

总之，传统专业频道与互联网实施整合联动，其营销效果显然具有裂变效应。因为企业品牌可以在整个传播链条上完成传统电视广告传播，也可以在互联网视频直至移动终端形成网状传播，并且以最快的速度抵达消费者眼前。这种整合营销模式可以说是奥运会 TOP 营销方式中的纵向营销方式。未来互联网视频的广告营销必然走向深度整合，线上数字媒体，包括视频、社区、搜索引擎、智能移动终端等。互联网的视频网站、视频工具、网络电视台已经到了传统电视传媒与互联网技术平台整合发展时期，也必然催生传统体育频道与互联网视频渠道、视频工具、智能移动终端、图片、文字以及搜索引擎和社区的整合营销模式。

第十二章　城市赛事营销案例剖析

城市赛事的组织与承办的核心价值主要体现在五个方面：第一，赛事的传播所带来的城市品牌的传播；第二，赛事为城市居民提供丰富的体育文化生活；第三，为城市建立完善的体育竞赛产业奠定基础；第四，形成城市特有的文化景观、推动城市旅游业的快速发展；第五，顶级的赛事事件可以形成最佳的招商引资的平台和公共关系平台。这五点是世界大都市热衷于举办赛事的关键原因，城市居民的参与和观赏的热情是决定一个城市具有体育积淀的关键，也是这个城市选择赛事的基本条件。

那么，如何选择赛事、经营管理赛事、创造优质的竞赛产品、以赛事产品建立城市动态景观并形成城市体育文化景观，推动城市旅游业的发展，是城市政府以及体育赛事经营管理者及体育传媒的从业人员极度关注的问题。如何解决这些问题，美国的四大经典赛事产品的管理运营经验可以作为他山之石借来一用。

被誉为体坛最有价值的赛事——美国超级碗创办于 1967 年，当时被称为“世界冠军赛”，进行了 4 个赛季后更名为“超级碗”，有媒体把这项橄榄球赛事列在当今世界体坛最有价值赛事排名榜的首位。橄榄球被视为美国的国球，每年 2 月的第一个周日以一战决出胜负。这一天已成为美国乃至全世界橄榄球迷的节日。

每年一度的超级碗赛是美国橄榄球联赛（NFL）的总决赛，自 1967 年 1 月 15 日第一届以来，已成为全美最大的职业体育盛会。比赛当天被称作“超级星期天”，这是美国一年中的第三大消费高峰，仅次于圣诞节和感恩节。2008 年的超级碗赛向全球 200 多个国家和地区进行实况转播，仅美国的电视观众就达到 1.4 亿人次，比赛期间的电视广告价码也从最初每 30 秒 4.2 万美元涨到 30 秒 240 万美元。NFL 的销售渠道虽然主要集中在美国，但是仍然是世界赛事产品无可争辩的第一。该赛事产业中无论是球衣销量、收视率、票务还是版权，领先地位都是其他联盟不可撼动的。NFL 与美国的两大电视台 CBS 和 FOX 的电视转播合同均达到上百亿美元的额度。SUPER BOWL 的广告收入都以百万美元为单位计算，这也是其他联盟无法比拟的，美国文化的高度融合是该赛事产品畅销的关键。

据《福布斯》杂志调查，在 NFL、MLB、NBA、NHL 美国四大联赛中，最赚钱的是 NFL。NFL 在 2007 年的盈利为 9.57 亿美元。据 ESPN 电视网调查，在美国所有运动项目中，价值最高的四支队伍都来自 NFL——排名第一的是达拉斯牛仔，价值 15 亿美元，排在第二位的是价值 14.7 亿美元的 Redskins，紧随其后的是价值 12 亿美元的 New England Patriot 以及价值 10.6 亿美元的 Houston Texans。

2007 年橄榄球世界杯吸引的观众人数丝毫不亚于足球世界杯。本届橄榄球世界杯将法国人对橄榄球的狂热推到了极点，所有比赛的平均上座率达到了 94%，连美国对萨莫阿的比赛都吸引了近 3.5 万人到现场观看。电视观众人数也屡创新高，其中法国队与英格兰队的半决赛吸引的电视观众达到了 1830 多万人，创出法国电视一台年度收视纪录。法国电视一台仅比赛广告收入就达到了 4000 万欧元。超过 35 万的外国橄榄球迷涌入法国观看比赛，他们给法国相关产业带来了巨大的收益。据估计，包括住宿、餐饮、参观等各项费用，这些外国球迷赛事前后在法国的消费超过 10 亿欧元，法国的旅游旺季因此比往年延长了一个多月。

除此之外，2007 年，美国的 MLB 盈利为 35 亿美元，NBA 盈利为 30 亿美元，NHL 盈利为 20 亿美元，同时英国的英超、印度板球、法国网球公开赛、澳大利亚网球公开赛、美国网球公开赛、中国网球公开赛、英国百年历史的世界斯诺克锦标赛等，除了年轻的中网在本书出版之际刚满十岁之外，其他的赛事都经过了一个相当长时间的培育期，也都是价值不菲的产品。文化是历史的积淀，同样，要想创造一个能够影响一个城市、一个国家乃至世界的赛事产品，同样需要时间，如果这一点不能够认真去思考，任何急于求成的心态都无法缔造优质的赛事产品，这也正是行业内有人坦然并自信地得出文化行业的产品难以做大的悖论。其实，我国目前如火如荼的 CBA、中超，前前后后应该说有近 30 年的积淀了，否则，也不可能有今天的辉煌，当然，这仅仅是开始。

十年树木，百年树人。冰冻三尺，非一日之寒。竞赛产业的发展，首先离不开人才的培养；其次，离不开强大的市场环境和人文环境；再次，成熟的经营管理人才和管理水平同样不可小觑；最后，相关企业集群的建立。本章重点剖析的便是如何培养出一批优秀的赛事经营管理人才，推动我国体育赛事产业的快速发展。要完成一个赛事产品的生产与营销，就必须了解赛事、传媒、赞助商、城市四大要素之间的逻辑关系，本书前面的章节已经详细阐释了城市与赛事、传媒与赛事以及赛事与传媒之间的纷繁关系，本章重点以实例来剖析赛事产品、传媒与市场之间的供求关系，解决好这种供求关系，无论运作什么样的赛事，均可以举一反三。

第一节 竞赛产业的本体产品经营管理

竞赛产业内的企业关系结构所对应的便是各个俱乐部的生产组织结构，其主要产品便是优秀的运动员和运动队，竞赛产业的经济效益也反映出各个企业即各个俱乐部的经济效益，所以各个俱乐部的生产、营销对竞赛产业有着极其重要的影响，而要实现竞赛产业的最佳经济效益就必须使竞赛产业符合两个核心条件：第一，该竞赛产业内的俱乐部关系结构的性质，竞赛产业内的俱乐部有足够的改善经营、提高技术、降低成本的压力；第二，要能够充分利用“规模经济”使俱乐部利用产品获取最大的效益。这里所指的“规模经济”便是与联赛相关的多元素的组合，具体包括：俱乐部的生产水平即选手及球队的技术水准、城市选手的基数、赛事产品的质量、城市的硬件设施、传播渠道集群、赞助商市场以及一个城市居民乃至一个国家的各大城市居民对该赛事产品的接受度等，而“规模经济”则是这些因素的高度完美的结合所产生的社会与经济的效益。任何一个商业上可操作的案例都必须达到多个元素的完美结合，方能达到所预期的效果，完成预期的竞赛产业的建立并生产出符合市场、顺应市场的竞赛产品。

无论在我国体育行业内的专家、官员等如何阐释竞赛行业的所谓的事业属性，但是目前的运动员以及我国现存的中超、CBA、乒超、全国排球联赛以及我国所有运动员的培养体系等实际上已经是完全职业化了，而职业运动产业的市场特性是属于寡占市场（Oligopoly），这也正是为什么一个项目只有一个联赛的道理；职业运动组织是属于卡特尔形式（Cartel）的组织，所以否认任何一项赛事的职业特质，都是对我国职业联赛健康发展的一种误导。因为职业赛事的主要特性就是生产者不多，彼此结合成一个组织，共同创造利润。因为组成的企业数目少，所以组织内每一个企业都影响着其他企业。企业一起合作可以创造更高的利润，反之，不当、过度的竞争会造成整个产业利润的损失。

我们通过“美国国家橄榄球联盟的组织结构”（见图 12－1）和中超的组织结构便可以看出作为一个产业结构所存在的差异性。

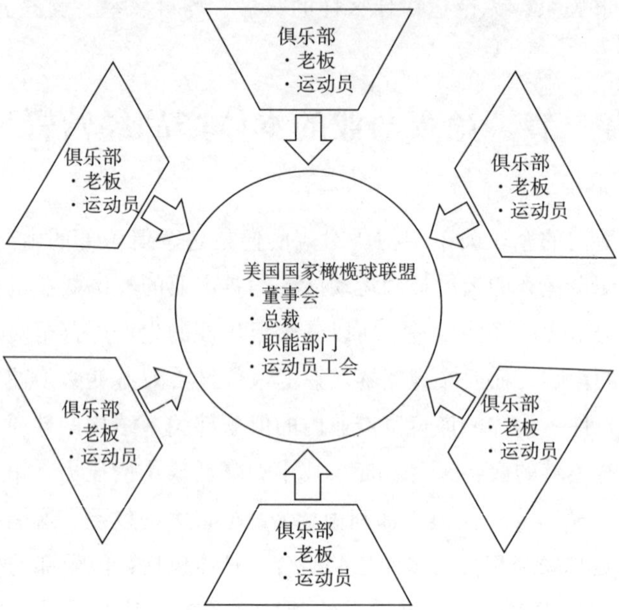

图 12－1　美国国家橄榄球联盟（NFL）的组织结构

下面我们再看一下中超的一个简单的主体结构（见图 12－2）。

通过上述两个组织结构（图 12－1、图 12－2）的简单比较，我们可以发现一个显性和一个隐性的差异性问题。显性的不同就是，被称为全球顶级赛事顶级组织的是“职业赛事联盟”，而从现阶段我国最具有影响力也是相对完善的“市场”结构的中超来看，其顶级组织结构名义上是“足协”，实际上是具有行政管理机构的“足球运动管理中心”来最终行使管辖权。在这种显性差异的背后，反映出两个赛事的最大区别，即一个是完全依据于市场生存并发展起来的竞赛产业；另一个则是在政府、事业、企

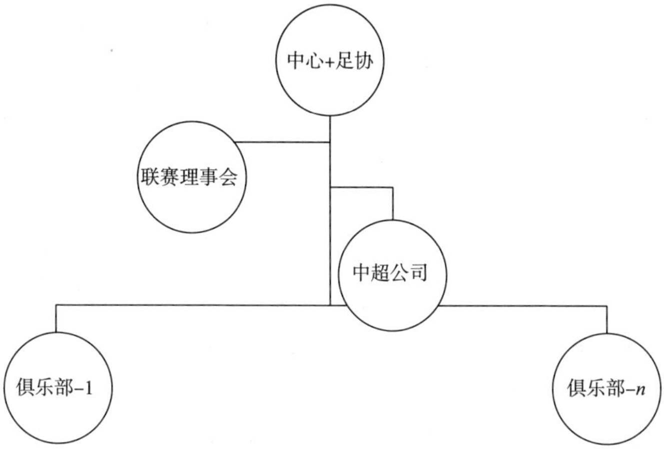

图 12－2　中超主体结构

业、协会共同参与管理经营的赛事产业。所有的声音表面上虽然来自足协，实则保守地讲来自足球运动管理中心，这就是一套人马、两个牌子的功效。

隐性的不同是运动员的市场化程度问题，这是一个竞赛产业的核心问题。我国几大联赛的各个俱乐部运动员，表面上是属于各个俱乐部，但是由于存在着“出生问题”，无论是转会还是就地解决，似乎都有一根隐性的铁索牵扯着，各省体育局与俱乐部之间的关系表面上是市场关系，实际上仍然被行政所操控，剪不断理还乱。其实很多球迷似乎已经记不清某个俱乐部原来的名称了，穷俱乐部不知被卖了多少家！而这种看起来似乎无关痛痒的结构差异，实际上直接关系到是按照市场规律做产业造产品，还是躺在事业机制中干事业！这种事业不是事业，市场不全是市场的生产、经营和管理模式，造成俱乐部既不像一个生产经营机构（因为不是完全市场体系），又不像一个完全的事业机构（因为俱乐部的生产经营管理模式是一个来自完全市场化的资本主义体制），结果是：在双重模式下运营的俱乐部，不断被赞助商所操控的内部生产链条左右，始终无法正常产生价值，为解决生存问题苟延残喘，最后直至穷困潦倒！

既然将赛事按照产业化的发展思路进行运作，就必须以市场为前提，以生产优质的产品为核心来确立其产业化的发展思路，否则企业介入必然是死路一条。2009 年，按照全产业链市场化模式建立起的“中国武术职业联赛”（WMA），从赛事的组织结构便可以一目了然地看出其纯粹是基于市场而创建的职业联赛。虽然我国武术运动的搏击技术缺乏统一的搏击技术标准和市场理念，管理者理念上也存在很大的差异，但是其仍然不失为一个值得参考和商榷的赛事产品的生产模式，供各位读者予以参考。

案例一：中国武术职业联赛

通过对国际赛事联盟管理结构的分析，借鉴国际成功赛事联盟运营管理特点，并根据我国武术的搏击技术特点，中视体育于2009年正式建立“中国武术职业联赛”（WMA）的赛事联盟，以完全市场化的方式完成了六家俱乐部的建制，同年挥师安徽黄山首度开赛。该项赛事的筹办，无论从整个联盟的协调指挥，还是赛事规则技术的实施以及各个俱乐部的参赛情况应该讲是成功的。我们给予赛事最基本内涵界定为力量、速度、灵活、控制和艺术，这正是笔者在回答法国一位记者的提问时谈到的，中国武术与西方搏击最大的区别就是“中国武术是一种搏击艺术，是搏击技术的艺术展现”，这就是为什么武术赛事搏击技术的把握更加困难。整个联赛的设计，首先要对赛事名称的定义、标识、使命、目标、宗旨以及运动员的道德戒律等都做出明确定位，以确保赛事产品能够达到标准化生产的目的。

WMA的定义

WMA，英文全称WUSHU MASTERS ASSOCIATION，英文缩写为：WMA。中文全称为：中国武术职业联赛。WMA是根据市场生产运营准则发起，于2008年12月30日正式宣告成立。WMA的定义是指在工商民政部门等注册的俱乐部（法人机构），通过契约形式完成的武术职业联赛赛事产品的生产机构。WMA是自发的通过契约形式建立而成的合作共同体，通过法律制度与规则，保证俱乐部及赛制的稳定发展，是由全球从事武术运动的俱乐部自愿以契约的形式结成唯一的全国乃至世界的商业合作体。

WMA的标识

WMA标识以武术抱拳礼与太极图形元素为基本构成，蕴含着三层含义：礼仪之邦、迎接挑战、修炼身心。

WMA的戒律

恪守武德、严肃武术的攻防技法是所有运动员、裁判员及所有为WMA工作的人员必须严格遵循的准则。

WMA 的使命

继承、传承和发扬武术的搏击技巧与技法，将人类历史积淀的武术瑰宝奉献给全人类。

WMA 的目标

制造精彩激烈、千变万化的赛事产品，让 WMA 在电视观众以及热爱搏击艺术的观众中留下“烙印”，进而建立 WMA 高溢价品牌。

WMA 的宗旨

WMA 是综合不同拳种的搏击技巧与技法高度提纯的武术比赛。其最高层次的赛事是使全球的武术选手在 WMA 赛事上最大限度地展示武术的搏击艺术。

WMA 的运营模式

WMA 的运营管理的最高监管机构是赛事联盟，赛事联盟是由各个俱乐部指定人员组成，赛事联盟负责选举整个赛事的运营管理机构和赛事运营管理总裁，再由总裁来负责联赛整体的管理和运营，总裁对联盟承担责任，联盟对各个俱乐部承担责任。各个俱乐部负责生产和加工，双方通过各自建造的平台进行资源整合，由此产生的利益均按照契约的规定予以分配和实施管理。

WMA 的经营、服务过程是按照企业的生产流程来运作的。WMA 的加盟俱乐部作为生产方，负责选拔、引进和培养运动员，并向联赛提供最为优秀的选手参加赛事。联盟认定的组织、管理和运营机构负责 WMA 赛事的组织协调、运作、包装、经营，例如 WMA 赛事将通过广告、电视转播权售卖、票务和衍生产品等的开发形式获得收益。

WMA 的赛制

比赛分为两个阶段，第一阶段为积分赛，第二阶段为淘汰赛。

积分赛：

- 每场比赛每个俱乐部出场 5 名选手，每对选手打一局，每局 3 回合，每个回合净打两分钟。每场比赛打满 5 局，每局比赛胜出的运动员积一分，负方不得分。

淘汰赛：

- 根据参赛俱乐部的数量，积分赛后总积分排列在前的俱乐部进入第二阶段淘汰赛，如遇两队积分相同则以第一阶段比赛（积分赛）两队胜负关系判定。

• 淘汰赛各俱乐部均上场5名选手，5名运动员可从注册选手中挑选，淘汰赛不计积分。

• 淘汰赛每场比赛以5局3胜制决定胜负，每局比赛以3回合总得分决定胜负。

• 俱乐部经淘汰赛后决定最终年度排名，未进入第二阶段的俱乐部按第一阶段比赛的积分排名。

例如，2009年赛事由于是第一年举办，考虑成本问题，采取的是赛会制。

2009首赛季，比赛为期42天，从7月26日至9月5日。

2009首赛季，从中央到地方，从国内到国外，100余家媒体高度关注、报道WMA。

2009首赛季，18岁以上男性观众最高收视率为0.59%。

2009首赛季，累计覆盖观众数为1.9亿。

2009首赛季，全国观众收看累计到达2.97亿人次。

2009赛季，19场比赛，采取赛会制，集中比赛，一气呵成。

2010赛季，50余场比赛，包括精英赛、联赛、全明星赛三个单元，比赛场次丰富。

2010赛季，央视、山西、陕西、山东、广东等多个频道即将加入报道阵容，赛事推广进入了全国媒体整合阶段。

五千年璀璨的武术搏击技术与文化内涵的积淀，WMA在吸取欧美最为成熟的赛事产业生产流程，经过理论与实践的检验与洗礼，于2009年（黄山）、2010年（青岛）和2011年（运城）成功举办了三届，在武术界震撼激荡，其中黄山站历时42天，100余家媒体给予了高度关注，累积覆盖观众数为1.9亿，全国累积观众人次达到2.97亿，平面媒体价值约为4200000元，电视媒体价值约为85000000元。这就是赛事为黄山创造的巨大传播价值。然而，天有不测风云，如此精心打造并获得市场检验的纯粹中国文化传播平台——“中国武术职业联赛”却因为某些人为的原因，戛然而止！这里主要还是管理者对我国武术搏击技术的理念和专业水准的差异，最终导致了该联赛于2012年停办，这一结果使得我国武术界深感遗憾，武林界无数英雄豪杰无不为之惋惜！尽管如此，本书仍将该联赛产品生产结构方案再次奉献给广大的读者，真诚希望武林界有识之士能够本着弘扬我中华武术为己任，能够有朝一日重振我武林雄风！

2012
WMA 中国武术职业联赛
2009荣誉加盟
2010荣誉加盟
新赛季荣誉加盟
巅峰决战
WMA 中国武术职业联赛运行方案
WMA
WUSHU MASTERS ASSOCIATION CCTV5

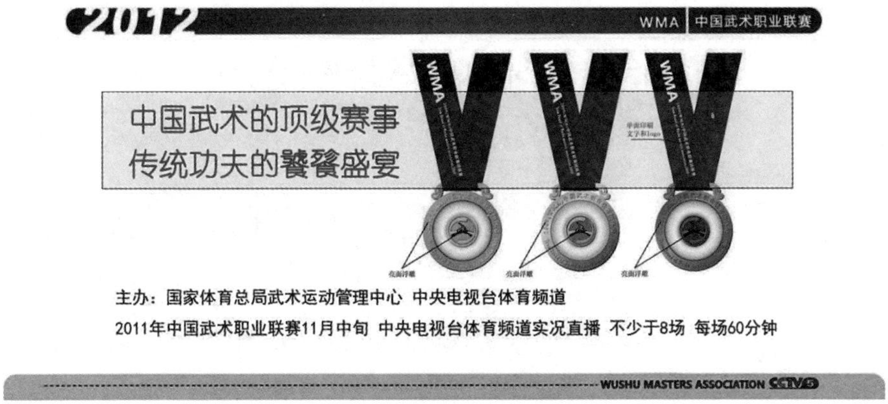
2012
WMA 中国武术职业联赛
中国武术的顶级赛事
传统功夫的饕餮盛宴
主办：国家体育总局武术运动管理中心 中央电视台体育频道
2011年中国武术职业联赛11月中旬 中央电视台体育频道实况直播 不少于8场 每场60分钟
WUSHU MASTERS ASSOCIATION CCTV5

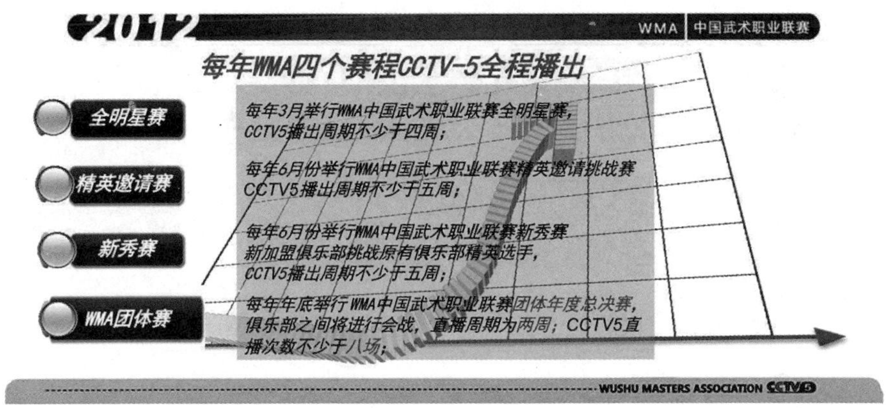
2012
WMA 中国武术职业联赛
每年WMA四个赛程CCTV-5全程播出
全明星赛
精英邀请赛
新秀赛
WMA团体赛
每年3月举行WMA中国武术职业联赛全明星赛，
CCTV5播出周期不少于四周；
每年6月份举行WMA中国武术职业联赛精英邀请挑战赛
CCTV5播出周期不少于五周；
每年6月份举行WMA中国武术职业联赛新秀赛
新加盟俱乐部挑战原有俱乐部精英选手，
CCTV5播出周期不少于五周；
每年年底举行WMA中国武术职业联赛团体年度总决赛，
俱乐部之间将进行会战，直播周期为两周；CCTV5直
播次数不少于八场；
WUSHU MASTERS ASSOCIATION CCTV5

2012
WMA
中国武术职业联赛
第一部分——步履
联赛的发展轨迹
WUSHU MASTERS ASSOCIATION

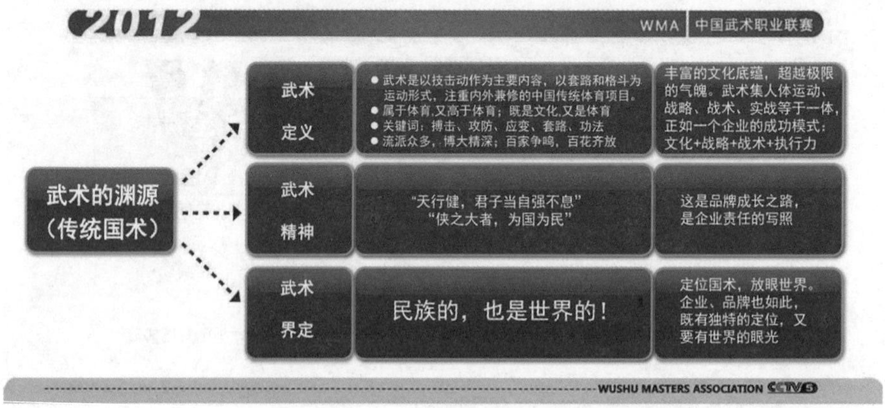
2012
WMA
中国武术职业联赛
武术的渊源
（传统国术）
武术
定义
● 武术是以技击动作为主要内容，以套路和格斗为运动形式，注重内外兼修的中国传统体育项目。
● 属于体育,又高于体育；既是文化,又是体育
● 关键词：搏击、攻防、应变、套路、功法
● 流派众多，博大精深；百家争鸣，百花齐放
丰富的文化底蕴，超越极限的气魄。武术集人体运动、战略、战术、实战等于一体，正如一个企业的成功模式：文化+战略+战术+执行力
武术
精神
“天行健，君子当自强不息”
“侠之大者，为国为民”
这是品牌成长之路，是企业责任的写照
武术
界定
民族的，也是世界的！
定位国术，放眼世界。企业、品牌也如此，既有独特的定位，又要有世界的眼光
WUSHU MASTERS ASSOCIATION

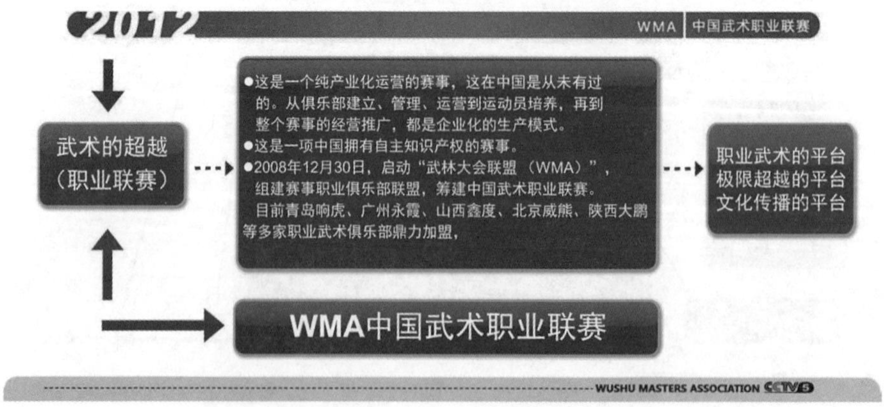
2012
WMA
中国武术职业联赛
武术的超越
（职业联赛）
●这是一个纯产业化运营的赛事，这在中国是从未有过的。从俱乐部建立、管理、运营到运动员培养，再到整个赛事的经营推广，都是企业化的生产模式。
●这是一项中国拥有自主知识产权的赛事。
●2008年12月30日，启动“武林大会联盟（WMA）”，组建赛事职业俱乐部联盟，筹建中国武术职业联赛。
目前青岛响虎、广州永霞、山西鑫度、北京威熊、陕西大鹏等多家职业武术俱乐部鼎力加盟，
职业武术的平台
极限超越的平台
文化传播的平台
WMA中国武术职业联赛
WUSHU MASTERS ASSOCIATION

2010年 WMA中国武术职业联赛（青岛）

2009年 WMA中国武术职业联赛（黄山）

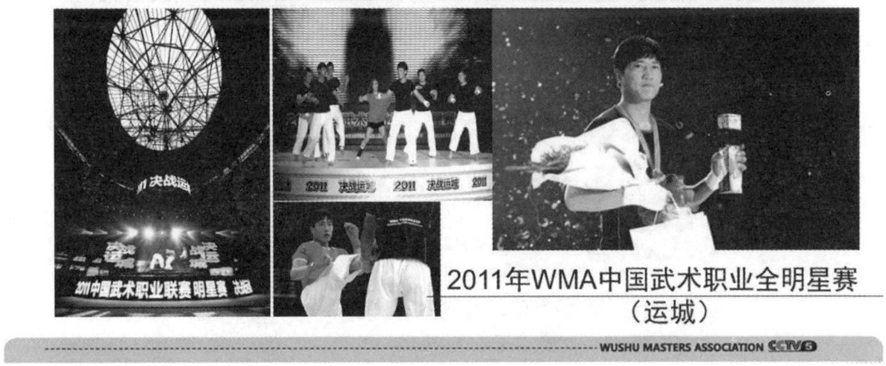

2011年WMA中国武术职业全明星赛（运城）

2012
WMA | 中国武术职业联赛
WMA
第二部分---联盟
联赛的组织架构
WUSHU MASTERS ASSOCIATION CCTV5

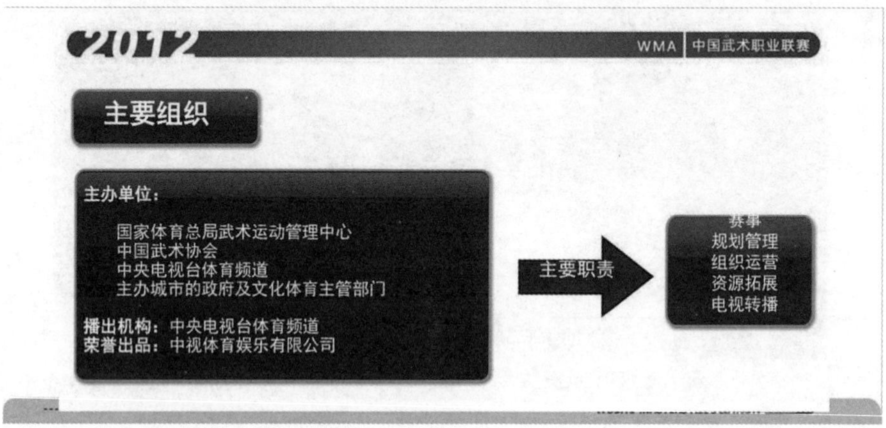
2012
WMA | 中国武术职业联赛
主要组织
主办单位：
国家体育总局武术运动管理中心
中国武术协会
中央电视台体育频道
主办城市的政府及文化体育主管部门
播出机构：中央电视台体育频道
荣誉出品：中视体育娱乐有限公司
主要职责
赛事
规划管理
组织运营
资源拓展
电视转播

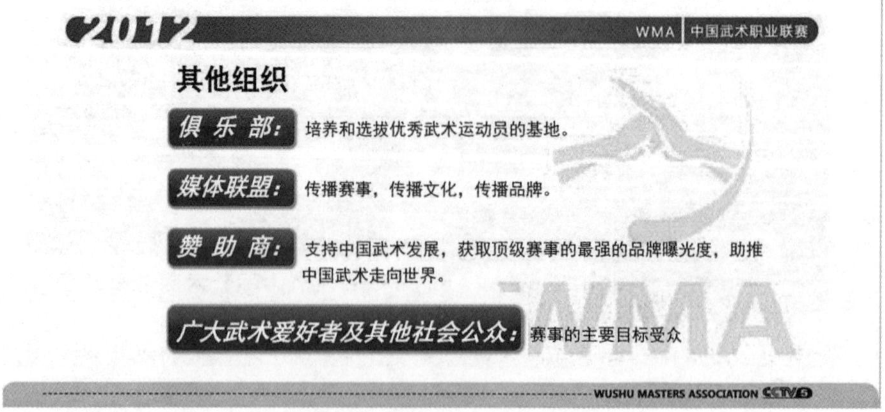
2012
WMA | 中国武术职业联赛
其他组织
俱 乐 部：培养和选拔优秀武术运动员的基地。
媒体联盟：传播赛事，传播文化，传播品牌。
赞 助 商：支持中国武术发展，获取顶级赛事的最强的品牌曝光度，助推中国武术走向世界。
广大武术爱好者及其他社会公众：赛事的主要目标受众
WMA
WUSHU MASTERS ASSOCIATION CCTV5

2012
WMA 中国武术职业联赛
第三部分---较量
高水平的视觉盛宴
WUSHU MASTERS ASSOCIATION CCTV5

2012
WMA 中国武术职业联赛
速度
兵贵神速,中国武术职业联赛优秀的职业武术运动员,经过长期的训练打磨,让体能超人,精力充沛。
手明快、眼迅捷、身灵活、步稳固、气下沉、力顺达、功纯青
他们在赛场上表现出惊人的攻防速度,让人叹为观止
WUSHU MASTERS ASSOCIATION CCTV5

2012
WMA 中国武术职业联赛
力量
一力降十会,中国武术职业联赛优秀的职业武术运动员,经过长期的训练打磨,让他们瞬间迸发出超人的力量
经年的动力性和静力性训练，打造着无坚不摧的骨骼系统。肌肉内部和肌肉之间的高度协调让他们所向披靡
敏锐头脑操控中的实力较量，生产悬念并用力量与力量的近距离对话解答悬念
WUSHU MASTERS ASSOCIATION CCTV5

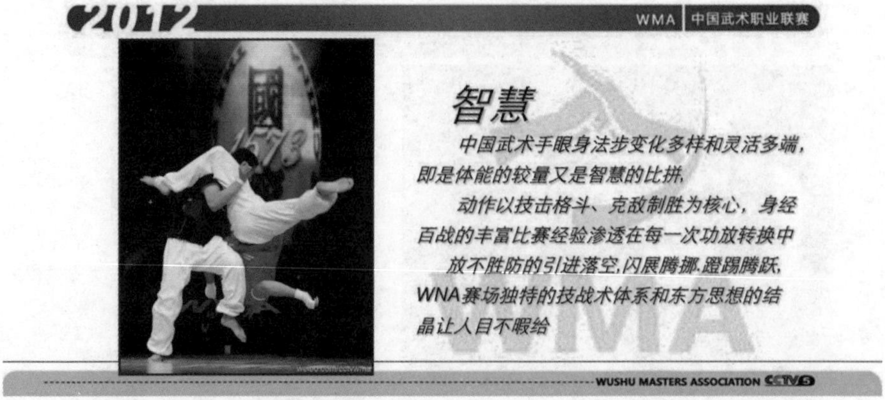
2012
WMA 中国武术职业联赛
智慧
中国武术手眼身法步变化多样和灵活多端，
即是体能的较量又是智慧的比拼，
动作以技击格斗、克敌制胜为核心，身经
百战的丰富比赛经验渗透在每一次功放转换中
放不胜防的引进落空,闪展腾挪,蹬踢腾跃,
WNA赛场独特的技战术体系和东方思想的结
晶让人目不暇给
WUSHU MASTERS ASSOCIATION CCTV5

2012
WMA 中国武术职业联赛
精气神
勇敢 顽强和真诚
奋力争先自强不息的品格意志
武者的气度与风雅让赛场
张扬着豪情 激情 青春和活力
决战运城2011
WUSHU MASTERS ASSOCIATION CCTV5

2012
WMA 中国武术职业联赛
第四部分——造势
赛制和传播计划
WUSHU MASTERS ASSOCIATION CCTV5

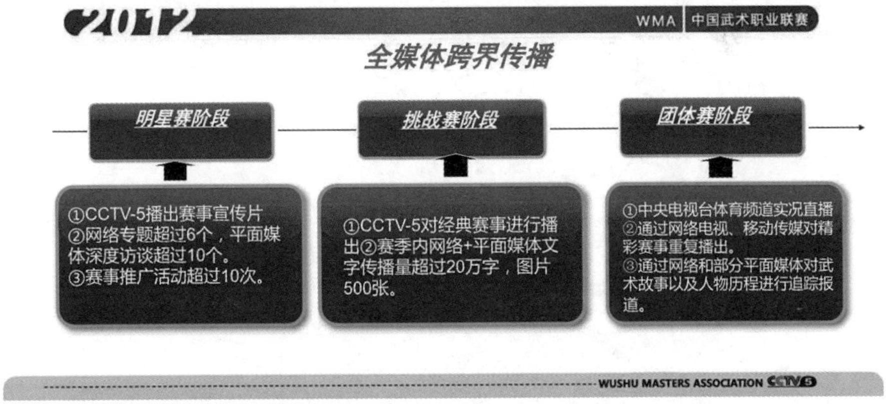

2012　WMA　中国武术职业联赛

项目	内容
平面媒体	37家强势平媒，全程跟踪报道。 ■ 主流平媒19家 新华社、人民日报、人民日报海外版、中国体育报、中华武术、中国体育中国电视报、中国之翼、法制晚报、新京报、北京青年报、中国日报解放军报、南方都市报、中国青年报、南都周刊、体坛周报、足球报、广州日报 ■ 其他平媒18家 上海青年报、武汉晨报、南京晨报、宁波现代金报、大河报、半岛都市报潇湘晨报、海峡都市报、晶报、华西都市报、燕赵都市报、今日早报华商报、华商晨报、新文化报、重庆时报、新疆消费晨报、燕赵晚报
网　络	首席赞助商的标志和链接将会突出显示在WMA赛事官方网站上。 ■ 其他网络媒体（8家） 央视国际网、新浪网、搜狐网、腾讯网、网易、新华网、人民网、北青网

WUSHU MASTERS ASSOCIATION CCTV5

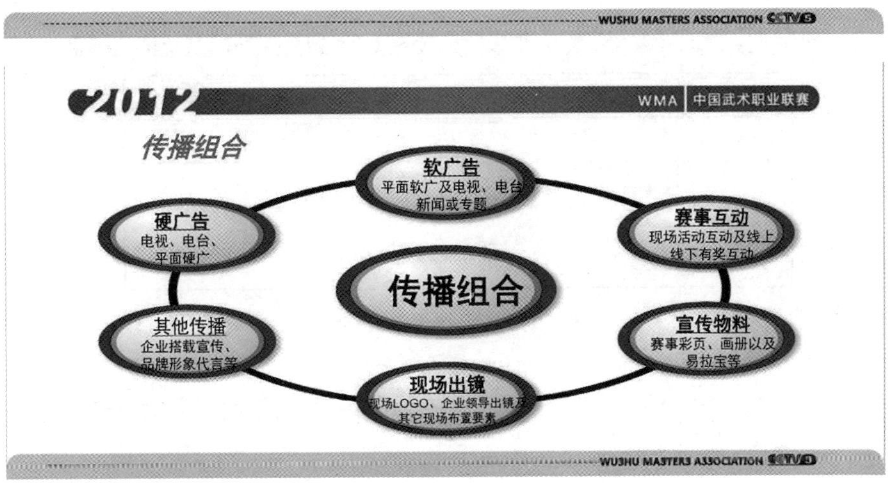

2012 WMA 中国武术职业联赛

第五部分---双赢

赞助商（城市）回报权益

t.sina.com.cn/jingcaiyulu

WUSHU MASTERS ASSOCIATION CCTV5

2012 WMA 中国武术职业联赛

分类	回报细则
赞助称谓与使用权	此称号将出现在比赛预告片、主持人口播、新闻报道、节目现场大屏幕、重要门户网站等
CCTV-5宣传片	① 赛前一个月播出“2012中国武术职业联赛+城市”落幅预告片，不少于30次 ② 比赛中插播WMA与承办城市的宣传片2次，15秒 ③ 片尾播放企业广告15秒
比赛现场资源	① 擂台面LOGO广告位（赛事名称+城市名称） ② 赛场背景LED大屏企业LOGO显示与赛事名称循环展示，时长不少于总时长的25% ③ 观众区广告方阵，统一穿着广告衫（企业或城市提供） ④ 擂台周边经典位置广告位电子屏2块 ⑤ 擂台裙边电子屏滚播“2012中国武术职业联赛+城市名称”的名称 ⑥ 运动员入场口企业标识 ⑦ 运动员赛间休息区企业标识 ⑧ 所有运动员比赛服、领奖服相应位置标识出赞助企业（承办城市）与WMA的联合LOGO ⑨ 比赛前利用现场大屏播放企业宣传片
电视屏幕资源	① 电视屏幕循环播放企业标识与赛事名称的角标 ② 电视屏幕比赛记分牌、晋级榜出现赛事名称和企业（承办城市）联合标识 ③ 比赛结束片尾鸣谢企业（承办城市）

（未完接下页）

WUSHU MASTERS ASSOCIATION CCTV5

2012 WMA 中国武术职业联赛

分类	回报细则
媒体宣传资源	平面媒体不少于30家、网络媒体不少于60家，集中对赛事进行报道，与赞助企业（城市）捆绑宣传
延伸资源	①开闭幕式嘉宾礼遇，出席颁奖盛典和赛事高级别公共活动 ②颁奖礼为获奖运动员颁奖 ③颁奖礼由央视或国家体育主管部门高层领导颁发“特别贡献”牌匾 ④赛场入口产品展示与售卖专用摊位 ⑤贵宾厅、新闻发布厅主题背板企业标识 ⑥VIP证件、秩序册、门票、海报等印刷品均体现赞助商名称及LOGO

WUSHU MASTERS ASSOCIATION CCTV5

2012
WMA 中国武术职业联赛
cctvwma.com
赞助称谓与使用权
此称号将出现在比赛预告片、主持人口播、新闻报道、节目现场大屏幕、重要门户网站等
WUSHU MASTERS ASSOCIATION CCTV5

2012
WMA 中国武术职业联赛
CCTV-5宣传片
①赛前一个月播出“2012中国武术职业联赛+赞助企业名称”落幅预告片，不少于30次；
②比赛中插播WMA与赞助企业融合（承办城市）的宣传片2次，15秒；
WMA
康比特
2.22—5.24
中国武术职业联赛
WUSHU MASTERS ASSOCIATION
青岛 凤凰岛
2月22日－5月24日
每周二 18:35
WUSHU MASTERS ASSOCIATION CCTV5

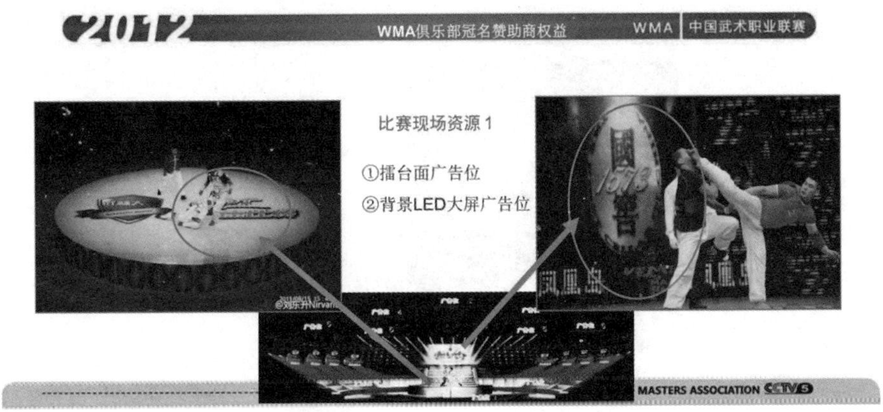
2012
WMA俱乐部冠名赞助商权益
WMA 中国武术职业联赛
比赛现场资源 1
①擂台面广告位
②背景LED大屏广告位
凤凰岛
MASTERS ASSOCIATION CCTV5

2012 WMA俱乐部冠名赞助商权益 WMA 中国武术职业联赛

比赛现场资源 2

所有参赛运动员比赛服、领奖服相应位置标识出赞助企业与WMA的联合LOGO

WUSHU MASTERS ASSOCIATION CCTV5

2012 WMA 中国武术职业联赛

比赛现场资源 3

擂台裙边电子屏频繁滚播“2012中国武术职业联赛+城市名称”

WUSHU MASTERS ASSOCIATION CCTV5

WUSHU MASTERS ASSOCIATION CCTV5

2012 WMA 中国武术职业联赛

比赛现场资源 4

擂台周边电子显示屏 两块

WUSHU MASTERS ASSOCIATION CCTV5

2012
WMA俱乐部冠名赞助商权益
WMA
中国武术职业联赛
红方
广告位
比赛现场资源5
①运动员入场口企业标识
②运动员赛间休息区企业标识
步步高
音乐手机
WUSHU MASTERS ASSOCIATION
CCTV5

2012
WMA
中国武术职业联赛
比赛现场资源6
观众方阵广告衫、横幅
WUSHU MASTERS ASSOCIATION
CCTV5

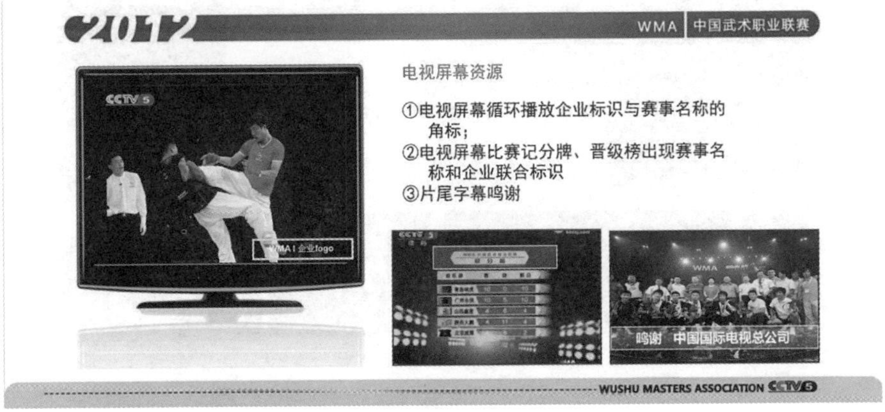
2012
WMA
中国武术职业联赛
电视屏幕资源
①电视屏幕循环播放企业标识与赛事名称的角标；
②电视屏幕比赛记分牌、晋级榜出现赛事名称和企业联合标识
③片尾字幕鸣谢
CCTV5
WMA | 企业logo
鸣谢　中国国际电视总公司
WUSHU MASTERS ASSOCIATION
CCTV5

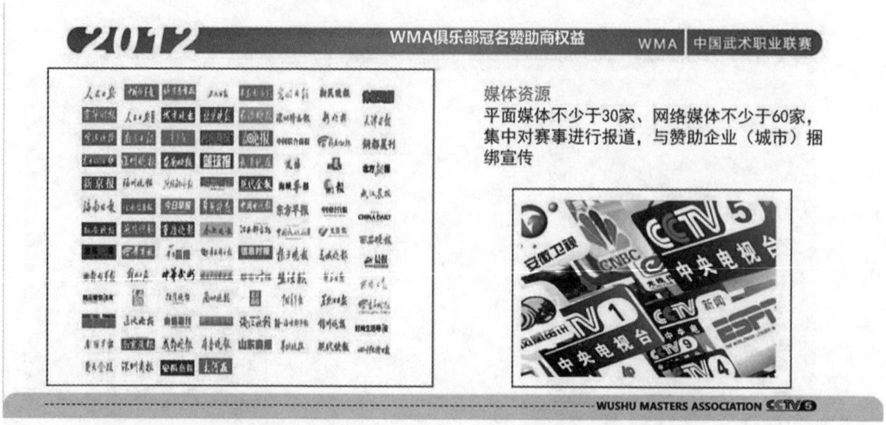
2012
WMA俱乐部冠名赞助商权益
WMA
中国武术职业联赛
媒体资源
平面媒体不少于30家、网络媒体不少于60家，
集中对赛事进行报道，与赞助企业（城市）捆
绑宣传
WUSHU MASTERS ASSOCIATION

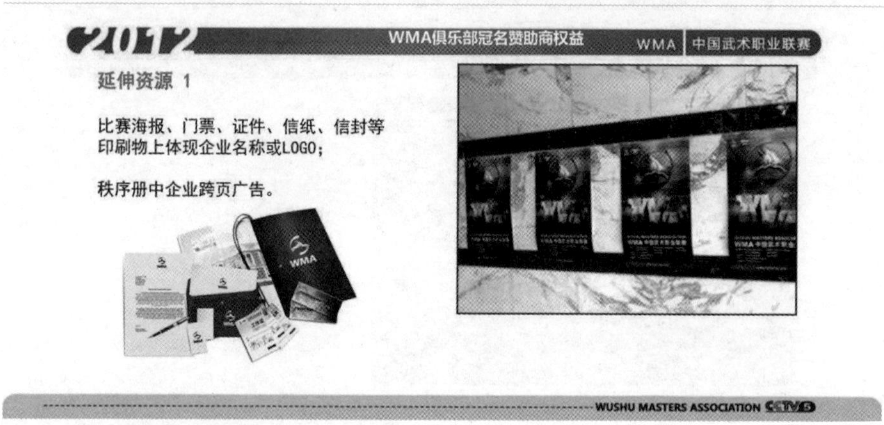
2012
WMA俱乐部冠名赞助商权益
WMA
中国武术职业联赛
延伸资源 1
比赛海报、门票、证件、信纸、信封等
印刷物上体现企业名称或LOGO；
秩序册中企业跨页广告。
WUSHU MASTERS ASSOCIATION

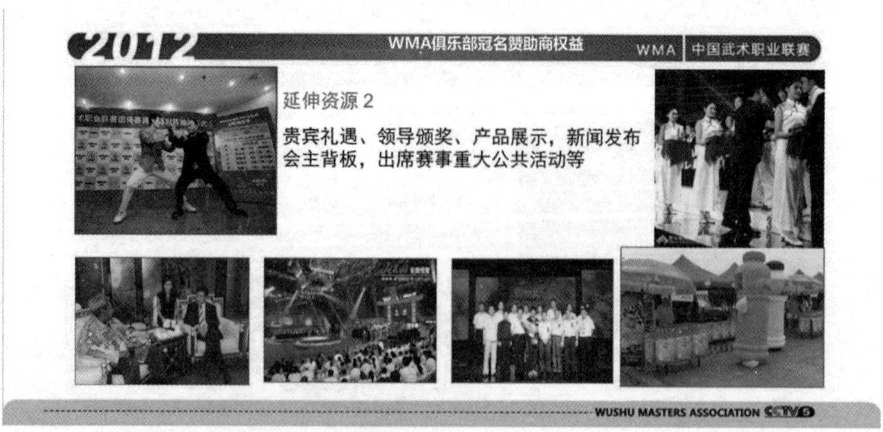
2012
WMA俱乐部冠名赞助商权益
WMA
中国武术职业联赛
延伸资源 2
贵宾礼遇、领导颁奖、产品展示，新闻发布
会主背板，出席赛事重大公共活动等
WUSHU MASTERS ASSOCIATION

作为中国自主研发的武术赛事，WMA 的创立，得到了媒体、学者、社会名流等各界人士的广泛关注。

以下是各个媒体对 WMA 赛事的评价。

1.《职业联赛打开武术发展新局面　揭示发展美好前景》

*　　*　　*

职业联赛打开武术发展新局面 揭示发展美好前景

http://www.sports.cn/ 2009-06-15 15:01:00 中国体育报

中国武术职业联赛的启动，在中国武术界无疑是一件具有里程碑意义的大事，特别是在中国武术申奥失利、武术运动该向何处去的大背景下，武术职业联赛从另一个角度揭示了武术运动发展的美好前景，对重振传统武术、推动中国武术的发展必将起到积极的促进作用。

武术作为中华文明不可分割的组成部分，在五千年华夏文明进程中，始终伴随着中国民族文化的继承和发展，深深融化于中华民族血液中，是中华民族心中不可磨灭的烙印。武术的兴衰始终牵动着中华民族的情感。武术源于中国，属于世界。在国际上，武术是公认的中国的符号，对传播中华文化和增进中外人民间的友谊发挥着不可替代的作用。

中国有庞大的习练武术的人群，有众多的武术馆校，但是武术的产业发展现状并不乐观。中国武术职业联赛将以它的技术性、趣味性、观赏性，强调一个完全具有产业结构、产业链的职业联赛，用现代体育竞赛的运作模式打造一个全新的武术赛事，而职业赛事的发展也必将带动民间武术的重振。

网络链接：http://news.sports.cn/others/other/news/2009-06-15/1821234.html。

2.《NBA 中国区总裁陈永正点金 WMA　要会圈钱要有明星》

*　*　*

NBA 中国区总裁陈永正点金 WMA 要会圈钱要有明星

http://sports.sina.com.cn 2009 年 12 月 24 日 07:18 大河报

□新锐体育联盟供

本报讯 印度新创建的板球联赛ＩＰＬ，冠名商出价 5000 万美元、二级赞助费用达到 1．25 亿美元、十年的转播权是 16 亿美元、球队拥有者包括了印度最著名的电影明星、最富有的商人；ＮＢＡ目前在全球 215 个国家和地区通过 41 种语言播出、联盟目前拥有 36 位来自不同国家和地区的球员。这是昨天在广东从化市举行的"从功夫到武术——中国体育产业高峰论坛"上，各路"大侠"级专家透露的信息。无论从赚钱能力还是吸引眼球的能力，中国第一个真正职业的联赛——中国职业武术联赛（ＷＭＡ），都还难以望其项背。但ＮＢＡ中国区总裁陈永正在接受本报独家专访时说："ＷＭＡ有很好的基础，完全可以做出来，现在没有姚明这样的大明星，但只要内容多了，自然就有了。"

要会借力圈钱

昨天参与给ＷＭＡ做示范的，不仅仅包括了ＮＢＡ、英超等全球知名的赚钱体育联盟，也包括了之前比较陌生的印度板球联赛ＩＰＬ。这似乎跟ＷＭＡ更有共同语言——同为人口众多的发展中国家，同为不多的几家私人俱乐部做联赛，所选择的同为国内非常有影响力的运动项目。但是，不同的是ＩＰＬ经过短短两个赛季，就已经发展到"赛季中能让足球收视率下降 20%、比赛时举办地足球上座率下降 60%"的地步，最关键的是，如开头所提及的那样，他们的圈钱效应十分明显。"按照目前的情况，ＷＭＡ还不可能有这么大的资金效应，但小成本也有小成本的做法。"陈永正告诉记者。

网络链接：http：//sports. sina. com. cn/o/2009 －12 －24/07184759806. shtml。

3. 《WMA 的进化论》

* * *

WMA 的进化论

寒路《人民日报海外版》（2009 年 7 月 29 日 第 08 版）

电视上、报纸上、网络上，甚至是公交车上，在经过了几乎所有传媒手段的高调宣传之后，传说中的 WMA 终于掀掉了盖头，走到了现实中。然而，就像所有“传说照进现实”所形成的反差一样，揭幕战之后的 WMA 还是招来了一片非议之声。就像当年《武林大会》开播时一样，中国功夫的现实对打版让很多人感到失望。看不到所谓的技法，看不到所谓的拆解，看到的只是两个选手的推搡与纠缠。

所幸这个联赛的主办者并不这么认为，他们有自己的一套进化论：目前每场回合能打出一到两招技法就算成功，现在就是要先“迈出第一步”。随着联赛的继续、训练的深入，今天的难看将慢慢会变成明天的精彩。

诚然，自从义和团壮士的血肉之身被八国联军的现代武器轰破之后，人们已经很难看到真正的中国传统武术了，取而代之的是充满浪漫主义色彩的武侠影视作品和武术套路表演，久而久之，现代生活中的人又有谁可以描述出昔日两位武林高手切磋对打的场面？我们谁也没有看过。如今，《武林大会》和中国武术职业联赛（WMA）要做的事情，正是要使渐渐被我们遗忘的传统武术重新操练起来。129 个拳种，配上十八般兵器，奥妙无穷、变化多端，这是中国武术的优点，也造成了中国武术传播的困难。

网络链接：http：//paper. people. com. cn/rmrbhwb/html/2009 - 07/29/content_ 307777. htm。

4.《新民晚报：传统武术以小搏大以柔克刚》

*　　*　　*

新民晚报：传统武术以小搏大以柔克刚

http://sports.sina.com.cn 2009年06月16日 15:56 新民晚报

“功夫”是西方人眼中中国东方文化的符号，“擂台”集中了武林争霸的精英。当今中国，还有近1亿国人爱好或从事武术运动。7月26日首届WMA中国武术职业联赛将“黄山论剑”，用最简化的形式教你中国武术最实用的防身技巧。

一招鲜学会吃遍天

传统武术凭什么在花样繁多的电视选秀中脱颖而出来吸引受众？WMA赛事提出了“把武术简单化”的口号。

中国武术共有129个拳法，对于普通人来说，学武主要为了强身健体，但纷繁复杂的拳法和门派让人难以抉择，想从中学上一两招防身之术更需要独具慧眼。WMA赛事掌握住受众这一心理，将武术赛事的规则简洁化、规范化，让观众可以边看边学，活学活用。

对这种普及推广武术的方式，国家体育总局武术管理中心主任高小军十分认可：“武术的确应该简单化，要真正让它能够适合于不同人群，让老百姓便于掌握，便于理解，容易习练，而且能够见到实效。让人感觉武术很简单，也实用，是一种自卫防身的方法。学两招实用的就‘吃遍天’。”

无级别四两拨千斤

提起擂台，霍元甲、陈真、黄飞鸿等在擂台上为国人争光的形象已经深入人心，WMA直径7米、高80厘米的圆形擂台将承载现代武林人士一战成名的梦想，强调真打实斗和技击技法。

为了充分体现中国武术“四两拨千斤”、以巧取胜的技术特色，WMA比赛有别于拳击比赛的规则，要求运动员：不分级别，不戴拳套。“小身材智斗大块头”以小搏大将成为赛事的一大看点。实现这一特色的就是融会贯通的30招太极拳搏击技法。赛事运营方中视体育娱乐有限公司总经理阮伟强调说：“这30招中任何一招打出来都非常非常漂亮。如果我们的运动员能够在擂台上打出3招5招，就已经远远超越跆拳道了！武术的技击技法的魅力就在这里。

网络链接：http：//sports. sina. com. cn/r/2009－06－16/15564436287. shtml。

5.《王岗：个性化是 WMA 的生命线》

*　　*　　*

王岗：个性化是 WMA 的生命线

http://sports.sina.com.cn 2009 年 08 月 08 日 14:18 新浪体育

新浪体育讯　文/王岗(苏州大学民族传统体育专业博士生导师，教授)

国人关注的 WMA，在风景秀丽的黄山，已经开赛十余天了。几天来，对于 WMA 的关注，可以说已经到了一种极致的状态。不论是新闻媒体，还是普通受众，不论是武术从业人士，还是民间传统武术家，都表现出极大的热情。

言语间，赞扬之声令人心神荡漾、士气高涨。赞誉则表现出对 WMA 赛事出炉的充分肯定，以及对中国传统武术生命力重新勃发的亟待，表现为人们对 WMA 的关爱。批评抑或是责备之音，则在善意的层面表现出一种对 WMA 赛事更多理性的建议。批评，集中体现在对赛事规则、技法的不理解等几个方面。“放开打”成为很多人的最高呼声。甚至有人提出 WMA 赛事可以与中国散打对接，将开展了 30 年、竞赛体制基本完善的散打运动搬到 WMA 擂台上来的声音。还有人提出，将中国武术技法中的踢、打、摔、拿、跌的方法全部融入到 WMA 技术体系中。等等这些进言，无不反映出国人对 WMA 的关注程度之高，投入热情和厚爱之真挚。但与此同时，也反映出国人对中国传统武术与 WMA、散打三者之间的差异知之甚少。

见于此，本人想从“赛事”的本质与属性的问题出发，从“WMA”技术与“传统武术技法”、“散打技术”三者之间差异的出发，道出自己的一家之言。

网络链接：http：//sports. sina. com. cn/r/2009 -08 -08/14184524121. shtml。

6.《易剑东：WMA 注定要在悖论中前行》

* * *

易剑东：WMA 注定要在悖论中前行

http://sports.sina.com.cn 2009 年 09 月 07 日 11:29 新浪体育

新浪体育讯　文/易剑东

WMA，首届中国武术职业联赛如期于 2009 年 7 月 26 日面世！书写了中国武术、中国电视、中国职业体育的新篇章。

然而，我们从众多媒体乃至网络论坛中看到的信息是：不少人对于 WMA 充满了疑虑，甚至在疑惑中对于这个新生事物的发展前景失去了信心。笔者在安徽黄山体育馆现场看完首场比赛后写了一篇《WMA 的伟大与艰辛》，在一些网络论坛中，这篇文章遭到了一些网友的质疑和批判。

有一个号称曾经是我学生的网友说我的观点假、大、空，而这个学生自称在学校时听不懂我讲的奥林匹克运动和体育传媒课程。

可以说，目前 WMA 遭遇的质疑、否定乃至指责虽然是很多新生事物难以避免的命运，但是如果我们无视这些情绪化观点背后的根深蒂固的陈腐观念和错误认识，我们就无法保证今后经过改良的 WMA 不会继续遭受斥责。

在我看来，只有澄清下列几个带有悖论性质的问题，我们才能辩证地认清 WMA 的现实意义与局限，从而为其今后的良性发展提供思想基础。

网络链接：http：//sports. sina. com. cn/o/2009 －09 －07/11294575649. shtml。

7.《WMA 出品人阮伟答记者问：明年有调整　动作更放开》

*　　*　　*

WMA出品人阮伟答记者问：明年有调整 动作更放开

CCTV.com 2009年09月08日 18:00 进入复兴论坛 来源：CCTV.com

[内容速览] 首届WMA中国武术职业联赛已告段落，WMA出品方在总决赛结束后的第二天（9月6日）召开了媒体见面会，就联赛的发展规划、技术改进、规则完善与赴黄山报道的多家媒体进行了交流与探讨。

首届WMA中国武术职业联赛已告段落，WMA出品方在总决赛结束后的第二天（9月6日）召开了媒体见面会，就联赛的发展规划、技术改进、规则完善与赴黄山报道的多家媒体进行了交流与探讨。以下是WMA出品人阮伟答记者问部分的内容。

Q：新赛季的技法是否有更新？

阮伟：新赛季，WMA的技术标准会有比较大范围的修正。

中国武术讲"踢、打、摔、拿"。本赛季的腿部动作看起来很少，部分原因是因为运动员训练时间太短，没有做出来。今年大家看到比较多的是蹬一根、左右分脚。下赛季，腿部动作会有大幅度放开。这会更加有利于运动员的发挥，动作更加舒展。另外，拳、掌、肘的动作也基本放开。

12月份的第一周，我们会有运动员的注册赛，这是对新赛季技术标准的一次检验。同时我们还将有第二次修正，这样才能确认修正后的技术标准在擂台上到底能不能打。

本赛季推出的30招，的确有不少问题，太极拳的一些招式无法短时间内在擂台上展现出来，因为它们过于细腻，技术性太强。比如它的"拿"法，在擂台上就很难表现。

网络链接：http：//sports.cctv.com/xiuxian/special/wma/20090908/109434.shtml。

8.《三联生活周刊：WMA 新型职业体育的范本》

*　*　*

三联生活周刊：WMA新型职业体育的范本

http://sports.sina.com.cn 2009年06月29日17:28 三联生活周刊

"我在和欧美赛事商业合作的过程中突然发觉，他们到中国来就是圈钱。我们的体育文化产业受外来的赛事文化产业影响非常大。我希望在这种环境下能把武术职业联赛做起来，有一天我们中国人出去会说，你看我们中国职业联赛可以在美国三大广播电视网播出，你是一个中国人，你出去应该自豪。而不是像现在，NBA整天在中央电视台播来播去。"

记者◎李翊

武术悖论

WMA脱胎于2007年3月开打的"武林大会"。这个筹谋了8年之久，以业余武术爱好者为主要参赛选手的擂台赛，在体育频道亮相的最初，足以彻底颠覆武术爱好者类似于李白《侠客行》里"十步杀一人，千里不留行"的武侠想象。"节目里武术门类倒是够多，这拳那掌的名目繁多，赛前花絮里那些拳手一个一个也耍得虎虎生风。可为什么比赛一开始就成了街头斗殴？哨一响奔着对方双腿就去了，一个所谓的武术招数都没有。"用中视体育公司工作人员的话来总结，"因为都是业余选手，速度和力量上都没有观赏性。"以至于张艺谋在提到眼中的央视《武林大会》时含蓄地指出："中国传统武术在打斗中蕴涵着一些独特的韵味，有诗意，有意境，并不是简单地打打杀杀。我希望参加《武林大会》的高手们能够呈现给观众有韵味有诗意有意境的打斗。"

网络链接：http：//sports. sina. com. cn/r/2009 - 06 - 29/17284457251. shtml。

9.《燕赵都市报：记录 WMA 的诸多第一次》

* * *

燕赵都市报：记录WMA的诸多第一次

http://sports.sina.com.cn 2009年08月01日06:55 燕赵都市报

第一缕商机欧洲体育台欲购版权

世界知名搏击杂志《FightSport》创始人西奥，正在黄山探访首届中国武术职业联赛。他透露："欧美有多个国家非常喜欢中国传统武术，本次比赛的技法和现场很让我欣赏，欧洲体育台应该很快就会到中国来进行版权的接洽。"

第一个女裁判要做功夫舞台剧

不仅是女裁判，而且是美女裁判。第二场比赛中，一位边裁格外引人注目，她就是本次联赛惟一的女裁判余倩。这位1987年出生的美女裁判，似乎天生就与武术有缘，就连她"退休"之后的打算，也跟武术有关："如果有一天，我不做裁判了，就会去做属于自己的功夫舞台剧。"

第一张罚单河北云飞"大块头"遭禁

比赛刚刚进行两场，第一张罚单便问世了。昨天，竞赛委员会公布，河北云飞选手吴正凯停赛一场。不错，吴正凯，那个在比赛中不听裁判劝阻、屡次对对手造成恶意伤害的大块头。竞赛委员会认为，吴正凯的举动严重违反了竞赛规则，因此予以停赛一场的处罚。

网络链接：http：//sports. sina. com. cn/r/2009 －08 －01/06554511541. shtml。

第二节　赛事产品的市场链接

赛事产品与市场连接的方式多种多样，一个赛事与市场连接的紧密程度，决定了这个赛事产品的市场价值。赛事产业是文化产业中的重工业，它秉承了重工业的基本要素，即投资大、周期长、见效慢的特点，同时又由于赛事产业寡头经济的特点，一旦注入市场，基本属于垄断，比如NFL、NHL、NBA、中超、CBA、英超、法网、澳网、美网、温布尔顿、F1等，只要在一个国家一个城市举办，其他城市想要承办难度就很大，有些赛事基本是不可能，这就呈现寡占市场的特点。

对产品的生产者而言，每年的经济收益都是非常可观的，一个赛事品牌越悠久，聚集的球星越多，越具有人文环境，如美国“国家橄榄球”创立于1920年，“美国橄榄球联盟”成立于1960年，两个联盟与1970年正式合并为NFL，自1920年至今橄榄球赛事产品在美国的生产已经具有90多年的历史了，并且产品已经与美国文化紧紧融合在一起，成为美国城市居民的生活方式之一，这就是世界顶级赛事产品的文化诱惑，一个赛事产品所具有的文化背景同样体现出其所在国家或城市的价值含量。

赛事产品除了所具备的文化背景的价值含量外，同样与产品的观赏价值相联系。而观赏价值又体现在赛事产品中所具有的世界顶级选手的数量与质量、赞助商的关注度、媒体的关注度等，这些都将对一个赛事的价值评估起到决定性的影响，所以，“城市+赛事组织+选手+媒体+赞助商+传媒”共同创造出一个优质的赛事产品。赛事的传播价值决定一个赛事产品的三个核心问题：第一是传媒+赛事=明星吸引观众；第二是传媒+赛事+明星，吸引赞助商创造市场价值；第三是传媒+赛事+明星+赞助商，传播城市品牌、推动城市旅游、塑造城市动态人文景观、扩大城市影响力，从而达到城市化进程中招商引资的目的。我们从三个核心问题中可以看出传媒在其中所产生的巨大作用，基于这一点验证了体育与电视是天作之合，在现代赛事营销体系中，基本是围绕着赛事中的明星和赛事产品的各个亮点来完成赛事产品的整体营销。

下面，我们可以通过几个赛事营销的基本案例直观了解赛事面向政府和企业的营销方案，供各位读者予以点评：

案例二：NBA 青岛啤酒啦啦队选拔赛

这是一个涉及全国25 座城市的系列赛事，其中在深圳举办的赛事为当时即将举办的“世界大学生运动会”前期推广产生了巨大的热身效果，也为其他相关城市市民的群众文化体育生活和城市品牌传播带来了超值回报。

北大文化产业研究院院长陈少峰教授曾经谈到，文化产业就是无中生有。而 NBA 青岛啤酒啦啦队选拔赛正是无中生有的产物，该产品是一次青岛啤酒的营销者、NBA 赛事的管理者、体育传媒人以及赛事运营管理者头脑风暴的产物。后来也成为青岛啤酒通过体育赛事来营销其品牌最成功的杰作之一。

NBA 青岛啤酒啦啦队选拔赛营销方案的推出，经历了赛前赛中 50 多次头脑风暴策划会议，这次活动的举办再次证明，赛事方案与传播方案必须是一个整体，而不是赛事与传播两张皮。赛事实施过程不仅要完成企业品牌的曝光计划、还要考虑到 NBA 品牌及所参与的俱乐部的品牌传播，同时还要涵盖城市传播计划、优秀选手的甄选以及电视传播计划等。整个方案的设计与实施必须达到如下四个方面的要求：①保证赛事活动的规范性，参赛选手必须具有一定的水平；②最终选手要能够代表中国赴美国 NBA 赛场表演；③节目制作者还需要确保渠道播出的赛事节目具有良好的可观赏性；④整个赛事的组织、节目的制作和选手的出访都需要赞助商满意，体现赞助商品牌的曝光计划。

以下方案只是在众多的方案中最为接近实施方案中的一个，但也足以说明面对一个企业品牌在实施体育营销过程中的严谨与智慧！

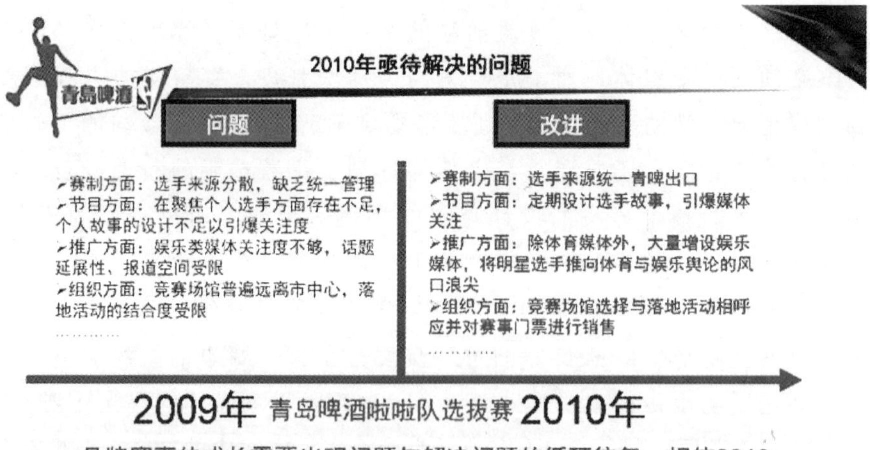

品牌赛事的成长需要出现问题与解决问题的循环往复，相信2010年的赛事会逐步解决09年出现的问题，更加稳固地屹立在啦啦舞品牌赛事的塔尖，打造2010年2.0版经典赛事，期待我们的共同努力！

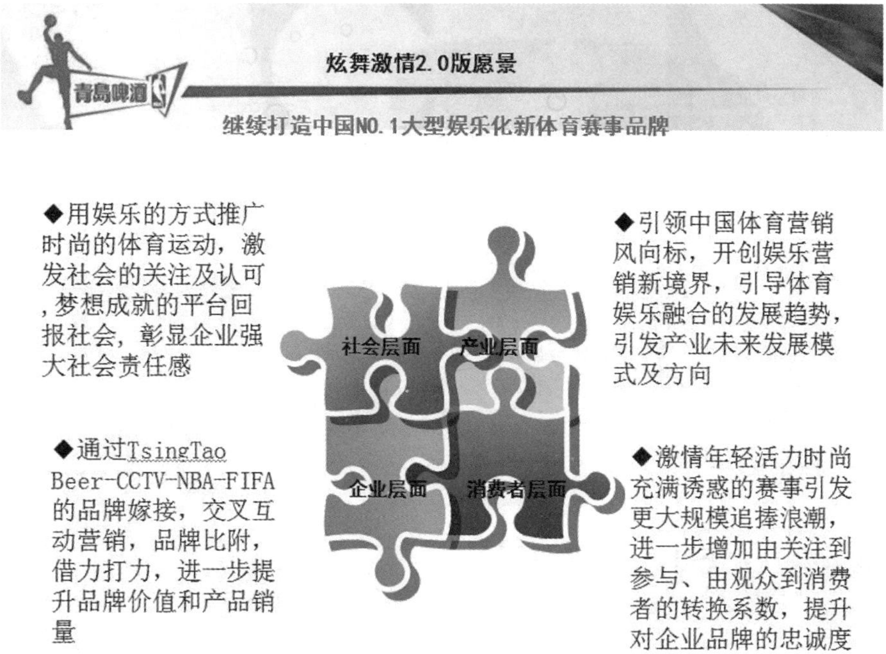
炫舞激情2.0版愿景
青岛啤酒
继续打造中国NO.1大型娱乐化新体育赛事品牌
◆用娱乐的方式推广时尚的体育运动，激发社会的关注及认可，梦想成就的平台回报社会，彰显企业强大社会责任感
◆引领中国体育营销风向标，开创娱乐营销新境界，引导体育娱乐融合的发展趋势，引发产业未来发展模式及方向
社会层面
产业层面
企业层面
消费者层面
◆通过TsingTao Beer-CCTV-NBA-FIFA的品牌嫁接，交叉互动营销，品牌比附，借力打力，进一步提升品牌价值和产品销量
◆激情年轻活力时尚充满诱惑的赛事引发更大规模追捧浪潮，进一步增加由关注到参与、由观众到消费者的转换系数，提升对企业品牌的忠诚度

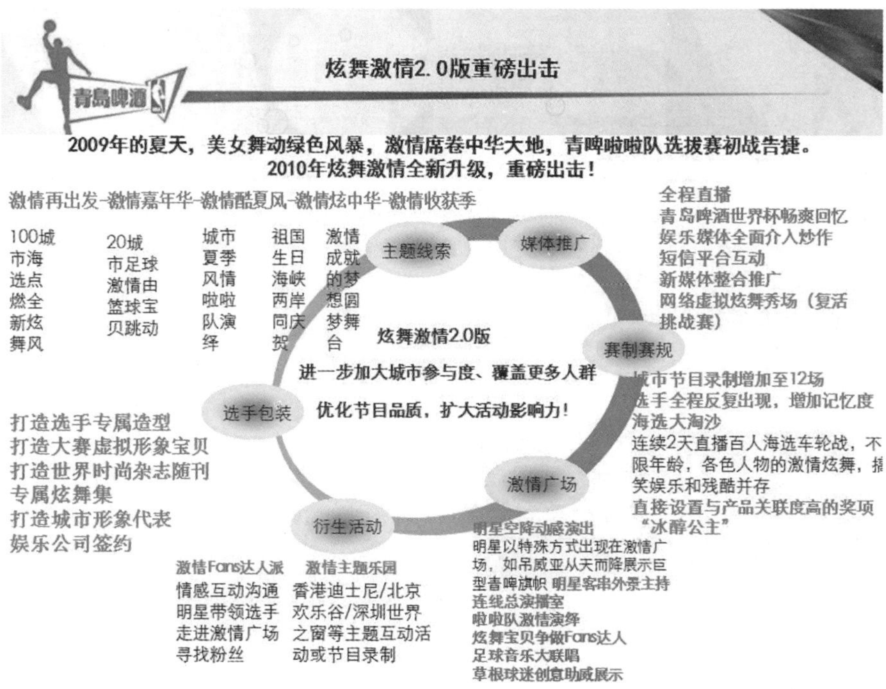
炫舞激情2.0版重磅出击
青島啤酒
2009年的夏天，美女舞动绿色风暴，激情席卷中华大地，青啤啦啦队选拔赛初战告捷。
2010年炫舞激情全新升级，重磅出击！
激情再出发-激情嘉年华-激情酷夏风-激情炫中华-激情收获季
100城市海选点燃全新炫舞风
20城市足球激情由篮球宝贝跳动
城市夏季风情啦啦队演绎
祖国生日海峡两岸同庆贺
激情成就的梦想圆梦舞台
主题线索
媒体推广
全程直播
青岛啤酒世界杯畅爽回忆
娱乐媒体全面介入炒作
短信平台互动
新媒体整合推广
网络虚拟炫舞秀场（复活挑战赛）
炫舞激情2.0版
进一步加大城市参与度、覆盖更多人群
优化节目品质，扩大活动影响力！
赛制赛规
城市节目录制增加至12场
选手全程反复出现，增加记忆度
海选大淘沙
连续2天直播百人海选车轮战，不限年龄，各色人物的激情炫舞，搞笑娱乐和残酷并存
直接设置与产品关联度高的奖项“冰醇公主”
选手包装
打造选手专属造型
打造大赛虚拟形象宝贝
打造世界时尚杂志随刊专属炫舞集
打造城市形象代表
娱乐公司签约
激情广场
明星空降动感演出
明星以特殊方式出现在激情广场，如吊威亚从天而降展示巨型青啤旗帜 明星客串外景主持
连线总演播室
啦啦队激情演绎
炫舞宝贝争做Fans达人
足球音乐大联唱
草根球迷创意助威展示
衍生活动
激情Fans达人派
情感互动沟通
明星带领选手走进激情广场寻找粉丝
激情主题乐园
香港迪士尼/北京欢乐谷/深圳世界之窗等主题互动活动或节目录制

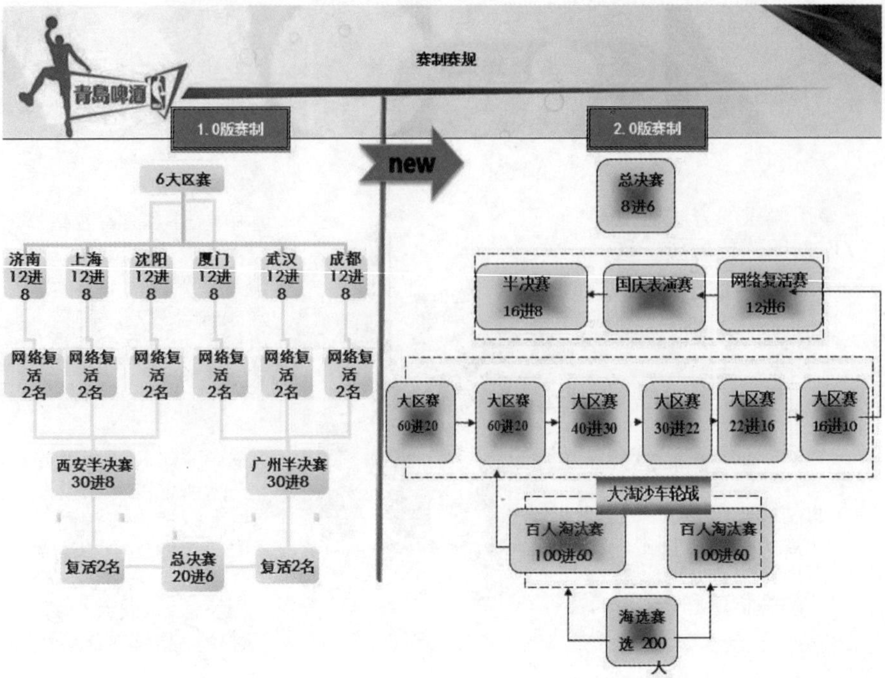
赛制赛规
青岛啤酒
1.0版赛制
2.0版赛制
new
6大区赛
济南 12进8
上海 12进8
沈阳 12进8
厦门 12进8
武汉 12进8
成都 12进8
网络复活 2名
网络复活 2名
网络复活 2名
网络复活 2名
网络复活 2名
网络复活 2名
西安半决赛 30进8
广州半决赛 30进8
复活2名
总决赛 20进6
复活2名
总决赛 8进6
半决赛 16进8
国庆表演赛
网络复活赛 12进6
大区赛 60进20
大区赛 60进20
大区赛 40进30
大区赛 30进22
大区赛 22进16
大区赛 16进10
大淘沙车轮战
百人淘汰赛 100进60
百人淘汰赛 100进60
海选赛 选 200 人

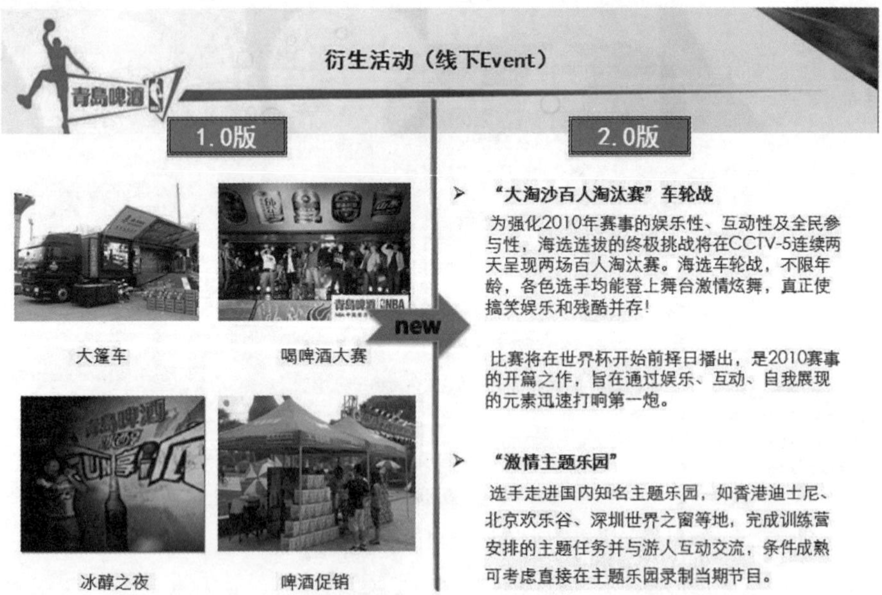
衍生活动（线下Event）
青岛啤酒
1.0版
2.0版
new
大篷车
喝啤酒大赛
冰醇之夜
啤酒促销
➢ "大淘沙百人淘汰赛"车轮战
为强化2010年赛事的娱乐性、互动性及全民参与性，海选选拔的终极挑战将在CCTV-5连续两天呈现两场百人淘汰赛。海选车轮战，不限年龄，各色选手均能登上舞台激情炫舞，真正使搞笑娱乐和残酷并存！
比赛将在世界杯开始前择日播出，是2010赛事的开篇之作，旨在通过娱乐、互动、自我展现的元素迅速打响第一炮。
➢ "激情主题乐园"
选手走进国内知名主题乐园，如香港迪士尼、北京欢乐谷、深圳世界之窗等地，完成训练营安排的主题任务并与游人互动交流，条件成熟可考虑直接在主题乐园录制当期节目。

衍生活动（Event）

1.0版

媒体见面会

宝马巡游

2.0版

- **"激情Fans达人派"**

  "大淘沙"获胜选手由明星带领进入全国激情广场，表演炫舞秀、与现场民众互动交流并最大限度拉票，民众通过青岛啤酒盖评选自己心目中的"激情达人"，相应分数直接带入大区赛

  当天世界杯比赛开始前五分钟，拉拉宝贝与CCTV-5总演播室连线，通过个性舞蹈向全国亿万观众展现激情动感的啦啦秀，为即将进行比赛的球队呐喊助威

- **"网络虚拟炫舞秀场"**

  大赛开始后，同步开通"网络炫舞秀场"，受时间、地域等因素无法直接参加节目选拔的啦啦宝贝，可以通过网络平台上传舞蹈视频、个性照片、自我介绍等内容，接受网民的选拔，获胜者可直接参加电视复活赛晋级

选手包装

1.0版

- 选手造型每站由不同风格造型师打造
- NBA北京赛现场表演
- 获胜选手美国培训，并在美国NBA现场进行表演
- 青啤大篷车巡演

2.0版

- **"打造选手专属造型"**

  大赛选择与国内知名造型机构合作，如东田造型，为选手设计个性化的彩妆、服饰等。

- **"娱乐公司造星"**

  大赛最终获胜选手将直接签约知名娱乐公司或模特公司直接走上艺人之路。

- **"虚拟形象设计"**

  研发大赛宝贝形象，用于网络及游戏中，大赛组委会可与国际知名游戏公司EA集团合作，将选手虚拟形象植入NBA Live游戏中，甚至可考虑开发大赛游戏等

- **"世界秩序名时尚杂志专属炫舞集"**

  世界时尚杂志为获胜选手专门制作一期炫舞精装图集，随刊赠送发行

- **"城市啦啦宝贝代言"／"企业形象宝贝"**

  获胜选手荣膺所在城市啦啦宝贝代言人殊荣甚至成为航空公司、选美大赛指定形象宝贝

青岛啤酒世界杯激情瞬间

板块简介：在体育频道每日最高收视率的《体育世界》中，专门开设《青岛啤酒“世界杯畅爽回忆”》特别板块。主要内容为历届世界杯经典瞬间回顾等。

板块特点：咨询类新闻是体育频道黄金资源之一；每天高收视时段曝光，短期升温快；持续报道拉进品牌与世界杯粘合度

编排安排：2010年5月10日-6月10日 每天21：30《体育世界》 每天1分钟，共31天（覆盖世界杯预热期）

成功案例：《青岛啤酒NBA激情瞬间》

《移动加油站》—赫尔墨斯奥运营销奖

权益体现：

1、主持人口播中出现“青岛啤酒世界杯畅爽回忆”语句

2、主持人背板题图放置《青岛啤酒世界杯畅爽回忆》LOGO

3、5秒青岛啤酒片头及片尾

4、青岛啤酒转场片花

5、青岛啤酒角标翻转呈现（青岛啤酒Logo翻转Slogan或图片）

6、青岛啤酒字幕条（由青岛啤酒小图引导出的新闻字幕条）

7、青岛啤酒主题广告音乐可作为背景音

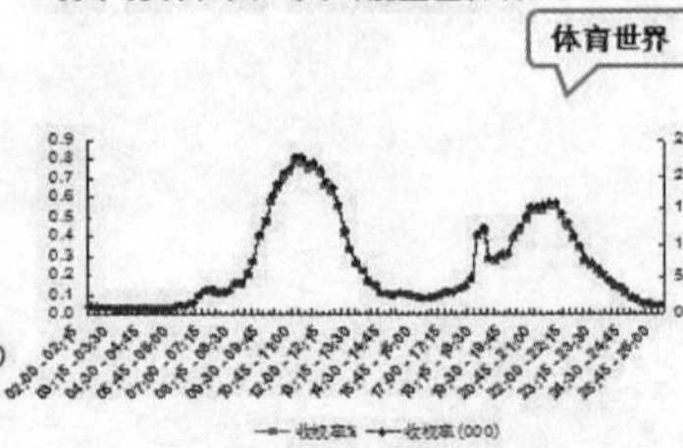

2009年4月-6月数据 数据来源：CSM，24省网+4直辖市

青岛啤酒世界杯激情瞬间

成功案例分析：

《青岛啤酒NBA激情瞬间》执行期2009年4月20日-6月20日，与2010年《青岛啤酒世界杯畅爽回忆》计划时间比较吻合

《青岛啤酒NBA激情瞬间》在《体育世界》投播期间，《体育世界》平均收视率0.52（见上图），

意味着平均每期收看到激情瞬间的观众达到6,760,000 则60期节目累计收看人次达到400,560,000

青岛啤酒品牌曝光价值达到41,472,000

激情广场（世界杯嘉年华）

活动主题

- 借世界杯观赛热潮进一步推广啦啦队品牌，为世界杯前进行的海选保温，为世界杯后开始的大区赛预热。
- 选择全国20座城市中心广场或主题公园，开展5-10天的青岛啤酒激情广场活动，广场设置大篷车路演、趣味射门、疯狂过人、啤酒保龄球、炫舞机等大众趣味性娱乐设施，最大限度吸引民众在畅爽啤酒的同时感受运动带来的快乐。
- 选择20个世界杯比赛日，明星选择最创新的空降方式出现在青啤激情广场，为现场观众带来神秘大礼。
- 选择20个世界杯比赛日，比赛前5分钟现场连线CCTV-5总演播室，明星客串现场主持人介绍广场激情浪潮，啦啦宝贝进行炫舞激情秀，明星/啦啦队/现场民众共同展示代表当地文化特色的呐喊助威方式，为即将进行的比赛欢呼。
- 啦啦队赛事围绕世界杯热点，将青啤与足球进行巧妙联系，以广场活动为核心，建设青岛啤酒独有的体育营销资产，同时拉动销售。

节目设置

- 片头：激情广场 青岛啤酒嘉年华
- 明星主持人开场，青啤激情广场主题音乐1分钟，全场欢动
- 2分钟啦啦队舞蹈秀（比如巴西队的比赛，6名啦啦舞宝贝进行桑巴舞的表演）
- 2分钟明星+啦啦队宝贝带领全场民众展现特色助威口号及动作

激情广场（世界杯嘉年华）

广场选择

- **大型城市中心广场**
- **城市公园**
- **露天体育场**
- **大型社区广场**
- **能至少容纳5000-10000人**

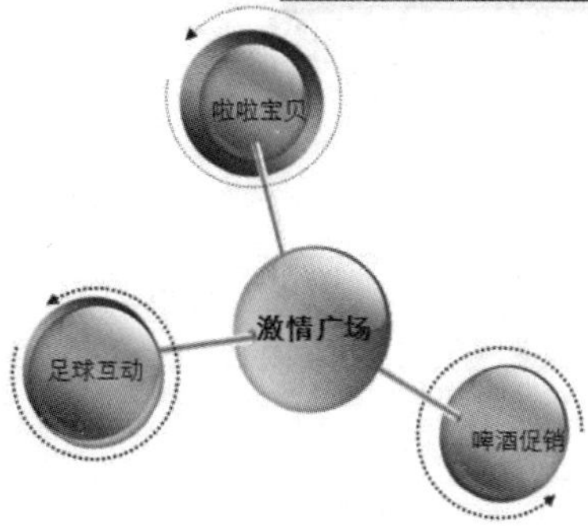

激情广场

激情广场节目设置

- 15秒片头：激情广场 青岛啤酒嘉年华
- 45秒广场欢动全景+主题曲配合（Disco Dancing-南非世界杯推广曲）
- 1分30秒开场舞（明星+啦啦队共同演绎风格舞蹈秀）
  （桑巴舞、踢踏舞、百老汇风格舞蹈）
- 30秒明星出场与演播室互动，介绍广场人数、广场特色、支持球队等
- 30秒青啤世界杯欢乐酒花式调制表演（原料选择及酒名需结合当地特色及比赛国家特征，青啤25天为全国球迷送出25款欢乐酒）
- 1分钟30秒球星模仿秀/激情分贝秀/广场协作秀/动感音浪秀/球迷欢动秀

6月11日——6月25日	小组赛阶段（包括开幕式）	共15天
6月26日——6月29日	八分之一决赛	共4天
6月30日——7月1日	非比赛日	共2天
7月2日——7月3日	四分之一决赛	共2天
7月4日——7月5日	非比赛日	共2天
7月6日——7月7日	半决赛	共2天
7月8日——7月9日	非比赛日	共2天
7月10日	季军争夺战	共1天
7月11日	冠军争夺战	共1天
比赛日共25天		

激情广场

激情广场节目内容

执行团队	连线日程安排	活动形式
1组	6月11日、6月16日、6月21日 6月26日、7月3日	“球星模仿秀” •啦啦舞队员带领球迷观众，头戴球星面具，如卡卡、贝克汉姆，设计统一加油动作，为比赛助威加油 •每个城市模仿不同球星、不同特点、不同动作
2组	6月12日、6月17日、6月22日 6月27日、7月6日	“激情分贝秀” •组织1000名球迷统一着绿色世界杯T恤并齐声呐喊：“绿色激情 一贯到底”，等世界杯主题形式的口号 •可分成几组，由啦啦队员带队，比呐喊声的分贝
3组	6月13日、6月18日、6月23日 6月28日、7月7日	“广场协作秀” •啦啦队选手及明星带领全场球迷完成巨型拼图，拼图展现历届世界杯会徽、吉祥物、球星及青啤元素
4组	6月14日、6月19日、6月24日 6月29日、7月10日	“动感音浪秀” •明星带领全场球迷共同演唱历届世界杯经典歌曲高潮部分
5组	6月15日、6月20日、6月25日 7月2日、7月11日	“球迷欢动秀” •广场人浪表演、手拉手巨型长龙舞动、巨型足球传递、千面旗帜节奏舞动等。
●广场搭建区域舞台，青啤大篷车作为副舞台，用于媒体采访及CCTV拍摄 ●舞台区以外设置球迷及观众区域，配合青啤促销区，喝啤酒，看比赛		

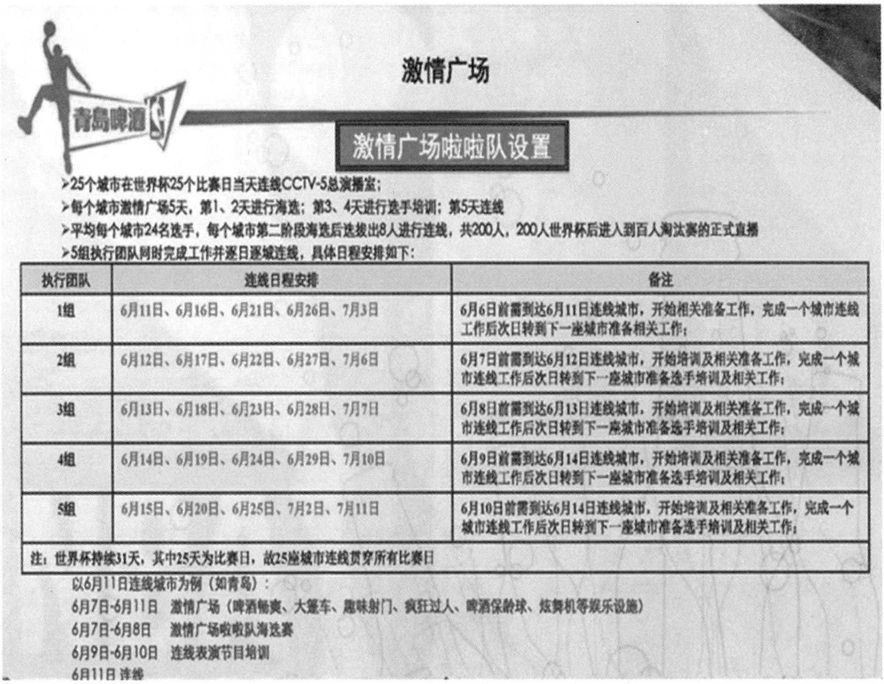

执行团队	连线日程安排	备注
1组	6月11日、6月16日、6月21日、6月26日、7月3日	6月6日前需到达6月11日连线城市，开始相关准备工作，完成一个城市连线工作后次日转到下一座城市准备相关工作；
2组	6月12日、6月17日、6月22日、6月27日、7月6日	6月7日前需到达6月12日连线城市，开始培训及相关准备工作，完成一个城市连线工作后次日转到下一座城市准备选手培训及相关工作；
3组	6月13日、6月18日、6月23日、6月28日、7月7日	6月8日前需到达6月13日连线城市，开始培训及相关准备工作，完成一个城市连线工作后次日转到下一座城市准备选手培训及相关工作；
4组	6月14日、6月19日、6月24日、6月29日、7月10日	6月9日前需到达6月14日连线城市，开始培训及相关准备工作，完成一个城市连线工作后次日转到下一座城市准备选手培训及相关工作；
5组	6月15日、6月20日、6月25日、7月2日、7月11日	6月10日前需到达6月14日连线城市，开始培训及相关准备工作，完成一个城市连线工作后次日转到下一座城市准备选手培训及相关工作；
注：世界杯持续31天，其中25天为比赛日，故25座城市连线贯穿所有比赛日		

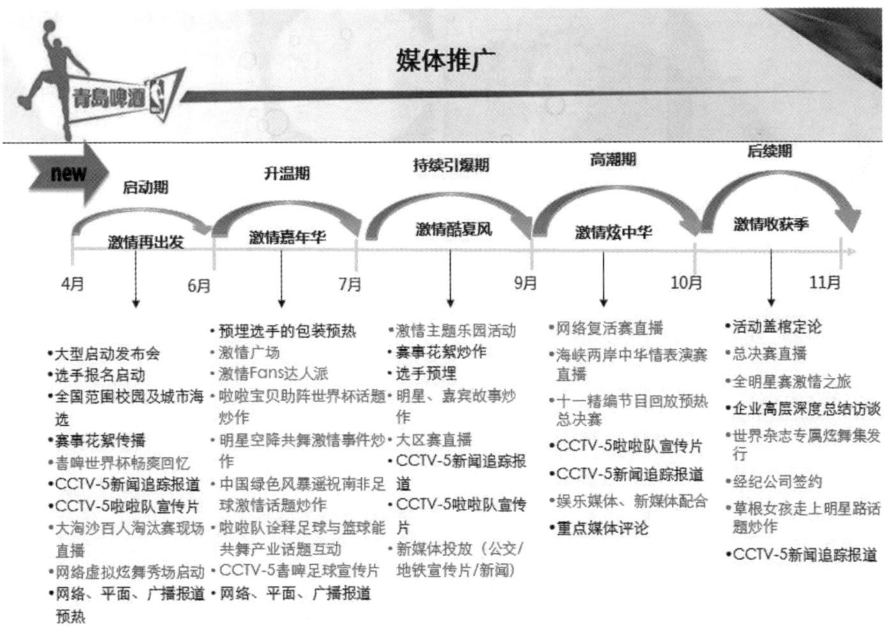

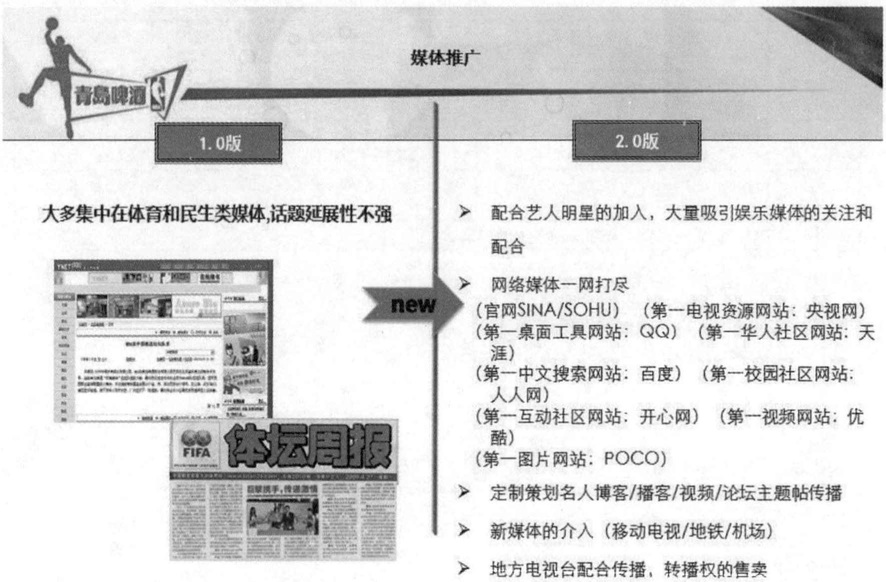
青岛啤酒
媒体推广
1.0版
2.0版
大多集中在体育和民生类媒体,话题延展性不强
体坛周报
FIFA
new
➢ 配合艺人明星的加入，大量吸引娱乐媒体的关注和配合
➢ 网络媒体一网打尽
（官网SINA/SOHU）（第一电视资源网站：央视网）
（第一桌面工具网站：QQ）（第一华人社区网站：天涯）
（第一中文搜索网站：百度）（第一校园社区网站：人人网）
（第一互动社区网站：开心网）（第一视频网站：优酷）
（第一图片网站：POCO）
➢ 定制策划名人博客/播客/视频/论坛主题帖传播
➢ 新媒体的介入（移动电视/地铁/机场）
➢ 地方电视台配合传播，转播权的售卖

案例三：2012 年伦敦行动

一个国际城市推广的范例。

看到这句话，很容易就会联想到2012 年的奥运会，如果该节目是出现在伦敦奥运会之前，大家自然会把这个“行动”与奥运会等同起来，2000 年悉尼、2004 年雅典、2008 年北京、2012 年伦敦，这一系列的时间与地名的称号无一不会让大家想到奥运会，这就是该活动创意的目的。

要想成为奥运会 TOP 赞助商需要投入大量的赞助费用，但即使花费巨大的投入也未必就能获得 TOP 权益，而且，根据 TOP 赞助规定，各类赞助商具有绝对的排他权力，比如 2008 年北京奥运会，中国最有实力的三家体育用品服装企业全力拼杀，结果 TOP 权益依然花落阿迪达斯，其他服装企业只能是望洋兴叹。可是，奥运会的传播价值又是所有企业希望搭载的平台，希望通过奥运会的平台来帮助自己的品牌提升价值，为此，2012 年伦敦行动整体计划便应运而生。拥有奥运会电视转播权的 CCTV -5 各个栏目都会根据各自栏目定位不同参与奥运会相关的报道，伦敦行动方案的实施，为赞助商提供了一个展示自己的平台。可以说，这也是我们顺势而为。

伦敦行动完成了整个 CCTV -5 所有前期在英国伦敦的拍摄计划，也实现了赞助商品牌植入的曝光计划，应该说是一次介乎完美的“隐性”营销！尽管国际奥组委为了让自己独霸市场，千方百计阻止隐性营销，但是激发人类这种特有的联想式思维营销，将其有效运用于品牌的推广中，应该还算一个不错的创意，至少 2012 年是成功了。当然整个方案还是有很多值得推敲的地方，希望同业朋友多多指教！

2012《伦敦行动》大型系列节目
合作方案

目　录
1 《伦敦行动》项目分析
◆ 项目介绍
◆ 项目构架
◆ 项目优势
◆ 超越时间的界限
◆ 跨越空间的界限
2 《伦敦行动》项目概述
3 《伦敦行动》项目权益

《伦敦行动》项目介绍

《伦敦行动》系列推广节目是与英国国家旅游局联合创意，以奥运、体育、旅游、探索为主线的奥运主题节目。《伦敦行动》系列推广节目包括:新闻资讯、专题节目、热门栏目版块植入、奥运期间特别节目等丰富节目形态，将打造2012年奥运会开播最早、形态最丰富、内容最多样、周期最长的伦敦奥运会全媒体奥运营销活动。

《伦敦行动》项目构架

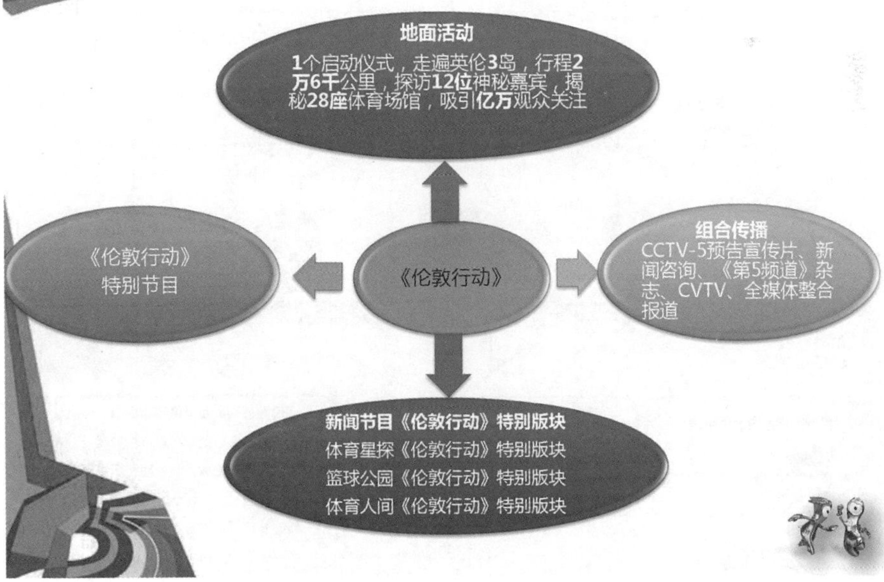

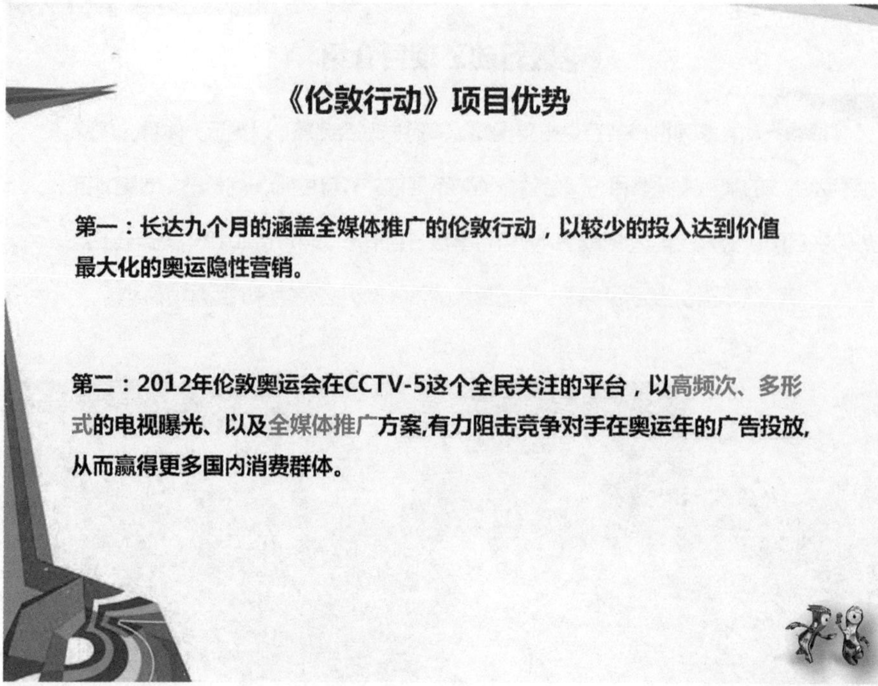
《伦敦行动》项目优势
第一：长达九个月的涵盖全媒体推广的伦敦行动，以较少的投入达到价值最大化的奥运隐性营销。
第二：2012年伦敦奥运会在CCTV-5这个全民关注的平台，以高频次、多形式的电视曝光、以及全媒体推广方案,有力阻击竞争对手在奥运年的广告投放,从而赢得更多国内消费群体。

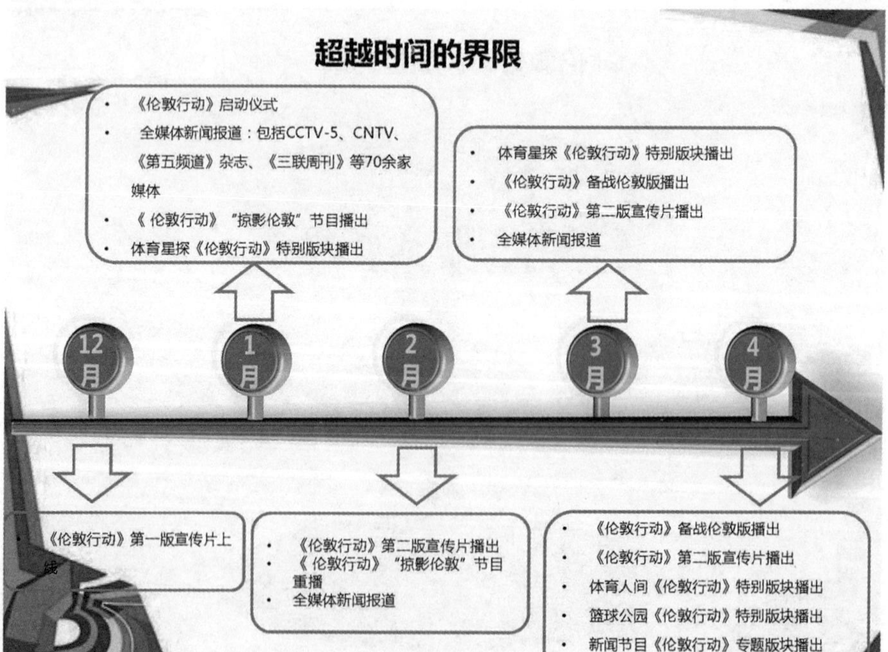
超越时间的界限
《伦敦行动》启动仪式
全媒体新闻报道：包括CCTV-5、CNTV、《第五频道》杂志、《三联周刊》等70余家媒体
《 伦敦行动》“掠影伦敦”节目播出
体育星探《伦敦行动》特别版块播出
体育星探《伦敦行动》特别版块播出
《伦敦行动》备战伦敦版播出
《伦敦行动》第二版宣传片播出
全媒体新闻报道
12月
1月
2月
3月
4月
《伦敦行动》第一版宣传片上线
《伦敦行动》第二版宣传片播出
《 伦敦行动》“掠影伦敦”节目重播
全媒体新闻报道
《伦敦行动》备战伦敦版播出
《伦敦行动》第二版宣传片播出
体育人间《伦敦行动》特别版块播出
篮球公园《伦敦行动》特别版块播出
新闻节目《伦敦行动》专题版块播出
全媒体新闻报道

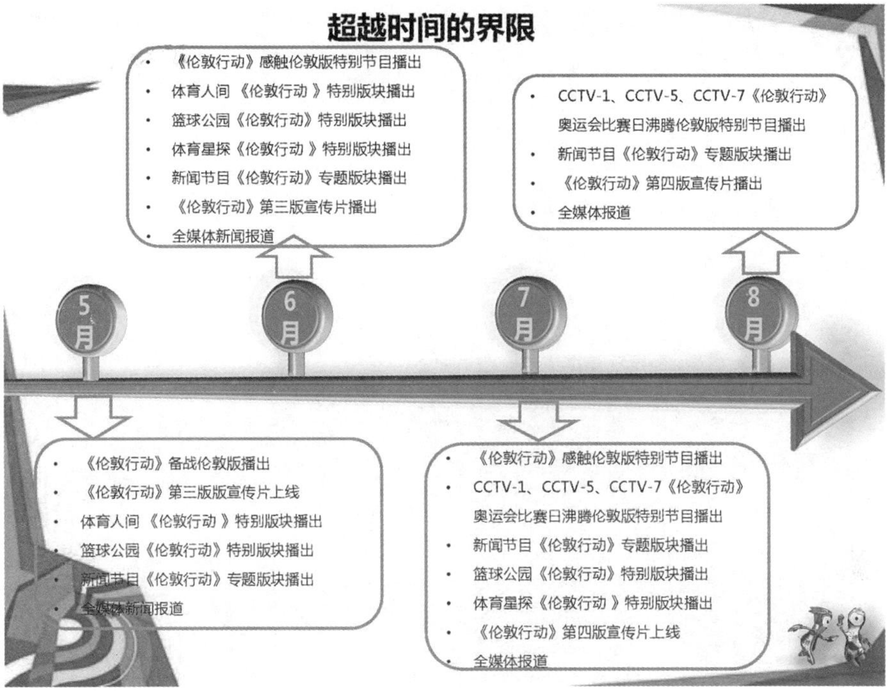
超越时间的界限
5月
6月
7月
8月
《伦敦行动》备战伦敦版播出
《伦敦行动》第三版宣传片上线
体育人间 《伦敦行动 》特别版块播出
篮球公园《伦敦行动》特别版块播出
新闻节目《伦敦行动》专题版块播出
全媒体新闻报道
《伦敦行动》感触伦敦版特别节目播出
体育人间 《伦敦行动 》特别版块播出
篮球公园《伦敦行动》特别版块播出
体育星探《伦敦行动 》特别版块播出
新闻节目《伦敦行动》专题版块播出
《伦敦行动》第三版宣传片播出
全媒体新闻报道
《伦敦行动》感触伦敦版特别节目播出
CCTV-1、CCTV-5、CCTV-7《伦敦行动》奥运会比赛日沸腾伦敦版特别节目播出
新闻节目《伦敦行动》专题版块播出
篮球公园《伦敦行动》特别版块播出
体育星探《伦敦行动 》特别版块播出
《伦敦行动》第四版宣传片上线
全媒体报道
CCTV-1、CCTV-5、CCTV-7《伦敦行动》奥运会比赛日沸腾伦敦版特别节目播出
新闻节目《伦敦行动》专题版块播出
《伦敦行动》第四版宣传片播出
全媒体报道

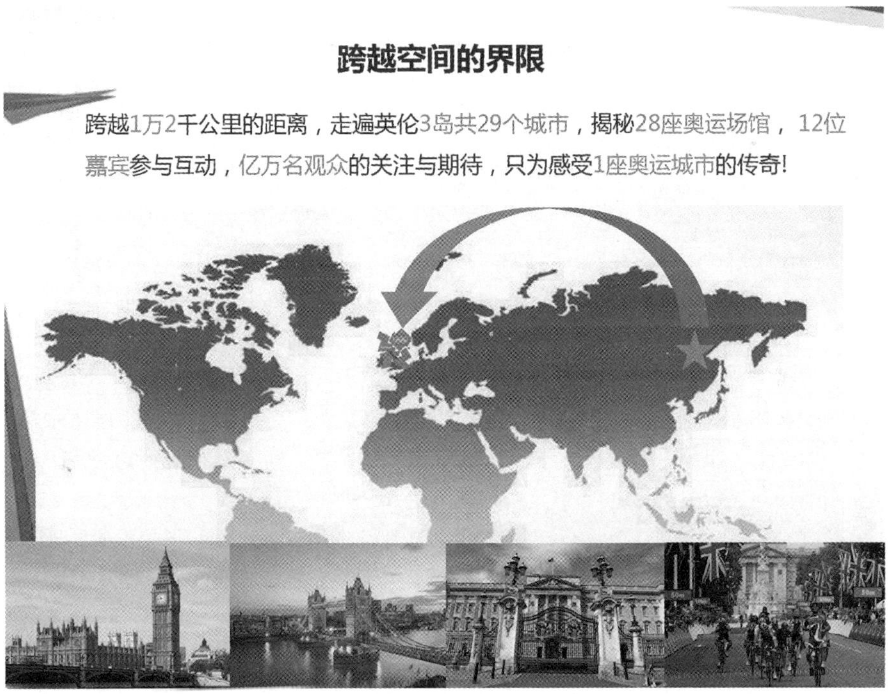
跨越空间的界限
跨越1万2千公里的距离，走遍英伦3岛共29个城市，揭秘28座奥运场馆，12位嘉宾参与互动，亿万名观众的关注与期待，只为感受1座奥运城市的传奇!

目　　录

《伦敦行动》系列推广节目 整体概述

内容	频次	周期
启动仪式		2011年1月6日，国家体育馆
《伦敦行动》掠影伦敦版节目	30分钟/期，1期/日，共6期 每天19:30-23:00	2012年1月23日至28日
	重播 30分钟/期，1期/日，共6期	2012年2月至3月
《伦敦行动》备战伦敦版节目	首播3分钟/期，1期/日，共100期	2012年3月至6月
《伦敦行动》感触伦敦版节目	55分钟/期，1期/周，共10期	2012年5月19日至7月21日
	重播 55分钟/期，1期/周，共10期	
《伦敦行动》欢腾伦敦版节目	2分钟/期，共176期 CCTV-1,3期/天；CCTV-5,4期/天；CCTV-7,4期/天	奥运比赛日 2012年7月28日至8月12日
《体育人间》伦敦行动专题版块	15分钟/期，1期/周，共12期 每周一18:35-19:30	2012年4月23日至7月9日
《篮球公园》伦敦行动专题版块	5分钟/期，1期/周，共10期 每周五18:35-19:30	2012年4月至6月
《体育星探》伦敦行动专题版块	15分钟/期，共10期 每周五22:05-23:00	2012年1月至6月
新闻节目中《伦敦行动》专题版块	1分钟/期，1期/周，共11期	2012年4月18日至6月30日
	1分钟/期，1期/天，共43期	奥运比赛日 2012年7月1日至8月12日

《伦敦行动》启动仪式 简介

地点：国家体育馆　　　　**时间：**2012年1月6日

《伦敦行动》启动仪式即是开启《伦敦行动》的序幕，标志着企业在奥运年的营销大幕开启。

发布会将分为如下部分：

- 奥运报道栏目推介
- 《伦敦行动》启动发布

届时，《伦敦行动》团队将从伦敦带回伦敦市长以及伦敦民众的祝福和期待。新鲜出炉的伦敦奥运前期的画面也将首次呈现在观众眼前。

《伦敦行动》特别节目 简介

关 键 词：奥运、体育、旅游、体验

节目宗旨：以推广2012伦敦奥运为目的的旅游体验类节目

路线规划：

奥运场馆	• 奥运村、伦敦碗、水上中心、新闻中心
皇家公园	• 海德公园
足球豪门	• 曼联或利物浦
贵族庄园	• 温莎堡、莎翁故居、皇家赛马场
湖区风光	• 多尼湖
历史名校	• 剑桥大学或牛津大学
幽静小镇	• Wenlock小镇
高球圣地	• 圣安德鲁斯
海上运动	• 卡迪夫奥运帆船比赛地
伦敦大都市	• 城市风光、皇家礼遇

《伦敦行动》特别节目 简介
伦敦掠影
备战伦敦
感触伦敦
沸腾伦敦
2012年1月春节晚间时段
2012年3月至6月
2012年6月至7月晚间时段
奥运比赛日期间CCTV-1每天3次，CCTV-5、CCTV-7每天4次
30分钟/期，6期
3分钟/期，100期
55分钟/期，10期
2分钟/期，176期
内容规划：
关键词：五个“一”
主要内容：主要围绕伦敦的“一个城市”、“一个运动员”、“一座体育场馆”、“一项体育运动”、“一座学校”进行拍摄制作；
关键词：荣耀、备战
2012年的伦敦奥运，中国队能否续写辉煌？本阶段的《伦敦行动》，以国家运动员备战、全球奥运媒体解读、国人奥运情结等为主线，将带领观众“亲密接触”中国奥运代表团、奥运媒体出征伦敦前的备战“行动”；
关键词：精、深、博
主要内容：从温布利到伦敦碗，从苏格兰高地到多尼湖区，节目组足迹踏遍英伦三岛，以专题节目形式精确、深度、全面的展现伦敦、展现奥运，为电视观众奉上体育、文化饕餮大餐；
关键词：畅、享、悦
主要内容：奥运会期间，把每天赛场内的战况、赛场外的文化庆典活动、普通市民的奥运生活，以最快的速度传递给国内观众，在激烈比赛的同时，每天为国内观众奉上体育文化的甜点，内容丰富、种类多样；

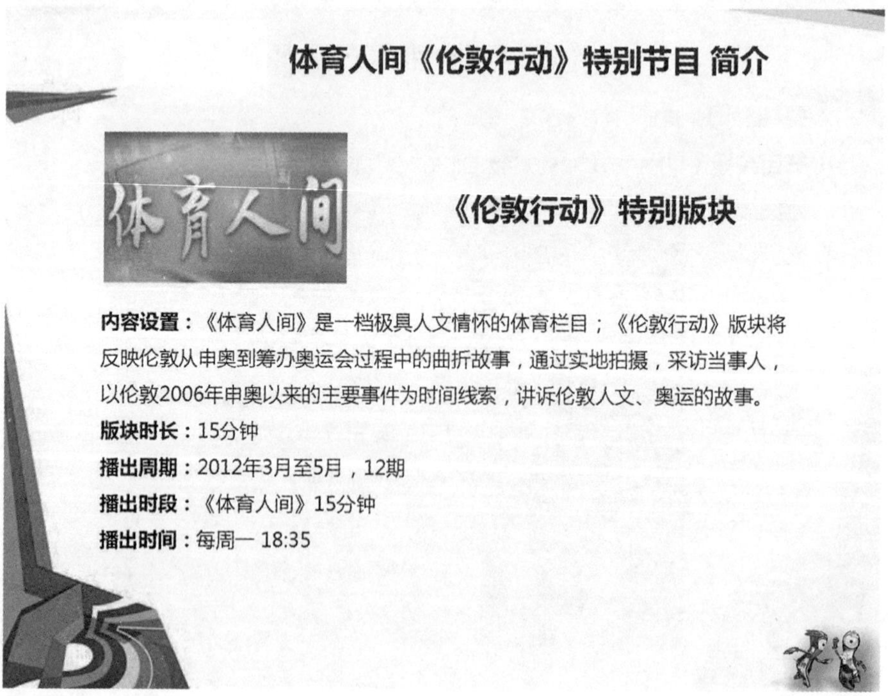
体育人间《伦敦行动》特别节目 简介
体育人间
《伦敦行动》特别版块
内容设置：《体育人间》是一档极具人文情怀的体育栏目；《伦敦行动》版块将反映伦敦从申奥到筹办奥运会过程中的曲折故事，通过实地拍摄，采访当事人，以伦敦2006年申奥以来的主要事件为时间线索，讲诉伦敦人文、奥运的故事。
版块时长：15分钟
播出周期：2012年3月至5月，12期
播出时段：《体育人间》15分钟
播出时间：每周一 18:35

体育星探《伦敦行动》特别节目 简介

《伦敦行动》特别版块

内容设置：以“星探”探访为线索，多角度深入到正在伦敦备战的各国运动队和奥运场馆设施中去，同时呈现《伦敦行动》拍摄过程中的精彩花絮和幕后故事。同时，引入伦敦当地的体育明星资源，把《体育星探》中“错位体验”和“王牌对王牌”的理念结合到节目中，好看、有悬念。

版块时长：15分钟

播出时间：2012年1月播出1期，4月播出2期，6月播出2期，共5期

播出时段：《体育星探》15分钟

播出时间：每周五 22:05

篮球公园《伦敦行动》特别节目 简介

《伦敦行动》特别版块

内容设置：以奥运会、篮球为线索，讲述篮球在奥运历史上的传奇故事，引领人们了解篮球与英国的不解之缘，带领观众亲身体会发源地英国的篮球运动风情。

版块时长：5分钟

播出时间：2012年4月至6月，10期

播出时段：《篮球公园》5分钟

播出时间：每周五 18:35

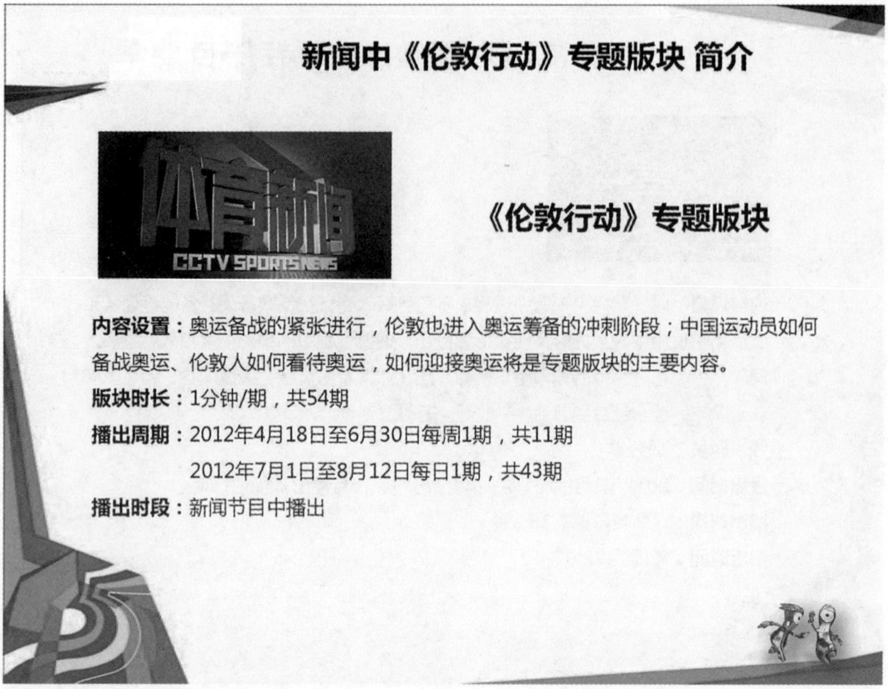
新闻中《伦敦行动》专题版块 简介
体育新闻
CCTV SPORTSNEWS
《伦敦行动》专题版块
内容设置：奥运备战的紧张进行，伦敦也进入奥运筹备的冲刺阶段；中国运动员如何备战奥运、伦敦人如何看待奥运，如何迎接奥运将是专题版块的主要内容。
版块时长：1分钟/期，共54期
播出周期：2012年4月18日至6月30日每周1期，共11期
2012年7月1日至8月12日每日1期，共43期
播出时段：新闻节目中播出

目　录
1 《伦敦行动》之项目概况
2 《伦敦行动》之项目内容
3 《伦敦行动》之项目权益
◆ 冠名赞助商权益回报
◆ 白金合作伙伴权益回报

2012《伦敦行动》大型系列节目冠名权益汇总（1）				
项目	明细	软性植入	权益时长/频次/总数	图片示例
宣传片（707条） 2011年12月1日—2012年8月12日	2011年12月1日至2012年2月29日（第一阶段）	在CCTV-5播出《伦敦行动》节目预告片，将赞助商企业标识以及产品等元素植入预告片中	15秒/条，每天2条，共182条	
	2012年3月1日至7月27日（第二阶段）		15秒/条，每天3条，共445条	
	2012年7月28日至8月12日（奥运期间）		15秒/条，每天5条，共80条	

2012《伦敦行动》大型系列节目冠名权益汇总（2）				
项目	明细	软性植入	权益时长/频次/总数	图片示例
《伦敦行动》特别节目（6期30分钟版） 2012年1月23日至28日播出	片头	在CCTV-5播出的《伦敦行动》节目开始时，将赞助商企业标识以及产品等元素植入片头画面中	品牌露出5秒/次，1次/期，共6次	
	下期节目预告	在下期节目进行预告时，植入赞助商企业标识和产品等宣传元素	10秒/次，1次/期，共6次	
	片花	在节目片花中，将赞助商企业标识及产品等元素植入	5秒/次，2次/期，共12次	
	主持人口播或解说词	主持人口播内容示例：欢迎收看由**为您带来的**《伦敦行动》特别节目（**为品牌名）。	4次/期，共24次	

2012《伦敦行动》大型系列节目冠名权益汇总（3）				
项目	明细	软性植入	权益时长/频次/总数	图片示例
《伦敦行动》特别节目（6期30分钟版） 2012年1月23日至28日播出	角标	在电视屏幕右下方旋转出现伦敦行动与赞助商联合LOGO	5分钟/期，共30分钟	
	滚动字幕	节目播出是，在电视屏幕下方出现如下字幕条：欢迎收看由**为您带来的**《伦敦行动》特别节目（**为品牌名）。	2次/期，共12次	
	片尾鸣谢	在节目结束时，对赞助企业进行鸣谢，体现企业名称与LOGO	1次/期，共计6次	
	内容体现	节目中对赞助商品牌以及产品形象、功能进行有效曝光		
	节目版块	节目中设置以品牌口号设计的小版块，让企业品牌在节目中更加深入人心	1分钟/期，1次/期，共6次	

2012《伦敦行动》大型系列节目冠名权益汇总（4）				
项目	明细	软性植入	权益时长/频次/总数	图片示例
《伦敦行动》备战伦敦版特别节目（3分钟版，共100期） 2012年3月23日至6月30日播出	片头	在CCTV-5播出的《伦敦行动》节目开始时，将赞助商企业标识以及产品等元素植入片头画面中	品牌露出5秒/次，1次/期，共100次	
	下期节目预告	在下期节目预告时，植入赞助商企业标识和产品等宣传元素	10秒/次，1次/期，共99次	
	片花	在节目片花韩总，将赞助商企业标识及产品等元素植入	5秒/次，1次/期，共100次	
	主持人口播或解说词	主持人口播内容示例：欢迎收看由**为您带来的**《伦敦行动》特别节目（**为品牌名）。	2次/期，共200次	

2012《伦敦行动》大型系列节目冠名权益汇总（5）				
项目	明细	软性植入	权益时长/频次/总数	图片示例
《伦敦行动》备战伦敦版特别节目（3分钟版，共100期） 2012年3月23日至6月30日播出	角标	在电视屏幕右下方旋转出现伦敦行动与赞助商联合LOGO	30秒钟/期，共50分钟	
	滚动字幕	节目播出是，在电视屏幕下方出现如下字幕条：欢迎收看由**为您带来的**《伦敦行动》特别节目（**为品牌名）。	2次/期，共200次	
	片尾鸣谢	在节目结束时，对赞助企业进行鸣谢，体现企业名称与LOGO	1次/期，共计100次	
	内容体现	节目中对赞助商品牌以及产品形象进行有效曝光		

2012《伦敦行动》大型系列节目冠名权益汇总（4）

项目	明细	软性植入	权益时长/频次/总数	图片示例
《伦敦行动》特别节目（10期50分钟版） 2012年5月至7月播出	片头	在CCTV-5播出的《伦敦行动》节目开始时，将赞助商企业标识以及产品等元素植入片头画面中	品牌露出5秒/次， 1次/期，共10次	
	下期节目预告	在下期节目预告时，植入赞助商企业标识和产品等宣传元素	10秒/次， 1次/期，共10次	
	片花	在节目片花韩总，将赞助商企业标识及产品等元素植入	5秒/次，2次/期，共20次	
	主持人口播或解说词	主持人口播内容示例：欢迎收看由**为您带来的**《伦敦行动》特别节目（**为品牌名）。	4次/期，共40次	

2012《伦敦行动》大型系列节目冠名权益汇总（5）

项目	明细	软性植入	权益时长/频次/总数	图片示例
《伦敦行动》特别节目（10期50分钟版） 2012年5月至7月播出	角标	在电视屏幕右下方旋转出现伦敦行动与赞助商联合LOGO	10分钟/期，共100分钟	
	滚动字幕	节目播出是，在电视屏幕下方出现如下字幕条：欢迎收看由**为您带来的**《伦敦行动》特别节目（**为品牌名）。	2次/期，共20次	
	片尾鸣谢	在节目结束时，对赞助企业进行鸣谢，体现企业名称与LOGO	1次/期，共计10次	
	内容体现	节目中对赞助商品牌以及产品形象进行有效曝光		
	节目版块	节目中设置以品牌口号设计的小版块，让企业品牌在节目中更加深入人心	1分钟/期，1次/期，共10次	

2012《伦敦行动》大型系列节目冠名权益汇总（6）

项目	明细	软性植入	权益时长/频次/总数	图片示例
《伦敦行动》特别节目（128期2分钟版） 2012年7月28日至8月12日播出 CCTV-1每天2期 CCTV-5每天3期 CCTV-7每天3期	片头/片尾	在CCTV-5播出的《伦敦行动》节目开始以及结束时，将赞助商企业标识以及产品等元素植入片头、片尾画面中	品牌露出5秒/次，2次/期，共256次	

2012《伦敦行动》大型系列节目冠名权益汇总（7）

项目	明细	软性植入	权益时长/频次/总数	图片示例
体育人间《伦敦行动》特别版块 15分钟/期，共12期	版块片头、片尾	在CCTV-5播出的《伦敦行动》节目开始以及结束时，将赞助商企业标识以及产品等元素植入片头、片尾画面中	品牌露出5秒/次，每期2次，共计24次	
	片花	在节目片花中，将赞助商企业标识及产品等元素植入	10秒/次，1次/期，共12次	
	主持人口播或解说词	主持人口播内容示例：欢迎收看由**为您带来的**《伦敦行动》体育人间特别版块（**为品牌名）	2次/期，共计24次	
	角标	在电视屏幕右下方旋转出现伦敦行动与赞助商联合LOGO	3分钟/期，共计36分钟	
	片尾鸣谢	在节目结束时，对赞助企业进行鸣谢，体现企业名称与LOGO	1次/期，共计12次	
	内容体现	节目中对赞助商品牌以及产品形象、功能进行有效曝光		

2012《伦敦行动》大型系列节目冠名权益汇总（8）				
项目	明细	软性植入	权益时长/频次/总数	图片示例
体育星探《伦敦行动》特别版块15分钟/期，共5期 2012年1月1期，3月2期，5月2期每周五22:05-23:00播出	版块片头、片尾	在CCTV-5播出的《伦敦行动》节目开始以及结束时，将赞助商企业标识以及产品等元素植入片头、片尾画面中	品牌露出5秒/次，每期2次，共计10次	
	片花	在节目片花中，将赞助商企业标识及产品等元素植入	10秒/次，1次/期，共5次	
	主持人口播或解说词	主持人口播内容示例：欢迎收看由**为您带来的**《伦敦行动》体育星探特别版块（**为品牌名）	2次/期，共计10次	
	角标	在电视屏幕右下方旋转出现伦敦行动与赞助商联合LOGO	3分钟/期，共计15分钟	
	片尾鸣谢	在节目结束时，对赞助企业进行鸣谢，体现企业名称与LOGO	1次/期，共计5次	
	内容体现	节目中对赞助商品牌以及产品形象、功能进行有效曝光		

2012《伦敦行动》大型系列节目冠名权益汇总（9）				
项目	明细	软性植入	权益时长/频次/总数	图片示例
篮球公园《伦敦行动》特别版块5分钟/期，共10期	版块片头、片尾	在CCTV-5播出的《伦敦行动》节目开始以及结束时，将赞助商企业标识以及产品等元素植入片头、片尾画面中	品牌露出5秒/次，每期2次，共计20次	
	主持人口播或解说词	主持人口播内容示例：欢迎收看由**为您带来的**《伦敦行动》篮球公园特别版块（**为品牌名）	1次/期，共计10次	
	角标	在电视屏幕右下方旋转出现伦敦行动与赞助商联合LOGO	1分钟/期，共计10分钟	
	片尾鸣谢	在节目结束时，对赞助企业进行鸣谢，体现企业名称与LOGO	1次/期，共计10次	
	内容体现	节目中对赞助商品牌以及产品形象、功能进行有效曝光		

2012《伦敦行动》大型系列节目冠名权益汇总（10）				
项目	明细	软性植入	权益时长/频次/总数	图片示例
新闻节目《伦敦行动》特别版块1分钟/期，共54次 2012年4月18日到8月12日播出	节目片头、片尾	在CCTV-5播出的《伦敦行动》节目开始以及结束时，将赞助商企业标识以及产品等元素植入片头、片尾画面中	品牌露出3秒/次，每期2次，共计108次	
	主持人口播或解说词：	主持人口播内容示例：欢迎收看由**为您带来的**体育新闻《伦敦行动》特别版块（**为品牌名）	1次/期，共108次	

2012《伦敦行动》大型系列节目白金合作伙伴权益汇总（1）

项目	明细	软性植入	权益时长/频次/总数	图片示例
宣传片（400条）	2012年3月1日至7月26日	企业品牌LOGO在每支宣传片中出现的时间不少于3秒。	15秒/条，3条/天，共400条；	

2012《伦敦行动》大型系列节目白金合作伙伴权益汇总（2）

项目	明细	软性植入	权益时长/频次/总数	图片示例
《伦敦行动》备战伦敦版特别节目（3分钟版，共100期） 2012年3月23日至6月30日播出	片头	在CCTV-5播出的《伦敦行动》节目开始以及结束时，将企业LOGO植入片头、片尾画面中	1次/期，共100次	
	片尾鸣谢	在节目结束时，对企业进行鸣谢，体现企业名称与LOGO	1次/期，共计100次	

2012《伦敦行动》大型系列节目白金合作伙伴权益汇总（3）

项目	明细	软性植入	权益时长/频次/总数	图片示例
《伦敦行动》触摸伦敦版特别节目（10期55分钟版） 2012年5月至7月播出	下期节目预告	下期预告中设计版式体现企业品牌LOGO	1次/期，共10次	
	互动提示滚动字幕	节目播出是，在电视屏幕下方出现如下字幕条：企业提示您正在收看的是《伦敦行动》	2次/期，共20次	
	片尾鸣谢	在节目结束时，对企业进行鸣谢，体现企业名称与LOGO	1次/期，共计10次	
	软性植入	根据品牌特性设计	植入不少于2期	

2012《伦敦行动》大型系列节目白金合作伙伴权益汇总（4）

项目	明细	软性植入	权益时长/频次/总数	图片示例
体育人间《伦敦行动》特别版块 15分钟/期，共12期 2012年4月至6月 每周一18:35-19:30播出	片花	片花中设计体现企业品牌LOGO	1次/期，共12次	
	主持人口播或解说词	主持人口播内容示例：感谢企业对《伦敦行动》的大力支持	1次/期，共计12次	
	片尾鸣谢	在节目结束时，对企业进行鸣谢，体现企业名称与LOGO	1次/期，共计12次	

2012《伦敦行动》大型系列节目白金合作伙伴权益汇总（5）				
项目	明细	软性植入	权益时长/频次/总数	图片示例
体育星探《伦敦行动》特别版块15分钟/期，共10期 2012年1月1期，3月2期，5月2期每周五22:05-23:00播出	片花	片花中设计体现企业品牌LOGO	1次/期，共10次	
	主持人口播或解说词	主持人口播内容示例：感谢企业对《伦敦行动》的大力支持	1次/期，共计10次	
	片尾鸣谢	在节目结束时，对企业进行鸣谢，体现企业名称与LOGO	1次/期，共计10次	

2012《伦敦行动》大型系列节目白金合作伙伴权益汇总（6）				
项目	明细	软性植入	权益时长/频次/总数	图片示例
篮球公园《伦敦行动》特别版块5分钟/期，共10期 2012年4月至6月每周五18:35-19:30播出	片花	片花中设计体现企业品牌LOGO	1次/期，共10次	
	主持人口播或解说词	主持人口播内容示例：感谢企业对《伦敦行动》的大力支持	1次/期，共计10次	
	片尾鸣谢	在节目结束时，对企业进行鸣谢，体现企业名称与LOGO	1次/期，共计10次	

注：方案中的传播计划，主要是以央视报道奥运会的报道计划为蓝本，对于其他一些相关媒体合作报道计划本方案另行处理。这也是为了保持该方案的相对独立！

案例四：中国新闻之家

该方案的策划源于2012伦敦奥运会期间，其商业价值与案例三“2012年《伦敦行动》”有很多相似的商业功能，如果说伦敦行动的策划意图具有一定的隐性营销目的，那么2012在伦敦举行的中国新闻之家活动的策划思想就应该是一个直击奥运城市的举办地与参与者联动的营销方式，这种方式恰恰是在伦敦奥运法律规定的区间之外的一次补偿性直面营销！

中国新闻之家主要服务相关城市政府的推广活动、非奥运赞助商与奥运运动员、奥运报道的媒体机构及赴伦敦参与奥运会活动的社会团体等，进行联动的一次非现场的现场推广活动而创意的产品。再一次验证了文化产业无中生有的原则。其实，文化产业的发展虽被戏说为无中生有，实则是由于文化产品的无形特点，即虽有似无的太极特点。比如，中国新闻之家方案的确立实质上还是因为借助历届大型活动的配套款待计划而设立的。

一般情况下，奥运会的“奥运大家庭”会借用这种模式，但是由于奥运大家庭只是面对奥运会的赞助商、持权转播商等与奥运会有法定关系的单位或企业，而在奥运会举办期间，大量到访而不是赞助商的企业或者说非持权转播机构，想要举办一些产品或城市推广活动，往往很难找到一个能够从事各种款待活动的地方，要么地方不合适，要么合适的地方又爆出一个天价，让政府、社团或企业无法接受。为此，本着兵马未到粮草先行的原则，事先设计好奥运期间的各个主题日的活动，既可以完成各类的推广活动，又实现了所拟定的各类款待计划，还可以具有一定的商业价值，所以整个方案采取的是一种完全取巧的方式，看似简单，实则潜藏着巨大的商业价值和推广价值。以下策划案是“一盘没有下完的棋”，未来，各位同行可以继续商榷！

China Media House
China Media House for 2012 London Olympics Project Proposal
China Media House
"中国新闻之家" 项目计划书
China Media House for London 2012 Olympics Project Proposal

China Media House
China Media House for 2012 London Olympics Project Proposal
中国新闻之家效果图

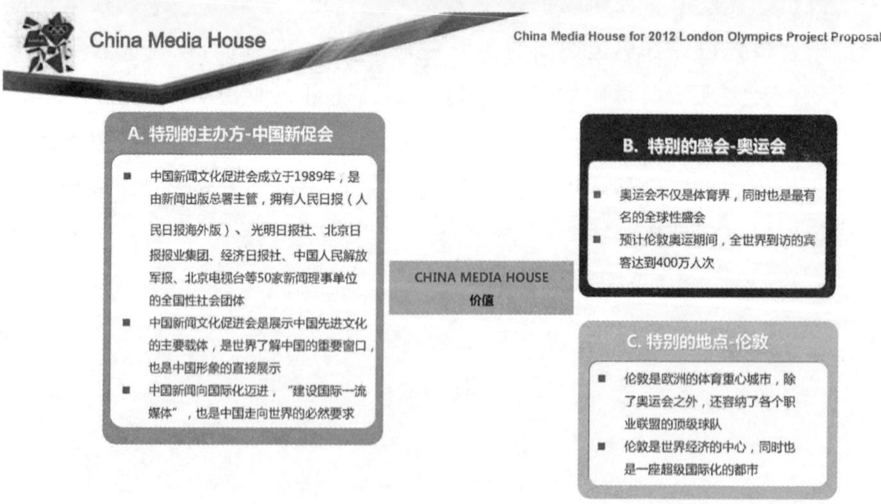
China Media House
China Media House for 2012 London Olympics Project Proposal
A. 特别的主办方-中国新促会
中国新闻文化促进会成立于1989年，是由新闻出版总署主管，拥有人民日报（人民日报海外版）、光明日报社、北京日报报业集团、经济日报社、中国人民解放军报、北京电视台等50家新闻理事单位的全国性社会团体
中国新闻文化促进会是展示中国先进文化的主要载体，是世界了解中国的重要窗口，也是中国形象的直接展示
中国新闻向国际化迈进，"建设国际一流媒体"，也是中国走向世界的必然要求
CHINA MEDIA HOUSE
价值
B. 特别的盛会-奥运会
奥运会不仅是体育界，同时也是最有名的全球性盛会
预计伦敦奥运期间，全世界到访的宾客达到400万人次
C. 特别的地点-伦敦
伦敦是欧洲的体育重心城市，除了奥运会之外，还容纳了各个职业联盟的顶级球队
伦敦是世界经济的中心，同时也是一座超级国际化的都市

China Media House　China Media House for 2012 London Olympics Project Proposal

地点 Site

伦敦市中心的 Albannach Bar & Restaurant

英国最佳

位于伦敦市中心

步行可至沙滩排球场

位于伦敦市中心

Albannach会所位于特拉法加广场的南端，可以清楚地看到纳尔逊将军纪念碑。交通十分便捷，火车、地铁、公交均可直达。奥运前后预计人流量3000万

China Media House　China Media House for 2012 London Olympics Project Proposal

中国新闻之家位置

特拉法加广场位于伦敦市中心

China Media House
China Media House for 2012 London Olympics Project Proposal
入口大厅规划
CCTV

China Media House
China Media House for 2012 London Olympics Project Proposal
首层分部计划
7 会议厅
6 演播厅
5 新闻讲坛
4 娱乐酒水区
3 餐饮服务区
2 发布与交流活动区
1 接待区
1F
中国新闻之家

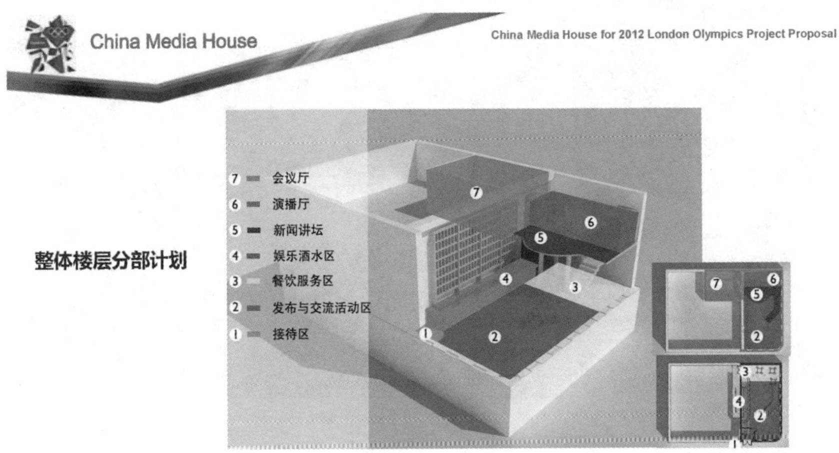
China Media House
China Media House for 2012 London Olympics Project Proposal
整体楼层分部计划
7 会议厅
6 演播厅
5 新闻讲坛
4 娱乐酒水区
3 餐饮服务区
2 发布与交流活动区
1 接待区

China Media House　　China Media House for 2012 London Olympics Project Proposal

内容 Contents

座落在伦敦的CHINA MEDIA HOUSE将兼具中国新闻、文化会客室、中国文化展示及交流会、中国企业形象展示厅、奥运特别节目演播室等功能。

在伦敦奥运前后将举行中国新闻工作展览展示、中国奥运军团庆功会、新闻发布会及论坛、文化项目交易洽谈、城市及企业主题活动日以及对公众开放的文化创意推广活动等。

China Media House　　China Media House for 2012 London Olympics Project Proposal

CHINA MEDIA HOUSE区域功能

代表中国形象的企业、文化展示区

- 中国新闻工作展厅
- 中国文化展厅
- 中国企业品牌展厅

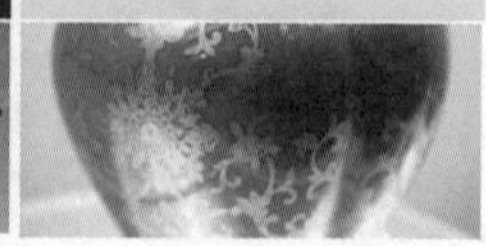

China Media House　　China Media House for 2012 London Olympics Project Proposal

CHINA MEDIA HOUSE区域功能

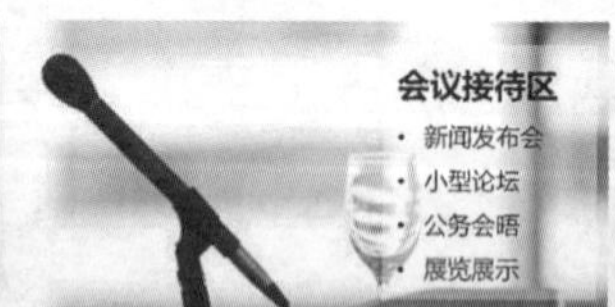

China Media House

China Media House for 2012 London Olympics Project Proposal

CHINA MEDIA HOUSE区域功能

宴请款待区　顶级Hospitality款待服务，迎接各国官员、各国新闻工作者、各界嘉宾、企业代表等

China Media House

China Media House for 2012 London Olympics Project Proposal

主题日活动计划（暂定）

综合类
- □CHINA MEDIA HOUSE开馆日:
- □中央电视台奥运报道团主题日
- □中国新闻工作促进会主题日：
- □国际体育电影电视（协会）主题日：
- □CCTV主题日

企业类
- □ 361°
- □青岛啤酒

China Media House

China Media House for 2012 London Olympics Project Proposal

主题日活动计划（暂定）

体育赛事类
- □中华龙舟大赛主题日：
- □世界斯诺克国际锦标赛主题日：
- □环青海湖国际自行车赛主题日：
- □环塔汽车拉力赛主题日：
- □北京国际马术大师赛主题日：

城市推广类
- □北京主题日：
- □南京青奥会主题日：
- □成都主题日：
- □深圳主题日：
- □兰州主题日：

China Media House

China Media House for 2012 London Olympics Project Proposal

合作方案 Enterprise Sponsorship

"China Media House"可为合作伙伴举办**主题活动日**，包括提供场地及活动策划执行、嘉宾款待、展览展示等；

同时，可为合作伙伴定制整合了CCTV及其他电视、网络、平面媒体的**媒体宣传方案**。

China Media House

China Media House for 2012 London Olympics Project Proposal

中国新闻之家合作方式（可单选或多选）

CHINA MEDIA HOUSE

合作伙伴	名誉赞助权、17天场地广告及产品展示 CCTV及各大媒体宣传服务
主题活动日	提供场地及活动策划执行、并可协助邀请国际嘉宾 对主题日提供国内国际媒体宣传服务
嘉宾款待	提供嘉宾款待服务

China Media House

China Media House for 2012 London Olympics Project Proposal

中国新闻之家合作方式

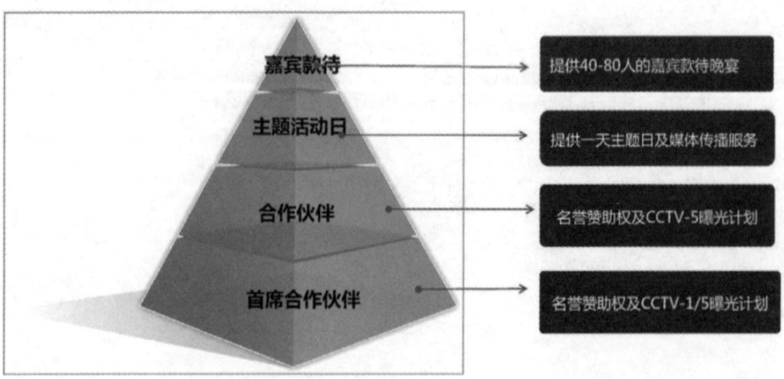

China Media House　China Media House for 2012 London Olympics Project Proposal

首席合作伙伴权益及回报

◆ **官方宣传：名誉权，可用于市场推广**

企业LOGO　CHINA MEDIA HOUSE

China Media House 首席合作伙伴

China Media House　China Media House for 2012 London Olympics Project Proposal

首席合作伙伴权益及回报

◆ **China Media House外部，有显著的广告位**

◆**奥运期间，可在House周围发放宣传品**

China Media House　China Media House for 2012 London Olympics Project Proposal

首席合作伙伴权益及回报

◆ **China Media House内部，有独立区域作为企业的形象展示区**
◆**产品作为China Media House 独家指定产品**

China Media House

China Media House for 2012 London Olympics Project Proposal

首席合作伙伴权益及回报

- ◆奥运会期间，China Media House举行1次企业主题活动日
- ◆协助策划并执行主题日活动，提供必要的设备及现场工作人员
- ◆可享有1次20人的VVIP款待晚宴，及40人的VIP晚宴
- ◆可享有1次80人的午宴（以上晚宴、午宴仅限于同一天举行）
- ◆协助邀请相关政界、商界、以及体育界嘉宾参与活动
- ◆协助安排合作伙伴嘉宾及工作人员的国际差旅及当地食宿交通

China Media House

China Media House for 2012 London Olympics Project Proposal

主题日合作方案

China Media House

China Media House for 2012 London Olympics Project Proposal

主题日权益及回报

◆ China Media House外部，有显著的主题日广告位

◆奥运期间，可在House周围发放主题日宣传品

案例五：世界斯诺克国际锦标赛

该方案既是一个赛事产品的销售方案，更是一个为城市提供传播的赛事平台。

现代城市自诞生以来便和城市的发展息息相关，赛事作为城市文化，是否能够被城市管理者、城市居民所接受，基本就可以反映出这个赛事产品的质量，也可以预判其影响力的发展空间。那么，什么样的赛事产品会被城市所接受呢？简单说：①赛事的级别与规模要够；②参赛的选手和传播力要有；③传媒的关注度要热；④该赛事有可能形成产业链，帮助传播这个城市品牌的同时，还能推动这个城市形成新的商业集聚区；⑤能够形成这个城市动态文化景观，推进城市旅游业的发展等。

该赛事产品的引入，是由于我国这两年台球赛事的播出颇受观众的喜爱，媒体的关注度相对较高，央视体育频道总监江和平帮助我们完成了与世界斯诺克协会、国家体育总局小球中心的推进工作，将该赛事产品在中国落地。当时，我们希望能够将在英国举办的世界斯诺克锦标赛移师中国，但是由于世界斯诺克锦标赛在英国已经有百年历史，移出英国确有困难，为此，我们在世界斯诺克锦标赛基础上策划了另外的一个赛事——“世界斯诺克国际锦标赛”，并希望“世界斯诺克国际锦标赛”能够达到相当于世界斯诺克锦标赛同等水平。

因此，我们在赛事规模和级别上进行了严格要求，明确了参赛选手的水平和数量，此外，赛事的积分必须达到我国举办的斯诺克赛事最高积分。

高水平的赛事自然要有一个响亮的名字，可是国际上最高水平的赛事就是在英国本土举行的“世界斯诺克锦标赛”，赛事名称也是吸引政府和赞助商的亮点之一，也才能卖出一个好价钱，经过多次头脑风暴，我们最后将名称确认为“世界斯诺克国际锦标赛”，一个国际赛事的产品就这样被命名了！并于2012年成功在成都举办。应该讲该赛事产品是符合一个城市引进一个国际赛事的基本条件，作为文化产业的无形产品，产品本身依然是决定性的，但是一个好的营销方案往往成为最后成功的关键！关于是否能够成为一个城市的动态文化景观和城市的新的商业集聚区，则需要相应的专业设计方案继续跟进！

一、我们的赛事

赛事信息

赛事信息

- 赛事名称：世界斯诺克国际锦标赛
- 批准机构：国家体育总局
- 主办机构：世界斯诺克协会，国家体育总局小球运动管理中心，中央电视台体育频道，承办城市政府
- 承办机构：中视体育娱乐有限公司，承办城市体育局
- 赛事级别：世界排名第二，中国排名第一
- 奖金与积分：60万英镑，8000积分
- 参赛选手：WSL世界排名前16强+资格赛前16名选手+8名外卡选手，共40人
- 比赛时间：2012年10月28日-2012年11月4日
- 比赛地点：待定

赛事信息

赛事信息

赛程安排

	桌数	赛区	赛数	局数	轮次
Day 1	4	2	8	11	8张外卡* Last 8
Day 2	4	2	8	11	5
Day 3	4	2	8	11	5
Day 4	4	2	8	11	6
Day 5	2	2	4	11	四分之一决赛
Day 6	1	2	1	17	半决赛
Day 7	1	2	1	17	半决赛
Day 8	1	2	1	19	决赛

赛事信息

赛事信息

赛程安排（具体时间以中央电视台体育频道排播时间为准）

日期	时间(当地)	内容
Day1	下午1.30	4 x 外卡轮
	下午7.00	4 x 外卡轮
Day2	下午1.30	4 x L32
	下午7.00	4 x L32
Day3	下午1.30	4 x L32
	下午7.00	4 x L32
Day4	下午1.30	4 x L16
	下午7.00	4 x L16
Day5	下午1.00	2 x QF
	下午7.00	2 x QF
Day6	下午2.00	1 xA组半决赛第一场
	下午8.00	1 x B组半决赛第一场
Day7	下午2:00	1 x A组半决赛第二场
	下午8:00	1 x B组半决赛第二场
Day8	下午2:00	1 x 决赛第一场
	下午8:00	1 x 决赛第二场

赛事特点

权威之作

国家体育总局、中央电视台两大国家权威机构协同世界斯诺克协会呈现世界顶级的斯诺克赛事，打造最具影响力与传播力的赛事平台;

世界顶级

首个英国本土之外的世界最高级别的锦标赛！

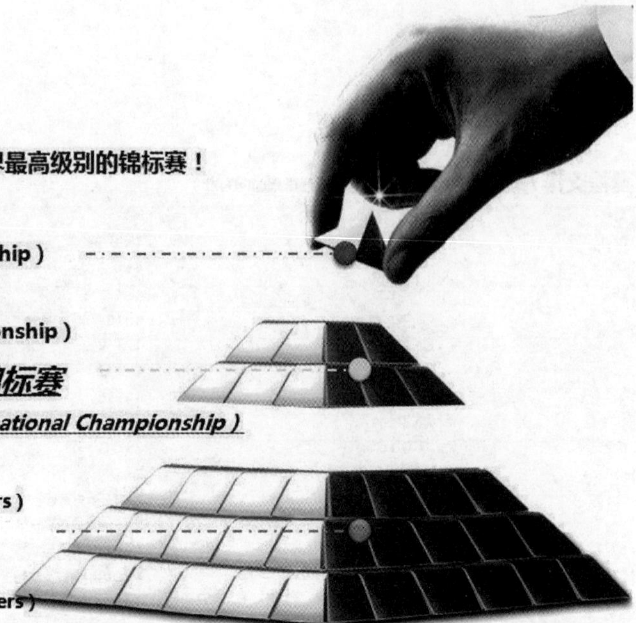

TOP 1
世界锦标赛（Championship）

英国锦标赛（UK championship）

世界斯诺克国际锦标赛
（World Snooker International Championship）

德国大师赛（German Masters）
中国公开赛（China Open）
威尔士公开赛（Wels Open）
上海大师杯（Shanghai Masters）
澳大利亚金河田公开赛（Australian Goldenfields Open）......

赛事特点

中国之最

8万英镑 0积分	40万英镑 7000 积分	奖金：60 万英镑 8000 积分
无锡精英赛	中国公开赛(北京) 上海大师杯	世界斯诺克国际锦标赛

赛事特点

“星”“球”大战

赛尔比，威廉姆斯，希金斯，丁俊晖等世界前16强选手将强制参赛直接登陆中国，世界排名第17至第96名的选手通过资格赛，成绩最优秀的16人也将悉数到场。此32人将与8名外卡球手联袂为国人奉献精彩绝伦的“星”“球”大战。

排名	姓名	总积分
1	塞尔比	67745
2	威廉姆斯	63540
3	希金斯	57900
4	罗伯逊	52100
5	墨菲	51485
6	丁俊晖	51420
7	卡特	47520
8	特鲁姆普	47025
9	马奎尔	46740
10	多特	45165
11	宾汉姆	41315
12	奥沙利文	40660
13	马克-艾伦	39985
14	史蒂文斯	39415
15	史蒂芬-李	39110
16	马丁-古尔德	37770

数据来源：WSL官方网站

赛事特点

再造传奇

- 2005年的斯诺克中国公开赛星光熠熠；曾经一张外卡让台球神童丁俊晖一飞冲天！
- 2012年的世界斯诺克国际锦标赛星光愈加璀璨，八张外卡又将创造怎样的传奇！

二、为什么选择这项赛事？

一：斯诺克赛事是年轻人喜爱的国际化赛事

赛事分析

斯诺克运动是国际化的运动

世界知名的斯诺克积分赛事（2011）

赛事名称	地点	日期
斯诺克世界杯	泰国	7.11-7.17
上海大师赛	中国	9.5-9.11
巴西大师赛	巴西	9.15-9.18
世界斯诺克青年锦标赛	加拿大	10.28-10.30
英国 斯诺克英国锦标赛	英国	12.3-12.11
斯诺克英国大师赛	英国	1.15-1.22
德国大师杯	德国	2.1-2.5
威尔士公开赛	英国	2.13-2.19
中国公开赛	中国	3.28-4.3
世界斯诺克锦标赛	英国	4.16-5.1

数据来源：WSL官方网站

斯诺克赛事，1875年起源于英国，现在盛行于英国、德国、爱尔兰、加拿大、澳大利亚和印度等英联邦国家，南美以及中国，仅在欧洲就有2.5亿观众关注斯诺克赛事，中国长期关注斯诺克赛事的观众超过1亿。

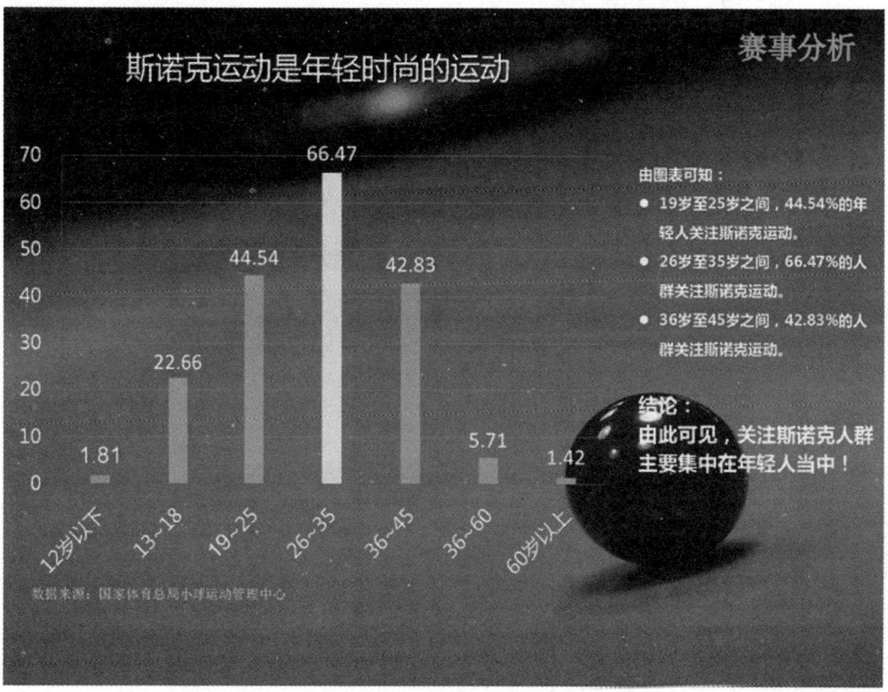

赛事分析

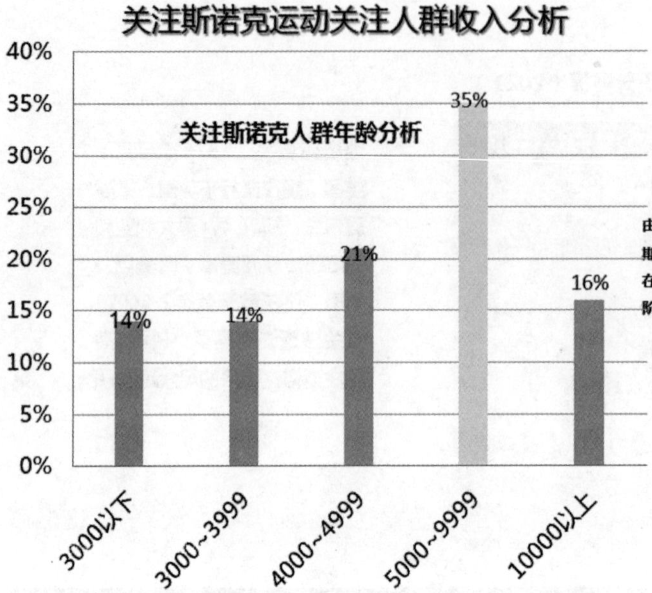

由图表可知：
斯诺克运动的关注人群主要集中在中高收入人群，换言之，白领阶层构成斯诺克主要关注人群。

赛事分析

二、观众的宠儿

2009中国顶级体育赛事CCTV-5收视率的比较

赛事名称	F1世界一级方程式	网球	斯诺克	高尔夫
收视率（%）	0.37	0.29	1.39	0.12

2010中国顶级体育赛事CCTV-5收视率的比较

赛事名称	F1世界一级方程式	网球	斯诺克	高尔夫
收视率（%）	0.28	0.20	1.08	0.03

数据来源：CSM收视报告

赛事分析

三、受众广泛

中国的斯诺克人口（每周有固定时间打球的人口）：6000万以上

中国的斯诺克受众：超过1亿

全国球房数量：10万家

数据来源：国家体育总局小球运动管理中心

三、赛事回报

赛事回报

赞助体系

- 冠名赞助商： 1席
- 尊贵赞助商： 1席
- 赛事官方合作伙伴：5-8席

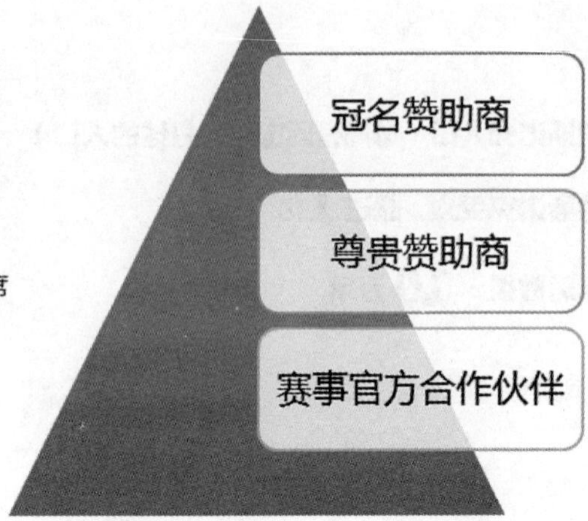

赛事回报

线上权益

赛事预告片	
播出时长	15秒/条
播出周期	2012年9月至10月
播出形式	在CCTV-5频道包装中，播出赛事预告片，片中体现赛事信息、赞助商信息。

赛事回报

线上权益

演播室电视墙	
播出时长	不少于2分钟/场，共16场
播出周期	赛时
体现形式	赛事播出时作为演播室主持人和嘉宾的背景，企业名称或标识和赛事名称共同出现在电视墙上；

赛事回报

线上权益

主持人口播	
播出时长	不少于2次/场，共16场
播出周期	赛时
体现形式	赛事播出时，主持人口播“欢迎收看的***（企业信息）世界斯诺克国际锦标赛”；

赛事回报

线上权益

现场广告	
曝光时长	
播出周期	赛时
体现形式	在场地设置围挡广告牌，在显著位置标注企业信息，并在赛事转播过程中得以曝光；

赛场围挡

选手座椅

选手胸标

赛场分隔墙

球员通道

赛事回报

线上权益

片尾鸣谢	
播出时长	1次/场，共16场
播出周期	赛时
体现形式	在赛事播出结束时播放片尾字幕；字幕中鸣谢承办政府及支持企业信息；

赛事回报

线上权益回报总揽

项目	时　间	内　容	冠名赞助商	尊贵赞助商	合作伙伴
宣传片	赛事前(期间)频道包装当中播出	介绍赛事信息和体现企业品牌相关信息	√	√	√
演播室电视墙	赛事播出	作为演播室主持人和嘉宾的背景	√		
主持人口播	赛事播出时	口播介绍赛事和品牌的信息	√		
现场广告曝光	赛事播出时	赛事播出时，赛场周边围挡广告曝光，曝光企业品牌名称及其LOGO	√	√	√
节目片尾鸣谢	节目片尾滚动字幕	节目片尾鸣谢承办地政府或赞助商企业	√	√	√

赛事回报

线下权益

指定称号

- 2012世界斯诺克国际锦标赛XX赞助商：企业品牌与赛事名称同时出现在宣传中
- 行业排他性：2012世界斯诺克国际锦标赛唯一该类别赞助商

肖像和标识的使用

- 在符合国际台联规则的前提下，企业有权使用参赛球员集体形象用于赛事相关的广告和推广；
- 在符合赛会规定的前提下，企业有权使用赛会名称、赛会标识用于赛事相关的广告和推广；

赛事回报

线下权益

赛场内权益：

赛场围挡

选手座椅

新闻背景板

赛场分隔墙

球员通道

赛事回报

线下权益

赛场围挡

赛事回报

线下权益

选手座位

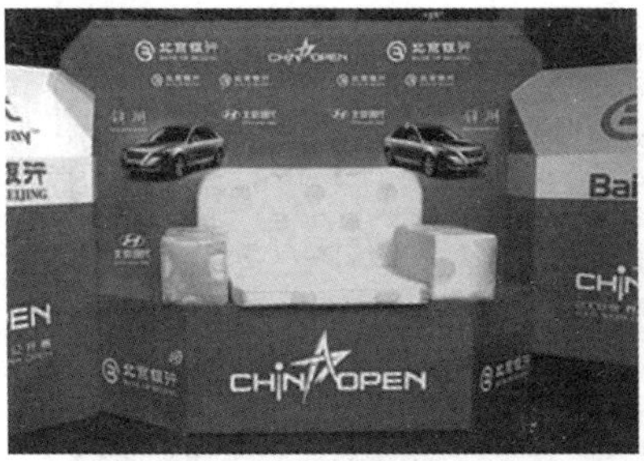

赛事回报

线下权益

背景板

赛事回报

线下权益

赛场分隔墙

赛事回报

线下权益

选手通道

赛事回报

线下权益

主席台贵宾区现场大屏幕

赛事回报

线下权益

胸前权益

赛事回报

线下权益

现场展位

赞助商有权在比赛会场的娱乐、休息区内建立销售、展示、宣传展位。

赛事回报

线下权益

赛事宣传品

赞助商logo将出现在所有赛事文宣印刷品上显著位置，包括：道旗、海报、纪念册、票封、宣传单等；

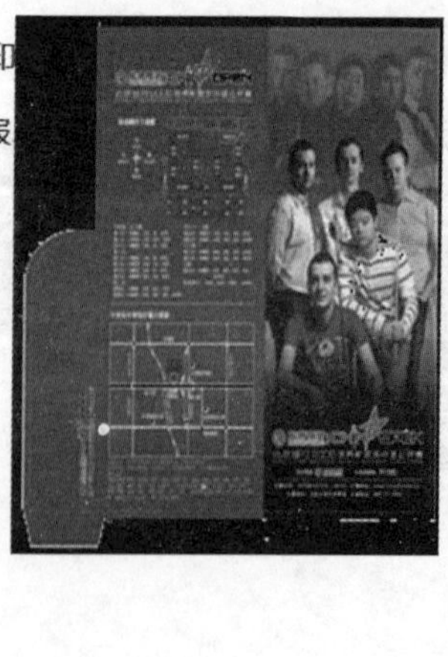

赛事回报

线下权益

VIP接待

赛事回报

线下权益

企业礼遇

赞助商领导出席开幕式、颁奖仪式以及赛事的其它官方活动；

赛事回报

线下权益

官方酒会

赛事回报

线下权益总揽

赞助商类别		冠名赞助商	尊贵赞助商	赛事合作伙伴
赞助商数量		1家	1家	5－8家
赞助权益	称号	冠名权	称号使用	称号使用
	场地广告	每个球台8块，观众围栏体现	每个球台4块、观众围栏体现	观众围栏体现
	球员胸前广告	排名前16位选手+16位排名赛选手（排他）	8位外围赛选手(不排他)	无
	赛事活动背景板50%	40%标识展现	20%标识展现	5%标识展现
	比赛门票	100张	10张	5张
	VIP证件	6个	2个	无
	礼遇	颁奖、出席答谢晚宴	陪同颁奖，出席答谢晚宴	出席答谢晚宴
	赛事文宣	秩序册广告2p，门票、票封、海报等体现	秩序册广告1p，门票、票封、海报等体现	秩序册广告1p，门票、票封、海报体现
	场外活动	拥有展位2间	拥有展位1间	无
	图形图像使用	组合图像使用	组合图像使用	无

注：由于还没有这个赛事，该方案在设计和制作的过程中的有些比赛或接待画面借用了其他相关斯诺克比赛的画面。

赛事作为城市动态传播的灵魂，已经是各个城市管理者公认的事实。除了上述我们提供的一些赛事及与城市相关的体育活动案例之外，目前在我国具有影响力并且每年固定时间举办的赛事实际上还是非常有限的，加上我们刚刚谈到的“成都世界斯诺克国际锦标赛”之外，还有北京的中网、上海的 F1 和大师杯网球公开赛、深圳观澜湖高尔夫世界杯，而北京已经举办了两年的“国际马联场地障碍世界杯”可以说已紧随其后，似乎有点儿像 9 年前的中网，根据专业分析，该赛事的后发优势不会亚于“中国网球公开赛”。这是一个真正能够产生影响力，能够带来市场价值，实现一个城市举办赛事提升品牌目的的赛事。

一个城市所引进的赛事最为核心并且是必要而充分的条件就是赛事的持续性，我们也希望城市能够因此在城市品牌、城市旅游、城市公共关系、城市招商引资以及城市商业集聚区四大方面形成更为强大的竞争力！一个赛事也许不能从根本上改变一个城市，但是一个持续性的赛事会让这个城市变得更美丽、更有文化氛围、更有品牌价值，这就是赛事的魅力！

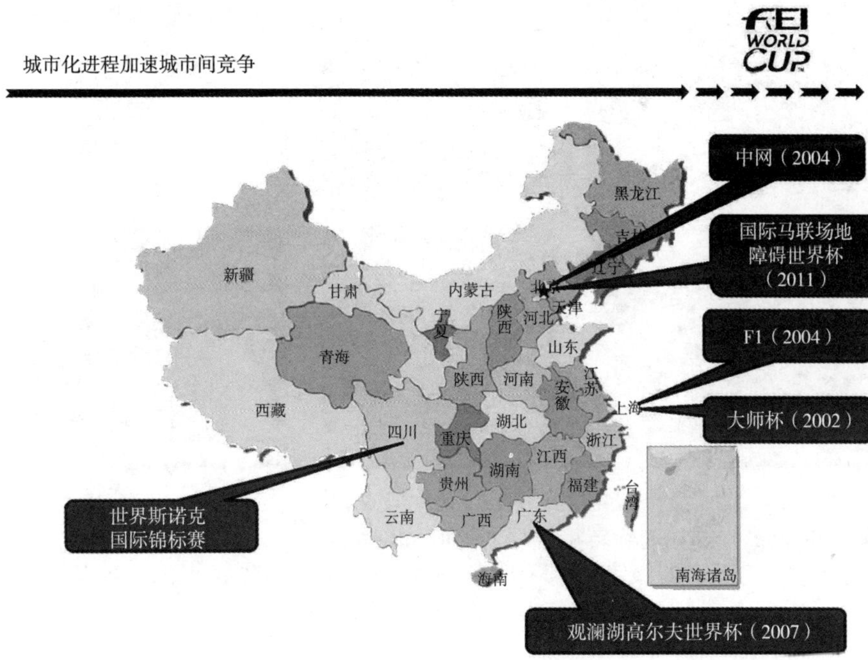

➡ 2011年，北京获得的媒体宣传总价值**29.5亿**元

➡ “Beijing”字样在国际转播中曝光价值**6.82亿**元

➡ 2011年，现场观众数量**27万**人，外地观众数量占到**15%**以上，达**4万**人

(数据来源：上海体育学院体育赛事研究中心媒体价值评估报告)

- 2004年，F1大奖赛落户**上海**
- 为保证赛事顺利举办，上海市政府斥资**26亿**修建赛车场
- 除承担赛事组织、管理运营费用外，上海市每年还需向国际汽车联合会支付**3000万**美元申办费，每年递增约**5%**！同时支付**2000万**美元电视转播费

(数据来源：上海F1大奖赛赛事组委会)

- **2007年**，观澜湖高尔夫世界杯落户深圳
- **2009年**，**20万**观众现场观赛，**300**多家中外媒体参与采访

据高盛证券评估

- 此项赛事将为深圳、东莞两地创造**300-500亿**元的经济效益
- 国际游客剧增每年到访的国内外宾客达**300万**

数据来源：观澜湖高尔夫世界杯赛事组委会

世界斯诺克国际锦标赛提升成都城市影响力

- 成都市每年为赛事投入约**5000万**元
- 在全球近**80个**国家和地区播出，覆盖全球**4.8亿**个家庭，全球共有**8917篇**新闻报道本次国际锦标赛
- 中央电视台体育频道（CCTV-5）全程直播，收视率节节攀升！仅一场外围赛的收视率就高达**0.32**，观看人数超**300万**人

数据来源：央视索福瑞及世界斯诺克国际锦标赛赛事组委会

尾　声

有人曾问著名导演伍迪·艾伦，为什么不以体育比赛为题材拍摄一部电影？他的回答是：体育比赛的悬念和不确定性，即使最伟大的导演也无法想象。虽然国际上有很多体育题材的电影，但是导演伍迪·艾伦依然道出了竞赛产品的不可超越性。

竞赛产业是一个智者的游戏，竞赛产品是智慧的结晶。任何一个产品都需要多行业的支撑，任何一个产品都是智慧与体能的较量。竞赛产业是文化产业中的重工业，这一点我们从我国的竞赛产业中可以窥见一斑。就目前而言，从国家体育总局主办并直接参与操刀的 CBA、中超、乒超、全国排球联赛等来看，政府依然是当今竞赛产业的主角，无法替代！所以民营企业要想拥有一个赛事的知识产权，持续举办且独立经营管理是不可能的，所有曾经的勇者最多只是轰轰烈烈，最终也只是英勇就义。所以，在中国举办赛事一定要重视两种资本价值的关系问题：资金资本和人力资本。

除此之外，我还愿意和同行业的朋友继续切磋，竞赛产业的社会繁荣程度是否也可以从侧面来体现一个社会对文化知识产权的尊重，对人才高度重视等诸多看起来和竞赛产业发展没有关系但是又存在着无法理清的相关关系。其实，江西财经大学副校长易剑东也多少表达了某种意图，他说："即便到现在，大家一谈到体育产业都说好，是朝阳产业，但真正进入的不多，风险投资似乎也在观望，有点围城的意思。"复旦大学的朱春阳谈道，因为文化产业具有较高的成长性，同时，它又是依托人的精神创造力。

虽然说竞赛产业远远不止本书所涵盖的内容，但是作为体育产业的核心产业之一的竞赛产业，以及与其具有共生关系的体育传媒产业和双方共同搭起的传播平台对城市及品牌的传播效果已经被无数的事例所证明。

竞赛产品不断地创造出一个城市的动态景观，竞赛产品集群不断地创造出超级巨星，竞赛产业群也在不断地打造体育传媒业的价值链，竞赛产业群还在不断积淀和传承一座城市的文化，同时竞赛产业还具有一定的抗经济危机功效。一份来自麦卡锡的报告统计了美国20世纪“职棒”大联盟上座率增长和经济增长之间的关系，发现近半个多世纪的四次经济衰退中，“职棒”的上座率反而上扬。以最近的一次为例，20世纪90年代美国互联网泡沫期间，“职棒”大联盟上座率增长率超过15%。

面对现代教育专业化的培养路径，几乎没有一个高校或者说专业能够系统地对学生或者是赛事经营管理者或者是体育文化产业的运营者提供城市、赛事、传媒、市场四者之间关联关系的描述，这本书中的内容均来自我二十余个春秋的实践操作所得出的经验与理论，我用了四年多的时间进行了资料的收集与整理，以期能够在我国体育赛事的经营管理领域贡献一点点微薄之力，这是作为一个在体育传媒与赛事经营管理领域中奋斗二十多年的人的心愿吧。本书在城市、赛事、传媒、市场四个方面虽然做了一定的阐释，鉴于本人的阅历与知识范畴，都还存在这样那样的不足，恳望各位读者能够给予多多指导，以期再版的时候得以改进。

后　记

本书历时五年多，书虽进入了尾声，但是我却没有感到破茧化蝶的轻松与解脱。相反，更多的问题盘旋在脑海里，正所谓“路漫漫其修远兮，吾将上下而求索”。坦率地说，将城市、赛事、传媒、市场四大元素融为一体予以探索，尚属于一个全新的领域、全新的挑战，无论是研究还是著述都好比啃“硬骨头”，时常倍感艰难而困惑。此前，正是由我负责完成的国家体育总局重点研究课题“体育与城市发展关系”和国家广播电影电视总局“中国体育电视发展战略”两个课题，才激发了我大胆地将城市、赛事、传媒、市场四个方面作为一个系统进行整体研究的想法。同时，我也想借助这项研究对我国赛事产业的发展以及城市管理者如何充分地驾驭好这一城市文化产品，推进城市经济、人文、品牌多方面的有效发展做一次有益的尝试，并将自己二十多年体育电视的职业生涯所积累的实践经验融为一体，供体育电视界同仁参考。

感谢为城市和体育赛事发展承担着筚路蓝缕之辛的前辈，使本书在理论探讨和实践分析的路上，仍有不少可攀附的肩膀。感谢城市管理者和体育营销的实践者对本书调研给予的大力支持和帮助，使我得以有宝贵的资料充实和支持本书观点。

在本书写作的过程中有太多的感谢，真诚感谢：国家体育总局副局长肖天，江西省副省长朱虹，中央电视台体育频道总监江和平，原中央电视台体育频道总监、现盈方中国董事长马国力，北京体育大学副校长池建，江西财经大学副校长易剑东，《中国广播影视》杂志运营总监祁海琳的关心与支持，同时还要感谢苏玲、安福秀、谷周亮以及我的研究生李慧、尹少坤、顾涵、宋园园、梁源、孟威、梁文杏、朱盼盼、吴建珍、李舒亚等同学的参与与支持！感谢你们！

英国哲学家罗素将“对知识永不停止的追求”作为支配其一生的单纯而强烈的三种激情之一，以此自勉，感谢这段辛苦而愉悦的生活，我将永远在路上……

图书在版编目（CIP）数据

赛事：城市动态传播之灵魂 / 阮伟著. —北京：社会科学文献出版社，2014.11

ISBN 978 - 7 - 5097 - 6246 - 2

Ⅰ. ①赛… Ⅱ. ①阮… Ⅲ. ①运动竞赛 -组织管理
Ⅳ. ①G808.22

中国版本图书馆 CIP 数据核字（2014）第 154703 号

赛事：城市动态传播之灵魂

著　　者 / 阮　伟

出 版 人 / 谢寿光
项目统筹 / 吴　敏
责任编辑 / 宋　静　吴　敏

出　　版 / 社会科学文献出版社 · 皮书出版分社（010）59367127
地址：北京市北三环中路甲 29 号院华龙大厦　邮编：100029
网址：www.ssap.com.cn

发　　行 / 市场营销中心（010）59367081　59367090
读者服务中心（010）59367028

印　　装 / 三河市尚艺印装有限公司

规　　格 / 开　本：787mm × 1092mm　1/16
印　张：34.5　字　数：564 千字

版　　次 / 2014 年 11 月第 1 版　2014 年 11 月第 1 次印刷

书　　号 / ISBN 978 - 7 - 5097 - 6246 - 2

定　　价 / 128.00 元